Ces 2 vol. forment les T. 6 et 7. de la 1re édition de l'Histoire des croisades. on a supprimé les faux titres, portant l'indication de la Tomaison, pour rendre cette bibliographie comme un ouvrage à part.

J 546
Dda. 6.

5576

BIBLIOGRAPHIE
DES CROISADES,

CONTENANT

L'ANALYSE DE TOUTES LES CHRONIQUES D'ORIENT
ET D'OCCIDENT QUI PARLENT DES CROISADES.

PAR M. MICHAUD,

DE L'ACADÉMIE FRANÇAISE.

TOME PREMIER.

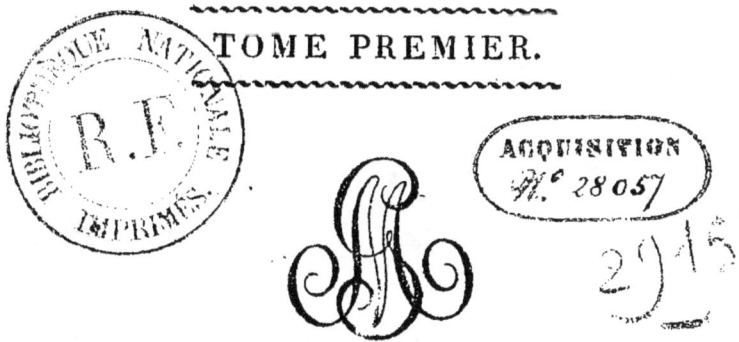

A PARIS,

CHEZ L. G. MICHAUD, LIBRAIRE,
RUE DE CLÉRY, Nº. 13;

Et chez PONTHIEU, LIBRAIRE, PALAIS-ROYAL,
GALERIE DE BOIS, Nº. 122.

M. DCCC. XXII.

AVIS.

Les deux volumes qu'on va lire ne sont point un recueil de pièces justificatives, mais un ouvrage à part, que nous avons cru devoir être utile, et qui peut répandre de nouvelles lumières sur une époque intéressante de notre histoire. On sait que les Bénédictins qui ont fait la collection des historiens de France, avaient formé le dessein de consacrer un autre travail à l'histoire des Croisades, et de publier un recueil plus complet que celui de Bongars. Les circonstances ne leur ont pas permis d'élever ce précieux monument à la muse de l'histoire.

Profitant d'une heureuse idée qui était restée sans exécution, nous avons parcouru avec soin toutes les chroniques du moyen âge dans lesquelles il est question des Croisades, et nous avons entrepris d'en extraire tout ce qui concernait les guerres des Chrétiens contre les Musulmans. Nous n'avons cependant adopté l'idée des Bénédictins, qu'avec des modifications. Ces savans cénobites se proposaient de donner, en latin, les chroniques ou les passages des chroniques qui parlent des guerres saintes. Ils se proposaient, en outre, de les donner sans les abréger. Comme ces chroniques se répètent souvent les unes les autres, qu'elles sont très-volumineuses, et que la langue latine dans laquelle ont écrit leurs auteurs, n'est pas connue de tout le monde, nous avons cru devoir les donner par extraits, et présenter ces extraits dans la langue vulgaire.

Les Bénédictins ne voulaient travailler que pour les érudits; nous avons voulu que notre travail ne fût pas inutile pour les gens du monde, et que la connaissance de nos monumens historiques fût mise à la portée de toutes les classes de lecteurs.

On peut regarder cette Bibliographie comme une continuation, ou plutôt comme un complément de l'histoire des Croisades.

En effet, comme nous avons préféré, dans notre analyse, les auteurs contemporains, il nous semble que les impressions qu'ils ont reçues des événemens, et la manière dont ils les ont racontés, sont une partie de l'histoire de ces temps reculés.

C'est une vérité généralement reconnue, qu'on écrit presque toujours l'histoire avec l'esprit du temps où l'on vit; or ceux qui ont écrit ce qu'ils ont vu, ont l'avantage de conserver la physionomie de leur siècle, et cette physionomie est souvent ce qu'il y a de plus vrai dans leurs histoires.

Les temps des Croisades sont éminemment historiques, non-seulement pour les grandes choses qui s'y sont passées, mais parce qu'ils nous offrent le commencement de toutes nos sociétés modernes. C'est une raison pour que tous les détails qui nous sont parvenus par les chroniques contemporaines, prennent à nos yeux le plus haut degré d'intérêt. Si dans le beau siècle de Périclès, il était resté parmi les Grecs quelques vieilles relations des temps héroïques de leur histoire; si, à côté de l'Iliade, on avait eu des chroniques qui eussent parlé en détail de la guerre de Troie; avec quelle avidité ne les aurait-on pas lues dans toutes les villes de la Grèce! avec quel intérêt ne les lirions-nous pas nous-mêmes aujourd'hui!

Les temps des Croisades sont pour nous ce qu'étaient les temps héroïques de la Grèce, pour les Grecs du siècle de Périclès et d'Alexandre.

Outre l'intérêt que peut offrir à nos lecteurs l'analyse des anciennes chroniques, par les souvenirs qu'elles nous rappellent, les hommes éclairés, pour qui rien n'est indifférent dans les fastes de nos aïeux, y trouveront un moyen de compléter et de rectifier nos récits historiques; nous avons eu soin dans notre analyse de choisir les circonstances et les traits qui avaient été omis dans notre histoire. Quand nous avons publié nos premiers volumes, quelques-unes de nos chroniques des Croisades nous étaient inconnues, ou nous ne les avions point encore assez étudiées. Ainsi, nos extraits auront l'avantage de remplir les lacunes qui se trouvent dans quelques passages de notre narration. Nous devons avouer de plus qu'il nous est échappé quelques erreurs dans un long travail; nous avons eu soin de les indiquer, et de citer tout ce qui pourrait contribuer à faire connaître la vérité. Par là, nous offrons à nos lecteurs le moyen le plus facile de nous juger, de réparer nos omissions, de corriger nos fautes.

Nous allons dire en peu de mots comment nous avons procédé à ce travail. On sait qu'il existe dans chaque pays des collections d'auteurs nationaux; les Allemands et les Anglais ont plusieurs collections de ce genre; on connaît pour l'Italie le beau travail de Muratori; pour le Danemarck celui de Langebek. La France est plus riche que tous les autres pays de l'Europe, en recueils historiques sur le moyen âge : qui ne connaît les travaux de Duchesne, de Dachery, de Martenne, de Mabillon, et surtout des Bénédictins qui ont recueilli en dernier lieu les historiens de France ? Nous avons parcouru toutes ces collections, et nous nous sommes arrêtés aux chroniques où il est question des Croisades. Nous en avons extrait tout ce qui se trouvait relatif au sujet que nous traitons ; un petit nombre d'ouvrages historiques, qui ne se rencontrent point dans ces collections, n'ont pas échappé à nos recherches; nous les avons aussi analysés, à l'exception de ceux qui offrent peu d'importance, ou de ceux que nous avons déjà fait connaître dans notre histoire, comme les Mémoires de Joinville et de Ville-Hardouin. Ainsi, notre recueil bibliographique offrira un abrégé de toutes les sources où l'on peut puiser pour l'histoire des Croisades ; il doit tenir lieu, au moins pour les indications, de toutes les collections savantes qui ont été faites jusqu'à ce jour, et il a de plus l'avantage de suppléer à quelques lacunes qui se trouvent dans ces collections.

En analysant les chroniques, nous avons négligé toutes celles qui sont postérieures au temps des Croisades, parce que les auteurs de ces chroniques, vivant dans des temps plus rapprochés de nous, n'ont pu que copier les relations originales, et qu'ils n'ajoutent rien à la connaissance des événemens.

Notre travail eût été incomplet, si nous nous étions bornés aux chroniques d'Occident ; il fallait donner à nos lecteurs les moyens de comparer les récits des Croisés avec les relations de leurs ennemis. C'est ici surtout que nous avons pu profiter du travail commencé par les Bénédictins pour le recueil des historiens des Croisades. Dom Berthereau avait réuni tout ce qu'il avait pu trouver dans les historiens arabes, sur les guerres des Francs contre les Musulmans. Ce savant Bénédictin avait traduit en latin la plupart des passages qu'il avait tirés ainsi des auteurs orientaux. On trouvera dans notre recueil bibliographique, un abrégé de ces auteurs, les uns traduits d'après le texte arabe, les autres extraits de la traduction latine; nous avons donné plus d'étendue aux historiens arabes qu'à nos chroniques d'Occident, parce que la plupart n'ont jamais été traduits dans aucune langue de l'Europe, et qu'on ne les trouve que dans nos grandes bibliothèques de la capitale.

Dans la traduction ou l'analyse que nous avons donnée des auteurs occidentaux, ou des chroniques orientales, nous ne nous sommes jamais permis de rien ajouter au texte; dans ceux que nous avons donnés avec étendue, c'est une version fidèle, dans les autres ce n'est qu'une indication des événemens que raconte l'auteur, ou plutôt une table de matières faite avec exactitude et précision. Nous demandons grâce d'avance pour les incorrections que nous n'avons pas eu le temps de faire disparaître, tout occupés que nous étions de conserver la vérité des couleurs et la fidélité des récits : les chroniques du moyen âge vont se présenter ainsi à nos lecteurs dans leur simplicité grossière, je ne crains pas même de dire avec leur barbarie. Nous avons voulu que tous ceux qui liront ce recueil pussent apprécier nos vieux chroniqueurs, les juger et les connaître tels qu'ils sont, comme nous l'avons fait nous-mêmes.

Nous avons déjà caractérisé les chroniques des peuples de l'Occident, dans nos considérations sur l'état de l'Europe pendant et après les Croisades. Nous n'ajouterons qu'un mot à ce que nous avons dit : Parmi les chroniques du moyen âge, nous ne connaissons que l'ouvrage de Guillaume de Tyr et celui de Bernardus Thesaurarius qui offrent une histoire un peu complète des Croisades; encore Guillaume de Tyr s'arrête-t-il à la troisième. D'un autre côté, il ne nous reste qu'un petit nombre de chroniques qui aient été consacrées spécialement à faire connaître quelques-uns des grands événemens des guerres saintes. La première Croisade qui avait plus frappé l'imagination des peuples que toutes les autres, a eu seule des historiens qui s'en sont exclusivement occupés. Quelques événemens remarquables des Croisades suivantes ont été racontés aussi dans des relations séparées, tels que l'expédition de Louis VII, la conquête de Constantinople, la prise de Damiette, les exploits de Richard, etc. (1) Tous les autres événemens des guerres saintes, il faut les chercher dans des lettres, dans des pièces éparses, dans les récits de l'histoire générale de cette époque: voilà ce qui multiplie les recherches pour tout historien des Croisades; voilà aussi ce qui peut rendre intéressant, pour nos lecteurs, le travail que nous mettons aujourd'hui sous leurs yeux.

Nous avons divisé en quatre classes toutes les chroniques du moyen âge que nous avons analysées : celles des Français, celles des Anglais, celles des Italiens et celles des Allemands ou des peuples du Nord. Les chroniques des Français sont incontestablement les plus nombreuses; tous les historiens de la première Croisade appartiennent à la France. Nous pensons qu'à la rigueur, on pourrait composer une histoire assez complète des Croisades, en se bornant à nos chroniques nationales; les chroniques des autres peuples ne pourraient suffire à l'historien qui voudrait raconter les principaux événemens de cette époque. Dans les chroniques anglaises, on ne trouverait des détails suffisans que pour faire connaître la troisième

---

(1) *Voyez* Odon de Deuil, Ville-Hardouin Olivier Scolastique, Gauthier Vinisauf, etc.

Croisade; mais aussi, pour cette partie de l'histoire, laissent-elles peu de chose à désirer. Les chroniques d'Italie, si on en excepte trois ou quatre, ne fournissent que des matériaux épars; la plupart des chroniques Italiennes, du moyen âge, ne renferment presque jamais que l'histoire d'une cité; leur cadre se trouve ainsi trop rétréci, pour que des guerres lointaines, des événemens d'un intérêt général y soient traités convenablement. Les chroniques des Allemands, sous le rapport des Croisades, sont encore plus stériles et plus incomplètes que celles des Italiens; à peine trouve-t-on dans les chroniques allemandes quelques notions étendues et quelques détails satisfaisans, pour les expéditions auxquelles l'Allemagne a pris le plus de part.

Toutefois nous n'avons négligé dans nos analyses, ni les chroniques qui donnent de nombreux documens, ni celles qui ne font que raconter quelques circonstances des événemens. On pense bien que le temps et les forces nous auraient manqué pour une tâche aussi laborieuse. Nous nous plaisons à rappeler ici les noms de ceux qui se sont associés à notre travail: M. THORY, sous-conservateur de la Bibliothèque du Roi, nous a beaucoup aidé dans nos recherches, surtout pour ce qui concerne la bibliographie; nous lui devons l'extrait de plusieurs chroniques, et la connaissance d'un grand nombre de manuscrits ; nous devons beaucoup aussi au zèle laborieux de M. Thomas Delbare, qui a parcouru avec nous plus de trois cents chroniques et plus de deux mille pièces historiques; dans le nombre des extraits dont il s'est chargé, nous ne citerons que l'analyse des annales de l'Eglise par Baronius et par Raynaldi. Cette analyse, très-étendue, est elle seule un grand travail, et nous offre, par la foule des documens qu'elle renferme, une histoire ecclésiastique des Croisades.

M. Jourdain, qui avait commencé pour nous l'analyse des auteurs arabes, n'a pu l'achever : nous avons eu la douleur de perdre cet orientaliste au moment même où l'Académie des Inscriptions et Belles-Lettres encourageait ses premiers pas dans la carrière : personne n'a déploré plus que nous la perte de ce jeune compagnon de nos travaux, qu'on estimait à la fois pour la noblesse de son caractère, et pour l'esprit de critique qu'il joignait à son érudition. M. l'abbé Reinaud, élève distingué de M. de Sacy, s'est chargé de poursuivre le travail que M. Jourdain n'avait fait que commencer. Il a traduit, sur le texte arabe, plusieurs chroniques, telles que la vie de Bibars et de Kelaoun, l'histoire de Macrizi et celle d'Aboulféda, qu'on trouvera dans cette Bibliographie. Il a revu aussi, d'après les ouvrages originaux, l'analyse d'*Ibn Alatsir*, des *Roudatain* ou *Deux Jardins* et plusieurs autres extraits faits par M. THOMAS DELBARE, sur la version latine de dom Berthereau.

En nous occupant du travail que nous offrons au public, nous avons eu plusieurs fois la pensée de faire pour l'Histoire de France, ce que nous avons fait pour celle des Croisades. Le moyen le plus sûr de former les historiens, c'est de répandre le goût des connaissances historiques. Les sources où l'on peut puiser pour faire connaître nos annales, sont très-nombreuses; mais le public les connaît à peine, et ne peut juger ni de la difficulté de faire une bonne histoire, ni même du mérite d'un bon ouvrage historique. Plus on fera connaître les sources de l'histoire, plus nous ferons de progrès dans une carrière où nous avons si peu de modèles. Une bibliographie raisonnée et critique des historiens de France est un travail qui nous paraît digne d'être encouragé par le gouvernement des BOURBONS; et nous terminons ces observations préliminaires, en exprimant le désir que cette entreprise toute française se fasse, un jour, sous les auspices d'un Prince dont l'Europe admire la sagesse et les lumières.

Fautes essentielles à corriger dans les deux tomes de la BIBLIOGRAPHIE.

TOME VI.

Pag. lig.
347, 16, *au lieu de :* fit tomber, *lisez :* faisaient tomber.
362, 3, *au lieu de :* composition, *lisez :* compilation.
362, dern. *supprimez ces mots :* du roi de Hongrie.
367, dern. *au lieu de :* composés, *lisez :* qui ont été composés.
373, 16, *au lieu de :* compilateur du XVe siècle, *lisez :* compilateur du XVIIe siècle.
376, 23, *après ces mots :* des comtes, *supprimez :* de Toulouse.
376, 31, *au lieu de :* autour de Tunis, *lisez :* autour de la ville de Tunis.
389, 4, *au lieu de :* collection, *lisez :* chronique.
412, 11, *au lieu de :* Richard de Saint-Germain ne donne ni les lettres du pape ni les réponses, *lisez :* Richard de Saint-Germain donne les lettres du pape et les réponses.
418, 6, *au lieu de :* 1234, *lisez :* 1229.
430, 12, *au lieu de :* appelé Casan, *lisez :* prédécesseur de Casan.
446, 3 et 4, *au lieu de :* les rois de France et de Navarre meurent, *lisez :* le roi de France meurt.
454, 12, *à la suite du mot :* Leodrisius, *lisez :* après avoir parlé en peu de mots du concile de Mantoue.
527, 15, *au lieu de :* 1200, *lisez :* 12000.
583, 11, *au lieu de :* Sigebert, *lisez :* le continuateur de Sigebert.
585, 19, *au lieu de :* Callixte IV, *lisez :* Callixte III.
614, 11, *au lieu de :* Nandoralbe, *lisez simplement :* Albe, aujourd'hui Belgrade. — *Rectifiez le même mot* à la page 621, ligne 17.
630, 16, *au lieu de :* vers l'an 1160, *lisez :* 1150.
657, 13, *au lieu de :* les trois livres, *lisez :* les cinq livres.

TOME VII.

1, 9, *au lieu de :* 1553, *lisez :* 1533.
30, 22, *au lieu de :* de la part de cet empereur, *lisez :* de la part de l'empereur grec.
84, 8, *au lieu de :* voyez le XIIIe volume de l'Histoire des Croisades, *lisez :* voyez le XIIIe livre.
97, 3, *au lieu de :* guerriers très-exercés, *lisez :* très-expérimentés.
140, 5, *après ces mots :* de la chrétienté, *lisez :* il leur annonçait.
146, 23, *au lieu de :* frère d'Amurat, *lisez :* fils d'Amurat.
157, 6, *au lieu de :* adressée à tous les princes, *lisez :* à tous les chefs de ces peuples.
172, 11, *au lieu de :* commandant vénitien de Négrepont, *lisez :* commandant de la flotte vénitienne devant Négrepont.
207, 3, 7 et 12, *au lieu de :* André Auria, *lisez :* André Doria. *Rectifiez le même nom* à la pag. 211, lig. 3 et 8.

TABLE,

PAR ORDRE ALPHABÉTIQUE,

DES AUTEURS DONT LES OUVRAGES SONT ANALYSÉS DANS LA *BIBLIOGRAPHIE DES CROISADES*.

A.

	Pag.
Accolti (Aretin d'). *De Bello Sacro*	709
Achery (Lucas d'). *Spicilegium*, etc., tom. VI	529
Adenulfe. *De Excidio Acconis*, tom. VI	287
Albert (d'Aix). *Historia Hierosolymitanæ expeditionis*, etc., tom. VI	50
Albert (le moine). *Chronicon*, tom. VI	568
Albert de Stade. *Chronicon*, tom. VI	707
Alexandre III, (pape). *Registrum Epistolarum*, tom. VI	237
Allegretti de Allegrettis. *Diarium Senense*, tom. VI	459
Almeric Auger. *Actus Pontificum Romanorum*, tom. VI	600
André. *De Redusiis*, *Chronicon Trevisianum*, tom. VI	458
Arnold, (abbé de Lubeck). *Suite de la Chronique d'Helmode*, tom. VI	654
Anselme, comte de Ribemont, à Manassé, archevêque de Reims, tom. VI	548
Antoine. De Ripalta, *Annales placentini*, tom. VI	458

B.

Baluze (Etienne). *Collectio*, etc., tom. VI	567
Baronius. *Annales Ecclésiastiques*, tom. VII, pag. 1 jusqu'à	214
Barthelemi de Ferrare. *Polyhistoria*, tom. VI	460
Barthelemi della Puglia. *Chronica di Bolona*; tom. VI	445
Baudri (arch.) *Historia Hierosolymitana*, etc., tom. VI	34
Bavonius (Florentius). *Chronicon ex Chronicis*, tom. VI	530
Belius (Mathias). *Rerum ungaricarum scriptores*, tom. VI	629
Bénédictins. *Recueil des Historiens des Gaules*, etc., tom. VI	656
Benoît de Pétersbourg. *Vita Henrici II, Angliæ Regis*, tom. VI	690
Benevenuto de Sancto Georgio. *Historia Montis Ferrati*, tom. VI	459

	Pag.
Bernard de Guy. *Vita Urbani papæ*, tom. VI.	369
Bernard Thesaurarius. *Liber de Acquisitione Terræ Sanctæ*, tom. VI.	405
Bizaro, tom. VI.	
Bonfinius. *Histoire de Hongrie*, tom. VI.	698
Bongars (Collection de), tom. VI.	1
Bromton (Jean). *Chronicon*, tom. VI.	501
Burcard Struve. *Collection des Ecrivains Allemands*, tom. VI.	551
Burselles (Jérôme de). *Annales Bononienses*, tom. VI.	459

C.

Caffarus. *Annales Genuenses*, tom. VI.	391
Callimaque (Philippe). *De Rebus a Uladislao gestis*, tom. VI.	632
Cambden (Guillaume). *Collection Anglaise*, tom. VI.	524
Canisius. *Lectiones Antiquæ*, tom. VI.	651
Chalcondyle, *Historien grec*, tom. VII.	252
Christophe de Soldo. *Memorie delle guerre contra la Signoria di Venezia*, tom. VI.	448
Cinname, *Historien grec*, tom. VII	249
Clario ou Clarius. *Chronicon Sancti Petri vivi senonensis*, tom. VI.	329
Clément IV (*Lettres du pape*), tom. VI.	308
Coggeshal (Raoul). *Chronicon Terræ Sanctæ*, tom. VI.	263
Idem. *Chronicon Anglicanum*, tom. VI.	269
Comnene (Anne). *Vie d'Alexis Comnene*, tom. VII.	248
Conrad (le philosophe). *Excerpta ex Catalogo Romanorum Pontificum*, tom. VI.	613
Cosme de Prague. *Chronicæ Bohemorum*, libri III, t. VI.	628

D.

Dandolo (André). *Chronicon*, tom. VI.	426
Duchesne (Collection de), tom. VI.	138
Durand (Jean Vito). *Chronicon*, tom. VI.	568

E.

Ebendorff (Thomas). *Chronicon Austriacum*, etc., t. VI.	615
Ecéard (Georges). *Corpus Historicum*, etc., tom. VI.	588
Ekkeard. *Libellus de expugnatione Ierosolimitana*, etc., tom. VI.	258
Ernestius (Henri). *Genealogia Regum Danorum*, tom. VI.	636
Etienne, comte de Chartres. *Lettre à sa femme Adèle*, t. VI.	345
Autre Lettre du même, tom. VI.	557

F.

Ferette de Vicence. *Historia rerum in Italiâ gestarum*, tom. VI.	425

ALPHABETIQUE.

Flavigny (Hugues de). *Chronicon Virdunense*, tom. VI.... 361
Florentine (Collection). *Rerum Italicarum scriptores*, etc.,
 tom. VI... 461
Foucher de Chartres. *Gesta Peregrinantium Francorum*, etc.,
 tom. VI... 71
Foulques. *Voyez* Gilon, tom. VI.........................
Foulques IV, comte d'Anjou. *Fragmentum Historiæ*, etc.,
 tom. VI... 350
Frédéric II, (Empereur). *Epistolæ variæ*, tom. VI......... 239
Freherus (Marquard). *Rerum Bohemicarum antiqui scriptores*, tom. VI.. 625

G.

Gales (Thomas). *Collection anglaise*, tom. VI............ 468
Gataro (André). *Istoria Padavana*, tom. VI.............. 444
Gauthier d'Hermingfort. *Chronica de gestis rerum Angliæ*,
 tom. VI... 486
Gauthier (le chancelier). *Bella antiochena*, tom. VI...... 82
Gauthier Vinisauf. *Itinerarium Regis Anglorum Ricardi*,
 etc., tom. VI..................................... 477
Geoffroi de Beaulieu. *Vita et Sancta conservatio piæ memoriæ Ludovici noni*, etc., tom. VI.................. 208
Gervais de Cantorberi. *Chronica*, tom. VI............... 506
Geyshemerus (Thomas). *Compendium Historiæ Danicæ*,
 etc., tom. VI..................................... 653
Gilles de Viterbe. *Epistola ad illustrissimum Serviæ dispotum*, tom. VI.................................... 241
Gilon (de Paris). *Historia Gestorum viæ nostri temporis Hierosolymitanæ*, etc., tom. VI.................... 184
Glaber (Raoul). *Historiarum sui Temporis, libri V*, etc.,
 tom. VI... 159
Gori de Senalongue. *Istoria della citta di Chiusi*, etc., t. VI. 467
Gregoras, *historien grec*, tom. VI....................... 251
Gobelin Persona. *Cosmodromium*, tom. VI.............. 576
Godefroi (le moine). *Annales*, tom. VI................. 551
Gualvaneo. *Opusculum de rebus gestis ab Azone*, etc., t. VI. 428
Guibert (l'abbé). *Historia Hierosolymitana, seu Gesta*,
 tom. VI... 88
Guillaume l'Armorique. *Historia de Vitâ et Gestis Philippi-Augusti*, etc., tom. VI......................... 193
Guillaume de Chartres. *De Vitâ et Sanctâ recordatione inclytæ recordatione Ludovici noni*, etc., tom. VI...... 211
Guillaume d'Andres. *Chronicon*, tom. VI............... 335
Guillaume de Maluresbury. *De Gestis Rerum Anglorum libri quinque*, tom. VI............................ 512
Guillaume du Puy. *Chronica super Historiâ negotii Francorum adversus Albigenses*, tom. VI.................. 214
Guillaume de Tripoli. *Fragmentum ex libro de statu Sarracenorum*, etc., tom. VI............................ 204

Guillaume de Tyr. *Historia rerum in partibus Transmarinis gestarum*, etc., tom. VI.................. 102
Gunther. *Historia Constantinopolitana*, tom. VI........ 653

H.

Hamsfort (Corneille). *Series Regum Daniæ*, tom. VI..... 634
Heineccius (Jean-Michel). *Scriptores rerum Germanicarum*, tom. VI..................................... 601
Hélie. *Lettre du Patriarche de Jérusalem*, tom. VI....... 139
Henelius (Nicolas). *Annales Silesiæ*, tom. VI........... 622
Herman Comerius. *Chronica Novella*, tom. VI.......... 590
Hoveden (Roger). *Annalium pars prior et posterior*, t. VI.. 515

I.

Jean d'Ipres. *Chronicon*, tom. VI..................... 324
Infessura (Etienne). *Diario della citta di Roma*, etc., t. VI. 382
Innocent III. *Epistolæ ad Regem et principes Galliæ*, tom. VI.. 215
Idem. *Epistolæ super negotio Terræ Sanctæ*, tom. VI.... 217
Innocent IV, (pape). *Epistolæ super profectione Ludovici noni*, tom. VI....................................... 203
Idem. *Bulla*, tom. VI................................ 127
Jacques de Varagine. *Chronicon*, tom. VI.............. 420
Jacques de Vitry. *Historia Hierosolymitana*, tom. VI.... 109
Idem. *Epistolæ ad Honorium papam*, tom. VI........... 320

K.

Kingthon (Henri). *Chronica de aventibus Angliæ*, etc., tom. VI... 509

L.

Labbe (Pere). *Nova Bibliotheca manuscriptum librorum*, tom. VI... 360
Labbe. *Sacrosancta Concilia*, etc., tom. VII............ 241
Idem. *Historia Byzantina*, tom. VII................... 246
Lambecius (Pierre). *Vitæ Romanorum Pontificum*, etc. tom. VI... 378
Lambert Petit. *Chronicon*, tom. VI................... 249
Langebeck (Jacques). *Collection des écrivains Danois*, tom. VI... 633
Langebeck. *Infelix expeditio Suenonis Danici adversus Turcas*, tom. VI.................................... 640
Leibnitz (Geoffroi Guillaume). *Accessiones Historicæ*, t. VI. 568
Leodrisius Cribellius. *Libri duo de expeditione Pii papæ II*, tom. VI... 453
Levol Northovius. *Chronicon Comitum de Merca*, etc., tom. VI... 578

M.

	Pag.
Mabillon. *Musœum Italicum*, tom. VI.................	354
Marangone (Bernard). *Chroniche della Citta di Pisa*, t. VI.	464
Marcellus (Christophe). *Oratio*, tom. VI.................	311
Mareschalcus (Matthieu). *Chronicon Australe antiquum*, tom. VI...	558
Idem. *Ex Chronica Augustensi*, etc., tom. VI...........	560
Marin Sanuti (Léonard). *De Origine Urbis Venetœ*, etc., tom. VI...	449
Martenne et Durand. *Amplissima Collectio*, tom. VI......	226
Idem. *Thesaurus Novus Anecdotorum*, etc., tom. VI.....	295
Idem. *Observationes de Sacra expeditione a Ludovico VII*, etc., tom. VI...	231
Idem. *Miscellanea*, tom. VI.............................	297
Martin. *Continuatio Chronici*, etc., tom. VI.............	595
Matthieu Paris. *Historia*, tom. VI.......................	533
Matthieu de Westminster. *Flores Historiarum*, etc., t. VI..	528
Meibomius (Henri). *Rerum Germanicarum scriptores*, etc., tom. VI...	576
Meyer. *Annales de Flandre*, tom. VI.....................	712
Muratori (Collection de), tom. VI........................	368
Mutius (H). *De Germanorum prima origine, moribus*, etc., tom. VI...	584

N.

Nangis (Guillaume de). *Gesta Sancti Ludovici noni*, etc., tom. VI...	198
Idem. *Gesta Philippi tertii Audacis dicti*, etc., tom. VI...	213
Idem. *Chronicon*, tom. VI..............................	336
Naugeri (André). *Historia Venetana italico sermone scripta*.	354
Neocastro (Barthelemi de). *Historia Sicula a morte Frederici imp.*, etc., tom. VI.................................	433
Nicetas, *historien grec*, tom. VII.......................	249
Nicolas de Trevette. *Chronicon*, tom VI.................	344
Niehm (Théodore). *Historia de Vita Johannis XXIII, pontificis*, tom. VI.....................................	579

O.

Odon de Deuil. *De Ludovici VII Francorum regis profectione*, etc., tom. VI.....................................	165
Odon, évêque de Tusculum. *Epistolœ II ad Innocentium IV*, tom. VI...	347
Olivier l'Ecolâtre. *De Captione Damietœ ad Engelbertum*, etc., tom. VI...	125
Idem. *De Regibus Sanctœ Terrœ*, etc., tom. VI..........	599
Orderic Vital. *Historiœ Ecclesiasticœ, lib. XIII*, etc., tom. VI...	219
Othon de Freisingen. *Libri*, tom. VI.....................	395
Othon de Saint-Blaise. *Chronicon*, tom. VI..............	598

P.

	Pag.
Palmerius (Mathias). *Opus de Temporibus suis*, tom. VI....	464
Palmerius (Matthieu). *Excerpta libro de Temporibus*, t. VI.	463
Paltram Watzon. *Chronicon Austriacum*, tom. VI........	608
Paulus Œmilius. *De Rebus Gestis Francorum*, tom. VI....	704
Pez (Hieronimus). *Scriptores rerum Austriacarum*, etc., tom. VI..	604
Philippe le Hardi. *Epistola publicata super obitu Ludovici noni regis*, tom. VI...............................	306
Phranzès ou Phranza, *historien grec*, tom. VII..........	255
Pipin (François). *Chronicon*, tom. VI.................	424
Pistorius (Jean). *Rerum Germanicarum Scriptores*, etc. tom. VI..	580
Protospat (Loup). *Breve Chronicon*, tom. VI............	389
Ptolomée de Lucques. *Historia Ecclesiastica*, tom. VI....	457

R.

Raoul de Caen. *Gesta Tancredi*, etc., tom. VI...........	313
Idem., tom. VI.....................................	383
Raoul de Dicet. *Abbreviationes Chronicorum et imagines Historiarum*, tom. VI.............................	495
Raynaldi. *Annales Ecclésiastiques*, tom. VII...........	36
Raymond (d'Agiles). *Historia Francorum qui ceperunt Hierusalem*, tom. VI.................................	42
Richard de Poitiers. *Chronicon*, tom. VI................	292
Richard de Saint-Germain. *Chronicon*, tom. VI.........	411
Richer. *Abbaticæ Senonensis Historia*, etc., tom. VI....	335
Richer (Christophe). *De Rebus Turcarum*, tom. VI......	574
Ricobaldo. *Istoria Imperiale*, tom. VI.................	421
Ricordan-Malespine. *Istoria Florentina*, tom. VI.......	416
Rigord. *Gesta Philippi-Augusti Francorum regis*, etc. tom. VI..	187
Rimer (actes de), tom. VII............................	215
Robert (le moine). *Historia Hierosolymitana*, tom. VI...	25
Roger (M). *Miserabile Carmen, seu Historia*, etc., tom. VI.	631
Romuald. *Chronicon*, tom. VI.........................	400

S.

Saccho (Barthelemi). *Historia Urbis Mantuæ*, etc., t. VI..	447
Sanuti (Marin). *Liber Secretorum Fidelium crucis super Terræ Sanctæ*, etc., tom. VI.......................	128
Saville (Henri). *Rerum Anglicarum Scriptores*, tom. VI..	512
Saxo. *Annalista ab initio Regni Francorum*, tom. VI....	589
Schardius (Simon). *Collectio*, tom. VI.................	572
Scot (Marian). *Chronicorum libri tertii*, tom. VI.......	581
Sicardi. *Chronicon*, tom. VI...........................	402
Sigebert. *Chronographia*, tom. VI.....................	583

Simon d'Impegem. *Tractatus de expugnatione urbis Constantinopolis*, tom. VI 288
Siméon de Durham. *Historia de Gestis rerum Anglorum*, tom. VI 494
Sixte IV (pape). *Excerpta Registro*, tom VI 240
Sœmundus. *Annales Islandorum*, etc., tom. VI 638
Sommesberg (Frider. Wilh.) *Silesiacarum rerum scriptores*, etc., tom. VI 622
Steron (Henri). *Annales*, tom. VI. 561
Sozomene. *Excerpta ex Historia*, etc., tom. VI 461
Stella (Georges). *Annales Genuenses*, tom. VI 458
Suger (l'abbé). *Vita Ludovici VI Regis Philippi filii*, etc., tom. VI 147
Sylvius (Œneas). *Orationes ad Historiam Frederici Facientes*, tom. VI 563
Sylvius (Œneas). *Historia Bohemica*, tom. VI 625

T.

Tagenon. *Descriptio Expeditionis Asiaticæ Contra Turcas*, etc. tom. VI 555
Théodoric. *Annales Bosovienses*. tom. VI 593
Thurosz (Jean). *Chronica Ungarorum*, tom. VI 629
Titien (Verner). *Annales Novosienses*. tom. VI 247
Torféus (Thermodus). *Histoire de Norwège*. tom. VI .. 648
Tuelfe. *Chronicon Morigniacense ab anno 1108, usque ad annum 1147*, tom. VI 248
Tudebode (Pierre). *Historia de Hierosolymitana itinere*. tom. VI 180
Tunis (l'évêque de). *Epistola ad Theobaldum Regem Navarræ*. tom. VI 293
Twisden de Kent (Roger). *Historiæ Anglicæ Scriptores Decem*. tom. VI 493

U.

Urbain IV (pape). *Epistolæ Pontificiæ Selectæ ex Registro Antiquo*. tom. VI 239
Le même. *Lettres*. tom. VI 307
Urghello (Ferdinand). *Chronica Varia Pisana*. tom. VI.. 389

V.

Vigeois (Geoffroy le). *Chronica Monasterii sancti Martialis* tom. VI 365
Villani (Jean). *Istoriæ Florentinæ*. tom VI 450
Villani (Mathieu). *Istoria*. tom. VI 438
Walsingham (Thomas de). *Upodigma Neustriæ*. tom. VI.. 525
Idem. *Chronica*. tom. VI 527

	Pag.
Wibalde ou Guibalde. *Epistolæ*. tom. VI	236
Wickes (Thomas). *Chronicon Salisburiensis Monasterii*, etc. tom. VI	470
Wimpheling (Jacques). *Epitoma Germanicarum Rerum*. tom. VI	575
Wolters (Henri). *Chronica Bremensis*. tom. VI	580

Y.

York (le cardinal V.). *Epistolæ aliquot*. tom. VI...... 241

Z.

Zanfliet (Cornelius). *Chronicon*. tom. VI............ 252

ANONYMES.

Gesta Francorum et aliorum Hierosolymitanorum. tom. VI.	24
Gesta Francorum expugnantium Hierusalem, tom. VI	93
Secunda pars Historiæ Hierosolymitanæ, tom. VI	96
Historia Hierosolymitana Auctoris incerti, tom. VI	121
Regum et Principum Epistolæ, tom. VI	122
De Recuperatione Terræ Sanctæ auctor anonymus, etc., tom. VI	137
Historiæ Franciæ fragmentum a Roberto, etc., tom. VI	144
Gesta Ludovici VII regis filii Ludovici Grossi, tom. VI	150
Historia Gloriosi regis Ludovici, etc., tom. VI	373
Fragmentum Historicum ex veteri membrana de Tributo Floriacensibus imposito, tom. VI	274
Epistolæ Historicæ quæ ad res Ludovici Grossi et ejus filii Ludovici Junioris regum illustrandas pertinent, t. VI	277
Gesta alia Philippi Angusti Francorum regis ex codice manuscripto, tom. VI	296
Lettres sur la Prise de Constantinople, tom. VI	298
Gesta alia S. Ludovici noni Francorum regis auctore anonymo, tom. VI	302
Miscellanea Epistolarum et Diplomatum, tom. VI	326
Gesta Trevirensium Archiepiscoporum ab anno 680, etc., tom. VI	542
Guillelmi Tyrii continuata belli Sacri Historia, etc., tom. VI	282
Chronicon Turonense Auctore anonymo, etc., tom. VI	288
Miscellanea, tom. VI	297
Chronicon S. Medardi Suessionensis, etc., tom. VI	330
Chronicon Breve ecclesiæ S. Dionisii ad Cyclos Paschales, tom. VI	332
Pièces diverses, tom. VI	351
Historia de Viæ Hierosolymis, etc., tom. VI	355
Chronicon Rothomagense, etc., tom. VI	362

ALPHABETIQUE.

	Pag.
Chronicon Vezeliacense, tom. VI	363
Sancti Maxentii in Pictonibus Chronicon quod vulgò dicitur Mailliacense, etc., tom. VI	364
Monachi Patavini Chronicon, tom. VI	415
Memoriale Potestatum Regiensium, tom. VI	419
Annales Cœsenates Auctore anonymo, tom. VI	440
Chronicon Estense, tom. VI	441
Breviarium Italicæ Historiæ ab anonymo Italo, tom. VI	442
Annales Mediolenenses auctore anonymo, tom. VI	442
Chronicon Neritinum, etc., tom. VI	456
Annales Forolivienses anonymo auctore, tom. VI	458
Diarium Parmense auctore anonymo, tom. VI	458
Diario Ferrarese di auctori incerti, tom. VI	459
Annales Marganenses, sive Chronica abreviata, tom. VI	468
Annales Waverleienses ex Monastici Anglici, tom. VI	472
Historia captionis Damietæ, tom. VI	483
De Antiquitate Ecclesiæ Britannicæ, etc., tom. VI	531
Magnum Chronicum Belgicum, tom. VI	586
Chronica Regia Monachorum S. Pantaleonis, etc., t. VI	592
Antiquitatum Goslariensium, etc., tom. VI	601
Chronicon Monasterii Mellicensis, etc., tom. VI	604
Chronicon Salisburgense, tom. VI	605
Auctoris incerti Chronicon Austriacum, tom. VI	607
Anonymi Leobiensis Chronicon, etc., tom. VI	610
Anonymi Mellicensis Breve Chronicon Austriæ, tom. VI	614
Regum et Gentis Danorum Historia, etc., tom. VI	634
Annales ab anonymo Circa Albiam, tom. VI	635
Annales Islandorum regii, etc., tom. VI	638
Annales Danici, etc., tom. VI	642
Iter Hierosolymitanum Suenonis Episcopi, etc., tom. VI	643
Anonymus de Profectione Danorum in Terram Sanctam, tom. VI	645
Frederici primi, imperatoris expeditio Asiatica, etc., tom. VI	652
Les Gestes de Philippe-Auguste extraits des grandes chroniques de Saint-Denis, tom. VI	689

AUTEURS ARABES.

Aboulabbas. Coup d'œil général sur les Royaumes, tom. VII.	812
Aboulféda. Annales des Musulmans, tom. VII	278
Aboulmahassen. Etoiles resplendissantes des Rois d'Egypte, tom. VII	815
Djemaleddin. Remède contre le chagrin, tom. VII	548
Ibn Alatsyr, ou continuateur de Tabari. Histoire Générale, tom. VII	382 et 390
Idem. Histoire des Atabeks, tom. VII	814
Ibn Djouzi. Miroir des Temps, tom. VII	813
Ibn Ferat, tom. VII	764
Ibn Ibrahim. Histoire d'Egypte, tom. VII	810

TABLE ALPHABETIQUE.

	Pag.
Kemaleddin. *Histoire d'Alep*, tom. VII	813
Makrisi. *De la Connaissance des Dynasties*, tom. VII	711
Modjireddin. *Histoire de Jérusalem*, tom. VII	815
Mohammed. *Histoire d'Egypte*, tom. VII	816
Mohiéddin. *Vie de Bibars*, tom. VII	668
Novairi, tom. VII	819
Saleh, fils d'Iehia. *Histoire de Berithe*, tom. VII	817
Schehabeddin. *Les deux Jardins*, tom. VII 568	570
Soyouti. *Histoire d'Egypte*, tom. VII	817
Takieddin. *Histoire d'Egypte*, tom. VII	817

ANONYMES.

Le Continuateur d'Elmacin, tom. VII	820
Vie de Kelaoun, tom. VII	683
Histoire de Jérusalem et d'Hebron, tom. VII	821

Nota. Nous n'avons point mis dans cette table toutes les autres pièces historiques dont il est parlé dans la Bibliographie, elles sont en trop grand nombre.

COLLECTION
DE BONGARS.

NOTIONS PRELIMINAIRES.

Bongars (Jacques) naquit à Orléans. Il fut considéré comme un des plus habiles critiques de son temps. Ayant été employé près de trente ans, par Henri IV, dans des négociations près des princes d'Allemagne, il s'acquitta de sa mission avec honneur et succès, et mourut, quelque temps après son retour, à Paris, en 1612.

Bongars a laissé un recueil considérable de lettres, et a donné ses soins à plusieurs collections importantes, entr'autres à celle dont nous nous occupons ici.

On doit placer à la tête de tous les monumens de l'histoire des croisades, le recueil connu sous le nom de *Gesta Dei per Francos, sive Orientalium expeditionum et Regni Francorum Hierosolymitani historia...... à Jacobo Bongarsio*. Hanoviæ, 1611, 2 vol. in-fol.

Cette compilation, dans le temps que Bongars la fit paraître, avait un grand mérite, puisqu'elle contenait tous les historiens originaux des croisades alors connus; mais elle a beaucoup perdu de son prix depuis les heureuses et abondantes moissons qu'ont faites dans ce genre les Duchesne, les Martenne et Durand, les Labbe, Mabillon, Muratori, etc., etc., et les autres laborieux savans qui ont consacré tant de veilles à tirer des manuscrits plus ou moins précieux de l'obscurité et de la poussière.

La *Bibliographie des Croisades* que nous publions aujourd'hui, et qui renferme dans un seul cadre l'extrait de toutes les collections faites par ces savans, peut être regardée, autant qu'un extrait peut suppléer à tant d'ouvrages précieux, comme le complément d'une entreprise dont la collection de Bongars serait le commencement.

Nous allons faire connaître les ouvrages et les auteurs de cette collection, dans le rang que Bongars leur a assigné. Plusieurs des morceaux qu'il a recueillis ont été réimprimés dans d'autres collections bien plus correctement, et même avec préface, notes préliminaires ou additions. Nous nous sommes réservé de noter et de faire connaître ces améliorations, lorsque nous rendrons compte de ces collections, et de renvoyer aussi aux articles de Bongars, pour la substance ou l'extrait des ouvrages réimprimés.

Gesta Francorum et aliorum Hierosolymitanorum.

Art. I, pag. 1.

Les Bénédictins, dans le quatrième volume de leur recueil des *Historiens de France*, se sont attachés à prouver que cet ouvrage publié par Bongars, sans nom d'auteur, est le même que celui de Tudebode inséré dans la collection de Duchesne. Ils ont fait beaucoup de bruit sur cette ressemblance, et ont crié au plagiat ; mais dès que l'anonyme, quel qu'il soit, qui a copié Tudebode, à quelques légères altérations près, n'a point mis son nom à cette copie et ne s'est point annoncé pour être l'auteur de l'ouvrage, il ne peut y avoir de plagiat ; s'il avait eu l'intention de piller Tudebode, il aurait, selon la coutume des écrivains du moyen âge, mis après le titre qu'il a donné à sa copie : *autore anonymo* : dès qu'il ne l'a pas fait, il n'est pas plagiaire ; il est copiste.

Bongars ayant trouvé cette copie, l'imprima dans son recueil comme étant l'ouvrage d'un Italien, parce que l'auteur y montre beaucoup d'affection pour Boëmond (1) et pour Tancrède. Mais, Jean Besli, savant antiquaire, ayant eu un ancien exemplaire de Tudebode, le conféra avec cette copie et prouva l'identité dans une dissertation qu'il envoya à Duchesne avec une copie de son manuscrit. Nous renvoyons donc, pour l'analyse de Tudebode, à la collection de Duchesne où cet ouvrage est plus complet et plus exact que dans Bongars. Nous renvoyons aussi au premier article du *Musée Italique* du père Mabillon, page 355 de ce volume. On verra que l'ouvrage qui y est analysé a été mal-à-propos confondu avec ce premier anonyme de Bongars et avec Pierre Tudebode.

Roberti-Monachi historia hierosolymitana.
Art. II, pag. 31.

Robert-le-Moine, abbé de Saint-Remi de Reims, est auteur d'une histoire de la première croisade, qu'il composa dans le prieuré de Senuc, où il s'était retiré, après avoir été déposé de son abbaye de Marmoutiers. Il nous apprend que, désirant vivement visiter les saints lieux, il entreprit son pélerinage l'année qui suivit le concile de Clermont, auquel il avait assisté en qualité d'abbé, et qu'il se trouva au siége de Jérusalem ainsi qu'à la victoire d'Ascalon. Accusé, pendant son absence, par les moines de son monastère, d'en avoir dissipé les revenus pour faire son voyage, il fut déposé,

---

(1) Voici comme l'auteur raconte ce qui engagea Boëmond dans la croisade. Ce prince était occupé au siége d'Omalfi, dans la Campanie, lorsqu'il apprit qu'il venait une multitude innombrable de Français, dans le dessein d'aller au Saint-Sépulcre et de livrer bataille aux infidèles. Il s'informa avec soin de la qualité des seigneurs, et s'étant fait apporter une pièce de soie, il la fit couper en petits morceaux, et en distribua des croix à tous ses gens : ces croix étaient rouges ; chaque pélerin en portait une cousue sur l'épaule droite ou entre les deux épaules. Les soldats de l'armée du siège ayant appris ce que venait de faire Boëmond, accoururent à lui, et laissèrent seul Roger, son oncle, avec qui il avait commencé ce siège. Boëmond voyant son armée pleine d'ardeur pour aller combattre les infidèles, mit ordre à ses affaires; et partit bientôt pour la Terre-Sainte. (Lib. 1, cap. IV, pag. 3).

et se retira, à son retour, dans le prieuré que nous venons de citer, où il travailla à son ouvrage. Il fut décidé à le composer par l'abbé Bernard, qui lui avait montré une histoire de cette célèbre expédition, dont il était très-mécontent, parce qu'elle était incomplète, et qu'une si belle matière ne s'y trouvait pas traitée avec la méthode et le style convenables. Robert retoucha donc, et recomposa cette histoire, en y ajoutant ce qui concernait le concile de Clermont, où il avait été appelé, comme nous l'avons dit précédemment.

L'histoire de Robert-le-Moine a une grande conformité avec l'écrit de l'anonyme que nous venons de faire connaître; elle est seulement distribuée différemment. Elle est divisée en huit, neuf et même dix livres, suivant la volonté des éditeurs, qui ont partagé quelquefois les derniers livres en deux. Cette histoire commence au concile de Clermont, et finit à la journée d'Ascalon. L'auteur la fait précéder d'une sorte d'introduction apologétique, où il s'excuse de la barbarie de son style, et où il fait voir comment il fut engagé à entreprendre cet ouvrage; il entre ensuite en matière.

Le premier livre commence par le concile de Clermont tenu en 1095. Robert dit que le pape Urbain y prononça un discours plein d'une touchante éloquence; l'éloge que le pontife y fit des Français doit trouver ici sa place : « Nation des Francs, dit-il, nation d'au-delà les monts, nation chérie et choisie de Dieu, comme le prouvent plusieurs de vos brillans exploits, nation distinguée de toutes les autres nations, tant par la situation de votre territoire que par votre foi et l'honneur que vous rendez à la Sainte-Eglise; mon discours s'adresse particulièrement à vous. » Afin que tous les fidèles vissent clairement, ajoute Robert, que cette entreprise était l'ouvrage de Dieu et non des hommes, le jour même de la tenue du concile, la renommée répandit dans tout l'univers, et jusques dans les îles maritimes de l'Océan, que le voyage de Jérusalem venait d'être résolu. Les chrétiens s'en réjouirent et s'en glorifièrent; les gentils de la Perse et de l'Arabie s'en affligèrent et en frémirent.

L'historien parle alors de l'élection de l'évêque de Puy

pour chef spirituel de l'entreprise, du prodigieux concours de croisés dont il porte le nombre jusqu'à trois cents mille; de l'armée qui se mit en marche par la Hongrie sous la conduite de Godefroy, dont il fait un très-bel éloge ; de l'arrivée de Pierre l'Ermite auprès de Constantinople où ses bandes, composées en grande partie d'Allemands, se joignirent à un grand nombre de Lombards. L'empereur Alexis ayant refusé à la troupe de Pierre l'Ermite, dit l'auteur, l'entrée de Constantinople, et lui ayant fait traverser le bras de Saint-Georges, une partie de cette armée se choisit pour chef un certain Renaud sous la conduite duquel elle ne cessa de se livrer au brigandage. Ces croisés arrivèrent ainsi jusqu'à Nicomédie, puis entrèrent dans la Romanie, et, au bout de trois jours, allèrent au-delà de Nicée. Ayant trouvé un château abandonné, nommé *Exerogorgo*, ils y entrèrent ; mais bientôt ils y furent assiégés par les Turcs, et s'y virent réduits à une telle extrémité qu'ils furent obligés de couper les veines des chevaux, des bœufs, des ânes et autres bêtes de somme, pour en boire le sang afin d'étancher la soif dont ils étaient dévorés; d'autres creusèrent la terre qu'ils suçaient pour en tirer l'eau ; d'autres crurent se désaltérer en buvant leur urine. Leur chef Renaud ne vit de moyen de se sauver que de traiter secrètement avec les Turcs. Il feignit de vouloir livrer combat : il rangea sa troupe en bataille et, quand l'action fut engagée, il passa, avec plusieurs autres, du côté des Turcs, monté sur son cheval et tout armé. Ceux qui restèrent dans le château aimèrent mieux être exterminés que d'abjurer la foi chrétienne à l'exemple de leur chef. Les Turcs passèrent au fil de l'épée cette multitude et en firent prisonniers un grand nombre.

Robert rend compte du siège que les Turcs firent d'un château nommé *Civitot*, où plusieurs de la troupe conduite par Pierre l'Ermite s'étaient retirés après la mort de Gauthier-Sans-Avoir; il parle en même temps du massacre des Chrétiens surpris dans leur camp par les Infidèles ; entr'autres de celui d'un prêtre qui célébrait la Messe; et il dit un mot du séjour de Pierre l'Ermite à Constantinople.

Dans le deuxième livre, l'auteur peint la consternation que répandit dans l'Occident la nouvelle de ces désastres; il fait connaître le nombre et les noms des princes croisés, la résolution que prirent les seigneurs de la Pouille, de la Calabre, de la Sicile, de suivre Boëmond qui venait de se croiser; Robert raconte l'arrivée de Godefroy et de l'armée chrétienne à Constantinople, la terreur que l'empereur Alexis en conçut, les piéges qu'il tendit à Baudoin et à Godefroy, l'hommage qu'il exigea des chefs croisés et la promesse qu'il leur fit de les aider, de les protéger dans leur marche, de leur fournir des provisions et de prendre part à leurs exploits.

Dans son troisième livre, l'historien, après avoir parlé de l'arrivée et du séjour de Godefroy et de Tancrède à Nicomédie, dit qu'avec quatre mille hommes armés de haches et de sappes, ces princes firent ouvrir un chemin aux croisés; il donne les détails du siége et de la prise de Nicée par l'armée chrétienne, et fait connaître la mauvaise foi de l'empereur Alexis qui s'empara d'une ville dans laquelle les Turcs ne tardèrent pas à rentrer. L'auteur décrit fort au long le combat qui se livra ensuite à quelques lieues de Nicée contre trois cents mille infidèles, le carnage qui s'y fit, et la terreur de Soliman. Il rapporte que les Sarrasins, pour retenir ce prince qui fuyait, lui représentaient que son père n'avait jamais quitté un champ de bataille, et que Soliman les interrompit et leur dit en soupirant: » Quelle est votre folie? vous ne connaissez pas encore la valeur des Francs, vous n'avez pas encore éprouvé leur courage; ce n'est point un courage humain, mais divin, ou diabolique; ce n'est pas dans leur secours qu'ils se fient, mais dans celui de Dieu. Les avions-nous déjà vaincus pour leur préparer d'avance des cordes et des chaînes? Cette nation innombrable qui ne craint ni la mort ni l'ennemi est sortie tout-à-coup des montagnes et, sans hésiter s'est précipitée sur nos bataillons. Quel œil pouvait supporter l'éclat de leurs terribles armes ? leurs lances brillaient comme des astres étincelans, leurs boucliers et leurs cuirasses jetaient des feux semblables à ceux de l'aurore du printemps; le bruit de leurs armes était plus redoutable que celui de la foudre; lorsqu'ils se préparent au combat ils élèvent leurs lances, marchent à la file et se taisent comme s'ils étaient sans voix; lorsqu'ils approchent de leurs ennemis ils se précipitent sur eux avec autant de fureur que des lions poussés par la faim et altérés du sang des animaux : alors ils jettent des cris, grincent des dents et remplissent l'air de leurs clameurs; étrangers à la pitié, ils ne font aucun prisonnier, ils tuent tout ! Que dirai-je de cette cruelle nation ? il n'en est aucune qui puisse lui résister, qui puisse lui échapper, car elle a pour elle le secours de Dieu ou du diable. Toutes les autres nations craignent nos arcs et redoutent nos traits, mais ceux-ci, quand ils sont couverts de leurs cuirasses, ne craignent pas plus nos flèches que de la paille, et nos traits que des baguettes. Hélas ! nous étions trois cent soixante mille et nous sommes tous tués ou dispersés par eux, voilà le quatrième jour que nous fuyons et notre frayeur est encore aussi grande que le premier jour. Si vous voulez donc suivre un conseil sensé, quittez au plus tôt la Romanie, et faites en sorte que leurs yeux ne vous voient plus. » Ce discours paraît plutôt celui de l'historien que de Soliman. Quoi qu'il en soit, les Sarrasins suivirent le conseil de leur chef et s'enfuirent au plus vite avec lui. Robert raconte ensuite l'entrée des croisés dans la Lycaonie à Icone et à Héraclée, le siége de Tharse par Tancrède et Baudoin, frère de Godefroy, la prise de Mamistra et de plusieurs forteresses; il parle de l'invasion de l'Arménie, de la prise de Césarée de Cappadoce et de l'arrivée de l'armée devant Antioche.

Le quatrième livre est consacré aux détails du siége de cette ville dont Robert-le-Moine décrit d'abord la situation. L'auteur compte sept mille Sarrasins précipités du pont dans l'Oronte, et sept mille autres faits prisonniers, dans un des combats qui eurent lieu devant les murs de la ville, et dans lequel le duc de Bouillon fit plus particulièrement admirer sa valeur.

Le cinquième livre contient la suite des opérations du siége et la prise d'Antioche. Robert, en décrivant ce siége, dit que Tancrède interceptant tous les chemins, aucun habitant de la ville n'osait plus sortir des murs; les assiégés demandèrent, à cause de cela, une suspension d'armes pour traiter des conditions auxquelles on rendrait la ville aux chrétiens. Les chefs des croisés y consentirent ; on fixa la durée de la trêve et on jura, de part et d'autre de l'observer. Dès ce moment les portes de la ville furent ouvertes, les Francs y entrèrent librement et les citoyens d'Antioche allèrent avec la même liberté au camp des croisés. Sur la fin de la trêve, un guerrier chrétien, nommé Walon, qui tenait un rang très-distingué dans l'armée, se fiant trop à la bonne foi des Sarrasins, et séduit par l'agrément des lieux, s'était un jour écarté dans des bruyères ; des Sarrasins, que l'auteur appelle des chiens armés (*canes armati*), le voyant sans armes, l'attaquèrent et le coupèrent par morceaux. La mort de Walon rompit la trêve; les portes de la ville furent de nouveau obstruées et les Sarrasins se virent renfermés dans leurs murs et dans leurs tours. Le camp des croisés fut dans le deuil, hommes et femmes déploraient par leurs sanglots la mort de Walon ; l'épouse de ce guerrier augmentait la douleur générale par son désespoir et par ses larmes. Elle était d'une haute naissance et d'une beauté remarquable; elle restait par momens immobile comme une colonne de marbre, ensorte, dit Robert, qu'on l'aurait crue morte si on n'eût senti la chaleur vitale faire battre son cœur. Mais lorsqu'elle revenait à elle, elle se roulait à terre, se déchirait les joues avec les ongles et s'arrachait ses cheveux d'or ; les autres femmes voulurent envain essayer de calmer sa douleur; il n'y eut que son frère Evrard qui vint à bout d'apaiser un peu les transports de son désespoir.

Le sixième livre parle de l'arrivée de Corboran qui vint

à son tour assiéger les chrétiens à la tête d'une armée composée de Perses, d'Arabes, de Mèdes, de Turcs et d'autres nations. L'historien rend compte des combats qui se livrèrent de nouveau sous les murs d'Antioche, et de l'éloignement d'Etienne, comte de Blois, qui, en se retirant, détourna l'empereur grec d'aller au secours des croisés. Dans le septième livre l'auteur raconte l'apparition de la Sainte-Vierge et de Saint-Pierre à un prêtre de l'armée, apparition qui fut suivie de la découverte de la lance qui perça le corps de J.-C. et avec le secours de laquelle les croisés vinrent à bout de chasser les infidèles et de poursuivre leur entreprise. Il dit qu'un Provençal étant sorti de la ville, pressé par la faim, était allé auprès de Corboran, lui avait rapporté que les chrétiens dans la disette cherchaient tous les moyens de fuir, qu'ils mangeaient leurs chevaux, qu'ils languissaient de besoin, et qu'il ne leur restait d'autre ressource que de s'enfuir ou de se livrer à Corboran. Mais un jour que l'armée chrétienne sortit de la ville en plusieurs corps de troupes, Corboran demanda au Provençal quel était le nom de chaque corps qu'il voyait défiler. Le soleil réfléchissait alors ses rayons sur les cuirasses et sur les lances dorées; et l'éclat des armes éblouissait les yeux. Lorsque le prince eut vu toutes les troupes réunies il frémit en lui-même, et dit à ceux qui étaient près de lui. « Cette nation est nombreuse et bien armée; elle a plutôt l'air de vouloir combattre que de fuir. » Puis, se tournant vers l'apostat : « Scélérat! trompeur, lui dit-il, tu m'as menti sur ces hommes, quand tu m'as assuré qu'ils mangeaient leurs chevaux, et que la faim les faisait penser à la fuite. Par Mahomet! ton mensonge retombera sur ta tête! » Aussitôt Corboran fait approcher un soldat et fait trancher la tête à l'apostat.

Robert ajoute que les croisés vainqueurs choisirent Hugues-le-Grand pour aller à Constantinople porter la nouvelle de leur victoire à l'empereur grec, et qu'après avoir rempli sa mission, Hugues ne put revenir à l'armée, ayant été surpris dans son retour par une maladie.

Dans le huitième livre, Robert dit que Raimond, comte de Saint-Gilles, parti d'Antioche avec sa troupe, s'empara successivement de deux villes qu'il nomme *Rugia* et *Albarie*, puis de *Marra*. Il parle des démêlés de ce comte avec Boëmond, et de l'affliction que ces démêlés causèrent à toute l'armée chrétienne. Il fait le récit de la marche des croisés vers Jérusalem.

Dans le neuvième livre, l'historien décrit le siége de Jérusalem, et peint avec assez d'énergie le moment où les chrétiens y entrèrent. On doit s'étonner toutefois que, dans la description de cette scène de carnage, l'auteur cherche à produire de l'effet par des images qui dégénèrent en mauvais goût. « Il y eut, dit-il, tant de sang répandu dans le temple que les corps morts y nageaient et étaient poussés vers le parvis. On voyait flotter des bras et des mains coupés, qui allaient se joindre à des corps qui leur étaient étrangers. On ne pouvait distinguer à quel corps appartenait un bras qu'on voyait se joindre à un tronc. Les soldats eux-mêmes, qui faisaient ce carnage, supportaient avec peine les fumées qui s'en exhalaient. » Robert parle du pillage de la ville, qui, selon lui, était pleine de toutes sortes de richesses. Il raconte l'élection de Godefroy pour roi du nouveau royaume; puis la bataille d'Ascalon, où le carnage ne fut pas moindre qu'à Jérusalem. Plusieurs milliers de combattans y périrent, qui ne seraient pas morts, dit-il, si on avait pu fuir; mais la multitude était si grande que ceux qui se trouvaient derrière, poussaient, sur les épées des nôtres, ceux qui étaient devant. L'auteur ajoute que des Turcs étant montés sur des arbres, les croisés tiraient sur eux comme sur des oiseaux, et les égorgeaient après les avoir abattus. Il rapporte le discours plein de reproches qu'un émir, nommé Clément, adressait à Mahomet, en voyant les chrétiens triompher, et surtout en regardant le comte de Saint-Gilles, qui combattait près de la mer, et qui forçait plusieurs milliers d'ennemis à s'y précipiter.

Robert-le-Moine passait, dans son temps, pour un homme fort instruit, et pour avoir écrit assez purement son histoire. Bongars, en parlant de lui, dit : *Robertus, ingenio clarus et apertus eloquio.* Oderic Vital rend de lui le même témoignage, et dit qu'il n'a pas écrit avec moins de vérité que d'élégance. Ce qui rend cette histoire digne de confiance, c'est que l'auteur a été témoin de la plupart des événemens qu'il rapporte, ayant assisté au concile de Clermont, et s'étant trouvé au siège et à la prise de Jérusalem. Suivant le goût du temps, il mêle quelquefois, dans sa narration, des vers à sa prose. Parmi ceux qui sont en marge, et qui sont comme le sommaire de ce qu'il y a de plus important dans le corps de l'ouvrage, on en remarque deux qui fixent l'année de la prise de Jérusalem :

> Anno milleno centeno quo minus uno
> Hierusalem Franci capiunt virtute potenti.

Quelqu'éloge qu'ait reçu Robert-le-Moine pour son style, il nous semble que ce n'est pas par l'éclat de sa poésie qu'il a pu le mériter.

Robert paraît mettre le plus grand prix à la vérité. Voici comme il s'exprime lui-même à cet égard : « *Sciant qui hæc legerint sive qui audierint quod nihil frivoli, nihil mendacii, nihil nugarum, nisi quod verum, narrabimus.* On ne trouvera, dans mon ouvrage, ni bagatelles, ni fausseté, ni mensonges. » On ne peut cependant disconvenir que son récit ne porte quelquefois l'empreinte de la crédulité, et que Robert n'ait un certain penchant pour le merveilleux.

L'histoire de Robert-le-Moine est un des premiers ouvrages imprimés à Paris depuis l'invention de l'imprimerie. La première édition est sans date, sans nom d'imprimeur ; les lettres en sont carrées, et elle n'offre ni lettres capitales, ni chiffres, ni réclames : indices qui peuvent faire placer cette édition vers l'an 1470 ou 1472. L'ouvrage comporte cent vingt-six feuillets, et commence par une lettre de l'empereur de Constantinople, adressée spécialement à Robert, comte de Flandre, qui avait vu cet Empereur dans un pélerinage qu'il fit à Jérusalem. Cette lettre est suivie d'une préface apologétique de l'historien et d'un prologue ; et à la fin de l'ouvrage, on trouve une courte lettre du patriarche de Jérusalem, des évêques tant grecs que latins, et de toute l'église d'Orient. Cette édition est pleine de fautes.

La plus ancienne édition, après celle dont nous venons de parler, parut à Bâle, en 1535 ; elle présente aussi beaucoup d'incorrections. Ce n'est qu'après avoir revu avec grand soin ces deux éditions, et consulté trois manuscrits, que Bongars nous a donné une nouvelle édition de cette histoire, sous le titre que nous avons placé à la tête de cet extrait, et qui tient la deuxième place dans sa collection.

Le savant commentateur Barthius a ajouté des notes précieuses à cette histoire, qui a été réimprimée à Francfort, en 1726, parmi les écrivains allemands de Juste Reuber. Cette édition est, sans contredit, la meilleure.

Historia hierosolymitana Baldrici, archiepiscopi.

Art. III, pag. 85.

Baudri naquit à Orléans ; il embrassa la vie monastique et devint abbé des Frères de Bourgueil. Il fut très-versé dans l'étude des lettres ; son savoir et ses vertus le firent élever à la dignité d'archevêque de Dol. Baudri, suivant le témoignage d'Orderic Vital, composa plusieurs ouvrages, entre autres celui qui va nous occuper. Il commença son histoire de Jérusalem, comme il le dit lui-même dans sa préface, à l'âge de soixante ans, lorsqu'il était déjà archevêque. Il avait assisté au concile de Clermont ; mais il ne fut point témoin des événemens de la guerre. C'est d'un auteur anonyme (1), et de ce qu'il avait appris de témoins oculaires, qu'il tira son récit. Ce récit commence avec la première croisade, et va jusqu'à la bataille qui fut livrée après la prise de Jérusalem.

Orderic Vital loue la véracité, la clarté et l'éloquence de Baudri ; il ne dissimule point qu'il a puisé beaucoup de faits dans son histoire.

Baudri a divisé son ouvrage en quatre livres. Il l'a fait précéder d'une lettre qu'il écrivit à Pierre, abbé de Maillesais, pour lequel il avait une tendre vénération. Cet abbé avait été à Jérusalem, et par conséquent il avait vu ce que Baudri raconte. C'était donc pour avoir son opinion sur son travail que Baudri le lui avait envoyé. L'abbé lui répondit, et le loua beaucoup sur la manière dont il avait exécuté son entreprise. Cette réponse est à la suite de la lettre.

Baudri, dans son prologue, parle de l'enthousiasme qui anima tout l'Occident, et arma tant de princes et de guerriers contre les nations barbares, sous l'oppression desquels gémissaient les chrétiens d'Orient. Il déclare en même temps qu'il s'attachera à être vrai et impartial, en racontant les traits de courage des infidèles comme ceux des chrétiens.

Son premier livre commence par l'histoire très-abrégée de Jérusalem, jusqu'au moment où elle devint tributaire de l'émir du Caire. L'auteur fait la description des maux que les chrétiens eurent à souffrir des Sarrasins, dont l'empire s'était étendu jusqu'à Antioche. Il parle du concile de Clermont, qui eut lieu après celui de Plaisance, et il rapporte le discours que le pape Urbain II tint dans cette grande assemblée, pour exciter le zèle des chrétiens qui s'y étaient rendus de tous les côtés. Presque tous les auteurs qui ont parlé de ce concile, ont mis, dans la bouche du Pape, un discours de leur façon. Cependant le fond en est le même chez tous, il n'y a de différence que dans la forme et les expressions.

---

(1) On sait aujourd'hui que cet anonyme est Tudebode, dont l'ouvrage était défiguré.

Baudri raconte les prodiges qui furent aperçus dans le ciel, en l'année 1095, où se tint le concile de Clermont, et il n'hésite point à dire que c'étaient autant de pronostics ou de signes par lesquels Dieu manifestait sa volonté. Il n'ose affirmer qu'il soit tombé des étoiles du ciel, comme on le disait alors ; mais il croit bien qu'il en tombe quelquefois. Baudri, comme on le voit, n'était pas un grand physicien. En parlant du nombre prodigieux de ceux qui se présentaient pour la croisade, il dit que beaucoup d'ermites, de reclus et de moines abandonnèrent, peu sagement, leurs demeures, et que la plupart de ceux qui obtinrent, de leur abbé, la permission de partir se dérobèrent aux dangers par la fuite. Il dit aussi qu'il y eut beaucoup de gens du peuple qui, par ostentation, s'imprimèrent la croix avec un fer chaud.

Après avoir nommé les principaux chefs des croisés, il ajoute que l'Angleterre et plusieurs autres îles maritimes, malgré leur éloignement du reste du monde, ne purent ignorer ce qui se passait en Europe. Le bruit de la croisade retentit partout, et mit les armes à la main aux Bretons, aux Gascons et aux Gallois. Les Vénitiens, les Pisans, les Génois, et tous ceux qui habitent les côtes de l'Océan et de la Méditerranée équipèrent des vaisseaux et les chargèrent d'hommes, d'armes, de machines et de provisions. Ceux qui allaient par terre, dit-il, couvraient toutes les contrées par où ils passaient comme des nuées de sauterelles.

De même que Robert-le-Moine, Baudri, après avoir raconté la marche de Pierre-l'Ermite, jusqu'aux environs de Constantinople, et sa réunion avec des Lombards et des Allemands, qui l'avaient précédé, parle des désordres de ces croisés ; désordres qui obligèrent l'empereur grec à leur faire passer le Bras-de-Saint-Georges.

Baudri fait mention de la division, en deux corps d'armée, de ces pélerins ; un de ces corps, sous la conduite de Rénault, entra dans la Romanie, s'avança au-delà de Nicée, et s'empara d'un château nommé *Exerogorgo*. Il peint, comme

Robert, l'extrémité où ces chrétiens, assiégés par les Turcs, se virent bientôt réduits. Il raconte de même comment Renault se sauva, en sacrifiant lâchement tous les siens. Il parle aussi du retour à Constantinople de Pierre-l'Ermite, de la défaite du corps commandé par *Gauthier-sans-Avoir*, et de la mort glorieuse de ce chef.

L'auteur fait alors le récit de la marche de l'armée chrétienne, conduite par les princes croisés. Il parle de la perfidie d'Alexis, des trahisons des Grecs, de la vengeance et des excès auxquels se livrèrent les pèlerins. Le premier livre se termine par le récit du siége et de la prise de Nicée.

Le second livre de Baudri commence par le combat que Boëmond eut à soutenir contre les Turcs quelques jours après la prise de Nicée. L'armée s'était, comme on sait, partagée en deux corps. Les Turcs, aussi nombreux que le sable de la mer, dit Baudri, se portèrent sur Boëmond. La colère et la fureur les animait. Ils étaient indignés de voir leurs possessions ravagées par les étrangers. Ils avaient à cœur surtout la prise de Nicée. Boëmond, voyant leur multitude innombrable qui menaçait et insultait les siens de la voix et de l'épée, resta intrépide et tint à ses compagnons d'armes le discours suivant, dont l'éloquence guerrière s'accorde assez avec le caractère des preux de ce temps :

« Braves soldats du Christ, voici le temps de com-
« battre. Renoncez à tous les motifs de crainte qui amollissent
« les courages. Il s'agit de vous défendre vous-mêmes avec
« fermeté. Soutenez, sans vous lasser, les coups des enne-
« mis. Confians dans le secours de Jésus-Christ, montrez la
« force de vos bras. Faites voir, en voici le moment, la va-
« leur de vos ancêtres. Ne ternissez pas, je vous en conjure,
« l'honneur des Francs par votre indolence. N'avilissez pas,
« par votre conduite, le saint nom de chrétiens. La circons-
« tance est critique ; le combat est devant vous ; l'ennemi
« est tout prêt et en grand nombre. Cependant, rien de ce
« qui arrive n'arrive contre votre intention ou votre gré.
« Tout succède comme vous l'avez désiré. Vous êtes sortis

« de votre pays, vous êtes venus ici pour cela. Vous avez
« toujours souhaité de combattre. Voilà ce que vous avez
« demandé, voilà ce que vous avez désiré long-temps. Les
« ennemis nous environnent de toutes parts. Mais ne vous
« effrayez pas, nation invincible, nation dont le courage est
« inébranlable ! car Dieu est avec nous. Si quelqu'un a peur,
« qu'il se taise, qu'il dissimule sa crainte. C'est maintenant
« qu'il faut des armes et du courage. Mais pourquoi vous
« arrêter par mes discours ? Chacun de vous ne se parle-t-il
« pas à lui-même ? »

Boëmond fit aussitôt avertir ses compagnons qui étaient éloignés pour qu'ils vinssent lui prêter leur secours. Le combat s'engagea et la victoire resta aux chrétiens. Soliman prit la fuite. Baudri rapporte, non dans les mêmes termes, ni aussi longuement que Robert-le-Moine, mais avec le même sens, la réponse que le prince turc fit aux Arabes qui lui reprochaient de fuir. L'auteur, suivant les croisés dans leur marche, arrive avec eux à Antioche, après avoir indiqué toutes les villes qu'ils prirent ou occupèrent sur leur route. Les détails du siége d'Antioche et de la prise de la ville, remplissent tout le second livre de cette histoire.

Dans son troisième livre, Baudry fait l'énumération des forces que Corboran (Karbogha) avait ramassées de toutes parts pendant le siége. Il raconte que des Sarrasins, ayant trouvé ou enlevé à quelques chrétiens une épée rouillée et une lance dont on ne pouvait plus se servir, vinrent les apporter à Corboran qui était alors campé devant Antioche, entre le fleuve Oronte et le lac. Voilà, lui dirent-ils, les armes précieuses avec lesquelles ces *sauterelles*, venues de la Gaule, prétendent nous vaincre. Corboran souriant, prit les armes, les mania, et répondit d'un air moqueur : «Les Francs n'ont encore trouvé aucun homme. Voilà donc les armes dans lesquelles ils se confient ! Voilà donc les simulacres d'armes avec lesquelles ils pensent avoir pris Antioche qui leur a été livrée par trahison ! Mais ils s'en glorifient en vain, puisque nous gardons encore la forteresse de cette ville. » Après avoir fait une exhortation à ses soldats, il écrivit au calife pour le prier de bien garder les frontières et le rassurer en même temps sur les suites de la guerre; et afin de lui donner plus de confiance, il lui envoya les armes qu'on venait de lui présenter.

Cependant la mère de Corboran qui était très-âgée, vint trouver son fils et lui adressa, les larmes aux yeux, un discours par lequel elle le pressait de cesser de faire la guerre aux chrétiens, lui annonçant les plus grands malheurs s'il persistait dans ses desseins. Cette femme, dit le crédule Baudri, presque centenaire, lisait dans l'avenir, car elle connaissait les constellations, l'art des sortiléges, et était instruite dans plusieurs sciences. Corboran l'écouta avec respect, mais ne se rendit pas à ses conseils. Après avoir décrit quelques combats que les chrétiens, maîtres d'Antioche, eurent à soutenir contre les Turcs qui accouraient de toutes parts, l'auteur rapporte que quatre croisés, Guillaume de Grandmenil, son frère Aubri, Guy Troselle et Lambert-le-Pauvre, effrayés du combat qui s'était livré la veille, sortirent de grand matin de la ville, en se laissant glisser par une corde le long des murs, ce qui leur valut par la suite le surnom honteux de *funambules furtifs*, et qu'ils allèrent au port de Saint-Siméon jeter une fausse alarme dans la flotte qui venait d'aborder. Les matelots, épouvantés, levèrent l'ancre et mirent à la voile, et des Turcs arrivant tout à coup pillèrent les vaisseaux qui restaient dans le port, et tuèrent les nautoniers qui étaient sans défense.

Baudri raconte ensuite l'invention de la lance, comme Robert-le-Moine, et l'effet que cette pieuse fraude opéra sur les croisés. Il fait le récit des triomphes que l'armée chrétienne obtint sur celle des infidèles. Il parle du siége de Marra, de la famine qui força les chrétiens à manger de la chair humaine et de la prise de cette place.

Dans son quatrième livre, Baudri, parlant des querelles de Boëmond et de Raimond, dit que la vraie cause de ces querelles était la possession d'Antioche, et que les occasions de ces querelles étaient que l'un, rappelant sans cesse le serment fait à l'empereur, ne voulait point le violer; l'autre disait que la ville lui ayant été donnée par tous, devait lui être remise. Ces deux choses étaient vraies. Mais comme les deux princes ne pouvaient s'accorder, leur division nuisait beaucoup au progrès de toute l'armée. On convint d'une entrevue à Rugia, où se trouvèrent Godefroy, Robert de Normandie et Robert de Flandre, qui amenèrent Boëmond avec eux. Mais cette entrevue n'aboutit à rien. Les princes s'en retournèrent à Antioche fort affligés, parce qu'on n'avait rien résolu touchant la route à suivre. Le comte ni Boëmond ne voulaient partir. Boëmond exigeait que la ville entière lui fût remise. Le comte voulait que Boëmond suivît les autres chefs à Jérusalem.

A la fin, cependant, le comte céda, afin de ne point nuire au succès de l'entreprise. Il sortit de Marra les pieds nus, et se joignit de lui-même aux pèlerins. L'armée de Dieu, à ce signe d'humiliation, fut dans une grande joie et se mit en marche. Le comte de Normandie se joignit aux croisés dans la ville de Caphaïda. On alla camper ensuite le long du fleuve Farfar, près de Césarée. L'historien continue l'itinéraire de l'armée. En parlant du combat qui fut livré devant la ville de Tripoli, il dit qu'il y eut tant de payens tués, et une si grande effusion de sang, que le fleuve qui coulait dans la ville en fut rougi, et que les citernes que ce fleuve entretenait en furent également teintes.

Cependant l'armée s'avançait vers Jérusalem. Baudri fait ainsi la description de l'ordre qui était observé dans cette armée. Les porte-étendards et des soldats couverts de leurs armes, ouvraient la marche et préservaient toute l'armée d'embûches. Ceux qui conduisaient les bagages venaient après eux. La troupe des pèlerins sans armes fermait la marche, et par cette disposition tous étaient prêts à pourvoir aux besoins de tous. Les trompettes sonnaient, et l'on marchait au pas pour que tout le monde pût suivre. Chacun veillait à son tour pendant la nuit, et lorsqu'on avait quelque sujet de crainte, on redoublait de vigilance, on augmentait les sentinelles. On ne faisait rien au hasard et sans ordre. On punissait ceux qui manquaient à la discipline ; on instruisait ceux qui n'en connaissaient pas les lois. On réprimandait les rebelles; on blâmait les incontinens et on exhortait tout le monde à faire des aumônes. Tous étaient sobres ou faisaient en sorte de l'être. En un mot, le camp était pour ainsi dire une école de discipline morale. C'était dans cet ordre qu'on marchait vers Jérusalem. On arriva successivement à Baruch, à Sagette, à Sur, à Acre, à Cayphas, à Césarée de Palestine, et enfin dans Ramula où l'on fit quelque séjour, et où l'on s'occupa à réparer les anciens temples des chrétiens.

De Ramula à Jérusalem, il n'y avait que 24 milles. On arriva enfin devant la ville, objet de tous les vœux. Baudri fait le récit du siége qu'on en fit aussitôt et de la prise qui le termina. Personne, dit-il, ne sait le nombre de ceux qui furent tués; mais dans le temple le sang atteignait jusqu'aux genoux, et il y avait dans toute la ville de grands monceaux de cadavres : car les chrétiens n'épargnèrent ni l'âge, ni le sexe, ni la noblesse, ni la condition. L'historien rend compte de l'assemblée qui se tint pour l'élection d'un roi, il donne les discours que firent à ce sujet les principaux chefs. Il termine son histoire par le récit du combat que les croisés, ayant leur roi Godefroy à leur tête, livrèrent aux Ethiopiens douze jours après la prise de Jérusalem. Mais Baudri s'est trompé d'une année, en plaçant en 1098 la conquête de cette ville qui n'eut lieu qu'en 1099.

L'amour que Baudry professe pour la vérité, le soin qu'il mit à perfectionner son ouvrage, et l'air de candeur et de bonne foi qui y règnent; donnent à cette histoire un degré de certitude presqu'aussi grand que si elle était écrite par un témoin oculaire.

Raimondi de Agiles, canonici Podiensis, historia Francorum qui ceperunt Hierusalem.

Art. IV, pag. 139.

Raimond, un des premiers historiens de la croisade de 1095, en fut aussi un des témoins. Il accompagna le célèbre Adhemar, évêque du Puy, et fut élevé à la dignité du sacerdoce pendant le voyage, comme il nous l'apprend lui-même. Il devint chapelain du comte de Toulouse qui remarqua son esprit et son mérite, et l'admit dans ses conseils et son intimité.

Raymond se lia dès les premiers jours de l'expédition avec Ponce de Balazun, un des braves chevaliers de l'armée du comte de St.-Gilles, et tous deux conçurent le dessein d'écrire les événemens de la guerre, en s'attachant principalement à ce qui concernait le comte de Toulouse, seigneur de l'un, et Adhemar, évêque de l'autre. Leur motif, en écrivant cette histoire, fut de détruire les faussetés répandues dans l'Occident par les lâches déserteurs de la croisade qui, rentrés dans leur pays, détournaient par leurs rapports les autres chrétiens d'aller secourir leurs frères d'Orient.

Raymond, revenu en France, devint chanoine du Puy. Il continua seul l'histoire qu'il avait commencée avec son ami Ponce de Balazun qu'il eut la douleur de perdre au siége d'Archas en 1099.

Après avoir dit dans sa courte préface que les croisés prirent différentes routes pour aller en Palestine, que les uns marchèrent à travers la Sclavonie, les autres par la Hongrie; ceux-ci par la Lombardie, ceux-là par la mer, il avertit qu'il ne rendra compte que des opérations de l'armée conduite par le comte de St.-Gilles et par l'évêque du Puy. La plupart des faits qu'il raconte se trouvent dans les autres historiens. Mais il en rapporte quelques-uns qui leur ont échappé ou donne beaucoup plus de détails sur des événemens qu'ils n'ont fait qu'indiquer.

Les croisés entrés en Sclavonie, eurent beaucoup à souffrir du chemin, surtout à cause de la saison de l'hiver où l'on était alors. La Sclavonie est un pays désert, montagneux et sans route. Pendant trois semaines, dit Raymond d'Agiles nous n'y vîmes ni bêtes fauves ni oiseaux. Les habitans sont si agrestes et si grossiers, qu'ils ne voulaient faire aucun commerce avec nous, ni nous prêter un seul ducat. Ils sortaient de leurs villages et de leurs châteaux et tombaient sur les gens faibles ou infirmes qui suivaient de loin l'armée et les tuaient comme des troupeaux. Il n'était pas facile à nos soldats de poursuivre ces brigands sans armes qui connaissaient les lieux et se sauvaient sur les montagnes ou dans les forêts. Cependant il fallait leur résister chaque jour. Le comte, ayant été enveloppé avec quelques-uns de ses soldats par les Sclaves, fondit sur eux et en fit six prisonniers. Les autres le poursuivaient avec plus d'ardeur. Mais le comte ayant fait arracher les yeux ou couper les pieds ou les mains ou le nez à ses prisonniers, cet exemple de sévérité intimida et affligea les Sclaves; et l'armée poursuivit alors sa marche avec plus de sécurité.

Pendant quarante jours que nous fûmes dans la Sclavonie, ajoute Raymond, nous eûmes un brouillard si épais, que nous pouvions le palper et l'éloigner de nous pendant quelque temps par le mouvement. Les croisés arrivèrent enfin auprès du roi du pays nommé *Scodra*. Ce prince fit un traité d'amitié avec eux, et leur permit d'acheter et de chercher tout ce qui leur serait nécessaire. Mais il paraît qu'il se repentit bientôt de ce traité : car l'armée sortit de Sclavonie avec les mêmes incommodités qu'elle avait éprouvées en la traversant.

Les croisés arrivèrent enfin à Dirrachium, et crurent qu'étant sur les terres de l'empereur grec, ils seraient comme dans un pays ami. Mais ils furent bientôt détrompés. Les soldats de l'Empereur, cachés dans des lieux couverts, tuaient les croisés ou volaient la nuit ceux qui traversaient les bois ou qui restaient dans les bourgs loin de leurs drapeaux. Pendant qu'ils se conduisaient ainsi, leur chef promettait la paix, et tandis qu'on négociait, ils tuèrent *Ponce Rainard* et blessèrent mortellement Pierre son frère, deux seigneurs d'une grande distinction.

Nous reçûmes cependant, dit Raimond, des paroles de paix et de fraternité de la part de l'Empereur ; mais ce ne furent que des paroles ; et nous eûmes devant et derrière nous, à droite et à gauche, les *Turcs*, les *Comans*, les *Huses*, les *Tenaces*, les *Pincinates*, et les *Bulgares* qui nous dressèrent à l'envi des embûches.

L'historien raconte qu'un jour l'évêque du Puy qui s'était un peu éloigné du camp, tomba dans les mains des *Pincinates* qui le renversèrent de sa mule, le dépouillèrent et le frappèrent grièvement à la tête. Lorsqu'ils furent arrivés à un château nommé *Bucinat*, le comte apprit que les Pincinates, embusqués dans une montagne, voulaient attaquer l'armée des croisés. Il se mit lui-même en embuscade avec quelques soldats, fondit sur les Pincinates, en tua plusieurs et mit les autres en fuite.

Après avoir parlé des négociations des princes croisés avec l'empereur Alexis et de l'arrivée du comte de St-Gilles à Constantinople, Raimond se portant tout à coup dans l'avenir, pour déplorer en termes assez obscurs les pertes que l'armée des croisés éprouva devant Antioche, s'écrie : Parlerai-je des ruses et de la fourberie de l'Empereur, ou de la fuite honteuse de notre armée et de son désespoir inattendu, ou de la mort de tant de seigneurs, objets d'une éternelle douleur ?

Revenant ensuite au comte de St-Gilles, l'auteur dit que ce prince ne voulait point rendre hommage à l'Empereur, et ne pensait qu'à se venger des soldats grecs, mais que le duc de Lorraine, le comte de Flandre et les autres seigneurs croisés le détournèrent de ses résolutions, en lui disant qu'il était insensé de combattre des chrétiens, quand les Turcs menaçaient de toutes parts.

Le comte de Toulouse passa la mer et arriva à Nicée, que le duc de Bouillon, Boëmond et les autres princes chrétiens qui l'avaient précédé assiégeaient déjà. L'auteur fait le récit de ce siége et du combat à la suite duquel, les Turcs ayant été mis en fuite, les croisés traversèrent gaîment et paisiblement l'Asie mineure et vinrent jusqu'à Antioche. Mais le comte de Toulouse retarda un peu la marche des croisés par une maladie qui lui survint. Il y avait dans notre armée un comte de Saxe qui vint trouver le comte Raimond de la part de St-Gilles. Il lui dit qu'il avait été averti deux fois par ce saint, et qu'il venait assurer le comte qu'il ne mourrait point de cette maladie. *J'ai obtenu une trève de Dieu*, lui avait dit Saint-Gilles, *et je serai toujours avec le comte*. Quoique Raimond, ajoute l'historien, crût assez ce qu'on lui annonçait ainsi, cependant il fut si malade, qu'ayant été mis de son lit à terre, il parut n'avoir plus de pouls. *Ut depositus de lecto in terram, vix etiam vitalem pulsum haberet.*

L'évêque de la ville d'*Aurasie* vint pour lui donner les derniers sacremens ; mais la clémence divine qui avait mis le comte à la tête de cette armée, le rappela aussitôt à la vie et le rendit à la santé.

Raimond d'Agiles fait la description du siége d'Antioche et des combats qui se livrèrent sous les murs de cette ville. Il raconte que, dans un de ces combats, le comte de Flandre, après avoir tué cent ennemis, revenait vainqueur auprès de Boëmond, lorsqu'il vit derrière lui douze mille cavaliers turcs qui s'approchaient et une multitude innombrable de fantassins qui descendaient une colline, à sa gauche. Il fit avertir les autres chefs de l'armée chrétienne, et prenant de nouveau quelques-uns des siens avec lui, il attaqua courageusement les ennemis. Boëmond le suivit de loin avec quelques soldats, et protégea ainsi les derrières de l'armée. Les Turcs et les Arabes, qui venaient à la rencontre du comte de Flandre, voyant qu'on allait se battre de près et à l'épée, prirent la fuite. Le comte les poursuivit l'espace de deux milles, et de même que la moisson est étendue par gerbes dans les champs, de même on voyait étendus sur un vaste espace les corps des ennemis tués.

Raimond raconte encore avec assez de détail, le célèbre combat qui fut livré entre le fleuve Oronte et le lac. Il s'y trouva 28 mille Turcs, que les Francs poursuivirent jusqu'à un château qui était éloigné du lieu du combat de dix milles, et d'où la garnison s'enfuit après y avoir mis le feu. Dans ce jour, dit l'historien, il n'y eut aucun endroit autour de la ville où l'on ne combattît. Il rapporte qu'il vint des ambassadeurs du Soudan du Caire qui, voyant les merveilles opérées par les serviteurs de Dieu, glorifiaient Jésus, fils de la vierge Marie, de ce qu'il écrasait les puissans par le moyen des faibles. Ces ambassadeurs promirent aux croisés la faveur et la bienveillance de leur roi; ils rappelèrent en outre les bienfaits de ce prince envers les chrétiens d'Egypte et nos pélerins. Ils furent renvoyés avec des ambassadeurs des princes chrétiens qu'on chargea de faire un traité d'amitié avec le Soudan.

Raimond fait de la prise d'Antioche un récit fort court et peu clair. Il omet des circonstances importantes qu'on devait naturellement attendre de la part d'un témoin oculaire : mais il faut se rappeler que Raymond était attaché au comte de Toulouse, et qu'il a dû taire tout ce qui était honorable pour Boëmond. C'est aussi par cette raison, sans doute, qu'après avoir parlé de l'arrivée de Corboran et du siége que les croisés eurent à soutenir à leur tour de la part de ce chef des Sarrasins, il s'étend si longuement sur la découverte de la lance sacrée, dont Boëmond se moqua. Entre les douze personnes qui furent choisies pour être présentes à cette découverte, étaient l'évêque d'*Aurasie*, le chapelain du comte Raymond (c'est l'auteur), le comte lui-même, Ponce de Balazun et Farald de Thoart. Lorsque j'aperçus, dit l'auteur, la pointe de la Lance qui paraissait sur la terre, je la baisai. (*Osculatus sum eum*.) Je ne puis dire de quelle joie cette découverte remplit la ville.

La Lance fut trouvée le 18 des kalendes de juillet. Tous les détails qu'on a lus au premier volume de cette histoire sur cet événement, ont été puisés dans Raymond, de même qu'une partie de ceux qui concernent la bataille mémorable après laquelle les Turcs, vaincus, laissèrent aux croisés la liberté d'aller à Jérusalem. Raymond nous dit que ce fut lui-même qui portait la Lance dans cette bataille. Il raconte la mort d'Adhemar, son évêque, qui arriva le jour des kalendes du mois d'août. Cet évêque fut enterré dans l'église de saint Pierre d'Antioche.

Après la victoire dont on vient de parler, et lorsque les princes croisés eurent décidé qu'on marcherait vers Jérusalem, le comte de St.-Gilles et le comte de Flandre s'avancèrent dans la Syrie où ils assiégèrent la ville de Marra, très-riche et très-peuplée. Boëmond vint les aider. Mais sur ces entrefaites, la famine se mit dans l'armée, et elle fut si grande, qu'au rapport de l'historien, plus de dix mille hommes se répandirent dans la campagne, cherchant à la manière des troupeaux, de quoi subsister, soit en fouillant la terre, soit en ramassant quelques grains de froment ou d'orge ou des fèves ou quelques légumes. Raymond s'étend longuement sur ce siége de Marra.

Lorsque la ville fut prise, le comte proposa au duc de Lorraine et aux autres chefs qui n'avaient point assisté au siége, de se réunir à *Roia*, entre Antioche et Marra, pour y délibérer sur ce qui était nécessaire à l'armée chrétienne et à sa marche. Les chefs se réunirent donc; mais ils ne pouvaient s'accorder. Le comte voulait qu'on donnât au duc de Lorraine dix mille sous, à Robert de Normandie autant, au comte de Flandre six mille, à Tancrède cinq mille, etc. Lorsqu'on vint à parler des secours qu'il fallait donner aux pauvres qui étaient à Marra, et lorsque le comte voulut envoyer de son armée plusieurs chevaliers et fantassins pour garder cette ville, tous dirent ensemble : *Quoi donc, des querelles pour Antioche ! des querelles pour Marra ! Dans toutes les places que Dieu nous accorde il y aura donc toujours des disputes entre les chefs et une diminution dans l'armée de Dieu ! Non. Nous n'aurons plus de disputes pour cette ville. Venez, renversons ses murs. Que la paix se fasse entre les princes. Donnons sûreté au prince qu'il ne la perdra pas.*

Quand il fut décidé qu'on détruirait les murs de Marra, tout le monde accourut; les convalescens et les infirmes se levèrent de leurs lits, et vinrent appuyés sur un bâton : chacun d'eux faisait rouler des pierres que trois ou quatre paires de bœufs auraient à peine traînées. Cependant la famine était si grande, que les croisés mangèrent avec avidité plusieurs corps de Sarrasins déjà en putréfaction qui étaient dans les fossés de la ville depuis plus de deux semaines. Aussi les Sarrasins et les Turcs disaient-ils : « Qui pourra résister à cette nation si obstinée et si cruelle qui, pendant un an, n'a pu être détournée du siége d'Antioche par la faim, ou par le fer ou par d'autres dangers ? et qui se nourrit maintenant de chair humaine ? »

Raymond d'Agiles, en racontant le siége du château d'Arcas, situé dans le royaume de Tripoli, nous apprend que son ami, Ponce de Balazun, fut tué d'un coup de pierre, lancée d'un pierrier. Dans cet endroit de son histoire, cet auteur s'arrête pour nous dire. « J'aurai soin d'achever ce qui me reste à raconter avec le même plaisir, (le texte porte *hilaritate*), que j'ai eu en commençant. Je prie donc et conjure tous ceux qui me liront, de croire que je dis vrai. Si je raconte quelque chose de plus que ce que je crois ou que j'ai vu, ou si j'écris quelque chose en haine de quelqu'un, que Dieu m'inflige toutes les peines de l'enfer, qu'il m'efface du livre de vie. » On ne peut donc douter de la bonne foi de Raymond, mais les visions et les prodiges qu'il a racontés prouvent aussi qu'il était d'une grande crédulité.

Les croisés étaient depuis quelque temps occupés du siége d'Arcas, lorsque leurs vaisseaux venant d'Antioche et de Laodicée avec d'autres vaisseaux vénitiens et grecs, leur apportèrent du froment, de l'orge, du vin, de la viande de porc et autres provisions.

Raymond raconte en détail l'épreuve à laquelle se soumit André Barthélemy qui avait découvert la Lance sacrée: il dit qu'il passa sain et sauf à travers des fagots allumés, en témoignage de la vérité de cette découverte. Il avoue cependant qu'au bout de quelques jours, André mourut et fut enterré au lieu où il avait traversé le feu la Lance sacrée à la main. L'auteur continue son récit par l'itinéraire de l'armée du comte jusqu'auprès de Jérusalem. Il décrit le siége et la prise de cette ville et nous peint en ces termes le moment où les chrétiens s'en rendirent maîtres:

« La ville était presque prise par les Francs, et cependant
« les Sarrasins résistaient encore du côté où était le comte,
« comme s'ils n'eussent jamais dû être pris. Mais quand les
« nôtres furent maîtres des remparts et des tours, on vit
« des choses étonnantes. Les uns eurent la tête coupée et
« c'était le moins qui pût leur arriver; les autres, percés de
« traits, étaient forcés de sauter du haut des tours en bas;
« d'autres étaient brûlés et comme rôtis par les flammes.
« On voyait dans les rues et sur les places de la ville des
« morceaux de têtes, de mains et de pieds. On marchait
« sur les cadavres des hommes et des chevaux. Mais tout cela
« n'était rien auprès de ce qui se passait dans le Temple et
« dans le portique. Les chevaux y marchaient dans le sang
« jusqu'aux genoux et jusqu'au frein. Quelques Sarrasins se
« retirèrent dans la tour de David, et pour obtenir de Ray-
« mond sûreté de leur vie, ils lui remirent la citadelle. »

L'historien peint ensuite la joie des chrétiens, qui allaient en chantant des hymnes au tombeau de Jésus-Christ. Il prétend que l'évêque de Puy, mort après la prise d'Antioche, fut vu par plusieurs dans la ville de Jérusalem le jour où elle fut prise. Quelques-uns assurent, ajoute-t-il, qu'il monta le premier sur les murs et invita les croisés à y monter comme lui.

L'histoire de Raymond d'Agiles se termine au départ de Jérusalem et au passage du Jourdain par l'armée du comte. Ce qui suit est d'une autre main et y a été ajouté après coup. C'est le récit de la journée d'Ascalon. Le comte de St.-Gilles y est représenté comme dans les deux histoires précédentes, combattant les infidèles près de la mer, en tuant un nombre infini, forçant les autres à fuir ou à se précipiter dans les ondes. Il est dit dans ce petit supplément que le prêtre Arnoult fut élu patriarche contre l'avis des gens de bien.

Le latin de Raymond est assez pur et même assez élégant. Mais sa narration n'est pas toujours facile à suivre, à cause du défaut de clarté. Ce défaut vient souvent des préventions de l'auteur qui l'empêchent de tout dire. Malgré les terribles imprécations qu'il fait contre lui-même, on peut dire que s'il ne ment pas, il se permet du moins beaucoup de réticences. Nous devons ajouter cependant en l'honneur de Raymond, qu'il fut un de ceux qui servirent de guide à Guillaume de Tyr dans son récit de la première guerre sainte.

Historia Hierosolymitanæ expeditionis, edita ab Alberto canonico ac custode Aquensis ecclesiæ super passagio Godefridi de Bullione et aliorum principum.

Art. v, pag. 184.

On ne sait rien sur le temps et le lieu de la naissance d'Albert. On sait seulement qu'il fut chanoine et trésorier de la ville d'Aix. Il paraît, par un passage du sixième livre de son histoire où il est question de l'élection de Godefroy et de la vision d'un soldat de l'armée chrétienne, qu'Albert était d'Aix-la-Chapelle, et non point d'Aix en Provence, comme l'ont affirmé quelques écrivains. Son histoire doit être considerée comme un des meilleurs monumens de la première croisade. C'est aux soins de Reineccius, qui la donna sans nom d'auteur en 1584, qu'on en doit la première édition. Bongars l'a réimprimée sous le titre qu'elle a ici, et avec le nom de l'auteur, que Hœschel avait fait connaître dans sa préface sur l'*Alexiade* d'Anne Comnène.

Cet ouvrage est divisé en douze livres. Il est d'un style simple et naturel. Il ne faut pas y chercher une grande pureté de langage; mais on y trouve la vérité sans parure et des détails piquans.

J'ai long-temps, et jusqu'à ce jour, regretté, dit Albert en commençant son histoire, de n'avoir pas été de cette expédition, à cause des choses inouïes, et la plupart merveilleuses, qui s'y sont faites; j'ai long-temps désiré d'en faire le récit. Mais divers obstacles se sont opposés à mes intentions. Toutefois, j'ai témérairement résolu de confier à la mémoire quelques-unes des choses que m'ont apprises ceux qui étaient présens et de les raconter, non comme par ouï-dire, mais comme si j'avais été de l'entreprise, et comme si j'avais assisté en esprit à tout ce qui s'est passé. Ainsi, malgré la faiblesse de mes moyens, j'ai essayé de décrire en style simple et sans apprêt, les travaux et les misères, la constance et le zèle pour la foi des principaux chefs et des autres croisés; j'ai dit comment ils ont abandonné leur patrie, leurs parens, leurs villes, leurs châteaux, leurs champs et toutes les douceurs de la vie ; comment, formant une armée forte et courageuse, ils ont fait le voyage de Jérusalem et triomphé tant de fois de milliers de Turcs et de Sarrasins ; comment ils se sont ouvert l'entrée et l'accès du sépulcre de notre Seigneur J.-C.; comment ils ont délivré de tout cens et de tout tribut les pèlerins qui venaient le visiter. »

Après ce préambule, Albert entre en matière et raconte les prédications de Pierre l'Ermite, son premier voyage à la Terre-Sainte, ses entrevues avec le patriarche de Jérusalem, la vision qu'il eut en songe, et dans laquelle Jésus-Christ lui ordonna de prendre des lettres du patriarche (1) et d'aller

---

(1) L'historien, Paulus Œmilius, est le seul de tous ceux qui ont écrit sur les croisades qui ait donné les lettres dont parle ici Albert d'Aix. Comment se les est-il procurées ? c'est ce qu'il ne dit point. Mais il dit en termes exprès qu'elles étaient ainsi conçues (hæ in hanc sententiam scriptæ sunt.) Nous croyons devoir en donner la traduction, laissant à nos lecteurs à juger, par le ton qui y règne, de l'authenticité de ce monument historique.

« Citoyens de la Ville-Sainte et compatriotes du *Christ*, nous
« souffrons tous les jours ce que le *Christ* notre roi n'a souffert
« qu'une fois dans les derniers momens de sa vie mortelle. Nous
« sommes chassés, frappés et dépouillés. Tous les jours quelqu'un
« de nous éprouve le supplice du bâton, de la hache ou de la
« croix. Nous nous refugierions de ville en ville, jusqu'aux extré-
« mités du monde ; nous sortirions du pays où le Sauveur a opéré
« notre salut, et nous mènerions une vie pauvre, fugitive et vaga-
« bonde, si nous ne regardions pas comme un crime de laisser
« sans adorateurs et sans prêtres, une terre consacrée par la nais-
« sance, par l'enseignement, par la mort, par la résurrection et
« par l'ascension du Seigneur: nous nous croirions coupables s'il
« n'y restait plus personne pour souffrir le martyre et la mort,
« ou s'il n'y avait plus de chrétien qui voulût mourir pour le Christ,
« comme dans un combat où il y a toujours des guerriers qui ré-
« sistent, tant qu'il y a des ennemis qui ne mettent point de fin à
« leurs attaques. Les maux que nous souffrons sont bien faits pour
« exciter la compassion, et le temps n'est plus où nos ancêtres ne
« craignaient rien de semblable pour eux ni pour leurs descendans.
« Peut-être les royaumes chrétiens de l'occident sont aujourd'hui
« sans défiance et sans crainte. Mais qu'au moins notre exemple et
« notre témoignage les touchent. Les forces des Turcs croissent et
« celles des nôtres diminuent de jour en jour. Leurs nouvelles con-
« quêtes ajoutent à leur audace. Leur ambition embrasse toute la
« terre. Les armes des Turcs sont plus cruelles et plus fortes que
« ne le furent celles des Sarrasins ; leurs projets sont mieux com-
« binés, leurs entreprises sont plus hardies, leurs efforts plus grands
» et leurs succès plus heureux. Cependant les Sarrasins ont tenté de

dans son pays raconter les injustices que le peuple chrétien souffrait dans les saints lieux, et exciter le cœur des fidèles à purger le saint sépulcre des ennemis qui le profanaient. Albert parle du voyage de Pierre l'Ermite à Rome, du concile de Clermont qui fut bientôt après tenu par le pape Urbain; du discours de ce pontife et de l'enthousiasme qui s'empara aussitôt des évêques de toute la France, des ducs, des comtes et de tous les ordres de l'Etat, pour concourir à la délivrance du tombeau de J.-C. L'auteur dit qu'il y eut dans ce temps un grand tremblement de terre qui fut comme le présage du mouvement des armées qui devaient partir tant

« se rendre maîtres de l'une et de l'autre Rome. Ils ont assiégé
« Bysance; ils ont dévasté non-seulement la côte maritime de l'Ita-
« lie, mais même celles de la Méditerranée. Voilà pourquoi les
« royaumes de l'occident, placés loin du théâtre de la guerre, se
« croient en sûreté, en voyant les deux capitales du monde en pé-
« ril; (*En cur regna Occidentis se in tuto locata et extra aleam*
« *posita confidant, cum orbis terrarum arces in periculo fue-*
« *rint.*) Mais qui répondra du reste du nom chrétien, lorsque Jérusa-
« lem, la demeure du Christ, la sentinelle de la religion sera assiégée,
« prise, vaincue, réduite, gardée et mise à ferme par les infidèles?
« lorsqu'il ne restera que de faibles débris du christianisme, quel se-
« cours pourra-t-il espérer? Cette terre qui est tous les jours arro-
« sée de notre sang; ce sang lui-même demandent un vengeur.
« Très-saint Père, et vous rois, ducs et grands, chrétiens non-
« seulement de nom et de profession, mais encore d'esprit, nous
« implorons en suppliants votre appui, votre compassion, votre
« foi, votre religion. Ecartez de dessus vous et de dessus vos enfans
« la tempête qui menace, avant que la foudre n'éclate et ne tombe
« sur vos têtes. Défendez ceux qui vous implorent, vengez la reli-
« gion d'une servitude impie et criminelle, vous aurez bien mérité
« de toute la terre par votre bienfait, et Dieu, dont vous aurez dé-
« fendu le sol sacré de la rage de l'enfer, récompensera votre vertu
« par les biens éternels du ciel et par la conservation de vos royau-
« mes sur la terre. »

Cette lettre, dit l'historien, fut remise aux princes comme au souverain pontife; elle était accompagnée de plus amples instructions qui furent données à Pierre l'Ermite.

de la France que de la Lorraine, et des pays des Teutons, des Angles et des Danois.

Comme les expéditions qui ont précédé celle que commandait Godefroy de Bouillon sont peu connues ou ont été peu fidèlement racontées, nous croyons devoir étendre ici un peu notre analyse, parce que Albert d'Aix est celui qui a donné le plus de détails sur ces expéditions, et particulièrement sur celle que Pierre l'ermite conduisit.

Il rapporte à l'année 1095, qui était la quarante-troisième du règne d'Henri, quatrième roi et troisième empereur des Romains, le départ de Gauthier, surnommé *Sans avoir*, vaillant chevalier, lequel, à la tête d'un grand nombre de Francs à pied, et n'ayant que huit chevaliers, se mit en marche pour Jérusalem et entra dans la Hongrie. Coloman, roi de ce pays, dit Albert, sachant ses intentions et son dessein, le reçut très-bien, et lui accorda libre passage à travers ses états. Gauthier arriva tranquillement jusques aux frontières de Hongrie et traversa la rivière de *Maroët* (Morava) près de Malleville; mais seize de ses compagnons s'étant arrêtés dans cet endroit, à son insu pour acheter des armes, les Hongrois se jetèrent sur eux, leur enlevèrent leurs armes, leurs habits, leur or et leur argent et les renvoyèrent nus et dépouillés; ceux-ci rejoignirent Gauthier à Belgrade où il venait de camper; ils lui racontèrent leur infortune, mais Gauthier ne voulant pas revenir en arrière pour les venger, entendit leur récit sans les plaindre. Dans la même nuit il demanda au chef des Bulgares et au magistrat de la ville la permission d'acheter tout ce qui lui était nécessaire. Sur leur refus, lui et toute sa troupe se répandirent de tous les côtés et enlevèrent les troupeaux qu'on menait au pâturage. Les Bulgares prirent les armes et se réunirent bientôt au nombre de cent quarante mille. Plusieurs de la troupe de Gauthier se réfugièrent dans une église où les ennemis les brûlèrent au nombre de soixante. Ceux qui purent échapper furent grièvement blessés. Gauthier, après ce malheur laissant ses compagnons épars, se sauva à travers les forêts de la Bulgarie et, au bout de huit jours, arriva au milieu de ce pays à une ville très-riche nommée *Nezh* (*Nissa*); là il raconta au prince Bulgare les injustices et la perte qu'il avait essuyées ; il obtint une réparation, des armes et de l'argent ; il poursuivit ensuite sa route par Adrianople ; il demanda à l'empereur Alexis la permission d'acheter tout ce qui était nécessaire à la vie jusqu'à ce que Pierre l'Ermite se fût joint à lui et qu'ils eussent traversé ensemble le bras de Saint-Georges, ce qui lui fut accordé.

Albert parle de l'armée nombreuse que Pierre l'Ermite assembla sous ses ordres et qui était composée de Francs, de Souabes, de Bavarois et de Lorrains : il dit qu'elle traversa la Hongrie paisiblement et arriva sans trouble jusqu'à *Maleville* (Semlim) ; là il apprit que le Seigneur du pays, nommé Guz, un des grands de la Hongrie, poussé par l'avarice, rassemblait une armée, et se disposait, avec le prince des Bulgares, gouverneur de Belgrade, à attaquer son avant-garde, à se porter ensuite sur ses derrières pour enlever et se partager entr'eux les dépouilles, les chevaux, l'or, l'argent et les vêtemens de l'armée des croisés. Pierre avait peine à croire à ce projet, mais quand il vit suspendus aux murs de la ville les armes et les habits des seize compagnons de Gauthier, dépouillés par les Bulgares, il donna le signal du combat. Aussitôt une grêle de traits couvrit les remparts. Les Hongrois ne pouvant soutenir le choc des croisés descendirent des murs et rentrèrent dans la ville. Un nommé *Godefroy*, habitant de la ville d'Étampes et surnommé *Burel*, commandant deux cents fantassins et lui-même à pied, voyant les ennemis prendre la fuite, escalade les murs avec une échelle qu'il trouve par hasard. *Reinolds de Breis*, chevalier renommé, couvrant sa tête de son casque et revêtu de sa cuirasse, monte aussi sur les remparts après Godefroy de Burel, tous les chevaliers et les fantassins les suivent. A cette vue les Hongrois se réunissent au nombre de sept mille, et sortant par une porte qui était vers l'orient ils montent au sommet d'un rocher élevé au pied duquel coulait le Danube, et s'y fortifient;

ceux qui n'avaient pu fuir assez vite furent égorgés devant la porte même ; d'autres qui espéraient échapper en montant sur le rocher furent atteints et tués par les pélerins qui les poursuivaient ; d'autres furent précipités du haut de ce rocher et engloutis dans le Danube. Il périt là environ quatre mille Hongrois ; les croisés, outre leurs blessés, ne perdirent que cent des leurs.

Après cette victoire, Pierre, maître du château de Malleville, y resta cinq jours avec tous les siens. Il y trouva des provisions en abondance, du froment, des moutons, du gros bétail, du vin et beaucoup de chevaux. Le prince Bulgare, témoin de la défaite sanglante des Hongrois, et voyant leurs cadavres poussés jusqu'à Belgrade par les flots du Danube, convoqua les siens, et, de l'avis de tous, ne voulut point attendre l'arrivée de Pierre l'Ermite dans sa capitale. Il fit transporter tous ses trésors à Nissa où il espérait pouvoir se défendre contre les Francs, les Romains et les Teutons ; il fit sortir de la ville tous les habitans qui se répandirent dans les montagnes, dans les forêts et dans les déserts avec leurs troupeaux. Il comptait sur quelque secours de l'empereur de Constantinople et sur son union avec le comte *Guz*, prince de Malleville, impatient sans doute de venger la défaite des Hongrois.

Au bout de six jours on vint annoncer à Pierre que le roi de Hongrie ayant rassemblé des troupes de toutes les parties de son royaume s'était mis en marche ; on ajoutait que pas un seul des croisés n'échapperait à ses armes parce que les Hongrois et les Bulgares ne respiraient que la vengeance. On conseillait donc à Pierre de passer la Morava au plus vite et de poursuivre sa route. Il se disposa à suivre ce conseil, et voulut emmener avec lui tout le butin qu'il avait fait, mais il ne trouva sur le rivage que cent cinquante barques qui ne suffisaient pas pour transporter la multitude des croisés, dans un moment où l'on craignait d'être surpris par l'arrivée du roi. Ceux qui manquèrent de barques, et ils étaient en grand nombre, se mirent à joindre ensemble des poutres avec des liens d'osier et se plaçant dessus se confièrent au fleuve. Mais les Pincinates qui habitaient la Bulgarie tuèrent à coups de flèche ceux qui montaient ces radeaux flottans sans pilote et quelquefois séparés les uns des autres. Pierre voyant les Bavarois, les Allemands et les autres Teutons ainsi tués et submergés, ordonna aux Français de venir à leur secours. Ceux-ci portés sur sept radeaux attaquèrent sept barques des Pincinates et les coulèrent à fond avec ceux qui étaient dedans. Seulement ils prirent sept Pincinates qu'ils conduisirent devant Pierre et, d'après son ordre ils les tuèrent; après cet acte de vengeance et le passage de la Morava, Pierre l'Ermite pénétra dans les vastes forêts de la Bulgarie traînant après lui toute sorte de provisions. Il mit sept jours à traverser ces bois et arriva près de Nissa, ville très-fortifiée, devant laquelle coulait un fleuve qu'il passa sur un pont de pierre; il alla ensuite camper dans une prairie verdoyante le long de ce fleuve. Pierre et son conseil envoyèrent demander au prince Bulgare qui était dans la ville la permission d'acheter des vivres, le prince l'accorda à condition qu'ils donneraient des ôtages comme garants qu'il ne serait fait aucune violence. *Gauthier*, fils de *Waleran de Breteuil* et *Godefroy Burel* furent envoyés pour ôtages. Les croisés eurent tout en abondance, et comme ils n'avaient pas assez d'argent pour acheter tout ce qui leur était nécessaire, la ville leur donna beaucoup de choses comme par aumône. La première nuit se passa avec tranquillité et les ôtages furent fidèlement rendus. Mais quelques Allemands s'étant disputés pour un objet de vil prix avec un Bulgare, s'éloignèrent de l'armée, allèrent mettre le feu à sept moulins qui étaient sous le pont et les réduisirent en cendres; le même motif de vengeance leur fit incendier aussi quelques maisons qui étaient hors de la ville. A la vue de cet incendie les habitans de Nissa vont trouver le prince et lui présentent Pierre et toute sa suite comme de faux chrétiens, comme des ravisseurs et des hommes malfaisans qui avaient versé des torrens de sang, et qui maintenant, pour prix des bienfaits qu'ils venaient de recevoir, se montraient comme des incendiaires.

A ce récit, le prince ordonne à tous de prendre les armes et de s'unir à la cavalerie, qu'il avait rassemblée depuis qu'il avait appris ce qui s'était passé à Malleville. Il les engagea à poursuivre ces étrangers, et à faire retomber sur leurs têtes tous les maux qu'ils avaient faits. Les Bulgares, les Comans, beaucoup de Hongrois, joints aux Pincinates, qui étaient venus pour défendre la ville, moyennant une solde, prennent aussitôt leurs arcs de corne ou d'os, revêtent leurs cuirasses, attachent un étendard à une lance, et se mettent à la poursuite de Pierre, qui était tranquillement parti avec son armée. Ils tuent ceux qui étaient sur les derrières ; ils arrêtent les chars et les chariots, et emmènent, avec tous les bagages et les troupeaux, les femmes, les filles, les petits enfans, qui sont restés jusqu'à ce jour, dit Albert, captifss et exilé en Bulgarie.

Un nommé Lambert, échappant au massacre des croisés, courut avertir Pierre, qui était déjà à un mille plus loin, et qui ignorait tout ce qui se passait. Il lui raconta comment ce malheur était arrivé, par la vengeance des Allemands. Pierre convoque les plus sensés de son armée; on décide de retourner sur-le-champ vers la ville. L'Ermite, afin d'adoucir le prince Bulgare, et de recouvrer ses captifs et ses chariots, veut s'excuser, lui et toute sa troupe. Pendant qu'il s'occupe, avec les plus sages, des moyens de faire recevoir ses excuses, de jeunes imprudens, au nombre de mille, traversent, sans motif comme sans raison, le pont de pierre et vont livrer un assaut aux remparts et aux portes de la ville. Mille autres passent les gués et le pont en poussant des cris de fureur, et vont prêter leur secours aux premiers, sans écouter les défenses de Pierre, qui voulait, avec les gens sensés, que l'on fît la paix. Pendant tout ce trouble, l'armée, excepté ces deux mille agresseurs, resta tranquille avec Pierre, et ne voulut point porter secours aux furieux. Les Bulgares, voyant cette division, et jugeant qu'ils triompheraient aisément des deux mille combattans, sortirent par deux portes, et, à coups de lances et de flèches, les mirent tous en fuite. Vingt de ces guerriers, tombant du pont, furent engloutis dans les ondes ; trois cents autres, qui s'étaient jetés dans des gués inconnus, à côté du pont, périrent, soit par les traits des ennemis, soit dans le fleuve. Mais ceux qui étaient restés jusque-là tranquilles avec Pierre, dans la prairie, ne pouvant supporter la vue de leurs compagnons ainsi poursuivis, volèrent au pont, bon gré, malgré leur chef. Il s'engagea là un combat cruel. Les croisés ne purent passer le pont, et furent mis en fuite. Pierre envoya au prince Bulgare demander la paix, au nom du Seigneur. Pendant qu'on était en pourparlers, la foule de ceux qui suivaient l'armée, réparait les voitures, chargeait les chariots et faisait les préparatifs de la retraite. Pierre, Foucher et Reinolds s'opposant à leurs desseins, voulaient qu'on attendît l'issue de la conférence. Les habitans de la ville, voyant tout ce tumulte, se persuadèrent que les croisés et leur chef se disposaient à fuir ; ils sortent donc encore une fois de la ville en ordre de bataille, et poursuivent les croisés pendant deux milles, faisant un grand carnage et beaucoup de prisonniers. Le chariot sur lequel était le coffre de Pierre, rempli d'or et d'argent, fut arrêté, conduit dans la ville avec les prisonniers, et l'argent fut versé dans le trésor du prince Bulgare. Les soldats se partagèrent les autres dépouilles. Le nombre des morts fut incalculable. On ignore de même le nombre des enfans emmenés en servitude avec leurs mères, et celui des femmes mariées et des filles. Pierre et tous ceux qui purent se sauver gagnèrent un bois vaste et épais, ou se dispersèrent dans les montagnes et dans les lieux déserts, et s'enfuirent tous comme des brebis poursuivies par des loups. Enfin Pierre, Reynolds de Breis, Gauthier, fils de Waleran de Breteuil, Godefroy, Burel, Foucher d'Orléans entraînés dans la fuite générale, parvinrent, avec cinq cents hommes seulement, sur le sommet d'une montagne.

Pierre gémit de voir sa troupe réduite à un si petit nombre, tandis qu'il n'y avait qu'un seul des Bulgares qui eût péri. Il fit élever des signaux et sonner la trompette, afin que ceux qui étaient dispersés dans les montagnes, dans les forêts et dans les lieux déserts, revinssent à lui et reprissent leur route. Ce signal ayant été entendu, il en revint sept mille avant la fin du jour. On se remit donc en chemin, et l'on arriva à une ville qu'on trouva vide d'habitans et de provisions. On y campa et bientôt on y vit arriver d'autres croisés fugitifs et dispersés. Comme on était au mois de juillet, et que les moissons étaient encore sur pied, on les coupa, et on rôtit les grains pour se nourrir ; car la troupe avait perdu toutes ses provisions, et personne ne venait lui en offrir. On vécut pendant deux jours de cette ressource. Au bout de ce temps les croisés se virent réunis au nombre de trente mille. Dix mille avaient péri.

L'historien suit la marche de cette armée jusqu'à Constantinople, avec les détails qu'on a lus au premier tome de cette histoire. Arrivée aux environs de Nicomédie, cette troupe campa près d'un port nommé Civitot, où venaient des marchands dont les vaisseaux étaient chargés de vin, de froment, d'huile, d'orge et de fromages. Les croisés se fournirent abondamment de provisions, et se réjouissaient de cette abondance, lorsque des députés de l'empereur vinrent conseiller à Pierre et à son armée de ne pas traverser les montagnes des environs de Nicée, parce que les Turcs y faisaient des incursions et y tendaient des embûches. Ils les engagèrent à attendre l'arrivée des autres chrétiens. Pierre et son armée suivirent ce conseil. Ils restèrent deux mois dans cet endroit, ayant toutes les choses nécessaires à la vie. Mais ce repos et cette abondance firent naître la mollesse et l'indiscipline. Les croisés, n'écoutant plus la voix de Pierre, pénétrèrent, par les montagnes, sur le territoire de Nicée, et dans les états de

Soliman. Ils y enlevèrent les troupeaux, les bœufs, les moutons, et les conduisirent à leur camp.

Pierre fut affligé de ces désordres, et voulut envain s'y opposer. Les plus téméraires, séduits par la bonne fortune de leurs compagnons, se répandirent, au nombre de sept mille, dans les prés et dans les pâturages qui étaient devant la ville de Nicée, et, sous les yeux des Turcs, enlevèrent sept cents bœufs et tous les autres troupeaux. Ils vinrent ensuite à la tente de Pierre, et célébrèrent leur victoire par un grand festin. Ils vendirent aux Grecs et aux marins, sujets de l'Empereur, plusieurs pièces de leur butin. Les Allemands, excités par cet exemple, se réunirent au nombre de trois mille fantassins et deux cents cavaliers, et se rendirent à un château qui appartenait à Soliman, et qui n'était éloigné de Nicée que de trois milles. Ils l'attaquèrent et passèrent au fil de l'épée tous ceux qui s'y trouvèrent; ils n'épargnèrent que les chrétiens grecs. Ils y trouvèrent des vivres en abondance; et fiers de leur conquête, ils résolurent de rester dans ce château jusqu'à ce que la grande armée des croisés fût arrivée.

Mais Soliman qui était déjà instruit des ravages que les chrétiens avaient faits devant Nicée, rassembla quinze mille hommes de la Romanie et du Corrazan, et se disposa à combattre les chrétiens. Sa colère redoubla quand il apprit le carnage que les Allemands venaient de faire de la garnison d'une de ses forteresses. Il alla attaquer les croisés, qui essayèrent de se défendre. Les infidèles ayant voulu d'abord monter à l'assaut, les croisés les éloignèrent du haut des remparts, en les frappant de leurs lances au visage. Alors les Turcs rassemblèrent une grande quantité de combustibles à la porte même du fort, et y mirent le feu. Les Allemands furent brûlés par les flammes, ou essayèrent de se sauver en se précipitant du haut des murs. Mais les Turcs les tuèrent à coups d'épée. Seulement, ils en emmenèrent deux cents des plus jeunes. Le moine Robert parle aussi de la prise d'un château; mais son récit diffère de celui d'Albert d'Aix.

La nouvelle de ce désastre fut bientôt portée dans le

camp de Pierre. Elle y jeta la douleur et la consternation. On délibéra si l'on irait aux ennemis ou si l'on attendrait Pierre, car celui-ci était allé à Constantinople prier l'empereur d'accorder à son armée la vente des choses dont elle avait besoin. Gauthier Sans-Avoir conseilla d'attendre de nouvelles informations sur ce qui s'était passé et le retour de Pierre, par l'ordre de qui on agirait. Ce conseil calma les esprits, et on se décida à attendre. Mais Pierre n'avait point encore obtenu la permission de revenir. Au bout de huit jours, des Turcs, au nombre de cent, sortirent de la ville de Nicée et battirent la campagne pour prendre connaissance des ravages que les Francs avaient faits. On dit qu'ils coupèrent la tête à plusieurs chrétiens qu'ils rencontrèrent, tantôt au nombre de dix, tantôt au nombre de quinze, et tantôt en plus grande quantité. La nouvelle de ces actes d'hostilité trouva d'abord dans le camp peu de croyance. Cependant quelques-uns conseillèrent d'attaquer les Turcs qu'on rencontrerait dans le voisinage du camp.

On découvrit enfin la vérité. Un grand tumulte s'éleva dans l'armée. Les fantassins vinrent trouver Raynold de Breis, Gauthier Sans-Avoir, Gauthier de Breteuil et Foucher d'Orléans qui étaient les principaux chefs. Ils demandèrent à marcher contre les Turcs, pour venger leurs frères. Ces chefs s'y refusèrent jusqu'à ce que Pierre fût de retour. Mais Geoffroi de Burel, commandant de l'infanterie, sut tellement exciter la colère et l'indignation, qu'ils promirent tous de braver les forces et les embûches des Turcs, quand même ils devraient succomber et trouver la mort sur le champ de bataille.

Dès l'aurore du quatrième jour, ils se réunissent tous, au nombre de 25 mille fantassins et de 500 cavaliers, et laissant dans le camp les infirmes et les femmes, ils marchent vers Nicée. Ils étaient partagés en six corps, ayant chacun leurs étendards sur la droite et sur la gauche. Arrivés à trois milles du port et de la station de *Civitot*, ils entrent dans la forêt et dans les montagnes en poussant de grands cris.

Dans le même temps, Soliman sortant de Nicée avec toutes ses troupes, entre par l'autre extrémité dans la même forêt, pour attaquer les Francs à l'improviste et les passer tous au fil de l'épée. Ceux-ci ignoraient la marche de Soliman. A la vue des troupes musulmanes, ils s'encouragèrent mutuellement et envoyèrent en avant deux corps qui avaient avec eux 500 cavaliers. Soliman les voyant venir, fait avancer sa cavalerie, dont les cris étonnent à leur tour les chrétiens. Aussitôt une grêle de traits tombe sur les croisés et les disperse. Les autres corps qui étaient derrière, se resserrent dans des sentiers, afin de résister aux Turcs et de les empêcher de pénétrer plus avant.

Les premiers corps au contraire, ne pouvant retourner en arrière, prirent le chemin de Nicée. Mais revenant aussitôt sur leurs pas, ils se portent au milieu des Turcs en poussant des cris et s'encourageant les uns les autres; ils tuent dans un moment 200 Turcs. Ceux-ci dirigent leurs traits contre les chevaux des chrétiens, et obligent ainsi les plus courageux athlètes du Christ à se battre à pied.

C'est là que Gauthier Sans-Avoir succomba, ayant sa cuirasse et sa poitrine percées de sept flèches. Raynold de Breis et Foucher d'Orléans périrent de même, mais non sans avoir abattu beaucoup de Turcs. Gauthier de Breteuil et Geofroi Burel se sauvèrent à travers les buissons, puis revinrent à l'endroit où les croisés échappés au péril s'étaient réunis. Tous les autres, voyant cette fuite et ce désordre, se hâtèrent de retourner vers Civitot par le même chemin et en se défendant faiblement. Les Turcs tuèrent tout ce qu'ils rencontrèrent l'espace de trois milles. Arrivés au camp, ils exterminèrent les infirmes et les malades, les ecclésiastiques et les moines, les femmes âgées et les enfans. Ils n'emmenèrent que les jeunes filles dont la beauté les frappa, et les jeunes garçons d'une figure agréable. Ils conduisirent à Nicée l'argent, les mules, les chevaux, toutes les choses précieuses et même les tentes.

Il y avait près de Civitot, le long de la mer, un ancien château désert, où trois mille croisés se réfugièrent. Les Turcs allèrent les y attaquer. Les chrétiens se défendirent avec courage. Pierre l'Ermite, apprenant sur ces entrefaites le malheur des siens, alla demander en pleurant du secours à l'empereur grec. Ce prince, rassemblant des troupes à la hâte, leur fit passer le Bras de Saint-Georges, et leur ordonna d'aller secourir les chrétiens assiégés dans le château. Les Turcs, qui en furent informés, se retirèrent pendant la nuit avec leurs prisonniers et leur butin.

Telle fut l'expédition conduite par Pierre l'ermite. Albert d'Aix ne présente pas ces croisés sous des couleurs aussi odieuses que les autres historiens.

Il termine son premier livre par le récit de ce qui arriva aux bandes conduites par le prêtre Godescall et par le comte Emicho. Albert d'Aix nous apprend que ces deux bandes de croisés avaient pour guides de leur route une oie et une chèvre qu'ils prétendaient inspirées du souffle divin, (*Divino spiritu aflatum*); ce qu'il traite de crime détestable, qui ne doit pas trop étonner, dit-il, puisqu'on trouve, du temps de Moïse et de Josué, de pareils exemples d'idolâtrie chez le peuple de Dieu.

Le second livre d'Albert d'Aix commence à l'arrivée en Autriche de l'armée chrétienne, conduite par Godefroy de Bouillon. L'historien, après avoir dit que les princes croisés apprirent en route ce qui était arrivé en Hongrie à ceux qui venaient de les précéder, ajoute qu'ils résolurent de s'arrêter à Tollenbourg, et d'envoyer de là une députation au roi Coloman pour lui demander le passage. Cette députation était composée de douze seigneurs, et tous de la famille du duc. L'histoire n'a retenu que les noms de Godefroy de Ache, de Baudri et de Stabelon. Ils étaient chargés d'une lettre ainsi conçue :

GODEFROY, *duc de Lorraine, et autres seigneurs de France, au roi de Hongrie Coloman, salut et toute sorte de biens en Jésus-Christ.*

« Nos princes et seigneurs sont étonnés que, faisant profession du christianisme, vous ayez exterminé, par un si cruel martyr, l'armée du dieu vivant; que vous lui ayez défendu de passer sur vos terres et dans votre royaume, et que vous l'ayez accablée de calomnies. Frappés de crainte et d'inquiétude, ils ont décidé d'attendre à Tollenbourg que le roi leur explique lui-même pourquoi un si grand crime a été commis sur des chrétiens par d'autres chrétiens. »

Le roi répondit aux députés en présence de sa cour assemblée : ·

« Nous ne sommes point persécuteurs des chrétiens : si nous avons montré de la sévérité, si nous avons tué des chrétiens, c'est que nous y avons été poussés par la nécessité ; car ayant accordé à la première armée que Pierre l'Ermite conduisait, la permission d'acheter des provisions et de traverser paisiblement la Hongrie, ils nous ont rendu le mal pour le bien, en enlevant, non-seulement l'or, l'argent, les chevaux, les mules et les troupeaux de notre pays, mais en ravageant nos villes et nos châteaux, en tuant quatre mille des nôtres et en les dépouillant de leurs vêtemens et de leurs effets. Après ces excès, si injustement commis par les troupes de Pierre, l'armée de Godescall que vous avez rencontrée fuyant et retournant sur ses pas, a assiégé Merselourg, le rempart de notre royaume, dans l'intention de nous punir et de nous exterminer. Ce n'est qu'avec le secours de Dieu que nous avons été préservés. »

Après cette réponse Coloman donna l'hospitalité aux députés dans son palais et les y traita magnifiquement pendant huit jours; il les renvoya ensuite avec des ambassadeurs de sa cour, et les chargea de sa réponse aux princes croisés, conçue en ces termes :

« *Le roi Coloman au duc Godefroy et à tous les chrétiens salut et affection, sans feinte.* Nous avons appris que vous êtes un homme puissant et un prince dans votre pays, et que tous ceux qui vous connaissent vous ont trouvé fidèle ; c'est pour cela que nous désirons vous voir et vous connaître; nous avons donc formé le dessein de vous engager à vous rendre sans défiance près de nous au château Cyperon ; nous resterons sur l'un et l'autre bord du fossé et nous nous entretiendrons de tout ce dont vous vous plaignez et dont vous nous croyez coupable. »

L'entrevue eut lieu, à la satisfaction des deux princes; Godefroy s'avança dans la Hongrie et fit un traité avec le roi : il donna pour ôtage Baudouin son frère avec sa femme et sa famille, son armée vint camper au château Cyperon et traversa paisiblement la Hongrie; après quoi Baudouin fut rendu.

Albert continue de raconter la marche de l'armée de Godefroy à travers la Bulgarie, et son arrivée à Constantinople. Il rapporte ce qui se passa entre l'empereur Alexis et les princes croisés; il parle de l'étonnement du prince grec à la vue du Duc et de ceux qui l'accompagnaient. Alexis fut frappé de la splendeur et de la richesse de leurs habits, où l'or, la pourpre, la blancheur de l'hermine, le gris et vair brillaient également.

Nous ne suivrons pas Albert d'Aix dans le récit des événemens de la croisade, nous ne ferions qu'indiquer inutilement ce qu'on a vu plus au long dans le premier volume de cette histoire. Nous nous arrêterons seulement sur des faits qui n'y ont pas été assez développés ou sur des particularités qui n'ont pu y trouver place.

Nous devons rectifier un fait qui a été rapporté dans notre sixième livre, tom. II, concernant Gérard d'Avesnes. Ce croisé avait été donné en ôtage aux Sarrasins, par Godefroy, lorsque ce prince fit le siége d'Arsur qui s'était révoltée contre les chrétiens ; les Sarrasins attachèrent Gérard d'Avesnes à la pointe d'un mât très-élevé qu'ils placèrent sur la muraille même où se dirigeaient tous les coups des assaillans. Nous avons dit que Gérard succomba sous une grêle de javelots lancés par les chrétiens ; mais Albert d'Aix qui nous rapporte ce fait, dit, quelques pages plus loin, que la paix ayant été faite entre Godefroy et l'émir d'Ascalon, celui-ci envoya au roi de Jérusalem ce même Gérard, guéri de ses blessures, richement habillé et monté sur un très-beau cheval. Les Sarrasins, touchés de la constance et du courage de Gérard, l'avaient détaché du mât où il avait été suspendu et l'avaient envoyé à l'émir d'Ascalon pour le faire guérir.

La joie de Godefroy, en revoyant Gérard d'Avesnes, fut très-grande et sa reconnaissance ne fut pas moindre, car il lui donna, en présence de tous ceux qui étaient alors avec lui cent marcs et un château nommé *Abraham*. Nous ferons observer, à l'égard de ce croisé, qu'il ne lui a manqué qu'un plus grand théâtre pour être célébré comme ce Régulus dont les historiens latins ont tant vanté le courage.

Dans son huitième livre, Albert fait le récit du départ d'une troupe de croisés de la Lombardie, à la tête de laquelle étaient l'archevêque de Milan, le comte Albert de Blandrat, Guy, son frère, Hugues de Montbel et Otton, fils de la sœur du comte Albert. L'empereur de Constantinople accorda à cette armée la permission d'acheter des provisions dans les villes de la Bulgarie et lui défendit toute espèce de pillage. Mais ces croisés, méprisant cette défense, se livrèrent en dépit de leurs chefs à des excès coupables. Ils enlevèrent aux Grecs et aux Bulgares leurs troupeaux, leurs volailles, et l'auteur remarque que, quoique dans le temps de jeûne et de carême, ils les dévorèrent. Ils marchèrent ensuite sur Constantinople. L'empereur, injurié par eux jusque dans son palais, leur défendit de vendre et d'acheter; alors ils résolurent de l'assiéger chez lui. Cependant l'évêque de Milan, par ses discours, parvint à les apaiser, et ils continuèrent leur route. Après avoir passé le bras de mer ils arrivèrent à Nicomédie.

Albert raconte encore que Conrad, connétable de Henri IV, empereur des Romains, vint avec deux mille Allemands à Constantinople, où l'empereur Alexis le reçut très-bien, et qu'ayant traversé la mer il alla joindre les princes Lombards. Aux fêtes de la Pentecôte, cette armée de croisés réunie de toutes les parties du monde au nombre d'environ 260 mille hommes obtint de l'empereur grec cinq cents cavaliers turcopoles qui devaient la conduire dans sa marche et à la tête desquels était le comte Saint-Gilles. Elle se disposait à traverser la Romanie. Mais les Lombards se fiant sur leur nombre voulurent aller par les montagnes, disant qu'ils entreraient de force dans le Khorasan, et qu'ils arracheraient et délivreraient Boëmond de la captivité des Turcs, ou bien qu'ils détruiraient Bagdad leur capitale. Etienne de Blois qui se trouvait avec Raymond, et les autres chefs voulurent s'opposer à cette résolution, mais ce fut en vain. On se mit en marche, et au bout de trois jours on arriva à des montagnes escarpées et à des vallées profondes.

L'historien dit que les croisés se livrèrent pendant cette marche à tous les excès de la table et de la débauche. On se rendit enfin à un château nommé *Ancres*, qu'on attaqua. Les Turcs résistèrent, mais on en tua 200 et on détruisit la forteresse. Les chefs ennemis se sauvèrent pendant la nuit. On rendit ce château à l'empereur à qui il avait appartenu, et on alla à la citadelle appelée *Gangara*, en ravageant tout le pays. Mais cette citadelle, fortifiée par la nature, triompha des efforts des croisés qui s'en éloignèrent. Les Turcs poursuivirent l'armée chrétienne en harcelant ses derrières et en tuant à coups de flèche ceux qui ne pouvaient suivre que lentement à cause de la fatigue. Les chrétiens passèrent auprès de plusieurs villes et châteaux, d'où les Turcs leur envoyaient des vivres et cherchaient à détourner de leur route le comte Raymond et les Grecs qui l'accompagnaient. Ceux-ci, gagnés par l'ennemi, conduisirent l'armée par des déserts et des solitudes impraticables, où les Turcs les attaquaient sans cesse et tuaient tous les traînards. Les chefs s'apercevant enfin de ces embûches, résolurent de retourner en arrière, et mirent à la tête de l'armée, pour la garder de surprise, sept cents Français, et sur les derrières sept cents Lombards, pour protéger ceux qui étaient faibles ou fatigués.

Albert dit comment, après mille difficultés et mille combats soutenus dans leur marche, les croisés parvinrent enfin à Synope, en très-petit nombre, la plupart ayant péri de faim, de misère ou par le fer des ennemis. Conrad, Etienne de Blois, l'évêque de Milan et autres seigneurs, eurent beaucoup de peine à se rendre, en fuyant, à Constantinople. Raymond, avec les soldats grecs, les rejoignit par mer quelques jours après. L'empereur les accueillit avec bienveillance.

Albert raconte aussi l'expédition du comte de Nevers qui s'embarqua à Brindes avec 15 mille hommes, tant de cavalerie que d'infanterie. Le prince croisé parvint à Constantinople, où l'empereur le reçut très-honorablement. Mais ayant suivi la même route que l'armée des Lombards, il éprouva à peu près le même sort. Il faut lire dans Albert tout ce que le comte eut à souffrir de la part des Turcs, et comment, après avoir perdu son armée, il gagna Antioche à pied et sous des habits grossiers.

Quelques jours après le désastre de ces croisés, Guillaume, comte et prince de Poitiers, du sang de l'empereur Henri IV, traversa paisiblement la Hongrie avec le duc de Bavière et la comtesse Ida, princesse d'Autriche. Il menait avec lui 160 mille hommes, tant cavaliers que fantassins, et un grand nombre de femmes. Il entra dans le pays des Bulgares où il eut beaucoup à souffrir de la part de ce peuple et d'un duc nommé *Guz*. Arrivé à Constantinople, il obtint d'Alexis la permission d'acheter tout ce qui lui était nécessaire. Mais après avoir passé le détroit, et être entré sur le territoire de Nicomédie, il trouva les moissons brûlées, les puits, les citernes et les fontaines comblées. Il attaqua et prit deux villes que l'auteur nomme *Pleiminium* et *Salamia*; il en dévasta tous les environs. Mais les Turcs tombèrent à l'improviste sur son armée, la dispersèrent et la réduisirent à un si petit nombre, que le comte de Poitiers fut forcé de fuir, à travers les montagnes et des chemins inconnus, avec son seul écuyer. Tancrède, prince d'Antioche, ayant appris le triste sort de ce comte, envoya au-devant de lui des soldats qui l'amenèrent dans Antioche où il trouva du secours et des consolations. On vit alors réunis dans cette ville Albert de Blandrat, le connétable Conrad, Etienne de Blois, Etienne de Bourgogne, le comte Raymond, Guillaume, comte de Poitiers, le duc de Bavière, l'évêque de Barcelone et d'autres évêques d'Italie.

Dans les derniers livres de son histoire, Albert fait le récit des guerres que Baudouin, roi de Jérusalem, soutint contre le Soudan du Caire. Il raconte aussi les exploits de Tancrède, et les démêlés de ce prince avec Baudouin du Bourg, à l'occasion de Josselin.

Dans son douzième livre, l'auteur, après avoir parlé des derniers succès du roi Baudouin, entre dans quelques détails sur la maladie et la mort de ce prince. Il dit que le Roi, se voyant près de mourir, demanda à ceux qui étaient présens à être embaumé et enterré près de son frère Godefroy.

Baudouin, ajoute Albert, fit venir son cuisinier, et lui fit jurer d'exécuter ce qu'il allait lui commander : « Apprends, lui dit-il, que je vais bientôt mourir ; de « même que tu m'as aimé pendant ma vie, sois-moi fidèle « après ma mort. Dès que je ne serai plus, ouvre mon corps, « frotte-le de sel au-dedans et au-dehors. Remplis-en mes « yeux, mes narines, mes oreilles et ma bouche. Trans- « porte-moi aussitôt à Jérusalem avec les autres qui doivent « m'y accompagner. Et sache qu'en remplissant mes désirs, « tu me donneras encore une preuve de ta fidélité. »

L'avénement de Baudouin II, qui rassembla aussitôt une armée contre les infidèles, et la surprise de 700 pèlerins qui furent cruellement tués par les Sarrasins en revenant de visiter le Saint-Sépulcre, terminent l'histoire d'Albert d'Aix.

Cette histoire est la plus complète que nous ayons sur la première croisade. Elle contient une foule de détails et de faits particuliers, que nous n'avons pu faire entrer dans notre analyse, qui est peut-être déjà trop longue. Albert se montre un peu crédule, mais il est assez impartial. Il ne déguise les torts de personne. Aussi croyons-nous, d'après son témoignage, que l'armée conduite par Pierre-l'Ermite, fut beaucoup moins coupable que celle des Lombards, dont nous venons de parler plus haut, et qu'en général les historiens l'ont trop maltraitée. Le reproche qu'on doit faire à Albert, c'est d'avoir totalement négligé de marquer les dates des événemens qu'il raconte.

Dom Bertereau cite, dans son catalogue, un manuscrit intitulé : *Histoire des guerres de la Terre-Sainte*, en douze livres, par Albert d'Aix, qui se trouvait, de son temps, dans une bibliothèque, à Liége. Ce manuscrit paraîtrait être du temps de l'auteur. Nous avons tenté inutilement de nous le procurer. (Voyez *Voyage littéraire de deux Bénédictins*, page 203.)

Fulcherii Carnotensis gesta peregrinantium Francorum cum armis Hierusalem pergentium.

Art. VI, page 381.

Foucher naquit à Chartres en 1059. Il partit, pour la première croisade, avec Robert, duc de Normandie, et Etienne de Blois. Avant la prise d'Antioche, il quitta la grande armée, pour s'attacher à Baudouin, dont il fut le chapelain, et qui l'emmena à Edesse. Comme il suivit ce prince dans toutes ses expéditions, et qu'il l'accompagna quand il fut appelé au trône de Jérusalem, son histoire est très-précieuse pour cette partie. Ce qui ajoute à l'intérêt du sujet, c'est qu'il n'a écrit que les choses qu'il a vues par lui-même, ou que des témoins lui ont racontées, ou qu'il a recueillies d'après d'exactes informations. Foucher n'a pas écrit comme un simple chroniqueur, il a su mêler à son récit des détails sur l'histoire naturelle. Il fait connaître le nom, la source et le cours des fleuves et les différens animaux des pays qui ont été le théâtre de la croisade. Mais ce qui étonne, dans un écrivain aussi instruit, c'est qu'il ne dise rien sur l'origine et les mœurs des peuples dont il parle.

Avant de commencer l'analyse de cet ouvrage, nous dirons que Bongars l'a publié le premier, sur un manuscrit imparfait, qui ne va que jusqu'à l'année 1124 ; que Duchesne l'a réimprimé plus correct et plus complet, d'après un manuscrit qui va jusqu'en 1127, et l'a divisé en trois livres, au lieu d'un, comme il est dans Bongars ; qu'enfin Martenne l'a publié de nouveau, dans ses Anecdotes, avec une préface de l'auteur, qui manquait aux éditions précédentes. Du reste, Martenne l'a encore purgé de beaucoup de fautes, a rempli quelques lacunes, et a rendu l'ouvrage aussi exact et aussi correct que possible.

Foucher commence son histoire par la tenue du concile de Clermont, en 1095, et par le discours que le pape Urbain II y prononça. Sous la date de l'année suivante, il raconte le départ des croisés. Il dit que les uns partirent au mois d'avril, d'autres au mois de mai, d'autres aux mois de juin ou juillet, d'autres aux mois d'août, de septembre et d'octobre. Il remarque que, cette année, il y eut partout une abondante récolte en bled et en vin, afin, dit-il, que les croisés, par une disposition particulière de Dieu, ne manquassent pas de pain dans leur route. Foucher nomme les principaux chefs des croisés, et fixe le départ de chacun d'eux. Le premier, selon lui, qui passa la mer, fut Hugues-le-Grand, frère du roi Philippe. Il arriva à Duras en Épire ; mais ayant eu l'imprudence de marcher avec une faible escorte, il fut fait prisonnier, et conduit à Constantinople, où il resta quelque temps *non tout-à-fait libre*, dit l'historien. Après lui, Boëmond, fils de Robert Guiscard, prit le même chemin avec son armée ; Godefroy, duc de Lorraine, traversa la Hongrie avec les siens ; Raymond, comte de la Provence, partit avec les Goths et les Gascons, et traversa la Sclavonie avec l'évêque de Puy. Au mois de septembre, Robert, comte de Normandie, fils du roi d'Angleterre, dit Foucher qui se trompe ici, (car Robert était frère et non fils du roi d'Angleterre), ayant rassemblé une grande armée de Normands, d'Anglais et de Bretons, se mit en marche avec

Etienne, comte de Blois, Robert, comte de Flandre, et plusieurs autres seigneurs. Tous ces croisés, comme le fait observer l'historien, ne furent réunis en une seule armée que lorsqu'ils furent arrivés devant Nicée. Foucher peint la tristesse de ceux qui restaient, et qui voyaient partir leurs parens et leurs amis, et la joie de ceux qui s'en allaient.

« Nous autres Français, dit-il, après avoir parcouru la France, nous passâmes en Italie et nous arrivâmes à Lucques, où nous trouvâmes le pape Urbain, avec lequel s'entretinrent le comte Robert, le comte Etienne, et tous ceux qui le voulurent. Nous reçûmes sa bénédiction, et nous allâmes à Rome. »

L'auteur trace ensuite la route que les Français tinrent en Campanie et dans la Pouille, où ils passèrent l'hiver. Le comte de Flandre traversa cependant la mer avec sa troupe; et plusieurs croisés, manquant d'argent ou de courage, ou craignant la disette, vendirent leurs arcs, reprirent leurs bâtons de pélerin, et s'en retournèrent chez eux. Foucher ajoute que cette action les avilit devant Dieu et devant les hommes, et tourna à leur honte. Au printemps de 1097, le comte de Normandie et le comte de Blois s'embarquèrent à Brindes, et allèrent aborder au port de Duras.

Foucher rapporte qu'étant à Brindes, les croisés virent un des vaisseaux qui y abordaient s'abîmer tout-à-coup près du rivage. Quarante personnes de l'un et de l'autre sexe, qui le montaient, furent englouties dans les flots. Il ajoute qu'on trouva sur les cadavres qu'on put retirer des eaux, le signe de la croix empreint sur leurs épaules; ce que le bon Foucher attribue à un miracle de Dieu, qui voulut par là montrer qu'elles avaient porté ce signe sur leurs habits. Nous avons vu, dans Baudry, qu'il y eut beaucoup de gens du peuple qui, par ostentation, s'imprimèrent la croix avec un fer chaud. Les croisés, dont parle ici Foucher, étaient sans doute de ce nombre, et le miracle se trouve ainsi expliqué.

Après avoir traversé des montagnes, les princes dont nous

venons de parler allèrent camper devant la ville de Thessalonique ; puis, traversant la Macédoine, ils arrivèrent à Constantinople.

Foucher s'écrie, en parlant de cette ville : « O quelle grande et belle cité ! que de monastères et de palais ! que de choses admirables sur les places et dans les rues ! Il serait trop long de dire tout ce que cette ville renferme de richesses en or, en argent, en étoffes, en saintes reliques. »

Tous nos chefs, dit l'auteur, firent hommage à l'Empereur, comme l'avaient fait fait Boëmond et Godefroy. Raymond s'y refusa d'abord ; mais le comte de Flandre s'y soumit comme les autres. Foucher raconte alors les détails du siége de Nicée par les chefs croisés ; les combats qui se livrèrent, sous les murs de cette ville, contre Soliman et les émirs qu'il avait amenés, et enfin la marche de l'armée chrétienne victorieuse vers Antioche. En parlant de cette marche, Foucher ajoute : « Vous auriez ri, ou peut-être pleuré de pitié, en voyant plusieurs des nôtres, manquant de bêtes de somme, parce qu'ils avaient perdu les leurs, charger des moutons, des chèvres, des cochons, des chiens de leurs vêtemens ou de leurs provisions. Le dos de ces animaux était tout meurtri par le fardeau qui les accablait. Les cavaliers, tout armés, montaient aussi sur des bœufs. Mais qui a jamais ouï dire qu'il y eût, dans une armée, tant de langages divers que dans l'armée des croisés, où se trouvaient des Français, des Flamands, des Frisons, des Gallois, des Bretons, des Allobroges, des Lorrains, des Allemands, des Bavarois, des Normands, des Ecossais, des Anglais, des Aquitains, des Italiens, des Ibériens, des Daces, des Grecs, des Arméniens. Si un Breton ou un Allemand voulaient me parler, je ne savais répondre ni à l'un ni à l'autre ; mais si nous étions aussi divisés par le langage, nous paraissions ne faire qu'un seul peuple par notre amour pour Dieu et notre charité pour le prochain. » Cet accord, dont parle Foucher, était sans doute très-honorable pour les croisés, mais les chefs n'en donnèrent pas toujours l'exemple.

Foucher porte à six cent mille hommes l'armée qui se trouva sous les murs de Nicée, et il exclut de ce nombre les ecclésiastiques, les moines, les femmes et les enfans; il prétend que si tous ceux qui avaient pris la croix en Occident avaient pu se réunir tous ensemble l'armée se serait élevée à six millions. Ce nombre est sans doute exagéré, mais on ne peut disconvenir que la multitude des croisés ne fût immense.

Lorsque les croisés furent à une journée d'Antioche, le comte Baudouin, frère de Godefroy, se séparant de l'armée, se mit en marche vers la province qui était à gauche. Ce Baudouin que Foucher représente comme un excellent guerrier fameux par sa probité et par son audace, alla enlever de force la ville de Tharse à Tancrède qui s'en était emparé quelques jours auparavant. Le récit de Foucher est ici fort obscur et fort court, mais Foucher était attaché à Baudouin et n'a pas voulu tout dire. Nous croyons devoir renvoyer à ce que Raoul de Caen a dit sur le siége et la prise de Tharse. (Voyez le Trésor des Anecdotes de dom Martenne dans ce volume, page 315). Baudouin, ajoute Foucher, se rendit ensuite à Edesse et se lia tellement d'amitié avec le prince de cette ville qu'il fit un traité par lequel il devait posséder, comme par héritage, si ce prince venait à mourir, son pays et tout ce qu'il possédait. Baudouin, après avoir passé quelques jours dans cette ville, s'en vit tout à coup le maître; car les habitans qui haïssaient le prince conjurèrent sa perte, le tuèrent et donnèrent sa principauté à Baudouin. Celui-ci tourna aussitôt ses armes contre les Turcs, et remporta sur eux plusieurs avantages, mais perdit aussi quelques-uns des siens. Pour moi, dit ici Foucher, j'étais alors chapelain de Baudouin. Cet historien fait ensuite la description du siége d'Antioche, et, après avoir parlé de la reddition de cette ville et du siége que les Francs y soutinrent à leur tour, il raconte la découverte de la sainte lance, au miracle de laquelle il ne croit point. Il décrit les combats que les chrétiens livrèrent à Carbogah, et copie la lettre que les princes croisés écrivirent au pape pour lui annoncer la conquête d'Antioche et la victoire qu'ils venaient de remporter. Foucher dit qu'après quatre mois de repos dans Antioche une partie de l'armée marcha vers la Syrie intérieure, et que Boëmond et Raymond étaient du nombre ; les autres princes restèrent dans les environs d'Antioche ; Boëmond et Raymond s'emparèrent de Barra et de Marra : au siége de cette dernière ville les chrétiens souffrirent tellement de la famine que plusieurs coupèrent un morceau ou deux de la chair d'un Sarrasin mort et en mangèrent. Après cette conquête Boëmond retourna à Antioche et Baudouin devint, par la suite, maître de Marra et de toute la province.

Sous la date de 1099, Foucher trace l'itinéraire des croisés se portant sur Jérusalem ; il parle de tous les châteaux ou villes dont ils s'emparèrent ou qu'ils occupèrent ; il fait le récit du siége et de la prise de la ville sainte, et de l'élection d'un roi dans la personne de Godefroy. En parlant du massacre des Sarrasins, Foucher dit que les valets de l'armée chrétienne ayant découvert que des infidèles avaient avalé des bezans pour les dérober sans doute aux croisés, leur fendirent le ventre après leur mort pour en retirer ces bezans ; quelques jours après ils firent un grand tas de leurs cadavres qu'ils brûlèrent, afin de trouver plus facilement dans leurs cendres ce qu'ils désiraient. Après avoir raconté ensuite la défaite des Sarrasins, devant Ascalon, et la prise de leur camp, il rapporte que les croisés y trouvèrent des richesses de toute espèce, de l'or, de l'argent et des pierres précieuses de douze sortes : de jaspe, de saphir, de chalcedoine, d'émeraude, de sardoine, de sarde, de chrisolite, de bérille, de topaze, de chrisopraste, de jacinthe et d'améliste.

Baudouin et Boëmond étaient dans la Mésopotamie quand Jérusalem fut prise ; la nouvelle de cette conquête les combla de joie. Boëmond ayant fait connaître à Baudoin qu'il voulait aller visiter les saints lieux, tous deux se mirent en route Baudouin laissant Antioche à droite alla à Laodicée. On était alors au mois de novembre ; il passa *Gibell* et joignit

Boëmond à une ville que l'auteur nomme *Valence* ; l'archevêque de Pise, Daimbert venait d'y arriver ; un autre évêque de la Pouille était avec Baudouin ; tous se réunirent au nombre de vingt-cinq mille, tant cavaliers que fantassins. Lorsqu'on fut entré sur les frontières des Sarrasins on ne trouva personne qui donnât ou vendît des provisions, et la famine commença à se faire sentir dans l'armée. Les chevaux et les bêtes de somme, manquant aussi de nourriture, étaient doublement tourmentés par la marche et par la faim. Il y avait alors dans les champs une sorte de moisson qu'on appelle *canynemelle* (c'est la canne à sucre) ; cette plante ressemble à celle du roseau, dit Foucher, qui pense que ce qu'on appelait de son temps miel sauvage, venait de cette plante. Les croisés affamés se jetèrent sur ces cannes, mais elles ne leur suffirent pas ; le froid et la pluie se joignirent à la disette, la plupart manquant de pain mangèrent des chevaux, des ânes et des chameaux ; j'en vis, dit l'auteur, qui n'ayant point de tentes, périrent de froid ; moi, dit Foucher, qui étais présent, je vis un jour plusieurs personnes des deux sexes mourir du froid et de la pluie. Souvent des croisés étaient surpris par les embûches des Sarrasins, ou attaqués quand ils allaient chercher de la nourriture ; vous auriez vu, dit naïvement Foucher, des guerriers distingués devenir piétons depuis qu'ils avaient perdu leurs chevaux ; deux fois seulement nous nous procurâmes du pain et du blé à un prix fort cher des habitans de Tripoli et de Césarée. Ce fut au milieu de ces maux que l'armée arriva à Jérusalem. Lorsque tous ces croisés eurent visité les saints lieux, Daimbert ayant été créé patriarche dans l'église du saint-Sépulcre, ils s'en retournèrent par le fleuve du Jourdain ; quelques-uns cependant restèrent à Jérusalem, et d'autres qui y étaient entrés au jour de la conquête, s'en allèrent avec les princes ; Baudouin retourna à Edesse.

Il y régnait paisiblement, quand on vint lui annoncer la mort de son frère Godefroy, et son élection comme roi de Jérusalem. Baudouin rassembla son armée au nombre de

700 cavaliers et d'autant de fantassins, et se mit en marche pour la ville sainte, le 6 des nones d'octobre 1100. Foucher fait l'itinéraire de cette petite troupe, et décrit ainsi ce qu'elle eut à souffrir en approchant de Béryte. Nous étions attaqués de toutes parts par les ennemis. D'un côté par les bâtimens qui étaient en mer, de l'autre par les infidèles qui descendaient des montagnes. Hommes et bêtes, nous n'avions ni repos ni trêve. Pour moi, dit naïvement Foucher, j'aurais mieux aimé être à Chartres ou à Orléans que d'être là. (*Ego quidam vel Carnoti vel Aurelianis mallem esse quàm ibi.*) Mais enfin, ajoute-t-il, Dieu regarda du haut du ciel nos peines et nos misères, et dans sa clémence vint à notre secours ; car les croisés en fuyant, ayant trouvé tout-à-coup trois chemins, firent volte-face et fondirent à leur tour sur les ennemis avec tant d'ardeur, que ceux-ci ne purent se reconnaître. Les uns se précipitèrent du haut de rochers escarpés, d'autres se réfugièrent en toute hâte dans des lieux écartés et sûrs, et quelques-uns atteints furent percés de coups d'épée. Vous auriez vu, dit Foucher, leurs vaisseaux s'éloigner rapidement en mer, comme si nous avions pu les prendre, et des troupes de Sarrasins aller se cacher dans les montagnes.

Enfin l'armée arriva à Béryte, dont l'Emir fournit à Baudouin, plutôt par crainte que par affection, des provisions et des barques. Les croisés furent reçus avec les mêmes apparences d'amitié dans les autres villes où ils passèrent, à Sydon, à Tyr, à Ptolemaïs. Tancrède, qui occupait le château de Caïphas, en était absent quand les croisés y arrivèrent. Comme il avait eu des démêlés avec Baudouin, celui-ci ne voulut pas y entrer, mais la garnison lui vendit du pain et du vin. Il passa par Césarée de Palestine, par Arsur et par Joppé. Il arriva enfin près de Jérusalem : voici dans quels termes Foucher raconte l'accueil que Baudouin y reçut:

« Lorsque nous approchâmes de la ville sainte, les clercs et tous les laïcs vinrent au-devant du roi. Les Grecs et les Syriens portaient des croix et des cierges. Tous l'accueillirent avec une grande joie et de grands honneurs, et en chantant les louanges du Seigneur. Ils le conduisirent jusqu'à l'église du Saint-Sépulcre. Le patriarche Daimbert n'assista point à cette cérémonie, parce que Baudouin, sur quelques accusations qu'on avait formées contre lui, était peu disposé en sa faveur. Le peuple en général le haïssait. Il s'était, à cause de cela, retiré sur la montagne de Sion, où il resta jusqu'à ce qu'on lui eût pardonné le motif qui avait fait naître cette haine. Foucher ne dit point quelle était cette cause; mais on a vu au commencement du deuxième volume de cette histoire, qu'après avoir voulu régner lui-même, il avait appelé au trône de Jérusalem Boëmond, prince d'Antioche.

L'auteur fait le récit de l'expédition de Baudouin contre les Arabes. En parlant de la mer Morte où l'armée passa, Foucher dit qu'il descendit de sa mule pour en goûter l'eau, et qu'il la trouva plus amère que l'ellébore. On sait que cette mer était autrefois le lac Asfalte, où étaient Sodôme et Gomorrhe. Il dit aussi qu'étant arrivé à la vallée où Moïse frappa deux fois de sa baguette un rocher et en fit jaillir une source d'eau vive qui coule encore, lui, Foucher, y fit boire ses chevaux. Après leur expédition, les chrétiens revinrent au solstice d'hiver à Jérusalem par Bethléem et la Sépulture de Rachel.

Foucher place sous la date de 1101 la cérémonie du couronnement de Baudouin; l'arrivée de quelques Français, Italiens et Vénitiens, la remise de Caïphas à Baudouin par Tancrède, le miracle du feu céleste, interrompu le jour du sabat et renouvelé par les prières des chrétiens, miracle qui est également rapporté par un autre historien de la même époque, Caffarus, comme on le verra dans la collection de Muratori.

Foucher fait ensuite le récit des opérations militaires du roi Baudouin contre Joppé, Césarée, Ascalon, Ramla. Sous la date de 1102, il parle de l'arrivée en Romanie des Francs, conduits par Guillaume de Poitiers, Etienne, comte de Blois, Etienne de Bourgogne, et des combats que ces croisés eurent à soutenir contre Soliman ; combats dans lesquels le comte de Poitiers perdit tout ce qu'il avait, ses gens et son argent. Cette armée arriva à Antioche dans le plus triste état. Les uns allèrent par terre, les autres par mer à Jérusalem. Ceux qui avaient encore leurs chevaux préférèrent aller par terre. Quand ils furent arrivés à Tortose, qui était occupée par des Sarrasins, ils l'attaquèrent, massacrèrent la garnison et s'emparèrent de tout l'argent qu'ils y trouvèrent. Ils passèrent Archas, Tripoli, Gibel, et trouvèrent à Béryte, Baudouin qui les attendait pour les protéger. Ils entrèrent à Pâques dans la ville sainte.

Foucher raconte ensuite comment le Roi de Jérusalem échappa de la citadelle de Ramla ; il parle de la mort d'Etienne, comte de Blois, et d'Etienne, comte de Bourgogne, qui périrent dans cette guerre. Il dit aussi comment Baudouin retourna à Joppé, après avoir surmonté de nouveaux dangers. Depuis cette époque l'histoire de Foucher prend la forme et le ton d'une chronique.

Sous la date de 1103 et des deux années suivantes, il parle de la tentative inutile de Baudouin contre la ville d'Acre, de son retour à Joppé, de la délivrance de Boëmond, de la blessure dangereuse de Baudouin, frappé d'un trait par un Ethiopien ; de sa guérison, du nouveau siége d'Acre, où les Génois se rendirent avec 700 navires, et de la soumission de cette ville. Foucher raconte encore la mort du comte Raymond à Tripoli et la guerre que les Arabes et les Ethiopiens vinrent renouveler et dans laquelle ils furent encore vaincus près de Ramla.

En 1109, Bertrand, fils du comte Raymond de Saint-Gilles, vint à Tripoli avec les Génois qui s'étaient joints à lui. Il y trouva Guillaume Jordan, neveu de Raymond, qui lui disputa la possession de la ville. On ne sait comment ces deux jeunes princes se seraient accordés ; mais Guillaume allant à cheval pendant la nuit, fut tué d'un coup de flèche. Bertrand resta toujours fidèle au roi Baudouin. Ce prince assiégea et prit en 1110 la ville de Sidon. L'année suivante il assiégea en vain *Cheraz* et *Tyr*. Malgré le secours de Tancrède il fut obligé d'abandonner cette double entreprise. Ce fut la dernière campagne de Tancrède qui mourut en 1112.

Dans l'été de 1113, les Turcs ayant passé l'Euphrate, vinrent pour attaquer Jérusalem et détruire les chrétiens. Baudouin alla les attendre à Acre. Les ennemis s'emparèrent de Naplouze et la pillèrent. Les Ascalonites, les Arabes et les Egyptiens s'approchèrent de Jérusalem. Les chrétiens sortirent contre eux, et quoiqu'en petit nombre ils les forcèrent à se retirer.

En 1118, Baudouin, roi de Jérusalem, mourut à *Larish*, ville peu éloigné de la cité sainte. Il eut pour successeur Baudoin Dubourg, comte d'Edesse, lequel fut couronné à Bethléem, en 1119.

Foucher remarque que, dans cette année 1118, plusieurs personnages illustres moururent, le pape Pascal, le roi de Jérusalem et sa femme, qu'il avait abandonnée; Arnoult, patriarche; l'empereur grec Alexis, et plusieurs autres que l'auteur ne nomme pas.

Dans l'année 1123, les Vénitiens, ayant équipé une flotte de cent vingt vaisseaux, se rendirent en Palestine. Dans cette même année, le Roi fut fait prisonnier, et fut délivré au mois d'août. Au commencement de 1124, il fut convenu, avec le roi de Jérusalem et le doge de Venise, qu'on irait assiéger Tyr ou Ascalon, après l'Epiphanie. On se décida pour le siége de Tyr; le partage de cette conquête fut réglé par égales portions.

Foucher abandonne ici la forme chronologique, pour faire l'histoire de la ville de Tyr. C'est par là qu'il termine son ouvrage. Le style de cet auteur est simple et clair, sa prose est quelquefois coupée par des vers hexamètres, qui indiquent la date de quelqu'événement important, mais qui ne donnent pas une haute idée de son talent poétique.

Gualterii Cancellarii bella Antiochena.

Art. VII, page 441.

On ne sait rien de certain sur le lieu où naquit Gauthier le chancelier, Bongars le suppose Français, d'après les nombreux gallicismes qu'on trouve dans son latin. Gauthier accompagna Godefroy dans son expédition, et devint, comme il le dit lui-même, chancelier de Roger, prince d'Antioche. Il partagea, comme il le dit encore, la bonne et la mauvaise fortune des croisés, et fut fait prisonnier. Il eut tant à souffrir, pendant sa captivité, que sa tête en fut fort affaiblie, ce qui, ajoute-t-il, doit excuser l'incorrection de son style.

Son histoire commence en 1115, et finit en 1119. Elle est divisée en deux parties. Les deux vers qu'il a placés à la tête de la première, en indiquent à la fois l'auteur et le sujet.

Extitit hic Victor, Gauterius indicat autor,
Antiochenorum Dominus Rotgerius et Dux.

Cette partie renferme les événemens postérieurs à la prise d'Antioche et de Jérusalem, et l'importante victoire que Roger remporta sur les infidèles.

La deuxième a pour objet, les malheurs de ce prince et de sa principauté, comme l'indiquent les deux autres vers qui la précèdent.

Princeps valde probus Rotgerius Antiochenus,
Qualiter occubuit, hic recitavit.

Gauthier paraît avoir composé son ouvrage plusieurs années après sa captivité, et tout fait croire qu'il y travailla sur les lieux mêmes où se passèrent les événemens. Malgré son style incorrect et grossier, cet historien est estimé par son exactitude et sa fidélité; il raconte avec tant de candeur, de bonne foi et de simplicité des faits importants, qu'on ne peut douter de la vérité de son récit.

Les notes et glossaires de Barthény, publiés à Francfort, en 1720, sur les écrivains de la collection de Bongars, sont très-utiles pour l'explication des termes barbares que ces écrivains, et surtout Gauthier, ont employés dans leurs ouvrages.

On ne sait rien sur le temps de la mort de Gauthier ; on ignore même s'il mourut en France ou en Orient.

Cet auteur commence ainsi son histoire : L'an 1115, la veille de Saint-André, pendant le silence de la nuit, il y eut à Antioche, et dans tous les environs, un horrible tremblement de terre. Tout-à-coup, les hommes éveillés sentirent et virent chanceler les murs, les tours et les autres édifices. Quelques-uns, croyant se sauver en fuyant, sortirent de la ville ; d'autres se précipitèrent du haut de leurs maisons. Plusieurs furent, pendant le sommeil, écrasés par les débris des toits, et on ne les retrouva plus. D'autres, dans leur effroi, quittèrent leurs maisons et toutes leurs richesses, et courant dans les rues et sur les places de la ville, comme des insensés, tendaient les mains au Ciel, en s'écriant, chacun dans leur langage : *Seigneur, épargnez-nous ; épargnez votre peuple.* Le matin, lorsqu'on vit les ruines et les malheurs de la nuit, tous, d'un accord unanime, Latins, Grecs, Syriens, Arméniens, étrangers et voyageurs, confessèrent que cela était arrivé à cause de leurs péchés. Et aussitôt ils se rendirent à l'église de Saint-Pierre, pour implorer sa protection. Ils l'avaient méconnu, dit Gauthier, dans la prospérité ; dans le malheur, ils se ressouvinrent de sa bonté et de sa puissance auprès de Dieu.

Gauthier trace le tableau des malheurs que ce tremblement occasiona dans les environs d'Antioche. Il raconte que le prince Roger, ayant appris que les Parthes, selon leur coutume, devaient venir fondre sur son pays, donna ordre à son armée de le devancer à la *fontaine de Far*, et qu'après avoir pourvu à la sûreté de ses frontières, et envoyé des éclaireurs sur celles des Parthes, il revint à Antioche, où il convoqua les grands de la ville, et ensuite le peuple, pour leur faire part de ses résolutions, et leur demander leur avis.

Tous jugèrent qu'il fallait réparer les ruines de la ville, et grands et petits donnèrent ce qui était nécessaire pour cela. Le prince emmena tous ceux qui lui étaient le plus dévoués, et après avoir préparé les armes et les provisions de guerre, il se recommanda, lui et la ville, au Seigneur et au patriarche, et partit pour son expédition. Il apprit que le soudan de Damas, *Doldequin*, réuni avec *Armigaze*, émir de Turcomans, était arrivé, à la tête de mille hommes, à *Alep*, pour s'en emparer. Faisant alors une marche forcée, il obligea le Soudan à changer de résolution; car, lorsque celui-ci eut appris que les nôtres avaient déjà atteint ses frontières, il envoya des ambassadeurs, pour faire un traité d'alliance avec Roger, et lui déclarer qu'il ne s'était mis en marche que pour combattre les Parthes. Quoique *Doldequin*, dit Gauthier, redoutât également la puissance des chrétiens et celle des Parthes, il aima mieux faire une paix simulée avec les premiers qu'avec les seconds, qu'il avait trouvés aussi cruels dans la paix que dans la guerre. Le traité se fit, et l'on convint de marcher contre les Parthes. Le soudan de Damas voulait prendre des chemins qui lui fussent favorables dans la défaite comme dans la victoire; le prince d'Antioche, au contraire, voulait aller par le plus court chemin, afin d'attaquer plus tôt les ennemis. Il arriva à Apamée, où il campa pendant deux mois, avant d'avoir aucune nouvelle de l'approche des Parthes. Mais, au mois d'août, apprenant que *Burso*, chef de la milice des Parthes, avait passé l'Euphrate, à la tête de plusieurs milliers de combattans, et était entré dans la Syrie, en y commettant de grands ravages, il envoya sur-le-champ des messagers et des lettres au roi de Jérusalem et au comte de Tripoli, pour leur annoncer l'arrivée des ennemis, et les prier de venir promptement, avec leurs forces, au secours des chrétiens. Gauthier donne les détails de cette guerre, qui n'offre rien de bien remarquable, et qui se termina par la retraite de Burso. Le roi de Jérusalem, le comte de Tripoli et le prince d'Antioche s'en retournèrent chacun dans leur ville, avec leurs troupes.

Mais, peu après, les Parthes revinrent surprendre un château, nommé *Cafarda*, où ils tuèrent quelques chrétiens. Roger l'ayant appris, se rendit aussitôt, avec sa garde, à *Rubea*, ordonnant à tous ses soldats de s'y rendre également. Il engagea le patriarche à joindre ses prières aux efforts qu'il allait faire contre les ennemis de Dieu. Les chrétiens essayèrent en vain, pendant quelque temps, d'atteindre les Parthes. Mais un jour, Théodore Barneville, un des éclaireurs, vint annoncer, d'un air joyeux, qu'ils avaient fixé leurs tentes dans la vallée de *Sarmès*. A cette nouvelle, le prince fait prendre les armes aux siens, et court à l'ennemi. C'est là que se livra un combat long et opiniâtre, où Roger fit briller sa valeur. *Burso* fut blessé, ainsi que son frère, et ne pouvant plus résister, il prit la fuite. Le comte d'Edesse et Guy de *Chevrier* frappèrent les ennemis à grands coups de lance, et mirent le désordre parmi eux. Les chrétiens, attaquant les Parthes à droite et à gauche les mirent en déroute, en invoquant le nom de *Jésus-Christ*.

Roger resta trois jours à son camp, et pendant ce temps se fit apporter les dépouilles des ennemis; après s'être réservé ce qui lui convenait, il fit distribuer le reste à ses soldats. Gauthier dit qu'on ne peut évaluer le nombre ni la variété de ces richesses enlevées aux Parthes. Il termine la première partie de son histoire par le retour du prince à sa ville d'Antioche.

Dans la courte préface qui précède la seconde partie, Gauthier déplore le malheur de Roger et le sien. Puis il annonce qu'*Algazi*, prince des Turcomans, étant entré les armes à la main sur les terres de la principauté d'Antioche, Roger rassembla de toutes parts ses soldats et se mit en marche pour *Artésie*. Il blâme ce prince de n'avoir point écouté auparavant les avis du patriarche latin et d'avoir négligé de prendre des mesures et des précautions nécessaires contre un ennemi accoutumé à faire des incursions sur ses terres. Gauthier raconte qu'étant partis sous de sinistres auspices, les chrétiens allèrent camper à un endroit appelé le *champ du sang* ; qu'y étant restés plusieurs jours, et l'eau, comme les vivres, leur manquant, ils furent forcés d'aller au loin chercher des provisions ; ils envoyèrent quelques-uns des leurs faire des ouvrages extérieurs pour fortifier leur camp. Les ennemis s'aperçurent du besoin qui tourmentait les chrétiens ; ils dissimulèrent, et rangeant leurs troupes en bataille comme s'ils allaient les attaquer à l'improviste, ils envoyèrent en avant leurs soldats les plus expérimentés, et se mirent, dit Gauthier, à observer ce qui se passait dans notre camp. Après qu'ils eurent examiné nos travaux, quoiqu'ils fussent en très-grand nombre, ils se mirent à fuir comme s'ils eussent été saisis d'une crainte soudaine. Mais ce n'était qu'une feinte de leur part. Les nôtres les poursuivent aussitôt et en tuent quelques-uns. Robert de *Vieux-Pont* qui les pressait avec plus d'activité, est percé de plusieurs coups et tombe sous son cheval blessé comme lui. Mais Robert se relevant essaye de se défendre avec son épée et ne cesse de crier *à moi compagnons*. Alors l'action s'engage.

Gauthier entre dans des détails circonstanciés sur cette bataille dont il attribue la perte à un tourbillon qui s'éleva du côté du Nord et se porta sur les chrétiens, auxquels il ôta tout moyen de se défendre. Les ennemis poussèrent alors des cris horribles. Cependant le prince restant au milieu du champ de bataille, et voyant autour de lui tous les siens renversés et tués, ne recula, ni ne regarda en arrière. Mais obéissant à l'ordre de Dieu et du pontife, accompagné d'un petit nombre, et soutenant intrépidement l'effort du combat, il fut frappé d'un coup d'épée qui le blessa au milieu du nez et pénétra jusqu'à la cervelle ; il tomba à terre et rendit l'âme en présence de la croix. Aussitôt les ennemis qui, selon Gauthier, étaient au nombre de cent mille, comme s'ils fussent venus des quatre parties du monde, fondirent avec fureur sur les chrétiens. Ils en tuèrent un grand nombre et firent deux ou trois cents prisonniers.

A la troisième heure du jour, dit Gauthier, ces prisonniers nus furent conduits dans une vigne nouvellement cultivée, liés les uns aux autres par le cou, et menés à coups d'épée, de bâtons et de fouets, l'espace d'un mille.

L'historien fait un récit lamentable des actes de cruauté du tyran Algazi. Ce prince infidèle apprit bientôt que le roi de Jérusalem marchait contre lui. Il alla assiéger aussitôt le château de Cérépe que la garnison, séduite par les discours perfides des ennemis, rendit aux Turcomans. Algazi alla ensuite assiéger un autre château nommé *Sardonas*, et ne pouvant le réduire par menaces, par caresses, par terreur ni par promesses, il ne cessa de l'attaquer jour et nuit. Enfin, ayant obtenu que la garnison se rendrait, il y entra et fit égorger tous les chrétiens qui en sortaient, malgré la promesse qu'il avait faite de leur laisser la vie sauve. Mais Baudouin, roi de Jérusalem, étant arrivé devant Alep, résidence d'Algazi, défit son armée et tua environ trois mille Turcomans. Cette victoire répandit la joie parmi les chrétiens.

Gauthier rapporte qu'un nommé Robert de Foulques, ayant été enlevé par les infidèles et déchiré par leurs mains, fut présenté au tyran. Les habitans d'Alep accoururent pleins de joie pour le voir et applaudir à ses tourmens. On venait, dit l'auteur, non pour le délivrer de son supplice, mais pour y ajouter, se moquer de lui et lui arracher les membres, si on le pouvait. Il décrit plus bas, en ces termes, les maux qu'on faisait éprouver aux autres prisonniers.

« Les uns étaient suspendus par des cordes à un poteau, la tête en bas et les pieds en haut, et dans cet état servaient de but aux flèches qu'on leur tirait. D'autres étaient enterrés jusqu'au menton ou jusqu'au nombril, et devenaient ainsi le point de mire des traits des infidèles. D'autres eurent les membres coupés, et furent ainsi traînés dans les rues et les faubourgs, pour être donnés en spectacle aux passans. Le lendemain du combat, où Algazi triomphant s'enivra, il fit venir devant lui tous les prisonniers chrétiens, et fit périr par de semblables tourmens 37 chevaliers et soldats; puis leur ayant fait trancher la tête, il inonda de leur sang tout le portique de son palais.

Gauthier décrit encore d'autres barbaries qui sont horribles à raconter, et dont nous ferons grâce à nos lecteurs; il termine son histoire par la mort de cet Algazi qui, menacé par le roi de Jérusalem, tomba tout-à-coup malade en s'en retournant à Alep. Il expira des suites d'une douleur de ventre, ce que la chronique exprime dans des termes qu'on ne peut rendre en français, *cum egressione fimi ventris*, dit l'historien, *ipsius sordidam per anum exisse animam et abstractam infernalium scorpionum unguibus corruisse*, etc.

Historia Hierosolimitana, seu gesta Dei per Francos; a Guiberto, abbate monasterii Sanctæ Mariæ Novigenti.

Art. VIII, page 467.

L'auteur de cette histoire naquit à Clermont en Beauvoisis de parens très-distingués. Sa jeunesse fut orageuse. Mais il se consacra ensuite au travail et à la piété. L'abbé Guibert composa plusieurs ouvrages de théologie, puis l'histoire de la première croisade, sous le titre de *Gesta Dei per Francos*. Il ne fit point le voyage de Jérusalem et ne vit rien de ce qu'il a raconté. Mais il composa son ouvrage d'après quelques historiens anciens auxquels il ajouta beaucoup. Dans sa préface, il parle d'une histoire qui était fort répandue de son temps, et dont il avoue s'être servi; c'est celle de Tudebode. Il a suivi cet historien, l'a corrigé en beaucoup d'endroits, y a ajouté beaucoup de choses importantes qui avaient été omises, a intercalé ce qu'il tenait de témoins dignes de foi, et s'est attaché à éviter les défauts de style qu'il reproche à l'écrivain qui lui a servi de guide.

Son histoire est précédée d'une épître dédicatoire à Lysiarde, évêque de Soissons, et de la préface dont nous venons de parler. Il y dit qu'il a été engagé à écrire cette histoire, non par amour de la gloire ou de l'argent, mais à cause de l'importance du sujet.

Dachery, qui a aussi donné cet ouvrage, l'a divisé en huit livres ; Bongars l'a divisé en sept.

L'abbé Guibert commence par des considérations générales, dans lesquelles il prétend que les expéditions d'Alexandre, de Xerxès, ne sont rien en comparaison de celle de Jérusalem. « Les rois, dit-il, les chefs, les dictateurs et les consuls, rassemblèrent des essaims de soldats par leurs édits, ils parvinrent à réunir des armées nombreuses. Les hommes, poussés par la terreur, obéirent à leurs ordres. Mais que dire de ceux qui, sans maître, sans prince, et n'ayant que Dieu seul pour les exciter, quittèrent, non-seulement leur province natale, leur royaume originaire, mais encore traversèrent une quantité de pays étrangers, et portèrent leurs camps et leurs armées, des extrémités de l'Océan britannique, jusqu'au milieu de la terre ! Nous parlerons de la conquête de Jérusalem, dont l'éclat est si grand aux yeux des gens sensés, que nous nous réjouissons de ce que notre temps a été marqué par une gloire qui surpasse celle de tous les siècles passés. »

Après quelques autres réflexions semblables, l'auteur trace le tableau de l'église de Jérusalem jusqu'à Mahomet. Il expose après cela la doctrine de ce faux prophète, et fait un récit rapide de ses conquêtes. Il parle ensuite de la lettre que l'empereur grec de Constantinople adressa à Robert, comte de Flandre, pour l'engager à venir au secours de la Grèce. Tel est à peu près le sujet de son premier livre.

Dans le second, Guibert annonçant l'arrivée du pape Urbain II en France, informe le lecteur de l'origine française du pontife et se livre à des digressions qui l'éloignent un peu de son sujet ; il y revient et place en 1097 la tenue du concile de Clermont, en quoi il s'écarte de tous les historiens qui le mettent sous la date de 1095 ; il fait tenir au pape un discours dont le sens se trouve chez tous les auteurs qui ont parlé de la première croisade, mais que Guibert a accommodé à son style. Après ce discours le pape donna, dit-il, l'absolution à tous ceux qui devaient partir et prononça l'anathème contre ceux qui pendant trois ans oseraient faire quelque tort aux femmes, aux enfans ou toucher aux propriétés de ceux qui s'armaient pour la cause de Dieu. Guibert peint le zèle qui enflamma tout-à-coup les plus pauvres comme les plus riches et les fit contribuer tous aux préparatifs de l'expédition ; mais il n'est pas d'accord avec un des historiens précédens, Foucher de Chartres, quand il dit qu'il y eut dans ce temps une disette générale, que les troupeaux manquaient de pâturage comme les hommes manquaient de pain ; il assure que malgré cette disette le prix du blé baissa tout-à-coup et que les autres denrées diminuèrent dans une égale proportion, ce qu'il représente comme un miracle de Dieu qui favorisait l'expédition.

En parlant du départ des croisés il fait la description suivante. « Vous auriez vu quelque chose d'étonnant et tout-à-fait risible : de pauvres gens avaient attelé des bœufs à une voiture et les avaient ferrés, comme des chevaux ; ils emmenaient ainsi toutes leurs provisions avec leurs enfans qui étaient montés sur ces charrettes et qui demandaient à chaque château ou ville qui se présentait si c'était là Jérusalem où ils allaient. Avant ce départ, dit Guibert, tout le royaume de France était rempli de troubles, il y avait des vols partout, on n'entendait parler que d'attaques sur les chemins et de maisons incendiées ; les querelles et les combats n'avaient d'autre cause qu'une indomptable cupidité, en un mot tout était proie et butin pour ceux qu'elle enflammait. Mais dès que le pontife eut ordonné de prendre la croix et qu'on l'eut vue aux évêques et aux prêtres, il se fit dans tous les esprits un changement surprenant et tel qu'on n'aurait pas osé l'espérer ; de même que l'impétuosité d'un vent violent a coutume d'être arrêtée par une rosée, de même les querelles et les disputes de tous furent sur-le-champ assoupies par l'inspiration du Christ : car il n'est pas douteux que cette inspiration ne vînt de lui.

Guibert parle enfin du départ des croisés conduits par Pierre l'Ermite; il peint cette première armée sous les plus odieuses couleurs et comme s'adonnant à des excès énormes contre les Hongrois qu'il dit être d'un caractère fort doux.

L'historien fait rapidement le récit de la marche de l'armée de Pierre jusqu'auprès de Nicodémie; il dit ce qu'eurent à souffrir ceux qui étaient sous la conduite d'un nommé Renaud, il parle de la défaite des chrétiens auprès de Nicée et a soin de dire que l'ermite Pierre s'était retiré à Constantinople, parce qu'il craignait d'être entraîné par la légèreté sans frein et sans retenue de ses soldats.

Il dut sans doute y avoir beaucoup de désordre dans une armée conduite par un moine; mais comme cette armée fut malheureuse, peut-être entra-t-il dans la politique du temps d'exagérer ses désordres pour justifier sa défaite et ne pas refroidir le zèle de ceux qui se disposaient à la suivre.

L'historien fait ensuite le récit de l'expédition de Godefroy et des autres princes croisés; la fin de son second livre est employée à tracer le caractère de chacun d'eux. Raoul de Caen, comme on le verra plus loin, l'a aussi tracée, mais avec plus de vérité et plus d'élégance.

Guibert commence son troisième livre par le portrait et l'histoire de Boëmond; il suit ce prince jusqu'à Constantinople, et parle de l'hommage qu'il rendit à Alexis; il parle des moyens que Tancrède mit en usage pour se dérober à cet hommage et des combats qu'il avait eu à soutenir auparavant au Fleuve Bardal (Vardari) contre les Turcopoles. Ce même livre comprend le récit de l'arrivée de Godefroy et de Baudouin son frère à Constantinople, de ce qui se passa entre ces princes croisés et Alexis dont Guibert accuse la perfidie; de la marche de l'armée dans la Romanie, des combats livrés devant Nicée et du siége de cette place qui se rend à l'empereur grec. En parlant du siége et de la prise de Tharse par Tancrède, Guibert suit les autres historiens qui ne s'accordent nullement avec Raoul de Caen. Le quatrième livre contient l'itinéraire des chefs, Godefroy,

Raymond de Saint-Gilles et Boëmond jusqu'à Antioche; le récit de la prise de Césarée de Cappadoce et du combat qu'un nommé Pierre, chef d'un bataillon du comte Saint-Gilles, livra contre les Turcs et les Sarrasins. Dans ce combat Pierre tua un grand nombre d'ennemis et mit en fuite les autres. Après avoir dit un mot de la prise de quelques villes dont il défigure les noms, Guibert arrive à Antioche avec les princes croisés et décrit la situation de cette ville. Le 12 des kalendes de novembre, au milieu du jour, l'armée chrétienne vient asseoir son camp devant Antioche. L'auteur entre dans les détails du siége; à la fin de son livre il parle d'un stratagême qu'employa un prêtre pour subvenir aux frais du pélerinage. Il se fit une incision sur le front en forme de croix et eut soin de l'entretenir avec des sucs préparés; il dit pendant toute la route qu'un ange lui avait imprimé ce signe dans une vision; et à l'aide de cette supercherie il se procura tous les secours qu'il pouvait désirer.

Au cinquième livre est le récit de la prise d'Antioche opérée par le moyen de Pirhous qui s'introduisit je ne sais comment, dit Guibert, dans la familiarité de Boëmond. L'auteur parle ensuite de Corboran qui vint aussitôt assiéger les chrétiens vainqueurs; il raconte aussi que la mère de ce Corboran vint trouver ce prince pour l'engager à renoncer à son entreprise. Il peint la famine que les croisés éprouvèrent dans Antioche et raconte comment la sainte lance fut découverte; enfin il fait le récit de la victoire que les chrétiens durent à cette prétendue découverte: ce récit se lit au commencement du sixième livre. Guibert fait ensuite la description de la ville d'Antioche qu'il représente comme une des plus belles de l'Orient par la majesté de ses édifices, par son agréable situation, par la pureté de son air, par la fertilité de ses vignes et la fécondité de son territoire. Guibert raconte, dans ce même livre, les exploits particuliers de Boëmond et de Raymond de Saint-Gilles après que la conquête d'Antioche eut été assurée aux chrétiens. Il fait mention de la prise de Laodicée et de Marra, du traité fait avec l'émir de Tripoli, du siége de Tortose et d'Arcas.

L'auteur a consacré son septième livre aux détails du siége et de la prise de Jérusalem ; il décrit le carnage qui se fit dans cette ville et dans le temple de Salomon ; il rend compte de la visite que firent les croisés au saint-Sépulcre ; de l'élection de Godefroy pour roi du nouveau royaume, de la bataille livrée près d'Ascalon, de la mort de Godefroy et des commencemens du règne de Baudouin son frère. Guibert parle aussi des nouvelles troupes de croisés qui partirent d'Italie sous la conduite de l'archevêque de Milan et du sort qu'elles eurent.

L'histoire de Guibert est parsemée de traits d'érudition qui ne prouvent pas toujours un bon goût ; son latin est dur, obscur, quelquefois ampoulé et toujours peu agréable à lire. Le père Lelong lui reproche de manquer de discernement, de saine critique et d'être trop prévenu. Guibert est très-crédule quoiqu'il se moque de la crédulité des autres écrivains ; il oublie trop souvent de fixer les dates des événemens qu'il raconte. Nous devons dire néanmoins que son histoire renferme beaucoup de traits de mœurs, et que sous ce rapport elle est très-propre à nous faire connaître l'esprit du temps où il écrivait.

Gesta Francorum expugnantium Herusalem, par un anonyme.

Art. x, page 561.

L'auteur inconnu de cet ouvrage s'est proposé, comme il le dit dans son second chapitre, de réduire celui de Foucher de Chartres, en évitant sa prolixité, et en restreignant sa narration aux choses qui appartiennent à son sujet. Mais il prévient aussi qu'il y a ajouté différentes particularités intéressantes, qu'il avait recueillies d'ailleurs, et qu'il a corrigé avec soin le texte de Foucher. Il paraît, d'après ce que l'anonyme dit dans son cinquante-quatrième chapitre, que l'histoire de ce Foucher ne se publiait que par parties lorsqu'il entreprit de la revoir, puisque, sous la date de 1106, il insinue que la ville de Tripoli n'était point encore prise par les chrétiens. Ils n'en furent maîtres en effet qu'en 1109, comme le dit Foucher dans la suite de son ouvrage. Cette observation sert en même temps à fixer l'époque où l'anonyme a écrit, c'est-à-dire entre 1106 et 1109.

L'anonyme dit, comme Foucher, que l'année qui suivit le concile de Clermont, la paix et l'abondance de toutes choses étaient partout. Il donne aussi le nom des principaux chefs croisés, et indique le temps de leur départ.

En parlant de Robert, comte de Normandie, il le désigne, comme Foucher, par la qualité de fils, au lieu de frère de Guillaume, roi d'Angleterre.

Après avoir raconté la marche des croisés, à travers la Bulgarie et la Macédoine, et leur arrivée à Constantinople, l'auteur fait ainsi la description de cette ville : « Quelle grande et noble cité ! Qu'elle est belle et remplie d'églises et de palais d'une architecture admirable ! Que d'ouvrages merveilleux ciselés, en airain et en marbre, elle contient ! D'un côté, elle est ceinte par la mer et par un mur inexpugnable; de l'autre, par des remparts, par un double fossé et par un mur d'une grandeur immense. Elle est enfermée de tours. En tous temps, un nombreux concours de vaisseaux apportent aux habitans tout ce qui leur est nécessaire. Chypre, Rhode, Mytilène, Corinthe et une infinité d'îles la fournissent de leurs productions. L'Achaïe, la Bulgarie et toute la Grèce lui envoient leurs richesses. Les villes de la Romanie, l'Europe et l'Afrique ne cessent de la servir de leurs produits. Il s'y rend des hommes de toutes les nations, des Grecs, des Bulgares, des Alains, des Comans, des Italiens, des Vénitiens, des Romains, des Daces, des Anglais, des Turcs, des Juifs, des Crétois et des Arabes. »

En parlant de la marche des croisés sur Antioche, l'anonyme dit que, lorsqu'ils furent arrivés à Héraclée, ils virent dans le ciel un signe d'une extrême blancheur, qui avait la forme d'une épée, et dont la pointe s'étendait à l'Orient. Foucher fait aussi mention de ce phénomène. Comme les croisés ignoraient ce qu'il signifiait, ils se recommandèrent à Dieu, et arrivèrent à une ville nommée *Maresdie*, où ils restèrent trois jours. Ils se dirigèrent ensuite vers Antioche. L'anonyme rapporte que lorsque les croisés eurent aperçu cette ville, et qu'ils eurent compris que le siége en serait difficile, ils s'encouragèrent les uns les autres, et promirent de ne se point abandonner jusqu'à ce qu'elle fût soumise à Jésus-Christ. Lorsque l'émir Capsian et les principaux de la ville surent cela, et se virent enfermés de toutes parts, ils tinrent conseil et envoyèrent *Xauxvidolen*, fils de ce même Capsian, au soudan de Perse et au roi de *Galapia*. Ils envoyèrent aussi des messagers à Sosman, roi de Jérusalem, à *Reduoana*, émir d'Alep, à *Decak*, émir de Damas, pour les presser de venir à leur secours et de chasser les Francs de leur pays.

En parlant de la famine qui se mit dans l'armée chrétienne, l'anonyme dit que les croisés recoururent aux racines des herbes qu'ils arrachaient dans les champs et dans les bois, et qu'ils mangèrent l'écorce des arbres. Mais ces ressources ne se trouvaient pas toutes dans le voisinage du camp, il fallait aller jusqu'à quarante milles au-delà, dans les montagnes, et plusieurs croisés y tombèrent dans des embuscades. Quelques-uns prolongèrent leur vie en mangeant du cuir et des chardons. D'autres, comme les troupeaux, broutèrent des herbes et des feuilles d'arbres; s'ils trouvaient quelque Sarrasin nouvellement tué, ils dévoraient avidement sa chair. Pour comble de misère, les chevaux, les mulets, et autres bêtes de somme, avaient presque tous péri par la fatigue ou la faim, et ceux qui survivaient étaient hors d'état de travailler. L'anonyme prétend que les croisés s'étaient attiré ces maux par leurs vices. Depuis qu'ils étaient devant Antioche, ils n'avaient mis aucune borne ni aucun frein à leur intempérance. Il ne manquait, dit-il, dans l'armée ni de voleurs, ni de sacriléges, ni de fornicateurs, ni d'adultères, ni de coupables de toutes espèces de crimes.

L'anonyme raconte comme Foucher, mais avec plus de brièveté, la prise d'Antioche; le siége que les chrétiens y soutinrent, quelques jours après, contre l'armée de Carboran; la découverte de la sainte Lance; la victoire des croisés sur les infidèles, et la marche de Godefroy à travers les villes de la Syrie et de la Palestine, jusqu'à Jérusalem. Il fait une assez longue description de cette ville, du siége qu'elle soutint et de sa prise. Il nomme les autres villes qui tombèrent, après Jérusalem, au pouvoir des chrétiens. L'anonyme fait l'histoire des opérations militaires qui eurent lieu dans la Syrie, jusqu'à l'année 1106, et termine son ouvrage par le combat qui se livra cette année auprès d'Ascalon. Il dit qu'il y eut dans ce temps un tremblement de terre qui se fit sentir à Jérusalem. Il rapporte aussi l'apparition d'une comète qui brillait, au milieu de la nuit, d'une lumière éclatante; mais cette lumière s'affaiblit chaque jour, de manière que les derniers jours, on ne pouvait plus la distinguer. L'anonyme dit encore qu'il y eut, à la droite et à la gauche du soleil, deux cercles qui avaient la forme et l'éclat de cet astre. On y voyait toutes les couleurs de l'iris. Enfin, il raconte qu'on vit pleuvoir des étoiles au milieu de la nuit, et il ajoute que, quoique ces prodiges fussent autant de mystères pour les mortels, ils étaient des signes pour l'avenir, le présent ou le passé.

Nous avons remarqué que cet auteur, dont le latin est assez facile, se sert, pour indiquer la date des événemens, de vers latins qui ne valent pas sa prose.

Secunda pars historiæ hierosolimitanæ, par un anonyme.

Art. XI, page 594.

C'est encore là l'histoire de Foucher, abrégée par un auteur inconnu. La première partie a été perdue; celle qui

DES CROISADES.

reste commence à l'an 1100, au départ de Baudouin d'Edesse pour Jérusalem, et finit à l'an 1124. Cet anonyme a suivi la même marche que le précédent, qui est de rapporter les événemens selon leur date. Il a, comme l'autre, ajouté à sa narration des particularités qui ont échappé à Foucher, et des détails mieux circonstanciés. Il fait de temps en temps des réflexions qui marquent une piété éclairée, et donnent une idée avantageuse de son caractère.

Le style des deux anonymes est meilleur que celui de Foucher, et quoiqu'ils semblent n'avoir fait que l'abréger, ils peuvent néanmoins être d'un grand secours à ceux qui veulent connaître à fond l'histoire des croisades. L'un s'étend davantage sur les batailles, les siéges, les rencontres ; l'autre fait mieux connaître les chefs croisés. Le second anonyme raconte ainsi le retour subit de Baudouin à Edesse :

« Quand les Perses eurent appris que Baudouin et Boëmond étaient allés à Jérusalem, pour accomplir leurs vœux, ils se rassemblèrent et se portèrent sur une partie du pays d'Edesse, dans l'intention de détruire tous les adorateurs du Christ, qu'ils y trouveraient, comme le loup dévore les brebis qui sont sans pasteur. Baudouin revient tout-à-coup contre eux avec une troupe peu nombreuse, mais bien choisie. Il les attaque à l'improviste, lorsqu'ils étaient tranquilles, sous leurs tentes, et qu'ils ne soupçonnaient rien moins que son retour. Il fond sur eux, jette le trouble dans leur camp et s'en empare. Il tue les uns, met les autres en fuite, et, après les avoir battus, il reprend sa route chargé de butin et jouissant des fruits de sa victoire.

A la suite de ce récit, l'anonyme rapporte que, dans ce temps, un archevêque de Pise, nommé Daimbert, était abordé au port de Laodicée, avec plusieurs Italiens et Toscans, et qu'il y trouva un autre évêque de la Pouille. Ils se réunirent amicalement, au nombre d'environ vingt mille, tant cavaliers que fantassins. Ils se répandirent tous sur les terres des Sarrasins, et il est impossible de dire, ajoute l'auteur, tout ce qu'ils eurent à souffrir des attaques des ennemis, ou de la disette des vivres. La famine fut telle qu'ils se virent forcés de manger la chair de leurs chevaux, de leurs ânes et de leurs chameaux, en sorte que les bêtes de somme, qui auraient dû leur servir pour achever la route, leur devinrent une nourriture nécessaire.

Dans cette année 1100, dit l'anonyme, lorsque Baudouin et Boëmond retournaient de Jérusalem dans leurs principautés, ils passèrent par Tibériade et Panéas. Les Sarrasins de Damas vinrent en grand nombre à leur rencontre, pour leur dresser des embûches et leur couper le passage. Ils comptaient sur la victoire, parce qu'ils avaient appris que les chrétiens étaient presque sans armes et fatigués de la route. Ceux-ci, en effet, manquaient de lances et avaient peu de flèches ; leurs arcs étaient détendus et relâchés par les pluies continuelles. Cependant, la confiance des ennemis fut trompée, les chrétiens, ayant Boëmond à leur tête et Baudouin sur leurs derrières, échappèrent aux dangers et triomphèrent des ennemis.

Mais, six mois après, Boëmond, surpris dans une embuscade, auprès de la ville de Mélitène, fut fait prisonnier et emmené en captivité. Cet événement répandit le deuil et la désolation parmi les siens. L'anonyme raconte que, pendant que ce prince était retenu captif, devant la ville de Mélitène, que l'émir Danisman tenait bloquée, il coupa une boucle de ses cheveux et la fit passer à Baudouin, en le suppliant, par l'amour du Christ, de se hâter de venir à son secours. Baudouin, ayant appris ce malheur, en fut très-affligé. Il plaignit le sort d'un ami, d'un compagnon, et, sans différer, rassemblant le plus de monde qu'il put, il alla se joindre aux habitans d'Antioche, pour délivrer Boëmond s'il le pouvait. Mais Danisman, ayant été prévenu de son arrivée, leva le siége, et ne laissa à Baudouin, qui le poursuivait, aucune occasion d'en venir aux mains.

Baudouin et les siens, voyant leurs efforts inutiles, s'en retournèrent tout tristes. Boëmond fut emmené et étroitement gardé.

L'anonyme rapporte ensuite la mort du roi Godefroy; l'élection de Baudouin, son frère; la marche de ce prince, et les combats qu'il livra aux infidèles, en se rendant à Jérusalem, et son couronnement à Bethléem. Il raconte les exploits de ce Roi, dans les commencemens de son règne, tels que la reddition de la ville d'Arsur, le siége de Césarée de Palestine, la prise de cette place, la bataille livrée entre Ascalon et Joppé, etc.

Sous la date de 1102, l'auteur rend compte du combat qui se donna près de Ramla et où se trouvèrent avec le roi, Etienne comte de Blois, Etienne comte de Bourgogne, Geoffroy de Vendôme, Hugues de Luzignan, frères du comte Raymond. Baudouin fit dans ce jour des prodiges de valeur, mais il ne se sauva qu'en passant la nuit dans les montagnes; le comte de Blois et le comte de Bourgogne perdirent la vie dans le combat. Trois jours après, le roi gagna avec beaucoup de peine la ville d'Arsur n'ayant avec lui qu'un soldat et son écuyer. Ce prince, en 1103, se battant contre les Sarrasins, fut blessé par un Ethiopien et cette blessure dont il guérit mal et avec beaucoup de peine, fut, dit l'anonyme, la cause de sa mort long-temps après.

Sous la date de l'année suivante, l'auteur fait le récit du siége de la ville d'Acre par l'armée chrétienne et par la flotte des Génois. A l'année 1105 il rapporte que Raymond comte de Saint-Gilles mourut au château des Pélerins, auprès de Tripoli; il fait le récit d'un nouveau combat livré à Ramla entre les Sarrasins du Caire et les chrétiens; et dit qu'il y eut quatre mille hommes de tués du côté des infidèles et à peine soixante chrétiens.

Les choses étonnantes, ajoute-t-il, sont suivies de choses plus étonnantes encore : car la flotte du Caire ayant abordé à Joppé le jour même du combat, les Sarrasins espéraient que les chrétiens étant défaits sur terre, Joppé et les autres villes maritimes se soumettraient aussitôt; mais quand ils surent que les leurs étaient vaincus et que les chrétiens avaient triomphé, la flotte se retira dans les ports de Tyr et de Sidon; lorsqu'elle voulut retourner en Egypte *Babyloniam* elle fut battue par une tempête, une partie des vaisseaux périt, l'autre fut repoussée dans le port de Joppé et tomba au pouvoir des chrétiens : là il y eut vingt-cinq vaisseaux de pris, tous remplis de Sarrasins.

L'anonyme raconte qu'en 1106 il parut une comète qui fut vue pendant plus de cinquante jours et qui remplit le monde d'étonnement et d'effroi ; dans les premiers jours, elle étendait vers le couchant d'hiver un rayon d'un blanc tendre semblable à une toile de lin ; sur la fin elle parut plus obscure, jusqu'à ce que s'affaiblissant chaque jour elle disparut entièrement. L'auteur parle aussi, comme le précédent, des deux cercles qui furent vus à la droite et à la gauche du soleil.

A la date de 1107 il rend compte des nouvelles tentatives des habitans d'Ascalon contre Jérusalem ; il dit aussi que Boëmond revint cette année de France, mais il ne raconte point comment ce prince avait été délivré de captivité.

Il place le siége de Tripoli par Bertrand, fils du comte Raimond, à l'année 1108. Bertrand avait avec lui les Génois ; mais son cousin Guillaume, surnommé Jordan, disputait au fils de Raymond l'héritage de son père ; leur discorde retarda le siége et la prise de cette ville : l'un réclamait Tripoli par droit d'héritage, l'autre par droit de possession. Baudouin arriva sur ces entrefaites et tâcha de se concilier les Génois afin d'assiéger Ascalon, Béryte ou Sidon : mais pendant les négociations qui avaient lieu entre Guillaume, le roi et les Génois, Guillaume fut tué la nuit d'un coup de flèche, et sa mort mettant fin à la discorde hâta le siége et la prise de la ville. Bertrand posséda Tripoli en prêtant foi et hommage à Baudouin.

Beryte fut prise en 1110 et Sidon se rendit par composition.

Sous la date de 1113 l'anonyme rapporte la triste situation de Baudouin et des chrétiens dans une petite île située entre deux rivières *Jor* et *Dan* qui réunies forment le Jourdain. Les habitans d'Ascalon et les Arabes menaçaient de près

Jérusalem et assiégaient tous les lieux occupés par les Chrétiens. Baudouin et les autres princes avaient placé leur camp sur une montagne qui dominait l'île dont nous venons de parler; ils y étaient depuis deux mois, lorsque les infidèles voyant arriver d'Europe de nouvelles troupes de croisés se retirèrent du côté de Damas et laissèrent au roi et aux siens la faculté de retourner à Acre.

L'auteur raconte qu'en 1114 des nuées de sauterelles venant de l'Arabie fondirent sur le territoire de Jérusalem et le ravagèrent en peu de jours. Aux mois d'avril, de mai et de juin tout le pays fut horriblement ébranlé par des tremblemens de terre. Plusieurs parties de la ville de Mamistra furent renversées; dans le pays d'Antioche plusieurs villes furent détruites, les unes à moitié, les autres en entier; dans une ville que l'auteur appelle *Maresque* tout le peuple fut écrasé sous les ruines des édifices; celle qu'il nomme *Tritralée* dans l'*Eufratesie* fut détruite de fond en comble.

Sous la date de 1115 l'anonyme parle des nouvelles tentatives des Turcs et des Ascalonites contre les Chrétiens, surtout contre Joppé qu'ils assiégèrent en vain par terre et par mer; il raconte aussi l'excursion des Turcs contre Antioche, excursion qui tourna à leur honte, puisqu'ils perdirent trois mille hommes et les prisonniers qu'ils avaient, leurs tentes, leurs ustensiles, leurs voitures, leur argent, un nombre infini de chevaux, de mulets et de chameaux et quarante mille sous d'or.

En 1116, suivant l'auteur, Baudouin alla porter la guerre en Arabie, il pénétra jusqu'à la mer Rouge et entra dans la ville d'Héla, la première station des Israëlites après leur passage à travers cette mer. Baudouin, après en avoir parcouru le rivage et reconnu que la cause de son nom venait, non de la couleur de ses eaux mais de son sable, revint à Jérusalem et mourut peu après en 1118, en allant en Egypte.

L'anonyme s'est arrêté avec complaisance à peindre le deuil que cette mort répandit parmi les chrétiens; il parle ensuite de la nomination de Baudouin du Bourg, prince d'Édesse et des secours qu'il s'empressa de porter à Antioche. Après avoir triomphé des Turcs, ce roi revint à Jérusalem et, passant le Jourdain, alla attaquer le prince de Damas qui ravageait les terres des chrétiens vers Tibériade et le força de se retirer sur son territoire.

Sous la date de 1123, l'anonyme rend compte de l'arrivée en Syrie d'une flotte nombreuse des Vénitiens, et de la captivité du roi, surpris dans une embuscade. Il parle du siége de Joppé par les Sarrasins, et commence le récit de celui de Tyr par les chrétiens; mais il finit son ouvrage à cette époque, sans nous dire quelle fut l'issue de cette entreprise.

Historia rerum in partibus transmarinis gestarum, a tempore successorum Mahumetis, usque ad annum Domini 1184.
Edita a venerabili Willermo, Tyrensi archiepiscopo.

Art. XII, page 625.

Guillaume, archevêque de Tyr, est représenté par Bongars et par les historiens qui l'ont suivi, comme un homme supérieur à son siècle, par son savoir, par la variété de ses connaissances, par son jugement et par l'aménité et la pureté de ses mœurs; comme écrivain, il fut aussi le plus grave et le plus élégant; on ne sait rien de certain touchant son origine et ses parens; les uns disent qu'il était Français, d'autres qu'il était Allemand; mais d'après sa préface même il est évident qu'il était né en Syrie, puisqu'il dit que c'est l'amour pour sa patrie qui l'a porté à écrire les grands événemens qui s'y sont passés et qu'il a été entraîné plus par la douceur du sol natal (*naturalis soli magis tracti dulcedine*), que par le sentiment de ses forces. Etienne de Luzignan qui a écrit l'histoire de Chypre et qui était Cypriot, dit que Guillaume tenait par le sang aux princes de Jérusalem.

Guillaume vit dans son enfance le patriarche d'Antioche Raoul; il fréquentait les écoles, lorsque le divorce entre le roi Amauri et Agnès d'Edesse fut prononcé, ce qui eut lieu en 1162. Jacques de Vitry rapporte qu'il fut aimé du roi à cause de son savoir. Ce fut à la recommandation d'Amauri, et à la prière de plusieurs personnes distinguées, que l'archevêque Frédéric le nomma archidiacre de l'église de Tyr, en 1167; il fut peu après nommé ambassadeur auprès de l'empereur de Constantinople et s'acquitta heureusement de la mission dont il était chargé. Ayant encouru sans la mériter l'indignation de son archevêque, il se réfugia à Rome, et à son retour en Palestine, le roi Amauri le chargea de l'éducation de son fils Baudouin ; peu après il fut fait chancelier du palais. Au mois de mai de l'an 1174, il fut nommé archevêque de Tyr et consacré dans l'église du Saint-Sépulchre, par le patriarche de Jérusalem ; en 1177, il alla à Rome pour assister au synode de Latran; en s'en retournant il resta deux mois à Constantinople auprès de l'empereur Manuel, et ce séjour fut, comme il le dit, très-utile à lui et à son église. Les historiens nous laissent peu de détails sur les derniers événemens de la vie de Guillaume de Tyr; un de ses continuateurs, comme nous le verrons à la fin de cet article, dit quelques mots qui feraient croire qu'il mourut empoisonné, mais cet empoisonnement est raconté d'une manière si étrange que nous n'avons pu y croire.

L'histoire de la guerre-sainte est divisée en vingt-trois livres; les livres sont divisés en chapitres ; comme nous avons pris Guillaume de Tyr pour guide et que nous l'avons souvent cité dans notre histoire des deux premières croisades, nous pensons qu'il est suffisamment connu de nos lecteurs ; nous nous contenterons de donner une analyse succincte de son ouvrage.

Guillaume de Tyr fait remonter son histoire à l'état de la Terre-Sainte avant les croisades. Il donne ensuite, en peu de mots, l'origine des Turcs, l'histoire de Mahomet, de ses successeurs, et des progrès rapides de la doctrine de ce faux prophète. Il fait ensuite le tableau des persécutions des chrétiens dans la Palestine; et nous apprend de quelle manière les pélerins étaient reçus et traités à Jérusalem. L'historien arrive ensuite au pélerinage de Pierre l'Hermite, à la prédication de la croisade, et au départ des premiers croisés. L'arrivée à Constantinople de Godefroi de Bouillon et des autres princes de l'Occident qui avaient pris la croix, le siége et la prise de Nicée, la marche de l'armée chrétienne à travers l'Asie mineure, la prise d'Edesse par Baudouin, le siége d'Antioche, les discordes élevées entre plusieurs chefs, la famine et les désordres qui désolèrent l'armée des croisés, les négociations de Bohémond avec le traître Phirous, la prise de la ville assiégée; les malheurs qui la suivirent, la misère, l'abattement et le désespoir des croisés, assiégés à leur tour par Kerbogha, la découverte de la sainte Lance, la victoire miraculeuse remportée par les chrétiens, conduisent Guillaume de Tyr jusqu'au VIII°. livre de son histoire. Dans le IX°. et dans le X°., il raconte le siége et la prise de Jérusalem, l'élection de Godefroi, la bataille d'Ascalon. Les livres suivans sont consacrés aux événemens qui se sont passés dans le royaume de Jérusalem, dans la principauté d'Antioche, le comté d'Edesse, et les autres états chrétiens en Asie. On voit, dans cette partie de l'histoire, les progrès de la puissance des Francs sur les côtes de la Syrie, jusqu'à la prise d'Edesse par Zengui et Nourreddin, époque où commença la décadence des colonies chrétiennes. Ce fut alors que l'Occident, à la voix de Saint-Bernard, s'arma de nouveau pour combattre les infidèles. Dans son XVI°. livre, Guillaume de Tyr parle longuement des événemens de la seconde croisade, et nous donne, à ce sujet, des détails qu'on chercherait vainement dans les anciennes chroniques. Les livres qui suivent renferment des événemens moins remarquables; mais, dans cette partie de son histoire, l'auteur raconte ce qui s'est passé de son temps, et ce qu'il a pu apprendre par lui-même, circonstance qui donne un grand prix à son récit. C'est là qu'on peut connaître à fond la politique des princes chrétiens, le but de leurs conquêtes, les fautes qu'ils commirent, le sujet de leurs éternelles divisions, la corruption toujours croissante des mœurs parmi les Francs de la Palestine, les progrès des puissances musulmanes, l'origine et les progrès de l'empire fondé par Saladin : cette partie de l'histoire de Guillaume de Tyr est très-curieuse, et nous montre comment se forma cet orage qui devait fondre sur le royaume de Jérusalem. Le XXIIIe. et dernier livre n'a qu'une page ; l'historien avertit ses lecteurs qu'il n'a plus rien à raconter pour la gloire du nom chrétien, et déclare qu'il n'a ni le courage ni la force de poursuivre son récit.

Guillaume de Tyr s'est servi, pour la première partie de son ouvrage, jusqu'au règne de Baudouin III, des mémoires de ses prédécesseurs, et a pris spécialement pour guides Robert-le-Moine, Albert d'Aix et Raymond d'Agiles. Il a mis en outre le plus grand soin, comme il le dit lui-même, à recueillir les matériaux nécessaires à la composition de son ouvrage, soit en écrivant les faits particuliers dont il avait été témoin, soit en consultant sur les faits antérieurs les personnes dignes de foi qui en avaient conservé la mémoire. Quant aux dates, il a puisé dans les annales d'Eutychius, et est tombé dans les mêmes fautes de chronologie que l'on reproche à cet auteur. On ne saurait refuser à Guillaume de Tyr un très-grand avantage sur les autres écrivains du temps. Bongars n'hésite point à lui décerner le titre de prince des historiens des croisades. Cet auteur, habile à discerner le vrai du faux, moins crédule que la plupart de ses contemporains, débrouille avec facilité l'histoire des successeurs de Godefroi de Bouillon. Il est judicieux, prudent et modéré dans ses jugements ; il ne dit ni trop ni trop peu, et on reconnaît, au ton de ses récits, le chancelier du royaume de Jérusalem, versé dans les affaires publiques, accoutumé à peser les événemens et à étudier les hommes. Sa narration est rapide et porte le caractère de la vérité. Quant à son style, il est simple et naturel ; comme tous les auteurs qui l'ont précédé, il mêle souvent à son récit des passages tirés de l'écriture sainte ou des auteurs profanes ; la plupart des écrivains du XIIe. siècle se plaisent ainsi à orner leur narration ; on trouve dans l'histoire de Guillaume de Tyr des descriptions intéressantes des pays dont il parle ; il ne se contente point de raconter les faits, il attache encore par des tableaux de mœurs. On trouve dans cette histoire des discours (1) et des portraits dignes de la plume et du pinceau des grands maîtres de l'antiquité, mais quelquefois de la sécheresse et des passages négligés.

L'histoire de Guillaume de Tyr a été publiée pour la première fois à Bâle, en 1549, in-fol., Phil. Poissenat la réimprima en la même ville, en 1564, et y ajouta une épître dédicatoire, la vie de l'auteur, et la continuation de cette histoire, donnée par Jean Hérold. Bongars s'est contenté de faire entrer dans sa collection l'histoire de Guillaume de Tyr, sans y joindre la continuation donnée par Hérold, ni l'épître dédicatoire de Poissenat.

Quoique Hérold soit peu estimé des savans, et qu'il ne puisse servir de guide à ceux qui voudront étudier l'histoire des croisades, nous le ferons connaître en quelques mots.

Jean Basile Hérold naquit en 1511 à Hoechstad, dans la

---

(1) Il est difficile de trouver une harangue plus pathétique, et qui offre en même temps plus de traits de piété et de grandeur d'âme que celle que Godefroi prononça lorsque, tout étant à peu près désespéré, les croisés étaient sur le point de lever le siége d'Antioche. La voici : « Si ita hostes nominis et fidei christianæ triumphaverunt, nihil aliud restare video, viri illustres, quàm ut cum eis moriamur, aut tantam Domino J. Christo illatam ulciscamur injuriam. Mihi credite, quia nec vita, nec salus, morte vel quolibet ægritudinis genere carior est, si tantorum principum sanguis impunè effusus est super terram, aut tanta Deo devoti populo strages maturam non invenerit ultionem. Videtur ergo mihi quod hostes de præsenti aliquantulùm elati victoriâ, imprudentius se habebunt. Solet enim prosperitas eos quibus præsens arridet, reddere incautiores ; sicuti versâ vice, miseris et afflictis rebus solet solertia major accedere.....»
(Pag. 700, lin. 4.)

Souabe. C'était un écrivain laborieux et fécond. Il fut curé d'un village voisin de Basle. Les magistrats de cette ville lui donnèrent le droit de bourgeoisie, en récompense de ses travaux. On ignore le temps où il mourut; mais il vivait encore en 1581.

Cet historien, qui semblerait devoir être très-instruit des événemens dont il avait entrepris le récit, puisqu'en tête de son ouvrage il cite plus de cent auteurs d'après lesquels il dit avoir écrit, se montre au contraire fort ignorant dans beaucoup d'endroits. Il adopte sans critique ou sans discernement tous les bruits populaires, tous les préjugés historiques qui étaient encore établis de son temps, ou, s'il ne les adopte pas entièrement, il ne prend pas non plus la peine de les détruire ou de les combattre. Dès le commencement de son ouvrage il fait apercevoir son ignorance en appelant Sultan d'Egypte Schavert qui n'en était que ministre, et en donnant à Saladin le titre de khalife qu'il n'eut jamais. Pour prouver son peu de discernement, il suffira de dire qu'il a renchéri sur les accusations que certains auteurs ont portées contre le comte de Tripoli. Il attribue à la perfidie et à la trahison de ce comte tous les malheurs des chrétiens à la fin du XIIe siècle. La perte de la bataille d'Hétin, la prise de Tibériade et tous les événemens désastreux qui en furent la suite, furent, selon Hérold, l'ouvrage du comte de Tripoli et la conséquence de ses liaisons avec Saladin. On verra dans nos extraits des historiens arabes combien toutes ces accusations sont fausses. Hérold, dans un de ses chapitres, fait prendre Antioche par Saladin avant le siége d'Acre, et vingt pages plus loin il ne craint pas de dire qu'en racontant ce fait plus haut, il savait bien qu'il n'était pas vrai. Il rapporte avec la même indifférence, pour la vérité historique, la fable de l'hostie donnée par Saint-Louis au Sultan d'Egypte, comme une garantie du traité conclu avec ce prince musulman. Les digressions auxquelles Hérold s'est livré prouvent aussi son mauvais goût, comme écrivain. Après avoir raconté la prise de Jérusalem par Saladin, il s'arrête pendant trois ou quatre chapitres à nous faire l'histoire de cette ville, depuis sa fondation jusqu'au temps où il en est. Il y revient encore en parlant du siége de Tyr que Saladin fut forcé d'abandonner. Après avoir raconté le siége d'Acre et la prise de cette ville par les rois Philippe et Richard, il dit que la cupidité des Francs les porta à ouvrir le ventre des Musulmans pour y trouver l'or qu'ils cherchaient. Il assure qu'il y en eut qui firent brûler leurs corps et les réduisirent en cendres pour en départir cet or; que d'autres se servirent de la peau de ces barbares pour en faire des chaussures ou des cordes d'arc.

La continuation d'Hérold commence à l'élévation de Saladin au vizirat, et finit à l'année 1521. Elle est divisée en six livres. Elle fut imprimée à Baslé en 1560. On l'a mise après coup à la suite de l'édition de Guillaume de Tyr, imprimée dans cette même ville en 1563.

Le second continuateur de Guillaume de Tyr est plus estimé. Nous en parlerons dans les extraits de *l'amplissime collection* de Martenne. Nous nous bornerons à citer ici le passage dans lequel ce continuateur rapporte la mort de notre historien. Lorsqu'Héraclius fut nommé patriarche de Jérusalem, Guillaume de Tyr ne voulut pas le reconnaître, et alla auprès du Pape qui le reçut bien. « *Quand le patriarche Erade*, ajoute le continuateur dans le français du temps, *soit que l'archevêque de Sur fu allé à Rome por ly grever, bien sout que si vivoit longuement, qu'il seroit deposé, por ce, dit à un sien faisicien qu'il allast apres, et qu'il l'empoisonnat, et cil si fit, si fu mort. Apres alla le patriarche à Rome, et fit ce qu'il vout, si s'en retourna en Jérusalem.* Ce récit singulier ne se trouve confirmé par aucun autre historien, ni aucune autre pièce historique. On s'étonne d'abord de la manière dont Héraclius fit mourir Guillaume, mais on s'étonne encore davantage de la manière dont le continuateur le rapporte ; le crime le plus horrible est raconté comme l'action la plus ordinaire, et la mort d'un historien ne peut assez intéresser celui même qui continue son histoire, pour qu'il exprime le moindre regret, et qu'il joigne à son récit quelques détails qui auraient pu le rendre vraisemblable. Aussi avons-nous refusé d'y ajouter foi, pour l'honneur de celui qui le raconte, et pour l'honneur de l'humanité.

Outre l'histoire de la guerre sainte, Guillaume de Tyr a encore composé l'Histoire des princes d'Orient, depuis l'an 614, au temps où Mahomet répandit ses erreurs, jusqu'en 1184. Cet ouvrage n'est pas venu jusqu'à nous; non plus que le Recueil des actes du concile de Latran, qu'il avait été chargé de dresser en 1179.

L'histoire de Guillaume de Tyr a été plusieurs fois traduite en français. On ne lit plus que la traduction de Gabriel du Préau, qui a paru en 1567, sous le titre d'*Histoire de la guerre dite la Franciade*. Cette traduction, à laquelle Préau a ajouté quelques chapitres à l'original, n'est pas sans intérêt, et plaît au lecteur par la naïveté même de son langage. Ce titre de *Franciade* qu'a donné du Préau à sa traduction, est remarquable, en ce qu'il annonce que de son temps l'histoire des guerres saintes était regardée comme une histoire toute française. Il existe une traduction antérieure à celle de Préau, de près de deux siècles, laquelle n'a jamais été imprimée. On en trouve plusieurs exemplaires à la bibliothèque royale.

Jacobi de Vitriaco, acconensis episcopi, historia hierosolimitana.

Art. XII, page 1047.

Jacques de Vitry, né vers la fin du douzième siècle, fut d'abord curé d'Argenteuil près Paris; il quitta ensuite sa cure pour être chanoine régulier d'Oignies dans l'évêché de Liége. On lui confia là une cure où il connut une dame nommée Marie qui l'édifia par sa sainteté et dont il a écrit l'histoire. On l'envoya prêcher la croisade contre les Albigeois, et par son éloquence il obtint de grands succès. Sa réputation s'étendit tellement que les chanoines d'Acre le demandèrent pour évêque ; par la suite il quitta cet évêché et devint évêque de Tusculum avec le titre de cardinal. Ce fut après la prise de Damiète que pour se délasser de la méditation des saintes écritures, il lui prit envie d'écrire l'histoire de ce qui s'était passé en Orient. Il divisa cette histoire en trois livres : le premier comprend en grande partie la description des contrées orientales, le second, le tableau de l'église d'Occident et le troisième, le récit de ce qu'il a vu de ses propres yeux en Syrie et en Egypte. Il était instruit dans les langues latine grecque et arabe. Jacques de Vitry mourut à Rome vers l'an 1224, fatigué, dit Oléarius dans sa Bibliothèque des auteurs sacrés, des pénibles travaux essuyés en Orient et en Occident;

Bongars n'a pas jugé à propos de faire entrer dans sa collection le deuxième livre de Jacques de Vitry, parce qu'il le regardait comme étranger à son dessein.

Les deux premiers ont été publiés d'abord sans préface à Douai en 1557 in-8º. ; quelque temps après, Gretzer donna le troisième livre sur un manuscrit du couvent d'Oignies et le fit entrer dans son recueil intitulé *Jardin de la Croix*. Bongars ayant eu plusieurs manuscrits sous les yeux et les ayant comparés ensemble, a donné du premier et du troisième une édition bien plus fidèle et plus correcte.

Indépendamment de cette histoire, Jacques de Vitry a laissé plusieurs lettres qui s'y rapportent, la première est adressée à Jean de Nivelles et à quelques parens, et les autres au pape Honorius. Bongars n'a donné que la première, les autres se trouvent dans le troisième tome du *Trésor des Anecdotes* de dom Martenne.

Après Guillaume de Tyr, Jacques de Vitry est pour le style et pour les faits le meilleur auteur qu'on puisse consulter sur les croisades. Il se livre souvent à des réflexions lumineuses et paraît s'occuper avec plus d'intérêt des choses qu'il décrit, et c'est là ce qui imprime à son style une sorte d'énergie qu'on ne trouve pas toujours dans Guillaume de

Tyr. En général il n'est qu'abbréviateur des choses qu'il n'a pas vues lui-même et il passe rapidement sur les événemens pour s'attacher aux mœurs des peuples, à la description du pays, à la forme des gouvernemens.

Le commencement du premier livre de Jacques de Vitry n'est en quelque sorte qu'un tableau rapide de l'état de la Terre-Sainte avant la première croisade; il remonte jusqu'à Mahomet dont il raconte l'origine et la vie, et dont il explique la doctrine. Il cite les nations qui ne voulurent point se soumettre à sa loi et parle des Turcomans, des Bédouins, de ceux qui ont une religion occulte, et des Assassins. Le portrait qu'il fait des Bédouins nous a paru digne d'être cité.

« Ils tirent principalement leur origine, dit-il, de ces Arabes dont on prétend que Mahomet descendait; ils ont pour principe que ne pouvant prévenir ni retarder le jour que Dieu a marqué pour leur mort, ils ne doivent jamais aller armés au combat, aussi ne vont-ils qu'avec des chemises et la tête enveloppée d'un voile comme les femmes. Ils ne se servent que de lances et d'épées; ils dédaignent l'arc et les flèches dont les autres Sarrasins font usage; quoiqu'ils prennent aisément la fuite, ils regardent comme des lâches et des hommes timides les Sarrasins qui lancent de loin des traits et des flèches. Ils sont traîtres non-seulement aux chrétiens, mais encore aux autres musulmans; ils sont menteurs, inconstans, amis de la fortune, doubles dans leur conduite et s'attachent volontiers à ceux qu'ils voyent l'emporter sur les autres; ils portent avec leurs voiles des bonnets rouges; dans leurs tentes, ils couchent sur des peaux d'animaux, ils se vêtissent de peaux de mouton et le plus souvent de chèvre; ils n'ont aucune demeure fixe, ils marchent par tribus, parcourant divers pays, vivant de lait et traînant avec eux beaucoup de troupeaux. »

En comparant les relations des voyageurs modernes, on voit que les Bedouins n'ont pas beaucoup changé leur manière de vivre depuis Jacques de Vitry. Cet auteur ajoute qu'il y a aux environs du Mont Liban une peuplade qui suit en grande partie la loi de Mahomet, mais qui prétend avoir une autre loi occulte qu'il n'est permis de révéler à personne qu'aux enfans quand ils sont adultes. Les femmes et les filles, élevées dans la religion de leurs maris et de leurs parens, disent qu'elles croyent à cette loi occulte qu'elles ignorent. S'il arrivait par hasard qu'un fils, par légèreté, révélât cette loi à sa mère, le mari tuerait l'un et l'autre sans rémission. Cette peuplade, contre la coutume des infidèles, boit du vin, mange de la chair de porc, et est regardée par tous les autres Musulmans comme hérétique. Ceux qui ont fréquenté cette peuplade, rapportent, selon Jacques de Vitry, que les hommes se livrent en secret à des actes abominables et contre nature, et que c'est là leur loi occulte qu'ils craignent de laisser connaître à leurs femmes, de peur qu'elles ne les abandonnent ou ne les méprisent.

Jacque de Vitry peint la triste situation où l'Eglise d'Orient était réduite sous la domination des Sarrasins. Il parle du voyage de Pierrre l'ermite, de son retour en Europe et de ses prédications. Il raconte ensuite fort brièvement le départ des croisés, le siége et la prise d'Antioche, la victoire des chrétiens sur Kerbogha, le siége et la prise de Jérusalem. Il nomme quelques-uns des croisés qui revinrent en Europe et dit comment ceux qui restèrent en Judée étendirent leurs conquêtes. Il décrit avec la même rapidité le siége et la prise des villes d'Arsur, d'Acre, de Berythe, de Sidon, sous le roi Baudouin. Jacques de Vitry parle aussi des quatre principautés que les chrétiens établirent en Orient, savoir: Edesse, Antioche, Tripoli et Jérusalem. Il fait la description de ces villes et de celles qu'on appelait Dan et Bersabée. Il n'oublie pas non plus les villes maritimes: telles que Pharamia, Leris et Peluze, ni les villes fortifiées ou les châteaux-forts: comme Darum, Gaza, Ascalon, Azotho, Geth, Acre. Il raconte le siége et la prise de Tyr et indique les villes de l'intérieur que les chrétiens assiégèrent sans pouvoir les prendre, mais qu'ils se rendirent tributaires: telles que Alep, Damas, le Caire, Alexandrie, Damiete; enfin il parle des forts qu'ils construisirent sur les

confins des terres des Sarrasins. Nous ferons observer ici que
l'historien, embrassant un long espace de temps, ne suit pas
dans son récit l'ordre chronologique, et qu'en parlant de
toutes ces villes il rapporte ce qui arriva à chacune en particulier, depuis la conquête de Jérusalem jusque sous le règne
de Baudouin IV.

Après ce tableau il revient sur ses pas et raconte en ces
mots le partage du royaume de Jérusalem entre les princes
et barons chrétiens.

Pour plus grande sûreté, et pour que le pays fût défendu
et gardé sous l'autorité du Roi, celui-ci retint la meilleure
et la plus belle partie, savoir : Jérusalem, Naplouze, Acre et
Tyr, avec quelques villes et villages. Les hommes-liges qui
lui jurèrent fidélité et s'engagèrent à le servir avec un certain
nombre de soldats, furent le comte de Tripoli, le seigneur
de Berythe, celui de Sidon, celui de Caïphas ou Porphirie,
celui de Césarée, le prince de Galilée qui était aussi seigneur
de Tibériade, le comte de Joppé et d'Ascalon, le seigneur de
Montréal et de tous les pays au-delà du Jourdain, le seigneur d'Arsur et d'Ibélim avec quelques autres. Ceux que
l'historien vient de nommer étaient, dit-il, les plus grands par
leur prééminence et leur dignité, car il y avait encore d'autres seigneurs après eux. Jacques de Vitry parle aussi de
l'état de l'église d'Orient que les chrétiens s'attachèrent à
rendre plus florissant ; ensuite il décrit le Jourdain, le lac de
Genezareth, le Mont Thabor, les villes de Sebaste, de Tibériade, de Bethsan, la Pierre-du-Désert, Nazareth, Ebron,
Lidda, Bethléem et la Cité Sainte sur laquelle il revient souvent. Il parle du patriarche de Jérusalem et de ses suffragans,
et des abbés et prieurs qui furent établis sous lui. Le Saint-
Sépulcre, le Calvaire, la montagne de Sion, le temple de
Salomon, la montagne des Oliviers, la vallée de Josaphat et
quelques autres lieux vénérables sont, comme on le pense
bien, autant d'objets de ses descriptions. L'ouvrage de Jacques de Vitry est plutôt un tableau statistique de la terre
sainte sous les princes chrétiens, qu'une histoire proprement

dite de la première croisade. Il n'oublie point les ordres militaires et religieux établis à Jérusalem : tels que les frères hospitaliers de Saint-Jean, ceux de la milice du Temple et ceux de l'hôpital de Sainte Marie appelés chevaliers teutoniques.

En parlant des peuples d'Occident qui étaient venus se fixer dans la terre sainte, il fait un tableau intéressant et rapide que nous n'avons pu nous dispenser de traduire et d'offrir à la curiosité de nos lecteurs.

« La terre sainte, dit-il, florissait comme un paradis de volupté. Semblable aux roses, aux lys et aux violettes, elle répandait au loin les plus doux parfums. Le Seigneur avait versé sur elle ses bénédictions. Les déserts s'étaient changés en campagnes grasses et fertiles ; les moissons s'élevaient dans les lieux qu'habitaient les serpens et les dragons. Le Seigneur, qui avait autrefois abandonné cette terre, y avait alors, par un effet de sa grande miséricorde, rassemblé ses enfans. Il l'avait rendue populeuse par les hommes de toute espèce et de toutes les nations qui étaient venus s'y fixer. On y arriva en foule des contrées d'au-delà de la mer, surtout les Génois, les Vénitiens et les Pisans. Mais sa plus grande force lui vint de la France et de l'Allemagne dont les peuples sont si belliqueux ; les uns plus courageux sur mer, les autres plus puissans sur terre; les uns plus propres et plus exercés aux combats maritimes ; les autres plus adroits à manier les chevaux, l'épée et la lance ; les uns meilleurs par leurs galères ; les autres supérieurs par leur cavalerie. Les Italiens sont plus graves, plus prudens et plus réservés. Ils sont sobres dans le boire et le manger, prolixes et fleuris dans leurs discours, circonspects dans leurs résolutions, prompts à les exécuter, prévoyants, se soumettant difficilement aux autres, défendant leur liberté avant tout ; dictant des lois sous le chef qu'ils se sont choisis et y tenant avec fermeté. Ce peuple est très-nécessaire à la terre sainte, non-seulement pour les combats, mais encore pour le commerce et le transport des pélerins et des provisions. Comme ils sont sobres, ils vivent plus long-temps en Orient que les autres nations de l'Occident. Les Allemands, les Français, les Bretons, les Anglais, et autres d'au-delà les monts, moins réservés et plus impétueux, moins circonspects dans leurs actions, moins sobres et plus prodigues; moins discrets, plus prompts dans leurs résolutions, moins prévoyans, dévots à l'église, plus aumôniers et plus charitables, plus ardens dans les combats, sont aussi d'un plus grand secours pour la défense de la terre sainte, surtout les Bretons; et plus redoutables aux Sarrasins. Cependant la légèreté et l'intempérance de quelques-uns d'eux les ont fait appeler *fils d'Hemandius* par les *Poulains*. Les Poulains, dit Jacques de Vitry, sont ceux qui sont nés dans la terre sainte après la conquête, soit parce qu'on les regarde comme des hommes nouveaux et comme des poussins, eu égard aux Syriens; soit parce qu'ils ont eu en général pour mères des femmes de la Pouille; car l'armée des croisés ayant à sa suite un petit nombre de femmes, on en fit venir de la Pouille comme la plus voisine de la Syrie, afin de les marier à ceux des chrétiens qui restaient. Il y a encore dans la terre sainte plusieurs autres nations de mœurs et de religion différentes : tels que des Syriens et des Grecs, des Jacobites, des Maronites, des Nestoriens, des Arméniens et des Géorgiens; ils y sont très-utiles pour les affaires, pour l'agriculture et autres arts, ils sèment les champs, ils plantent les vignes et peuplent le pays. »

Après ce tableau, Jacques de Vitry en fait un autre de la corruption de la terre sainte. Il accuse tour à tour les prélats, les réguliers et les Poulains. Les couleurs qu'il emploie sont si fortes qu'on ne peut s'empêcher de le taxer d'exagération ; ou bien si elles sont vraies, on doit se demander pourquoi l'Europe s'armait pour défendre une population si corrompue.

« Tous, dit l'auteur, se portaient au désordre et au précipice. Il n'y avait aucune partie saine dans le corps, depuis la plante des pieds jusqu'au sommet de la tête, et tel le peuple, tel le prêtre. Commençons par le sanctuaire. Depuis que le monde était devenu tributaire des prélats et des réguliers, par ses aumônes, ses offrandes et ses dons, les pasteurs paissaient eux-mêmes ; ils enlevaient aux brebis leur lait et leur laine ; ils n'avaient aucun soin des âmes. Ce qu'il y a de pire, ils donnaient, à ceux qui leur étaient soumis, des exemples de perfidie : ils s'étaient enrichis de la pauvreté de Jésus-Christ. Ils étaient devenus superbes de son humilité, glorieux de son ignominie, et gras de son patrimoine. Cependant, lorsque le Seigneur dit à Pierre : Paissez mes brebis, nous ne voyons pas qu'il lui ait jamais dit : Tondez mes brebis.....

« Les réguliers, quand ils ont été infectés du venin des richesses, ont étendu outre mesure leurs vastes possessions ; ils ont méprisé leurs supérieurs, rompu les liens qui les attachaient à eux, secoué le joug, et sont devenus à charge, non seulement aux églises et aux ecclésiastiques, mais à eux-mêmes, par leur envie, par leurs dissensions. Au grand scandale de toute la chrétienté, ils en sont venus à des affronts publics, à des haines manifestes, à des violences et à des combats.....

« Les abbés, les prieurs, les moines, les chapelains, rejetant toute crainte de Dieu, ne redoutaient pas de porter la faux dans la moisson d'autrui, ni d'unir, par des mariages clandestins, des personnes qui ne pouvaient l'être légitimement. Ils visitaient les malades, non par piété, mais par cupidité, et leur administraient les sacremens malgré leurs propres pasteurs, liant et déliant, contre l'ordre de Dieu et les dispositions des saints canons, les âmes dont le soin ne leur appartenait pas.

« Parmi les laïcs et les séculiers, la corruption était d'autant plus grande qu'ils étaient plus grands et plus puissans. Une génération méchante et perverse, des enfans scélérats et dégénérés, des hommes corrompus, des prévaricateurs de la loi divine, étaient sortis des premiers croisés, hommes religieux et agréables à Dieu, comme la lie sort du vin, et le marc de l'olive, ou comme l'ivraie sort du froment et la rouille de l'argent. Ils avaient succédé aux possessions, mais non aux mœurs de leurs pères ; ils abusaient des biens temporels que leurs parens avaient acquis de leur sang, en combattant pour Dieu contre des impies. Tout le monde sait que ces enfans, nommés *Pollans*, nourris dans les délices, mous et efféminés, plus accoutumés aux bains qu'aux combats, adonnés à la débauche et à l'impureté, vêtus aussi mollement que des femmes, se montraient lâches et paresseux, timides et pusillanimes contre les ennemis du Christ ; personne n'ignore combien les Sarrasins en faisaient peu de cas : leurs ancêtres, quoiqu'en petit nombre, faisaient autrefois trembler ces Sarrasins ; mais alors ils n'étaient pas plus redoutés que des femmes, quand ils n'avaient point avec eux de Francs, ou peuples d'Occident. Ils faisaient des traités avec les Turcs ; ils vivaient en paix avec les ennemis du Christ, et pour la plus légère cause, ils étaient entre eux en procès, en querelles, en guerre civile, et souvent ils demandaient du secours, contre les chrétiens, aux ennemis de notre foi. Ils ne rougissaient point de tourner au détriment de la chrétienté, des forces qu'ils auraient dû employer à l'honneur de Dieu contre les payens, etc. »

Nous abrégeons ce tableau, dont la suite est aussi hideuse. Jacques de Vitry fait des reproches presque semblables à ceux des Génois, des Pisans et des Vénitiens qui demeuraient aussi dans la Syrie. Le portrait qu'il trace des Syriens n'est guère moins rebutant. Il y a, dit-il, d'autres hommes qui habitent ce pays de temps immémorial, et qui ont été sous la domination de plusieurs peuples, tels que les Romains, les Grecs, les Latins, les Barbares, les Sarrasins et les chrétiens. Esclaves partout, toujours tributaires, réservés, par leurs maîtres, pour servir à l'agriculture et aux autres métiers. Ces hommes, appelés Syriens, sont infidèles, doubles, trompeurs comme les Grecs, menteurs, inconstans, amis de ceux qui ont de la fortune, traîtres, ayant à la bouche des paroles qui sont loin de leurs cœurs, regardant pour rien le vol et la rapine. A l'exemple des Sarrasins, des Grecs et des Orientaux, ils ne se rasent point la barbe : ils l'entretiennent avec grand soin ; ils en tirent vanité, et la regardent comme un signe de virilité, comme la parure du visage, la gloire et l'autorité de l'homme. Cette opinion est encore aujourd'hui la même dans tout l'Orient.

Après avoir présenté l'état moral de ces contrées, Jacques de Vitry en offre l'état physique. Il y a, dans cette partie, plusieurs notions utiles, et quelques bonnes observations, mais on y trouve d'anciennes traditions fabuleuses, et des explications de phénomènes qui ne sont pas toujours conformes aux lois de la physique. L'auteur n'a pas vu tout ce qu'il décrit, et souvent il s'en rapporte aux livres des anciens. La preuve en est dans ce qu'il raconte du phénix et des amazones. En parlant des tremblemens de terre auxquels la Syrie est sujette, il dit qu'ils sont dangereux, horribles, épouvantables, non-seulement dans le royaume de Jérusalem, mais dans les pays voisins, surtout sur les côtes maritimes. Il en attribue la cause à la violence des vents qui se condensent dans les endroits caverneux de la terre, par l'impulsion des eaux, et qui, ne pouvant trouver une libre issue, ébranlent la terre avec tant de force que, quand ils ne peuvent rompre les obstacles qu'ils rencontrent, ils ouvrent d'immenses abîmes où s'engloutissent quelquefois des villes entières; d'autrefois, la terre, sans être ouverte, est tellement agitée, par l'impétuosité de la tempête, que les villes s'écroulent tout à coup avec leurs murs, leurs tours et autres édifices, et écrasent et étouffent leurs habitans. La physique moderne se contenterait difficilement de cette explication.

Jacques de Vitry décrit les fleuves, les fontaines et les autres sources naturelles, les divers arbres de l'Orient, les animaux, les pierres précieuses. Au milieu d'une foule d'erreurs, le passage suivant, où il parle du diamant, nous a paru trop curieux pour être passé sous silence; il constate que l'aiguille aimantée, dont on ne fait remonter la découverte qu'au quatorzième siècle, était connue au commencement du treizième, et qu'on en faisait déjà usage.

« Le diamant, dit Jacques de Vitry, se trouve au fond

de l'Inde, il est d'une couleur de fer brillante ; il n'excède pas la grosseur d'un noyau d'aveline ; il résiste, par sa dureté, à tous les métaux ; cependant il se dissout dans du sang de bouc récemment tiré et chaud. Le feu ne le brûle point. Il a la vertu d'attirer le fer à lui. Une aiguille de fer qui a touché le diamant se tourne toujours vers le Septentrion, et, par cette propriété, elle est devenue nécessaire aux navigateurs. On ne peut enlever le fer qui adhère à l'aimant ; mais si on en approche un diamant, le fer se sépare aussitôt. On dit que le diamant dissipe les poisons, résiste aux maléfices et chasse les fantômes et les vains songes. Il guérit les insensés, ou du moins leur est très-utile par son contact. »

L'auteur finit ses descriptions par la comparaison des productions merveilleuses de l'Orient avec celles des autres pays ! et termine son premier livre par le récit rapide des conquêtes de Saladin et de la troisième croisade qui en fut la suite. Les deux derniers chapitres contiennent le détail du siége d'Acre et des événemens qui arrivèrent jusqu'en 1210.

L'auteur dit, dans son quatre-vingt-onzième chapitre, qu'en composant son histoire, il a eu sous les yeux les historiens d'Orient, une mappemonde et les écrits de saint Augustin et d'Isidore. Il serait fort à désirer que nous eussions quelque idée de cette mappemonde, qui lui servit. Nous saurions où en étaient de son temps l'étude de la géographie et l'art de dresser les cartes.

Il n'est pas sûr que le troisième livre de cette histoire soit de Jacques de Vitry. C'est le récit du siége et de la prise de Damiette en 1218. Aussi porte-t-il pour titre : *Historiæ Orientalis liber tertius, qui potissimum de capta a crucesignatis Damieta agit.* L'auteur, quel qu'il soit, paraît l'avoir fait à la demande du Saint-Père, qui désirait connaître les mœurs et les forces des infidèles. Il remonte à la mort de Saladin et au partage des états de ce conquérant entre ses enfans, dont il donne les noms. Avant de reprendre les événemens historiques à l'an 1217, il nous instruit du cérémonial usité à la cour du Soudan, lors de la réception des envoyés des princes chrétiens.

« Le sultan, dit-il, selon la coutume de ses prédécesseurs, ne se montre que dix fois dans l'année en public ; car il est toujours voilé quand il reçoit les ambassadeurs des chrétiens. Le premier jour, il les reçoit sur le premier escalier du Caire, où il réside toujours. Il reçoit les lettres et n'entend point les ambassadeurs. Le second jour, il les entend sur le second escalier, en présence de cent Turcs bien armés. Le troisième, il donne sa réponse par un interprète, selon la nature de l'affaire. Au bout des trois jours, les ambassadeurs peuvent avoir accès auprès du Sultan. »

Jacques de Vitry nous fait connaître la force et les distances respectives des villes de la Palestine et de l'Egypte, et décrit tout ce que ces contrées offrent de curieux.

Il revient ensuite à la partie historique, et rapportant les événemens contemporains, il nous apprend qu'à l'expiration de la trève entre les chrétiens et les infidèles, plusieurs princes de l'Occident étaient arrivés à Ptolémaïs. Jacques de Vitry les nomme. C'étaient, outre les rois de Jérusalem, de Hongrie et de Chypre, les ducs d'Autriche et de Bavière, avec plusieurs comtes et guerriers illustres, beaucoup d'évêques de différens pays, et le seigneur Gauthier d'Avesnes, qui avait laissé, au service de la Terre-Sainte, 40,000 hommes, et qui était revenu au printemps. L'auteur cite et déplore les désordres commis par les croisés bavarois, sur les terres des chrétiens. Il parle ensuite de la marche de l'armée contre Corradin, qui avait déjà passé le Jourdain. Le patriarche de Jérusalem, qui faisait sa résidence à Ptolémaïs, se rendit, suivant Jacques de Vitry, à l'exemple de ses prédécesseurs, avec la Sainte-Croix, au camp des chrétiens. Tous les princes et seigneurs vinrent pieds nus au-devant du patriarche, et le reçurent avec vénération et solennité. L'auteur, au sujet de la Sainte Croix, dit que les fidèles, par respect pour ce bois sacré, l'avaient coupée en deux, dans la crainte qu'étant prise par les barbares, elle ne fût entièrement perdue. Nous verrons ce fait rapporté ou copié par d'autres historiens. Nous n'étendrons pas davantage l'extrait de ce troisième livre, parce que tout ce qui a rapport au siége de Damiette se retrouve dans l'ouvrage d'Olivier l'Ecolastre, à l'article duquel il nous semble convenable de renvoyer.

Mais nous dirons ici que Martenne, qui a inséré ce livre dans le troisième tome de ses Anecdotes, l'a donné plus court que Gretzer et Bongars, et avec des différences qu'on ne trouve ni dans l'un, ni dans l'autre. Il a même hésité à y laisser le nom de Jacques de Vitry, parce que, dans le manuscrit de M. Bigot, ce livre porte le titre de *Relation*, que le patriarche de Jérusalem a faite au Pape de l'état de la Terre-Sainte. Martenne s'appuyait encore sur ce que Jacques de Vitry dit dans sa préface, qu'il rapportera dans son troisième livre ce qui s'est passé dans le concile de Latran, et dans l'armée des croisés, jusqu'à la prise de Damiette. Or, tous les événemens annoncés dans la préface ne s'y trouvent pas.

Historia Hierosolimitana auctoris incerti.

Art. XIII, pag. 1150.

L'auteur de cette histoire vivait en 1190. Il paraît qu'il était né en Angleterre, mais d'une origine normande. Sa narration comprend depuis l'an 1177, jusqu'en 1190. L'auteur, dans une courte préface, établit l'importance de l'histoire qui nous transmet la connaissance des plus belles actions et des plus grands exploits. Il ajoute que, puisqu'on accorde une certaine confiance aux historiens grecs et latins, on doit en avoir une entière au récit des événemens qu'il raconte et dont il a été témoin. Si le lecteur, dit-il, demandait de nous un style plus élégant et plus correct, qu'il sache que nous avons écrit au milieu des camps, et que le bruit des armes ne nous a pas laissé le loisir de la méditation. On voit cependant, par le fond et par la forme de son ouvrage, que l'auteur ne manque ni d'instruction, ni de talent d'écrire, et que le commerce des nations commençait à dissiper les ténèbres des siècles précédens.

Cette histoire est incomplète dans Bongars. Elle ne représente que le premier livre de l'ouvrage qui, dans la collection de Th. Gale, porte pour titre : *Itinerarium regis Angliæ Richardi*. En la comparant à ce premier livre, on y trouve de nombreuses imperfections ; plusieurs phrases y sont mutilées. Les siéges, prises de villes, etc., y sont omis ou abrégés ; il y a même des fautes typographiques assez graves, qui changent le sens, comme *post multum*, pour *post modum*. Enfin, cette histoire de l'anonyme n'est que le quart de l'ouvrage cité, qui contient six livres et la vie entière du Roi d'Angleterre. Nous nous dispenserons donc d'en faire l'analyse, et nous renverrons le lecteur à l'article de la collection anglaise de Gale, qui a pour titre : *Itinerarium regis Angliæ*, etc.

Regum et principum Epistolæ.

Art. XIV, pag. 1172.

Bongars a placé ici un recueil de lettres, toutes adressées au roi Louis VII, dit le Jeune, et qui ont pour objet de peindre la situation des chrétiens en Orient, ou de demander des secours pour eux. Parmi ces lettres s'en trouve une écrite au pape Alexandre III, par Hugues, curé d'Andrinople, et Pierre, prieur de l'hôpital de Saint-Jean de Constantinople, pour se plaindre des dangers auxquels ils sont exposés, et des fatigues qu'ils supportent depuis six mois. Ils prient sa sainteté d'avoir égard à la faiblesse de leur santé.

Les lettres à Louis VII sont de Raimond, prince d'Antioche, qui désire un parti sortable pour ses deux filles, parvenues à l'âge nubile ; de Gerbert, grand-maître des Hospitaliers, qui prie le Roi de punir des malveillans qui ont incendié les terres de Guillaume *Domperre* ou *Donner*, résidant alors à Jérusalem ; d'Amauri I*er*, roi de Jérusalem, qui, après avoir parlé de la captivité du prince d'Antioche, pris par les Turcs, des maux causés par un tremblement de terre, et de l'extrémité où les chrétiens d'Orient sont réduits, presse le Roi de se rendre à Jérusalem. Cette lettre est de 1162. Il y en a une autre de la même date, avec de nouvelles instances.

Le patriarche de Jérusalem, nommé aussi Amauri, écrit au Roi, pour l'inviter à envoyer des secours. Il fait de même la peinture des maux qu'endurent les chrétiens d'Orient.

Bertrand de Blancfort, grand-maître des Templiers, écrit au Roi dans le même sens et dans le même but. Dans une seconde lettre, de 1168, il supplie le Monarque, auquel il donne le titre de Majesté, de punir ceux qui ont incendié les terres de Guillaume *Donner*. Nous venons de voir le grand-maître des Hospitaliers écrire pour le même sujet, et pour le même individu.

Gilbert, gardien de l'hôpital de Jérusalem, invite le Roi à accorder de nouvelles aumônes à cet hôpital.

Le 10 avril 1161, Amauri, Roi de Jérusalem, annonce la mort de Baudouin III, et son avènement au trône. Il peint l'état de détresse de son royaume, et rappelle ce qu'il a déjà annoncé de la captivité du prince d'Antioche et du tremblement de terre qui a causé tant de maux.

Bertrand de Blancfort annonce que les chrétiens ont pris sur Noureddin, une ville qu'il appelle *Berbesium*, et que les Turcs se sont emparés de Panéas. Il demande au Roi les secours les plus prompts.

Geoffroy Foulques, ou Foucher, procurateur du Temple, peint aussi l'état déplorable des chrétiens. Il annonce le siège de Harem par Nourredin, et l'entière défaite de l'armée des chrétiens. Il demande de prompts secours.

Amauri, roi de Jérusalem, écrit dans le même but.

Pierre, frère hospitalier et prieur de Saint-Jean de Constantinople, chargé par l'Empereur de voir le roi de France, prie ce Monarque de lui ménager les moyens de remplir sa mission sans offenser le Pape; il dit que le nonce qui l'accompagne, l'engage à se rendre d'abord auprès du Saint-Siége.

Amaury, patriarche de Jérusalem, sollicite, pour un chanoine du Saint-Sépulcre, et pour les frères qu'il a sous sa direction, un hospice ou un emplacement quelconque, où ils puissent trouver un refuge.

Bertrand de Blancfort remercie le Roi des bienfaits qu'il accorde aux Templiers, et après avoir peint l'état déplorable de la Terre-Sainte, il annonce que la ville d'Antioche ne pourra résister à l'attaque des infidèles.

Amauri, roi de Jérusalem, écrit, en 1163, qu'il est entré en Egypte, et qu'il y a obtenu de grands succès. Il ajoute que, sans l'inondation du Nil, il se serait emparé de Peluze.

En 1172, le même Amauri recommande au Roi tous les chrétiens qui sont en Orient, et surtout les Templiers. L'Orient a les yeux tournés sur vous, lui dit-il, et c'est *Votre Majesté* qui doit mettre un terme aux maux des fidèles.

Geoffroy Foulques, ou Foucher, parle des progrès de Noureddin; du siége d'Harem; de la captivité du jeune Boëmond, du comte de Tripoli et autres seigneurs. Il demande à grands cris des secours pour défendre Jérusalem, qui n'a plus dans son sein qu'un petit nombre de chrétiens. Cette lettre est de 1163. Dans une lettre de l'année précédente, ce même Foulques avait annoncé au Roi qu'il avait visité les saints lieux en son nom, et qu'il avait appliqué, sur chacun d'eux, l'anneau qu'il portait constamment. Il priait le Roi de l'accepter et de le garder en mémoire de ce pélerinage.

Boëmond III, prince d'Antioche, presse le Roi de venir au secours de sa ville, qui n'a plus d'espoir que dans la protection de Dieu et dans l'appui du Roi.

Le pape Adrien IV félicite Louis VII du zèle qu'il a montré pour la religion et l'église; mais il le blâme du traité qu'il a conclu avec le roi d'Angleterre, pour aller combattre les Maures d'Espagne, et il l'engage à différer cette expédition jusqu'à ce que les Espagnols l'ayent appelé.

Oliveri Scholastici coloniensis de captione Damietæ ad Engelbertum, coloniensem archiepiscopum, etc.

Art. xv, pag. 1185.

Olivier vivait au commencement du treizième siècle. Vers l'an 1215, il prêcha la croisade dans le Brabant et la Flandre, et s'embarqua ensuite à Marseille avec un grand nombre de croisés. Il se trouva au siège et à la prise de Damiette en 1218. C'est sur cette prise qu'il a laissé une relation très-circonstanciée, en forme de lettre.

Albéric, dans sa chronique, dit qu'Olivier, évêque de Paderborn, qu'il distingue à tort d'Olivier de Cologne, a fini son histoire en 1223. Le père Oudin, dans sa Bibliothèque des Jésuites, tom. III, pag. 35, fait mention d'un manuscrit existant de son temps à la bibliothèque de Louvain et ayant pour titre : *Relatio de expeditione Hierosolimitana*, dont la lettre d'Olivier sur Damiette fait partie. Ce qui précède cette lettre n'a jamais été imprimé; ce qui la suit est perdu. Olivier a encore composé un ouvrage intitulé : *Historia regum sanctæ terræ ab anno 1095 ad 1212*. Il en existe un troisième de lui, qui a pour titre *Historia Damietana*. Cette histoire n'est autre chose que cette même lettre qui renferme le récit du siége et de la prise de Damiette, et de la reddition de cette place deux ans plus tard. Eccard a recueilli ces deux ouvrages dans son *Corpus historicum medii ævi, 1723*, tom. II, pag. 1355.

Olivier commence le récit du siége par la description des effets d'une inondation subite des eaux du Nil « Les tentes, dit-il, nageaient dans le fleuve, les provisions furent perdues, les poissons du Nil et ceux de la mer venaient sans rien craindre se glisser dans nos lits, et nous prîmes avec nos mains ces nouvelles provisions dont nous aurions voulu manquer; et sans une permission de Dieu, la mer, jointe au fleuve, aurait porté à l'ennemi par le fossé qui avait été cependant creusé pour d'autres usages, les hommes et les bêtes de somme, les vaisseaux, les armes et les vivres. »

L'auteur décrit ensuite les moyens d'attaque des assiégeans et les moyens de défense des assiégés. Il raconte les différens combats livrés sous les murs de la ville, où périrent plusieurs chefs chrétiens. Parmi les prisonniers, il cite l'élu de Beauvais et son frère, chambellan de France, et ses fils, avec Jean d'Arcies, Henri de Ulm et plusieurs autres, qui furent tués dans leur captivité. Olivier parle de la retraite de quelques croisés et de l'arrivée de quelques autres.

La ville, affligée par un long siége, par le fer, par la famine et par la peste, mit tout son espoir dans la paix que le soudan lui promit. La famine fut si grande, que les mets les plus ordinaires y manquaient. Le pain, qui y était en abondance, était tout gâté. Il ne se conserve pas long-temps en Egypte, à cause de la mollesse de la glèbe où croît le blé. Ce n'est que dans les environs du Caire qu'on peut conserver le grain par artifice pendant plusieurs années.

Quand les chrétiens entrèrent dans Damiette, ils trouvèrent, au rapport d'Olivier, les places couvertes de corps morts.

L'armée des croisés eut aussi à souffrir une espèce de maladie pestilentielle devant cette ville. Voici dans quels termes Olivier en décrit le commencement :

« Une douleur soudaine s'emparait des jambes et des cuisses ; elle attaquait ensuite les dents et les gencives, qui se gâtaient, on perdait la faculté de mâcher ; une horrible noirceur couvrait les jambes, et après de longues douleurs et une grande patience, les malades expiraient. Il en périt ainsi plusieurs. » Cette maladie n'était autre que le scorbut. Olivier dit qu'une des raisons qui engagèrent le Sultan à demander la paix, fut que le Nil ne s'était pas élevé cette année à la hauteur ordinaire, ce qui menaçait l'Egypte d'une disette.

En parlant du démantellement de Jérusalem, par Coradin, (Malek Moadham), en 1219, l'auteur expose ainsi les motifs qui empêchèrent les Sarrasins de détruire le Saint-Sépulcre.

« Mais personne n'eut la témérité d'y porter la main, à cause du respect qu'on avait pour ce lieu. Car il est écrit, dans l'alcoran, que Jésus-Christ, Notre-Seigneur, né et conçu de la Vierge-Marie, a vécu sans péché. Les Turcs le regardent comme un prophète, et plus qu'un prophète. Ils assurent qu'il a éclairé les aveugles et ressuscité des morts. »

Nous terminerons cet article en faisant observer que cette lettre d'Olivier, et le troisième livre de J. de Vitry ont tant de conformité dans les expressions, et que plusieurs passages sont si évidemment copiés de l'un ou de l'autre, qu'on ne peut guère se refuser à croire que le troisième livre, attribué à J. de Vitry, est d'un autre auteur. Ce qui nous le confirme encore, c'est la différence de style, entre le premier livre et ce troisième, qui ne paraît pas de la même main. Au reste, il n'est pas impossible que plusieurs auteurs, d'après la demande que le pape avait faite d'un rapport sur les affaires d'Orient, eût travaillé à cette relation, et que J. de Vitry et Olivier l'Ecolastre, qui furent tous deux témoins des événemens qu'ils racontent, eût réuni ensemble leur récit, ou qu'une troisième main ait fondu les deux récits en un seul.

Bulla Innocentii papæ IV.

Cette bulle avait pour objet de confirmer, ou plutôt de vérifier les priviléges accordés, et les lettres adressées au Saint-Siége, par les Empereurs, Rois et autres princes, seigneurs et fidèles chrétiens. Dans cette bulle sont relatées deux lettres du roi de Hongrie au souverain Pontife. Dans la première, ce Roi rend compte de son voyage en Palestine, en 1217. Il se plaint du désordre qu'on lui a rapporté avoir eu lieu dans son royaume. Il sollicite la protection de Sa Sainteté, et appelle sa sévérité sur les coupables. Il lui demande son assentiment pour diverses alliances qu'il a contractées avec quelques princes païens, dans l'espoir de les rendre chrétiens. Il finit en s'excusant de n'avoir envoyé à Sa Sainteté que de faibles présens.

Dans l'autre lettre, qui précéda celle dont nous venons de rendre compte, le Roi mande au Pape que la Galicie désire pour Roi, son fils Coloman. Il sollicite l'agrément du Pontife, et le prie d'envoyer à l'archevêque de Strigonie les pouvoirs nécessaires pour couronner le jeune prince. Il annonce en même temps les préparatifs qu'il fait pour son voyage d'outre-mer, et nomme les grands et les nobles qui doivent l'accompagner. Il termine en demandant justice d'un prélat qui, abusant de son ministère, s'est emparé, contre tout droit, d'une forte somme d'argent qui lui appartenait.

Liber secretorum fidelium crucis super Terræ Sanctæ recuperatione et conservatione, quo et Terræ Sanctæ historia ab origine et ejusdem vicinarum provinciarum geographica descriptio continetur. Cujus auctor Marinus Sanutus dictus Torsellus Patricius Venetus. — *Orientalis Historiæ*, lib. II.

Art. XVI, tom. II, pag. 1.

Marin Sanuti, ou Sanudo, descendait de Marcus Sanuti, noble patricien, que Blondus et Sabellicus disent avoir été envoyé à Boniface, marquis de Montferrat, pour traiter avec lui de la cession que ce marquis fit aux Vénitiens de l'île de Crète ou Candie. Ils ajoutent qu'après cela, Marcus, avec le secours de quelques citoyens confédérés, soumit plusieurs îles de la mer Égée, ce qui arriva en 1307. Les Sanuti eurent la souveraineté de ces îles pendant plus de cent vingt ans.

Marin Sanuti naquit sur la paroisse de Saint-Sévère, dans la ville de Rivoalti, vers la fin du treizième siècle. Le surnom de *Torsello* lui vint du nom d'un instrument de musique, qui fut substitué, dans les églises, à celui qu'on nommait *rigabello*, parce que ce fut par son crédit qu'il parvint à le faire adopter à Venise. On ignore quelle était la forme de ces deux instrumens, qui ont précédé dans les églises ceux qui y sont aujourd'hui en usage. Sanuti alla, dès son enfance, dans la Terre-Sainte ; il en fit depuis cinq fois le voyage. Il en revint toujours chargé de missions importantes. Il alla aussi à Anvers, en Alsace et en Sclavonie. Il était très-expérimenté dans l'art de la navigation, et c'est pour cela qu'il entreprit son ouvrage, qui ne pouvait être fait qu'avec une connaissance étendue des affaires maritimes. Il le commença en 1306, et l'acheva en Allemagne. Ce ne fut qu'en 1321 qu'il le présenta au pape. Il l'adressa ensuite aux rois de France, d'Angleterre, de Sicile, aux cardinaux et aux prélats, aux princes et aux barons. Il y joignit quatre cartes de géographie : une de la Méditerranée ; la seconde, de la terre et de la mer ; la troisième, de la Terre-Sainte, et la quatrième, de l'Egypte.

Le Saint-Père, dit Sanuti, dans sa préface, accueillit très-bien tout ce que je lui présentai ; il se fit lire, en ma présence, une grande partie du prologue et des rubriques, et m'adressa plusieurs questions, auxquelles je répondis. « Je veux, dit-il, à la fin, que votre ouvrage soit examiné. — Je le desire beaucoup, repris-je avec respect, pourvu que les examinateurs soient fidèles. — N'en doutez point, » répliqua le pontife. Puis, il ajouta : « Allez vous reposer jusqu'à ce que je vous envoie chercher. » Je me retirai donc, c'est toujours Sanuti qui parle ; et le même jour, il fit venir Boënce d'Ast, de l'ordre des Frères-Prêcheurs, vicaire dans la province d'Arménie ; Jacques de Camérino, de l'ordre des Frères-Mineurs, qui porte une barbe, et qui était venu en cour de Rome pour les Frères de Perse ; Mathias de Chypre, et Paulin, Vénitien, pénitencier du pape, l'un et l'autre du même ordre des Frères-Prêcheurs. Il leur donna le livre jaune, avec ordre de l'examiner soigneusement, et de lui en faire un rapport. Ces quatre religieux s'assemblèrent chez le Frère Paulin. Ils examinèrent le livre avec soin, et d'un commun accord, ils firent leur rapport. Vingt-trois jours après, le Saint-Père me fit venir avec les Frères. Il leur de-

manda plusieurs fois : « Etes-vous d'accord de vos faits ? »
Et ils répondirent avec respect : « Nous avons écrit tous d'accord ce que nous pensons. » Il y eut plusieurs autres discours, les Frères et moi répondant aux questions du Pape. A la fin, le Saint-Père dit : « Il est tard, laissez ici votre rapport : je le verrai et je vous enverrai chercher ensuite. » Le livre et le rapport restèrent ainsi par devers lui.

Dans le mémoire que Sanuti avait présenté au Pape, pour obtenir cette audience, il disait qu'il n'était envoyé par personne ; que c'était de son propre mouvement qu'il venait aux pieds de Sa Sainteté, lui proposer les moyens faciles d'abattre les ennemis de la foi ; d'extirper la secte de Mahomet, et de conquérir la Terre-Sainte.

Après son mémoire, est le rapport des examinateurs, qui approuvent le projet de Sanuti, et sont d'avis qu'on prépare un passage d'après ses vues.

L'ouvrage est divisé en trois livres ; chaque livre, en plusieurs parties, et chaque partie, en chapitres.

La première partie du premier livre contient les moyens d'affaiblir la puissance du Soudan. C'est d'interdire aux chrétiens tout commerce avec les infidèles, et de défendre d'acquérir, de quelque nation que ce soit, rien qui puisse être présumé originaire des états du Soudan. Il désigne surtout les épiceries et les autres marchandises des Indes, qu'il désire qu'on tire de tout autre port que de ceux d'Egypte. Selon Sanuti, le Soudan et ses sujets éprouveraient de grandes pertes, si les chrétiens se fournissaient ailleurs que chez eux de la soie et du *zuchar*, du coton et du lin ; s'ils s'abstenaient de leur porter de l'or, de l'argent, du fer et autres métaux, du corail et de l'ambre, tous objets sur lesquels le Soudan perçoit de gros droits d'importation ; s'ils ne lui envoyaient point de l'huile, du miel, des avelines, des amandes, du safran, du mastic, etc., dont les pays d'Europe abondent ; s'ils ne transportaient point en Egypte toute sorte de bois pour la construction des vaisseaux.

Dans la seconde partie, Sanuti fait voir que les possessions du Soudan sont désertes vers l'Arménie, et que la Syrie a beaucoup perdu de ses richesses depuis qu'il n'y a plus de chrétiens. Il fait voir encore combien ces pays ont perdu, sous le rapport de la population, et surtout des hommes propres à la guerre.

Dans la troisième partie, il rappelle de quelle utilité il fut pour les croisades d'interdire l'exportation du bois, du fer et de la poix, aux pays des Sarrasins. Il insiste pour que cette prohibition soit renouvelée. Il ajoute à cela que, comme l'Égypte ne produit pas assez d'hommes pour la guerre, ou des hommes assez propres à la faire, le Soudan et ses émirs envoyent sur les mers acheter des enfans de toutes les nations, et que c'est avec ces enfans, instruits et élevés dans le métier des armes, qu'ils se soutiennent et qu'ils ont chassé les chrétiens.

Sanuti démontre dans sa quatrième partie la nécessité d'interdire aux chrétiens le transport, soit par terre, soit par mer, de toute espèce de marchandises chez les Sarrasins, et de tirer de même aucune production de leur pays, parce que c'est le moyen le plus sûr de leur ôter toute ressource, et de les priver de tous les secours que leur fournissent les chrétiens contre eux-mêmes. Il demande qu'on porte des lois pénales contre ceux qui transgresseront les ordres de l'église à cet égard. Il prouve encore la nécessité d'interrompre le cours du commerce qui se fait en Afrique et en Espagne, et il désire que cette interruption s'étende depuis la partie septentrionale du fleuve Saleph jusqu'à *Annie*, parce qu'il se fait de ce côté un honteux trafic d'enfans des deux sexes, tant chrétiens que payens; un grand commerce de bois de construction, de poix, et de beaucoup d'autres marchandises. Sanuti veut encore que personne n'ose acheter ou recevoir, dans quelque partie du monde que ce soit, surtout dans la Romanie et dans les îles, aucunes marchandises venant par la voie de l'Inde, parce qu'elles peuvent avoir été tirées ou envoyées du pays des Sarrasins; et il demande encore qu'on établisse des peines contre les maîtres ou les gouverneurs des pays, dans les ports ou sur les terres desquels se ferait ce commerce défendu. Enfin, il propose, pour garder la mer, d'armer une flotte et de lever une armée chrétienne. La flotte serait composée de dix galères, et chaque galère serait montée par 250 hommes, qui auraient à leur tête un chef vaillant et probe. C'était, à proprement parler, des gardes-côtes que Sanuti proposait. Il indiquait les moyens de les établir et la dépense qu'ils entraîneraient.

Dans la cinquième partie, il déplore les calamités qui pèsent sur les fidèles de l'Arménie, de Chypre, etc., qui sont, dit-il, sous les dents de quatre bêtes féroces ; d'un côté, du *lion* ; ce sont les Tartares ; de l'autre, du *léopard*, c'est le soudan ; du troisième, du *loup*, c'est-à-dire les Turcs ; et du quatrième, du *serpent*, savoir, les corsaires qui rongent chaque jour les os des chrétiens d'Arménie. Sanuti finit son premier livre en appuyant sur la nécessité de prendre promptement les mesures qu'il propose.

En lisant ce projet de Sanuti, on croit être au dix-neuvième siècle, et lire le plan de blocus continental, que Bonaparte voulait établir contre les Anglais.

Le second livre de l'auteur vénitien a pour but de trouver les moyens de recouvrer la Terre-Sainte. Ce livre a quatre parties. La première traite de la formation d'une seconde armée chrétienne, conduite par un seul chef. Cette armée devait être de 15,000 piétons, et de 300 cavaliers, tous à la solde de l'église et fournis de vaisseaux, de vivres, et de toutes choses nécessaires à la guerre. Le chef devait débarquer sur les côtes d'Egypte, y camper, y rassembler tous les bâtimens de la mer et des fleuves voisins, et fondre sur les ennemis de la foi quand l'occasion lui paraîtrait favorable.

Sanuti pensait que la flotte ne devait être composée que de Vénitiens, comme plus exercés au service de mer, et parce que la réunion de plusieurs peuples nuit toujours au succès des entreprises maritimes. Les Vénitiens étaient en outre la seule nation capable de fournir à tout ce qui était nécessaire. Après avoir parlé des préparatifs de la flotte et de l'armement, l'auteur recommande qu'on recherche d'abord l'amitié des Tartares; il fait ensuite le calcul des dépenses que coûterait l'entretien des 15,000 piétons et des 300 cavaliers. Il évalue ces dépenses à 700 mille florins par an, ce qui faisait pour trois ans, deux millions cent mille florins. Dans la seconde partie, Sanuti s'attache à prouver que l'armée chrétienne doit être conduite en Egypte par mer et non par terre. Il combat les raisons de ceux qui pourraient désirer qu'elle se portât en Arménie ou en Syrie. Il pense que c'est au cœur qu'il faut attaquer la puissance des Sarrasins. Il blâme une descente dans l'île de Chypre. Sanuti compare la puissance des Sarrasins en Orient à une forteresse qu'on n'avait attaquée jusque-là que par ses côtés, ses murs et ses ouvrages extérieurs, mais qu'on devait au contraire attaquer par la grande porte qui est toujours ouverte, et cette grande porte est l'Egypte maritime. Il la compare aussi à un arbre, à l'ombre duquel le sultan du Caire étend sa domination. Il rappelle l'expédition de Saint-Louis, qui avait un but salutaire, mais qui eut une issue funeste, parce qu'elle fut mal dirigée. La troisième partie est destinée à faire voir les avantages décisifs pour l'armée chrétienne de s'établir en Egypte. Il cite pour exemple les Vénitiens qui restèrent intacts pendant les tempêtes suscitées par les Gaulois, les Africains, les Cypriotes, Atilla, les Lombards et autres. Il s'appuie du même exemple pour démontrer que les chrétiens pourront facilement se défendre en Egypte de leurs voisins, les Sarrasins, et combien il serait difficile aux Egyptiens de nuire aux chrétiens une fois établis chez eux. La quatrième partie est peut-être la plus savante de tout le mémoire de Sanuti. Elle est divisée en 29 chapitres. Il discute et combat les objections qu'on pourrait faire contre les forces de l'armée chrétienne et sur celles du soudan. Il parle des provisions à emporter, des précautions à prendre; des différentes armes à employer; de la forme et du nombre des bâtimens de transport; des machines de guerre; de l'ordre et de la discipline qu'il faut introduire dans l'armée;

de la quantité de nourriture à donner à un nombre d'hommes déterminé ; du prix des vivres et du nombre de vaisseaux nécessaires d'abord pour prendre terre en Egypte. Il entre dans les détails de la construction des bâtimens de mer, et fixe le temps et l'ordre où ils doivent être construits ; il parle aussi de la température de l'Egypte ; de la bonté de son air et de ses eaux. Il indique le pays qui fournit les bons marins. Sanuti veut qu'on prêche la croisade pendant que l'armée prendra terre en Egypte, afin qu'on puisse la renouveler s'il est nécessaire, et réparer les pertes qu'elle pourrait faire. Enfin, il termine son livre par la description très-détaillée de la côte maritime de l'Egypte. Les villes, les ports, les distances, rien n'est oublié.

Il règne en général, dans ce mémoire de Sanuti, beaucoup d'ordre et de clarté. Le génie de l'écrivain avait embrassé une foule de choses de détail sur lesquelles on peut lui reprocher de se répéter quelquefois. Mais on ne peut lui refuser des connaissances approfondies et des vues justes et étendues. Il n'a peut-être manqué à la gloire de Sanuti que l'accord des souverains de l'Europe, et une politique plus éclairée sur leurs vrais intérêts : car il est hors de doute que la puissance des Sarrasins aurait échoué devant une volonté bien prononcée et des moyens tels que ceux que Sanuti proposait. On peut comparer le travail de Sanutti avec le mémoire de Leibnitz que nous avons fait connaître dans les pièces justificatives du cinquième vol. Ces deux ouvrages sont un chef-d'œuvre de critique et un prodige d'érudition.

Le troisième livre de Sanuti, qui est divisé en quinze parties, est entièrement historique, sauf la dernière dans laquelle il revient à son projet. Il remonte aux premiers habitans de la terre de promission et présente un abrégé de tous les événemens qui s'y sont passés jusqu'au concile de Clermont. Le tableau historique des croisades ne peut nous arrêter, parce qu'il n'est aussi qu'un abrégé de Guillaume de Tyr et des autres historiens qui ont précédé Sanuti. Cet écrivain n'a assisté à aucun des événemens qu'il raconte, quoiqu'il eût fait cinq fois le voyage de la Terre-Sainte. Il ne donne pas même sur les derniers événemens tous les détails qu'on devait attendre d'un contemporain. Le siége et la prise d'Acre en 1290 n'occupent pas dans son livre la place qu'ils semblaient devoir y tenir. Nous n'y avons remarqué que la description suivante de la ruine de cette ville :

« Le soudan fit mettre le feu aux quatre coins de la ville pour la détruire toute entière par le fer et par le feu. Les rois et les princes de la terre s'y rendaient en foule ; toutes les parties de l'Occident lui envoyaient leurs tributaires. Maintenant tous les élémens combattent contre elle. La terre dévore le sang chrétien dont elle est arrosée ; la mer engloutit ses habitans ; le feu consume ses édifices ; la fumée obscurcit son atmosphère. »

Sanuti parle ensuite, mais aussi brièvement, de la perte des autres places qui restaient aux Chrétiens, telles que Sidon, Bérithe, et le château des Pélerins.

Il donne quelques détails sur les Tartares, sur les mœurs et les guerres des Mogols de la Perse, et sur leurs relations avec les Francs. Il fait ensuite une description de la Palestine et de l'Egypte, et revient sur les moyens de conquérir et de conserver la Terre-Sainte. Son premier soin est de prévenir la corruption des mœurs qu'il regarde comme la source de tous les malheurs pour les colonies chrétiennes. Il veut que l'armée qu'on enverra en Orient soit formée à la discipline, au maniement des armes et aux fatigues de la guerre. Il recommande le plus grand secret sur les opérations militaires. Il se plaint que les Chrétiens ne sachent pas employer quelques stratagèmes qui ont souvent servi leurs ennemis, et à cette occasion il cite ces paroles de Saladin, en parlant à des Chrétiens : « Vous êtes des insensés et des imprudens, vous ne savez ni combattre, ni tenir la paix, ni fuir à propos. »

Sanuti indique la manière d'asseoir un camp et le lieu qu'il faut choisir ; il décrit les camps des Sarrasins. Il veut qu'on saisisse le moment opportun pour attaquer, et qu'on n'attende pas que l'ennemi vous force à combattre. Il donne quelques conseils sur ce qu'il faut faire à la suite d'une défaite ou d'une victoire, et recommande de n'attaquer que lorsqu'on a la certitude de vaincre. Sanuti regarde comme une chose extrêmement importante après la conquête de la Terre-Sainte de choisir pour chef un autre Godefroy. Ce roi devra avoir un état convenable à la majesté du trône, mais il évitera le luxe et la pompe qu'on a reprochés à Salomon. Les seigneurs et barons n'auront point à leur suite des chiens, des singes, des oiseaux de proie, sujets de fréquentes contestations. Un monarque, dit l'auteur, doit se garantir de l'avarice, source de tant d'injustices, de vexations et de maux. Son devoir est d'employer une partie de ses trésors au bien de l'Eglise et à l'affermissement de la conquête. Qui observera les lois divines, si ce n'est un roi de Jérusalem ? Enfin, Sanuti, après avoir donné les meilleurs conseils, termine son ouvrage en récapitulant tous les moyens qu'il a proposés pour conserver la Terre-Sainte. Il ajoute qu'on doit multiplier les maisons de secours pour les pélerins, créer des pasteurs qui rendent aux mœurs et à la religion toute leur pureté, rechercher les fauteurs de l'hérésie et les schismatiques, chasser de la Terre-Sainte tous les hommes irréligieux, engager, par des encouragemens et par le don de quelque portion de terre les fidèles des autres pays à venir se fixer dans la Palestine et avoir soin qu'ils ne puissent faire passer à d'autres peuples les fruits de leur industrie qu'ils devront à la bienveillance du gouvernement.

A la suite de ce grand ouvrage qu'on pourrait considérer en quelque sorte comme une utopie, Bongars a joint vingt-deux lettres de l'auteur adressées à divers personnages et qui ont toutes un rapport plus ou moins direct avec ses plans et son mémoire. Si pour la partie historique Sanuti s'est servi des auteurs qui l'ont précédé, et surtout de Jacques de Vitry, dont il emploie même les expressions, pour les détails militaires, il ne s'est pas moins servi de Végèce et de Frontin, dont il a défiguré les noms propres.

De recuperatione Terræ Sanctæ auctor anonymus patronus regius causarun ecclesiasticarum in ducatu Aquitaniæ.

Art. XVII, tom. II, pag. 316.

Cet ouvrage est encore un projet pour le recouvrement de la Terre-Sainte; il ne contient rien d'historique sur les croisades. L'auteur, dont le nom est inconnu, était avocat du roi d'Angleterre dans le duché d'Aquitaine. Il vivait au commencement du treizième siècle. Il dédia son mémoire à Edouard, et l'adressa au pape Clément V, qui se le fit lire. Il paraît que ce mémoire fut achevé en 1300. Le premier moyen que l'auteur propose, c'est le rétablissement de la paix entre les princes chrétiens. L'union des nations chrétiennes, dit-il, peut seule atteindre ce but.

Il pense que les Allemands et les Espagnols, quoique illustres dans la guerre, ne peuvent venir au secours de la Terre-Sainte, à cause des divisions de leurs rois. Il voudrait que le Pape assemblât un concile pour forcer les princes chrétiens à faire la paix et à s'unir pour l'expédition de la Palestine. Les frais en seraient supportés par les couvens, les abbayes, les cardinaux, évêques, prêtres, etc. L'église ordonnerait des prières pour attirer les bénédictions du ciel sur l'armée.

Un autre moyen dont l'auteur se promet de grands succès, serait d'envoyer sur les lieux des clercs et laïcs instruits dans les langues pour connaître les mœurs, les coutumes et le caractère des Musulmans, pour les éclairer et les convertir au christianisme.

Mais il voudrait que le roi Edouard et son fils aîné restassent dans le royaume pour y maintenir la paix; ils pourvoieraient mieux aussi à la levée et à l'envoi du subside pour la Terre-Sainte. L'auteur s'attache à prouver à Edouard, qui était déjà âgé, que rien n'était plus facile que le recouvrement de la Terre Sainte. Il l'engage à employer les années que lui laisse la paix à illustrer la fin de sa carrière par une conquête qui doit immortaliser son nom.

Il y a loin toutefois de ce mémoire de l'anonyme à celui de Marin Sanuti.

COLLECTION

DE DUCHENE.

Historiæ Francorum scriptores coœtanei, ab ipsius gentis origine ad Philippi IV dicti Pulchri tempora, cum epistolis Regum, Reginarum, Pontificum, Ducum, Comitum, Abbatum et aliis veteribus rerum Francicarum monumentis; operá et studio Andreæ et Francisci Duchesne. (Lutetiæ-Parisiorum, 1636, — 1649, 5 vol. in-fol.)

Duchesne a été appelé le Père de l'Histoire de France, sans doute à cause de la collection des historiens de France qu'il a publiée, d'après l'idée que lui en avait donnée le premier président Mathieu Molé. Cette collection devait contenir vingt-quatre volumes in-folio. Duchesne avait mis sous presse le troisième et le quatrième lorsqu'il mourut, écrasé par une charrette, à l'âge de cinquante-six ans. Son fils, François Duchesne, héritier de l'érudition de son père, publia le cinquième de ces cinq volumes.

Il n'y a que les deux derniers qui offrent des matériaux pour les croisades. Les trois premiers ne contiennent que des histoires ou chroniques antérieures aux premières expéditions d'outre-mer. Duchesne a réimprimé quelques-unes des histoires que Bongars a fait entrer dans sa collection, et dans lesquelles il a trouvé plusieurs incorrections qu'il a fait disparaître, ou des lacunes qu'il a remplies. Nous avons, en général, suivi l'ordre de l'éditeur, comme nous l'avons fait à l'égard de Bongars, quoiqu'il ne soit pas toujours, dans Duchesne, celui de la chronologie. Mais pour les lettres, qui y sont en grand nombre, nous avons mis sous un seul article toutes celles qui sont du même personnage, ou qui s'adressent au même personnage, et par cette méthode, nous évitons une grande confusion.

Glabri Rodulphi, Cluniacensis Monachi, Historiarum sui temporis Libri V, ab electione Hugonis Capeti in regem, ad annum usque M. XL. VI.

Art. I, page. I, tom. IV.

Quoique antérieur aux guerres d'Orient, cet auteur n'est pas sans intérêt pour l'Histoire des Croisades. Il offre des détails curieux sur l'origine de ces expéditions et sur l'esprit du siècle qui les a précédées. Glaber vivait au commencement du onzième siècle. Il avait à peine douze ans quand son oncle le contraignit à embrasser la vie monastique. Il passa successivement dans plusieurs couvens, où il montra toujours beaucoup d'inconstance et des mœurs assez irrégulières. Ce fut dans l'abbaye de Cluny qu'il acheva son histoire, divisée en cinq livres et dédiée à l'abbé Odillon.

Dans son troisième livre, et sous la date de 1009, il raconte la destruction de l'église du Saint-Sépulcre, à Jérusalem, par ordre du soudan du Caire. (1) Voici à quoi il en attribue la cause : comme il venait de toute la terre une grande multitude de pèlerins, visiter ce monument du Seigneur, le démon jaloux commença à inspirer sa malice

---

(1) Depuis que les Sarrasins étaient devenus maîtres de Jérusalem et des lieux saints, les chrétiens qui s'y trouvaient établis, ne cessaient d'avoir à se plaindre de leur domination tyrannique. En 881, Hélie, patriarche de Jérusalem, adressa à l'empereur Charles-le-Jeune, et à tous les évêques, princes et nobles du royaume de France, une lettre dans laquelle il faisait une peinture touchante de l'état des églises de la Palestine, et demandait des subsides pour les réparer.

Cette lettre intéressante se trouve dans le Spicilége du Père d'Achery, tome II, et dans le neuvième vol. des Hist. de France. Nous avons pensé que c'était ici le lieu de la faire connaître.

A tous les princes très-magnifiques, très-pieux et très-glorieux de l'illustre race du très-magnifique seigneur et grand empereur Charles, aux rois de tous les pays des Gaules, ou comtes, ou saints archevêques, métropolitains et évêques, abbés, prêtres et diacres, sous-diacres et ministres de la sainte Eglise, et aux saintes sœurs ou nobles, à tous ceux qui adorent le Christ, femmes illustres, princes ou chefs, à tous les catholiques et orthodoxes de tout l'univers chrétien, Hélie, serviteur de Notre Seigneur Jésus Christ, et patriarche de Jérusalem, salut en Notre Seigneur.

Nous croyons nécessaire de vous écrire les grandes et nombreuses tribulations que nous fait souffrir une nation criminelle et odieuse au Seigneur, et que vous ont déjà apprises tous ceux qui s'en retournaient d'ici. Il en est une entre autres qui nous tourmente, que nous supportons avec plus de peine, et que nous allons verser dans le sein de votre charité. Depuis long-temps, toutes nos églises sont en partie détruites, ou tombent en partie en ruines, par vétusté. N'osant et ne pouvant les relever, ou les réparer, nous avons, par de grands gémissemens, et par des vœux assidus, imploré la miséricorde de Dieu, pour qu'il nous donnât quelque moyen de pouvoir les rétablir par nos sueurs, par notre travail et pour la gloire de son saint nom. La Providence a permis que le prince de ce pays, devenu chrétien, comme ceux que nous vous envoyons pourront vous le rapporter, nous a d'abord accordé la permission de rééditier et de reprendre les églises. Nous n'avons dû ni pu mépriser une pareille autorisation, ordonnée par Dieu ; car nous avons vu, plus clair que le jour, que cette autorisation, qui était l'objet de tous nos vœux, nous venait d'en haut. C'est pourquoi, relevés et fortifiés par le

à quelques fidèles, par le moyen des juifs, qui lui sont dévoués. Il y avait beaucoup de juifs orléanais, qui sont plus

---

Seigneur, nous nous sommes occupés avec ardeur de reconstruire et de recouvrer nos églises. Mais, ne pouvant suffire, par nous-mêmes, aux dépenses nécessaires, pour une si grande entreprise, nous avons recouru aux autres. Personne n'a voulu nous donner d'argent sans gage de notre part. Nous n'en avions point d'autre à donner que nos oliviers ou nos vignes, ou les vases sacrés de nos églises. Nous les avons donnés, et l'argent que nous avons reçu pour ces gages, ne nous suffit pas encore pour les racheter toutes.

Il est arrivé de-là que ceux qui nous ont prêté leur argent, jouissant de nos oliviers et de nos vignes, et se servant des vases consacrés à Dieu, l'huile nous manque, pour éclairer les lampes de nos églises ; nos pauvres et nos moines meurent de faim, et plusieurs de nos captifs ne peuvent être rachetés. Nous ne pouvions abuser d'un si grand bienfait, accordé par Dieu, et nous nous serions montrés ingrats envers lui, si nous avions fait tourner cet argent à d'autres usages. Nous avons donc réparé nos églises détruites ou tombées en ruines ; mais nous n'avons plus aujourd'hui de quoi racheter nos gages, c'est-à-dire nos oliviers, nos vignes et nos vases sacrés.

Dans cet état de dénuement, nous avons avons cru devoir nous adresser à votre piété et à votre charité, espérant que vous compatirez à notre douleur (car vous savez, selon le divin apôtre, que *lorsqu'un membre souffre, tous les membres souffrent de même*); que vous nous ouvrirez les entrailles de votre bienfaisance ; que vous tendrez vers nous des mains pieuses et fécondes en libéralités. Comment, en effet, celui qui ne donne pas son bien pour ses frères, donnera-t-il son âme pour Dieu ? Qu'y aurait-il d'étonnant que vous donnassiez une petite partie de vos revenus pour le rétablissement des églises du Christ, lorsque jadis les enfans d'Israël offraient d'eux-mêmes leur argent pour construire le tabernacle, et qu'on fut obligé de préposer un crieur public, qui annonçait que les dons offerts suffisaient, précaution qui n'arrêta pas cependant tout de suite le cours des offrandes ? Si la défense publiée, de rien offrir davantage, n'empêcha pas d'offrir encore, combien devons-nous espérer que vous vous empresserez de fournir à nos demandes? Si Jésus-Christ a sacrifié sa vie pour nous, ne devons-nous pas, à plus forte raison, donner notre bien pour nos frères ? Car, ce qui est hors de nous, est certainement moins précieux que ce qui est en nous. Que pouvons-nous offrir de nos biens extérieurs, qui soit comparable avec ce que notre Rédempteur a livré de la partie extérieure de son corps ; lui qui, n'ayant ni or, ni argent, a répandu pour nous tout son précieux sang, qui était une partie de lui-même ? Aussi Jean l'évangéliste s'écrie-t-il : *Comment, celui qui voit son frère dans le besoin et lui ferme ses entrailles, a-t-il en lui l'amour de Dieu ?*

plus fiers, plus vains, plus audacieux que tous les autres de leur nation. Ils corrompirent, à prix d'argent, un nommé Robert. Ils l'envoyèrent au soudan du Caire, chargé de lettres, écrites en caractères hébraïques et remplies de mensonges et de calomnies. Ils lui disaient que s'il ne se hâtait de détruire le temple des chrétiens, ceux-ci s'empareraient bientôt de son royaume, et qu'il serait sans pouvoir et sans dignité. L'idée d'arracher les saints lieux des mains des infidèles se formant, se répandant déjà dans les esprits des chrétiens d'Europe, il n'est pas hors de vraisemblance que les juifs, qui en avaient connaissance, et qui ne voulaient pas voir la Palestine soustraite à la domination des Mahométans, aient prévenu secrètement leurs princes des projets dont ils entendaient parler. Quoi qu'il en soit de cette conjecture, le soudan du Caire, ayant lu ces lettres, entra en fureur, ajoute Glaber, et envoya des troupes à Jérusalem, pour renverser l'église de fond en comble, ce qui fut exécuté. Les Sarrasins essayèrent aussi de détruire le sépulcre, mais ils ne purent y parvenir. Alors ils allèrent renverser l'église de Saint-Georges-Martyr, à Ramula. Cette église était, depuis long-temps, un sujet de terreur pour les Sarrasins ; car on rapporte, dit Glaber, qu'y étant entrés plusieurs fois, pour la détruire, ils avaient toujours été frappés de cécité.

Peu après la destruction du temple de Jérusalem, on sut

A ces causes, nous recommandons à votre charité nos frères Gispert et Rainard, moines vénérables, qui avaient choisi une vie tranquille, pour servir Dieu loin du monde, et que nous avons forcés de se charger, par amour du Christ, de la mission qu'ils ont à remplir auprès de vous. Prêts à se sacrifier pour leurs frères et pour la sainte Eglise, ils n'ont refusé aucun travail, aucune fatigue. Ils sont fidèles, et vous pouvez leur confier tout ce que vous voudrez. Le Christ n'a point dédaigné de leur confier ses sacremens et ses lieux saints. Nous vous prions donc, puisque l'occasion s'en présente pour vous, de multiplier les titres que vous avez acquis aux récompenses divines, et de nous renvoyer promptement nos frères, car nous sommes dans le plus grand besoin. Il ne nous reste que l'espérance en la miséricorde de Notre Seigneur Jésus-Christ. Puisse-t-elle vous demeurer dans le temps, et vous conduire un jour dans son royaume éternel ! *Amen.*

que cela avait été fait par la malice des juifs, et, dans tout l'univers, il fut convenu de les chasser de tous les pays et de toutes les villes. Ainsi, devenus l'objet de la haine universelle, ils furent poursuivis partout : les uns furent égorgés, d'autres noyés, d'autres tués de diverses manières ; quelques-uns se donnèrent la mort eux-mêmes.

Glaber ajoute qu'après ces exécutions, on rencontra peu de juifs dans l'empire romain, et que les évêques défendirent toute espèce de commerce avec eux. Il dit que, cinq ans après, la mère de l'émir du Caire, s'étant faite chrétienne, fit reconstruire le temple de Jérusalem, et qu'il y vint une multitude incroyable de pélerins, qui apportaient beaucoup de présens.

L'auteur, dans son quatrième livre, et sous la date de 1033, fait la peinture d'une horrible famine, qui se fit sentir partout. Dans ce même temps, dit-il, il se rendit, au sépulcre du Sauveur, de toutes les parties de l'univers, une multitude incroyable de pélerins. D'abord, ce fut du bas-peuple ; ensuite, des gens de la moyenne classe ; après eux, des comtes, des prélats et des Rois ; à la fin, ce qui n'était pas encore arrivé, beaucoup de femmes de distinction s'y rendirent avec des femmes du peuple. Plusieurs désiraient mourir avant de revenir chez eux. L'auteur raconte qu'un pélerin de Bourgogne, du territoire d'Autun, après avoir vu les saints lieux, et être monté sur la montage des Oliviers, d'où le Sauveur s'éleva au ciel, se jeta à terre, s'étendit en croix, et pria Dieu en répandant une abondance incroyable de larmes ; que, se relevant de temps en temps, les bras tendus vers le ciel, il faisait des efforts pour s'y élancer, témoignant le plus vif désir de mourir, et l'exprimant à haute voix. Étant retourné, quelques instans après[1], à l'hospice où étaient ses compagnons, il mourut au milieu d'eux. (Voyez le premier livre de l'Histoire des Croisades.)

Dans tout ce concours de pélerins, qui allaient en foule à Jérusalem, Glaber distingue le duc de Normandie Robert, qui partit, avec une nombreuse escorte, emportant avec lui beaucoup de présens en or et en argent. En revenant de son pélerinage, il mourut à Nicée, où il fut enterré.

L'auteur parle aussi du baptême du Jourdain et du miracle du feu sacré le jour du sabbat. Un évêque d'Orléans, témoin de ce miracle, acheta, du patriarche des Grecs, une des lampes du Saint-Sépulcre, que le feu sacré allumait ce jour-là, et la rapporta dans son église, avec l'huile qu'elle contenait. Ce même évêque apporta, au roi Robert, un morceau de la vraie Croix, que lui avait donné l'empereur de Constantinople. Glaber dit tenir ce récit de l'évêque lui-même. Il cite encore, sur les pélerinages, d'autres traits curieux, dont il a été parlé au premier livre de l'Histoire des Croisades.

Glabert mourut dans l'abbaye de Cluny, en 1048. Son histoire fut publiée à Francfort, en 1596. Duchesne y a fait beaucoup de corrections en la réimprimant. Dom Bouquet, en l'insérant dans sa collection, y a encore ajouté des améliorations.

On peut reprocher à Glaber beaucoup de crédulité pour toutes les visions, songes et merveilles qu'il raconte ; mais sa crédulité était aussi celle de son siècle, et la naïveté même de sa narration peut servir à donner une idée de l'esprit qui régnait parmi ses contemporains.

Historiæ Franciæ fragmentum, à Roberto ad mortem Philippi I, auctore anonymo. (Tom. IV, page 85.)

Art. II.

Ce fragment paraît être d'un moine de l'abbaye de Fleuri ou de Saint-Benoît; il est la suite d'une chronique dont Duchesne a donné la première partie dans le deuxième volume de sa collection. Il prouve dans l'auteur des connaissances sur l'attaque et la défense des places, sur les machines de guerre alors en usage ; et sous ce rapport il présente de l'utilité et de l'intérêt. Quoique fait dans la forme chronologique, cet écrit n'est ni sec ni décharné, comme le sont d'ordinaire les vieilles chroniques. On peut toutefois regretter que le récit en soit trop abrégé.

Ce fragement commence à l'année 997 ; depuis l'année 1096 où il est question de croisade, jusqu'à l'année 1109, où il se termine, ce récit n'occupe pas plus de six pages in-folio. Après avoir parlé de plusieurs prodiges célestes qui arrivèrent dans cette année 1096, l'auteur nous dit que le pape, à la nouvelle de l'invasion des Turcs dans l'Asie-Mineure, et jusqu'au bras de Saint-Georges (ou Bosphore), envoya des députés aux princes chrétiens, et que dans deux conciles, l'un tenu à Clermont, au mois de novembre, et l'autre à Nismes, au mois de juillet suivant, il exhorta les peuples et les princes à aller au secours de la Terre-Sainte L'anonyme dit que ces exhortations eurent le plus grand succès. Il nomme les seigneurs et les grands qui prirent la croix, et compare le nombre des croisés aux grains de sable qui couvrent les rivages de la mer. *Multitudo, qualis arena maris, parata animum ponere pro fratribus.* Cette phrase, en exprimant le nombre des croisés, exprime très-bien aussi le sentiment de fraternité qui les animait. L'auteur décrit très-rapidement la marche de l'armée des chrétiens, et les événemens qui précédèrent leur arrivée devant Antioche. Après beaucoup de travaux, dit-il, et des dangers sur terre et sur mer, après beaucoup d'embûches de la part de l'empereur de Constantinople, et une grande disette de vivres, après d'horribles combats livrés aux Turcs, et la prise de quelques villes, ils arrivèrent à Antioche, capitale de toute la Syrie. L'auteur décrit alors le siége et la prise de cette ville, et peint l'horrible famine que les croisés y éprouvèrent pendant le temps qu'ils y furent assiégés par les Sarrasins. On ne trouvait point, dit-il, de pain dans la ville ; on mangea de vieilles chaussures et de vieux morceaux de cuir. La chair des animaux immondes était pour les croisés un mets délicieux. L'auteur raconte la découverte de la sainte Lance, qui ranima le courage des chrétiens et les fit triompher des ennemis qu'ils mirent en fuite et dont ils pillèrent le camp. Qui pourrait compter, ajoute-t-il, la multitude de chameaux, de chevaux, de troupeaux de toute espèce, la quantité de vases d'or et d'argent, d'habits précieux et de trésors qui y furent trouvés! C'est la coutume des armées d'Orient de traîner à leur suite tous leurs trésors. Il parle d'un phénomène qui frappa tous les croisés. Un jour, dit-il, au coucher du soleil, pendant qu'ils étaient encore dans la ville, une très-grande rougeur, semblable à celle du sang, couvrit le ciel pendant toute la nuit, jusqu'à l'aurore; elle s'étendait depuis l'orient, par le septentrion, jusqu'à l'occident. Cette rougeur fut vue dans toutes les parties du monde.

L'auteur passe rapidement sur les événemens pour arriver au siége de Jérusalem, sur lequel il s'étend davantage et ensuite à la prise de la Ville Sainte. Il peint aussi le moment de cette prise, et le massacre qui se fit des habitans des deux sexes. Il ne dit qu'un mot de l'élection de Godefroy, mais il avance un fait qu'aucun autre historien n'a rapporté: c'est que les chefs croisés élurent ce prince à condition qu'il ne porterait point le diadême royal dans la ville, parce que le Christ en était le seul roi, lui qui mourant pour nos péchés, avait porté une couronne d'épines. Les autres écrivains disent que ce fut Godefroy lui-même qui refusa de porter la couronne, par ce motif. L'anonyme ajoute: qu'on voulut nommer pour patriarche un ecclésiastique nommé Arnould, qui refusa cette dignité en disant qu'il ne se chargerait point d'un si pesant fardeau sans un ordre du pape. Ce second fait ne s'accorde pas non plus avec le récit des autres historiens. L'auteur passe à la bataille livrée devant Ascalon, où tant d'ennemis furent tués, qu'il en resta à peine quelques-uns pour aller annoncer leur défaite à ceux qui restaient.

Il parle aussi avec brièveté des événemens qui suivirent cette bataille, et s'arrête à l'année 1110.

Le style de cet anonyme est vif, rapide, et ne manque pas d'une certaine élégance.

Vita Ludovici VI, regis, Philippi filii, qui dictus Grossus, auctore Sugerio, abbate beati Areopagitæ Dionysii.

Cet ouvrage, de l'abbé Suger, ne traite nullement des croisades. Nous n'en parlons ici que par ce que nous y avons trouvé sur Boëmond, prince de Tarente, un passage que nous croyons devoir rapporter. « Vers ce temps, y est-il dit, l'illustre Boëmond, à la valeur et à l'adresse duquel la ville d'Antioche avait principalement cédé, arriva en France. Ce prince jouissait, en Orient, même parmi les Sarrasins, d'une glorieuse réputation. Lorsque, quelques années avant la première croisade, il assiégeait, avec son père, Guiscard, la forteresse de Dyrrachium, d'où les trésors de Thessalonique, ni ceux de Constantinople, ni les forces de la Grèce n'avaient pu les éloigner, il leur arriva tout à coup des légats du pape Alexandre, qui les prièrent, et par amour pour Dieu et par l'obligation de l'hommage qu'ils avaient juré au Saint-Siége, de venir arracher l'église romaine et le pape, alors renfermé dans la tour de Crescence, des mains de l'empereur. Ils les assurèrent que la ville de Rome et l'église et le pontife étaient dans le plus grand danger s'ils n'accouraient au plus vite à leur secours. Les deux princes hésitèrent sur ce qu'ils avaient à faire. Abandonneraient-ils sans retour une expédition si grande et si fameuse? Laisseraient-ils en danger le pape, Rome et l'église? Après avoir délibéré quelque temps, ils résolurent de voler au secours d'Alexandre, sans renoncer à leur entreprise. Guiscard, laissant la conduite du siége à son fils Boëmond, repassa dans la Pouille; il rassembla de la Sicile, de la Calabre et de la Campanie tout ce qu'il put trouver de forces, et marcha vers Rome avec autant de promptitude que d'audace. Il arriva, comme par un prodige admirable, que l'empereur de Constantinople, apprenant l'absence de Guiscard, et rassemblant une armée pour aller attaquer Boëmond par terre et par mer, devant Dyrrachium, fut battu par lui dans le même temps que l'empereur d'Allemagne était vaincu devant Rome par Guiscard.

Ce Boëmond étant arrivé en France, rechercha avec beaucoup d'empressement Constance, sœur de Louis désigné roi, princesse très-belle et très-agréable. L'estime où les Français et Louis étaient parvenus, même chez les Sarrasins, faisait redouter à ce peuple une pareille alliance. La princesse était veuve, et dédaignait les poursuites de Hugues, comte de Trèves. Le prince d'Antioche l'emportait sur lui par ses qualités et par ses espérances. Aussi fut-il uni à la princesse, à Chartres, en présence du roi et de Louis, et d'un grand nombre d'archevêques, d'évêques et de seigneurs. Brunon Séguin, légat du Saint-Siége, avait accompagné Boëmond en France. Il tint un concile à Poitiers, où l'abbé Suger se trouva. Le légat et Boëmond y exhortèrent les assistans à faire le voyage de Jérusalem. Ils retournèrent ensuite en Orient, avec la princesse Constance et un grand nombre de guerriers qui les accompagnaient.

Chronicon Morigniacense ab anno 1108 usque ad annum 1147, quo Ludovicus VII in terram sanctam profectus est, auctoribus Tuelfo et aliis ejusdem monasterii. (Tom. IV, page 359).

Art. III.

Cette chronique de Morigny, près d'Etampes, a été faite par des moines du monastère de ce lieu. Teulfe en a composé le premier livre, qui est perdu en grande partie. Les auteurs des deux autres ne sont pas connus. Le troisième offre quelques lacunes. Ce n'est qu'à la fin de ce livre qu'il est question des croisades. L'auteur y parle de la prise d'Edesse, et de la consternation qu'elle répandit parmi les chrétiens. Des députés envoyés par le patriarche de Jérusalem vinrent trouver le roi de France, et l'instruisirent de ces fâcheuses nouvelles. Le roi qui était pieux, dit l'auteur, fut touché des misères de l'Orient. Il assembla, à Pâques, les grands de son royaume, à Vezelay, et leur tint le discours suivant : « Quelle honte pour nous, si le Philistin l'emporte sur la famille de David ; si le peuple des démons possède ce que les amis du vrai culte ont possédé long-temps ; si des chiens morts se jouent du courage vivant ; s'ils insultent à ces Français, en particulier, dont la vertu reste libre, même dans les fers ; à qui aucune circonstance, si pesante qu'elle soit, ne permet de supporter une injure ; qui toujours sont prêts à voler au secours de leurs amis ; qui poursuivent leurs ennemis jusqu'au-delà du tombeau ! Qu'elle éclate donc cette vertu ! Allons offrir à nos amis, aux amis de Dieu, à ces chrétiens que les mers séparent de nous, allons leur offrir un appui vigoureux ; attaquons sans relâche ces vils ennemis, qui ne méritent pas même le nom d'hommes ; marchons, guerriers courageux, marchons contre l'adorateur des idoles ; partons pour cette terre que les pieds d'un Dieu foulèrent autrefois, où il souffrit ; pour une terre à laquelle il daigna communiquer sa présence. L'Eternel se lèvera avec nous ; nos ennemis seront dispersés ; ceux qui l'ont méconnu fuiront devant nos regards ; ils fuiront, ils seront confondus tous ceux pour qui Sion est un objet de haine, si notre courage est inébranlable, ainsi que notre confiance en Dieu. Je pars ; la piété m'appelle ; rangez-vous autour de moi ; secondez mes desseins ; fortifiez ma volonté par votre association et votre appui. »

Les seigneurs, à l'exemple du roi, s'empressèrent de prendre la croix ; l'auteur nomme les principaux. Dans une autre assemblée, convoquée à Etampes, Louis VII confia la régence à Suger, et après avoir reçu la bénédiction du pape Eugène, alors en France, il partit pour la Terre-Sainte. Les croisés y arrivèrent dans un état déplorable, après avoir éprouvé les plus grandes fatigues, couru les plus grands périls et livré plusieurs combats désastreux. L'auteur semble en accuser le roi, en disant qu'il suivit péniblement, mais non sagement l'entreprise ; qu'il reçut des conseils qu'il ne devait pas recevoir, et qu'il marcha par un chemin qui n'était pas battu. Il ajoute : « Après un an et plus de séjour à

Jérusalem, il revint honteusement d'outre mer sans avoir pu rien faire d'utile, de mémorable, de digne de la France. »

Duchesne est le premier qui ait fait connaître cette chronique, qu'il a publiée d'après un manuscrit de C. L. Petau, conseiller au parlement de Paris.

Gesta Ludovici VII, regis, filii Ludovici Grossi. (Tom. IV, page 390).

Cette histoire est tirée d'un manuscrit de l'abbaye de Saint-Denis. Elle est après celle d'Odon de Deuil la seule où il soit parlé avec détail de la seconde croisade. La première guerre sainte qui eut un heureux succès fut célébrée par beaucoup d'historiens. La seconde, qui n'offre que des désastres, est presque ignorée, parce que les auteurs du temps n'en ont parlé qu'en passant. La chronique que nous allons analiser est écrite avec ordre et netteté. On y trouve de l'exactitude et des détails curieux ; mais l'auteur n'a pas dit tout ce qu'il aurait pu dire. Par exemple, en parlant de l'assemblée de Vezelay, où Louis VII prit la croix avec tant de seigneurs français, il dit fort peu de chose de saint Bernard et de ses prédications. Il garde le silence sur les autres assemblées qui, au rapport de quelques historiens, se tinrent à Etampes, à Chartres, à Laon, et précédèrent le départ des croisés. Il passe rapidement sur les préparatifs qui se firent en Allemagne et ne dit rien de l'enthousiasme que fit naître saint Bernard sur les bords du Rhin, où il sut toutefois s'opposer au moine allemand qui soulevait la multitude contre les Juifs.

Mais l'auteur raconte assez fidèlement, quoique succinctement, la marche des deux souverains croisés, Louis et Conrad. Il dit que de peur qu'il ne survînt des troubles et des divisions dans les deux armées, ils décidèrent de ne point faire route ensemble. Ils partirent l'un après l'autre et traversèrent dans une direction différente la Hongrie et la

Bulgarie. Arrivés après beaucoup de fatigues et de travaux à Constantinople, ils s'y reposèrent quelques jours, s'y pourvurent des choses nécessaires qui leur manquaient et s'entretinrent plusieurs fois avec l'empereur Manuel. Ensuite ils se remirent en marche, traversèrent le bras de Saint-George, entrèrent dans la Bythinie et vinrent camper tous deux devant la ville de Calcédoine.

Nous allons suivre le récit de l'auteur. Il suppléera au silence des autres historiens et pourra servir en même temps à compléter la narration que nous avons faite des mêmes événemens dans notre second volume.

Le soudan d'Icone, dit-il, prince puissant dans le royaume de Turquie, avait depuis quelque temps entendu parler de l'arrivée des deux rois. Il en était effrayé. Il crut que s'il n'opposait son courage et ses forces à de si grandes armées, il s'exposait, lui, son pays et tous les peuples de l'Orient à des dangers imminens. Il envoya donc promptement des ambassadeurs de tous côtés, ordonnant à tous ceux qui pourraient porter les armes et seraient en état de combattre, de venir au plus tôt le joindre. Lui-même alla visiter avec beaucoup de soin les villes et les forteresses de son empire, faisant réparer les murs et les tours, vider les fossés qui les environnaient, et occupant journellement tous les ouvriers de ses États à ces travaux. Ce qui avait augmenté les craintes du soudan, c'était le bruit qui s'était répandu que les deux princes chrétiens amenaient avec eux des armées si nombreuses, que lorsqu'ils campaient sur le bord d'un fleuve, l'eau qui coulait dans son lit ne suffisait pas pour abreuver les chevaux et pour les besoins des hommes, et que partout où ces armées passaient, elles mettaient les fleuves à sec. On avait dit aussi qu'un royaume, quelque grand qu'il fût, ne pourrait suffire avec toutes ses richesses, à l'entretien d'une si grande multitude de soldats. De pareilles fables répandues dans le vulgaire ne devraient pas être crues, parce qu'elles sont trop évidemment le produit de l'exagération. Il était vrai cependant que dans la seule armée de l'empereur il y avait soixante-dix mille guerriers à cheval armés de cuirasses, outre la cavalerie légère et les fantassins, dont le nombre était infini. Dans l'armée du roi de France il y avait presque autant de guerriers portant la cuirasse, tous soldats éprouvés par plusieurs combats ; le nombre des fantassins était tel, qu'il semblait couvrir la surface de la terre. En voyant ces armées en marche et les casques et les boucliers réfléchir les rayons du soleil, et les cohortes avec leurs étendards flottant dans les airs se répandre sur une immense étendue de terrain, on aurait cru qu'elles allaient triompher de tous les ennemis de la croix et réduire sous la puissance de leurs armes toutes les contrées de l'Orient. Elles l'eussent pu sans doute, ajoute l'historien, si Dieu avait eu leur pèlerinage pour agréable.

L'empereur, après avoir passé le bras de Saint-George, voulut marcher seul, et il sépara son armée de celle du roi de France. Alors, suivant la coutume de son pays, il rangea ses troupes par bataillons et leur donna pour chefs les plus nobles barons qu'il eût avec lui. Il laissa à sa gauche la Galatie et la Paphlagonie, et traversa la Lydie et l'Asie Mineure. Arrivé près de Nicomédie, il se rendit à Nicée, d'où il entra ensuite dans la Lycaonie, qui a pour capitale Icone. L'armée marchait sans précaution, et se dirigeait par des chemins de traverse vers les gorges des montagnes, abandonnant la grande route qui conduisait directement à Icone. Le soudan, qui avait rassemblé une grande multitude de Turcs de toutes les parties de l'Orient, attendait le moment favorable pour s'opposer au passage des armées chrétiennes, qui étaient déjà entrées sur son territoire.

La terreur s'était répandue parmi tous les chefs des Sarrasins, à la nouvelle de l'approche des armées chrétiennes ; car on leur avait dit que, si elles pouvaient traverser librement leur pays, elles le soumettraient tout entier et en détruiraient les habitans. Dans la crainte qu'ils avaient que cela n'arrivât, les Turcs vinrent au secours du soudan d'Icone, de toutes les provinces voisines, des deux Arménies, de la

Cappadoce, de l'Isaurie, de la Cilicie et de la Médie. Ils étaient en si grand nombre, et avaient amené avec eux tant d'armes et de chevaux que le Soudan, plein de confiance et d'audace, résolut d'attaquer les chrétiens à découvert, et de leur livrer combat en plaine. L'empereur Conrad avait demandé, à l'empereur Manuel, des guides pour conduire son armée par les chemins les plus courts, et où la cavalerie pourrait passer. Manuel avait en effet donné des guides, mais non tels que Conrad les avait demandés. C'étaient des traîtres, pleins d'iniquité. Dès qu'ils furent entrés sur les terres des Turcs, ils vinrent trouver les capitaines des bataillons chrétiens, et leur dirent de faire charger des vivres pour l'armée jusqu'au moment où ils entreraient dans le pays vers lequel ils se dirigeaient, et où ils trouveraient tout en abondance, pour les hommes et pour les chevaux. Les chefs croisés les crurent, et jusqu'au nombre de jours qu'ils avaient fixés, ils firent charger des bêtes de somme et des chariots de tout ce qui était nécessaire à l'armée ; mais les perfides Grecs, qui ont toujours haï les Latins, et surtout les Francs, conduisirent à dessein l'armée de l'Empereur par des chemins détournés et difficiles, au milieu des montagnes, où elle fut comme prisonnière, et où les Turcs pouvaient en triompher facilement. On ne put savoir si ces traîtres avaient agi par l'ordre de l'empereur Manuel, ou s'ils furent gagnés par les présens des Turcs, pour livrer l'armée de Conrad.

Ce prince s'aperçut bientôt que ses guides le trompaient ; car le nombre de jours, qu'ils avaient fixé pour le conduire dans un pays abondant en toutes sortes de biens, était déjà passé. Il les fit donc venir en présence de ses barons et leur demanda pourquoi ils l'avaient ainsi trompé ? Les guides, instruits dans l'art de la perfidie, répondirent qu'ils avaient cru que l'armée faisait de plus grandes journées et pouvait marcher plus vite. Ils jurèrent de nouveau qu'ils la conduiraient dans trois jours à la ville d'Icone, où ils trouveraient tout ce qu'ils pourraient désirer. L'Empereur, dupe de sa bonne foi, ne crut pas tout-à-fait à la trahison ; il dit qu'il attendrait encore trois jours pour savoir s'ils étaient traîtres ou fidèles. La nuit suivante, pendant que l'armée, fatiguée de la marche, était ensevelie dans le sommeil, les Grecs s'échappèrent secrétement des mains de ceux qu'ils avaient trahis. Le lendemain, l'armée s'étant rangée en bataillons et mise en marche, les guides, qui avaient coutume de la précéder, ne parurent point. Les chefs, les ayant fait chercher en vain, ne doutèrent pas de la trahison, et en rendirent compte à l'Empereur. Les traîtres ne se contentèrent pas du mal qu'ils avaient fait, ils y mirent le comble, en allant directement à l'armée du roi de France, qui n'était pas loin, et qui suivait celle de l'Empereur à petites journées. Ils dirent au Roi qu'ils avaient conduit jusqu'à Icone l'Empereur et son armée ; que cette ville venait d'être prise par force : que tous les Turcs qui s'étaient opposés aux chrétiens avaient été tués, et que l'armée s'était enrichie de toutes sortes de dépouilles. Ce mensonge, de la part des guides, avait un double but : c'était ou de faire aller le Roi par le même chemin que l'Empereur, et de l'embarrasser dans les mêmes dangers, afin que, s'il venait à savoir le malheureux état de l'armée de Conrad, il ne pût voler à son secours ; ou peut-être d'éviter, par là, le supplice dont le Roi les aurait punis, s'il était venu à découvrir leur trahison.

Cependant l'empereur voyant qu'il était entièrement trompé, et qu'il n'y avait personne dans toute l'armée qui pût l'éclairer sur sa marche, assembla ses barons et les consulta sur ce qu'il y avait à faire dans l'extrémité où l'on se trouvait. Les avis furent partagés : les uns voulaient qu'on retournât sur ses pas, par le même chemin, jusqu'à ce qu'on pût trouver des vivres dont on manquait ; les autres disaient qu'il fallait avancer, parce qu'on avait l'espérance d'en trouver plus facilement qu'en retournant en arrière où tout serait vide et épuisé. Pendant qu'on délibérait sur l'un des deux partis à prendre, quelques soldats de l'armée, qui s'étaient éloignés, et qui revinrent, annoncèrent qu'il se rassemblait non loin de là une grande multitude de Turcs armés. Il était bien vrai que les guides qui s'étaient enfuis avaient amené à dessein l'armée chrétienne dans ces lieux déserts et incultes que la nature avait condamnés à une perpétuelle stérilité, lorsqu'ils auraient dû les conduire à travers la Lycaonie qu'ils avaient laissée à droite, où elle aurait trouvé des chemins plus courts, des terres labourées, des pâturages et des provisions en abondance. L'armée se trouvait alors dans la Cappadoce et loin de la ville d'Icone. On disait parmi les croisés, et cela pouvait être vrai, que ces Grecs qui avaient trahi l'armée avaient suivi les ordres de l'empereur Manuel, qui par envie ne voulait pas que les Allemands réussissent dans leur entreprise. Car les Grecs sont jaloux des Allemands; ils craignent de voir leur puissance s'accroître; ils ne peuvent souffrir que l'empereur d'Allemagne se nomme empereur des Romains. Selon eux il n'y a que l'empereur grec qui ait droit à l'empire du monde.

Conrad et son armée se trouvèrent donc dans la plus grande détresse. Ils ne savaient d'abord de quel côté ils devaient se diriger. Hommes et chevaux, tous étaient fatigués de monter et descendre des collines; tous étaient tourmentés de la soif et de la faim. Les chevaux tombaient de lassitude sous le poids de leur charge et faute de pâturage. Les Turcs qui connaissaient le misérable état de l'armée chrétienne, se partagèrent par bataillons, ayant chacun un chef à leur tête, et fondant tout-à-coup sur les chrétiens, ils les prirent au dépourvu, car ceux-ci étaient encore dans leurs tentes et n'étaient point préparés au combat. Les Turcs avaient des chevaux forts, agiles et rafraîchis par un long repos. Ils étaient légèrement armés; la plupart n'avaient qu'un arc et des flèches. Au moment où ils fondirent sur l'armée chrétienne, ils remplirent l'air de grands cris; ils criaient, ils hurlaient, ils aboyaient comme des chiens; ils frappaient leurs tambours et faisaient résonner leurs autres instrumens d'une manière horrible, afin de jeter l'épouvante parmi leurs ennemis. L'armée de l'empereur était appesantie par le poids de ses armes, car les Allemands étaient couverts de cuirasses, de cuissards, de casques, et de boucliers, et leurs chevaux harassés étaient exténués par la maigreur. Les Turcs se précipitant sur eux les perçaient de leurs flèches, et tout à coup s'éloignaient en fuyant. Les Allemands, à cause du poids de leur armure et de la faiblesse de leurs chevaux, ne pouvaient les poursuivre. Les Turcs revenaient autour d'eux avec plus de hardiesse, et lançaient leurs flèches presqu'à bout portant. Quand les nôtres voulaient courir sur eux, les Turcs fuyaient précipitamment, et lorsqu'ils voyaient les nôtres revenir sur leurs pas, ils accouraient aussitôt avec impétuosité, et les frappaient au dos de la pointe de leurs armes. On se battit ainsi pendant tout un jour, avec une grande perte de notre côté, et sans aucun dommage pour les Turcs. Au rapport de plusieurs qui étaient présens, il ne resta que la dixième partie des 70 mille hommes couverts de cuirasses, et de la multitude infinie des fantassins; quelques-uns périrent de faim, d'autres furent tués par le fer ennemi, et d'autres, chargés de chaînes, furent menés en servitude. L'empereur et quelques-uns de ses barons échappèrent avec peine au glaive des Turcs et revinrent à Nicée avec un petit nombre d'hommes. Les Turcs qui avaient triomphé par leurs embûches et par la trahison, plus que par leurs armes, trouvèrent dans le camp des Allemands beaucoup de richesses, de l'or, de l'argent, des habits précieux, des chevaux et des armes, et chargés de dépouilles, ils retournèrent dans leurs forteresses. Ils envoyèrent dans tout le pays tendre des embûches à l'armée du roi de France, qui n'était pas très-éloignée. Ils exaltèrent leur triomphe, et se vantèrent de pouvoir facilement vaincre cette nouvelle armée, puisqu'ils avaient vaincu celle d'un prince plus grand et plus puissant que le roi de France. Le soudan d'Icone n'assista point à cette bataille, mais il y avait à sa place un Turc très-puissant, nommé Paramund.

Le roi de France et son armée, qui ignoraient encore les malheurs arrivés aux Allemands, s'étaient portés d'un autre côté, et étaient entrés en Bithynie. Lorsqu'ils eurent fait le tour d'une espèce de golfe qui est près de Nicomédie, le roi consulta les chefs de son armée sur le chemin le plus court qu'ils pourraient prendre. Il se répandit alors dans le camp que l'empereur avait été vaincu par les Turcs; qu'il avait perdu tout son monde, et qu'il fuyait avec un petit nombre des siens à travers les montagnes et les bois. Ce premier bruit tint long-temps l'armée en suspens, parce qu'il n'avait aucun caractère d'authenticité. Mais Frédéric, duc de Souabe, neveu de l'empereur, arrivant au camp, raconta au roi et aux barons ce qui venait de se passer. L'empereur avait envoyé ce prince à Louis, pour lui demander une entrevue et délibérer sur ce qu'ils avaient à faire. L'empereur était bien en état de se conduire lui-même, et de conduire ce qui lui restait de monde; mais il était bien aise de prendre conseil du roi de France, son ami. Louis et ses barons furent pénétrés de douleur en apprenant les malheurs de l'empereur. Le roi, qui était naturellement compatissant, résolut d'aller consoler ce prince, et, se faisant accompagner de quelques seigneurs et d'une escorte suffisante, il alla trouver Conrad qui n'était pas éloigné et qui attendait le retour de son neveu Frédéric. Les deux princes, en se voyant, s'embrassèrent. Louis fit entendre des paroles de consolation et offrit à l'empereur son argent et ses troupes, comme devait le faire un bon et fidèle allié. Après s'être long-temps entretenus seuls, ils convoquèrent les barons, et il fut réglé dans le conseil qu'on reprendrait ensemble le chemin du pélerinage, et qu'on accomplirait fidèlement le vœu qu'on avait fait à Dieu. Cependant il y en eut plusieurs dans l'armée de l'empereur qui dirent qu'ayant perdu tout ce qu'ils avaient pour faire le voyage, ils ne pouvaient aller plus loin. Effrayés des dangers auxquels ils avaient échappé, et des fatigues du chemin qu'ils avaient encore à faire, et ne se croyant pas tenu par le vœu qu'ils avaient fait, ils retournèrent à Constantinople.

Les deux rois se mirent en marche avec leurs armées, laissant à gauche le chemin que l'empereur avait suivi jusque-là ; ils se dirigèrent vers l'Asie-Mineure, et se rendirent à Smyrne. De là ils allèrent à Ephèse, où ils se reposèrent. Mais l'empereur, considérant qu'il était regardé comme un des plus grands princes de l'Europe, et que parti de ses états avec une noblesse si nombreuse, il se trouvait maintenant réduit à si peu de monde, dans un pays étranger, et pour ainsi dire dans la dépendance de l'armée française, sans laquelle il ne pouvait rien ou peu de chose, crut qu'il était honteux pour lui de rester dans une pareille situation, et que sa dignité impériale serait compromise s'il continuait sa marche avec un si petit nombre de guerriers. Il ordonna donc à ses fantassins de s'en retourner par terre, et lui-même s'embarqua pour Constantinople, avec une faible escorte. L'empereur Manuel le reçut avec de plus grands honneurs qu'auparavant. Conrad passa l'hiver auprès de lui, avec sa suite. Ces deux princes étaient alliés par leurs femmes, ayant épousé les deux sœurs, qui étaient filles de Bérenger, comte de Luxembourg. Ce fut à cause de cette alliance que l'empereur grec fit à Conrad un accueil si amical, et qu'il lui offrit, ainsi qu'à ses barons, plusieurs présens et des bijoux de prix.

Après la retraite de l'empereur, le roi de France consulta les seigneurs qui l'accompagnaient sur le chemin qu'ils devaient tenir et sur ce qu'il convenait de faire pendant leur séjour à Ephèse. Ils eurent à regretter la perte d'un brave chevalier français, nommé Guy de Ponthieu, que le roi estimait beaucoup. Guy fut enterré honorablement, dans la principale église de la ville. En quittant Ephèse, l'armée de Louis se dirigea vers l'Orient, et au bout de quelques jours de marche elle arriva sur les bords du Méandre, où l'on trouve en tous temps quantité de cygnes. L'agrément du lieu et l'abondance des pâturages, déterminèrent le roi à y camper. Les Français désiraient rencontrer les ennemis et se mesurer avec eux. Leur désir fut accompli ce jour là même, car une grande multitude de Turcs avaient dressé leurs tentes sur l'autre rive du fleuve. Lorsque les nôtres voulaient mener boire leurs chevaux, sur les bords du Méandre, les Turcs les assaillaient de l'autre côté à coups de flèche. Les Français qui brûlaient d'aller les joindre à l'autre bord, après avoir long-temps sondé le fleuve, trouvèrent enfin un gué que les indigènes ne connaissaient pas encore. Ils s'y précipitèrent alors en foule et gagnèrent la rive opposée, repoussant de tous côtés les ennemis qui essayaient à coups de lance et d'épée de les faire reculer. Le combat s'engagea de part et d'autre et dura long-temps; à la fin la victoire resta aux chrétiens. La plus part des ennemis périrent par le fer, d'autres furent faits prisonniers, et le reste prit la fuite comme il put. Les vainqueurs se répandant dans le camp des vaincus, y trouvèrent toutes sortes de richesses; des étoffes de soie, de l'or, de l'argent, des habits, des vases de toute espèce. Chargés de ces dépouilles, ils repassèrent le fleuve et revinrent sous leurs tentes. Ils passèrent la nuit dans la joie, et louèrent Dieu de la victoire qu'il leur avait accordée. Le lendemain ils allèrent à une ville qu'on appelle en français *la Liche*, et y chargèrent leurs chars et leurs bêtes de somme des provisions qui leur étaient nécessaires, ensuite ils reprirent la route qu'ils avaient tenue.

Ils rencontrèrent bientôt sur leur chemin une colline très-élevée qu'il leur fallait franchir. C'était la coutume dans l'armée qu'un des grands barons commandât l'avant-garde et un autre l'arrière-garde. Les chefs de l'armée décidaient chaque jour en conseil dans quel lieu on dresserait ses tentes. Ce jour-là l'avant-garde était commandée par Geoffroy de Rancon, noble seigneur poitevin, qui portait la bannière du roi que précédait d'ordinaire l'étendard de saint Denis, nommé *oriflamme*. Il avait été décidé que l'avant-garde camperait au sommet de la colline et qu'elle s'y reposerait toute la nuit. Lorsque Geoffroy y fut arrivé avec sa troupe, il lui sembla qu'on avait peu marché ce jour-là et que le soleil était encore loin du couchant. Outre cela, ceux qui conduisaient l'armée lui conseillèrent de passer le sommet de la colline et lui dirent qu'il y avait un peu plus loin une plaine agréable où il pourrait plus convenablement camper. Rancon écouta trop leur conseil, et pour arriver avant la fin du jour au lieu qu'ils lui avaient indiqué, il accéléra sa marche. L'arrière-garde qui croyait, selon ce qui avait été réglé, que Geoffroy s'arrêterait au sommet de la colline et y dresserait ses tentes, ne se doutant pas qu'il irait plus loin, suivait l'avant-garde d'un pas lent et tardif. Les Turcs, qui observaient à quelque distance l'armée chrétienne, voyant que ces deux corps étaient séparés par un long intervalle et qu'il n'y avait sur la colline que des hommes à pied et sans armes, crurent le moment favorable pour attaquer les croisés. Le chemin qui conduisait au sommet étant d'ailleurs étroit et escarpé, ils jugèrent qu'il était très-difficile de monter en même temps sur la colline et de se réunir pour combattre : c'est pourquoi, pressant aussitôt leurs chevaux et s'emparant de l'élévation, ils fermèrent tellement les chemins, que ceux de l'arrière-garde ne pouvaient passer à l'avant-garde qu'à travers leurs épées et leurs flèches. Ils commemcèrent donc à attaquer les nôtres de loin et à coups de traits, puis s'approchant d'eux, ils les combattaient avec leurs épées. L'armée chrétienne se trouva alors dans la plus triste situation. Les soldats ne pouvaient monter la colline que les uns après les autres et par un chemin étroit et escarpé, et les deux corps se trouvant si loin l'un de l'autre, ne pouvaient se secourir. Il y avait en outre tant de bêtes de somme et tant de bagages sur la route, que les guerriers les plus hardis qui désiraient joindre l'ennemi ne le pouvaient à cause de ces embarras. Plusieurs des nôtres périrent dans le premier choc. Cependant peu à peu les soldats les plus courageux purent se réunir, ils s'encouragèrent mutuellement en se disant que les Turcs étaient une nation sans valeur et sans force, comme elle l'avait prouvé dernièrement dans la plaine du Méandre. En s'excitant ainsi les uns les autres, ils se réunirent de toutes parts, se défendirent et combattirent vaillamment. De leur côté, les Turcs s'excitaient de même au combat, en se rappelant qu'ils avaient vaincu l'empereur et son armée, lui qui était plus noble et plus puissant que le roi de France.

On combattit ainsi long-temps de part et d'autre avec acharnement et fureur. Tant que les plus braves guerriers français purent se défendre, ils firent un grand carnage des ennemis. Mais ceux-ci étaient en si grand nombre, que lorsque fatigués ou blessés, ils se retiraient du combat, ils étaient aussitôt remplacés par d'autres troupes fraîches. Les nôtres, qui n'avaient point cet avantage, ne purent soutenir plus long-temps le poids du combat et succombèrent à la fin sous la fatigue ou les blessures. Plusieurs furent tués, mais un plus grand nombre furent faits prisonniers et chargés de chaînes.

Aucun de ceux de l'avant-garde ne se trouva à ce combat; ils avaient dressé leurs tentes et s'y reposaient ignorant ce qui se passait. Mais quand ils virent que l'arrière-garde tardait si long-temps à paraître, ils conçurent des craintes, et soupçonnèrent quelque malheur. Le roi avait été présent au combat; mais quand le nombre de ceux qui l'entouraient commença à diminuer, et que déjà les Turcs étaient maîtres du champ de bataille, quelques guerriers français tirèrent le cheval du roi par la bride, et le forcèrent de monter sur une colline qui était non loin de là. Ils y restèrent jusqu'à la nuit, et jugeant alors qu'il n'était pas prudent d'y attendre le jour, ils descendirent la colline. Apercevant bientôt des feux allumés, qu'ils reconnurent pour être ceux de l'avant-garde, ils se rendirent au lieu où elle avait ses tentes. Les Turcs qui craignaient que cette avant-garde ne vînt à la faveur de l'obscurité de la nuit au secours des siens, se retirèrent. Quelques-uns rapportent que le roi resta avec un petit nombre sur le sommet de la colline, où se trouvaient plusieurs guerriers qui ne l'aimaient pas, et qui, ignorant qu'il était là, vomissaient contre lui des injures. Le roi s'était vaillamment défendu sur cette colline; mais quand il avait vu la nuit approcher et que l'obscurité allait diviser le combat, il s'était retiré sous un arbre, puis, montant dessus, il s'était long-temps défendu avec son épée contre les Turcs. Ceux-ci, craignant l'obscurité de la nuit et qu'il ne vînt au roi quelque secours, s'étaient promptement éloignés. Lorsque l'avant-garde vit le roi et qu'elle eut appris le malheur qui était arrivé, ce ne fut dans tout le camp que cris de douleur, plaintes et lamentations. Il y en avait peu qui n'eussent à regretter quelques-uns des leurs : l'un pleurait un père, l'autre un fils, celui-ci un frère, celui-là un oncle. Si les Turcs avaient pu être témoins de la douleur de l'armée, ils auraient jugé à quelle extrémité elle était réduite et auraient pu facilement la détruire toute entière ou la faire prisonnière. Quelques chrétiens cependant qui avaient échappé au fer des Turcs, revinrent au camp après s'être cachés dans les buissons ou dans des cavernes. Mais le nombre en fut bien petit en comparaison de ceux qui avaient succombé en combattant. Depuis ce jour les vivres commencèrent à manquer pour les hommes et pour les chevaux. On ne trouvait rien pour soutenir les uns et les autres, parce qu'il ne venait au camp aucune espèce de provisions. Il semblait que tous les marchands se fussent enfui. Le danger était d'autant plus grand qu'il n'y avait personne dans toute l'armée qui connût le pays ou qui sût de quel côté on devait aller. Les soldats chrétiens étaient comme des brebis égarées ; ils se portaient tantôt à droite, tantôt à gauche, tantôt dans les vallées, tantôt sur les montagnes. L'armée arriva ainsi jusqu'à la ville de Satalie. Ce qu'il y eut d'étonnant, c'est qu'aucun Turc ne se présenta devant elle et qu'elle n'eut plus d'assaut à soutenir ni d'obstacle à vaincre de la part des ennemis, ce qui fut pour plusieurs un sujet de surprise et de joie.

Satalie est située sur le bord de la mer, elle appartient à l'empire grec ; ses environs ont d'excellentes terres labourables, et qui abonderaient en fruits si elles étaient cultivées; mais elles ne rapportent rien aux agriculteurs ni aux habitans de la ville, parce que les Turcs, qui demeurent auprès dans des châteaux et dans des forts, les oppriment tellement qu'ils ne peuvent vaquer à aucuns travaux. Cependant dans l'enceinte de Satalie, il y a des terrains qui produisent des denrées et tout ce qui est nécessaire à l'homme. Auprès des murs sont de belles et excellentes fontaines, des maisons de plaisance délicieuses, où il y a des arbres de toute espèce. Les denrées sont à bon prix, parce que les marchands les y apportent par mer, mais ce marché ne pourrait subsister, à cause de l'oppression des Turcs, si la ville ne leur payait un tribut annuel. Les Turcs appellent cette ville Achalie, d'une grande montagne qui la domine et qui s'étend depuis le Mont-Lixodon jusqu'à l'Ile de Chypre : les Grecs l'appellent Athalique, les Français la nomment *Gouffre de Satellie;* et ce nom lui reste encore.

Louis, après avoir donné quelques jours de repos à son armée, envoya ses fantassins dans la ville, et lui-même s'embarqua avec ses barons et ses chevaliers, ayant à sa gauche l'Isaurie et la Cilicie, et l'Ile de Chypre à sa droite. La mer était calme et le vent favorable. Il arriva près de Seleucie, et débarqua au port de Saint-Siméon, qui est à dix milles d'Antioche, et où le fleuve Oronte, après avoir arrosé cette ville, vient se jeter dans la mer.

Raymond, prince d'Antioche, apprenant que le roi de France était abordé sur ses terres avec une armée, en conçut beaucoup de joie. Depuis long-temps il attendait son arrivée. Il s'empressa d'aller au-devant de lui avec les seigneurs de sa cour et une escorte brillante; il le reçut dans Antioche, lui et tout son monde, avec de grands honneurs. Le peuple et le clergé vinrent processionnellement à la rencontre de Louis. Le prince s'attacha à plaire au roi par toutes sortes de moyens; il lui avait précédemment fait passer en France de grands présens et des bijoux précieux, quand il avait su qu'il avait pris la croix. Il espérait qu'avec le secours des Français il pourrait gagner sur les Turcs quelques villes et forteresses, et qu'il étendrait sa principauté sur les terres des Sarrasins. Il fondait ses espérances sur l'amitié de la reine Eléonore, qui accompagnait le Roi et qui était sa nièce, étant fille de son frère aîné Guillaume, comte de Poitiers. Il n'y eut aucun des seigneurs qui étaient venus avec le roi auquel Raymond ne fît des présens. Il les traita tous selon leur noblesse et leur naissance; il les alla visiter, et tâcha de plaire à tous par ses discours. Raymond aurait sans doute pu voir ses espérances remplies, s'il avait pu faire goûter ses projets au roi: car les Turcs, effrayés de l'arrivée de Louis, n'avaient ni l'intention ni les moyens de lui résister; ils ne songeaient qu'à fuir si le roi venait à eux. Le prince d'Antioche ayant sondé plusieurs fois le roi en particulier, ne le trouva point dans les dispositions où il le désirait; il le vit au contraire tout-à-fait éloigné de ses desseins. Un jour il vint avec les seigneurs de sa cour lui exposer du mieux qu'il put ses demandes; il essaya de prouver à Louis qu'en accédant à ses propositions il augmenterait sa gloire et étendrait parmi les Turcs les bornes de la chrétienté. Le roi, après avoir consulté ses barons, répondit à Raymond qu'il avait fait vœu d'aller au Saint Sépulcre, qu'il s'était spécialement croisé pour cela; que depuis qu'il avait quitté la France il avait éprouvé toutes sortes de maux, et qu'à cause de cela il n'avait la volonté ni de changer de dessein ni de s'engager dans de nouvelles entreprises; qu'avant tout il voulait accomplir son vœu, et qu'ensuite il écouterait volontiers le prince et les autres seigneurs de Syrie pour tout ce qui concernerait les avantages de la chrétienté.

Cette réponse du roi fit comprendre à Raymond que toutes ses espérances étaient vaines. Il en conçut un tel ressentiment contre Louis, que depuis ce moment il ne cessa de machiner contre lui, il alla jusqu'à conseiller à la reine Eléonore d'abandonner le roi. On rendit compte à Louis de toutes les intrigues de Raymond et des piéges qu'il lui tendait. Le roi ayant secrètement pris conseil de ses barons, sortit de la ville pendant la nuit, avec toute sa suite. Il n'eut point à son départ la pompe et la procession qu'il avait eues à son arrivée. Plusieurs, blâmant avec raison la conduite du roi, disaient qu'il ne convenait ni à sa dignité ni à son honneur de se retirer ainsi d'Antioche et de son territoire.

Ici l'anonyme revient à Conrad; il dit que cet empereur, comblé de présens par Manuel, s'embarqua lui et sa suite sur un vaisseau que l'empereur grec lui avait fait préparer. Il alla débarquer à Acre, d'où il se rendit à Jérusalem. Peu de temps après il alla au-devant de Louis VII, qui y fit aussi son entrée. L'historien parle ensuite de l'assemblée qui se tint à Acre, et dans laquelle il fut décidé qu'on irait assiéger Damas; il entre dans les détails de ce siége, dit comment les Turcs furent cernés de toutes parts, et parle du Sarrasin que l'empereur, dans une rencontre, coupa par le milieu du corps. Après avoir dit que les Croisés, par le conseil de quelques traîtres, abandonnèrent les jardins de Damas, l'anonyme prétend que ce fut la jalousie des seigneurs français, établis en Syrie, qui fit manquer l'expédition. Il ne veut pas nommer ces seigneurs, parce qu'il existe encore, dit-il, de leurs parens qui ne supporteraient pas patiemment qu'on les accusât de trahison. Quand on se fut retiré de Damas, on tint une autre assemblée, où il fut décidé qu'on assiégeroit Ascalon. Mais cette résolution n'eut pas de suite. L'empereur Conrad, voyant que tout allait mal dans la Terre-Sainte, partit et repassa en Europe. Le roi de France, après être resté un an en Palestine, prit congé du roi Baudouin, du patriarche et des barons, et alla s'embarquer à Acre. La chronique finit au divorce du roi avec Eléonore, ou plutôt la suite manque.

On a prétendu à tort que cet ouvrage était de l'abbé Suger.

Odonis de Diogilo de Ludovici VII, Francorum regis cognomento Junioris profectione in Orientem, cui ipse interfuit, opus septem libellis distinctum.

Art. VII.

L'ouvrage que nous plaçons ici ne se trouve point dans la collection de Duchesne, ni dans aucune des collections que nous analysons dans cette bibliographie. Il est en tête du livre intitulé : *Sancti Bernardi clarevallensis abbatis genus illustre assertum*, par Pierre-François Chiflet de la compagnie de Jésus, année 1660. Comme l'écrit d'Odon de Deuil est avec celui des *Gestes de Louis VII*, uniquement consacré au récit de la deuxième Croisade, nous avons cru qu'il convenait de les comparer tous deux en les plaçant à la suite l'un de l'autre. Nous venons de voir tout ce que l'auteur anonyme des *Gestes* nous offre d'intéressant sur cette malheureuse expédition ; nous allons dire tout ce qu'Odon de Deuil présente de similitude ou de différence dans l'exposé des faits généraux et dans les détails particuliers auxquels il s'est attaché. On verra à l'article du Recueil des Historiens de France, par les Bénédictins, ce que fut Odon de Deuil. Il suffira de savoir, quant à présent, qu'il était moine de St.-Denys, et qu'il fut témoin oculaire de ce qu'il raconte, comme le fut l'auteur anonyme que nous venons d'analyser.

La différence qui s'offre d'abord entre les deux écrivains, c'est que l'anonyme s'est en général plus étendu qu'Odon de Deuil sur la deuxième Croisade, qu'il offre plus de détails et qu'il mène plus loin son récit ; il loue également les Allemands et les Français ; il accorde le même tribut d'éloge à leur valeur, et plaint avec la même expression de douleur leurs disgrâces et leurs malheurs. Odon de Deuil, au contraire, accuse les Allemands des pertes que les Français éprouvèrent dans la Bythinie, et de la malveillance que les Grecs ne cessèrent de leur montrer. Il est plus concis dans sa narration, il prodigue moins les détails, mais il en donne quelques-uns qu'on ne trouve point dans l'auteur anonyme. S'il est plus bref dans le récit des faits, il est aussi plus riche en détails géographiques. On voit que ce moine, qui accompagnait Louis VII dans son expédition, n'a pas voyagé simplement comme un pèlerin, mais encore comme un observateur. Sous ce rapport, son ouvrage est plein de notions curieuses ; il l'a divisé en sept livres, qu'il adresse à l'abbé Suger, en forme de lettre. Il paraît qu'il l'écrivit peu après l'arrivée de Louis VII à Antioche. Il l'a fait précéder d'une préface qui est une espèce de tableau chronologique des événemens de la croisade depuis l'assemblée tenue à Bourges en 1146, jusqu'au 19 mars 1148, où il s'est arrêté.

Les deux premiers livres renferment le récit des préparatifs et du départ pour la croisade. Odon de Deuil, qui ne tarda pas à connaître par lui-même le caractère des Grecs, raconte ce qui se passa dans l'audience que le roi donna à Ratisbonne aux ambassadeurs de l'empereur Manuel. Après qu'ils eurent salué le monarque, dit-il, ils se tinrent debout, attendant qu'on leur ordonnât de s'asseoir. Quand ils en eurent reçu l'ordre, ils s'assirent sur des siéges qu'ils avaient apportés avec eux. Nous vîmes là ce que nous apprîmes ensuite de la coutume où sont les Grecs de se tenir devant leurs maîtres, debout, immobiles, la tête inclinée, et prêts à obéir au moindre signe de leur volonté. Ils n'ont points d'habits, mais des vestes de soie, courtes et fermées, avec des manches étroites. Ils sont toujours vêtus comme des hommes qui vont lutter au pugilat. Les pauvres et les riches sont habillés de la même manière, à l'étoffe près. Je ne puis ni ne dois interpréter le papier qu'ils montrèrent, car la première partie en était conçue en termes trop humbles et trop affectueux pour être sincères. Ils étaient indignes d'un empereur, je dirais même d'un mime. L'évêque de Langres, qui était présent, fatigué de leurs louanges et de leurs longs discours, s'écria tout à coup: Frères, ne parlez pas si souvent de la gloire, de la majesté, de la sagesse et de la religion du roi, il se connaît et nous le connaissons, dites promptement et sans détour ce que vous voulez. En décrivant la marche des Croisés, l'auteur, comme nous venons de le dire, décrit aussi les pays qu'ils traversent. Il fait connaître la Hongrie et la Bulgarie, et tient compte même des distances ou des jours de marche d'une ville à une autre ville.

Dans le troisième livre il commence ainsi le récit des malheurs des Croisés : Après avoir traversé des déserts, nous entrâmes dans une terre très-belle et très-opulente, qui s'étend sans interruption jusqu'à Constantinople. Là, nous commençâmes à éprouver des injures et des affronts. Les autres pays qui nous avaient raisonnablement vendu les denrées et autres provisions, nous trouvèrent très-pacifiques. Mais les Grecs gardaient leurs villes et leurs châteaux, et nous descendaient le long des murs, au moyen de cordes, ce qu'ils nous vendaient. Comme ces provisions ne suffisaient pas à une si grande multitude, les nôtres se mirent à piller et à enlever ce qui leur était nécessaire. Cependant, ajoute Odon, quelques-uns pensent que ce furent les Allemands, qui nous avaient précédés, qui furent la cause de ces excès; car ils avaient tout pillé et même nous trouvâmes quelques faubourgs de villes tout brûlés. Ces ravages avaient commencé à Philippopolis, à l'occasion d'un saltimbanque qui avait montré aux Allemands un serpent qu'il tenait dans son sein. Cette vue mit les Allemands en fureur; ils se jettèrent sur le saltimbanque et le mirent en pièces. Ils disaient que tous les Grecs voulaient, à son exemple, empoisonner les Croisés. L'aveugle fureur des Allemands ne connut point de bornes, et causa tous les maux de l'armée.

En parlant de l'arrivée de l'Empereur Conrad à Constantinople, Odon de Deuil s'exprime ainsi : « Il y avait devant la ville une vaste et belle enceinte de murs, qui renfermait du gibier de toute espèce, des canaux et des étangs. Il y avait des fossés et des cavernes qui servaient comme de retraites aux bêtes fauves. On voyait de ce lieu agréable s'élever de très-beaux palais, que les empereurs avaient fait bâtir pour y passer la saison du printems. » Odon de Deuil ne peut s'empêcher d'avouer que l'empereur allemand détruisit presqu'entièrement ce lieu de délices.

La description qu'il fait au commencement du quatrième livre, de la ville même de Constantinople, n'est pas moins curieuse.

« Constantinople, dit-il, la gloire des Grecs, riche par sa renommée, plus riche encore par ce qu'elle renferme, a la forme d'un triangle. A l'angle intérieur est Sainte-Sophie et le palais de Constantin, où est une chapelle qui est honorée pour les saintes reliques qu'on y conserve. La ville est ceinte de deux côtés par la mer. En y arrivant, on a, sur sa droite, le bras de Saint-Georges, et sur la gauche, une espèce de canal, qui en sort et s'étend jusqu'à près de quatre milles. Là, est le palais qu'on appelle Blaquerne, bâti sur un terrain bas, mais qui se fait remarquer par sa somptuosité, par son architecture et son élévation. Situé sur de triples limites, il offre à ceux qui l'habitent le triple aspect de la mer, de la campagne et de la ville. Sa beauté extérieure est presqu'incomparable; sa beauté intérieure surpasse tout ce que j'en pourrais dire. L'or y brille partout, et s'y mêle à mille couleurs. Tout y est pavé en marbre industrieusement arrangé (sans doute en mosaïque). Je ne sais ce qu'il y a de plus précieux ou de plus beau de la perfection de l'art ou de la richesse de la matière. Sur le troisième côté du triangle de la ville, est la campagne, mais ce côté est fortifié par un double mur, garni de tours, lequel s'étend depuis la mer jusqu'au palais, sur un espace de deux milles. Ce n'est ni ce mur ni ces tours qui font la force de la ville, elle est je crois toute entière dans la multitude de ses habitans et dans sa longue paix. Au bas des murs est un espace vide, où sont des jardins qui fournissent aux habitans toutes sortes de légumes. Des canaux souterrains amènent du dehors des eaux douces dans la ville, car celle que Constantinople renferme est salée, fétide ; dans plusieurs endroits la cité est privée de courant d'air ; car les riches couvrant les rues par leurs édifices, laissent aux pauvres et aux étrangers les ordures et les ténèbres. Là, se commettent des vols, des meurtres et autres crimes que l'obscurité favorise. Comme on vit sans justice dans cette ville, qui a presqu'autant de maîtres qu'elle a de riches, et autant de voleurs qu'elle a de pauvres, le scélérat n'y connaît ni la crainte ni la honte. Le crime n'y est puni par aucune loi, et n'y vient à la connaissance de personne. Cette ville excelle en tout ; elle surpasse toutes les autres villes en richesses, mais elle les surpasse aussi en vices. »

Odon de Deuil revient encore sur cette ville dans son cinquième livre ; elle avait tellement frappé son esprit et ses yeux qu'il y pensait sans cesse. Constantinople, dit-il, superbe par ses richesses, trompeuse, corrompue et sans foi, a autant à craindre pour ses trésors qu'elle est redoutable pour ses perfidies et son infidélité. Sans tous ces vices elle pourrait être préférée à tous les lieux par la température de son air, par la fertilité de son sol, et par le passage facile qu'elle offre à la propagation de la foi. Le bras de Saint-Georges, qui l'arrose, ressemble à une mer par la salure de ses eaux et la fécondité de ses poissons, et à un fleuve par la possibilité qu'on a de le traverser sans danger sept ou huit fois dans un même jour.

Le sixième et le septième livres d'Odon de Deuil renferment le récit des maux que l'armée des croisés eut à souffrir de la perfidie des Grecs, des aggressions des Turcs et de la disette, depuis son départ de Constantinople jusqu'à la ville de Satellie. L'auteur parle des combats qu'elle eut à soutenir et de la victoire qu'elle remporta près du fleuve Méandre. Le récit d'Odon est à peu de chose près semblable à celui de l'auteur des *Gestes de Louis VII*. Nous avons vu dans notre deuxième volume de l'Histoire des Croisades, que le Roi de France avant de s'embarquer pour Antioche, avait fait un traité avec le gouverneur grec de Satellie et avait laissé pour commander à ceux qui ne pouvaient le suivre, le comte de Flandre et Archambault de Bourbon : lorsque ces chefs se furent mis en marche les Turcs informés par les Grecs que le Roi était parti coururent à eux et les arrêtèrent dans leur marche. Les croisés étaient pleins de courage; mais ils n'avaient qu'un petit nombre de chevaux, encore ces chevaux étaient-ils harassés. Toutefois les croisés se rangent en bataille, battent l'ennemi, et le forcent à tourner le dos. Comme ils n'étaient pas assez agiles pour le poursuivre, il y eut peu de Turcs de tués. Le comte de Flandre et Archambault de Bourbon sommèrent alors le gouverneur de Satellie, le commissaire de l'Empereur grec et les habitans d'exécuter le traité qui venait d'être juré. Ceux-ci s'en excusèrent d'abord, en alléguant divers prétextes ; à la fin ils consentirent à recevoir les croisés dans la première enceinte de la ville, et à leur vendre des vivres jusqu'au moment où ils pourraient s'embarquer. Le comte de Flandre et Archambault de Bourbon, ne pouvant faire davantage, pour venger les injures des leurs, s'embarquèrent aussitôt. Les Turcs s'approchèrent bientôt de la ville, y entrèrent et en sortirent librement, et communiquèrent ouvertement avec les Grecs. Les croisés virent alors qu'ils étaient enfermés comme des troupeaux dans une bergerie, entre deux ennemis et dans une double enceinte de murs, et que ceux qui n'osaient y entrer, comme ceux qui n'osaient en sortir pouvaient également être tués à coups de flèches. Comme l'avant-mur était bas et incliné, la multitude des croisés ne pouvait s'y mettre toute entière à l'abri, et les Turcs, se plaçant sur des hauteurs convenables, tuaient ou blessaient avec leurs traits ceux qui étaient plus éloignés. Des jeunes gens déterminés, saisissant leurs arcs, sautèrent sur ce mur pour défendre leur vie et celle de leurs compagnons, et parvinrent à éloigner les ennemis. Ils auraient obtenu de la tranquillité, si les Grecs, de leur côté, ne les eussent pas tourmentés d'une autre manière. Comme ils avaient entassé, dans un lieu étroit et malpropre, ceux qui étaient en santé avec ceux qui étaient malades, la corruption de l'air se mêlant à la famine que les croisés éprouvaient, faute d'argent pour acheter des vivres, les Grecs n'eurent pas la peine de les tuer, ils n'eurent besoin que d'attendre la mort de leurs victimes. Cette déplorable situation engagea deux troupes de guerriers, l'une de trois, l'autre de quatre mille hommes, à chercher leur salut dans la retraite. Elles sortirent donc toutes armées. Elles avaient à traverser deux rivières voisines du lieu qu'elles quittaient, mais de grandeur différente. Elles passèrent facilement la première ; mais, à la seconde, elles trouvèrent un double obstacle. Elles ne pouvaient passer qu'à la nage, et en se défendant contre l'ennemi, qui était rassemblé sur l'autre rive. Comme elles ne purent vaincre à la fois ces deux difficultés, elles revinrent sur leurs pas, et ces malheureux croisés furent ou mis en fuite, ou pris, ou tués. Leur sang apaisa la soif des Turcs ; mais la ruse des Grecs se changea alors en violence. Les Turcs prirent pitié de ceux qui restaient, et firent aux malades et aux pauvres d'abondantes aumônes. Les Grecs, au contraire, obligèrent à les servir ceux qui étaient plus forts, et pour prix de leur service, ils les maltraitaient. Quelques Turcs achetèrent à ces Grecs la monnaie des croisés, et la distribuaient ensuite à pleines mains entre les pauvres. Ceux-ci, évitant les cruels compagnons de leur foi, cherchaient sûreté et protection parmi des infidèles compatissans, et l'on dit que plus de trois mille jeunes gens se joignirent à eux. O pitié plus cruelle que la perfidie ! s'écrie ici notre auteur : ces infidèles, qui donnaient du pain aux chrétiens, leur enlevaient leur religion. Cependant il est certain que, contens de leurs services, ils n'en forcèrent aucun à la renier ; ce qui veut dire, car Odon de Deuil n'est pas toujours clair dans ses expressions, que la commisération des Turcs toucha beaucoup de chrétiens, et que, d'eux-mêmes, ils embrassèrent la foi d'ennemis qui les traitaient si bien. Dieu, ajoute l'auteur, maudissant la ville de Satellie, frappa tout-à-coup les habitans de mort. Plusieurs maisons restèrent vides ; ceux qui survivaient au fléau qui les moissonnait l'abandonnèrent tout-à-fait ; l'Empereur grec, de son côté, irrité de ce que cette ville eût fourni au roi de France des provisions et des vaisseaux, lui enleva tout son or et son argent. Ainsi Dieu et ce prince, dit Odon de Deuil, par deux motifs contraires, s'accordèrent l'un et l'autre à punir Satellie. Le Roi était resté cinq semaines auprès de cette ville, il en employa trois autres pour se rendre à Antioche. L'auteur termine là son récit, en faisant l'éloge suivant de Louis VII.

Au milieu de tant de travaux, le Roi fut toujours bien portant; il opposa toujours aux forces des ennemis celles qu'il tirait des divins sacremens; en revenant du combat, il allait à vêpres et à complies. Dieu était toujours *l'alpha et l'omega de ses actions.* Il était libéral comme un Roi, magnanime comme un prince, vaillant comme un soldat, agile comme un jeune homme, mûr comme un vieillard; déployant, selon les lieux et les circonstances, les vertus qui y étaient nécessaires, et se conciliant la faveur des hommes par sa probité, et la grâce divine par sa religion.

Odon de Deuil a su répandre de l'intérêt sur son ouvrage; mais on peut lui reprocher un style dur et des phrases embarrassées. La concision à laquelle il vise lui donne un autre défaut qui n'est pas ordinaire aux écrivains de ce siècle, c'est le défaut de clarté. On est obligé de le relire plus d'une fois pour le bien comprendre.

Cet auteur nous a laissé de saint Bernard un portrait qui nous apprend que cet abbé célèbre portait une âme forte dans un corps faible et presque mourant. *Abbas sub tenui corpore et pene præmortuo robustum tegens spiritum.*

Historia gloriosi regis Ludovici, filii Ludovici Grossi, etc. (Tom. IV, pag. 412.)

Art. VIII.

Cet ouvrage a encore été faussement attribué à l'abbé Suger. Il n'y est presque rien dit de la croisade de Louis VII. Tout ce qu'on y trouve ce sont les noms des grands du royaume qui assistèrent à l'assemblée de Vezelay. Nous ne nous arrêterons donc pas à cette histoire, puisqu'elle ne nous offre rien de particulier sur notre sujet.

Duchesne a placé à la suite de cette histoire des fragemens tirés de différens ouvrages. On y trouve, à la date de 1177, le traité d'alliance et d'amitié conclu entre Louis VII et

Henri, roi d'Angleterre, dans l'entrevue qu'ils eurent à Ivry, le 12 des calendes d'octobre. Ce traité est extrait des annales de Roger Hoveden. On le verra à l'article de cet auteur, dans les collections anglaises.

Fragmentum historicum ex veteri membrana de tributo Floriacensibus imposito; ou fragment tiré d'un ancien manuscrit sur une contribution imposée par Louis VII, à l'abbaye de Fleuri, ou St.-Benoît-sur-Loire; par un moine de ce monastère. (Tome IV, page 423).

Comme les Bénédictins, dans leur recueil des historiens de France, ont aussi donné cette pièce toute entière, nous allons la présenter ici avec les notes qu'ils y ont ajoutées; car ce morceau historique nous a paru aussi important que curieux.

Le roi Louis-le-Jeune se préparant à la croisade, imposa une contribution à l'abbaye de Saint-Benoît-sur-Loire. C'est le premier exemple, disent les Bénédictins, d'une semblable imposition faite sur une église par nos rois de la troisième race. Cet exemple est d'autant plus remarquable, que ce ne fut point sur la seule abbaye de Saint-Benoît que l'imposition tomba; elle s'étendit à tout le clergé de France, ou du moins aux églises les mieux dotées.

Les Bénédictins ne disent point quel était ce vieux manuscrit dont ils nous offrent le fragment. Il est à croire cependant qu'il était d'un moine de l'abbaye même de Saint-Benoît, ainsi que le prouvent les premières lignes : « Pour l'utilité de nos descendans, nous avons résolu de leur faire connaître par cet écrit ce qui est arrivé à notre église de notre temps; quelle gêne elle a éprouvée par l'enlèvement et la distraction des choses qui jusqu'à ce temps avaient été conservées intactes dans notre trésor.

« Il y eut d'abord une si grande famine dans toute la France, que beaucoup de nobles et de riches ayant vendu tout ce qu'ils avaient, et rougissant de mendier ensuite dans leur pays, s'en allèrent en pays étranger pour y vivre comme ils pourraient. La famine augmentant de jour en jour, et une multitude infinie de gens dans le besoin venant de toutes parts à notre monastère pour y chercher de la nourriture, nous fûmes touchés d'une si grande calamité qui affligeait le peuple de Dieu, et nous enlevâmes la couverture d'argent du poids d'environ quarante marcs qui revêtait le crucifix ; nous sacrifiâmes ainsi la tunique du Christ pour nourrir ses membres, c'est-à-dire les pauvres. Avec ce secours nous entretînmes et nourrîmes pendant quelque temps cinq, six et même sept cents pauvres par jour. »

Les Bénédictins disent en note que cette famine dura sept ans, et qu'ayant cessé deux ans avant le départ de Louis pour Jérusalem, elle dut commencer en 1138.

Deux ans après, continue l'auteur du manuscrit, Louis, roi de France et duc d'Aquitaine, étant sur le point de partir pour Jérusalem, afin de venger et de délivrer les Chrétiens qui y étaient tourmentés par les fréquentes excursions des Sarrasins, enleva beaucoup d'argent des trésors des églises de son royaume. Il demanda au vénérable Macaire, abbé de cette église de Saint-Benoît, mille marcs d'argent. L'abbé répondit qu'il lui était impossible de donner cette somme : parce que la maison à laquelle il était préposé avait été grevée d'une manière intolérable par les persécutions qu'elle avait éprouvées sous son prédécesseur, l'abbé Ademar, et sous sa propre administration, par le changement des abbés, par les querelles étonnantes des moines de l'église même avec les légats romains, par le défaut de récolte des vignes pendant sept ans, par l'achat presque continuel de vin, et outre ces maux, par les innombrables exactions des serviteurs du roi et par de fréquentes corvées.

Le roi ayant reçu cette réponse, et s'étant assuré que ce que l'abbé objectait était vrai, se relâcha de cinq cents marcs. L'abbé répondit qu'il ne pouvait pas les donner. Au bout de quelques jours, le roi ayant tenu conseil, appela l'abbé et lui ordonna de livrer sans retard trois cents marcs d'argent et cinq cents besans d'or.

L'abbé voyant qu'il ne lui était plus possible de résister au roi, revint chez lui et s'occupa avec les siens des moyens de trouver ce que le roi demandait. Il vint ensuite au Chapitre. Il exposa aux Frères la demande du roi et les exhorta à se consoler et à l'aider dans une circonstance si grave. Les Frères ayant délibéré, et jugeant qu'ils devaient secourir leur maître et leur père dans ses besoins, lui donnèrent deux candelabres d'argent d'un ouvrage merveilleux et du poids de trente marcs. Ils lui livrèrent de plus un encensoir de huit marcs et trois onces d'or. L'abbé s'engagea pour lui-même et donna en outre des garans qui promirent que s'il ne rendait pas l'encensoir ils en feraient faire un autre de la même valeur et le remettraient au trésor dans trois ans, à dater de la Pâque prochaine (1). Mais cette clause fut changée par la suite ; car l'abbé Macaire voyant la maison dans un état misérable et moins ornée que les autres abbayes de France, persuada au couvent de construire un nouveau dortoir avec le prix de ce que coûtait l'encensoir, et promit de donner de ses propres deniers le surplus nécessaire pour la construction du dortoir. Les frères trouvèrent ce conseil utile et l'adoptèrent.

Les Bénédictins remarquent dans une note, comme ils l'ont dit dans leur préface, que cette imposition du roi s'étendit sur tout le clergé de France, et ils le prouvent par la correspondance de Suger, dans laquelle se trouve une lettre de l'abbé de Ferrière, qui demande un délai pour achever le

---

(1) Ipso tamen abbate veraciter spondente et insuper plurimos fidejussores dante, quatenus si forte ipse reddere negligeret, ipsi procerto in tertium Pascha ab illo qui jam imminebat thuribulum ejusdem valitudinis absque ullo scrupulo reficerent et sine dilatione in thesauro nostro reponerent.

paiement de l'argent que le roi lui a demandé et dont il avait déjà donné vingt livres.

D. Patru rapporte en outre, dans son *Traité des dîmes*, des lettres des chanoines et des citoyens de Brives au roi Louis, par lesquelles ils se plaignent qu'on refuse de leur remettre, en rendant l'argent, la couronne d'or qu'ils avaient engagée à un prêteur pour payer le tribut que le roi leur avait imposé.

Dans le même temps, Joscerand, seigneur de ce village, ajoute l'auteur du Manuscrit, désirant partir avec le roi, Godefroy, buticulaire de l'abbé, Guy de Belin et Adelard de Porta, partant aussi pour Jérusalem, vinrent dans notre Chapitre et demandèrent à engager pour cinq ans ce qu'ils tenaient de nous. Savoir : le seigneur, sa seigneurie pour sept fois vingt livres; Godefroy, son fief pour trente ; Guy et Adelard, chacun le leur, pour dix, à condition que le revenu provenant de l'objet engagé pour cinq ans serait employé en aumônes, à acquitter le service qu'ils nous devaient et aux frais de quelque ouvrage que nous jugerions nécessaire à notre maison. Mais si au bout de cinq ans ils n'étaient pas revenus, ou s'ils mouraient, ni eux, ni leurs successeurs n'auraient plus la faculté de se racheter, et tous les revenus nous seraient acquis. L'abbé Macaire et ses Frères consentirent volontiers à faire ce qu'ils demandaient.

Epistolæ historicæ quæ ad res Ludovici Grossi, et ejus filii Ludovici Junioris regum illustrandas pertinent. (Tome 4, depuis la page 444 jusqu'à la page 556.)

Art. VII.

Lettres de Louis-le-Jeune à l'abbé Suger.

Page 494. — Elles sont au nombre de neuf. La première,

datée des frontières de la Hongrie, parle du bon accueil que le Roi a reçu sur son passage ; de la dépense considérable qu'il est obligé de faire et du besoin qu'il a qu'on lui envoie de l'argent.

Page 499. — La deuxième annonce son heureuse arrivée à Constantinople, après des périls et des maux infinis. Le Roi renouvelle la demande d'argent (octobre 1147).

Page 504. — La troisième est d'Antioche (mars 1148); elle contient le récit de son arrivée à Constantinople ; de l'accueil que lui a fait Manuel ; des obstacles et des fatigues qu'il a fallu essuyer pour arriver ensuite à Antioche ; des pertes que son armée a faites ; de la famine qu'elle a éprouvée, et du danger que lui-même a couru.

Page 510. — La quatrième ordonne qu'on rende aux Templiers et à l'évêque de Lisieux l'argent qu'ils lui ont prêté dans ses besoins.

Page 512. — La cinquième est écrite pour le même objet. Le Roi y exalte les services que les Templiers lui ont rendus, et dit que, sans les avances qu'ils lui ont faites, il n'aurait pu prolonger son séjour en Orient.

Page 513. — La sixième annonce que la Syrie et la Palestine sont toujours désolées et ravagées par les Sarrasins, et qu'on ne peut résister qu'en employant les plus grands moyens. Le Roi recommande à Suger de rembourser aux Hospitaliers l'argent qu'il a été obligé de leur emprunter.

Page 516. — La septième informe du prochain retour du Roi dans ses Etats. Ce prince remercie son ministre de son zèle désintéressé ; il l'engage à surveiller les factions, et à dissiper les machinations des ennemis du royaume. Il annonce qu'il envoie son chancelier Baudouin, dont il loue les grands services, en Orient.

Page 524. — La huitième est datée du 29 juillet, en Calabre. Le Roi remercie Suger de l'empressement qu'il témoigne de le revoir. Il lui parle du bon accueil qu'il a reçu en Sicile.

Page 525. — La neuvième est datée de Rome, au moment

de son départ de cette ville. Il engage Suger à devancer en secret, et d'un jour tous ses autres amis, quand ils viendront au-devant de lui.

Page 519. — Louis VII écrivit aussi une lettre à Thibaut IV, comte de Champagne, pour lui témoigner la satisfaction que lui donnait le jeune Henri son fils, et en même temps son prochain retour. Il engage le comte à maintenir l'ordre dans son royaume, et à surveiller les méchans.

Page 490. — Lettre de Guillaume, cardinal-prêtre du titre de Saint-Pierre-aux-Liens, à l'empereur Manuel. Elle a pour but de rappeler au prince les services que ses prédécesseurs et lui ont déjà rendus à l'église contre les infidèles, et de l'engager à s'unir de cœur au Roi Louis VII et au pape Alexandre III.

Page 535. — Lettre de saint Bernard à Suger, pour lui annoncer qu'il lui a été impossible de se rendre à l'assemblée de Chartres, où l'on devait traiter des moyens de soustraire les saints lieux à la domination des Sarrasins. Le saint abbé donne, pour cause de son absence, son état de souffrance habituelle.

Page 511. — Une lettre de l'abbé Suger à Louis VII, dans laquelle le ministre peint au Roi l'affliction que ses sujets éprouvent de son absence, et combien ils desirent vivement son retour. Il lui dit que les principaux seigneurs de retour, s'agitent déjà et menacent le royaume de nouveaux troubles. Il termine en annonçant le remboursement qu'il a fait aux Templiers.

Page 538. — Une lettre du pape Eugène III à l'abbé Suger, pour l'engager à presser Louis VII de se rendre, comme il en a témoigné l'intention, dans la Terre-Sainte, qui réclame les plus prompts secours. Le Pontife promet une indulgence entière à ceux qui contribueront de nouveau à une aussi sainte entreprise.

Il y a, dans ce même tome, plusieurs lettres d'Amauri, roi de Jérusalem, que Bongars a recueillies, et dont nous nous dispenserons de parler. La plupart, ainsi que celles du patriarche et du prince d'Antioche, adressées en Occident, n'apprennent rien de particulier sur les affaires d'Orient.

Petri Tudebodi sacerdotis Sivracensis historia de Hierosolymitano itinere. (Tome IV, page 777).

Art. VIII.

Avant Duchesne, l'ouvrage de Tudebode n'était pas encore sorti de la poussière où l'avaient enseveli les deux anonymes dont il a été parlé à la collection de Bongars. Cette histoire est écrite d'un style barbare; elle est même remplie de solécismes. Néanmoins, elle a été d'un grand secours pour les auteurs qui ont écrit, après Tudebode, sur le même sujet.

Cet historien naquit à Sivray, en Poitou, dans le milieu du onzième siècle. Quand la croisade eut été publiée, il se joignit, en sa qualité d'ecclésiastique, à beaucoup de prêtres, qui eurent la dévotion de faire le pélerinage à Jérusalem, et qui suivirent les croisés. Il partit avec les guerriers qui obéissaient au comte de Poitiers, duc d'Aquitaine, et que Hugues de Lusignan commandait; mais il eut la douleur de perdre ses deux frères qui l'avaient suivi. Il donne au premier l'épithète de *probatissimus miles*, et au second celle de *optimus miles*. Tudebode se trouva au siége de Nicée, et, après la prise de cette ville, il suivit l'armée de Boëmond, avec laquelle il combattit à la journée de Dorylée. Il partagea ensuite, avec la grande armée, les fatigues et les travaux du long siége d'Antioche. Il eut part aussi à toutes les misères que les chrétiens souffrirent dans cette place, pendant vingt-cinq jours, ainsi qu'à la victoire signalée qu'ils remportèrent sur les infidèles. Il se trouva au siége de Jérusalem, et quand les évêques et les prêtres, pour fléchir la miséricorde de Dieu, firent, nu-pieds et la croix à la main, une procession autour de la ville, Tudebode, qui était à la tête, courut risque de perdre la vie. Un clerc, atteint d'une flèche au milieu du front, tomba à ses côtés (1).

On ne sait pas précisément en quel temps mourut cet auteur. Ce qu'on peut assurer, c'est qu'il vivait encore à la fin de 1099, puisqu'il termine son histoire par le récit de la victoire éclatante remportée par les croisés, le 14 août de cette année. Depuis cette époque, aucun monument ne fait mention de lui.

Son histoire est divisée en cinq livres. Dans le premier, qui est fort court, il décrit rapidement la marche des premiers croisés. Il parle des désordres que commirent les Lombards aux environs de Constantinople ; de la troupe commandée par Rainault, et du sort qu'elle eut au château *Exerogorgo*. En racontant la disette que les croisés éprouvèrent dans ce château, il dit qu'ils furent si tourmentés de la soif, qu'ils saignèrent leurs chevaux et leurs ânes, pour en boire le sang ; que quelques-uns urinaient dans la main fermée de leur camarade et buvaient ainsi leur urine ; que d'autres encore creusaient la terre, la remuaient et s'en couvraient la poitrine et le corps, afin que son humidité tempérât l'ardeur de leur soif. Les évêques et les prêtres, qui étaient présens, les exhortaient à la patience. Les croisés furent dix jours dans cette extrémité. Tudebode raconte aussi les menées tortueuses et perfides de l'Empereur grec, et la joie de ce prince, en apprenant que les chrétiens avaient été tués par les Turcs, au-delà du Bosphore.

Il décrit ensuite la marche de la seconde armée, à travers la Sclavonie ; il donne les noms des principaux chefs ; il parle, en peu de mots, des combats que Baudouin, frère de Godefroy, livra aux Turcs et aux Pincinnates, qui le troublaient sans cesse. Il dit comment Boëmond prit la croix, lorsqu'il faisait le siége d'Amalfi, et passa la mer avec son armée et Tancrède.

Dans le second livre, Tudebode décrit la marche de l'armée des croisés, commandée par le comte de Saint-Gilles et l'évêque de Puy. Il raconte comment cet évêque tomba

---

(1) Quidam clericus qui prior in processione veniebat, cum quâdam sagittâ in mediâ fronte vulneratus est, ibique defunctus est.

dans les mains des Pincinnates, fut dépouillé et grièvement blessé par eux. Il parle de l'arrivée de Raymond à Constantinople, après qu'il eut battu les Barbares, et reçu des envoyés de l'Empereur grec, qui lui promirent, de sa part, d lui rendre tout ce qu'il avait perdu. Sur les instances de Godefroy, de Boëmond, du comte de Flandre et autres chefs, Raymond, entré à Constantinople, promit comme eux, foi et hommage à l'Empereur.

Tudebode fait le récit de l'entrée de tous les chefs croisés dans la Romanie, du siége de Nicée, de la prise de cette place, du combat que les chrétiens livrèrent à Soliman, de la victoire qu'ils remportèrent sur lui, et des premiers mois du siége d'Antioche.

En parlant de la disette que les croisés éprouvèrent devant cette ville, disette qui força plusieurs chrétiens de se retirer auprès du comte de Blois, Tudebode dit que Guillaume Carpentier et Pierre-l'Ermite se retirèrent secrètement, mais que Tancrède les poursuivit, les atteignit et les ramena tout honteux; qu'ils promirent de ne plus abandonner l'étendard de la croix; que Guillaume Carpentier coucha dans la tente de Boëmond, et que le lendemain, lui ayant été présenté, ce prince lui parla en ces termes : Ô malheureux ! la honte de toute la France ! ô le plus criminel que la terre puisse porter ! pourquoi as-tu fui si honteusement ? tu voulais sans doute livrer nos guerriers aux ennemis du Christ, comme tu en as livré d'autres en Espagne. Carpentier se tut ; les Français implorèrent Boëmond pour lui. Boëmond se laissa fléchir et fit grâce à Carpentier, qui néanmoins ne put supporter tant de honte, et s'enfuit quelque temps après.

Le troisième livre contient la suite des opérations de ce siége et les combats qui se livrèrent sous les murs de la ville. Il est terminé par la fuite et la mort de Cassian (Baghi-Syan), qui commandait dans Antioche au moment où elle fut prise.

Tudebode raconte cette mort tout autrement que Raoul de Caen, comme nous le verrons plus loin. Il dit que ce commandant, s'étant enfui d'Antioche, avec plusieurs des siens, se retira vers l'endroit où était Tancrède, et descendit dans une maison, pour s'y reposer. Les habitans de cet endroit, qui étaient Syriens et Arméniens, ayant reconnu Cassian, s'emparèrent de lui et lui tranchèrent la tête, qu'ils allèrent offrir à Boëmond, dans l'espérance d'obtenir la liberté. Tudebode ajoute que le baudrier et le fourreau de l'épée de Cassian furent estimés cinquante besans.

Dans le quatrième livre, l'auteur raconte tout ce que les croisés, assiégés à leur tour dans la place, eurent à souffrir pendant vingt-cinq jours. Il décrit la sortie qu'ils firent contre les infidèles, et dans laquelle un des frères de Tudebode fut tué. Il parle de la découverte de la lance, qui ranima le courage des croisés, et de la victoire qu'ils remportèrent. L'auteur raconte aussi la mort d'Adhemar, évêque du Puy, et la prise de plusieurs villes de Syrie.

Il dit que des croisés, sous la conduite d'un nommé Raymond Pilet, s'étant emparés d'une forteresse remplie de Sarrasins, les firent tous prisonniers, tuèrent tous ceux qui ne voulurent pas se faire chrétiens, et laissèrent la vie à ceux qui consentirent à reconnaître le Christ.

Dans le cinquième livre, l'armée chrétienne se met en marche pour Jérusalem; mais, avant de la suivre, l'auteur décrit la situation d'Antioche, puis raconte le siége de Marra par les chrétiens. En parlant de la disette que ceux-ci éprouvèrent devant cette place, il dit, comme d'autres historiens, qu'ils mangèrent de la chair de Turcs, coupée par morceaux et qu'ils faisaient cuire (*Nostri quoque pauperes peregrini cœperunt scindere corpora paganorum eò quod in ventribus eorum inveniebant reconditos bisantios ; alii quoque districti fame cædebant carnes eorum per frusta et coquebant ad manducandum*). Tudebode fait, en peu de mots, la description du siége et de la prise de Jérusalem, et il parle assez brièvement de l'élection de Godefroy, pour roi de Jérusalem, et d'Arnould, pour patriarche. Son ouvrage se termine par la bataille d'Ascalon, à la suite de laquelle les chrétiens firent sur les Turcs un butin immense.

Tudebode se donne pour le premier qui ait écrit sur la

première croisade (1), d'après ce qu'il avait vu de ses propres yeux. Il est probable qu'il composa son histoire sur les lieux mêmes, comme Raymond d'Agile. Du reste, il y a entre ces deux auteurs une si grande conformité qu'il est difficile de croire qu'ils ne se soient pas communiqué l'un à l'autre leur ouvrage. Tudebode n'est pas aussi partisan des visions que Raymond, néanmoins il ne laisse pas d'en rapporter quelques-unes.

L'écrit qui suit est l'histoire de Jérusalem, de Foucher de Chartres. Nous en avons déjà donné l'extrait à la collection de Bongars; nous y renvoyons nos lecteurs.

Historia gestorum viæ nostri temporis Hierosolymitanæ, cujus libri tres priores a Fulcone quodam, reliquia domno Gilone Parisiensi editi sunt. (Tome IV, page 890).

Art. IX.

Cette histoire est écrite en vers latins, et composée par deux auteurs différens. Les trois premiers livres sont d'un nommé Foulques, sur lequel on ne sait rien. Les quatre autres livres sont de Gilon, surnommé de Paris, à cause du long séjour qu'il fit dans cette ville. Gilon naquit dans le comté d'Auxerre, vers la fin du onzième siècle. Il entra dans le clergé de Paris, où il se distingua par ses talens. Le pape Calixte II, ayant eu occasion de le connaître, l'emmena à Rome, et le fit cardinal. En 1127, il le nomma légat dans la Terre-Sainte, pour apaiser les troubles qui divisaient le clergé. Peu après, il l'envoya en Pologne, avec le même titre, et Gilon, dans ces deux missions, soutint l'idée qu'il avait donnée de sa prudence et de sa capacité. Il mourut

---

(1) Credendus est, dit-il, en parlant de lui-même, qui primus scripsit, quia in processione primus, et oculis carnalibus vidit, scilicet, Petrus sacerdos Tudebodus Sivracensis.

en 1142. Outre son poëme historique, cet auteur a laissé une Vie de saint Hugues, abbé de Cluny.

Les trois premiers livres de Foulques ne renferment rien qu'on ne trouve ailleurs. Dans le premier, l'auteur, après avoir raconté l'étonnante révolution que la publication de la deuxième croisade produisit dans les esprits, nomme les principaux chefs de cette expédition, décrit leur départ, et marque la route que chacun d'eux prit avec la division de croisés qu'il commandait.

Le deuxième livre contient les différentes aventures qui arrivèrent aux croisés, jusqu'à leur arrivée à Constantinople.

Le troisième parle des différens de Godefroy avec l'empereur Alexis, et de la marche des croisés vers Nicée. Foulques finit là sa narration. Les quatre vers suivans, qui terminent son troisième livre, prouvent assez que Gilon et lui s'étaient concertés ensemble sur la distribution de leur travail :

Hæc de principiis callis Hierosolymitani
Scripsimus, ut nostræ permissum rusticitati,
Cetera describit domnus Gilo parisiensis
Cujus turpatur nostris elegantia nugis.

La poésie de Foulques est commune, pauvre et remplie de licences d'un mauvais goût.

Gilon a commencé ses quatre livres au siége de Nicée, et les a finis à la prise de Jérusalem; on a, par ce moyen, toute l'histoire en vers de la première croisade. Sans être un bon poëte, Gilon ne manque cependant pas d'une certaine verve et met assez de vérité dans ses tableaux.

Voici, par exemple, comment il décrit la famine que les croisés éprouvèrent dans Antioche :

Ergo fames crudelis adest, crudelior omni
Peste; viri vigilant, fugiunt jejunia somni,
Deforma macies vultus, nigriora sepultis
Ossibus ossa micant; apparent viscera multis.
Vulgus iners herbas dubias lethumque minantes
Vellit, et in duro luctantur cespite dentes.

Frondibus hi gaudent arbusta suis spoliare.
Illi, more feræ, radices, prata vorare,
Multa quidem comedunt hominum non cognita mensis.
Arida facta manus vix pondera sustinet ensis.
Ore ferenda Dei virtus, circumdata peste,
Nostra cohors saturo jejunâ timetur ab hoste.
Res nova ! crus asini libris tribus appreciatur.
Quique dedit pretium non prodigus inde putatur.
Ora movent pueri matresque vocant morientes,
Aera pro solitis epulis aurasque tenentes.

Il n'est pas indifférent de faire remarquer ici que tout ce poëme historique est en vers rimés, comme nos vers français que nous appelons à rimes plates.

Nous ferons encore observer qu'il y a beaucoup de lacunes dans les vers de Gilon. Dòm Martenne, qui a publié ce poëme après Duchesne, l'a donné plus correct et plus complet dans le troisième volume de ses anecdotes. Cependant Dom Martenne reconnaît que son édition aurait pu être plus parfaite s'il avait eu connaissance d'un manuscrit qu'il a vu depuis à la bibliothèque de Marchiennes, et qui a pour titre : *Historia Gilonis cardinalis episcopi de viâ Hierosolymitanâ*, etc., et à la fin duquel on lit : *Explicit libellus Gilonis parisiensis clerici, posteà Cluniacensis monachi, inde cardinalis episcopi, de via Hierosolymitana, quando expulsis et occisis paganis devictæ sunt Nicæa, Antiochia et Hierusalem a Christianis.* C'est en quelque sorte là le précis de l'ouvrage. La même fin se trouve dans un autre manuscrit de la bibliothèque du Roi (N. 5129), aussi ancien, pour le moins, et plus ample que celui de Marchiennes, car il y a de plus un prologue de Gilon, en vers élégiaques, qu'on ne trouve pas dans les autres manuscrits. Il paraît, par ce prologue, que Gilon avait écrit précédemment sur des sujets moins graves et moins sérieux.

Dom Martenne a donné le poëme de Gilon en six livres, qui vont jusqu'au couronnement de Godefroy ; mais on n'y trouve rien des trois livres de Foulques.

Gesta Philippi-Augusti, Francorum regis, descripta a magistro Rigordo seu Rigoto, ipsius regis chronographo. (Tom. V, pag. 1).

Art. XVII.

Rigord, écrivain du treizième siècle, était en même temps médecin, historiographe du roi Philippe, et clerc de l'abbaye de Saint-Denis. L'histoire qu'il nous a laissée commence au couronnement de Philippe, en 1179, et va jusqu'en 1209. Elle est précédée d'une préface où l'auteur rend compte des difficultés qu'il a rencontrées. Peu content de son travail, il voulait le détruire; mais Hugues, abbé de Saint-Denis, obtint de lui qu'il le ferait paraître. Le Roi en fut si content qu'il le fit remettre dans les dépôts publics. Cette histoire fut fort estimée dans son temps. L'auteur avait été témoin de la plupart des faits qu'il raconte. Son style est assez clair et son latin supportable. Sa narration n'a rien d'enflé, et il paraît assez fidèle dans tout ce qu'il rapporte. Il offre d'ailleurs des particularités fort curieuses, entre autres celle-ci : En 1209, il fut ordonné que les ouvrages philosophiques d'Aristote seraient brûlés. Il fut défendu en outre de les lire, et d'écrire rien à leur sujet. On peut reprocher à l'historien un peu de superstition, et d'avoir donné place, dans son ouvrage, à des contes ou prodiges plus ou moins ridicules. Par exemple, à l'occasion de la prise de Jérusalem par Saladin, il dit que les enfans qui naquirent, depuis la prise de cette ville et de la sainte Croix, n'eurent plus que vingt-deux dents ou même vingt, de trente qu'ils avaient auparavant.

Il n'y a que deux éditions de cet ouvrage : celle de Pithou et celle de Duchesne. Comme celui-ci a donné la sienne sur la première, après l'avoir conférée avec un manuscrit de l'abbaye de Saint-Denis, et l'avoir corrigée en beaucoup d'endroits, elle est infiniment supérieure.

Sous la date de 1184, Rigord parle de l'arrivée à Paris du patriarche de Jérusalem, du prieur des Hospitaliers et du grand-maître des Templiers, qui apportèrent au Roi les clefs de la ville sainte, menacée par les Sarrasins. Ces députés implorèrent le secours du Roi. Philippe convoqua une assemblée du clergé et des princes et barons, à la suite de laquelle il fit passer en Palestine des secours d'hommes et d'argent. Mais de nouveaux députés étant venus plus tard, apporter de plus tristes nouvelles, sur l'invasion de Saladin et le massacre d'un grand nombre de croisés, Philippe et Henri, roi d'Angleterre, tinrent une assemblée près de Gisors, où ils prirent la résolution de s'armer pour la délivrance de la Terre-Sainte. Rigord nomme Champ-Sacré, *Sanctus-Ager*, le lieu de cette assemblée, et parle d'une église qu'ils y fondèrent, pour conserver le souvenir de cette résolution et de leur alliance. Il fait ensuite mention du concile de Paris, en 1188, dans lequel fut ordonnée la contribution nommée *dîme Saladine*. Roger Hoveden et plusieurs autres parlent de cette subvention. Robert Gaguin dit que, l'argent manquant pour faire l'expédition contre Saladin, on assembla à Paris les prélats et la noblesse, et que le Roi leur demanda la dîme des revenus ecclésiastiques et séculiers, d'où vient le nom de dîme Saladine. Rigord donne l'ordonnance royale qui l'établit. Nous la traduisons ici comme pièce historique.

INSTITUTION DE LA DÎME SALADINE.

Au nom de la Sainte-Trinité indivisible, ainsi soit-il. Il a été établi, par le seigneur Philippe, roi de France, du conseil des archevêques, évêques et barons de ses états, que les évêques et prélats et clercs des églises conventuelles, et les guerriers, qui auront pris la croix, auront, pour payer les dettes qu'ils devaient, tant aux juifs qu'aux chrétiens, avant que le Roi eût pris la croix, l'espace de deux ans, à compter de la première fête de tous les Saints, de manière qu'à la prochaine fête, les créanciers recevront un tiers de leur creance ; à la fête suivante, un autre tiers, et à la troisième fête, le dernier tiers. Mais l'intérêt, pour dettes contractées précédemment, ne courra pour personne à compter du jour de la prise de la croix. Si c'est un guerrier, et qu'il soit héritier légitime, fils ou gendre d'un guerrier non croisé, ou de quelque veuve, et s'il est nourri par son père ou par sa mère, ceux-ci auront, pour s'acquitter de leur dette, le délai fixé par l'ordonnance; mais si leur fils ou gendre croisé n'est pas légitime, ou s'il n'est pas guerrier, et n'a pas la croix, il n'y aura aucun délai pour lui. Après la quinzaine de la prochaine fête de Saint-Jean-Baptiste, les débiteurs qui auront des terres et des revenus, les assureront à leurs créanciers, aux termes prescrits suivant l'ordonnance, par les mains du seigneur dans le domaine duquel seront ces terres et revenus, afin que les créanciers en tirent leur créance. Les seigneurs ne pourront s'opposer à ces assurances, à moins qu'ils ne soient en traité avec le créancier lui-même, qui n'aurait ni terre, ni revenu pour faire une assurance suffisante de sa dette; dans ce cas, ils feront assurer la créance, aux termes fixés, par des fidéi-commis, ou par des garanties. Si après la quinzaine de la prochaine fête de Saint-Jean-Baptiste, la créance n'est point assurée par assignation de terre, ou par fidéi-commis, ou par garantie, s'il n'y a point de terre, il n'y aura pas lieu au délai accordé aux autres créances. Si un clerc ou un guerrier croisé doit à un clerc ou à un militaire, aussi croisé, la créance sera remise jusqu'à la prochaine fête de tous les Saints, en donnant toutefois des sûretés.

Si quelque croisé, huit jours avant ou huit jours après la Purification, donne à quelqu'un de l'or, de l'argent ou du bled, ou quelqu'autre gage mobile, le créancier ne sera pas forcé d'accorder à cet égard de délai. L'achat du fruit d'une année, fait à un prix fixe, par un non croisé, est maintenu irrévocable. Si quelque guerrier ou clerc engage ou afferme, par an, son bien ou ses revenus à quelque bourgeois croisé, ou à un clerc ou guerrier non croisé, le débiteur percevra, cette année, les fruits de la terre ou des revenus, et le créancier, au terme des années pendant lesquelles il devait tenir l'engagement ou la ferme, les retiendra un an de plus, pour dédommagement de cette année, de manière toutefois qu'il ait la moitié de la récolte de cette année, s'il a cultivé des terres ou des vignes engagées. Tous les marchés faits huit jours avant ou huit jours après la Purification, seront ratifiés. Pour que le délai accordé aux dettes ait lieu, il faut que le débiteur donne une garantie aussi bonne, ou même meilleure qu'auparavant. S'il s'élevait des différens, à l'occasion de la garantie, il en sera donné une plus juste et meilleure, de l'avis du seigneur sous lequel sera le créancier. Si la garantie n'est pas réglée par le seigneur, il faudra la faire régler par le conseil du prince. Si quelqu'un des seigneurs ou princes, sous la juridiction desquels se trouvent les créanciers ou débiteurs, ne veut pas tenir, ou faire tenir ce qui est ordonné, touchant le délai des dettes ou les assurances à faire, et qu'averti par le métropolitain, ou par son évêque, il ne le fasse pas tenir dans quarante jours, il pourra être mis sous la sentence de l'excommunication. Cependant, quand le seigneur ou le prince voudra prouver, en présence du métropolitain, ou de l'évêque, qu'il n'a point manqué en cela au créancier ou au débiteur, et qu'il est prêt à tenir ce qui est ordonné, le métropolitain, ou l'évêque ne pourra l'excommunier. Aucun croisé, soit clerc, soit guerrier, ou autre, ne sera obligé de remplir ce qu'il a promis, depuis le jour où il a pris la croix, que lorsqu'il sera de retour du pélerinage. Mais il sera obligé d'exécuter tout ce qu'il avait promis d'exécuter avant de prendre la croix.

A l'égard des dîmes, il est réglé que tous ceux qui ne sont pas croisés donneront, cette année, au moins la dîme de tous leurs biens-meubles, et de tous leurs revenus, excepté ceux de Citeaux et de l'ordre des Chartreux, ou de la fontaine Ebrard et les lépreux, quant à leurs biens propres. Personne ne mettra la main dans aucun bien commun, hors le seigneur qui se trouve sur ces biens communs. Toutefois celui qui avait quelque droit sur ces biens, le conservera comme auparavant. Celui qui a grande justice sur quelque terre, aura la dîme de cette même terre. Il faut qu'on sache que ceux qui donneront les dîmes, les donneront de tout leur mobilier ou revenus, sans en excepter les dettes qu'ils contracteront ensuite. Après l'acquittement de la dîme, ils pourront payer leurs dettes de ce qui leur restera. Tous les laïcs, tant militaires que autres, donneront leurs dîmes sous la foi du serment et la peine de l'anathème, et les clercs, sous celle de l'excommunication. Le guerrier non croisé donnera au seigneur croisé, dont il sera l'homme-lige, la dîme de son propre mobilier et du fief qu'il tiendra de lui. S'il ne tient point de fief de lui, il donnera la dîme de son propre mobilier à son seigneur-lige. Il la donnera de ses fiefs à ceux de qui il les tiendra. S'il n'a point de seigneur-lige, il donnera la dîme de son propre mobilier à celui sur le fief duquel il demeurera. Si quelque décimateur trouve, sur son terrain, des choses qui appartiennent à d'autre qu'à celui qu'il doit décimer, et que celui à qui elles appartiendront puisse le prouver, le décimateur ne pourra les retenir. Le guerrier croisé, qui est héritier légitime, fils ou gendre d'un guerrier non croisé, ou de quelque veuve, aura la dîme de son père ou de sa mère. Personne ne portera la main sur les biens des archevêques, évêques, chapitres ou églises, qui sont une mouvance du chef, excepté les archevêques, évêques, chapitres et églises qui en ont la mouvance. Les évêques, qui en tireront des dîmes, les donneront à ceux à qui ils les doivent. Tout croisé qui, devant la taille ou la dîme, ne voudra pas les donner, se les verra prendre par celui à qui il les doit, et qui en disposera à sa volonté. Celui qui les prendra ne sera pas excommunié pour cela. Celui qui donnera sa dîme dévotement, légitimement et sans contrainte, sera récompensé par Dieu.

Cette dîme fut levée en même temps dans différentes parties de l'Europe ; Steravolsius, dans son *Epitome Conciliorum*, cite un concile, tenu dans une ville de la Haute-Pologne, où cette dîme eut lieu ; elle eut lieu aussi en Angleterre, etc.

Rigord, sous la date de 1189, entre dans le détail de la troisième croisade. Il dit que Philippe, après avoir reçu du légat le bourdon et la pannetière, se rendit à Gênes et ensuite à Messine, où il fut honorablement reçu, dans le palais du roi Tancrède. Rigord ajoute que Philippe, avant de sortir du royaume, avait convoqué, à Paris, ses amis et ses familiers, et leur avait lu son testament, par lequel il réglait l'administration de son royaume. Rigord copie ce testament et rend compte du départ du roi Richard d'Angleterre, qui s'embarqua à Marseille. Il parle de la mésintelligence qui s'éleva entre les deux Rois, à Messine, et qui, se renouvelant au siége d'Acre, retarda la prise de cette ville. Il fait le récit de ce siége et des travaux des deux Rois ; de l'occupation de la place par les croisés, et du retour de Philippe en France. Il attribue ce retour à une maladie grave dont le Roi était atteint, et aux soupçons que Philippe avait conçus contre Richard, qui, dit-il, envoyait des messages à Saladin, et en recevait des présens. Ce récit n'est pas aussi étendu qu'on aurait dû l'attendre d'un auteur contemporain. Ce qu'il dit des opérations de Richard, qui resta un an en Palestine, est encore plus court : il ne fait, pour ainsi dire, qu'indiquer les faits, tels que le massacre de sept mille Sarrasins, ordonné par ce prince, parce que Saladin ne lui avait pas remis la vraie Croix et les prisonniers croisés ; la vente de l'île de Chypre à Guy, roi de Jérusalem, etc. Il parle de l'assassinat du marquis de Montferrat, par les émissaires du prince des Assassins, et de la captivité du roi d'Angleterre en Allemagne.

L'histoire de Rigord est, en grande partie, rédigée comme les autres Chroniques, année par année, et souvent avec aussi peu de détails. Le récit du siége et de la prise de Constantinople, par les Vénitiens et les Français, y est traité comme une digresssion à l'histoire de Philippe, dont l'auteur raconte les guerres contre ses voisins jusqu'à sa mort, arrivée en 1223. L'auteur remarque que ce prince légua une somme de trois cent mille livres parisis, pour la guerre sainte.

Historia de vitâ et gestis Philippi-Augusti, Francorum regis, post Rigordum, auctore Guillelmo Armorico, ipsius regis capellano.
(Tome V, page 68.)

ART. XVIII.

Cet auteur, né en Bretagne, vivait vers la fin du douzième siècle. Il fut chapelain de Philippe-Auguste, et l'accompagna dans la plupart de ses expéditions. Il s'annonce, dans la préface de son histoire, comme le continuateur de Rigord. Il le reprend à l'an 1209, après avoir présenté une récapitulation succincte des époques précédentes.

Guillaume n'offre que rarement des détails différens de ceux de Rigord, et il montre partout le même goût pour les choses extraordinaires. Par exemple, il rapporte que, l'an 1187, des astrologues avaient annoncé un ouragan furieux, parti du Midi, qui devait détruire tout ce qui serait dans sa direction, et il explique cette prédiction par l'invasion de Saladin, qui ravagea toute l'Asie, et spécialement la Syrie, et qui, après avoir fait un massacre horrible des chrétiens, et après avoir réduit sous sa puissance tout le pays possédé par les croisés, s'empara de la ville sainte. Il donne, sur la mésintelligence qui s'éleva, après la prise d'Acre, entre les rois Philippe et Richard, à peu près les mêmes détails que Rigord.

Suivant Guillaume, la maladie grave dont Philippe était atteint lui fit tomber les ongles et les cheveux. On répandit, ajouta-t-il, qu'elle était l'effet du poison. Philippe revint donc en France, peu avant la fête de Noël, et n'étant encore qu'en convalescence. Ayant appris, quelque temps après, que des émissaires du prince des Assassins avaient été envoyés pour le tuer, Philippe s'entoura d'une garde plus nombreuse.

L'auteur, en parlant de Richard, rapporte, comme les autres historiens, qu'il fit tuer, devant Acre, sept mille

Sarrasins, parce que Saladin n'avait pas remis, comme il l'avait promis, la vraie Croix et les prisonniers chrétiens.

Sous la date de 1218, il parle, en très-peu de mots, du siége de Damiette par les chrétiens, et termine son ouvrage par une foule de phénomènes ou prodiges célestes arrivés dans l'année 1219.

A la suite de cette histoire, Duchesne a placé un poëme du même auteur, intitulé :

Willelmi Philippeidos. (Tom. V, page 93).

Art. XIX.

Il est tout à la louange de Philippe-Auguste, et offre la suite complète d'un régne fécond en grands événemens, dont l'auteur fut témoin. Ce poëme sert souvent à expliquer des passages de certains auteurs qui ne sont pas assez développés. On y trouve des récits, des détails vrais et des descriptions assez animées. On pourra juger du mérite du poète par quelques citations que nous allons faire, toutes relatives à notre sujet.

Au troisième chant, en parlant de la consternation que causa, en Occident, la prise de Jérusalem par Saladin, il dit de Philippe :

Compatiens igitur rex miti corde Philippus
Damno communi male quo loca sancta videbat
Tractari, cultumque Dei decrescere, totis
Visceribus doluit, Domini se velle sepulchrum
Visere proponens, quantoque cor illius igne
Ferveat interius, signo notat exteriori.

La description que le poète fait du lieu de la conférence tenue, près de Gisors, par les deux rois de France et d'Angleterre, mérite d'être remarquée ;

Haud procul à muris Gisorti, quà via plures
Se secat in partes, prægrandi robore quâdam
Ulmus erat visu gratissima, gratior usu
Ramis ad terram redeuntibus, arte juvante

Naturam, foliis uberrima, roboris imi
Tantâ mole tumens quod vix bis quatuor illud
Protensis digitis circumdat brachia totam;
Sola nemus faciens tot obumbrans jugera terræ
Millibus ut multis solatia mille ministret.
Quæ gremio viridi vestito gramine fesso
Grata viatori cessoria præstat et omnem
Introitum villæ spacio specieque decorans,
In bivio portæ per quam Mons Calvus aditur
Tutos à pluviâ spatiantes reddit et œstu.
Syrius ardebat solito ferventius et sol
Altus agebat æquos duplicataque solis ab œstu
Findebat siccos Jovis intolerantia campos,
Rex igitur francus astantibus undique Francis
Camporum in medio solem tolerabat et œstum.
Rex verò Anglorum gelidâ residebat in umbrâ
Atque sui patulâ proceres utrinque sub ulmo
Dùm redit, itque frequens ab eis interpres ad istos
Mutua verba ferens, et ab istis missus ad illos
Ridebant Angli dùm sic ardere viderent.
Francigenas, ipsis gaudentibus arboris umbra.

Les événemens de la troisième croisade sont, en général, plus brièvement racontés que les autres. Voici comme le poète décrit la mort des sept mille Sarrasins tués par ordre de Richard, parce que Saladin n'avait pas accompli sa promesse :

Postea nolebat Syrus, vel forte nequibat
Verbo stare suo pactumve tenere Philippo,
Unde quidem justa Richardus bile tumescens
Præsertim sibi non contradicente Philippo,
Magno meticolas omnes quos urbe reclusâ
Invenit numero quasi bis sex millia fecit
Verticibus cœsis efflare in Tartara vitas.

Guillaume-le-Breton parle aussi, dans son poëme, de la maladie du roi de France, qu'il regarde comme la cause du retour de ce prince dans ses états. Il raconte celui de Richard en Europe, et dit que ce Roi s'était attiré la haine des princes et des chefs de l'armée, par son arrogance. En décrivant le déguisement que Richard prit, pour se soustraire à la vengeance de ceux qu'il avait offensés, il dit qu'il se dégrada jusqu'à faire le service d'un cuisinier :

Quid prodest versare dapes, servire culinœ ?
Quid juvat officio Dominum vilescere servi ?

Guillaume a mêlé, à ces récits historiques, quelques détails mythologiques. Arrivé à la mort de Philippe, qu'il dit avoir été annoncée par une comète et un signe céleste, il déplore assez longuement ce funeste événement, et termine son ouvrage en nous apprenant que le Pape en fut instruit miraculeusement, à Rome, par la révélation d'un homme à ses derniers momens.

Il y a trois éditions de la *Philippéide* : celle de Pithou, réimprimée, corrigée et augmentée par Duchesne, et celle de Barthius, publiée en 1657 et enrichie de notes et d'un commentaire. Elle est supérieure à celle de Duchesne.

Gesta alia Philippi-Augusti, Francorum regis, ex codice manuscripto. (Tome V, page 259.)

Art. XX.

Dans ce morceau d'histoire, il est mention d'une cérémonie religieuse qu'on observait dans ce temps, lors du départ de nos Rois pour la guerre. Philippe, étant sur le point de partir pour la Terre-Sainte, on exposa à Saint-Denis les reliques du patron de la France et de plusieurs autres martyrs. Les fidèles, qui s'y rendirent en foule, firent entendre de touchantes prières, pour la délivrance des saints lieux, pour la conservation du Roi et de ceux qui devaient le suivre ; car, dit l'auteur, les chrétiens ont plus de confiance en la bonté de Dieu, pour détruire les Sarrasins, que dans la force de leurs armes. Cet auteur nous apprend aussi que le Roi Philippe donna, à l'abbaye de Saint-Denis, différentes reliques que lui avait envoyées l'empereur Baudouin, entre autres un morceau de la vraie Croix, une épine de la couronne du Sauveur, des cheveux de l'enfant Jésus, un morceau de ses langes, etc., que l'abbé de Saint-Denis, alla nu-pieds, et processionnellement au devant de ces reliques, et les reçut au bruit des cloches, au milieu du peuple assemblé à qui il donna la bénédiction.

A la suite de ce morceau historique est le *testament de Philippe-Auguste*, tiré d'un vieux manuscrit. Ce testament n'a rien de commun avec celui que Rigord a publié. Il paraît que celui-ci fut fait après le retour de Philippe en France, et peu de temps avant sa mort. On y remarque, au nombre des donations faites par ce Roi, trois mille marcs d'argent pour le roi de Jérusalem ; deux mille pour les Hospitaliers : autant pour les Templiers, afin qu'ils retournent en Palestine. Le Roi accordait, en outre, cent cinquante mille marcs d'argent, au même Roi et aux mêmes chevaliers, à condition qu'ils fourniraient trois cents soldats pendant trois ans, indépendamment de ceux qu'ils devaient fournir quand le temps de la trêve serait écoulé.

Epistola Guidonis de Barainville, Domorum militiæ Templi præceptoris in regno hierosolymitano. (Tome V, page 272).

Art. VI.

Cette lettre, datée d'Acre, le 4 octobre, est adressée à l'évêque d'Orléans. Elle a pour objet de l'instruire des bruits répandus alors en Orient. On disait qu'une multitude innombrable de Tartares avaient envahi et ravagé les états du soudan d'Icône ; que les sultans du Caire et de Damas s'étaient réunis contre eux ; que ces barbares se proposaient de se porter au printemps sur Jérusalem, ce qui entraînerait la ruine des chrétiens de la Palestine ; qu'à la Mecke, où est le *simulacre* du prophète, *simulacrum*, on avait éprouvé un tremblement de terre qui avait renversé beaucoup de maisons, et englouti même le tombeau de Mahomet, qu'une flamme sortie des montagnes avait embrasé cette ville et les contrées voisines ; enfin que, depuis deux mois, un feu souterrain, qui dévorait le sein de la terre, se dirigeait du côté de Bagdad.

Lettres sur la prise de Constantinople.
(Tome v, page 272).

Art. VII.

Les quatre lettres qui suivent celles dont nous venons de parler, ont rapport au siége et à la prise de Constantinople par les Latins, et à l'élection de Baudouin.

Les deux premières sont de Hugues, comte de Saint-Paul : l'une adressée à Henri, duc de Brabant : l'autre, à l'archevêque de Cologne.

Ces lettres sont extraites des annales du moine Godefroy, dont il sera parlé ailleurs.

Les deux autres sont de l'empereur Baudouin : l'une écrite à tous les chrétiens ; l'autre au souverain Pontife, à la suite de laquelle se trouve la réponse du Pape.

Ces trois lettres sont tirées de Bolandus ; nous les retrouverons dans notre analyse des Annales ecclésiastiques.

Gesta S. Ludovici noni, Francorum regis, descripta per fratrem Guillelmum de Nangiaco S. Dyonisii in Franciá. (Tome v, pag. 326).

Art. VIII.

Guillaume de Nangis est peu connu. Les historiens du

temps ne disent rien de lui. Nous apprenons seulement, par la petite préface qu'il a mise à la tête des Gestes de saint Louis, qu'il était moine de Saint-Denis (*Ego frater Guillelmus de Nangis, ecclesiæ Sancti-Dionysii in Franciâ indignus.*), et qu'il présenta à Philippe-le-Bel, ces Gestes et ceux de Philippe-le-Hardi, qu'il nous a également laissés.

Dans cette préface, qui est commune aux deux ouvrages, l'auteur loue les historiens qui mettent, sous les yeux des princes, les grandes actions de leurs prédécesseurs, et nous dit qu'il a voulu les imiter. Quoiqu'il ne soit pas savant, il ne laissera pas de glaner dans les ouvrages des autres, et d'en composer la Vie de saint Louis. *Quia tamen non eram scholasticus, immo pauper et mendicus in sientiâ litterarum.*

Les histoires de Gilon de Rheims et de Geoffroy de Baulieu ont servi à celle de Nangis. Geoffroy de Baulieu avait accompagné le Roi dans ses deux expéditions d'outre-mer ; il avait toujours eu sa confiance. Guillaume de Nangis ne pouvait donc prendre de documens plus certains sur la vie privée du saint Roi. Il s'est encore servi d'autres historiens, et s'est quelquefois étendu d'après ce qu'il avait recueilli lui-même sur les événemens généraux du temps. L'exactitude qu'il a mise à suivre Geoffroy de Baulieu nous autorise à croire qu'il en usa de même à l'égard de Gilon de Rheims, dont l'ouvrage n'est pas parvenu jusqu'à nous. Nangis, dans sa préface, promet d'être simple et clair, mais c'est une promesse qu'il ne tient pas toujours. Ses récits sont trop souvent resserrés, confus, quelquefois inintelligibles.

Les Gestes de saint Louis et ceux de Philippe-le-Hardi ont été traduits dans les Chroniques de Saint-Denis : au rapport de Pasquier, Guillaume de Nangis avait traduit lui-même, en *roman* ou français du temps, cette histoire qu'il avait écrite d'abord en latin. Mais on a ajouté à cette traduction de nouvelles circonstances ou de nouveaux faits, ou bien on a donné un peu plus d'étendue et de clarté à ceux qui sont rapportés par Guillaume de Nangis. Outre cela, ces deux ouvrages ont été imprimés sans changement, par Pithou, en 1596, et la seconde fois par Duchesne.

Guillaume de Nangis a encore donné une Chronique qui remonte à la création du monde, et va jusqu'à 1340. Nous en parlerons à l'article du Spicilége du Père Dachery.

L'histoire de Nangis devient plus intéressante lorsque l'auteur arrive à la première croisade de saint Louis. Il la fait précéder de détails sur le départ, pour la Terre-Sainte, de Thibaud, comte de Champagne, et de plusieurs grands seigneurs. Il nous apprend, à cette occasion, que le prince d'Angleterre, Richard alla, dans ce temps, avec une armée, au secours de la Terre-Sainte, et qu'au moyen d'une trève avec les infidèles, il obtint la délivrance de plusieurs seigneurs français faits prisonniers, et la liberté, pour chacun des croisés, de visiter les saints lieux. Guillaume de Nangis raconte qu'en 1245, après le concile de Lyon, le pape Innocent envoya Odon de Châteauroux, évêque de Tusculum, en qualité de légat du Saint-Siége, pour prêcher en France la croisade, et que, dans l'octave de Saint-Denis, le Roi convoqua, à Paris, un grand parlement, où se trouvèrent ce légat et plusieurs archevêques, évêques et abbés, barons et comtes du royaume. L'auteur nomme tous ceux qui se croisèrent dans cette assemblée.

Guillaume dit positivement que ce fut pendant la maladie du Roi, à Pontoise, que ce monarque fit vœu d'aller en Terre-Sainte. Plusieurs auteurs ne s'accordent pas sur le lieu. Voici comme s'exprime la Chronique de Saint-Denis, en traduisant Guillaume de Nangis :

« Si comme ceste doulante nouvelle couroit par le pays,
« celui qui commande aux vents et à la mer et aux élémens,
« et les tourne quelle part qu'il veult, fut esmu de pitié,
« car il voulut que le Roi fust gary de sa maladie et lui re-
« vint l'esperit. Ceux qui estoient entour lui disoient que son
« esperit lui avoit esté ravy ; quand il fut revenu et il peut
« parler, il requist tantôt la croix, pour aller outre-mer,
« et la prinst dévotement. La Roi commença à garir tant,

« que Notre-Seigneur le mit en parfaite santé. Moult devint
« ausmonier après cette maladie et religieux, et fut en grande
« dévotion de secourre la terre d'oultre-mer. »

(Extrait du trente-cinquième chapitre, intitulé : *Comment
le Roy fut malade à Pontoyse.*)

Après avoir raconté le départ du Roi pour la Terre-Sainte,
et l'avoir fait débarquer en Chypre, l'historien s'étend sur
une ambassade des Tartares, que Louis IX reçut dans cette
île. Comme, du temps de l'auteur, on accordait une grande
importance aux relations des Tartares avec les chrétiens, il
n'est pas étonnant qu'il soit entré dans de longs détails à ce
sujet.

Il rapporte qu'on arrêta, dans l'île, des hommes chargés
par le soudan d'Egypte, d'empoisonner le Roi et les chefs
de son armée. Aucun autre historien ne fait mention de cette
circonstance. Saint Louis quitte l'île de Chypre et va débarquer au port de Damiette. Le récit de la prise de la ville
de ce nom, et des déplorables événemens qui suivirent ce
premier succès, intéresse par le tableau que l'auteur a tracé
de la grandeur d'âme, des hautes vertus et de la pieuse résignation du Roi, que les infidèles ne purent s'empêcher
d'admirer.

Guillaume de Nangis consacre ensuite quelques chapitres
à raconter les soins et les occupations auxquels se livra ce
monarque, pendant son séjour en Palestine, et les sages
mesures qu'il prit pour le bien des chrétiens et de l'église,
jusqu'au moment où, apprenant la mort de la reine Blanche,
il se détermina à retourner dans son royaume.

Le récit de la seconde croisade de saint Louis commence
par la description de la tempête qui jeta la flotte des croisés
sur les côtes de Sardaigne. Ce fut alors que le Roi déclara son
intention d'aller directement à Tunis : il était séduit par
l'espoir de faire embrasser le christianisme au Roi de cet
état.

Guillaume de Nangis rend compte du débarquement
des croisés au port de Carthage, et de la prise du châ-

teau de cette ville. Il décrit la maladie pestilentielle qui moissonna une grande partie de l'armée chrétienne : la tristesse que répandit la mort du jeune comte de Nevers, fils du Roi, et enfin la désolation générale que causa celle du Roi lui-même. L'auteur donne en son entier la sage instruction que ce monarque adressa à son fils Philippe, et que nous avons fait connaître. D'après les expressions de Guillaume, il est évident que saint Louis avait écrit lui-même cette instruction en français : « Qui sentiens, dit-il, sibi « mortem imminere, convocato Philippo suo primogenito, « eidem quasi pro testamento documenta salutaria..... et « catholica instituta qua ante infirmitatem suam extremam « tanquam Domino revelante mortis propriæ conscius manu « suâ in *gallico* scripserat edidit in modum qui sequitur. »

L'historien termine son ouvrage en rapportant plusieurs miracles opérés au tombeau de saint Louis. Il est facile de voir, malgré les incidens qui se rencontrent dans cette histoire, que le but principal de Guillaume de Nangis était d'offrir le récit des deux croisades de ce monarque, et de transmettre le tableau de ses vertus. Mais on peut lui reprocher, comme à Geoffroi de Baulieu, de n'avoir pas donné à ce récit toute l'étendue qu'il méritait, et de ne s'être guère attaché qu'à peindre la piété du Roi.

Gesta alia S. Ludovici noni, Francorum regis, auctore monacho Sancti Dionysii anonymo. (Tome V, page 395.)

Art. IX.

Cet ouvrage est en quelque sorte un éloge historique de saint Louis. L'auteur y remonte à l'enfance de ce Roi, dont il cite l'ardeur pour l'étude des lettres. Il n'y a que deux chapitres très-courts consacrés aux croisades, et qui offrent fort peu de détails différens de ceux que l'on peut voir ailleurs.

Dans le premier, l'auteur loue le zèle du prince, après sa délivrance, pour la rançon des chrétiens ; le soin qu'il prit de faire inhumer les cadavres d'un grand nombre de croisés, massacrés par les Sarrasins et laissés sans sépulture. Dans le second, l'anonyme parle du retour du Roi en Occident ; des préparatifs d'une nouvelle croisade ; de l'invasion des Sarrasins, déjà maîtres d'Antioche ; enfin, du départ du Roi et de sa mort. Tout cela est renfermé dans moins de deux pages.

L'auteur a donné, dans un chapitre, l'instruction de saint Louis, adressée à son fils. Cette traduction du français en latin, ne diffère de celle qui se trouve dans l'ouvrage précédent, qu'en deux endroits, où Guillaume de Nangis paroît avoir omis quelques mots qui altèrent un peu le sens de la phrase.

Epistolæ Innocentii IV papæ super profectione Ludovici noni regis in subsidium Terræ Sanctæ et super ejus captione per Sarracenos. (Tome V, page 412.)

Art. x.

Les trois lettres qui suivent sont adressées, la première, à la reine Blanche, pour la consoler du départ de ses enfans pour la Terre-Sainte, et l'engager à avoir confiance en Dieu, qui les ramènera sains et saufs dans leur patrie. Le Pape assure la Reine qu'il adresse au Ciel des prières pour sa conservation et celle de ses illustres enfans.

La seconde est écrite au Roi. Le Pontife lui mande qu'il gémit, avec tous les chrétiens, sur le funeste événement qui a entraîné sa captivité. Il exhorte le Monarque au courage et à la résignation ; il lui rappelle la confiance que les chrétiens ont mise en lui, pour la délivrance de la Terre-Sainte. Le Saint-Père termine sa lettre en annonçant au Roi l'envoi de députés chargés de lui dire, de vive voix, ce que sa sainteté regarde comme le plus important à faire dans la circonstance. Cette lettre est datée de Lyon.

La troisième, envoyée à l'archevêque de Rouen, a pour but de l'engager à ordonner des prières publiques pour le roi de France et pour les croisés qui sont prisonniers comme lui chez les Sarrasins.

Dans le nombre de lettres de saint Louis, ou adressées à ce Roi, que Duchesne a recueillies, il en est une, page 428 de ce tome V, recueillie aussi par Bongars, et dont nous avons donné la traduction dans les pièces jutificatives du quatrième volume de cette histoire. Elle est de saint Louis et écrite pendant sa captivité. (Voyez au tome précédent.)

Fragmentum ex libro de statu Sarracenorum post Ludovici regis IX de Syriâ reditum ; ut frater Guillelmus Tripolitanus Acconensis conventus ordinis Prœdicatorum scripsit, etc. (Tome V, page 432).

Art. XI.

Guillaume, célèbre prédicateur en Orient, et nonce du Pape, naquit à Tripoli, de parens chrétiens, vers l'an 1220. Il se livra à l'étude des coutumes, dogmes et superstitions des Sarrasins. Il travailla ensuite à la conversion des infidèles. Envoyé vers le grand Kan, par le Pape, il fut menacé par les Barbares, et, ne pouvant arriver à sa destination, il fut obligé de rester en Arménie. Revenu dans sa patrie, il composa l'ouvrage dont Duchesne a inséré ici un fragment.

L'auteur, dans ce fragment, traite de l'état des Sarrasins après qu'ils eurent détruit Damiette. Il nous apprend qu'en 1250, saint Louis, après trente-deux jours de captivité, devait être rendu à la liberté ; mais que, pendant la nuit qui précéda ce jour, soixante chefs de l'armée ennemie massacrèrent le soudan Almohadin, qui était d'origine arabe et descendant direct de Saladin. Ces chefs choisirent pour soudan un Turc, nommé Melec-Elmehec, et par cette élection, la domination des Turcs remplaça, en 1253, celle des Arabes. L'auteur donne quelques détails sur plusieurs soudans, qui se succédèrent, et sur l'invasion des Tartares en Galilée ; il arrive à Bendo-Kar (ou Bibars) qui tua le soudan et s'empara de l'autorité.

Guillaume de Tripoli compare ce soudan à Jules-César pour la guerre, et à Néron pour la méchanceté. Il fait le tableau de ses conquêtes et le récit de ses cruautés. Ce prince devint la terreur de ses sujets. Dans sa folle ambition, il élevait ses exploits au-dessus de ceux du Prophète. Il se moquait des chrétiens et de leur faible puissance ; il se flattait de pouvoir la détruire, mais il ne voulait pas, disait-il, les affliger autant qu'il le pourrait, quoiqu'ils le méritassent : *non vult christianos affligere quantùm posset, licet sint digni.* Pourtant il méditait de s'emparer d'Acre, dernier rempart des chrétiens, dès que l'occasion s'en présenterait. Bendo-Kar détestait le vin et les courtisanes. Il louait le mariage. Il avait quatre femmes, dont une jeune chrétienne d'Antioche, qu'il conduisait toujours avec lui. Guillaume rapporte que des astrologues avaient pronostiqué la mort du Soudan pour l'an 1273, et qu'un an après la religion du Christ et l'étendard de la Croix s'éleveraient et s'étendraient sur toute la Syrie et la Cappadoce.

La plupart des Occidentaux qui, dans le moyen âge, ont écrit sur les contrées et les peuples de l'Orient, n'ont donné que des détails fort inexacts. Guillaume n'est pas un meilleur guide que les autres, et nous ne le citons pas comme une source où les modernes puissent trouver d'utiles documens.

Quelques écrivains attribuent à Guillaume un second ouvrage intitulé : *Clades Damietæ* (voyez le P. Touron, in-4°, page 288).

Epistola publicata super obitu Ludovici noni regis. (Tom. v, pag. 440).

Art. XII.

Philippe, par la grâce de Dieu, roi de France, à tous ses amés et féaux, les archevêques, évêques, abbés, prieurs, doyens, prêtres, et autres recteurs des églises, et à tous les couvens de réguliers et de séculiers, colléges et chapitres établis dans le royaume de France, qui ces présentes verront, salut et affection. C'est dans la plus profonde amertume de notre cœur que nous sommes forcés de vous annoncer une triste et cruelle nouvelle, qui doit exciter les pleurs de tous les chrétiens et de tous les sujets de notre royaume, et qui sera pour nous un sujet continuel de soupirs et de regrets. Mais telle a été la volonté du Seigneur, qui dirige toujours, selon son bon plaisir, les pas, les actions et la fin de ses élus vers leur salut. Celui qui était aimé de Dieu et cher aux hommes ; Louis, de pieuse et brillante mémoire, illustre roi de France, notre seigneur et notre père adoré ; ce prince, dont toute la vie a été utile à l'église, dont le souvenir est béni, dont les louanges retentissent partout, après des œuvres si admirables de piété et de charité, après tant de combats pénibles, qu'il soutint fidèlement, avec ardeur, et sans se laisser abattre, pour la foi du Christ et la propagation de l'église ; après avoir abordé avec courage, et sans perte des siens, au port de Tunis ; après s'être emparé de ce port et de l'entrée de la terre d'Afrique, qu'il se proposait, si le Seigneur le permettait, de rendre au culte chrétien, lorsqu'il en aurait chassé les barbares, et qu'il l'aurait purgée de la race impure des Sarrasins ; après avoir victorieusement pris Carthage, et lorsqu'il s'avançait par terre et par eau, et se proposait d'attaquer vigoureusement Tunis, d'abattre la puissance de l'infidèle qui y régnait, et d'accomplir heureusement ses travaux et ses combats, avec l'assistance du Seigneur, ce prince a été attaqué et retenu par une maladie cruelle. Après beaucoup de souffrances, après avoir demandé et reçu, avec toute la dévotion dont il était capable, les sacremens de l'église, il a rendu l'âme à son Créateur, sur le sac et la cendre, et est mort dans la confession de notre foi, et avec une piété fervente, le lendemain de la Saint-Barthélemi, apôtre, à l'heure où Notre-Seigneur Jésus-Christ expira sur la croix, en mourant pour la vie du monde. Accablé d'une plaie si profonde, et pénétré du plus vif chagrin, nous déplorons sans cesse la mort d'un père si tendre, dans la perte duquel nous voyons non-seulement une plaie irremédiable pour nous, mais un tort irréparable pour la chrétienté. Tous pleurent également en lui un roi pieux, un roi pacifique, le père des pauvres, le refuge des malheureux, le consolateur des opprimés, le premier défenseur de la religion et de l'innocence, l'ami de la justice, de la foi et le protecteur de l'église. O ! qui nous donnera à nous, qui allons tenir sa place sur la terre, de suivre ses traces, d'imiter ses exemples, d'accomplir ses desseins, d'exécuter ses ordres sacrés et ses instructions salutaires ! Si la force de la douleur pouvait admettre la raison, nous aurions plus à nous glorifier des mérites de sa vie et de ses vertus, qu'à nous plaindre de sa mort. Car c'est une grande gloire de l'avoir eu pour père ; mais c'est une douleur irremédiable d'avoir perdu ses douces consolations, ses entretiens agréables, ses conseils efficaces et le soutien que nous trouvions en lui. Cette douleur serait sans adoucissement si tous ceux qui ont connu sa vie et ses saintes actions n'avaient l'espoir assuré qu'il est déjà passé de la sollicitude temporelle de son règne au règne éternel, et à une gloire sans fin. Suspendons un moment nos plaintes, et faisons de notre douleur et de nos gémissemens des moyens de salut, des secours à nos prières et à notre charité ; rendons au défunt un tribut de grâces qu'il a si bien mérité, afin d'en retirer le fruit du souverain dispensateur de tout bien. Pour nous conformer aux désirs d'un père si pieux, qui a demandé humblement, en mourant, qu'on fît pour lui des prières dans toutes les églises du royaume, nous envoyons, en divers lieux, les frères Geoffroy de Baulieu et Guillaume de Chartres, de l'ordre des Prêcheurs, et le frère Jean Des Monts, de l'ordre des Frères Mineurs, familiers et aimés du feu Roi, notre père; nous les chargeons, avec plusieurs de notre maison, de porter les présentes. Nous requérons donc de votre affection à tous, et vous prions, en mémoire de la dévotion sincère que notre Roi et Seigneur eut toujours pour l'église et les ecclésiastiques, et de la pieuse sollicitude qu'il eut pour la prospérité de son royaume, qu'il s'attacha à conserver paisiblement comme la prunelle de l'œil, d'offrir au Roi suprême des prières, des présens et tous les autres secours de la charité, pour le repos de son âme pieuse, quoique plusieurs croyent qu'elle n'a pas besoin d'intercession étrangère. Pendant que vous ferez exécuter cela, dans tous les lieux qui vous sont soumis, priez ensemble et faites prier, dans les mêmes lieux, pour nous et pour toute l'armée chrétienne.

Donné auprès de Carthage, le vendredi après la Nativité de la Vierge, l'an 1270.

Vita et sancta conversatio piæ memoriæ Ludovici noni, regis Francorum, per fratrem Gaufridum de Belloloco, ordinis Prædicatorum, ejus confessorem. (Tom. V, pag. 444.)

Art. XIII.

Geoffroy de Beaulieu fut confesseur de Louis IX, vécut long-temps avec ce Roi, l'accompagna dans ses croisades, et paraît avoir eu toute la confiance de son maître. Ce fut par ordre du pape Grégoire X qu'il écrivit l'histoire de saint

Louis, ce Pontife voulant qu'on rendît un pareil honneur à un prince si magnanime et si pieux. Mais cette histoire, qui devrait être si précieuse pour notre sujet, n'offre aucun document important. Ceux qui entouraient le Roi n'étaient frappés que de sa piété et de ses vertus chrétiennes, et tout le reste n'occupait que légèrement leur attention. D'ailleurs les deux expéditions de saint Louis en Orient furent si malheureuses qu'il n'est pas étonnant que les historiens, témoins ou contemporains de ces désastres, ayent négligé de s'y arrêter. Geoffroy de Baulieu a consacré plusieurs chapitres au récit des actions pieuses et des vertus du saint Roi. Il parle de ce prince depuis son enfance, et fait un chapitre pour célébrer chacune de ses qualités; par exemple, pour donner une idée de son humilité, il parle du voyage que le Roi fit de la ville d'Acre à Nazareth, avant d'avoir fait mention de sa première croisade. Il dit que, dès que Louis IX aperçut le saint lieu, il descendit de cheval, se mit à genoux; puis fit le reste du chemin à pied, quoiqu'il eût jeûné ce même jour, et beaucoup marché. Le Roi fit alors célébrer les saints offices, et eut long-temps avec lui les ornemens de l'église. Il mettait, ajoute l'historien, un soin particulier à avoir les ornemens convenables à la solennité de la fête. *Secundum quod variis solemnitatibus congruebat, ornamenta seu peramenta diversorum colorum habebat et super hoc ipse gerebat curam ac sollicitudinem specialem.*

Le voyage de Louis IX, son débarquement en Egypte, la prise de Damiette, la captivité du Roi, son séjour à Acre et dans la Terre-Sainte, après sa délivrance, n'occupent pas une page du texte. Toutefois on y remarque la manière honorable dont le Sultan traita le Roi. L'historien dit que Dieu inspira à ce Sultan d'envoyer à saint Louis, dont la vie était en danger, des médecins plus instruits et plus habiles que les nôtres, pour son genre de maladie, et que le prince turc ordonna en outre qu'on eût le plus grand soin du Roi, et qu'on fournît abondamment à tous ses besoins.

L'auteur parle des soins que le monarque français donna, étant à Acre, à la réparation et à la fortification des villes restées aux chrétiens dans la Palestine, et à la conversion d'un grand nombre d'infidèles. Il s'attache à peindre les sentimens de piété filiale et de douleur que saint Louis éprouva en apprenant la nouvelle de la mort de la reine Blanche. Le Roi passa, quelque temps après s'être livré à son chagrin, dans son oratoire, avec son confesseur. Ils récitèrent tous deux l'office des morts, et Baulieu fait observer que le Roi y mit tant d'attention qu'il ne fit aucune faute dans le cours de l'office.

Il raconte ensuite le départ de saint Louis pour l'Europe; le danger que courut le vaisseau qu'il montait, et que les prières du monarque détournèrent. Il peint la joie que causa en France le retour d'un prince si aimé et si respecté. Le récit de la seconde croisade est un peu plus étendu, mais il est encore loin de satisfaire la curiosité des lecteurs. Geoffroi dit que saint Louis se détermina à cette nouvelle expédition contre l'opinion des prélats et des barons assemblés à ce sujet. Le Roi prit la croix avec les trois princes ses fils; il se rendit à Aigues-Mortes, où il attendit l'arrivée des bâtimens de transport. Séduit par l'espoir de convertir un Roi infidèle, il va directement à Tunis.

Il comptait, en outre, s'emparer avec facilité de cette ville riche et populeuse, dont la possession devait lui procurer la conquête de la Palestine. Après avoir parlé de l'arrivée du Roi devant Tunis, Geoffroi décrit la peste qui se répandit dans le camp des chrétiens; peste qu'il attribue au mauvais air du pays, au manque d'arbres et à la pénurie d'eau. Il ne s'étend pas beaucoup sur la mort du Roi; mais il nous dit qu'à l'heure même où ce prince rendit le dernier soupir, son frere, le roi de Sicile, aborda au port, et entra dans le camp. L'arrivée de ce prince calma un peu la douleur des chrétiens, et consterna les infidèles, pour qui la mort de saint Louis était un sujet de joie. L'historien termine son récit par quelques dispositions prises à l'égard du corps de saint Louis, et par quelques miracles qui s'opérèrent à son tombeau.

De vitâ et actibus inclitæ recordationis regis Francorum Ludovici noni, et de miraculis quæ ad ejus sanctitatis declarationem contigerunt. Auctore fratre Guillelmo Carnotensi, ordinis Prædicatorum, ejusdem regis capellano. (Tome V, pag. 460.)

Art. XIV.

Cet ouvrage est en quelque sorte la continuation ou plutôt le complément du précédent. Guillaume de Chartres, qui en est l'auteur, était chapelain de saint Louis. Il assista, comme Geoffroi de Baulieu, aux événemens importans de la vie de ce Roi (*fere semper presens affuerim et ubique*). Comme Geoffroi, il s'étend longuement sur les exercices pieux et la charité de saint Louis. Il nous dit que, durant sa captivité, le Roi ne cessa de se faire réciter les saints offices, en présence des gardes Sarrasins, et par un Frère Prêcheur, instruit dans la langue arabe. Guillaume peint ainsi la courageuse fermeté du saint Roi dans les fers : Je ne pourrais dire avec quelle prudence, quelle fidélité, quelle constance il se conduisit en toutes choses envers les Sarrasins qui le tourmentaient et le menaçaient ; je puis cependant assurer en général, et avec vérité, que, dans toutes ses actions, il montra une grande dignité, dans ses réponses une grande prudence, dans ses relations avec les ennemis, une grande fidélité et une grande discrétion... Les émirs, frappés de son imperturbable fermeté, lui dirent : Nous sommes étonnés que vous, que nous regardions comme notre prisonnier et notre esclave, vous vous montriez tel dans les fers, et que vous nous traitiez comme si vous nous teniez en prison.

Jamais le Roi, dit Guillaume, n'aurait rendu Damiette si on ne lui eût prouvé qu'elle ne pouvait tenir contre les infidèles. L'auteur raconte ensuite l'assassinat du soudan d'Egypte par ses émirs; la délivrance du Roi, en vertu de la trêve signée entre lui et les Sarrasins, et la liberté rendue à tous les croisés captifs, du nombre desquels était le grand-maître des Hospitaliers, prisonnier depuis fort long-temps. Guillaume donne de grands éloges au zèle religieux avec lequel le Roi travailla à l'inhumation des cadavres des croisés, exposés depuis plusieurs jours, sans sépulture, près de Sidon; il fait mention des établissemens pieux, des actions charitables, etc. du saint Roi, et passe rapidement sur sa mort, dont il fut un des témoins. Il dit seulement que, peu avant sa fin, on lui entendait dire : *nous irons en Jérusalem*, et que son visage conserva, après sa mort, la même douceur, le même agrément et le même sourire que pendant sa vie. *Sic speciosus ac gratiosus in facie ac si plenè vivisset et sanus et quasi subridens aliquantulum videbatur*. L'auteur termine son ouvrage par le récit d'un grand nombre de miracles qui s'opérèrent au tombeau du saint Roi.

Le confesseur de la reine Marguerite, femme de Louis IX, a fait une vie de ce roi, qu'on trouve dans l'*Histoire de Saint-Louis*, édition du Louvre. Elle n'est que le récit de la vie privée de ce prince, depuis son enfance jusqu'à sa mort. Elle ne renferme aucune vue d'administration ni de politique. Il n'y est parlé de croisades qu'accidentellement : ce que nous y avons remarqué, c'est le motif que l'auteur attribue au séjour du roi dans la Palestine, après sa délivrance. L'auteur dit que Louis IX y demeura quatre ans environ, spécialement pour délivrer les chrétiens qui avaient été faits prisonniers; qu'il envoya plusieurs fois des messages solennels au sultan pour cet objet; qu'il en racheta quelquefois deux cents; d'autres fois trois ou cinq cents; qu'au troisième ou quatrième message, il en revint quatre cents; une autre fois encore six cent cinquante, et que tous ces prisonniers étaient ramenés aux dépens du roi, qui leur faisait donner à tous des robes et autres choses nécessaires, et à chacun cinq deniers de la monnaie du pays, etc.

Cette vie de Saint-Louis est suivie de la relation des 65 miracles qui servirent à la canonisation du roi.

Gesta Philippi tertii, Audacis dicti, etc. descripta per fratrem Guillelmum de Nangiaco, monachum Sancti Dionysii in Franciá. (Tom. V, pag. 517.)

Art. xv.

En rendant compte des *Gestes* de saint Louis par le même auteur, nous avons parlé de la personne et des écrits de Guillaume de Nangis. Nous n'en dirons donc rien ici, et nous passerons de suite à l'analyse des *Gestes* de Philippe-le-Hardi.

Guillaume de Nangis commence son récit à l'arrivée au camp des croisés, de Charles, roi de Sicile, dont la présence rendit le courage à l'armée désolée. Il y eut plusieurs combats de livrés aux infidèles, d'où les chrétiens sortirent toujours vainqueurs, et dont le résultat fut une trève de dix ans, que l'auteur présente comme fort avantageuse pour eux. Sur ces entrefaites, Edouard, prince d'Angleterre, arrive devant Tunis avec une flotte nombreuse. Il témoigne beaucoup de mécontentement du traité qu'on vient de conclure ; et se rend à Acre, où il demeura un an, et sut préserver cette ville des surprises des Sarrasins.

Guillaume de Nangis parle de l'affreuse tempête qui jeta la flotte française sur les côtes de Trapano. Il nous apprend que les Rois et seigneurs, réunis dans ce port, firent serment de repasser, trois ans après, dans la Terre-Sainte ; mais ce serment n'eut point son exécution.

Le reste de l'histoire de Guillaume de Nangis n'ayant plus de rapport aux croisades, ne doit pas nous occuper.

Chronica M. Guillelmi de Podio Laurentii super historia negotii Francorum adversùs Albigenses. (Tome 5, pag. 666.)

Art. XVI.

Cette Chronique, comme le porte son titre, est spécialement consacrée aux guerres des Albigeois. Seulement, les chapitres 48, 49 et 51 donnent quelques détails sur les expéditions de saint Louis dans la Terre-Sainte, et sur quelques événemens qui s'y rapportent.

Dans le quarante-huitième chapitre, il est dit que le Roi, se rendant à Aigues-Mortes, prit, sur son passage, le château de la Roche-de-Glui, situé sur le Rhône, parce que le seigneur, nommé *Roger de Clarege*, rançonnait les pélerins qui se rendaient à la Terre-Sainte. On y lit aussi les motifs qui déterminèrent le Roi à passer l'hiver dans l'île de Chypre et le récit de son arrivée devant Damiette. La prise de cette ville, malgré l'innombrable armée des Sarrasins; le désastreux combat de Mansourah; la mort funeste du comte d'Artois; celle d'un grand nombre de seigneurs et de barons français; la maladie pestilentielle qui ravagea l'armée chrétienne, sont l'objet du quarante-neuvième chapitre. L'auteur décrit en ces termes les symptômes de cette maladie :

Infirmitas multa oritur dolore maxillarum et dentium et tibiarum tumore, et infra paucos dies moriebantur, vixque sufficiebant mortuos sepelire.

Dans le cinquante-unième chapitre, l'auteur parle de la seconde expédition de saint Louis, qui aborde sur les côtes d'Afrique et meurt devant Tunis. Il parle ensuite de l'embarquement des croisés, après la trève conclue avec les Sarrasins, de la tempête qui brisa plusieurs vaisseaux, et fit périr beaucoup de monde. Il ajoute que le roi de Navarre, sa femme, celle du roi Philippe, et plusieurs seigneurs français moururent lorsqu'ils revenaient en France.

Epistolæ Innocentii III, summi pontificis, ad regem et principes Galliæ. (Tom. v, pages 706 et suiv.)

Article XVII.

Duchesne a recueilli un assez grand nombre de lettres de souverains Pontifes, adressées à des Rois et princes, sur les affaires générales de l'Europe. Les premières qu'il donne sont celles d'Innocent III, écrites à Philippe, à des évêques, ou à des seigneurs de France. La plupart se rapportent à l'état de la Terre-Sainte, et au projet d'une nouvelle croisade. Innocent III est le Pape qui s'est le plus distingué par son zèle et son activité pour ces saintes entreprises. Nous verrons dans l'analyse des Annales Ecclésiastiques de Baronius et de Raynaldi, tout ce qu'il a fait à cet égard. Les lettres que nous allons indiquer ici se retrouveront dans cette analyse, et par ordre de dates. Elles serviront d'éclaircissement et d'appui à l'histoire du temps. Pour éviter des répétitions, nous nous contenterons d'en faire ici une simple mention.

La première lettre qui ait rapport à notre objet est celle qu'Innocent adressa aux archevêques, évêques, prieurs, abbés du royaume de France, pour les exhorter à bien recevoir les légats du Saint-Siége, chargés de rétablir la paix entre les rois de France et d'Angleterre, afin que ces princes se réunissent contre les Sarrasins.

La seconde est écrite à Philippe lui-même, pour l'exhorter aussi, dans le même but, à faire la paix avec le roi d'Angleterre.

La troisième s'adresse au comte de Toulouse. Le Pape l'exhorte à aller au secours de la Terre-Sainte, ou au moins à y envoyer un certain nombre de combattans.

Les quatrième, cinquième et sixième ont pour but : 1°, de presser le comte Grimaldi, et ceux qui se sont croisés avec lui, de se rendre à la Terre-Sainte ; 2°, d'informer le doge et le sénat de Venise de l'embarquement prochain de ce comte, et de les engager à lui prêter ou à lui vendre des navires ; 3°, d'exhorter les archevêques et évêques de Lombardie et de la Toscane à secourir, de tous leurs moyens, ces mêmes croisés dans leur marche.

A la suite de ces lettres, est un règlement du même Pape sur l'expédition projetée. Innocent détermine le lieu et l'époque du rassemblement des croisés, pour se rendre en Palestine. Il exhorte les prélats, prêtres, clercs, à servir d'exemple aux fidèles, et leur accorde l'autorisation de punir et d'absoudre. Les patriarches, prélats, archevêques qui ne se rendaient pas en Palestine, devaient entretenir, de leurs deniers, un certain nombre de croisés pour combattre les infidèles. Le Saint-Père, pour alléger les contributions du clergé, donnait trente mille livres tournois, outre un navire qu'il avait fait construire et charger de vivres ; plus, trois cents marcs d'argent, fruit de la charité des fidèles. Il établissait un impôt du vingtième sur les revenus du clergé et du dixième sur ceux des cardinaux. (Voyez au tome suivant, l'analyse de Baronius.)

Dans une autre pièce intitulée : *De affectu Innocentii III ad Terram-Sanctam*, le Pape, pour prouver son ardent désir de secourir la Terre-Sainte, et répondre au reproche qu'on lui faisait d'imposer aux églises de France des fardeaux trop pesans, donne la croix à deux cardinaux-légats, afin que leur exemple et leurs discours entraînent les autres prélats. Il établit, sur le clergé, un impôt du quarantième, et se taxe lui-même, ainsi que les cardinaux, au dixième, etc. (Voyez l'analyse de Baronius.)

Duchesne donne deux autres lettres du Pape que Baronius a encore citées ou copiées. L'une est adressée aux archevêques, évêques et prélats de l'église de France: Elle a pour objet de les presser de nouveau de payer le quarantième de leurs revenus ; de prescrire l'établissement de troncs, dans les églises, pour que les fidèles puissent y déposer leurs offrandes, et d'accorder indulgence plénière à ceux qui iront au secours des chrétiens d'Orient.

L'autre lettre est adressée aux croisés, à l'occasion de la prise de Zara. Elle renferme de vifs reproches sur cette prise (voyez encore, sur ce sujet, l'analyse de Baronius). Nous remarquerons ici que toutes ces pièces sont sans date dans Duchesne; mais comme elles se rapportent à la cinquième croisade, il n'est pas difficile d'en fixer l'époque. On la trouve d'ailleurs dans les Annales Ecclésiastiques, auxquelles nous renvoyons.

Epistolæ Innocentii tertii, papæ, et aliorum super negotio Terræ Sanctæ. (Tome V, page 792.

Art XVIII.

Les lettres qui suivent se retrouveront encore au tome suivant, au rang de leur date. Nous allons continuer de les indiquer. La première, d'Innocent III, est écrite aux croisés, pour les engager à ne pas rester en Grèce, et à se rendre au plus tôt en Palestine. La seconde est le récit de la prise de Constantinople, fait au Pape par les croisés. La troisième est de Baudouin, élu empereur, qui se qualifie de chevalier du Pape, et qui lui fait le récit de son élection. Cette lettre de Baudouin était une espèce de circulaire, adressée à différens rois et princes. A la suite est le traité de paix entre les Français et les Vénitiens, traité qu'on a lu au troisième volume de cette histoire.

La troisième lettre est d'Innocent à son légat. Le Pontife lui exprime son mécontentement sur ce que les croisés, contre son autorité, se sont emparés de Constantinople, au lieu d'aller directement en Palestine.

Le même Pape écrit aux Vénitiens, pour leur dire qu'il ne peut confirmer les conventions qui ont eu lieu entre eux, les Français et l'empereur de Constantinople, parce qu'elles blessent les priviléges et l'honneur de l'église.

Vient ensuite une lettre du prince Henri, frère de l'Empereur de Constantinople, et régent de l'empire, sur la défaite et la captivité de Baudouin, par les Bulgares. Elle est adressée au Pape.

Duchesne donne une lettre du Pape Honoré III, à Philippe, roi de France, pour l'engager à envoyer du secours au comte de Toulouse, contre les rebelles, mais à ne pas le prendre parmi les croisés qui doivent passer dans la Terre-Sainte.

Une autre du même, aux évêques de Toulouse, Carcassonne, etc., pour ne détourner, sous aucun prétexte, ceux qui ont fait vœu d'aller en Palestine.

D'autres lettres du même, à Philippe et à son fils, qui ont le même objet.

Plus tard, ce Pontife écrit à Louis, roi de France, qu'il a reçu les envoyés de l'empereur Frédéric, qui lui fait connaître le pieux projet d'aller au secours de la Terre-Sainte. Le Pape exhorte le Roi à faire sa paix avec le comte de Toulouse, afin de seconder l'Empereur dans son entreprise.

Une lettre d'Innnocent IV aux évêques de France, pour leur défendre d'absoudre les scélérats et les criminels, et déclarer que, sous aucun prétexte, il ne veut que ces hommes servent à la défense de la Terre-Sainte.

Une lettre d'Urbain IV à Louis IX, pour l'engager à secourir la Terre-Sainte.

Le Saint-Père y fait le tableau de l'état déplorable de l'Orient, et peint les calamités qui ont pesé sur les fidèles de ces contrées. Il gémit sur le sort des chrétiens échappés à la fureur et à la persécution des Sarrasins. Il fait au Roi les exhortations les plus pressantes, pour l'engager à venir au secours des saints lieux, et lui dit qu'il a adressé aux autres souverains les mêmes instances. Cette lettre est de l'année 1263.

Une autre lettre du même Pape, au même Roi, a pour but d'exhorter saint Louis à envoyer du secours dans la Palestine à Geoffroy de Sargines.

Dans la collection des historiens normands, que Duchesne a publiée, se trouve l'histoire d'Orderic Vitalis, dont l'autorité ne peut être négligée dans l'histoire des Croisades. Nous en allons rendre compte ici, comme faisant suite au recueil que nous venons d'examiner.

Orderici Vitalis, angligenœ cœnobii, Uticensis monachi, historiœ ecclesiasticœ libri XIII in III partes divisi.

Orderic Vital naquit en Angleterre, en 1075 ; il était fils d'Odelerius, conseiller intime de Roger de Montgommeri, comte de Scrobesbury. A l'âge de cinq ans, son père lui donna, pour précepteur, un noble prêtre, nommé Sirvadus. Orderic apprit sous lui les premiers élémens des lettres. A onze ans, il quitta son père et l'Angleterre, et vint en Normandie. Le vénérable Mainerius, abbé du couvent de Saint-Evroul, se chargea de lui, et le jeune Orderic ne tarda pas à prendre l'habit de moine ; il fit profession et fut fait prêtre. Vital s'occupa constammeut de l'étude, et s'adonna à l'histoire. Ce fut à la sollicitation de Roger, abbé de son couvent, qu'il entreprit celle dont nous allons parler. Les treize livres qui la composent sont sans ordre et sans méthode ; les deux premiers sont un abrégé, fort concis et fort sec, de l'histoire de l'Eglise, depuis Jésus-Christ jusqu'à l'an 1138. Dans son troisième livre, il remonte à 678, et fait l'histoire de la France et de la Normandie. Les livres suivans sont faits de même ; Orderic revient continuellement sur les époques dont il a déjà parlé. Son neuvième livre est tout entier consacré à l'histoire de la première croisade. Avant d'entreprendre ce sujet, il dit un mot de ceux qui ont écrit comme lui cette histoire.

Foucher de Chartres, dit-il, chapelain de Godefroy, duc de Lorraine, et qui se distingua dans cette expédition, par ses travaux et ses dangers, a fait un ouvrage véridique sur l'armée du Christ. Baudry, évêque de Dôle, a fait plusieurs livres qui comprennent le récit de cette histoire, depuis le commencement du pélerinage, jusqu'au premier combat après la prise de Jérusalem. Il y a mis de l'éloquence et de la vérité. Plusieurs autres écrivains latins ou grecs, ont traité ce mémorable sujet, et ont transmis à la la postérité les exploits des héros chrétiens de la croisade.

Orderic ajoute que, par admiration pour les vaillans soldats du Christ, il a aussi entrepris de célébrer leurs actions, et il entre peu après en matière. A la fin de ce neuvième livre qui se termine par la prise de Jérusalem, Orderic avoue ingénument qu'il a suivi les traces de Baudry; que, dans plusieurs endroits de son récit, il s'est servi de ses expressions, et qu'il n'a pas osé y toucher. Dans d'autres endroits, il l'a abrégé, afin d'éviter le reproche de prolixité, et quelquefois il y a ajouté ce que Baudry avait passé sous silence. Du reste, comme il montre une grande vénération pour cet historien, il est évident qu'il n'a écrit la première croisade que d'après lui. Nous ne nous arrêterons donc pas à faire l'analyse de son neuvième livre; mais comme Orderic a principalement écrit l'histoire de Normandie, nous ferons connaître, d'après lui, le duc Robert, qui vendit son duché au roi d'Angleterre, pour suivre les autres princes croisés. Les détails que Vital donne sur ce prince, nous ont paru dignes d'être rapportés. Ils viennent d'ailleurs d'un témoin oculaire.

Robert eut, avant la croisade, de longs démêlés avec son père, Guillaume II, roi d'Angleterre. En 1080, il quitta son pays et son duché, et alla trouver ses oncles, Robert, comte de Flandre, Udon, archevêque de Trèves, et plusieurs autres princes de la maison de Lorraine, d'Allemagne, d'Aquitaine et de Gascogne. Il leur fit à tous ses plaintes, mêlant le mensonge à la vérité, et il en reçut de grands secours. Mais il distribua ces dons à des histrions, à des parasites et à des courtisanes. Il le fit avec tant de prodigalité qu'il se trouva dans la plus grande gêne, et fut obligé de recourir à des usuriers.

Orderic nous a tracé de ce prince un portrait qui mérite d'être cité :

« Tout le monde connaissait le duc Robert, dit-il, pour
« un prince indolent et mou. Aussi les mal intentionnés, le
« méprisant, profitaient de son caractère pour exciter des
« troubles et des factions. Le duc était hardi et vaillant,
« digne d'éloge sous beaucoup de rapports, et naturellement
« éloquent; mais, dans son intérieur, il était inconsidéré,
« prodigue dans ses largesses, facile dans ses promesses,
« léger et imprudent dans ses mensonges, se laissant aisé-
« ment fléchir par les prières; doux par caractère et lent à
« faire justice du crime, changeant dans ses décisions, trop
« familier dans la conversation, et s'attirant par là le mépris
« des pervers. Il était gros et de petite taille, et son père
« l'avait surnommé Courte-Heuse. Il s'attachait à plaire à
« tous, et donnait ou promettait, ou accordait tout ce
« qu'on lui demandait. Prodigue de son patrimoine, il le
« diminuait tous les jours, en donnant imprudemment à
« chacun ce qu'il desirait. Aussi devint-il pauvre, et four-
« nit-il aux autres des forces contre lui-même. »

Lorsque la première croisade eut lieu, la Normandie mal gouvernée par un tel prince, était dans le plus triste état. Le duc Robert, craignant des maux plus grands, ne vit pas de meilleur moyen de s'y soustraire, que de remettre son duché au roi d'Angleterre Henri, son frère. On sait qu'il le lui vendit dix mille marcs pour cinq ans, et qu'il se mit en route pour Jérusalem. Il assista au siége de Nicée, en 1097, et s'y distingua par son courage. Il se fit encore remarquer au siége d'Antioche, et surtout au combat que les croisés livrèrent à Kerbogha, sous les murs de cette ville. Ce fut lui qui attaqua Jérusalem du côté du Nord; ce fut lui encore qui, dans le combat livré après la prise de la cité sainte, voyant l'étendard d'un émir, qui flottait au bout d'une lance, se précipita hardiment à travers les bataillons, et blessa mortellement le chef sarrasin.

Dans l'année 1100, Robert, de retour de la Palestine,

débarqua dans la Pouille, où il aima Sybille, fille de Geoffroy de Conversana, neveu du duc Guiscard. Il l'épousa et l'emmena en Normandie. Il obtint de son beau-père de quoi racheter son duché. Il s'y maintint huit ans à peu près de la même manière qu'avant son pélérinage. Au bout de ce temps, et à la suite de divers événemens qui sont étrangers à notre objet, il fut fait prisonnier à Tinchebray, en Normandie, par son frère Henri, qui le conduisit à Londres, où il resta prisonnier vingt-sept ans, mais vivant au milieu de toutes les délices de la vie.

Orderic, dans son dixième livre, présente l'état de la Palestine dans les années qui suivirent la conquête de Jérusalem. Il parle du gouvernement de Godefroy, de ses exploits et de sa mort. Il décrit le combat livré à Ascalon, par le roi Baudouin. Il raconte la destruction de Ramla par les Sarrasins; la défaite de ces derniers sous les murs de Joppé; la captivité d'Harpin de Bourges, sa délivrance et son retour en Europe, où il se fit moine de Cluny. Il parle aussi de la captivité de Boëmond par les Turcs, et des efforts que fit Tancrède pour le délivrer. Il dit les tentatives inutiles de l'empereur Alexis, auprès du prince Turc, pour le même objet; et la réponse que celui-ci fit de garder éternellement Boëmond. Il raconte ensuite comment le prince d'Antioche obtint sa délivrance. Le récit qu'Orderic fait à ce sujet a tout l'air d'une aventure de roman. Il prétend que la fille du prince Turc, nommée Melaz, ayant conçu de l'amitié pour les Français, et de l'amour peut-être pour l'un d'eux, s'étudia à procurer aux captifs croisés tout ce qui leur était nécessaire ou agréable, et que Soliman, frère de son père, étant venu attaquer ce dernier, elle fit armer les chrétiens pour le défendre. Boëmond, dans le combat, s'attacha à un jeune guerrier, qu'il renversa. C'était le fils de Soliman, neveu du père de Melaz. Daliman (c'était le nom du prince Turc, que les Arabes appellent Danischmend) lui demanda grâce pour le jeune guerrier. Après divers événemens, préparés par la fille de Daliman, et racontés par Orderic, Boëmond recouvra la liberté et Melaz se fit chrétienne. L'auteur ajoute que par suite du traité fait avec Boëmond, la fille de Baghi-Syan, commandant d'Antioche, lors de la prise de cette ville par les croisés, fut délivrée de la prison où les chrétiens la retenaient ; et que cette princesse pleurant lorsqu'on la renvoya, on lui demanda quel était le sujet de ses larmes ? à quoi elle répondit qu'elle pleurait de ce qu'elle ne pourrait plus manger de la chair de porc.

Dans son onzième livre, et sous la date de 1111, Orderic parle de la mort de ce même Boëmond, à Antioche ; de la prise du château d'Harem par les chrétiens, que commandaient le roi de Jérusalem et Ponce, comte de Tripoli. Il raconte ensuite comment ce même roi fut fait prisonnier. Balad, ayant découvert que Baudouin, Josselin et quelques autres seigneurs voulaient aller à Ragès, pour y célébrer la Pâque, surprit d'abord Josselin et Qualeran, qui étaient partis devant ; et s'étant caché dans une forêt d'oliviers, il y attendit Baudouin, qu'il surprit de même. Il tua tous les chapelains et guerriers qui l'accompagnaient. Balad, enflé d'un pareil avantage, fit conduire ses prisonniers à Carpetra, dans une tour très-fortifiée, et les mit enchaînés sous la garde de trois cents soldats ; il ordonna qu'on leur fournît des vivres en petite quantité. Au bout d'un an de captivité, Josselin et Geoffroy furent délivrés par les chrétiens, qui s'armèrent et se rendirent maîtres de la citadelle, après avoir tué tous les Turcs, et même les gardiens et les portiers. Josselin et Geoffroy furent chargés d'aller demander du secours à toute la chrétienté, pour délivrer Beaudoin.

Orderic raconte que ces deux princes, prenant des chemins détournés, de peur d'être surpris par les ennemis, au milieu d'un pays barbare, s'associèrent un paysan qui allait de Mésopotamie en Syrie, avec sa femme, montée sur un âne. En marchant et causant ensemble, Josselin fut reconnu par le paysan. A la voix du barbare, il frémit et nia être Josselin ; mais le paysan lui dit : Ne niez point qui vous êtes ; je reconnais en vous mon maître Josselin. Je vous ai souvent servi, et je me plaisais dans votre maison ; je vous ai porté de l'eau, j'ai allumé votre feu, et vous m'avez donné l'habit et la nourriture. Au bout de quelques années, les Turcs, mes parens, m'ont redemandé. Je les abandonne de nouveau, comme des profanes ; je retourne aux chrétiens, avec lesquels j'ai vécu plus heureux qu'avec mes compatriotes. Ce discours fit beaucoup de plaisisir à Josselin et à son compagnon. Ils changèrent aussitôt de vêtemens. Le paysan marchait devant les deux seigneurs comme un maitre, et causait avec eux comme s'il venait de les rencontrer, et eux le suivaient comme des esclaves et priaient Dieu, en secret, pour leur salut commun. Ils prenaient alternativement, dans leurs bras, la fille du paysan, âgée de six ans, et badinaient avec elle. Ils passèrent ainsi inconnus, à travers les villes et les bourgs.

Au bout de huit mois, Josselin revint, avec des Grecs et des Arméniens, pour délivrer Baudouin, qui se défendait dans une tour contre les Sarrasins qui l'avaient fait prisonnier ; mais celui-ci ennuyé d'y être depuis si long-temps, et croyant à la bonne foi de Balad, abandonna la tour, au grand scandale des chrétiens et à la grande joie des Sarrasins.

Lorsque Beaudoin fut sorti, Balad le fit remettre en prison, après lui avoir, selon Orderic, fait arracher quatre dents : mais, peu de temps après, la perfidie de ce dernier fut punie.

Josselin et Geoffroy rassemblèrent une armée contre Balad, et Geoffroy le tua de sa main, dans un combat. Gazis, successeur de Balad, rendit la liberté au roi Baudouin, moyennant cent cinquante mille bezans, et lui-même, pris ensuite dans le château de Gis, se racheta moyennant cent mille bezans d'or.

Orderic, après le récit de quelques événemens peu importans, arrive à la mort du roi Baudouin, et à son successeur Foulques, comte d'Anjou. Dans son douzième livre, il ne dit rien de la Palestine, et dans son treizième, il parle, sous la date de 1137, du combat que l'émir Zengui, prince d'Alep, livra aux chrétiens, commandés par Foulques ; combat où un grand nombre d'infidèles succombèrent, mais où toute l'armée chrétienne fut détruite. Le roi échappa avec dix des siens et dix-huit chevaliers du Temple, et tous se retirèrent à un château appelé Mont-Réal, qui avait été bâti par Baudouin Ier, en face de Damas.

L'histoire d'Orderic finit à peu près à cette époque. Elle est écrite comme celles du même temps, avec assez d'élégance et de clarté, mérite qu'on ne remarque plus dans les historiens postérieurs ; seulement Orderic est inférieur à ses contemporains, par l'ordre et la méthode. Il a totalement ignoré l'art d'enchaîner les faits les uns avec les autres, et de donner à sa narration une suite et un ensemble qui l'auraient rendue plus agréable à lire et plus facile à saisir.

A la suite de cette histoire d'Orderic, est une Chronique de Normandie, sans nom d'auteur, qui commence à l'an 1139, à peu près où finit Orderic. Elle va jusqu'en 1259. Les événemens y sont indiqués et non racontés, d'année en année, avec toute la sécheresse et la concision des simples Chroniques.

Dans le même volume, est l'*Histoire des Normands*, en huit livres, par Guillaume de Jumiéges, moine qui florissait du temps de Guillaume Ier, roi d'Angleterre. Cette histoire ne dit rien des croisades, elle parle seulement du voyage que firent en Palestine Robert Ier, duc de Normandie, qui mourut à Nicée, en revenant des saints lieux, et Robert II, qui partit pour la première croisade, où il se distingua ; surtout aux siéges d'Antioche et de Jérusalem. Après avoir rapporté, en très-peu de mots, ce qui concerne ce prince, et avoir parlé de sa défaite et de sa captivité au combat de Tinchebray, en Normandie, l'auteur dit qu'il écouta trop les conseils qui flattaient ses passions, et qu'à cause de cela, il gouverna mal son duché. Du reste, cette Histoire des Normands ne diffère des vieilles Chroniques que par un style un peu plus élégant ; mais elle est presque aussi stérile pour les détails.

COLLECTION
DE MARTENNE ET DURAND.

Veterum scriptorum et monumentorum historicorum dogmaticorum moralium amplissima collectio curâ Edmundi Martenne *et* Ursini Durand. *Parisiis* 1724 (9 vol. in-fol.)

Les deux savans cénobites, auteurs de cette collection, avaient déjà publié les cinq tomes d'anecdotes connus sous leur nom, lorsque le chancelier, voulant faire un recueil des historiens de France, jeta les yeux sur eux, et les chargea de ce travail. Ces deux savans, comme ils le disent dans leur préface, pensèrent que leurs recherches ne devaient pas se borner aux bibliothèques de France; mais qu'ils devaient aussi visiter celles des pays qui avaient été autrefois soumis à nos rois. Ils voyagèrent donc, et se rendirent d'abord en Catalogne, où Joseph de Tavernet, chanoine de Barcelone, et depuis évêque, les appela, et les accueillit avec une bienveillance toute particulière. De retour à Paris, ils publièrent tout ce qu'ils avaient recueilli dans leur voyage, et leur collection fut reçue par les savans avec le plus grand empressement.

Miscellanea epistolarum et diplomatum.
TOME I.
Art. I.

Dom Martenne a réuni sous ce titre une foule de pièces détachées, telles que lettres, diplomes, donations, etc., à dater de l'année 528 jusqu'en 1590.

Ce recueil occupe tout le premier tome. Parmi ces pièces il en est plusieurs qui se rapportent aux croisades. Ce sont pour la plupart des lettres dont nous nous contenterons d'indiquer l'objet, car il en est bien peu qui méritent de nous arrêter.

La première que nous trouvons à la date de 1098 et à la pag. 568, est de Boëmond, de Raymond, comte de St.-Gilles, du duc de Godefroy et de Hugues-le-Grand. Elle est adressée à tous les fidèles. Les princes croisés y rendent compte de la paix conclue avec l'empereur de Constantinople, et de la victoire qu'ils ont remportée sur les Turcs. Cette lettre est à la fin du premier vol. de l'histoire des croisades. Martenne l'avait déjà publiée dans son *Novus Thesaurus*, tome premier; mais il n'y avait point donné de date : c'est d'après un manuscrit de St.-Thierry de Rheims qu'il a réparé cette omission.

La seconde lettre, pag. 572, est de l'empereur de Constantinople à Robert, comte de Flandre. Cette lettre aurait dû être placée avant la précédente, puisqu'elle avait pour but d'exciter les chrétiens d'Occident à venir au secours des Grecs contre les Turcs. On sait qu'Alexis qui l'écrivit, fut le premier à solliciter les princes chrétiens, et qu'avant la tenue du concile de Clermont, il avait provoqué en quelque sorte les croisades, en faisant une peinture effrayante de la violence des infidèles, et des horreurs auxquelles ils se livraient. Dom Martenne s'est donc trompé en plaçant cette lettre à l'année 1100; car à cette époque Alexis agissait avec les croisés comme avec des ennemis. On a parlé de cette pièce au premier livre des croisades. Plusieurs historiens l'ont ou citée ou copiée. Guibert de Nogent est le seul qui en ait senti toute l'importance. Il l'a placée sous la date de 1089. Robert Dumont et Duchesne n'y avaient pas donné de date; Dom Martenne dans son *Novus Thesaurus* lui avait d'abord assigné celle de 1095. Quelques historiens ont douté de son authenticité; mais les raisons sur lesquelles ils fondent leur doute ne nous paraissent pas assez convaincantes.

Nous nous contenterons de citer quelques fragmens de cette

lettre. Après avoir rapporté les excès des Turcs, l'Empereur ajoute « qu'il passe sous silence le massacre d'une
« foule de chrétiens, que la mort avait portés au sein de la
« béatitude éternelle. Ceux qu'il plaignait, ceux dont il ne
« pouvait taire les affreuses destinées, étaient ces restes
« échappés aux fers de ces impitoyables conquérans, et
« réservés aux insolences de l'orgueil le plus révoltant et à
« la lubricité la plus effrénée. Les vierges chrétiennes, arra-
« chées des asiles de la chasteté, les femmes, tirées du lit
« conjugal, étaient livrées à une prostitution publique.....
« Ces abominables unions se faisaient en présence des filles,
« qui étaient forcées d'applaudir, par des chants et des
« danses, à l'infamie de leurs mères, ou des mères qui,
« dans des chansons lascives, étaient contraintes de célé-
« brer la honte de leurs filles.......... C'était cependant à ces
« barbares que l'Orient presqu'entier était soumis, et déjà ils
« menaçaient Constantinople. Bientôt, si l'on n'apportait
« aux Grecs un prompt secours, cette ville auguste allait
« subir le sort de la plus grande partie de l'empire, et tomber
« sous une affreuse domination. L'Occident verrait-il, sans
« le conjurer, s'amonceler l'orage qui devait anéantir l'O-
« rient? Alexis suppliait tous les chrétiens d'Europe de ne
« pas lui refuser leurs bras pour repousser d'aussi audacieux
« vainqueurs. Il les conjurait de songer que les murs me-
« nacés renfermaient les tombeaux des apôtres, etc. Si tant
« de motifs ne les touchaient pas, si, etc......, résiste-
« raient-ils à l'intérêt qui les appelait dans ces opulentes
« contrées? Elles étaient pleines de richesses de toute espèce;
« il y coulait des ruisseaux d'or, où il leur serait permis de
« puiser librement, et les femmes grecques, les plus belles
« de tout l'univers, pouvaient devenir encore un digne prix
« de leurs exploits. »

La troisième lettre, page 800, est d'Arnould, prédicateur flamand, à Milon, évêque de Térouanne, sur la prise de Lisbonne par les croisés. Cette lettre est sous la date de 1147. Arnould, dit la Chronique de Gemblou, fut également remarquable par l'austérité de sa vie, par la singularité de son habillement, par son savoir, et par le succès de ses prédications. Lors de la publication de la seconde croisade, à l'exemple de saint Bernard, il exhorta les peuples de la France et de l'Allemagne à s'enrôler dans cette pieuse milice. Mais comme il ignorait la langue romane et la langue tudesque, il prit avec lui un nommé Lambert, qui expliquait au peuple, dans la langue du pays, ce qu'il disait en latin et en flamand. Les croisés s'étant partagés, les uns pour aller en Palestine, les autres pour aller en Espagne, combattre les Maures, Arnould suivit les derniers, commandés par le comte d'Archost. Le principal fruit de leur expédition fut, comme on sait, la prise de Lisbonne, le 21 octobre 1147. La relation que fait Arnould, dans cette lettre, diffère de celle de Robert Dumont, que l'abbé Fleuri a adoptée, en ce que Robert fait attaquer la ville par les croisés de dessus leurs vaisseaux, tandis que le Roi l'assiégeait par terre ; au lieu qu'Arnould, témoin oculaire, dit que les croisés débarquèrent aussitôt après leur arrivée, placèrent leurs tentes dans la campagne, et firent sur terre, avec les Espagnols, presque toutes les opérations du siège.

La quatrième lettre, page 870, est d'Aymery, patriarche d'Antioche, au roi Louis VII. Elle est datée de 1164. Aymery donne au roi la qualification de majesté (*regia majestas*) ; il l'instruit des malheurs des chrétiens et de l'église d'Orient, malheurs qui le plongent dans une profonde affliction et absorbent toutes ses pensées. Il donne les détails les plus circonstanciés sur la victoire que les infidèles ont remportée sur les chrétiens, près d'Antioche. Il supplie le Roi d'envoyer en Syrie de prompts et puissans secours.

La cinquième lettre, page 910, est de l'empereur Frédéric I à Henri son fils, roi des Romains. Elle est datée de 1188. Frédéric fait le récit de tout ce qu'il a eu à souffrir de l'empereur de Constantinople. Il engage son fils à en donner avis au pape Alexandre, afin qu'il envoie, dans les provinces, des religieux exhorter les peuples contre les ennemis de la Croix ; et surtout contre les Grecs. Car, dit l'Empereur, le patriarche de Constantinople a publiquement promis le pardon, de la part de Dieu, à tout Grec qui tuerait cent pélerins ; et cela en présence de nos légats, l'évêque de Munster et ses collègues, dans l'église même de Sainte-Sophie.

La sixième lettre, page 975, de Henri, évêque d'Albe, adressée à tous les prélats de l'église, paraît avoir été écrite à l'occasion des victoires de Saladin. Henri avait été nommé pour prêcher la croisade et pour préparer les esprits à cette expédition. Il s'élève avec force contre le luxe des habits et des tables, et exhorte les fidèles, et surtout le clergé à la modestie, à l'humilité et à la pénitence. Cette lettre est sous la date de 1187.

La septième lettre est de Henri, empereur de Constantinople. Elle est adressée à Godefroi de Saint-Amat, de Douai. Henri lui fait part des victoires que les infidèles ont remportées sur les chrétiens, de la mort de son frère Baudouin et de sa propre élévation à l'empire. Cette lettre est datée de 1206. Elle est à la page 1073.

La pièce suivante, page 1297, est un serment fait par le comte de Périgord, dans l'année 1247. Il est ainsi conçu :

« Moi, Elie Taleyrand, comte de Périgord, je fais savoir
« à tous ceux qui ces présentes verront, qu'en présence de
« mon très-cher maître et seigneur Louis, illustre roi de
« France, j'ai juré, sur les saints Evangiles, d'aller dans le
« prochain passage (*in instanti passagio*) avec le seigneur
« comte d'Artois, frère du roi, au service de Jésus-Christ
« et au secours de la Terre-Sainte. En foi de quoi j'ai fait
« sceller de mon sceau les présentes. Fait à Crépy, l'an du
« seigneur 1247, au mois d'avril. »

A la page 1299 est une lettre de saint Louis à l'empereur Frédéric II. Le roi de France remercie Frédéric de ce qu'il a permis qu'on achetât, dans ses états, des provisions pour l'armée qui devait passer dans la Terre-Sainte. Cette lettre est de l'année 1248.

Observationes de sacrâ expeditione à Ludovico VII, *Francorum rege et* Conrado *imperatore susceptâ.* (Tom. II, præfatio, pag. 10.)

Art.....

Dans la préface de son second volume, Martenne a placé, sur la seconde croisade, des observations dont nous croyons devoir présenter ici l'analyse. Elles nous ont paru assez importantes pour l'éclaircissement de l'histoire de cette expédition. Martenne établit d'abord que les historiens anciens et modernes ont assigné trois causes à la croisade entreprise par Louis VII : la prise d'Edesse par les Sarrasins; le remords qu'eut le roi de France après l'incendie de Vitry, et le vœu que Philippe, frère du roi, avait fait d'aller à Jérusalem, et qu'il n'avait pu accomplir. Plusieurs écrivains contemporains sont pour la première cause, Guillaume de Nangis et Vincent de Beauvais allèguent la seconde, et Otton de Frisengen indique la troisième. Ce dernier ajoute que saint Bernard, ayant été consulté par le Roi, pour savoir s'il était lié par le vœu de son frère, conseilla d'en déférer au souverain pontife. Louis VII envoya aussitôt des ambassadeurs au pape Eugène, pour lui exposer l'affaire ; mais, dans l'intervalle, il arriva à Rome des députés de Syrie, qui, exagérant les malheurs de l'Orient, dirent que, depuis la prise d'Edesse, Antioche et Jérusalem étaient dans le plus grand danger. Le Pape exhorta aussitôt le roi de France à tourner ses armes contre les infidèles, et confia à Bernard le soin de prêcher la croisade. Le roi de France, animé par la lettre du souverain pontife, convoqua une assemblée à Chartres, pour le troisième dimanche après Pâques. Suger manda à Pierre-le-Vénérable, abbé de Cluny, de s'y rendre (*Voyez*, à la fin du volume, le *Recueil des Historiens de France*). Saint Bernard lui fit la même invitation (*Voyez ibid.*). Pierre-le-Vénérable s'en excusa, en alléguant une assemblée générale du chapitre de Cluny, qu'il avait convoquée pour le même temps où devait se tenir celle de Chartres. Afin de n'être pas privé des conseils d'un homme si respecté, le Roi convoqua une autre assemblée à Vezelay, célèbre monastère, non loin de Cluny, et à la tête duquel était Ponce, frère de Pierre-le-Vénérable. Cette assemblée fut indiquée pour le temps de Pâques, afin que Pierre s'y trouvât, ce que personne, dit Martenne, n'a fait remarquer jusqu'ici.

Le roi de France reçut dans cette assemblée, des mains de St. Bernard, non pas une croix quelconque, mais une croix bénite, et envoyée par le souverain pontife. La reine Eléonore et beaucoup de grands seigneurs reçurent aussi la croix, et après eux, il se présenta tant de monde, que, les croix manquant, le saint abbé fut forcé de déchirer ses habits pour en faire et en distribuer.

L'auteur anonyme des Gestes de Louis VII, recueillis par Duchesne, tome IV, page 390, dit que ce monarque resta encore un an en France après s'être croisé.

L'an 1142, les prélats et abbés, et les grands du royaume se rendirent de toutes parts, le 3.e dimanche après Pâques, à l'assemblée de Chartres. On y délibéra sur le choix d'un chef de la croisade, et ce choix tomba sur l'abbé de Clairvaux, qui fut nommé par acclamation. On ne traita pas d'autre chose dans cette assemblée. Louis VII écrivit alors à tous les rois et princes des pays par où il devait passer, pour les prier de lui donner, à lui et aux siens, des vivres et un passage libre. Tous lui répondirent selon ses vœux, entre autres l'empereur grec Manuel, dont Martenne a parlé dans son *Nov. Thes.* Sa lettre est pleine d'expressions flatteuses.

Pendant ce temps, St. Bernard prêchait la croisade sur les bords du Rhin à Spire, à Mayence, à Worms, à Strasbourg. Ce fut à Francfort, qu'il exhorta d'abord l'empereur Conrad à se croiser, et ce fut à Spire, la veille de Noël, que ce prince, pendant la messe, prit la croix, et la fit prendre à son neveu Frédéric, et à un nombre infini d'autres princes. Ces détails sont tirés de la vie de St. Bernard.

Le pape Eugène se réjouissait des succès de saint Bernard, mais il blâma l'empereur de s'être croisé sans avoir con-

sulté le saint siége. Toutefois, il l'exhorta à pourvoir au
bon ordre de l'empire, et à faire reconnaître son fils Henri
pour roi des Romains. L'empereur s'empressa de répondre
au pape qu'il avait fait dans l'assemblée de Francfort, tenue
au mois de février 1146, ce qu'il désirait, qu'il avait déclaré
Henri roi et l'héritier du sceptre impérial; et qu'il avait résolu
de le faire couronner à la mi-carême à Aix-la-Chapelle. Il
invita en outre le pape, qui venait en France, à se rendre
sur les bords du Rhin, et lui indiqua Strasbourg comme le
lieu où il pourrait voir sa *face désirée* (*desideratam faciem*),
le sixième jour après Pâques.

Pendant ce temps, St. Bernard, après avoir remis à Adam,
abbé d'York, le soin de continuer ses prédications en Allemagne, revint en France pour assister à l'assemblée d'Étampes, qui se tint le 16 février de cette année. On entendit
dans cette assemblée, les ambassadeurs des rois et des princes,
et on y lut leurs lettres. Le second jour, on promulgua le décret
qui fixait le passage de l'armée des croisés à travers la Grèce,
malgré les réclamations des ambassadeurs de Roger, roi de
Sicile, qui prédisaient des trahisons de la part des grecs. Le
troisième jour, on fixa le jour du départ, et on désigna l'abbé
Suger pour administrateur du royaume pendant la durée
de l'expédition.

D. Martenne entre ensuite dans une discussion assez peu
importante sur le jour fixe du départ de Louis VII pour la
croisade. Puis il passe au récit de l'expédition, et donne
sur l'armée de Conrad, et sur les causes de la retraite de ce
prince, des détails qui rectifient ce qui a été rapporté au
2.e vol. de cette histoire.

L'armée de Conrad, dit-il, ayant été défaite sans honneur
et sans gloire, l'empereur informa de ce désastre son ministre Wibalde; mais de peur de jeter le découragement et
l'effroi dans son empire, il cacha prudemment beaucoup de
choses. Il dit, par exemple, qu'en se rendant de Nicée, avec
son armée intacte vers Iconium, il manqua de vivres, le
dixième jour de marche, lorsqu'ils avaient encore autant de

chemin à faire, et qu'alors les Turcs se jetèrent sur les *piétons* qui ne pouvaient suivre l'armée, et les attaquèrent à coups de traits ; mais que lui, ayant pitié de cette troupe, aima mieux, à la prière des princes et des barons, ramener de ce pays désert, vers la mer, son armée saine et sauve, que de repousser par une *victoire sanglante*, ces attaques des ennemis.

D. Martenne, pour faire voir que loin que l'armée de Conrad fût intacte, ce prince n'échappa lui-même qu'avec peine, ainsi qu'un petit nombre des siens, rapporte le passage suivant du premier anonyme de Duchesne : « Il y avait dans
« cette armée beaucoup de grands seigneurs et de guerriers
« illustres qui périrent par la volonté ou la permission de
« Dieu, et sans utilité pour la terre sainte, pour la délivrance
« de laquelle ils étaient partis ; ils y furent presque tous ex-
« terminés : car, comme l'ont rapporté ceux qui étaient pré-
« sens, de 78,000 guerriers portant la cuirasse, et d'une si
« grande multitude de piétons, il ne resta pas la dixième
« partie : quelques-un périrent de faim, d'autres furent tués
« par le fer des ennemis, et d'autres chargés de chaînes,
« furent emmenés en servitude. L'empereur lui-même échappa
« avec beaucoup de peine au danger avec quelques-uns de
« ses barons, et retourna à Nicée avec quelques mille
« hommes ».

Conrad lui-même confirme ce récit, lorsqu'écrivant ensuite à l'empereur Manuel, il avoue sincèrement tout le tort qu'il a éprouvé en perdant son armée (amissi exercitûs).

Ce même empereur, dans ses lettres à Wibalde, ajoute beaucoup de choses ignorées jusqu'ici, et qui ne s'accordent guère avec ce que les écrivains vulgaires ont rapporté. En voici quelques exemples : « Lorsque, dit Conrad, nous
« fûmes arrivés à la mer, et que nous eûmes campé, n'at-
« tendant aucun secours dans notre malheur, le roi de
« France survint à notre insu, plaignant notre misère, et nous
« témoignant tout le plaisir qu'il avait d'être réuni à nous.
« Lui et ses barons nous offrirent leur assistance, leur argent
« et tout ce qu'ils avaient ».

Ce récit diffère un peu de celui de l'auteur des Gestes de Louis VII, que nous avons analysé; car il dit que le duc de Souabe fut envoyé par l'empereur, pour demander une entrevue au roi, et délibérer sur ce qu'ils feraient ensuite. Ce que l'anonyme ajoute n'est pas moins contraire à la relation de Conrad. Il prétend que l'empereur, qui se croyait le plus grand prince du monde, jugeant au-dessous de sa dignité de passer la mer avec un si petit nombre de soldats, ordonna à ses piétons de s'en retourner, et lui-même se rendit à Constantinople avec une faible escorte.

Conrad s'exprime à cet égard avec beaucoup d'ingénuité : « Ayant donc rejoint nos troupes avec les seigneurs, dont quelques-uns étaient restés avec nous, et quelques malades, qui, ne pouvant suivre faute d'argent, s'étaient retirés de l'armée, nous allâmes jusqu'à Éphèse, pour y célébrer la fête de Noël. Nous y restâmes quelques jours, afin de nous rétablir de la maladie qui s'était emparée de nous et de plusieurs des nôtres; mais cette maladie augmentant, nous ne pûmes marcher : le roi se retira en nous plaignant. Il nous aida autant qu'il put ; mais notre maladie dura longtemps ».

Ce récit, comme on le voit, est tout à l'honneur de Louis VII, et donne la vraie cause de la retraite de Conrad. La preuve que ce prince n'eut point honte d'être associé au roi de France, c'est que quand il eut recouvré la santé, il ne fit pas de difficulté de le rejoindre, et de rester longtemps avec lui à Jérusalem. Martenne remarque qu'aucun historien n'a parlé de la maladie de Conrad, et qu'Odon de Deuil est le seul qui ait fait mention de deux blessures qu'il reçut, et dont Conrad lui-même ne dit rien. Mais il est constant que le prince fut quelque tems malade, puisque dans sa lettre il rapporte qu'il se rendit aux instances de Manuel, qui le fit venir dans son palais, et le fit soigner par ses médecins. (*Quatenus à medicis suis citius curaremur quasi Constantinopolim in palatium suum reduxit.*) Un anonyme du temps, dont l'ouvrage n'a pas été publié, et que D. Martenne a lu, appuye ce récit de Conrad, quand il dit que ce prince fut bien reçu des Français, qu'il resta quelque temps avec eux: mais qu'il fut rappelé par l'empereur des Grecs. Dans une lettre adressée à cet empereur, Conrad le remercie des témoignages de bienveillance et de sensibilité qu'il a reçus de lui, et des libéralités dont il l'a comblé. Ce que Martenne ajoute sur le siége de Damas, et l'issue de la 2ᵉ croisade, est assez connu. Nous nous dispenserons donc de nous y arrêter.

Epistolæ WIBALDI *abbatis Stabulensis et Corbeiensis, etc.* (Tom. II, pag. 153.)

Art. III.

L'abbé Wibalde ou Guibalde joua un si grand rôle en Allemagne, sous les empereurs Lothaire, Henri et Conrad, qu'il n'est pas étonnant que sa correspondance occupe une grande place dans l'histoire de son temps. Wibalde était de la famille noble de Prato, qui florissait à Liége aux onzième et douzième siècles. On lui fit apprendre de bonne heure l'étude de la grammaire et de la rhétorique, au monastère de Stavelo dont il devint dans la suite abbé. Ses grandes qualités et son savoir le firent remarquer, et il se vit, contre sa volonté, engagé dans les plus importantes affaires. A l'abbaye de Stavelo, il joignit celle de Corbies, et devint enfin ministre d'état.

Parmi ses lettres il en est plusieurs qui concernent les croisades. La première que D. Martenne a donnée sur ce sujet, est celle de l'empereur Conrad adressée au pape Eugène. Nous venons d'en parler dans l'article précédent. Ce prince informe le souverain pontife du couronnement de son fils Henri, et des préparatifs qu'il fait lui-même pour son expédition dans la Terre-Sainte. Il lui annonce qu'il a choisi pour ambassadeurs auprès de Sa Sainteté, Bacon, évêque de Worms, Anselme, évêque d'Adelberrg, et Wibalde, abbé de Corbies. Cette lettre est de 1147, et se lit à la page 104.

La 2.ᵉ est du même empereur à l'abbé Wibalde. C'est celle

dont nous venons de parler dans l'art. précédent. Elle est datée de 1184. Elle renferme le triste récit de ce que l'armée des croisés souffrit de la part des Turcs. Elle se trouve à la page 252.

La 3.e est du même Conrad au même abbé. C'est la relation du siége de Damas, et de la trahison qui força à lever ce siége. Cette lettre est de 1149. Elle se lit à la page 299.

La 4.e est de l'abbé Wibalde à l'empereur Conrad (page 356) Le ministre félicite son maître de son retour, et lui dit que ses fidèles sujets éprouvent autant de joie à son retour dans ses états, que les infidèles ont éprouvé de terreur à son arrivée en Palestine. Quant à lui, son bonheur est si vif, qu'il peut s'écrier : *Sufficit mihi, vadam et videbo Dominum meum*. Les méchans et les rebelles seuls sont consternés de son retour. Il est curieux de voir la ressemblance qui existe entre les sentimens exprimés par l'abbé de Wibalde, et ceux qu'exprime Suger dans sa correspondance avec Louis VII.

La 5.e (page 357) est du pape Eugène III à l'empereur Conrad. Le Saint-Père console ce prince de la malheureuse issue de l'expédition de Jérusalem Il lui annonce qu'il lui envoie des députés chargés de s'informer de son état et de celui de son armée. Cette lettre est de la même année que la précédente.

Sous la date de 1150 sont deux lettres de l'empereur Conrad, adressées, l'une au pape Eugène, l'autre à l'empereur de Constantinople. Conrad leur recommande l'évêque de Ratisbonne, qui partait pour Jérusalem. Ces deux lettres se trouvent à la page 401.

Registrum epistolarum ALEXANDRI *papæ III, etc.* (Tom. II, pag. 622.)

Art. IV.

Le registre du Pape Alexandre III ne renferme pas seulement des lettres de ce souverain pontife, il en contient aussi d'autres Papes et de divers personnages qui ont écrit à l'archevêque de Rheims , car c'est particulièrement à ce prélat qu'elles sont adressées. Nous allons indiquer celles qui ont rapport à notre objet, en prévenant le lecteur qu'il les retrouvera toutes indiquées dans notre analyse de Baronius.

La première est du pape Adrien IV, adressée à l'archevêque de Rheims et à ses suffragans. Le pontife les informe de la victoire que le roi de Jérusalem, et surtout les Templiers, viennent de remporter sur les Sarrasins. Il leur dit ensuite que ce succès ne doit pas ralentir leur zèle pour l'envoi des secours dont l'église d'Orient a besoin (page 647).

La deuxième est d'Alexandre III. Elle est adressée à tous les fidèles. Elle a pour but une nouvelle croisade. Le Pape accorde des indulgences aux croisés et exempte les débiteurs de tous intérêts envers leurs créanciers (page 747).

La troisième est du même Pape à Henri, archevêque de Rheims. Alexandre y peint la triste situation de l'église d'Orient et presse le prélat d'engager le roi de France à convoquer une assemblée générale, pour délibérer sur l'envoi d'un prompt secours (page 750).

La quatrième est d'Amauri, roi de Jérusalem, au même archevêque. Elle doit être de 1169. Le Roi y trace le tableau des maux que les chrétiens souffrent en Orient. Il mande au prélat qu'il envoie de nouveaux députés en Europe, solliciter de prompts secours, une tempête affreuse ayant brisé le vaisseau de ceux qu'il avait d'abord envoyés (page 803).

Le même Roi écrit une seconde lettre, en 1174, pour exhorter l'archevêque à travailler au rétablissement de la paix entre le roi d'Angleterre et ses fils, afin que ce prince puisse venir au secours de la Terre-Sainte (page 996).

Une autre lettre du pape Alexandre, au même archevêque, a pour but de l'exhorter aussi à rétablir la paix entre les rois de France et d'Angleterre, afin qu'ils s'occupent des moyens de secourir la Terre-Sainte, dont le Pape peint les besoins et les malheurs (page 994).

Le patriarche de Jérusalem sollicite également des secours de l'archevêque de Rheims (page 997).

FREDERICI II *imperatoris epistolæ variæ.*
(Tom. II, pag. 1136.)

Art. v.

Pierre De Vignes, chancelier de l'empereur Frédéric II, a recueilli les lettres de ce prince, et les a distribuées en six livres. Dans le nombre, il y en a plusieurs qui concernent les croisades. Sous la date de 1235, cet empereur fit, sous le titre de lettre, une espèce de proclamation, pour annoncer qu'il voulait marcher contre les Tartares, et pour exhorter ces peuples à se lever contre ces ennemis de la foi, qui, des confins de l'Asie, étaient venus attaquer les frontières de l'Italie (page 1154).

Dans une autre lettre adressée aux croisés réunis à Lyon, Frédéric témoigne le desir qu'il a de partir avec eux. Il leur promet un passage libre à travers ses états (page 1192).

Par une troisième lettre fort longue, et datée de Capoue, l'Empereur s'excuse auprès de tous les croisés de ne pouvoir les accompagner; il les exhorte à être prêts à partir au mois de mai (page 1194).

(Voir le douzième livre sur cette lettre.)

Epistolæ pontificiæ selectæ ex registro antiquo URBANI *papæ IV.* (Tom. II, pag. 1252.)

Art. vi.

Dans ce recueil de lettres, on en trouve une du pape

Martin IV au roi d'Angleterre, pour le féliciter d'avoir échappé au poignard d'un assassin, et l'exhorter à poursuivre l'entreprise d'une croisade à laquelle ce Roi paraissait donner ses soins. Cette lettre est de 1284 (page 1297). Une autre de Bernard de Naples au roi d'Angleterre, pour l'engager à se justifier d'avoir fait expédier pour son royaume, et déposer, dans son trésor, l'argent destiné au voyage de Jérusalem (page 1299). Et une troisième du pape Martin IV au roi de Chypre, pour l'exhorter à cesser de maltraiter les templiers et de retenir leurs biens (page 1300).

Excerpta ex SIXTI IV *papæ registro anni 1474.*
(Tom. II, pag. 1466.)

Art. VII.

Ce pape exhorte l'empereur Frédéric III à se reconcilier avec Mathias, roi de Hongrie, pour la défense de la religion chrétienne. (Année 1474.)

Il loue le vaivode de Moldavie du zèle qu'il montre pour la cause de la religion contre les Turcs, et l'exhorte à persister dans ses pieuses résolutions. Cette lettre est de 1475 (page 1490).

Dans la même année, Sixte IV exhorte le roi de Pologne à faire la paix avec le roi de Hongrie, pour tourner leurs forces contre les Turcs (page *idem*).

Sous la même date, il exhorte le grand-maître de l'ordre de Calatrava à payer le subside imposé pour faire la guerre aux Turcs, dérogeant en cela aux priviléges de son ordre (page 1498).

Toujours sous la même date, ce pape exhorte l'Empereur à faire la paix avec Charles de Bourgogne, pour tourner leurs armes contre les Turcs (page 1502).

Il écrit dans le même sens au roi de France (page 1504).

Il s'adresse aussi à l'archevêque de Lyon, pour l'engager à travailler au rétablissement de la paix entre les rois de France et d'Angleterre, afin qu'ils tournent leurs armes contre les Turcs (page 1513).

Enfin, le pontife écrit à la duchesse de Savoie, pour l'engager à ne pas détourner à un autre usage le subside qui doit être levé contre les Turcs (page 1540).

Epistola ÆGIDII *Viterbiensis ad illustrissimum dispotum.* (*Lettre de* GILLES *de Viterbe au despote de Servie.* (Tom. III, pag. 1245.)

Art. VIII.

Gilles de Viterbe se plaint, dans cette lettre, de l'indifférence des princes chrétiens, qui, après tant d'éclatantes victoires remportées sur les ennemis de la foi, restent dans l'inaction. Il rappelle l'entreprise que le pape Pie II commença avant de mourir ; entreprise que le pape Sixte desirait poursuivre ; qu'Innocent eût à cœur ; qu'Alexandre promit d'exécuter ; que Charles, roi de France, abandonna après la prise de Naples ; que le roi d'Angleterre voulait reprendre, et que Jules II méditait jour et nuit d'accomplir. Il exhorte, il presse le despote de faire, par son autorité, ce qu'il n'a pu obtenir, lui, par ses discours et par ses instances. Cette lettre est de 1311.

Epistolæ aliquot cardinalis Eboracensis. (Tom. III, pag. 1270.)

Art. IX.

Th. Wolsey, cardinal d'York, écrit à l'évêque de Worcester, que le roi d'Angleterre est dans l'intention d'entreprendre une expédition contre les Turcs, de concert avec les rois de France, d'Espagne, etc. ; mais qu'il ne veut rien faire que la paix ne soit assurée entre tous les princes chrétiens. Pour cela, le cardinal demande que tous les chrétiens, et chaque prince en particulier, soient invités, par lettres et par des envoyés, à faire cette paix et à conclure entre eux une solide alliance. Cette lettre est du mois de février 1518 (page 1277).

Le 11 avril suivant, Wolsey en écrivit une autre au même prélat, sur le même objet. Il lui fait part de la douleur qu'a éprouvée le roi d'Angleterre, en apprenant à quel point la puissance des Turcs est étendue et formidable. Il expose l'imminente nécessité d'une croisade, et assure que le roi recevra avec satisfaction, en qualité de légat, le cardinal Campege, pourvu que le Pape lui accorde à lui-même la même autorité, les mêmes titres et les mêmes attributions qu'à un légat (page 1282).

Dans ce recueil de lettres, on en trouve aussi d'Henri VIII, roi d'Angleterre, adressées au Pape, et entre autres une par laquelle ce prince offre une flotte et une puissante armée contre les Turcs. Il ajoute qu'il est dans l'intention de se mettre lui-même à la tête de ses troupes, si Dieu lui accorde un héritier de sa couronne ; si non, qu'il en confiera le commandement à ses barons. Cette lettre est de 1510. Vers le même temps, Henri VIII avait demandé le cardinalat pour Th. Wolsey, et il est à croire que c'était là la condition que le roi d'Angleterre mettait au puissant secours qu'il promettait (page 1297).

Gesta Trevirensium archiepiscoporum ab anno 880 ad annum 1455. (Tom. IV, pag. 142.)

Art. x.

Cette chronique était déjà imprimée dans Eccard, mais Martenne l'a corrigée d'après un manuscrit de Saint-Maximin, et a ajouté en marge tous les mots qui manquent dans Eccard.

Cette chronique traite spécialement de la nomination et de la succession des archevêques de Trèves ; mais on y trouve quelques passages qui concernent les croisades, ou qui s'y attachent. On y lit, sous la date de 1096, qu'une foule immense des deux sexes, de tout pays et de toute nation, se proposant d'aller à Jérusalem, et desirant, par amour pour Dieu et pour la foi, mourir ou soumettre les incrédules à la religion, résolurent d'abord de poursuivre les juifs dans toutes les villes et dans tous les châteaux où ils les trouveraient, et de les forcer, sous peine de la vie, à croire en Jésus-Christ. Lorsque les croisés approchèrent de la ville de Trèves, les juifs qui y demeuraient, craignant un pareil sort, prirent leurs enfans et les éventrèrent avec leurs couteaux, en disant que, de peur qu'ils ne devinssent le jouet de la fureur des chrétiens, ils devaient les envoyer dans le sein d'Abraham. Quelques juives, montant sur le pont qui traversait le fleuve, et chargeant de pierres leurs manches et leurs tabliers se précipitèrent au fond des eaux ; d'autres, qui avaient encore à cœur de vivre, emmenant avec eux leurs enfans, et emportant leurs effets, se retirèrent dans le palais de Trèves, qui était un lieu d'asile, et où se trouvait alors l'évêque Engilbert, et, les larmes aux yeux, lui demandèrent la vie. L'évêque profita de cette occasion pour leur parler de leur conversion. Il leur adressa un discours pathétique, et en convertit en effet plusieurs (page 183).

En parlant de la prise de Jérusalem, par Saladin, la chronique peint la douleur qu'en ressentit le pape Grégoire, et rapporte qu'il envoya, en qualité de légat, auprès de l'empereur et des autres rois et princes, Henri, évêque d'Albe, pour les exhorter à prendre la croix et aller délivrer la Terre-Sainte des mains des ennemis. Elle dit que ce légat tint à Mayence une assemblée dans le palais appelé du Christ (*Curia Christi*), où se croisèrent l'empereur, son fils, le duc de Souabe, et une foule de princes et de guerriers (page 222).

La Chronique parle, sous la date de 1212, d'une croisade

d'enfans, qui, réunis de toutes les parties de l'Allemagne, se mirent en route pour Jérusalem, sous la conduite d'un nommé Nicolas, enfant de la ville de Cologne. Ce chef portait sur lui un signe qui avait la forme d'un *thau* (le T des Grecs), et qui devait être le garant de sa sainteté et de son pouvoir pour opérer des miracles. Mais, ajoute la Chronique, il n'était pas facile de distinguer de quel genre et de quel métal était ce signe. Lorsque ces enfans furent arrivés à Brindes, l'évêque de cette ville ne voulut pas les laisser embarquer, de peur de tromperie, et en effet, ils étaient déjà vendus par le père de Nicolas, aux Gentils et aux Sarrasins (1). Le chef Nicolas périt misérablement, et son père fut tué à Cologne (pages 239 et 40).

Quelques années après, on prêcha une croisade, et il y eut une multitude incroyable de chrétiens de tout rang qui prirent la croix. La Chronique dit que Grégoire, comte de Wied, frère de l'archevêque de Trèves, fut de cette expédition. Elle parle aussi de la prise de Damiette, par les chrétiens, et de la reddition de cette place aux Sarrasins. Mais elle ne donne aucuns détails (page 240).

A l'année 1248 et à la page 331, la chronique parle très-succinctement du passage de saint Louis en Egypte. Son récit renferme autant d'inexactitudes que de mots, et ne mérite pas d'être analysé. L'auteur raconte, sous l'année 1255, plusieurs prodiges, tels que deux lunes vues dans le ciel, l'embrasement du temple de la Mecque, l'apparition d'une comète. Toutes ces choses se passaient lorsque Louis IX revenait en Occident.

Arrivé à l'année 1290 et à la page 352, l'auteur de la chronique fait, en ces termes, le récit de la destruction de Tripoli :

---

(1) Venditi enim erant gentilibus à patre Nicolai... sic demonum maleficio attracti. Propter quod et ipse puer periit, et pater ejus Coloniæ mala morte peremptus est.

« La ville de Tripoli, une des plus nobles de la Terre-Sainte, conquise et conservée au prix de tant de sueur et de tant de sang des chrétiens, située au milieu d'une nation perverse, fut prise et détruite de fond en comble par les Sarrasins, à cause de ses péchés, et parce que les vérités étaient méconnues parmi les enfans des hommes, et que, dans toute l'Eglise, la charité de plusieurs s'était singulièrement refroidie. Les lieux saints furent profanés, les vierges déshonorées, une infinité de chrétiens tués, et ceux que le glaive épargna furent emmenés en servitude, etc. » (pages 352 et 53.)

Passant ensuite à la destruction de la ville d'Acre, en 1291, l'auteur poursuit ainsi :

« Après la douloureuse destruction de Tripoli, sa sœur, la ville d'Acre, ayant des yeux sans voir et des oreilles sans entendre, sourde comme un aspic, insensible aux crimes et aux malheurs de Tripoli, la tête encore haute, et portant seule le diadême du royaume, a été misérablement aveuglée par la multitude de ses péchés.....

« Tandis que cette cité pleine de peuple, de marchandises, d'armes et de soldats, fière de réunir dans son enceinte les richesses et les délices du monde, jouissait d'une paix solide, et tenait encore à des racines profondes, lorsque ses habitans disaient : *paix et sécurité*, voilà qu'une ruine soudaine est venue tomber sur eux. Le Seigneur a envoyé son fouet vengeur pour châtier cette ville criminelle. Le soudan du Caire l'a entourée de toutes parts avec une multitude immense de barbares; il a attaqué ses murs avec des machines de guerre de toute espèce, il a creusé des routes souterraines sous ses remparts. Il l'a prise en peu de jours, et ruinée de fond en comble. Il n'a pas laissé pierre sur pierre. Tous les châteaux, toutes les forteresses de la Terre-Sainte sont tombés aussitôt au pouvoir du soudan. O douleur ! les choses saintes ont été jetées aux chiens, et foulées aux pieds ! Quel cœur plus dur que le marbre ou le diamant, ne pleurerait pas la désolation de la Terre-Sainte, les outrages faits aux vierges, le déshonneur des femmes, les gémissemens de celles qui sont enlevées ou conduites en esclavage, l'effusion du sang chrétien, et le défaut de sépulture pour tant de fidèles égorgés?.... Il est pénible, sans doute, d'entendre un pareil récit; mais il est bien plus douloureux encore d'entendre raconter les iniquités qui ont attiré tant de maux....

Sous la date de 1299, l'auteur de la Chronique (page 353 et 354) dit que Dieu, pour venger le sang de ses serviteurs, se servit d'un prince infidèle, d'un chef de Tartares, qu'il compare à un torrent; il fait le récit de la marche et des exploits de ce Tartare, et des brillantes victoires qu'il remporta sur les soudans du Caire et de Damas réunis à plusieurs chefs infidèles; ensuite il décrit en ces termes le second combat où le soudan du Caire fut entièrement défait:

« Le soudan du Caire ayant réuni son armée alla au-devant de lui (le chef des Tartares). L'ordre de bataille ayant été réglé, et les troupes ennemies s'approchant les unes des autres, les frondeurs et les balistaires provoquèrent l'armée au combat, avec un bruit horrible, semblable aux éclats d'un tonnerre terrible; lorsqu'on en fut venu aux mains, le magnifique roi des Tartares rompit les ailes des ennemis, et tel qu'un lion affamé qui dissipe et renverse un troupeau de bétail, il abattit avec l'arc et l'épée la puissance du Caire. Le soudan désespéré se retira du combat avec ceux qui lui restaient. Le roi les poursuivit avec vigueur sans faire de quartier jusqu'à la nuit, que les fuyards se réfugièrent dans un lieu fortifié.

Le soudan tenta un nouvel effort, et livra un troisième combat qui ne lui réussit pas mieux; il fut encore obligé de fuir, et il alla s'enfermer dans le Caire. Le roi des Tartares soumit à ses armes victorieuses le Jourdain, l'Euphrate et le Nil, et fit annoncer au pape Boniface VIII les triomphes qu'il venait d'obtenir sur les infidèles. Il l'engagea à inviter les chrétiens qui avaient été chassés de la Terre-Sainte, à y revenir librement, à repeupler ce pays dévasté, et à rétablir les villes détruites. Il invita les ordres de St. Jean, du Temple, etc., à rentrer dans leurs habitations saccagées, et leur en assura la paisible jouissance. L'auteur de la Chronique dit que ces nouvelles causèrent la plus grande joie au Saint-Pere. (page 364 et suiv.)

Annales Novesienses. (Annales de l'abbaye de Nuitz, par VERNER TITIEN.) (Tom. IV, p. 524.)

Art. XI.

Verner Titien, auteur de ces Annales, naquit au bourg de Titz dans le pays de Juliers. Il entra de bonne heure dans l'ordre des chanoines réguliers de St. Augustin, au monastère de Ste. Marie de Nuitz. Ses vertus lui ouvrirent le chemin des dignités de son ordre. Il fut fait prieur d'un monastère d'Alsace, puis de celui de Nuitz dont il a déploré la destruction. Il devint enfin supérieur général de la congrégation de Wendiesheim. Les Annales de Verner commencent à l'an 698, et vont jusqu'en 1589. Sous la date de 1096, l'auteur parle de la première croisade, et donne les noms des principaux chefs. Il dit que Godefroi vendit à l'évêque de Liége son comté de Bouillon et tout ce qui en dépendait pour 1300 marcs d'argent fin, qu'il dépensa joyeusement. *Vendidit pro trecentis et mille marcis argenti purissimi, quas in eamdem expeditionem hilariter expendit.* Cette vente est rapportée à peu près dans les mêmes termes par l'auteur de l'histoire du monastère de St. Laurent de Liége, page 1079 de ce IVe. vol. de D. Martenne. Seulement cet historien ajoute trois marcs d'or aux 1300 marcs d'argent fin, prix de la vente du comté.

Verner porte à plus de 300,000 hommes armés le nombre des croisés. Dans cette armée, des femmes, des filles, des religieuses, en habit d'homme, marchaient, dit-il, les armes à la main avec les guerriers. Elles étaient en très-grand nombre. Lorsqu'ils arrivèrent en Pannonie, la plus grande partie fut tuée, et ce ne fût pas sans l'avoir mérité, car les guerriers, les prêtres et les moines, marchant avec ces femmes et ces religieuses, s'étaient livrés à de grands excès, et avaient attiré sur eux la colère du souverain juge. L'auteur parle du combat de Nicée, de la prise de Laodicée, du siége d'Antioche et de la conquête de Jérusalem à peu près comme tous les autres historiens, et sans beaucoup de détails. Il dit entr'autres choses que les chrétiens étant entrés en Syrie après avoir confié la garde d'Antioche à Boëmond, éprouvèrentt encore une si grande famine, qu'ils furent forcés de manger des corps morts de Sarrasins, déjà en putréfaction. (pages 550 et 560). Les annales parlent aussi de la prise de Jérusalem; du sang répandu dans le temple de Salomon; de la bataille d'Ascalon, où cent mille Sarrasins furent tués, selon l'auteur, et deux mille furent étouffés à la porte de la ville; mais elles ne disent rien de la seconde croisade, ni de la prise de Jérusalem par Saladin, ni de la 3e. expédition entreprise pour délivrer les saints lieux.

Sous la date de 1195, elles parlent de l'institution de l'ordre Teutonique, institution qui fut faite par quelques citoyens de Brême et de Lubeck. Ceux-ci étaient partis avec Adolphe, comte de Holstein, qui avait suivi l'empereur Frédéric 1er. en Palestine. Ils reçurent sous leurs tentes, et nourrirent, par amour de Dieu, tous les pèlerins pauvres qu'ils purent entretenir. Ce fut à Acre qu'ils établirent leur première maison, et construisirent leur première église, qu'ils appelèrent la maison de l'ordre Teutonique. Le but de cet ordre était de servir les pèlerins et les infirmes. Vers le même temps commença l'ordre de la Sainte-Trinité, pour la rédemption des captifs. (page 565 et 566).

Sous la date de 1229, l'auteur rapporte, en quelques mots, que Jérusalem fut remise à l'empereur Frédéric par le soudan d'Egypte, et à certaines conditions. Il remarque que cette reddition se fit sans combat et sans effusion de sang (p. 571).

Il ne parle point des croisades de saint Louis, ni de la ruine d'Acre.

A la date de 1308, il rend compte de la prise de Rhodes, par les chevaliers de l'Hôpital, aidés des troupes des chrétiens. Il ajoute que cette île resta aux chevaliers jusqu'en 1522, où elle fut reprise par les Turcs, sous l'empereur Charles-Quint et le pape Adrien VI (page 580).

Les Annales racontent brièvement la prise de Constantinople par les Turcs, en 1453. Elles disent que l'empereur Constantin fut tué en fuyant, à la porte de la ville, et que sa tête, portée au bout d'une lance, fut promenée dans la ville. Elles ajoutent que la femme et les filles de cet empereur, et d'autres dames de distinction, furent traînées à un festin, où elles furent d'abord déshonorées et ensuite coupées par morceaux. Mais ces faits sont autant de fables.

LAMBERTI PARVI *Leodiensis Sancti-Jacobi monasterii monachi chronicon, à Reinero ejusdem cœnobii asceta continuatum.* (Tom. V, pag. 1.)

Art. XII.

Lambert Petit, moine du monastère de Saint-Jacques, à Liége, vivait dans le onzième siècle. La Chronique qu'il composa commence à l'an 988, et va jusqu'à 1194, année de sa mort. Elle n'offre, à proprement parler, que des dates et ne mérite pas qu'on s'y arrête.

Reiner, moine du même monastère, l'a continuée jusqu'en 1230. Martenne, pour y donner une suite, a publié, de la Chronique de Zanflict, aussi moine de ce monastère, tout ce qui suit cette époque, jusqu'en 1461.

Reiner a donné plus d'étendue à sa Chronique que Lambert Petit. Quelquefois il a peint les caractères de ses personnages historiques ; mais Zanfliet s'est encore plus étendu que Reiner, et l'histoire de deux siècles occupe, dans son ouvrage, plus de trois cents pages.

> Reiner a donné, sur les trois premières croisades, des détails qu'on trouve chez presque tous les historiens. Nous nous dispenserons donc de les indiquer. A l'égard de la quatrième croisade, voici ce que Reiner nous apprend, sous la date de 1197 :

Valeran de Limbourg, fils du duc des Ardennes, rompit la trêve faite avec les Turcs, à l'insu de Henri, comte de Champagne ; qui était à la tête des affaires dans le royaume de Jérusalem, ce qui fut très-nuisible aux chrétiens ; car les Turcs, saisissant l'occasion, assiégèrent Jaffa et tuèrent près de cinq mille hommes. Henri, comte de Champagne, se disposait à venir au secours des chrétiens lorsqu'il mourut, par suite d'un accident que nous avons raconté. Il eut pour successeur, dans l'administration, Henri, duc de Lorraine et de Brabant.

La trêve fut renouvelée, entre les chrétiens et les Sarrasins, l'année suivante 1198, pour six ans, six mois et six jours. Par cette trêve, dit Reiner, il fut permis aux chrétiens d'aller librement, et en sûreté, au tombeau du Seigneur, au fleuve du Jourdain et autres lieux saints. Le duc de Louvain et le comte-palatin, frère du roi Otton, revinrent d'Orient sans y avoir rien fait. Dans cette année, ajoute l'auteur, il s'éleva en France un nouveau prophète, nommé Foulques, d'une vie très-sainte et d'un grand mérite. Il employait tout son zèle à ramener les hommes dans le chemin du salut, par ses prédications ; il rendait la vue aux aveugles, la parole aux muets, guérissait les malades et faisait plusieurs miracles inouis de nos jours. Il ramena à une meilleure vie des femmes abandonnées au vice. Il maria les unes et en engagea quelques autres à la vie religieuse. Sa renommée et ses prédications se répandirent dans toutes les provinces. Il enflamma le zèle d'une multitude innombrable de pauvres, pour la croisade, et il leur donna lui-même la croix. Mais il jugea les riches indignes d'un tel bienfait. *Divites vero indignos esse tali beneficio judicavit.*

Sous l'année 1204, Reiner, en parlant de la révolution arrivée à Constantinople, donne en ces termes des détails assez curieux : « Par le secours de Baudouin, comte de Flandre « et des Vénitiens ses alliés, l'empereur de Constantinople « fut rétabli sur son trône, et son adversaire fut renversé, « comme il le méritait. Cet empereur vécut quelques jours en « paix; mais bientôt il fut traîtreusement étouffé et tué par « les siens; ce qui déplut beaucoup au comte Baudouin et à « ses alliés qui ne savaient pas que le Seigneur qui appelle « les choses qui ne sont pas, comme celles qui sont, (*qui « vocat ea quæ non sunt, tanquàm ea quæ sunt*), voulait leur « confier cet empire. Aussitôt les citoyens se rassemblent, et « comme nous le lisons dans Mathias, ils tirent au sort, qui « tombe à la troisième fois sur le comte Baudouin. Celui-ci « résiste tant qu'il peut; mais de gré ou de force il est entraîné « et solennellement proclamé empereur. Baudouin envoie sur « le-champ des lettres et des ambassadeurs en France, en « Flandre et en Lorraine, pour engager les moines et les « ecclésiastiques, et tous ceux qui pouvaient porter les armes « à venir le trouver, parce qu'il se proposait de les enrichir « et de changer le rite grec en rite latin. En effet, il se ren- « dit à Constantinople une foule de moines, d'ecclésiastiques « et de laïcs en état de porter les armes, et tous ayant le « signe de la croix. »

Reiner, sous la date de 1212, en parlant de la croisade des enfans, pense qu'elle se fit par l'art de la magie, parce qu'elle n'eut aucun succès, et qu'elle se réduisit à rien.

Il cite, sous l'an 1213, la lettre que le pape, Innocent III, adressa à tous les fidèles pour les engager à venir au secours de l'église d'Orient, qui était encore au pouvoir des Sarrasins. Le pape, afin d'appuyer cette lettre, envoya deux légats, maître Robert en France et Alatrinus en Allemagne.

Reiner, à la date de 1221, ne dit qu'un mot de la reprise de Damiette par les Sarrasins. Il finit sa Chronique à l'année 1230, époque où Martenne la fait suivre de celle de Zanfliet, qu'il regarde comme un historien exact et fidèle.

Chronicon Cornelii Zanfliet. (Tom. v, p. 67.)

Art. XIII.

Zanfliet raconte, sous l'année 1235, que le Vieux de la montagne envoya des assassins pour tuer Louis IX; mais que se repentant de cette résolution, il en envoya d'autres pour le prémunir contre les premiers. A cette occasion, dit l'auteur, le roi se fit escorter d'une garde plus nombreuse, dont les soldats tenaient continuellement à la main une massue en cuivre. Cette histoire de l'envoi des assassins est un conte, et l'augmentation des gardes du roi est attribuée à Philippe Auguste, comme nous l'avons dit ailleurs.

En parlant de l'invasion des Tartares en 1241, Zanfliet rapporte que deux mille femmes de la ville d'Arseron étaient allées, selon leur coutume, aux bains qui étaient éloignés de trois lieues de la ville; que pendant qu'elles y étaient, elles apprirent que l'armée des Tartares approchait, et que pour échapper à leur fureur elles imaginèrent de s'offrir au roi Bathou pour le servir à perpétuité. Elles allèrent donc au-devant de lui avec leurs lyres, leurs tambours et d'autres instrumens de musique. Elles se présentèrent en chantant au roi et à son armée. Mais elles ne purent adoucir la férocité du Tartare, qui les fit tuer toutes sur-le-champ.

L'auteur trace le tableau de la fureur et des ravages de ces barbares en Asie et en Europe. Il parle de la victoire qu'ils remportèrent en 1243 sur les Turcs, et fait le dénombrement des richesses que le soudan laissa dans son camp en fuyant. Il dit qu'il avait dans son armée quarante mille lances, dont les pointes étaient d'or. Plusieurs, ajoute-t-il, assurent que si Saint-Louis eût passé la mer après le ravage de la Turquie, il s'en serait rendu maître sans obstacles; au lieu que l'Egypte qu'il alla attaquer était bien plus difficile à conquérir.

Sous la date de 1244 la Chronique parle de l'arrivée des Carismiens que le sultan du Caire avait appelés, de la victoire qu'ils remportèrent devant Gaza et de la prise de Jérusalem par ces barbares. Pendant la tenue du concile de Lyon en 1245, le pape adressa, dans toute l'Allemagne aux princes et barons, une lettre fort triste sur cette prise de Jérusalem. Il les exhorta à prendre la croix contre les Carismiens. Le cardinal Odon de son côté anima par ses exhortations plusieurs prélats et barons de France à prendre la croix, et les disposa à passer la mer avec le roi pour aller au secours de la Terre-Sainte.

Zanfliet rapporte qu'en 1246 le pape, voulant détourner le soudan d'Egypte de l'alliance et de l'amitié de Frédéric, lui envoya des députés. Le soudan reçut fort bien les lettres du pontife, et il y fit en grec une réponse, dont voici la substance : « Dieu aime ceux qui désirent et cherchent la paix.
« Nous respectons les saintes écritures, et nous les aimons.
« Nous avons entendu votre messager qui nous a parlé du
« Christ que nous louons, sur lequel nous en savons plus que
« vous, et que nous honorons davantage. Vous dites que vous
« désirez la tranquillité et le repos, et que vous avez des
« motifs pour appeler les peuples à la paix. Nous la désirons
« comme vous; nous l'avons toujours voulue et désirée,
« mais le pape sait qu'il existe un traité d'amitié et de paix
« entre nous et l'empereur, depuis le soudan notre père,
« que Dieu illumine! Par ce traité il ne nous est pas per-
« mis de contracter avec les chrétiens, sans avoir aupa-
« ravant son conseil et son assentiment. Nous avons donc
« écrit à notre envoyé qui est à la cour de l'empereur,
« pour lui faire part des propositions de l'envoyé du pape.
« Il ira vous trouver; il s'entretiendra avec vous, et lorsqu'il
« nous aura fait son rapport, nous agirons d'après sa réponse.

« Nous ne ferons rien qui ne vous paraisse utile à tous, et
« qui ne soit agréable à Dieu. »

Sous la date de 1248, la chronique donne, sur le départ
de Saint-Louis, sur son expédition en Egypte et sur les
tristes résultats de cette expédition, des détails déjà connus,
et que nous ne répéterons pas. Mais elle rapporte deux lettres
qui prouvent, ainsi que d'autres faits merveilleux qu'elle raconte, que l'auteur est fort crédule. L'une de ces lettres est
d'un prince tartare, envoyée à Saint-Louis qui était alors dans
l'île de Chypre, et par laquelle il annonce qu'il veut se faire
chrétien; l'autre est du connétable du roi d'Arménie adressée
au roi de Chypre. Il y est fait mention d'un pays nommé
Tanguth, peuplé de chrétiens, d'où les rois mages partirent
pour se rendre près de notre Sauveur. On remarquait l'image
de J.-C. dans leurs églises et celle des trois rois offrant leurs
présens. C'est à ces images, dit le connétable, que ce pays
doit l'avantage d'être chrétien; et tout étranger, quel que
soit son culte, doit d'abord aller dans l'église pour saluer
l'image de J.-C. Ces récits adoptés sans examen et dénués
de critique, ne peuvent inspirer aucune confiance à des
lecteurs éclairés, pas plus que ce que la lettre renferme sur
les puissances musulmanes de l'Egypte et de la Syrie, sur
leur politique et leur manière de faire la guerre aux chrétiens.

Sous la date de 1260, Zanfliet rapporte que le soudan
d'Egypte entra de force en Syrie et en Palestine, et chassa
les chrétiens de plusieurs endroits. Hulagou, prince des Tartares, ayant appris cela, rassembla son armée à laquelle il
joignit les Arméniens et les chrétiens de Syrie, afin de réprimer les Sarrasins; mais la mort l'empêcha d'exécuter son
projet.

Le chroniqueur donne sur la deuxième expédition de
Saint-Louis des détails fort concis, et qu'il a puisés chez
d'autres historiens. Il parle de la paix conclue entre Philippe-
le-Hardi, le roi de Sicile et les Sarrasins, de l'arrivée d'Edouard
d'Angleterre et d'une multitude de Frisons et autres pèlerins
qui portèrent l'armée chrétienne à deux cent mille hommes;

armée qui ne fit rien à cause de ses péchés, dit l'auteur, (peccatis exigentibus); c'est toujours là, chez les historiens de ces temps, la cause des pertes et des non succès des croisés.

A la date des années 1289, 90 et 91, l'auteur donne de plus grands détails sur la ruine de Tripoli et d'Acre. Ces détails sont, dans quelques parties, un extrait et une traduction presque littérale de la relation manuscrite dont nous avons parlé au quatrième vol., et qui nous a beaucoup servi pour notre description du siége de Ptolémais ou Saint-Jean-d'Acre.

Nous ne répéterons point ces détails; nous nous contenterons de citer les réflexions qui les terminent, et dans lesquelles on trouvera une peinture assez vive des mœurs du temps.

L'auteur se livre à des plaintes et à des lamentations sur la perte d'Acre et de la Terre-Sainte. Il accuse tout son siècle et surtout les princes qui sont, dit-il, plus courageux que des lions au lit, plus timides que des daims au camp, qui déshonorent des visages mâles par des âmes efféminées, qui sont prompts aux combats de la nuit et sans force pour les autres; enfin qui n'ont d'ardeur que pour le luxe et d'énergie que pour haïr la vertu. « Voyez, je vous prie, ajoute-t-il, ce qui se passe en Europe. Les Français et les Anglais ne cessent pas de se battre depuis sept ans. Ce n'est ni le Christ, ni Marie, mais Mars et Bellonne qui règnent entre leurs rois. Leurs épées se sont amollies, mais leur cœur conserve toujours la dureté du fer. Des flots de sang qu'ils ont fait couler n'ont pas encore éteint l'ardeur de leur colère. Le roi de Castille et de Léon persévère dans son indolence, et laisse blasphémer le nom du Christ au milieu de ses rochers. Le roi d'Arragon avec ses Catalans envahit la Sicile et la Pouille; il en chasse René qui renaîtra, je l'espère; il est altéré du sang des Vénitiens. Notre César content de ses retraites et du nom d'empereur, souffre que la Germanie soit misérablement déchirée. Nous espérions qu'il recouvrerait ce qu'il a perdu. La Germanie n'est occupée qu'à armer des brigands, stipendiés pour la ruine de la république. De son ciel nébuleux elle lance sur l'Italie une pluie de feu. De son côté l'Italie s'épuise en efforts; et si elle respire un moment, l'amour de l'or, plus puissant que l'amour du Christ, occupe tous ses esprits, et porte ses habitans sur toutes les terres et sur toutes les mers. La Grèce qui nous hait, soit à cause de ses erreurs, soit à cause de notre orgueil, méprise son ancien bercail. Pourquoi tout cela, je vous le demande? si ce n'est parce que, méprisant la gloire de notre Créateur et de notre Libérateur, nous ne cherchons que la nôtre. »

Ce tableau, comme on le voit, ne manque ni d'une certaine énergie, ni d'une certaine vérité ; c'est dommage que l'auteur le gâte par les réflexions qu'il y ajoute. On est un peu surpris de le voir remonter à César, et d'entendre parler de la reine Cléopâtre dans un sujet qui est si étranger aux affaires de l'ancienne Rome. Mais c'était alors le goût du siècle, de comparer les événemens et les hommes de ce temps avec ceux de l'antiquité. « Si César-Auguste, dit-il, en finissant ses plaintes, si Scipion l'Africain, si Pompée, si Charles, si Constantin, sans parler de mille autres, pouvaient revivre, souffriraient-ils cela? Si des hommes privés de la lumière de la vraie foi ont osé tant de choses pour la république romaine, que ne devrions-nous pas oser sous la conduite du Christ pour les choses éternelles? Mais je retiens ici mon indignation. »

La Chronique raconte, sous l'année 1237, que Robert, roi d'Ecosse, étant au lit de mort, fit venir un brave chevalier nommé Guillaume Douglas, à qui il confia qu'il avait fait vœu d'aller avec la reine visiter le tombeau de J.-C.; mais que les guerres qu'il avait eues à soutenir l'avaient empêché d'accomplir ce vœu. Il ordonna à ce chevalier de faire embaumer son corps s'il succombait à la maladie, et d'emporter son cœur avec lui dans la Palestine ; afin qu'au moins après sa mort, lui Robert fît ce qu'il avait promis pendant sa vie. La Chronique ajoute que Douglas, après la mort du roi, se rendit en Flandre pour s'y joindre à quelques princes qui iraient en Orient; que là ayant appris que le roi de Castille et de Léon se disposait à combattre les Sarrasins, il partit pour l'Espagne, espé-

rant qu'à la suite de cette expédition il pourrait trouver
l'occasion d'aller en Palestine. Mais Douglas ayant été tué
dans un combat qui fut livré aux infidèles, les volontés du
roi Robert ne purent être exécutées.

Depuis cette époque jusqu'à l'année 1453, Zanfliet offre
peu de chose digne de remarque sur les affaires des croisades.
A cette dernière date, il raconte en peu de mots la prise de
Constantinople par les Turcs.

Sous la date de l'année suivante, il dit que Philippe, duc
de Bourgogne et de Brabant, compatissant aux calamités
d'Orient, et voulant déterminer, par son exemple, les
princes d'Occident à se croiser, fit solennellement vœu,
dans une assemblée près de Lille, de suivre, à ses frais, le
roi de France, dont il se reconnaissait le vassal, s'il plaisait
à ce monarque de marcher contre les Sarrasins, pour venger
les chrétiens d'Orient des horribles traitemens qu'ils en
avaient reçus. Le duc faisait la même promesse dans le cas où
le Roi, ne pouvant marcher lui-même, enverrait le Dauphin,
ou quelque autre prince à sa place. Mais si le Roi ne pouvait
y aller en personne, ni envoyer quelqu'un pour lui, Philippe ne se proposait pas moins d'accomplir son vœu et de
combattre le Sultan ou son lieutenant. La Chronique ajoute
que le fils du duc de Clèves, le comte d'Etampes, et un
grand nombre de seigneurs, firent le même vœu. Dans le
même temps, un Frère Mineur prêcha les indulgences accordées à ceux qui voleraient au secours du roi de Chypre,
opprimé par les Sarrasins.

L'auteur termine sa Chronique en parlant, sous la date
de 1456 et années suivantes, de plusieurs combats qui
eurent lieu en Hongrie, entre les Turcs et les chrétiens.

Zanfliet, en sa qualité d'écrivain contemporain, doit
être considéré comme une autorité; mais ce qui ajoute encore à son mérite, c'est son jugement et sa véracité. On
peut lui reprocher quelquefois un peu de crédulité; mais ce
défaut est compensé par la vivacité de son récit, et par les
détails curieux qu'il renferme.

17

EKKEARDI *abbatis libellus de expugnatione Jerosolymitanâ, ex manuscripto bibl. regis christianissimi.* (Tom. v. pag. 508.)

Art. XIV.

Cette Chronique porte aussi le nom de Conrad, abbé d'Usperge, quoiqu'il n'y ait de ce dernier que les dix premières pages, quelques passages ajoutés, et tout ce qui suit la mort d'Ekkeard, arrivée vers l'an 1130. Ekkeard était abbé d'Urangen, au diocèse de Wirtzbourg. Il composa son ouvrage à la prière de l'abbé de Corbie, qui fit, avec plusieurs Saxons, le voyage de Jérusalem, en 1117. Ekkeard réunit ensuite cet ouvrage, qu'il dédia à cet abbé, à une Chronique en cinq livres, qu'il avait composée, et qui, de la création du monde, allait jusqu'au douzième siècle. Nous reparlerons de l'ouvrage d'Ekkeard à l'article de l'annaliste *Saxo*.

La narration de cet historien est intéressante, non-seulement parce qu'elle est d'un auteur contemporain des événemens qu'il raconte ; mais encore à cause des particularités curieuses qu'elle renferme. On doit penser qu'il a puisé ses renseignemens dans les auteurs originaux, ou qu'il les tenait de témoins oculaires, comme de l'abbé de Corbie, par exemple.

Il commence par un tableau rapide des révolutions de l'Orient, et des progrès des Turcs dans la Syrie et dans l'Asie-Mineure, jusqu'au Bosphore de Thrace. Il parle ensuite de la tenue du concile de Clermont, et donne les noms des chefs de la première croisade. Il représente tout l'Occident ébranlé ; l'Océan se couvrant de pélerins, partis de différens pays inconnus, plusieurs parlant une langue qu'on n'entendait pas, ayant des mœurs qui paraissaient étrangères, portant des vêtemens et des armes qu'on n'avait jamais vus, ne mangeant que du pain, ne buvant que de l'eau, emportant avec eux des instrumens ou ustensiles à leur usage, dont plusieurs étaient en argent au lieu d'être en fer.

Parmi les causes qu'Ekkeard assigne au mouvement qui se fit alors dans certaines parties de l'Europe, il indique la guerre civile, la famine, la mortalité et la maladie connue sous le nom de Feu de Ste-Gertrude, qui décidèrent beaucoup d'habitans de la France occidentale à abandonner leur pays. Les prodiges, les révélations et la prédication de la croisade entraînèrent d'autres peuples. Le schisme qui existait alors, entre le sacerdoce et l'empire, empêcha les Allemands, les Bavarrois et les Saxons de prendre part à cette entreprise.

La Chronique parle, en peu de mots, des bandes conduites par Folkemarc, Godescale et le comte Emicon, qu'elle appelle des séducteurs sous la peau de brebis. Elle dit de Godescale qu'il était non un vrai, mais un faux serviteur de Dieu, *non verus sed falsus Dei servus*. Elle dit du comte Emicon qu'il était déjà infâme par sa tyrannie. Elle le compare à un autre Saül, pour les révélations dont il se vantait d'être favorisé par le Ciel. Mais elle raconte, moins longuement qu'Albert d'Aix, ses cruautés contre les Juifs et la dispersion de sa troupe en Pannonie. En parlant de Godefroy et des autres chefs croisés, Ekkeard les appelle *les véritables chefs de la milice du Seigneur*.

Il porte le nombre de cette milice à trois cent mille combattans. Il félicite Godefroy d'avoir su préserver ses croisés des embûches de l'Empereur grec. Il raconte ensuite la prise de Nicée, la marche triomphante des croisés à travers l'Asie-Mineure ; le siége et la prise d'Antioche, et enfin la conquête de Jérusalem. L'auteur nous apprend, à l'égard de cette dernière ville, comment elle fut prise deux fois, dans la même année, d'abord par les Egyptiens, ensuite par les Francs. Pendant le siége d'Antioche, tous les chefs des puissances d'Orient, frappés de terreur, envoyèrent des commissaires secrets, les uns chargés de tout faire pour conserver la paix, les autres chargés de préparer tout pour la guerre. Les envoyés du Soudan du Caire se présentèrent aux princes croisés, promettant, entre autres choses, que s'ils prenaient Antioche et chassaient les Turcs de Jérusalem, le Soudan et les Sarrasins feraient, avec les chrétiens, un traité d'alliance et d'amitié. Un certain nombre de soldats d'élite de l'armée chrétienne, s'étant rendus au Caire, leur force, leur grandeur, leur démarche imposante frappèrent les barbares, qui convinrent qu'avec de tels guerriers, on pouvait prétendre à la conquête de l'univers. Le Soudan, ayant mis le siége devant Jérusalem, eut soin de faire voir aux Turcs les guerriers Francs, avec lesquels il assurait être allié, et dont la terrible épée devait faire justice de la ville, s'ils ne se hâtaient de la rendre. Cette ruse, jointe à la terreur que les Francs inspirèrent, décida les Turcs à remettre la ville. Le Soudan s'en étant ainsi rendu maître, la fortifia pour la défendre de l'attaque des chrétiens, qui néanmoins parvinrent à s'en emparer en peu de temps.

Les succès inespérés qu'on avait obtenus à Jérusalem, ayant été connus en Occident, y réveillèrent l'ardeur que la nouvelle de la mort de Godefroy, la crainte ou la réflexion avaient ralentie. Une multitude incroyable de nouveaux croisés passèrent, dit l'historien, des frontières de la Saxe dans la Bavière. Les évêques de Milan, de Pavie, et les pays de la Lombardie fournirent une armée de cinquante mille hommes. Il s'en forma encore une autre des différentes provinces d'Allemagne, et une troisième d'Aquitaine, que Guillaume de Poitiers commandait. Ces armées laissèrent la Hongrie sur leurs derrières et allèrent hiverner dans les villes de la Bulgarie. Quand elles furent arrivées à Constantinople, le perfide Alexis, dit la Chronique, se hâta selon sa coutume de leur faire passer le Bosphore, pour les exposer aux traits des infidèles.

(Ekkeard ne dit point comment ces croisés s'étaient comportés à Constantinople.)

Les Turcs s'étant aperçu, continue l'auteur, de l'inertie des Lombards, les broyèrent comme de la paille, *terebant eos stipularum more*, et ils le firent de manière que l'armée allemande qui suivait, ne pouvait rien savoir de ce qui s'était passé.

Après avoir souffert des maux de toute espèce, les croisés arrivèrent enfin à Joppé, réduits au nombre de huit mille, et ayant perdu plusieurs de leurs chefs.

L'historien, en parlant du combat que Baudouin livra aux Sarrasins de Damas, du Caire et d'Ascalon, près de Rama, nous fait connaître le discours que ce Roi adressa aux siens avant la bataille :

« Vivons par la perte de nos ennemis, dit-il, ou mourons dans
« le danger. Braves soldats, voilà le combat que nous avons
« tant desiré, et pour lequel nous avons abandonné notre
« patrie, nos parens, et la paix. Il est honorable de combattre
« pour l'héritage du Christ, contre les usurpateurs de la
« Terre-Sainte, et contre des brigands étrangers. La victoire,
« sur de tels ennemis, ne peut être douteuse, et il serait
« glorieux de mourir en les combattant. Leur pays leur
« offre des moyens de fuir, l'éloignement où nous sommes
« du nôtre nous oblige à vaincre. Prouvons-leur que les
« Francs ne craignent pas la mort, et que les pèlerins du
« Christ veulent vivre ou mourir pour le Christ. »

Les Sarrasins n'osèrent, ce jour-là, résister à Baudouin ; mais quelque temps après, ils revinrent en plus grand nombre, et Baudouin remporta sur eux une victoire complette à Joppé. Malgré leur défaite, ils tentèrent encore d'assiéger cette place par terre et par mer. Mais le Roi y envoya du secours, et fit échouer leur projet. Peu après, il défit cinquante mille Sarrasins à Ascalon, et imposa tribut aux habitans de cette ville.

Ekkeard raconte qu'avant la bataille de Joppé tous les guerriers chrétiens se confessèrent et reçurent l'absolution et la bénédiction du légat apostolique. Ils n'étaient que sept mille fantassins et mille cavaliers, contre quarante mille ennemis. L'auteur assure que le vénérable abbé Gerle, qui portait la croix du Seigneur à côté de Baudouin, pendant le combat, lui avait dit qu'il n'avait jamais vu de neige ou de pluie aussi épaisse que les traits qui volaient contre le Roi; mais qu'à la vue du bois sacré, aucun des ennemis ne s'était fié à ses armes, mais bien plutôt à la fuite.

Ekkeard finit son ouvrage en 1125, en disant qu'une flotte nombreuse de Normands et de Siciliens se rendit à Ascalon, pour l'assiéger par terre et par mer, et que plusieurs pélerins, revenant de Jérusalem, annoncèrent la prise de cette ville, ainsi que celle de la ville d'Acre; il ajoute que ces heureuses nouvelles répandirent la joie dans tout l'Occident.

Ekkeard, comme nous l'avons dit, mérite beaucoup de confiance comme historien contemporain; mais on peut lui reprocher, comme à tous les écrivains de son temps, une trop grande crédulité. Car, en parlant des commencemens de la croisade, il cite plusieurs prodiges qui, selon lui, annoncèrent cet événement et son heureuse issue. Tels sont d'abord une tache vue dans le soleil; une comète aperçue dans la partie méridionale du ciel; une autre étoile qui changea de place, en passant de l'Orient à une autre partie du ciel, et des nuages de sang qui s'élevèrent à l'Orient et à l'Occident, et se heurtèrent au milieu du ciel. Après avoir raconté ces prodiges, Ekkeard en ajoute d'autres; il dit qu'un prêtre vit, vers la neuvième heure du jour, deux cavaliers qui se battaient dans l'air. Un d'eux, portant une grande croix dont il frappait l'autre, lui parut être le vainqueur. Dans le même temps, un autre prêtre, se promenant avec deux personnes, dans une forêt, vit tout-à-coup une épée d'une longueur étonnante se lever en l'air, sans pouvoir dire d'où elle s'élevait. Il entendit le bruit qu'elle faisait et distingua le métal dont elle était faite. Il la suivit jusqu'à ce qu'elle fût à une hauteur d'où il ne pouvait plus rien voir ni rien entendre. D'autres, selon Ekkeard, prétendaient avoir vu une ville dans les airs et différentes troupes à pied et à cheval, qui s'y rendaient de tous côtés. Enfin, il cite encore une femme qui, dans ce temps, fut enceinte pendant deux ans, et qui accoucha alors d'un enfant parlant. Il rapporte d'autres prodiges non moins extraordinaires, et que nous ne répèterons pas.

A la suite de l'ouvrage d'Ekkeard, D. Martenne a placé quatre pièces qui ont rapport à la guerre sacrée. La première est une lettre du patriarche de Jérusalem et de toute l'église de la Palestine à l'église d'Occident. Elle est fort courte et a pour objet de faire part aux chrétiens d'Europe des conquêtes des croisés.

La deuxième pièce est une *narration de la guerre sacrée*. Elle est aussi fort courte. Il y est dit que le premier combat fut livré au pont du fleuve Pharphar, le 9 des kalendes de mars, et que les croisés y tuèrent beaucoup de Turcs. Quelques historiens anglais ont parlé aussi de ce premier combat. On voit encore, dans ce petit écrit, que quatre ans après la délivrance de Baudouin, roi de Jérusalem, son neveu fut pris par les Sarrasins et coupé par le milieu du corps, comme du bois, *et in modum ligni per medium secatus.*

La troisième pièce est un éloge, en vers latins, des personnages distingués du diocèse de Térouanne, qui firent partie de la croisade.

La quatrième est un chant funèbre, aussi en vers latins, en l'honneur de ceux qui moururent dans cette sainte expédition.

Chronicon Terræ-Sanctæ, auctore RADULPHO *Coggeshale, ordinis Cisteriensis abbati, ex pervetusto codice Parisiensis Sancti-Victoris bibliothecæ auctoris ætate conscripto.* (Tom v. pag. 544.)

Art. xv.

Raoul de Coggeshale, Anglais de naissance, florissait vers l'an 1220, sous le règne de Henri III, fils du roi Jean. Il était de l'ordre de Citeaux: Son mérite et son savoir l'élevèrent à la dignité d'abbé du monastère de Coggeshale, dans le comté d'Essex. Raoul a fait plusieurs ouvrages. Sa Chronique de la Terre-Sainte, du temps de Saladin, est le plus important pour nous, et doit inspirer la plus grande confiance, car il fut témoin de tous les événemens remarquables de ce temps, comme il nous l'apprend lui-même ; il était à Jérusalem lorsque Saladin en fit le siége, et il y fut blessé d'une flèche qui *vint*, dit-il, *percer le milieu du nez de celui qui rapporte ces choses, et s'y arrêta. Depuis qu'on en a arraché le bois*, ajoute-t-il, *le fer y est encore*. Ce qui doit augmenter la confiance que le témoignage de Raoul peut inspirer, c'est qu'il est cité avec éloge par les écrivains anglais, surtout par Jean de Balée, qui lui accorde de grandes vertus et un grand savoir. Cet auteur mourut vers l'an 1230. Sa chronique de la Terre-Sainte commence en 1187 et finit en 1191.

Raoul de Coggeshale parle d'abord des divisions qui s'élevèrent entre les princes chrétiens de la Palestine, à la mort du roi Baudouin, pour la succession au trône de Jérusalem. Il déplore, à ce sujet, l'aveuglement de ces princes, qui allaient perdre, par leurs funestes divisions, l'héritage de Jésus-Christ, qu'ils devaient défendre en commun. Saladin apprit avec joie ce qui se passait ; il chercha à en profiter ; il envoya des ambassadeurs dans toutes les provinces de ses vastes états, et bientôt il réunit, sous ses drapeaux, une armée innombrable, qui vint camper dans un lieu nommé *Rasseleme*, ce qui veut dire tête de l'eau.

Raoul trace le tableau des ravages que les Sarrasins firent dans la Galilée. Il peint la terreur des habitans de Nazareth, lorsqu'ils virent les infidèles inonder la campagne. Le maître de la milice du temple, et celui de l'hopital, envoyés par le roi et le patriarche avec deux évêques, auprès de Raymond, comte de Tripoli, pour traiter de la paix entre les deux princes, étaient alors à Nazareth. Le bruit qui se fit tout-à-coup dans la ville les éveilla ; ils demandèrent ce qui était arrivé. On leur dit que les Sarrasins étaient maîtres du chemin qui conduisait à Tibériade où ils allaient trouver le comte. Le maître de la milice du temple s'adressa alors ainsi à ses compagnons de voyage. « Mes frères, mes compagnons, vous avez toujours « résisté à ces ennemis ; vous en avez toujours tiré une facile « vengeance. Hâtez-vous donc de vous armer ; c'est pour « l'église, c'est pour l'héritage de J.-C. que vous allez com- « battre. Rappelez-vous surtout que vos pères n'ont pas « triomphé par le nombre, mais par la foi et la justice. Il « n'est pas difficile de vaincre, quand la victoire vient du « ciel ». Tous répondirent : « Nous sommes prêts à mourir « pour J.-C., qui est mort pour nous. »

Le maître des Hospitaliers adressa aux chrétiens un discours à peu près semblable, et tous, d'un air joyeux, prirent les armes, et, malgré leur petit nombre, ils marchèrent à l'ennemi.

Raoul fait une vive description du combat qui s'engagea, et dans lequel périrent le grand-maître de l'hopital, Jakelin de Mailli, maréchal de la milice du temple, et un chevalier de l'hopital nommé Henri dont l'auteur fait le plus grand éloge. Le maître de la milice du temple, couvert de blessures, échappa avec beaucoup de peine à la mort. Les soldats chrétiens, accablés par le nombre, périrent presque tous glorieusement. Suivant Raoul, Raymond, comte de Tripoli ayant appris cette défaite, en fut attristé jusqu'à la mort : de peur qu'on ne croie, dit-il, que cela s'est fait à cause de moi, ou pour moi, j'irai à Jérusalem. Je me soumettrai au roi, à la reine et aux Seigneurs. Je ferai tout ce qu'ils ordonneront. C'est pourquoi, continue Raoul, ceux qui restaient, c'est-à-dire l'archevêque de Tyr, et celui de Nazareth, et le maître de la milice du temple envoyèrent à Jérusalem faire savoir au roi dans quelles dispositions était le comte de Tripoli. A cette nouvelle, Guy de Luzignan alla au-devant du comte avec un grand nombre de soldats turcopoles. Les deux princes se rencontrèrent dans une plaine nommée *Dotayni* près de la citerne de Joseph. Tous deux mirent pied à terre en présence des évêques, des chevaliers du temple et de l'hôpital, des barons et du peuple. Ils se saluèrent, s'embrassèrent, et se rendirent ensemble à Jérusalem. Le comte fit hommage au roi et à la reine. Les anciennes querelles furent oubliées, et la réconciliation étant faite, le comte retourna à Tibériade, et le roi resta à Jérusalem.

Raoul parle ensuite de l'armée que ce roi réunit pour s'opposer à Saladin, et des ravages que les Syriens faisaient pendant ce temps dans la Palestine. Il raconte la prise de Tibériade où se trouvait la comtesse de Tripoli, qui envoya demander en vain des secours à son mari. Nous ferons remarquer en passant que l'auteur, en parlant des différens lieux de la Palestine, qui deviennent le théâtre de quelque événement important, ne craint pas d'interrompre sa narration pour rappeler ce qui s'y est passé du temps de la prédication de J. C., et de mêler de pieuses réflexions à ces sortes de digressions. Lorsque le roi de Jérusalem eut appris par des lettres, la prise de Tibériade, il assembla, comme nous l'avons vu ailleurs, les chefs de l'armée, pour délibérer sur ce qu'il avait à faire. Quelques historiens ont rapporté le discours que le comte de Tripoli tint dans cette assemblée, et la plupart n'ont pas craint de l'accuser de trahison. Bernard Thesaurarius, comme nous le verrons plus loin, a rendu plus de justice à ce prince. Raoul, qui était aussi sur les lieux, ne le présente pas non plus sous d'odieuses couleurs. Il paraît au contraire approuver l'opinion que le comte soutint dans le conseil. Le discours qu'il lui prête est si sensé que nous croyons devoir le rapporter, afin de faire voir l'injustice de ceux qui ont accusé le comte de Tripoli.

On avait proposé d'aller au secours de Tibériade. Le comte se leva, et dit :

« Tibériade est ma ville, ma femme y est, aucun de vous
« n'a autant perdu que moi ; aucun de vous ne secourrait et
« n'aiderait cette ville avec plus de zèle que moi, s'il s'agis-
« sait de sauver les affaires de la chrétienté. Mais que le roi
« se garde bien, gardons-nous aussi d'abandonner l'eau, les
« vivres, et toutes les choses nécessaires que nous avons ici,

« et de conduire une si grande multitude de monde et de
« bêtes de somme dans un désert où la faim, la soif et la
« chaleur brûlante les feraient périr. Vous savez vous-mêmes
« qu'au milieu du jour, on ne peut subsister sans une grande
« abondance d'eau, et que vos ennemis ne peuvent venir à
« vous sans éprouver une grande disette, et sans perdre beau-
« coup d'hommes et d'animaux. Restez donc ici, au milieu
« des choses que vous possédez. Les Sarrasins, depuis la prise
« de la ville, sont si enflés d'orgueil, qu'ils ne veulent se dé-
« tourner ni à droite ni à gauche ; ils veulent venir directe-
« ment à vous, à travers une vaste solitude, pour vous proposer
« le combat. Notre armée bien nourrie sortira joyeusement du
« camp, et marchera pleine de vigueur à l'ennemi, et vous et
« vos chevaux rafraîchis, vous attaquerez courageusement et
« vaincrez avec l'aide et la protection de la croix de notre Sei-
« gneur, cette nation incrédule fatiguée par la sécheresse, et qui
« n'aura aucun moyen de se refaire. Sachez que les ennemis
« du Christ, avant de venir à la mer, ou de pouvoir retour-
« ner au fleuve, seront tués par l'épée, par la lance, par la
« soif, ou tomberont captifs dans nos mains, si la grâce de
« J. C. est toujours avec nous. S'il nous arrivait quelque
« malheur, ce dont Dieu nous préserve! nous avons des
« provisions, des fortifications et des moyens de fuir. »

Les chefs, dit Raoul, qui allaient livrer l'armée dans les
mains des loups, accusèrent le comte de se cacher sous la
peau de brebis. Ainsi fut accomplie, ajoute-t-il, la parole du
Sage qui dit : *Malheur au pays dont le roi est jeune, et dont les
citoyens ne sont point à jeun dès le matin!* Notre jeune roi suivit l'avis des jeunes, et nos citoyens, par envie et par
haine, abandonnant le conseil qui aurait assuré leur salut,
perdirent, par leur folie, leur pays, leur armée et eux-mêmes.

L'auteur fait ensuite le récit de la funeste bataille de Tibériade d'où le comte et les siens, Balisan de Naplouse,
Renault de Sidon, et quelques cavaliers se sauvèrent avec
beaucoup de peine, en foulant aux pieds les chrétiens qui
venaient de tomber sous les coups des ennemis.

Après cette bataille où la croix du Seigneur fut prise par les Sarrasins, Saladin se rendit maître de la citadelle de Tibériade, et son frère Siphidin *Malek-Adhel*, revenant d'Egypte, mit tout à feu et à sang dans la Judée. Raoul nomme tous les lieux par où les troupes de Saladin passèrent, et toutes les villes dont elles s'emparèrent en marchant droit à Jérusalem, qui était le principal objet de leur entreprise. Il dit que Saladin, enflé de ses succès, fit venir devant lui les généraux et les satrapes de son armée, et leur parla en ces termes :

« Le grand Dieu et Mahomet que je sers, et dont j'observe
« la loi, a livré dans mes mains ce qui fait la force et l'espoir
« des chrétiens, c'est-à-dire la croix, le roi, les chefs, les
« cavaliers, les archers et les fantassins, et voilà que tout
« ce pays plein de richesses, et sans prince et sans défenseur
« est en votre présence. Allez donc, hommes courageux,
« mes guerriers, soumettez à mon empire ce pays et tout
« ce qu'il renferme de forces. »

Après avoir raconté la prise d'Acre et la remise d'Ascalon, Raoul fait la description du siége et de la prise de Jérusalem, qui fut forcée de se rendre et d'accepter les conditions du vainqueur. Il peint l'affliction des habitans en entendant la lecture de ces conditions, et il se livre lui-même à de douloureuses réflexions sur ce sujet. Il parle des spoliations et des profanations des Sarrasins dans les églises et les lieux respectés des fidèles. Il dit qu'après qu'on eut dépouillé le St. Sépulcre, on en permit l'accès à tout individu sans distinction de culte; que tout le monde put également pénétrer dans cette partie du Calvaire, où l'on voyait les empreintes du signe de notre rédemption : et que la pierre qui avait reçu les gouttes de sang et d'eau sortis du côté de notre Seigneur, avait été brisée ou dégradée.

Raoul parle ensuite du voyage de l'archevêque de Tyr en Europe, pour y faire connaître le véritable état de la Palestine. Il raconte en peu de mots la 3ᵉ croisade, et le siége de Ptolémaïs par les princes chrétiens. Il raconte même la victoire navale que les chrétiens remportèrent sur les Musulmans. En général, tout ce que Raoul dit sur cette époque, se réduit à bien peu de chose, et cette brièveté de la part d'un témoin oculaire, aurait lieu d'étonner si nous n'avions du même auteur un autre ouvrage dans lequel on trouve plus de détails sur cette 3e. croisade. Celui que nous venons d'analyser se termine par la lettre de Frédéric à Saladin, et par la réponse que ce prince fit à Frédéric; nous aurons occasion de reparler encore de ces deux pièces. L'autre ouvrage de Raoul de Coggeshale a pour titre.

Chronicon Anglicanum ab anno 1056 ad 1200.
(Tom. v. pag. 801.)

Art. XVI.

D. Martenne, en publiant cette chronique de Raoul, s'étonne avec raison que les Anglais, qui sont si jaloux de la gloire de leur pays, aient montré tant de négligence pour les ouvrages de cet auteur dont leurs savans font tant de cas. Martenne nous dit que cette chronique qui se trouve dans la bibliothèque cottienne, se trouvait également dans celle du monastère de St. Victor de Paris, à la suite de la chronique de la Terre-Sainte du même auteur, et que c'est pour bien mériter de la nation anglaise, qu'il l'a mise au jour.

Le commencement de cet ouvrage de Raoul a toute la sécheresse et la brièveté des autres chroniques. Ce n'est que vers l'an 1187, c'est-à-dire lors de l'invasion de Saladin en Palestine, qu'il abandonne le style de chroniqueur pour prendre celui d'historien. Il répète alors, ou pour mieux dire il reproduit avec plus de concision les événemens qu'il a déjà racontés. Il parle de l'expédition malheureuse de Frédéric et de celle des rois de France et d'Angleterre. C'est principalement sur les exploits de Richard que l'auteur s'est complaisamment étendu. C'est aussi sur cette partie de la 3e.

croisade, que nous nous arrêterons, autant pour satisfaire la curiosité de nos lecteurs, que pour remplir les lacunes qui se rencontrent dans notre récit, au tome II de cette histoire.

Après avoir parlé de l'arrivée des rois de France et d'Angleterre en Sicile, de ce que fit Richard dans l'île de Chypre, de la victoire que ce prince remporta sur des vaisseaux Sarrasins avant d'aborder à Acre, du siége et de la reddition de cette place, des divisions qui éclatèrent entre Philippe-Auguste et Richard, de la prise de plusieurs villes maritimes par Richard et de la mort du marquis de Montferrat, Raoul de Coggeshale raconte que le duc de Bourgogne, laissé en Syrie par Philippe-Auguste qui s'était retiré, vint se joindre à Richard pour combattre ensemble les ennemis du Christ, et qu'on résolut d'aller assiéger Jérusalem. Il raconte la victoire que Richard remporta alors sur une riche caravane qui se dirigeait vers cette ville. Il dit que pendant que ce prince était dans son camp devant le château d'Ernald, et le duc de Bourgogne avec les siens dans la forteresse de *Betenoble*, un espion était venu avertir le roi dans la nuit qu'il avait entendu descendre de la montagne des hommes et des chameaux qu'il avait suivis. Il ajouta qu'il avait découvert qu'ils étaient envoyés par Saladin au duc de Bourgogne, et que les chameaux, au nombre de cinq, étaient chargés d'or et d'argent et d'habits de soie. L'espion eut ordre de prendre avec lui quelques-uns des gardes du roi, et d'aller dresser des embûches aux envoyés de Saladin. Ce qu'il fit en effet. Il les surprit, les saisit, et les amena au roi. Richard arracha à force de tourmens le secret à l'un d'eux, qui avoua que Saladin les avait envoyés au duc, et qu'ils y allaient malgré eux. Richard le lendemain fit venir auprès de lui le duc, le patriarche et le prieur de Bethléem. Il les entretint en secret, et jura aussitôt devant eux et sur les évangiles qu'il était prêt à aller assiéger avec son armée Jérusalem ou *Babylonie* ou Baruth, sans la possession desquelles le roi ne pouvait être couronné. Richard, après avoir fait son serment, pria le duc de faire aussi le sien. Le duc s'y refusa parce que les Templiers et les Français lui avaient assuré qu'il encourrait l'indignation de Philippe, si Richard venait par leur secours à triompher de Jérusalem. Le roi entra en fureur, traita le duc de traître, et lui reprocha les présens qu'il avait reçus de Saladin. Le duc nia tout ce qu'on lui reprochait. Alors Richard fit venir les envoyés de Saladin. Lorsque ceux-ci eurent été introduits, et qu'ils eurent révélé leur secret, le roi ordonna à ses gardes de les tuer à coups de flèches en présence de toute l'armée. Ce qui fut exécuté sans que les troupes de Richard ni celles du duc sussent la cause de cette sévérité, ni d'où venaient, ni ce qu'avaient fait ces envoyés. Le duc de Bourgogne tout honteux se retira aussitôt avec ses Français, et prit le chemin d'Acre. Richard s'apercevant de cette retraite, envoya sur-le-champ aux gardes de la ville défense d'y laisser entrer aucun Français. Le duc campa hors des murs. Richard leva son camp le lendemain, et suivant le duc il vint aussi placer ses tentes hors de la ville.

Raoul entre ensuite dans de longs détails sur la bataille de Joppé, qui eut lieu bientôt après. Comme cette bataille est une de celles où Richard fit briller davantage sa valeur et son habileté, et que les historiens qui nous ont servi de guides, dans notre récit de la troisième croisade, ne nous ont offert, sur cet événement, que des détails inexacts, nous croyons devoir donner un extrait de ce que Raoul en a dit.

Il y avait trois jours que Richard se reposait avec son armée, devant Ptolémaïs, lorsqu'on vint lui annoncer que Saladin assiégeait Joppé, avec toutes ses troupes; que la ville serait bientôt prise et toute la garnison égorgée, s'il ne portait de prompts secours aux assiégés. Richard, affligé de cette nouvelle, essaya de ramener le duc de Bourgogne à des sentimens de concorde; mais ce prince se refusa à toute instance, partit de nuit avec les siens, et se dirigea vers Tyr. En arrivant, il y finit misérablement sa vie dans un accès de délire, ce que Raoul regarde comme un juste châtiment du Ciel. Richard s'embarque avec une partie de son armée, et se confie aux vents; mais les vaisseaux étaient poussés vers l'île de Chypre, par la force des vents contraires et par la fureur des flots; de sorte que ceux qui étaient restés à terre crurent que le Roi se retirait secrètement. C'est sans doute là ce qui a fait dire aussi, à quelque historien, que Richard s'était rendu à l'île de Chypre. Le Roi et ceux qui l'accompagnaient, après avoir lutté contre les vents et les ondes, en ramant obliquement, abordèrent, au bout de trois jours, avec trois vaisseaux, au port de Joppé.

Saladin, par des assauts réitérés, s'était déjà rendu maître de la ville, et avait fait mourir tous les infirmes et les blessés. La garnison s'était retirée dans le château et pensait déjà à se rendre par capitulation, lorsque le patriarche, qui allait librement d'une armée l'autre, lui dit que l'armée de Saladin avait résolu de les tuer tous, pour venger leurs parens et leurs amis, que Richard avait fait égorger sans pitié dans plusieurs endroits, et qu'ils n'échapperaient pas à la mort, quand même Saladin leur accorderait la liberté de se retirer. Malgré cet avis, la garnison hésitait, et ne voyait plus d'espoir d'éviter le sort qui l'attendait, lorsque les vaisseaux du Roi parurent dans le port. Cette vue lui rendit le courage. De son côté, Richard, s'apercevant que la forteresse de la ville n'était pas encore prise, saute à terre avec les siens, armés de pied en cap, et, semblable à un lion furieux, il se précipite au milieu des troupes d'ennemis qui couvraient le rivage. Il s'avance audacieusement, à travers les traits qui pleuvaient de toutes parts, renversant tout à droite et à gauche. Les Turcs, ne pouvant soutenir un choc si subit, et croyant que Richard avait amené une armée plus nombreuse, abandonnent précipitamment le siège, non sans éprouver une grande perte. Ils étaient si effrayés, que rien ne put les arrêter dans leur fuite jusqu'à ce qu'ils furent entrés dans Ramula. Le Roi, après cette déroute, alla fièrement placer ses tentes, sous les murs de la ville, dans une plaine voisine de Saint-Abacuc; car les croisés ne pouvaient demeurer dans la ville, à cause de l'odeur que répandaient les cadavres des chrétiens que les infidèles avaient tués, et qu'ils avaient, par mépris, placés à côté de cadavres de porcs.

Lorsqu'on eut annoncé, le lendemain, à Saladin, que Richard était arrivé avec quatre-vingts soldats et les quatre cents arbalétriers qui formaient sa garde, il entra en fureur, et s'indigna contre son armée, de ce qu'elle avait fui devant un si petit nombre. Il ordonna sur-le-champ à sa cavalerie de retourner à Joppé, et de lui ramener, le lendemain, le Roi vivant et captif.

Cette nuit-là, Richard reposait tranquillement dans sa tente, et ne soupçonnait rien, lorsqu'au point du jour, les infidèles entourèrent son camp de manière qu'il n'avait aucune issue pour se réfugier dans la ville. Trois mille Sarrasins entrèrent dans Joppé. Les chrétiens, éveillés par le bruit et par les cris, furent frappés d'épouvante, en se voyant enveloppés de tous côtés.

A la vue d'un danger si soudain, Richard se revêt aussitôt de sa cuirasse, monte à cheval, et, bannissant toute crainte, devenu au contraire plus hardi en proportion du nombre des ennemis, il exhorte les siens au combat. Il leur dit qu'ils ne doivent point redouter la mort, lorsqu'il s'agit de défendre la religion et de venger les injures faites au Christ ; qu'il serait plus glorieux pour eux de succomber pour la loi du Christ, et, en succombant, d'abattre courageusement ses ennemis, que de se livrer lâchement à eux, ou de chercher le salut dans la fuite qui devenait impossible. En leur adressant ce discours, Richard rangeait ses compagnons d'armes en bataillon serré, afin que, pendant le combat, l'ennemi ne pût trouver d'espace vide pour le rompre. Ensuite, il fit placer, au pied de chacun, des bois propres à la construction des tentes, et qui leur servirent alors de rempart.

Pendant qu'on s'occupait de ce travail, autant que le moment le permettait, et que, de leur côté, les infidèles s'armaient et attendaient, en parlant entre eux, leurs compagnons d'armes, un des chambellans du Roi, sorti de la ville, arriva au camp, en s'écriant d'une voix lamentable; ainsi que nous l'a rapporté Hugues de Névil, qui était à ce combat :

« Hélas, Seigneur ! nous sommes tous sur le point de
« périr ; nous n'avons plus aucune ressource Une multitude
« innombrable de payens s'est emparée de la ville, et nous
« avons devant nous des troupes sans nombre, qui nous
« menacent de la mort. » Le Roi, en colère, lui ordonne de se taire, et jure qu'il lui coupera la tête, s'il ose parler de cela à quelqu'un de ses soldats. Aussitôt Richard harangue de nouveau son armée ; il l'exhorte à ne point s'effrayer du nombre des payens ; il lui dit qu'il veut aller dans la ville, pour examiner avec soin ce qui s'y passe ; et, prenant avec lui six guerriers déterminés et l'étendard royal, il entre avec intrépidité dans Joppé, s'ouvre un chemin avec son épée et sa lance, se précipite sur les ennemis, qui étaient rassemblés sur les places, les abat, les renverse et les tue. Les guerriers qui le suivaient renversent tous ceux qu'ils rencontrent, et les égorgent sans pitié. L'irruption du Roi fut si violente et si subite que la plupart de ceux qui succombèrent ignoraient la cause de leur perte. Les ennemis fuyaient le Roi qui les poursuivait, comme des troupeaux fuient devant un lion que la faim tourmente.

Richard, ayant, par son incomparable valeur, renversé, mis en fuite et chassé les infidèles de la ville, fit venir quelques soldats de la garnison retirée dans le château, et leur confia la garde des portes et des murs de la place.

Après cette victoire incroyable, le Roi retourna, avec ses six guerriers, à son armée. Cependant, il était affligé d'avoir si peu de chevaux ; car il n'y en avait que six et une mule dans tout le camp. Pour animer davantage ses soldats au combat, Richard leur raconta ce que le Seigneur avait fait dans la ville, par le moyen de son bras, et comment un si petit nombre avait triomphé de tant d'ennemis : « C'est
« pourquoi, ajouta-t-il, invoquons le secours du Dieu tout

« puissant, afin qu'il écrase aujourd'hui nos ennemis. Sa-
« chez résister tous au premier choc, et soutenir coura-
« geusement la violence des premiers coups. Prenez garde
« de vous laisser entamer, car vous seriez déchirés comme
« des brebis sans force et sans défense. Si, au contraire,
« vous pouvez soutenir le premier assaut sans vous rompre,
« vous n'aurez plus rien à craindre de l'audace des enne-
« mis. Vous triompherez, avec le secours de Dieu, des
« ennemis du Christ. Mais si je vois quelqu'un de vous
« montrer de la crainte, ou livrer passage à l'ennemi, ou
« fuir de quelque côté, je jure, par le Dieu tout puissant,
« que je lui couperai la tête. »

Quand le Roi eut ainsi exhorté et animé les siens au combat, tous levèrent leurs lances et invoquèrent, par leurs prières, le secours de Dieu ; mais pendant que plusieurs ne voyaient sans doute qu'une mort cruelle devant eux, le son des trompettes et le bruit des clairons se firent entendre ; ils annoncèrent l'approche des infidèles, qui venaient sur les chrétiens, en poussant des cris affreux, et tenant leurs lances dirigées contre eux. Les Turcs espéraient qu'au premier choc les chrétiens lâcheraient pied, et se disperseraient dans la plaine, ou que leurs rangs seraient enfoncés, et qu'ils se laisseraient entamer ; mais le bataillon des chrétiens demeura ferme et immobile à sa place, il ne céda ni à la terreur ni à la violence de l'assaut. Les Turcs admirèrent cette audace inouïe d'un si petit nombre, et se retirèrent à quelque distance, de façon toutefois que, des deux côtés, on pouvait se toucher du bout de la lance. On ne jetait aucun trait, aucun javelot, seulement on se menaçait du geste, de la voix et du visage. Les Turcs restèrent ainsi une demi-heure, et retournèrent à leur première station, en murmurant et en parlant entre eux. Ils s'éloignèrent des chrétiens de près d'un demi-stade. Le Roi, les voyant se retirer ainsi, se mit à éclater de rire, et s'écria : « Braves
« soldats du Christ ! ne vous l'ai-je pas dit, qu'ils n'oseraient
« se mesurer avec nous, à moins que nous ne les attaquions

« les premiers ? Ils nous ont montré toute leur audace et
« tout ce qu'elle peut nous inspirer de crainte et de terreur.
« Ils croyaient nous effrayer par leur nombre, et que nous
« n'oserions pas résister à leur premier choc. Ils s'attendaient
« à nous voir céder, comme des femmes, à leurs coups, et
« fuir çà et là dans la plaine. Maudit soit maintenant celui
« qui chercherait à éviter leur rencontre, et qui craindrait
« de se mesurer avec eux. Soutenons avec courage leurs
« assauts, comme nous venons de le faire, jusqu'à ce que
« nous triomphions avec le secours de Dieu. »

Richard avait à peine cessé de parler que les infidèles s'avancèrent de nouveau, en poussant des cris et en faisant sonner leurs trompettes ; ils s'arrêtèrent à quelque distance des chrétiens. Ceux-ci, restant immobiles, comme auparavant, et montrant une plus grande intrépidité, les infidèles retournèrent une seconde fois à leur première position. Ils revinrent ainsi jusqu'à cinq ou six fois, depuis la première heure du jour jusqu'à la neuvième. Richard, qui s'ennuyait d'une longue attente, et dont l'audace croissait en proportion de l'intrépidité qu'il voyait dans les siens, ordonna à sa troupe d'attaquer les ennemis à coups de traits et à coups de lance, lorsqu'ils se représenteraient, et de les provoquer tous au combat. Il commanda à ses arbalêtriers de marcher devant les soldats, et de diriger leurs flèches et leurs javelots sur les infidèles, ce qui fut exécuté ; car, lorsque les Turcs, selon leur coutume, revinrent en poussant des cris affreux, et parurent fondre sur les chrétiens, ceux-ci les attaquèrent avec leurs lances, leurs épées et toutes sortes d'armes, les renversèrent et les tuèrent. Le carnage, les cris, le désordre furent bientôt dans tous les rangs des ennemis. Les uns étaient percés de coups de lance, les autres renversés de leurs chevaux ; ceux-ci étaient blessés à la tête, ceux-là percés de flèches, un grand nombre étaient tués à coups de traits et de javelots. L'intrépide Richard, dont les armes brillantes semblaient lancer des feux, et qui, jusque-là, n'avait fait ni reçu de blessure, se précipite tout-à-coup au milieu des bataillons ennemis, l'épée d'une main et la lance de l'autre, et fait jaillir des étincelles des casques qu'il frappe à droite et à gauche. Il se jette dans les rangs ennemis sans chercher à éviter les coups, et sans cesser d'en porter de mortels. Il se voit un moment environné d'une centaine de Sarrasins, qui s'attachent à lui seul. Il fond sur eux ; à l'un il tranche la tête d'un seul coup ; à l'autre, il sépare les épaules de son corps ; à celui-ci, il coupe le bras et la main ; il en renverse d'autres, qu'il met hors d'état de se défendre. Tous se dispersent çà et là, et tâchent de se dérober à ses coups. Richard inspire à tous une si grande terreur qu'aucun n'ose l'attendre, aucun n'ose le rencontrer. Les soldats de Richard suivent leur Roi comme ils auraient suivi leur étendard ; ils enfoncent à droite et à gauche les troupes des ennemis, et tuent sans pitié tout ce qui leur résiste et tout ce qui se présente Les infidèles tombent en poussant des cris lamentables ; ils frappent la terre de la tête et des pieds, et perdent la vie avec leur sang. Quoiqu'ils eussent attaqué les chrétiens avec vigueur, et leur eussent lancé une grêle de traits, il arriva cependant, par la volonté de Dieu, qu'aucun de leurs coups ne fut mortel, et que, dans ce combat, aucun chrétien ne périt, à l'exception d'un seul soldat qui, s'éloignant de ses camarades, trouva la mort, qu'il voulait éviter en fuyant. Les soldats à qui Richard avait confié la garde de Joppé, admirant l'invincible courage du Roi et de leurs camarades, sortirent tous ensemble de la ville, et fondirent avec vigueur sur les ennemis. Ceux-ci, poursuivis sans relâche par Richard et par sa petite armée, prirent la fuite, après avoir perdu un grand nombre des leurs, et allèrent se cacher dans leurs antres et dans leurs cavernes.

Raoul, à la suite de cette étonnante victoire, raconte que Richard, ayant été attaqué de la peste, songea à retourner en Europe. Il rend compte, en peu de mots, du traité qui fut fait avec Saladin. Il dit que ce qui confirma le roi d'Angleterre dans la résolution de se retirer, ce fut la nouvelle qu'il reçut que son frère Jean voulait s'emparer de l'autorité, dans son royaume. La bataille de Joppé s'était livrée dans les jours de la canicule, et ce fut en automne que Richard mit à la voile pour l'Europe. Le récit que fait l'auteur de la manière dont ce Roi fut fait prisonnier en Allemagne, est assez curieux pour être rapporté ici. Raoul est le seul des historiens que nous avons analysés, qui donne à ce sujet des détails exacts.

Le roi Richard, dit-il, avec quelques-uns des siens, fut tourmenté pendant six semaines par une grosse mer. Lorsqu'il fut arrivé à trois lieues de Marseille, et qu'il eut appris que le comte de St-Gilles, et quelques autres seigeurs, sur les terres desquels il devait passer, avaient résolu ensemble de lui tendre des embûches, il se disposa à retourner en Angleterre par l'Allemagne. Il rebroussa chemin, et alla aborder à l'île de Corfou. Il trouva là deux vaisseaux pirates qui avaient eu l'audace d'attaquer le sien, et que son pilote reconnut. Richard, à cause du courage et de l'audace qu'ils avaient montrés, fit marché avec eux, et consentit à monter sur leurs vaiseaux. Il ne prit avec lui qu'un petit nombre des siens. Ce furent Baudoin de *Betune* ; maître Philippe, clerc du Roi ; Anselme, son chapelain, qui nous a rapporté lui-même tout ce qu'il a vu et entendu, et quelques chevaliers du Temple. Ils abordèrent sur les côtes de Sclavonie, à une ville nommée Gazara. Ils envoyèrent aussitôt un député au château voisin, demander au seigneur, qui était maître de la province et neveu du marquis de Montferrat, la liberté de passer sur ses terres. Le Roi, dans son retour, avait acheté à un Pisan trois rubis, qu'il avait payé neuf cents besans. Il en avait renfermé un dans un anneau d'or. Il chargea le député d'offrir cet anneau au seigneur du château. Celui-ci s'informa du nom de ceux qui demandaient le passage. Le député répondit que c'étaient des pélerins, qui revenaient de Jérusalem, et il nomma Baudouin de *Betune* ; puis il ajouta qu'un marchand, qui s'appelait Hugues, lui envoyait un anneau. Le seigneur, après avoir long-temps examiné le présent, dit au député : Ce n'est pas Hugues qu'il se nomme, mais le roi Richard. J'avais juré, ajouta-t-il, que je ferais prisonniers tous les pélerins qui viendraient de ce pays, et que je ne recevrais d'eux aucun présent; mais, à cause du prix de celui-ci, et vu la dignité du maître qui me l'envoie, et qui m'a ainsi honoré sans me connaître, je vous remets l'anneau, et j'accorde la liberté du passage. Le député alla reporter cette réponse au Roi. Les pélerins, fort peu rassurés, sortirent secrètement de la ville pendant la nuit, montés sur des chevaux qu'ils avaient achetés, et cheminent quelque temps à travers le pays. Mais le seigneur avait envoyé en secret un espion après eux, pour suivre leurs traces et arrêter le Roi. Quand Richard fut entré dans la ville où demeurait le frère du seigneur, celui-ci fit venir un de ses affidés, nommé Roger d'Argenton, Normand d'origine, qui était avec lui depuis vingt ans, et à qui il avait donné sa nièce en mariage; il lui ordonna d'aller dans les maisons où logeaient les pélerins, et de tâcher de découvrir, soit par le langage, soit par quelque autre signe, si le Roi n'était pas parmi eux. Il lui promit la moitié de la ville, dans le cas où il pourrait arrêter le prince. Roger, après beaucoup de recherches, découvrit enfin le Roi, qui dissimula long-temps, et qui n'avoua qui il était que parce qu'il y fut forcé par les prières et les larmes de Roger. Celui-ci exhorta aussitôt Richard à se dérober par la fuite, et il lui donna le meilleur cheval qu'il put trouver. Il alla ensuite retrouver son maître, à qui il dit que la nouvelle de l'arrivée du Roi était fausse, et que c'était Baudouin de *Betune* et ses compagnons, qui revenaient de pélerinage. Mais le maître entra en fureur, et ordonna de les arrêter tous. Le Roi était sorti secrètement de la ville avec Guillaume de l'Etang et un domestique qui entendait la langue allemande. Il marcha trois jours et trois nuits sans prendre de nourriture. A la fin, pressé par le besoin, il se détourna de son chemin, pour entrer dans une ville nommée *Ginana*, en Autriche, sur le Danube. Pour comble de malheur, le duc d'Autriche était alors à Ginana. Le domestique du Roi, en allant au marché, fit voir plusieurs besans, et inspira des soupçons par ses discours ; il fut arrêté et interrogé. Il répondit qu'il servait un riche marchand, qui devait arriver dans trois jours. On le relâcha, et il alla aussitôt rapporter au Roi ce qui venait de lui arriver, l'exhortant à prendre la fuite au plus vite; mais le Roi, qui était fatigué, voulut se reposer quelques jours. Le domestique, allant souvent au marché, acheter les provisions, eut un jour l'imprudence de porter avec lui, à sa ceinture, les gants du Roi. Ces gants furent remarqués, et le domestique fut arrêté. Conduit devant les magistrat de la ville, il fut mis à la torture ; on le menaça de lui couper la langue, s'il n'avouait pas aussitôt la vérité. Le domestique, cédant à la douleur, fit l'aveu qu'on lui demandait. On envoya aussitôt en informer le duc. On alla entourer la maison où logeait le Roi, et on le somma de se rendre. Richard déclara qu'il ne se rendrait qu'au duc lui-même. Celui-ci arriva. Le Roi fit quelques pas au-devant de lui, et lui remit son épée. Le duc, au comble de la joie, emmena le Roi, qu'il traita honorablement. Il lui donna ensuite des gardes, qui ne le quittaient ni jour, ni nuit, et qui veillaient sur lui, l'épée nue à la main.

A la suite de ce récit, Raoul fait de tristes réflexions sur la captivité de Richard, qu'il ne peut expliquer que par un secret jugement de Dieu, tant il lui paraît étonnant et déplorable qu'un roi qui avait si glorieusement échappé à tant de dangers en Syrie, fût devenu prisonnier d'un prince chrétien, sans avoir pu se défendre ni livrer de combat. Il suit le roi dans sa captivité, et raconte sa délivrance et son retour dans ses états. Il fait le récit de ce qui arriva à ce prince lorsqu'il fut rentré dans son royaume, et il le conduit jusqu'à sa mort qui eut lieu en 1299. Raoul a tracé, de Richard, un portrait qui ne peut manquer d'intéresser nos lecteurs, à cause du rôle que ce roi a joué dans l'histoire des croisades.

« Nous espérions, dit-il, que Richard, vu la libéralité de son excellent esprit et son habileté dans l'art de la guerre, serait le modèle des rois normands. Dans les premiers jours de son règne, il se montra affable envers tout le monde : bien intentionné pour les affaires religieuses, disposé à se rendre aux demandes justes ; il pourvut aussitôt les évêchés et les abbayes qui étaient vacans. Il promit de faire justice à tous. Il rendit à plusieurs, moyennant de l'argent, leurs chartes, leurs priviléges et leurs libertés, ou il les renouvela. L'argent qu'il tira ainsi servit à son voyage de Jérusalem, il quitta son royaume presque aussitôt, et commença cette expédition avec beaucoup de dévotion, un grand appareil et des dépenses infinies. Dieu le protégea partout, et le fit échapper à tous les dangers de cette guerre, et, par son secours, le roi arracha des mains des infidèles une grande partie de la Terre Sainte. Dieu veilla encore visiblement sur lui à son retour dans sa patrie, et pendant sa captivité, il le sauva encore des mains de ses nouveaux ennemis. Mais quand Richard fut rendu à ses sujets, il oublia la main victorieuse qui l'avait sauvé : dans la maturité de l'âge, il ne prit aucun soin de se corriger des vices qu'il avait eus dans sa jeunesse. Il montra tant de dureté et d'opiniâtreté, qu'il ternit par un excès de sévérité toutes les vertus qu'il avait fait paraître au commencement de son règne. Il avait toujours un œil menaçant avec ceux qui l'entretenaient d'affaires ; il faisait, toujours d'un air terrible, des reproches ou des censures, et montrait un visage furieux à ceux qui ne satisfaisaient pas à ses demandes d'argent, ou aux promesses qu'ils lui en avaient faites. Dans le particulier, il était affable, caressant, et se radoucissait jusqu'à jouer et plaisanter. Il était si avide d'argent qu'il aurait voulu épuiser toutes les bourses. Il pressura tellement les Anglais pour payer le prix de sa rançon, qu'il n'épargna aucun ordre, aucun état. Cependant Hubert, archevêque de Cantorbery, et justicier du royaume, arrêta autant qu'il put l'effet des cruels édits du roi. »

Raoul, dans un autre endroit de son ouvrage, après avoir loué de nouveau le roi d'Angleterre d'avoir rendu aux bénéfices ecclésiastiques leurs revenus et leurs titulaires, ajoute que Richard se plaisait à l'office divin, surtout dans les solennités. Il dit que sa chapelle était richement ornée ; qu'il accompagnait de sa voix sonore, et encourageait par des présens les chantres de l'église, mais que depuis la secrette de la messe jusqu'à la post-communion, il priait en silence, et avec un recueillement que rien ne pouvait distraire. Il cite ensuite deux abbayes qu'il fonda ou répara, toutes deux de l'ordre de Citeaux ; l'une était celle de *Bon-Port*, en Normandie, au diocèse de Rouen ; l'autre, celle du *Pin*, au diocèse de Poitiers.

Raoul parle aussi du curé Foulques, comme en ont parlé les historiens du temps. Il termine sa Chronique anglaise par la bulle du pape Innocent adressée à l'archevêque de Cantorberi, sur les secours à porter dans la Terre-Sainte, et sur la dîme qu'il avait décrété de faire lever dans toute la chrétienté. Cette bulle est de 1200. Il en a déjà été parlé ailleurs.

GUILLELMI *Tyrii continuata belli sacri historia idiomate ab antiquo auctore descripta.* (Continuation de l'histoire de GUILLAUME de Tyr en vieux langage français, par un ancien auteur.) (Tom. V. pag. 584.)

Art. XVII.

Guillaume de Tyr, le plus important des historiens des croisades recueillis par Bongars, n'eut, comme nous l'avons remarqué à son article, ni le temps ni la volonté de terminer le 23e. livre de son ouvrage. Un écrivain français du 13e. siècle le traduisit et le continua jusqu'en 1275, selon l'opinion de D. Martenne, qui a pris cette continuation à l'endroit où Guillaume de Tyr a laissé son travail, et l'a insérée dans sa collection. D'un autre côté, Muratori a publié dans son immense recueil des écrivains d'Italie, un ouvrage de Bernard Thesaurarius, qui était écrit en français, et que François Pipin a traduit en latin. Or cet ouvrage de Bernard Thesaurarius se trouve le même que celui de Martenne, pour l'ordre et la suite des faits, pour le sens et pour l'expression. Toute la différence qu'on trouve entre les deux, ce sont quelques interpolations de Pipin, et la fin de l'ouvrage, qui manque dans la traduction latine. Ce qui doit faire penser que Pipin a traduit Bernard Thesaurarius sur une copie imparfaite ou mutilée. Cette similitude entre la traduction latine et le français publié par D. Martenne, a donné lieu de juger au P. Mansi, annotateur des Annales Ecclésiastiques, que c'était le même ouvrage, et que la continuation de l'histoire de Guillaume de Tyr est de la main de Bernard Thesaurarius. Nous renvoyons pour les preuves qu'il en donne, à la collection de Muratori, page 405 de ce volume, où nous concluons aussi nous-mêmes que Bernard Thesaurarius, selon toute apparence, avait entrepris une histoire complète des croisades, et qu'il s'était servi de Guillaume de Tyr pour tout ce qui avait précédé le temps où il vivait.

Muratori, en publiant la traduction de Bernard Thesaurarius, n'a pu nous dire autre chose de cet auteur, sinon qu'il était Français, et qu'il avait écrit dans le français qu'on parlait au 13e. siècle. Martenne a déclaré qu'il ignorait le nom de l'auteur de la continuation de Guillaume de Tyr ; mais *Mensel*, dans sa Bibliothèque Historique, nous dit qu'il s'appelait Hugues Plagon ; et c'est le nom que nous avions adopté en citant cet ouvrage dans notre *Histoire des Croisades*. Cependant *Mensel* ne nous apprend rien sur ce Hugues Plagon ; nous n'en savons pas plus sur lui que sur Bernard Thesaurarius. Toutefois l'opinion du P. Mansi est déterminante, et quand on a comparé le latin de Pipin avec le français publié par Martenne, on ne peut se refuser à l'évidence des preuves. Du reste, peu importe que l'auteur de cette continuation ait nom Bernard Thesaurarius ou Plagon, s'il est démontré que le même ouvrage a été fait en français, et traduit ensuite en latin.

Martenne a fait précéder la continuation de l'histoire de

Guillaume de Tyr du récit des divisions survenues entre le roi Baudouin IV et le comte de Jaffa (Guy de Lusignan) dont le roi voulait rompre le mariage, et par la nomination du comte de Tripoli à la régence du royaume. C'est à cette époque que Guillaume de Tyr s'est arrêté. Son continuateur rend compte en peu de mots de l'élection de Baudouin V, du couronnement de ce prince dans l'église du St.-Sépulcre, et des débats qui s'élevèrent entre les barons sur l'hérédité du trône dans l'hypothèse de la mort du jeune roi. Voici dans quels termes il nous fait connaître les cérémonies qu'on observait au St.-Sépulcre lors du couronnement des rois de Jérusalem : « Costume est en Jérusalem quand le roi porte
« corone au Sépulcre, il la porte en son chief de ci au temple
« où J.-C. fut offert ; là si offre sa corone, mes il l'offre par
« rachat. Ainsi soloit l'en faire que tantost come la fame avoit
« son enfant malle, que cle l'offroit premièrement au temple,
« si le rachetoit d'un agnel ou de deux colombiaus ou de deux
« tourterelles. Quand le roi avoit offert sa corone au temple
« si avaloit (*descendait*) uns degrés qui sont dehors le temple
« et entroit en son pales u (*au*) temple de Salomon où li
« templiers manoient (demeuraient). Là étoient mises les
« tables por mengier, où le roi s'asseoit, et si baron et tuit
« cil (tous ceux) qui mangier voloient, fors seulement li
« borgois de Jérusalem, qui servoient, que tant devoient li
« de servise au roi, que quand le roi avoit porté corone,
« qu'ils servoient li et ses barons au mengier. »

Le continuateur parle de l'hommage que les seigneurs chrétiens rendirent au nouveau roi, et de l'arrivée, dans la Terre-Sainte, de Boniface, marquis de Montferrat, à qui le comte de Tripoli et tous les barons firent un accueil très-honorable. Il raconte les troubles et les révolutions qui eurent lieu bientôt après à l'occasion de la mort du jeune roi de Jérusalem, l'adresse de la reine Sybille à se faire couronner malgré l'opposition du comte de Tripoli, et le choix que cette reine fit de Guy de Lusignan, qu'elle couronna elle-même. Il entre ensuite dans le détail des divisions qui éclatèrent entre le roi Lusignan et le comte de Tripoli, et dit comment s'opéra leur réconciliation. Le récit du continuateur est assez conforme à celui de Raoul de Coggeshale. Il représente le comte de Tripoli comme un *sage homme* et *bon chevalier*. Le discours qu'il lui prête dans le conseil des barons, lorsqu'on délibéra si l'on irait au-devant de Saladin à Tibériade, est à peu près le même que celui que Raoul lui met dans la bouche. On le trouvera à l'article de Bernard Thesaurarius. Le comte fut si affligé de la perte de la bataille qui fut livrée contre son avis, qu'il en mourut peu de temps après de douleur à Tripoli. C'est du moins là la cause que le continuateur donne à sa mort.

La Chronique, après avoir raconté les conquêtes de Saladin, fait le récit du siége et de la prise de la ville sainte par le vainqueur. Elle trace le tableau des cruautés et des horreurs qui se commirent à Jérusalem. Elle cite néanmoins des traits de générosité et d'humanité du soudan. Elle rapporte entr'autres que des dames bourgeoises et des filles de chevaliers dont les pères avaient été tués, lui ayant été présentées, il fut touché de leur douleur, et leur fit donner tous les secours dont elles avaient besoin. Elle dit aussi que les Sarrasins eurent toutes sortes d'égards pour les pauvres chrétiens qui étaient à Alexandrie. Après cela la Chronique parle du départ de Guillaume de Tyr pour l'Occident; des secours que les princes chrétiens, à la demande du pape Urbain III, envoyèrent en Orient; de la malheureuse expédition de l'empereur Frédéric, et de celle des rois de France et d'Angleterre. Elle ne s'étend pas aussi longuement que Raoul de Coggeshale sur les exploits de Richard, et ne les présente pas non plus de la même manière. Mais elle nous fait connaître un piége que Saladin tendit à ce monarque lors de la bataille de Joppé. Nous allons citer la Chronique :

« Saladin demanda où il estoit (le roi d'Angleterre) Ils
« respondirent : Sire, veez le là sur ce tertre tout à pié avec
« ses homes. Coment, dit Saladin, est roi à pied entre ses
« homes, il n'a fiert pas ? Lors li envoya Saladin un cheval,

« et en charjea au message que il li deist, que tel home come
« il estoit ne dust pas estre à pié entre ses homes en tel pé-
» ril. Le serjant fit le commandement de son seignor. Il vint
« au roi et li présenta le cheval de par Saladin. Le roi l'en
« remercia. Lors fit monter dessus le cheval un sien serjant,
« et poindre (pousser) devant li. Quand cil out (celui-ci eut)
« esperonné le cheval, et il cuida retourner, ce ne fust james.
« Ains l'emporta le cheval maugré sien en l'ost des Sarrasins.
« Saladin fut moult honteux de ce. »

Le continuateur rend compte du traité qui fut conclu peu après entre Richard et Saladin ; du départ du premier pour l'Occident, et de sa captivité en Allemagne : son récit à l'égard de cette captivité est peu d'accord avec celui de Raoul. En parlant de la délivrance de Richard, l'auteur ne craint pas d'avancer que ce fut par le conseil de Philippe-Auguste, qu'on exigea de ce prince une forte rançon dont le Roi de France eut une bonne part.

La Chronique reprenant la suite des événements qui eurent lieu dans la Syrie, continue le récit des siéges ou combats nombreux que les Sarrasins et les chrétiens se livrèrent. A l'occasion de la prise de Damiette, elle parle de la mésintelligence qui s'éleva entre le roi de Jérusalem et le cardinal légat, mésintelligence qui fut cause de la perte de l'armée chrétienne. Après cette malheureuse guerre d'Egypte, la Chronique n'offre plus que des détails fort succincts sur les deux croisades de Saint Louis. On a lieu de s'étonner qu'un historien qui se donne pour le continuateur de Guillaume de Tyr, ne se soit point occupé de caractériser la décadence du royaume de Jérusalem, et de faire connaître avec quelqu'étendue les revers des chrétiens en Orient. L'auteur parle en général de tous les événemens des croisades, mais il ne fait que les effleurer. Il a quelques détails curieux, mais ces détails n'offrent point une série de faits liés les uns aux autres. Ce sont plutôt des détails anecdotiques qu'historiques. Voici, par exemple, comment il raconte la mort du comte de Champagne :

« Il demanda à laver ; l'en li apporta, et vint en droit
« d'une fenestre qui, en la tor en haut, estoit où il manoit.
« Si, comme il lavoit ses mains, il se lança avant, et chei
« de la fenestre à val, si fust mort. Li vaslet, qui tenoit la
« touaille (serviette), se laissa cheoir après, parce qu'il ne
« voloit pas qu'en dise qu'il l'eust bouté. Il ne fu mie mort,
« mes il ot la cuisse bruisée. »

Il ne faut pas toutefois confondre cette continuation de l'histoire de Guillaume de Tyr, quel qu'en soit l'auteur, avec celle de *Jean Herold*, qui y a ajouté six livres, sous le titre de : *Belli sacri continuatæ historiæ*, lesquels conduisent l'histoire jusqu'en 1521. Cette autre continuation ne vaut pas, à beaucoup près, la première. Voyez l'article de Bernard Thesaurarius à la collection de Muratori, et celui de Guillaume de Tyr, à la collection de Bongars.

De excidio Acconis libri II, ex tribus manuscriptis : uno Leodiensi Sancti Jacobi, altero regii collegii Navarræ, tertio bibliothecæ Sancti Victoris Parisiensis. (Tom V, p. 757.)

Art. XVIII.

Le manuscrit remis à la bibliothèque de Saint-Victor de Paris, par maître Adenulfe d'Agnanie, paraît avoir été composé par lui. Cet Adenulfe, qui était chanoine de cette église, le donna à condition qu'il ne serait jamais aliéné ou vendu. Dans une courte introduction, il nous apprend qu'il n'a pas été témoin des événemens qu'il raconte, mais qu'il a recueillis, de personnes dignes de foi, les détails du siége et de la prise de la ville d'Acre. Son récit est partagé en deux parties. La première, qui est peu étendue, renferme tous les événemens qui précédèrent et occasionèrent ce siége, comme la rupture de la trève, la réparation que demande le Sultan, la réponse des habitans, et les dispositions respectives pour la défense et l'attaque de la place. La seconde partie, beaucoup plus étendue, est l'histoire du siége. La première et la seconde partie sont d'un bout à l'autre la traduction du manuscrit intitulé : *Relation du Siége d'Acre*, en vieux langage du temps, d'où Zanfliet a tiré en grande partie tout ce qu'il a dit sur le siége d'Acre, et dont nous avons donné l'analyse aux pièces justificatives du quatrième tome.

Tractatus de expugnatione urbis Constantinopolis, anno 1453. (Tom. V, pag. 785.)

Art. XIX.

L'auteur de ce morceau historique se nomme Simon d'Impegem. Il paraît qu'il vivait dans le monastère de Saint-Jean-de-Latran, à Pise, et qu'il envoya son ouvrage au cardinal d'Avignon, par l'entremise d'un nommé Francon de Twaya, peu de temps après la prise de Constantinople, par Mahomet II. Cet écrit n'est, à proprement parler, que la traduction latine des *Informations*, envoyées au même cardinal d'Avignon, par Francisco de *Franc Jehan Blanchin*, et Jacques Edaldy, Florentin et témoin oculaire. Nous avons donné l'extrait de ces *Informations*, écrites en français du temps, en parlant du Nouveau Trésor de *Martenne*, où elles se trouvent, à la page 1819. On le trouvera dans ce même volume.

Chronicon Turonense, auctore anonymo, canonico Turonensi Sancti Martini. (Tom. V, pag. 917.)

Art. XX.

L'auteur de cette Chronique était un chanoine de l'église de Saint-Martin de Tours. Il avait fait remonter son ouvrage à la création du monde, et l'avait porté jusqu'à l'année 1226. Martenne, en le publiant, en a supprimé tout ce qui précède le troisième siècle de l'église. Il l'a fait commencer au règne de l'empereur Dèce, temps où l'évêque Gatien vint prêcher la foi dans la Touraine. L'auteur, en arrivant au règne de Constantin, parle du pélerinage de l'impératrice Hélène, a Jérusalem, et de celui de saint Jérôme. Plus loin, il raconte encore celui de Robert de Normandie, et donne, sur les chrétiens de Syrie, des détails qui offrent peu d'intérêt. Lorsqu'il en vient à la fin du onzième siècle, on est tout surpris qu'en parlant des conciles que le pape Urbain tint en France à cette époque, il ne dise pas un seul mot de la première croisade. Il garde le même silence sur la seconde. Ce n'est qu'à la date de 1174 qu'il parle de la mort d'Amauri, roi de Jérusalem ; de celle de Nourreddin, soudan des Turcs, et de l'avènement de Saladin. A la date de 1187, il commence le récit des désastres des chrétiens en Syrie, et dit, sur les conquêtes de Saladin, ce qu'en ont dit à peu près tous les autres historiens ; mais il s'attache surtout à représenter le comte de Tripoli comme un traître et comme un homme puissant par sa malice et par son éloquence, *maliciâ verbisque potens*. Il parle ensuite de la prédication de la troisième croisade, de l'expédition et de la mort de Frédéric, du siége de Ptolémaïs par Philippe-Auguste et Richard ; mais il offre peu de détails, et son style ne s'élève guère au-dessus du style sec des Chroniques. Il ne dit rien de la croisade de 1198, ni de la prise de Constantinople par les Latins, en 1204. Le siège de Damiette, et la reprise de cette place, en 1219, paraissent l'avoir occupé davantage. Après avoir parlé de la tempête qui s'éleva le jour de la Saint-André, et qui, pendant trois jours, fit souffrir les croisés, il ajoute : Outre cela, des douleurs subites s'emparèrent de leurs pieds et de leurs cuisses ; leurs dents et leurs gencives se gâtèrent. Ils ne pouvaient plus mâcher les alimens. Quelques-uns virent leurs jambes se couvrir d'une horrible noirceur, et après de longues souffrances, ils expirèrent. Le plus grand nombre, se soutenant pendant la durée du printemps, furent guéris au commencement de l'été. Cette maladie, que l'auteur décrit, était celle qu'on nomme le scorbut.

Il nous fait connaître aussi un moyen singulier, que les croisés employèrent pour empêcher les Sarrasins de pénétrer dans la ville de Damiette, en s'avançant sous l'eau. Ce fut de tendre des filets dans le fleuve et de les arrêter ainsi : *Per fluvium multi civitatem ingredientes, tandem nostri hoc comperto rete magnum in transverso fluminis protendentes facti sunt hominum piscatores, transeuntes Sarracenos retibus capientes.*

La Chronique de Tours finit, comme nous l'avons dit, à l'an 1225. Les Bénédictins, dans leur recueil des historiens de France, lui reprochent des fautes de toute espèce. Sous le rapport du récit des croisades, elle offre peu de détails curieux et beaucoup de lacunes.

Nous y avons cependant remarqué un portrait de Charlemagne qui, quoique étranger à notre objet, pourra ne pas paraître déplacé ici : Charlemagne était regardé, même en Asie, comme le prince le plus puissant de l'Europe.

« Charlemagne, dit le chanoine de Tours, parvenu au plus
« haut degré de célébrité et de gloire, d'une piété scrupuleuse
« et profonde, était instruit dans les lettres et la philosophie,
« vengeur et propagateur ardent de la religion chrétienne,
« défenseur et soutien de la justice et de la vérité. Charle-
« magne avait la figure très-blanche (au temps où il fut
« couronné empereur par le pape Léon), son visage était
« gai, et, soit qu'il fût debout, soit qu'il fût assis, son
« maintien était également majestueux. Quoiqu'il eût le cou
« gros et un peu court, et le ventre trop porté en avant,
« cependant tous ses membres étaient proportionnés. Les
« jours de fête, il portait un manteau tissu en or et une
« chaussure garnie de pierreries. Son *sagum* était fixé avec
« une agrafe d'or ; son diadème était enrichi d'or et de
« pierres précieuses. Vers la fin de sa carrière, il fut pris,
« à son retour d'Espagne, d'une fièvre qui lui dura quatre
« ans et le rendit boîteux. Il suivait plutôt sa volonté que
« l'avis des médecins, pour lesquels il avait une sorte d'a-
« version, parce qu'ils lui conseillaient de s'abstenir de

« rôti, qu'il aimait beaucoup, et de s'habituer à vivre de
« viandes bouillies (1). »

---

(1) Voici un autre portrait de Charlemagne, par le même auteur. Charles est appelé grand à cause de son grand bonheur; il ne le céda point en gloire à son père, il fut au contraire plus souvent vainqueur et plus illustre. Charles dans sa jeunesse avait les cheveux bruns, le teint coloré; il était beau, et avait de la dignité dans le maintien; il était très-généreux, très-équitable dans ses jugemens, éloquent et instruit. Il se livrait journellement à l'exercice de la chasse et du cheval; il se plaisait aux bains des eaux thermales, et il y invitait non-seulement ses enfans, mais les seigneurs de sa cour, ses amis et ses gardes; de telle sorte qu'il se trouvait quelquefois au bain plus de cent personnes avec lui. Il était sobre dans le manger; il l'était encore plus dans le boire. Cependant il se plaignait souvent que les jeûnes lui étaient nuisibles. Il avait rarement de grands festins, excepté dans certaines solennités. On ne servait ordinairement sur sa table que quatre plats outre le rôti qu'il aimait de préférence. Il se faisait lire, pendant qu'il mangeait, les histoires et le récit des actions des anciens, ou le livre de la *Cité de Dieu* de Saint-Augustin pour lequel il avait beaucoup de prédilection. Pendant le repas il ne buvait jamais plus de trois fois. En été il prenait quelque fruit dans l'après dîner, et dormait deux ou trois heures déshabillé comme pendant la nuit. Il portait l'habillement franc et toujours son épée dont le ceinturon et le baudrier étaient d'or ou d'argent. Quelquefois il en portait deux. Il parlait plusieurs langues. Il avait auprès de lui des docteurs de sept arts libéraux qui l'instruisaient chaque jour; savoir: un diacre de Pise dans la grammaire, un Saxon dans la rhétorique, la dialectique et l'astronomie; et Albin surnommé Alcuin dans les autres arts. Il fit lui-même des réformes dans l'art de la lecture et dans celui du chant, quoiqu'il ne lût jamais en public et à haute voix, et qu'il ne chantât qu'en commun. Il fit écrire toutes les lois de son royaume qui n'étaient pas écrites; il écrivit lui-même les actions et les guerres des anciens; il commença une grammaire en langue du pays. Il avait toutes les nuits autour de son lit cent vingt gardes. Il y en avait dix à sa tête, dix à ses pieds, autant de chaque côté du lit qui tenaient d'une main l'épée nue et de l'autre un flambeau allumé.

L'auteur fait mention de présens précieux, entre autres d'une horloge très-curieuse, que le roi de Perse envoya à cet Empereur.

« La septième année du règne de Charles, dit-il, le roi
« des Perses lui envoya un grand nombre de présens, parmi
« lesquels on remarquait une horloge où les heures étaient
« annoncées par le bruit d'une cymbale retentissante et des
« cavaliers, qui à chaque heure du jour, sortaient par des
« fenêtres, et qui, rentrant à la dernière heure du jour,
« fermaient les fenêtres qui s'étaient ouvertes. »

Cette horloge singulière se voyait encore, avant la révolution, dans la cathédrale de Tours.

Chronicon RICHARDI *Pictaviensis, monachi Cluniacensis, ab anno 754 ad annum 1153.* (Tom. V, pag. 1160.)

Art. XXI.

L'auteur de cette Chronique est peu connu; on sait seulement par lui-même, qu'il était Poitevin, et qu'il vivait dans le douzième siècle. Son ouvrage n'est qu'un extrait de faits ou d'événemens dépouillés des circonstances qui les ont accompagnés. Les deux premières croisades y sont racontées en deux colonnes, et l'on voit, par conséquent, qu'il y a fort peu de chose à remarquer dans cette Chronique. Il y est dit un mot de l'institution des Templiers. Ce que l'auteur raconte sur la prise d'Edesse nous a paru digne d'être cité: « Zanguis, roi d'Alep, dit-il, prit la ville
« d'Edesse et fit mourir ou mena en servitude tous les Francs;
« mais il fit décapiter l'archevêque, avec tout son clergé,
« parce qu'ils n'avaient pas voulu renier le Christ. Il n'en

« échappa qu'un seul, qui était lié d'amitié avec un Turc
« de distinction, qui obtint qu'il ne serait pas tué. Edesse
« fut arrosée du sang de nouveaux martyrs. La douleur et
« la désolation y furent extrêmes. Les vierges consacrées à
« Dieu furent violées, les églises furent transformées en
« écuries. Le nom du Christ fut un objet de mépris pour
« ses ennemis. Tout fut profané, et l'on dit que Zanguis
« déshonora trois belles femmes sur l'autel de Saint-Jean-
« Baptiste. »

La Chronique finit là dans Martenne.

A la fin de ce cinquième volume et à la page 148, sont deux lettres, l'une d'Amauri, patriarche de Jérusalem, de Jean, roi de Jérusalem, de l'évêque d'Albane, de celui d'Acre, et des chefs de la Milice du Temple et de l'Hôpital, au pape Honoré III, pour l'informer de la prise de Damiette par les croisés. Elle est du 3 des ides de novembre 1219.

L'autre lettre est du pape Honoré à tous les fidèles, pour les engager à fournir des secours à la Terre-Sainte, afin qu'on y poursuive avec avantage les succès qu'on vient d'y obtenir. Elle est de la même année.

Le cinquième tome de la collection ne renferme d'autres pièces relatives à notre sujet que la suivante :

Epistola episcopi Thunensis ad THEOBALDUM *regem Navarræ, de felici obitu* Sancti LUDO-VICI, *regis Francorum.* (Tom. VI, pag. 1218.)

Art. XXII.

« C'est la fin que le bon roy saint Loys ot à sa mort que
« l'évesque de Thunes envoie à Thibaut, roi de Navarre.

« A Thibaut, roi de Navarre par la grâce de Dieu, comte
« de Champagne et de Brie, queux palatin, l'évesque de
« Thunes, salut et lui tout.

« Sire, j'ay receue vostre lettre, en laquelle vous pries
« que je vous fasse à savoir l'estat de la fin de mon chier

« seigneur, Loys, jadis roy de France. Sire, du commen-
« cement et du milieu savés vous plus que nous ne fasons;
« mais de la fin vous pourrions nous tesmoigner la veue des
« yeulx que en toute nostre vie nous ne veismes ne ne
« sceusmes si sainte ne si dévote en homme du siècle ne de
« religion, et aussi avons-nous oy tesmoigner à tous ceulx
« qui la virent; et saiches, sire, que dès le dimenche à
« l'heure de nonne, jusqu'au lundy à l'heure de tierce, sa
« bouche ne cessa, de jour ne de nuit, de loer nostre Sei-
« gneur, et de prier pour le peuple qu'il avait là amené, et
« là où il avait jà perdue une partie de la parole; si criait-il
« aucune fois en haut : *fac nos, Domine, prospera mundi*
« *despicere et nulla ejus adversa formidare.* Et moult de fois
« criait-il en haut : *esto, Domine, plebis tuæ sanctificator et*
« *custos*. Après heure de tierce, il perdit aussi comme du
« tout la parole, mais il regardait les gens débonnairement,
« et faisait moult de fois le signe de la croix, et entre heure
« de tierce et de midy, fist aussy comme semblant de dor-
« mir, et fust bien les yeulx clos l'espace de demie heure
« et plus. Après il ouvrit les yeulx et regarda vers le ciel, et
« dit ces vers : *Introïbo in domum tuam, adorabo ad templum*
« *sanctum tuum*; et oncques puis il ne dit mot ne ne parla.
« Entoure l'heure de none il trépassa. Jusques à lendemain
« que on le fendit, il estoit aussi bel et aussi vermeil, ce
« nous semblait, comme il estoit en sa pleine santé, et
« semblait à moult de gens qu'il vouloist se rire. Après,
« sire, les entrailles furent portées à Montréal, en une
« église près de Salerne, là où nostre sire a jà commencé à
« faire moult de beaux miracles pour lui, si comme nous
« avons entendu par l'archediacre de Salerne, qui manda
« par sa lettre au roy de Secile. Mais le cueur de lui et le
« corps demourèrent en l'ost, car le peuple ne voult souffrir
« en nulle manière que il en fust portés. »

Art. XXIII.

On lit à la page 167 du septième tome, une lettre du pape

DES CROISADES.

Alexandre IV, adressée à l'archevêque de Bordeaux. Cette lettre a pour objet d'engager ce prélat à convoquer une assemblée de ses suffragans, pour y délibérer sur les moyens de résister aux Turcs et aux Tartares. Le pontife désire que tous les chrétiens se réunissent pour arrêter les ravages de ces barbares, parce que les forces d'un seul état ne peuvent s'opposer au torrent qui menace toute la chrétienté. Il veut qu'on établisse des châtimens sévères, temporels et spirituels, contre ceux qui contractent quelque liaison avec les infidèles, et qu'on règle la somme nécessaire aux frais de l'expédition, et celle que chacun devra payer pour y coopérer. Le pape desire surtout que tout se fasse promptement, et que des envoyés l'instruisent de ce qu'on aura résolu dans l'assemblée pour le bien de la chrétienté.

Sa lettre est datée de Latran, le 15 des kalendes de décembre, la sixième année de son pontificat, c'est-à-dire 1260.

A la page 174 de ce même tome, se trouvent les extraits d'un livre fait par *Humbert de Romanis*, cinquième général, ou maître de l'ordre des Frères Prêcheurs, sur les objets qu'on devait traiter au concile général de Lyon, tenu sous le pape Grégoire X, en 1274. Voyez les pièces justificatives du quatrième volume de cette histoire.

Les huitième et neuvième tomes de la collection de Martenne ne contenant rien qui ait rapport aux croisades, nous pouvons nous dispenser d'en faire l'analyse.

Thesaurus novus anecdotorum prodit. Nunc primùm studio et operá Dom.-Edm. Martenne *et* Ursini Durand, *Benedictorum a congregatione Sancti-Mauri*, (Lutetiæ-Parisiorum, (5 vol. in-fol.)

Ce recueil parut avant l'*Amplissime Collection* dont nous venons de rendre compte. Nous aurions dû, par conséquent, en faire l'analyse auparavant; mais comme D. Martenne a publié de nouveau, dans son *Amplissima Collection*, avec quelques améliorations, un certain nombre de pièces qui étaient dans son *Nouveau Trésor*, nous avons voulu éviter des répétitions, et nous renvoyons à cette Collection, pour l'extrait des pièces qui se trouvent dans ces deux ouvrages.

Avant de parler de la distribution du travail de D. Martenne dans son *Nouveau Trésor*, nous dirons que les deux Collections qu'il a publiées sont en général faites sans goût et sans méthode. Ce sont des pièces qui traitent de différens sujets, ou qui ont rapport à des matières étrangères les unes aux autres, et que l'éditeur a placées confusément et sans ordre. Le seul arrangement qu'on y remarque est celui de l'ordre chronologique. Mais on sent bien qu'avec cette disposition les objets les moins en rapport entr'eux se trouvent entassés ensemble, et n'offrent au lecteur qu'un amas indigeste de morceaux de tout genre. On jugera du travail de D. Martenne par le tableau que nous en allons présenter.

Le premier volume du *Nouveau Trésor* contient, sous le titre général de *Miscellanea*, les lettres, diplômes, actes, etc., rangés par ordre chronologique depuis le huitième siècle jusqu'au commencement du seizième.

Le second volume renferme des lettres des papes, dont quelques-unes ont rapport aux croisades

Dans le troisième on trouve des chroniques, des monumens historiques et quelques ouvrages sur les croisades, comme ceux de Raoul de Caen, de Gilon de Paris, etc.

Le quatrième est consacré aux conciles et aux pièces qui concernent les couvens, abbayes, etc.

Le cinquième renferme plusieurs opuscules qui traitent de théologie et de matières ecclésiastiques.

Les deux derniers volumes ne nous offrant rien pour notre sujet, nous nous dispenserons d'en parler.

Nous nous occuperons donc de rechercher dans les trois premiers ce qui peut nous intéresser.

Le premier volume contient plusieurs pièces dont nous allons faire l'analyse sous le titre de

Miscellanea.

Nous avons donné, dans les pièces justificatives du premier tome de l'*Histoire des Croisades*, les trois lettres qui se trouvent dans le premier tome du *Nouveau Trésor* aux pag. 271, 272 et 281. La première est celle du *patriarche de Jérusalem aux Fidèles d'Occident*; la deuxième celle *de Bohemond, de Raymond, comte de Saint-Gilles, du duc Godefroy et de Hugues-le-Grand à tous leurs frères en J.-C*; et la troisième celle de *Daimbert, archevêque de Pise, de Godefroy de Bouillon et de Raymond, comte de Saint-Gilles*.

Article I.

La première pièce qui vient ensuite est une lettre de l'empereur Manuel à Louis VII. Ce Roi avait demandé au prince grec un libre passage sur ses terres, pour se rendre dans la Palestine. Manuel par sa réponse le lui accorda, en faisant au roi de France de grandes protestations de dévouement et d'amitié. Il a déjà été question de cette lettre de Manuel; il en sera encore parlé dans notre analyse de Baronius. La deuxième pièce (pag. 564), est la préface de Foucher de Chartres à son *Histoire de Jérusalem*. Nous en avons dit un mot en rendant compte de cette histoire dans la collection de Bongars. La troisième est une Charte donnée par Baudouin partant pour la Terre-Sainte, en faveur de l'abbaye de Clairvaux. En voici l'extrait (pag. 783).

Au nom du Père, du Fils, etc., moi Baudouin, comte de Flandres et de Haynaut, je veux qu'il soit connu de tous, que devant partir pour Jérusalem, je me rendis à l'abbaye de Clairvaux; frappé d'une divine inspiration et édifié de l'exemple, de la piété et de la ferveur des religieux, j'ai résolu de faire du bien à ce monastère.

Baudouin constitue en conséquence une dotation à perpétuité, et confirme de plus toutes les dispositions et dotations faites en faveur du même monastère par son aïeul Philippe, comte de Flandres, etc. Cet acte est du mois d'avril 1202.

La quatrième pièce est une lettre d'un anonyme sur la prise

de Constantinople par les Latins (pag. 784). On y rend compte des débats survenus entre les princes chrétiens à l'occasion de l'arrivée du jeune Alexis à l'armée des croisés.

La plupart des chrétiens voulaient qu'on allât directement à Jérusalem ; mais d'autres voulaient qu'on se dirigeât sur Constantinople. L'auteur nomme ceux qui étaient de ce dernier avis qui prévalut. Après avoir parlé des offres d'Alexis qu'on accepta, et dont une était qu'il entretiendrait, sa vie durant, 500 guerriers pour la défense de la Terre-Sainte, l'anonyme fait le récit du départ des croisés et de leur arrivée à Constantinople, puis du siége et de la prise de cette ville. Ce récit diffère peu de celui qu'ont donné Baudouin et le comte de Saint-Paul, dans leurs lettres que nous avons analysées.

La cinquième pièce est une autre lettre sur le même sujet, écrite par le marquis de Montferrat et par les comtes de Flandres, de Blois, etc. et adressée à tous les chrétiens ; elle est datée de 1203. Les chefs croisés, décidés à passer l'hyver à Constantinople, exhortent les prélats à venir les y joindre, pour partager la gloire qui doit rejaillir sur chacun d'eux (pag. 786).

Viennent ensuite d'autres lettres, l'une de l'empereur Baudouin aux évêques de Cambrai, d'Arras, de Terrouane et de Tournai, pour les exhorter à prêcher une nouvelle croisade. Il a déjà été parlé de cette lettre (pag. 791) ; l'autre d'un anonyme sur l'indulgence accordée par les évêques à ceux qui entreprendront cette nouvelle croisade, sollicitée par l'empereur Baudouin (pag. *id.*).

La troisième d'Innocent III aux évêques de la province de Tours, contre la perfidie et l'ingratitude du jeune Alexis. Le pontife engage les évêques à exhorter les fidèles à porter des secours au nouvel empereur (pag. *id.*).

A la page 805 est un édit de Philippe, roi des Romains, adressé aux archevêques, évêques, abbés, ducs, marquis et à tous les fidèles de ses états, pour les engager à porter du secours à la Terre-Sainte. Le roi leur dit qu'ayant été informé du triste état où se trouvent les chrétiens en Orient, il a, de l'avis de son conseil, ordonné un subside de six deniers par charrue, et de deux deniers pour tout marchand ou habitant de ville de quelque condition qu'il soit, sans néanmoins borner la charité de personne. Il ne fixe point de quotité pour les grands, et laisse à leur volonté le soin de la régler. Ce subside sera établi pendant cinq ans. Le roi engage tous ses sujets à partager la gloire d'une si bonne œuvre. Cet édit est daté de Quidelingebert 1207.

A la page 821 est une lettre de Henri, empereur de Constantinople, à tous ses amis; elle est de 1212.

L'empereur, assuré que ses succès causeront la plus grande joie à ceux qui lui portent intérêt, leur apprend qu'il a eu à combattre quatre ennemis très-puissans, dont le plus redoutable est Lascaris, qui s'est fait déclarer empereur d'une partie de l'Asie mineure. Il ajoute que tout récemment Lascaris est venu attaquer la ville de Constantinople avec une puissante armée; ce qui a répandu dans cette ville une terreur telle qu'un certain nombre de Grecs ont passé dans l'armée ennemie, et que peu s'en est fallu que lui Henri, se rendant en hâte à Constantinople, ne se trouvât engagé dans un défilé où il aurait péri infailliblement avec sa suite. A peine rentré à Constantinople, il apprend que Lascaris, ayant détruit dans un grand combat l'armée du sultan d'Iconium, cherchait à soulever en sa faveur les provinces de la Grèce; mais lui Henri ayant aussitôt passé le Bosphore et marché contre Lascaris, il avait remporté sur lui une grande victoire. Cet usurpateur, ajoute-t-il, s'étant présenté de nouveau avec une armée innombrable, a été complétement défait. L'empereur termine sa lettre en nous apprenant qu'après des avantages long-temps balancés, il a réduit ses ennemis dans l'impuissance de l'inquiéter de long-temps.

A la page 850 on lit une lettre d'Innocent III, adressée à l'archevêque de Bourges et à ses suffragans, pour les engager à travailler à ramener les princes et barons anglais à l'obéissance qu'ils doivent à leur roi; afin que l'expédition qu'il a entreprise contre les Sarrasins ne souffre point de leur rébellion. (Le Berri était alors soumis au roi d'Angleterre). Cette lettre est de 1216.

A la page 874 est une lettre de Gilles de Levres, pénitencier de Pelage, évêque d'Albano, sur la prise de Damiette par les chrétiens; elle est adressée à tous les fidèles du Brabant et de la Flandre. L'auteur dit que le massacre des Sarrasins a été horrible; qu'on a fait prisonniers un grand nombre de personnages distingués; que les croisés ont trouvé dans Damiette beaucoup de froment, de vivres et des objets d'un grand prix. Cinq cents Sarrasins qui s'étaient introduits dans la ville la nuit même qu'elle fut prise, sont tombés au pouvoir des croisés. Cette lettre est de 1219.

En 1237 le pape, Grégoire IX, écrit à Thibaud, roi de Navarre pour l'engager à secourir Baudouin, empereur de Constantinople.

Sur les demandes que ce roi avait adressées aux évêques et barons de la Terre-Sainte, sur la manière dont il devait effectuer son passage en Palestine, ces évêques et barons lui indiquent, dans leur réponse, le port de Marseille où celui de Gênes, comme le plus sûr et le plus commode. De-là il devra se rendre en Chypre, où il pourra s'approvisionner de vivres; ensuite en Syrie, puis à Damiette ou à Alexandrie. Cette lettre finit par des vœux pour la délivrance de la Terre-Sainte. Elle est datée de Saint-Jean-d'Acre, au mois d'octobre 1238.

A la page 1040 est une lettre patente de Raymond, comte de Toulouse, touchant l'argent qu'il a reçu pour la croisade. Elle est ainsi conçue :

« Que tous ceux qui ces présentes verront sachent que nous
« Raymond, par la grâce de Dieu, comte de Toulouse, mar-
« quis de Provence, reconnaissons et avouons en vérité que
« nous avons eu et reçu pour la croisade du frère Hugues, de
« Turenne, homme discret et religieux de l'ordre des Frères
« Mineurs, nonce du pape, 750 liv. (mergorienses) d'une
« part, et 115 liv. tournois de l'autre ; argent que Guillaume
« P. Boslier nous a donné par son ordre. *Item* d'une autre

« part, cent pièces d'or et quinze marcs sterlings qu'il a
« envoyés à Sycard Allemand, pour Bertrand Ricard. *Item*
« dix marcs pour le sénéchal d'Agen, et onze marcs pour
« Raymond Blancard, et cent sous (morlans) pour la mère
« d'Odon Escot. *Item* 100 liv. tournois pour le noble homme,
« comte de Rhodès. *Item* 314 liv. au même pour le vingtième
« du Venaissin ; en foi de quoi nous avons fait sceller les pré-
« sentes de notre sceau. Donné à Marseille aux calendes d'oc-
« tobre l'an 1248.

L'année suivante, ce même comte de Toulouse fit connaître, étant tombé malade et sur le point de mourir, l'engagement qu'il avait pris d'aller en personne à la Terre-Sainte. Cependant au cas où il ne pourrait accomplir son vœu, il enjoignait à son successeur d'envoyer en Palestine cinquante hommes bien armés pour y servir pendant une année. Il voulait aussi qu'on restituât au Saint-Siége différentes sommes qu'il avait entre les mains. Cette lettre est de 1249 ; elle se trouve à la pag. 1044.

En 1270, le comte de Soissons étant sur le point de partir pour la Terre-Sainte, fit son testament de la manière suivante :

In nomine Patris, et Filii, et Spiritûs Sancti. Amen. Je Raous, de Soissons, sires dou Tour, fas sçavoir à tous claus qui ces lettres verront que je en mon bon sens, et en mon bon mémoire, apareilés pour aler en la Sainte-Terre d'outremer, ai ordonnet mon testament et ma devise par devant bonnes gens, ensi com il est ci-après contenu.

Au commencement je weis et ordene que mes detes soient paiiés toutes, quel part que les soient trouvées.

Après je weis et ordene, qui mi rendage, et les restitutions de mes tor fais qui seront prové pardevant mes exequuteurs ou dout mi exequuteurs avereront les prétentions qui leur samblera, selonc le profit de m'ame, qui doient estre rendut et restablit par les mains de mes exequuteurs qui seront ci-après nomet.

Après ces choses devant dites, je lais set livres de Paris à penre chascun an après mon decet à la Pasque, à ma rente que li ville dou Tour me doit, pour acheter dras, et départir au poures de la ville dou Tour et de Betaincourt, à l'entrée de l'yver en suivant.

Après à la Praele XL sols, au curet dou Tour XX sols, à Saint-Nicolas dou Tour XL⁸, à mon signor Nichole le Chapelain X⁸·, à mon signor Maunnier X⁸·, au Chapelain de St.-Ladre X⁸·; à l'Eglise de la Val-le-Roy un mui de soile à tous jors à penre à mes terrages dou Tour de des le tier jour de Noël, pour faire mon anniversaire au jour de mon obit. A l'Eglise de Signy un mui de soile à penre à tous jors chascun an en ce meisme terrage et à ce meisme jour devant dit pour faire chascun an mon anniversaire le jor de mon obit. Et weil et otroi que l'Eglise de Signy devant dite tiegne doreuavant permenablement entours sis jours et demi de terre ahenable, qui me devait terrage par un denier Paris à rendre chascun an de l'Eglise devant dite à nous et à nos oirs au jour de la Saint-Remy au tour, et cil quatre deniers sunt de cens.

Apres je las à l'Eglise de Vaucler un mui de soile à penre à tous jours, et à retenir des quatre muis de soiles qu'il a à Frontigny pour faire mon aniversaire chascun an au jour de mon obit. Après au curet de l'Eglise de Saint-Nicolas dou Tour et aux Chapelains dou Tour, trois setiers de soile à penre à tous jours chascun an au jour de mon obit à mes terrages de Tour, et ans... dou Tour trois setiers de soile à penre à tous jours chascun an au jour de mon obit à mes terrages dou Tour, se il y estaient, et se il n'y estaient, on les penroit à mes moulins de Tour pour faire mon aniversaire chascun an au jour de mon obit, et pour départir au prestre et aux chapelains qui seront présent à mon aniversaire faire.

A l'hostellerie dou Tour XXX sols à penre chascun an a tous jours à ma rente que la ville dou Tour me doit à la Pasque.

A la maladrerie dou Tour XX⁸. à penre chascun an à tous jours à mes rentes dou Tour devant dites à la Pasque. Et ces choses devant dites aussi mes detes, com mi rendage, mi tort fait et mi lais devant dit, je weis et ordene que il soient pris sort tous mes biens, meubles et iretages presens et futurs, quel part qu'il soient et en queconque lius ou il seront trouvés, au jour que je irai de vie à mort. Et à ces choses fermement à tenir permenablement ce qui à perpétuitet apartient, et toutes mes autres choses entièrement je oblige mes biens devant dits tous et mes oirs et mes successeurs. Et de mon testament et de ma devise devant dite, je ordene et establis mes exequuteurs hommes religieus, l'abbé de Signy, l'abbé de Vaucler, de Val-le-Roy, et mon bon ami et mon fiaule monseigneur Gilon de Biauru.

Et weis ordene que par l'ordenance et la devise de mes exequuteurs devant dis, totes les choses devant dites soient ordenées et devisées. Et est à sçavoir que en tous les lius là ou je ay deniers laissies ce sont Parisis. Et en tesmoignage de toutes ces choses devant dites, je en ai ces presentes lettres et ce testament present scelé de mon propre seel.

Ce fut fait en l'an de l'incarnation nostre Seigneur MCCLXX, au mois d'avril.

Ce testament se trouve à la pag. 1129. Sous la date de 1282 on lit une lettre de Regnault de Nanteuil, évêque de Beauvais à Philippe, roi de France. Cet évêque prie humblement le roi, si quelque obstacle légitime l'empêche de remplir le vœu qu'il a fait d'aller au secours de la Terre-Sainte, de vouloir bien faire remettre les 12000 liv. tournois que le roi a reçues de lui, à ceux qui doivent recueillir la dîme pour le passage général, ou à ceux qui doivent avoir ladite dîme; savoir: pour la dîme particulière qu'il devrait payer s'il ne pouvait faire le passage, 5000 liv. parisis, dont la moitié serait donnée avant l'embarquement et l'autre moitié au-delà de la mer; plus 4,600 liv. parisis à celui qui porterait l'étendard, et qui aurait avec lui quatre guerriers ou plus, etc.

Cette lettre est à la pag. 1174.

On lit à la pag. 1370 une lettre de Charles-le-Bel à l'évêque de Carcassonne et à tous les autres évêques, abbés, doyens, etc. de la sénéchaussée et du ressort de Carcassonne, sur la nécessité de venir au secours de la Terre-Sainte.

Le roi commence par annoncer que la délivrance des saints

lieux occupe toute sa pensée; qu'il avise aux moyens généraux et particuliers de les arracher des mains des infidèles, et que le choix des personnes capables d'exécuter convenablement cette importante entreprise est l'objet de ses méditations Il vient tout récemment de recevoir, par les envoyés du roi de Chypre et par d'autres voies, la nouvelle de trois invasions successives dans l'Arménie, par les ennemis de notre foi, qui ont massacré les chrétiens, et en ont emmené captifs un grand nombre; ces barbares, ajoute-t-il, se disposent à se jeter de nouveau sur l'Arménie, à envahir le royaume de Chypre, enfin à s'emparer de tous les pays occupés par les chrétiens. Ces envoyés, après avoir exposé dans une assemblée à Paris, composée de prélats, barons, etc., la déplorable situation des fidèles d'Orient, après nous avoir apitoyés sur leur triste sort, nous ont pressés de suivre l'exemple des rois nos prédécesseurs qui, à différens temps, ont arraché la Terre-Sainte à la domination des infidèles. Considérez, nous ont-ils dit, la grande et nouvelle difficulté, ou plutôt l'impossibilité de recouvrer la Terre-Sainte, et les profondes calamités qui accableraient les chrétiens d'Orient, si l'Arménie et l'île de Chypre tombaient au pouvoir des Sarrasins.

Voulant donc prévenir de si grands malheurs, pourvoir à la sûreté de ces pays, et empêcher d'abord que d'infâmes et perfides chrétiens ne fassent par mer, avec les infidèles, un commerce illicite et impie d'armes, de fer, de bois, etc., nous avons résolu d'envoyer vers les mers de Syrie un certain nombre de bâtimens et de soldats, en mai prochain, et de nommer pour chef de cette expédition notre fidèle et amé conseiller *Amaury*, vicomte de Narbonne, homme d'une grande prudence et d'une bravoure éprouvée. Pour rendre cette expédition plus prompte et plus sûre, nous avons nommé pour amiral notre cher *Béranger Blanchi*, homme également habile. Nous leur adjoindrons quelques prélats nos conseillers, des barons, des gentilshommes, et d'autres personnages de distinction, et un grand nombre de personnes tant ecclésiastiques que séculières de notre royaume, lesquelles soit par un sentiment de dévotion, soit pour l'obtention des nouvelles indulgences accordées à cet effet, se détermineront à partir pour la défense de l'Arménie et du royaume de Chypre. Considérant d'ailleurs que le subside prescrit pour le premier passage, ne saurait suffire pour subvenir aux dépenses de cette nouvelle expédition, nous vous engageons à faire une collecte dans vos diocèses respectifs, et à exhorter vos diocésains à contribuer à cette bonne œuvre, le plus promptement possible, dans la crainte que le moindre retard ne laisse exposés aux plus grands dangers l'Arménie et le royaume de Chypre. Nous désirons que les petites offrandes des fidèles soient déposées dans des troncs à quatre clefs des Eglises paroissiales ; le curé aura une de ces clefs, et les trois autres seront confiées à des personnages d'une probité reconnue, et les sommes fidèlement enregistrées. A la fin de chaque mois, le tout sera remis à l'évêque diocésain ou au chapitre de la cathédrale, et à trois hommes probes, désignés dans chaque ville. Le montant de ces sommes sera envoyé à Paris, à notre bien aimé l'évêque de Mendes, abbé de St-Germain-des-Prés, doyen du chapitre de Paris, et à Nicolas de la Paix, qui en feront l'usage convenable, défendant qu'il puisse passer à toute autre destination. Sachez que les prélats qui sont à Paris pour exciter par leur exemple votre zéle et votre charité, ont offert pour le premier passage, et se sont engagés pour celui qui devra avoir lieu au mois d'août prochain, de payer un subside du 20e. de leurs revenus, indépendamment de celui de la dîme. Le roi termine sa lettre en nommant quelques princes et grands du royaume qui se disposent pour ce voyage.

A la pag. 1819 sont des *informations* envoyées au cardinal d'Avignon par Francisco de *Franc*, Jehan *Blanchin* et Jacques *Edaldy*, marchand florentin, sur la prise de Constantinople par l'empereur turc, le vingt-neuvième jour de mai 1453. Jacques Edaldy avait été témoin de ce qui est rapporté dans ces informations.

C'est un récit en français du temps, du siége et de la prise de Constantinople. Il y est dit que l'armée des Turcs se montait à deux cent mille hommes, dont trente à quarante mille de cavalerie. On y décrit les armes des ennemis et les machines de guerre qui devaient servir au siége. On y dénombre les différens bâtimens qui composaient la flotte. Il y avait seize à dix-huit galères, soixante à soixante-dix galliotes, dix-huit à vingt vans et seize à vingt barques de transport.

On comptait dans la ville, lorsque les Turcs en commencèrent le siége, trente à trente-six mille hommes et six à sept mille combattans au plus. Les chrétiens avaient dans le port trente-neuf galères, dont trois marchandes vénitiennes, trois de l'empereur et une de messire Jean Justinien Genevois aux gages de l'empereur. Avec ces forces la ville se défendit pendant cinquante-cinq jours; les auteurs du récit disent qu'une galère, ayant essayé de mettre le feu aux vaisseaux turcs, fut *enfondrée* par une bombarde, et ceux qui la montaient furent noyés, à l'exception de quelques vieux guerriers qui furent pris et empalés devant les murs de la ville.

Après de longs détails sur les opérations du siége, les auteurs racontent que Jean Justinien, dont il vient d'être parlé, fut blessé d'une couleuvrine, et que le cardinal de Russie et l'empereur moururent dans *la presse* au moment de la prise de la ville. Ils évaluent à 4,000,000 ducats le butin que firent les Turcs, à 50,000 ducats la perte de Venise et à 20,000 celle des Florentins. Voici à peu près dans quels termes ils tracent le portrait de Mahomet II. Il est âgé de vingt-trois à vingt-quatre ans; plus cruel que Néron, il se délecte à répandre le sang humain; il voudrait conquérir et gouverner le monde; il se fait lire sans cesse l'histoire d'Alexandre et de César. Il demande en quel endroit est Venise et quelle est sa situation; il s'informe également de Rome, du duc de Milan, et ne parle que de guerre. Il a déclaré qu'il voulait faire Constantinople le siége de son empire.

Après ce portrait, les auteurs présentent les moyens qu'il convient d'employer pour chasser les Turcs de l'Europe: le premier, c'est que les princes chrétiens fassent la paix entre eux et se réunissent contre l'ennemi commun. Les Vénitiens, les Florentins, le duc de Milan et les autres seigneurs d'Italie pourraient lever une armée de vingt mille chevaux, que l'on conduirait en Albanie, où les nations chrétiennes qui avoisinent ce pays viendraient incontinent se réunir à elle. Pendant ce temps le roi d'Arragon, les Vénitiens et les Génois équiperaient une flotte qui suffirait pour vaincre celle des Turcs, si elle n'était pas plus forte qu'elle n'est à présent. Les auteurs des Informations entrent dans le détail de quelques autres moyens et finissent par dire qu'il faut se pourvoir diligemment contre les Turcs, autrement qu'il n'est nul doute qu'ils ne fassent *grante esclandre en chrestienté, dont Dieu nous gard.....*

A la suite de ces informations est la copie des lettres envoyées au Pape par les Vénitiens, pour l'instruire de la prise de Constantinople, et le supplier d'apporter tous ses soins à écarter les maux dont les Turcs menacent toute la chrétienté. Cette lettre porte la date du dernier jour de juin 1453.

Le tome II du nouveau Trésor renferme encore plusieurs lettres dont nous allons présenter l'extrait. Les unes sont du pape Urbain IV et les autres du pape Clément IV. Celles du pape Urbain IV se trouvent répandues çà et là, depuis la page 6 jusqu'à la page 72.

Lettres du pape Urbain IV.

Art. II.

Le Pontife écrit, en 1262, à l'archevêque de Magdebourg et à l'évêque de Cologne, pour les engager à percevoir le centième sur les revenus ecclésiastiques. Il leur fait le tableau le plus affligeant de la Terre-Sainte, et leur représente l'urgence des secours qu'attend l'Orient livré à la férocité des Tartares. Il leur dit qu'il a cru nécessaire d'accorder un subside à prélever sur les biens ecclésiastiques de toute l'Allemagne, pendant trois ans. Il engage ces prélats à lui en faire connaître le montant et en quelles mains il sera déposé.

En 1263, Urbain écrit à l'archevêque de Tyr, alors en France, pour le presser de donner ses soins à la levée de la même taxe, établie pour cinq ans dans ce royaume et dans le diocèse de Cambrai. Il l'engage à déposer l'argent recueilli entre les mains de personnes probes et sûres et à l'instruire du montant des sommes reçues, pour qu'il puisse, de concert avec le roi de France, en faire la distribution la plus avantageuse pour la Terre-Sainte. Cette lettre était datée de Viterbe, le 5 des ides de janvier.

Dans la même année, et au 4 des ides de mars, le même pontife s'adresse encore au même archevêque, pour l'engager de nouveau à user de surveillance et de zèle dans la levée de la même taxe.

En 1264, et le 7 des calendes de février, Urbain écrit au même archevêque et à Jean de Valence qu'il a chargé des députés, dans les différens états de la chrétienté, de recueillir des subsides pour la Terre-Sainte, et qu'il les choisit, eux particulièrement, pour faire recueillir dans leurs provinces les sommes destinées à cet objet.

Le même jour, le Pape adressa une lettre à peu près semblable à toutes les personnes qu'il avait chargées de faire cette levée.

Le 4 des nones de mai de la même année 1264, le pontife écrit à son légat, le cardinal Simon, pour l'autoriser à faire prêcher une croisade contre Mainfroi et contre les Sarrasins. Peu de temps après, Urbain adressa au même légat un extrait de la bulle d'Innocent III, qui commençait en ces termes : *Ad liberandam Terram-Sanctam de manibus impiorum*, etc., et qui accordait des indulgences à ceux qui se croiseraient.

Lettres du pape Clément IV.

Art. III.

Les lettres de ce pontife adressées à différens personnages et toutes relatives au grand objet des croisades, sont en très-grand nombre. Elles se trouvent répandues depuis la page 103 jusqu'à la page 628. Il y en a vingt écrites au cardinal Simon, légat en France, depuis l'année 1265 jusqu'en 1268.

Les unes ont pour objet de prélever sur l'impôt des décimes levés en France, des sommes destinées à rembourser des avances que le Saint-Père avait faites à des princes pour les aider dans la guerre sainte; les autres autorisent le légat à prêter des secours pécuniaires à divers seigneurs, ou lui enjoignent de prêcher une nouvelle croisade et de s'entendre, pour cela, avec les prélats du royaume. Quelques-unes contiennent un long exposé des calamités de l'Orient; dans la dernière, qui est de 1268, le Pape mande à son légat de passer en Espagne pour exhorter le roi de Castille à porter du secours à la Terre-Sainte. Dans l'année 1265, le Pape adresse trois lettres à l'archevêque de Tyr, alors en France, et chargé de procéder à la levée du centième, pendant cinq ans, sur les biens ecclésiastiques; dans l'une, il l'exhorte à continuer avec le même zèle le recouvrement de ce subside; dans l'autre, il l'invite à prélever sur les premières rentrées de quoi rembourser ceux qui ont prêté; dans la troisième, il lui mande de payer vingt mille livres tournois aux marchands de Sienne et de Florence, sur la dîme levée en France pour la guerre de Sicile.

Dans la même année, le pape Clément écrit à l'archevêque de Séville, pour lui annoncer qu'il accorde un décime sur les revenus ecclésiastiques d'Espagne et de Portugal, pour aider le Roi, attaqué par les Sarrasins; il mande au patriarche de Jérusalem, aux archevêques et évêques, aux grands-maîtres du Temple et des Hospitaliers, et au noble Geoffroi de Sargines, qu'il a imploré les secours du roi de France et du marquis de Brandebourg; il les exhorte à ne pas perdre courage, et leur fait espérer de prompts et puissans renforts.

En 1266, le Pape écrit deux fois au comte de Poitiers et de Toulouse, pour lui exprimer son chagrin de ce qu'il ne peut lui accorder de décime pour la Terre-Sainte ; il lui conseille de s'adresser au roi de France, son frère, et de le presser vivement.

Dans la même année, il peint à Louis IX, roi de France, les dangers qui menacent la Terre-Sainte, et lui exprime son mécontentement sur la conduite de Charles, roi de Sicile, auquel il a adressé quelques avis ; dans le même temps, il s'adresse à tous les nobles barons de France et au roi de Navarre, pour leur annoncer la ruine prochaine de la chrétienté en Asie, si on ne se hâte d'y envoyer de puissans secours ; il les presse vivement de prendre la croix et de se rendre en Palestine. Par une autre lettre de la même année, il charge le doyen de Paris de faire donner cent livres tournois à Odon de Corpelay, qui partait pour la Terre-Sainte.

En 1267, le même Pape écrit tantôt au patriarche de Constantinople ou à l'empereur des Grecs, Michel Paléologue, pour les inviter à tourner les armes de l'empire contre les infidèles ; tantôt aux rois d'Aragon et de Navarre : à l'un, pour l'engager à cesser son commerce incestueux avec la princesse Bérengère, s'il veut que son passage en Terre-Sainte soit agréable à Dieu ; à l'autre, pour lui accorder, pendant trois ans, la dîme sur les biens ecclésiastiques de son royaume. Il écrit en même temps aux archevêques et évêques de ce pays, pour leur enjoindre de payer cette dîme sans difficulté.

En 1268, le Pape annonce au roi de Sicile que le roi de France a envoyé à Venise des personnes chargées de traiter pour le passage de la Terre-Sainte ; il l'engage à faciliter de tous ses moyens la négociation. Les Vénitiens n'ayant pas voulu traiter, le Pape invite deux citoyens de Gênes à s'arranger avec les envoyés du roi de France.

Dans le même tome II, page 1787, est un discours de Christophe Marcellus, député de Corfou, adressé au pape Léon X, sur la nécessité de faire la guerre aux Turcs. Ce discours est extrait d'un manuscrit de saint Vincent du Mans.

Christophori Marcelli oratio.

Art. IV.

Le député Christophe Marcellus voit, dans l'élection du pape Léon X, la plus heureuse circonstance pour recouvrer les provinces soumises aux Turcs, et y rétablir la religion chrétienne. C'est, dit-il, le moment le plus opportun pour chasser les Musulmans de ces contrées, et la grande autorité du Saint-Père parmi les princes chrétiens, doit en faciliter les moyens. Après avoir tracé un tableau déplorable des calamités qui ont suivi la prise de Constantinople par les Musulmans, l'auteur ajoute : L'audace des infidèles est telle qu'ils ont conçu le fol espoir de détruire entièrement la religion et de chasser même Votre Sainteté de son siége. Dans cet état de choses, pouvez-vous, Très-Saint-Père, laisser les princes chrétiens dans une honteuse inaction ? Avez-vous oublié combien il en a coûté aux chrétiens pour expulser ces infidèles de la Pouille sous Sixte IV ? La férocité de ces barbares, leur passion de tout soumettre et de tout détruire ne sont-elles pas toujours les mêmes ? Déjà le sultan équipe une flotte qui ne peut être que contre Chypre, et ensuite contre l'Italie ; verrez-vous avec calme s'accroître ainsi la puissance des ennemis de notre foi ? Marcellus démontre ensuite la nécessité de faire cesser les divisions et les guerres entre les princes chrétiens, dont les forces réunies délivreraient facilement les pays envahis et menacés par les Turcs. A votre voix, dit-il, les princes chrétiens s'armeront contre les infidèles ; tous les peuples s'armeront pour cette sainte cause.

Passant ensuite aux moyens d'exécution dont les commencemens, quoique présentant des difficultés, ne doivent point arrêter, on devra, dit-il, se réunir en Pannonie, les Germains, en suivant le cours du Danube ; les Français, en prenant par la haute Italie. A ce sujet, l'auteur reconnaît la supériorité de l'infanterie allemande et suisse sur celle des autres peuples, et accorde la même supériorité sur les autres à la cavalerie française, espagnole et italienne. Tandis que l'armée marchera sur Constantinople, une flotte s'y rendra par mer en même temps, s'il est possible, et la prise de cette ville rendra facile la conquête de toute la Grèce ; car sans cette cité les autres ne peuvent tenir. *Hoc enim caput habet, ut dùm languet et patitur, membra similiter patientur, neque diutiùs queant sine illius ope subsistere.* Formez, continue Marcellus, une armée qui ne soit ni trop nombreuse, crainte de confusion, ni trop faible, de peur qu'on ne la dédaigne. Que, d'autre part, une flotte de deux cents bâtimens vénitiens, à laquelle se joindront les Génois et les Rhodiens également habiles dans la manœuvre, aborde sur les côtes de la Cilicie, et que leurs bâtimens, se répandant sur toutes les mers, interceptent toute provision pour Constantinople. Ainsi privée de vivres, cette ville sera bientôt forcée de se rendre. En admettant, dit l'auteur, que l'on soit forcé d'attaquer les Turcs, soit sur terre, soit sur mer, pourront-ils tenir contre notre cavalerie et notre infanterie ? La supériorité de notre tactique navale, ajoute-t-il, n'est-elle pas d'ailleurs incontestable ? Après avoir cité, à l'appui de son plan d'expédition, les brillantes victoires remportées récemment sur les Turcs, leur défaite près de Belgrade, et avoir rappelé les exploits de Godefroi et de Baudouin, qui n'avaient pourtant ni la puissance, ni l'autorité des souverains, il présente le succès de cette entreprise comme infaillible. Et vous, Saint-Père, vous le chef de la chrétienté, n'userez-vous point de cette autorité toute puissante qui vous place au-dessus des souverains ? Parlez : bientôt les nombreux chrétiens qui vivent sous le joug des Turcs, et qui n'attendent qu'une occasion favorable, passeront sous l'étendard de la Croix. Votre Sainteté pourrait-elle ne pas profiter de ces favorables dispositions pour reconquérir l'empire grec ? Rendez-nous cette nouvelle patrie. Les divisions des princes chrétiens ont heureusement cessé ; Dieu consolide de plus en plus la paix parmi eux, tandis qu'au contraire la mésintelligence, les divisions, les vengeances règnent parmi les infidèles. La guerre même est déclarée en Asie, entre plusieurs de leurs chefs. Les Perses enfin s'avancent contre eux. Dans une circonstance si opportune, quelle honte pour la chrétienté, de rester dans une si coupable inaction ! Examinez, Saint-Père, sous leur véritable point de vue les motifs que j'expose. Profitez de l'éloignement de nos ennemis et de l'impuissance où ils sont de secourir les Turcs. Parlez, dissipez cette terreur des princes chrétiens ; commandez, préparez cette importante expédition ; envahissez sans crainte ces provinces qui vous appellent. La gloire et l'honneur du succès vous appartiendront tout entiers. Après s'être appuyé sur d'autres motifs, ce député termine ainsi son discours : Très-Saint-Père, vous qui êtes le chef, le protecteur et le vengeur de la religion, Dieu a les yeux sur vous. Rendez-vous aux vœux des fidèles, rendez-nous nos autels, et mettez cette race impie dans l'impuissance de dire : *ubi est Deus eorum* ? où est leur Dieu ?

Le pape Léon X conçut, quelques années après, le projet de mettre à exécution les idées que nous venons d'exposer dans ce discours ; mais cette entreprise fut à peine commencée. Voyez le seizième liv. de l'Hist. des Croisades

Le troisième tome du Nouveau Trésor renferme les articles suivans :

Gesta Tancredi in expeditione Jerosolymitaná, auctore Radulpho Cadomensi ejus familiari, (tom. III, pag. 108.)

Art. v.

Cet ouvrage semblerait, par son titre, devoir faire partie de la collection de Bongars ; mais il était inconnu lorsque cette collection parut : ce ne fut qu'en 1716, que Dom Martenne le découvrit dans un manuscrit de l'abbaye de Gemblou. Il le publia en 1717, avec quelques observations préliminaires. Depuis cette première édition, Muratori l'a publié de nouveau, dans le cinquième tome de sa collection des historiens d'Italie.

Avant de parler de cet ouvrage important, nous dirons un mot de l'auteur. Raoul, selon toute apparence, naquit vers l'an 1080, dans la ville de Caen, dont il a pris son surnom. Il nous apprend qu'il y fit ses études sous Arnoul de Rohes, qui devint par la suite patriarche de Jérusalem, et dont il fait l'éloge en plus d'un endroit de son ouvrage.

A l'âge de 27 ans, c'est-à-dire en 1107, Raoul passa en Syrie. Il suivit l'armée de Bohémond et de Tancrède; il s'attacha particulièrement à ce dernier, et mérita sa confiance. Dès la première année qu'il fut en Syrie, il conçut le dessein d'écrire l'histoire de la croisade. Bohémond et Tancrède à qui il entendait tous les jours raconter les grands événemens auxquels ils avaient pris part, ne cessaient de l'encourager dans cette entreprise; plusieurs fois, ils lui dirent qu'ils le regardaient comme le plus en état de l'exécuter; mais Raoul, pour n'être point soupçonné de flatterie, avait résolu, comme il nous l'apprend lui-même, de ne point louer Tancrède de son vivant, et de ne publier son ouvrage qu'après la mort de ce guerrier. L'histoire de Raoul commence à l'an 1096, et va jusqu'au siége d'Apamée, en 1105, 7 ans avant la mort de Tancrède. Elle est dédiée au patriarche Arnoul, qui mourut en 1118. Comme elle n'est pas terminée, puisqu'elle ne donne pas l'issue du siége d'Apamée, on peut croire que Raoul l'avait poussée plus loin, et que la fin de son manuscrit n'est pas parvenue jusqu'à nous. Elle est écrite par chapitres, et ces chapitres sont mêlés de prose et de vers.

Raoul n'a point vu par lui-même les événemens de la première croisade, puisqu'il ne passa en Syrie qu'en 1107; mais il les avait appris de témoins dignes de foi, et qui en avaient été les principaux acteurs. Il se trouva, d'ailleurs sur le théâtre où ces événemens s'étaient passés; il connut la situation des villes, des places et des lieux dont il parle, et qui étaient tout pleins de souvenirs encore récens. On peut donc regarder l'ouvrage de Raoul comme portant avec lui tous les caractères de la vérité.

Il n'est pas indifférent à la critique d'examiner, de comparer l'écrit de Raoul avec ceux des historiens, ou témoins ou contemporains comme lui, de la première croisade ; cet examen, cette comparaison peuvent servir à éclaircir ou à rectifier quelques points historiques, comme ils peuvent aussi jeter quelques doutes sur d'autres points qu'on croyait suffisamment éclaircis ; nous ne suivrons donc point dans ce premier article consacré à l'ouvrage de Raoul, le récit de cet auteur. Nous ne parlerons pas non plus de sa prose ni de ses vers. Nous renvoyons pour tout cela au second article, qui se trouve plus loin à la collection de Muratori. Nous nous contenterons d'indiquer dans celui-ci les différences que nous avons remarquées entre Raoul et les historiens de la première croisade.

Dans son récit du siége de Nicée, Raoul ne s'explique pas aussi clairement qu'eux sur la manière dont cette ville fut remise à l'empereur Alexis ; mais il donne sur la bataille de Dorilée des détails qu'il serait trop long de rapporter ici, et qui peuvent encore intéresser après ceux que nous avons donnés. Tout ce que cet historien rapporte de l'occupation de la ville de Tharse par Tancrède, et de la mésintelligence qui s'éleva entre ce chef des croisés et Baudouin, ressemble peu à ce qu'ont dit Robert le moine, Albert d'Aix, Baudry, Raymond d'Agile, Guillaume de Tyr, et même Foucher de Chartres, qui était sur les lieux. Raoul dit bien que Baudouin prétendit à la possession de cette ville, ou au moins au partage du butin ; mais il ne dit point que les enseignes de Tancrède furent jetées dans les fossés, et que Baudouin fut reçu dans la ville. Selon lui, au contraire, Baudouin s'éloigna de Tharse, et revint quelques jours après, camper devant cette place ; il y obtint de Tancrède, dont le ressentiment s'éteignait aisément, la libre communication entre ses troupes et celles de la ville. Mais cette paix dura peu. Il s'éleva des querelles entre les soldats de ces deux chefs. Ces querelles dégénérèrent en combats, que Raoul décrit, et qu'on parvint à faire cesser. Les historiens dont nous venons de parler placent le théâtre de ces combats devant la ville de Malmystra, et tous s'accordent à dire que Baudouin fut reçu dans Tharse dont il resta maître. On sent qu'au milieu de ces contradictions entre des historiens du même temps, il est difficile de connaître au juste la vérité, lorsqu'il ne se présente aucun autre témoignage qui puisse aider à la trouver. Foucher de Chartres, qui était alors sur les lieux, et qui venait de s'attacher à Baudouin, aurait pu nous servir de guide; mais ce qu'il dit à cette occasion est si court et si peu clair, qu'on n'ose pas se décider d'après lui.

Il est un autre point sur lequel les historiens que nous venons de nommer ont gardé le silence, et sur lequel Raoul est entré dans quelques détails ; c'est la manière dont les habitans de Tharse secouèrent le joug des Turcs, avant de recevoir les croisés. Raoul dit qu'un Arménien nommé Ursin était à la tête de cette ville lorsque Tancrède y entra. Cet Ursin raconta à Tancrède lui-même, qu'il avait habité jusques-là les montagnes, où il vivait indépendant, tandis que les Turcs tenaient la ville sous leur domination ; qu'un jour, au temps de la moisson, on vint lui communiquer le projet que quelques habitans avaient conçu de cacher dans les chars que les moissonneurs chargeaient de foin, des hommes armés, qui entreraient ainsi dans la ville pour en chasser les Turcs. Ursin goûta ce projet, et promit d'en favoriser l'exécution. On cacha donc des hommes armés sur les chars qui portaient de la paille à Tharse. Ursin à la tête d'une troupe d'Arméniens, feignit de vouloir piller ces chars, afin d'attirer les Turcs à un combat hors des murs. Pendant qu'il occupait ainsi les soldats de la garnison à l'extérieur, les chars entrèrent dans la ville. Les hommes armés en descendirent: les uns allèrent fermer les portes, tuèrent les sentinelles, et se mirent à leur place ; d'autres se répandirent dans les rues, dans les palais, dans les tours, égorgeant tous les Turcs qu'ils rencontraient. A un signal que les tambours donnèrent ensuite du haut des murs, Ursin, qui combattait au-dehors, et qui feignait de fuir, se retourne brusquement sur les

Turcs, les pousse vigoureusement à son tour vers la ville où ils se hâtaient de chercher un refuge; mais en y arrivant, au lieu d'amis qu'ils s'attendaient à trouver, ils ne trouvent que des ennemis qui les tuent sans pitié. Ce fut ainsi que Tharse fut délivrée, et recouvra son ancienne liberté.

Tel est l'extrait du récit épisodique que Raoul met dans la bouche d'Ursin.

En racontant la prise d'Antioche, cet historien présente encore quelques détails qu'on ne trouve pas dans les autres historiens. Il dit que pendant la famine qu'éprouva cette ville assiégée, Accien, que les auteurs arabes appellent Baghi-Syan, qui en était gouverneur, ordonna à tous les habitans qui avaient du blé chez eux, d'en apporter la moitié à son palais. La ville murmura, mais elle obéit. Accien ordonna à un riche arménien, qui avait abjuré la religion chrétienne, de lui apporter une seconde fois la moitié de ce qui lui restait de blé. L'Arménien avait une famille nombreuse. Il alla trouver Accien, se jeta à ses pieds, et tâcha de le toucher, en lui représentant l'état de détresse où il le réduisait. Accien fut insensible, et renvoya l'Arménien avec mépris. Celui-ci jura alors de se venger. Il avait le commandement d'une tour. Il résolut de la livrer aux croisés, et de les rendre maîtres d'Antioche. Il descend de sa tour pendant la nuit, au moyen d'une corde, et va trouver Bohémond. Il lui fait part de sa résolution, et lui offre, pour gages de sa parole, ses propres enfans. Bohémond communique à l'évêque de Puy cette ouverture. L'évêque assemble les chefs, et leur adresse un discours qui les persuade sans peine. On décide qu'Antioche deviendra la propriété de celui qui y fera entrer l'armée des croisés. Bohémond se rend à la tour, y fait monter ses soldats, comme l'Arménien en était convenu, et Antioche tombe ainsi au pouvoir des chrétiens.

Raoul dit que le premier qui fut tué dans la tour par les soldats de Bohémond, fut le frère de l'Arménien, qui n'était pas dans le secret du complot. D'autres historiens disent, au contraire, que ce fut l'Arménien qui le tua de ses propres mains. Raoul dit encore que Tancrède, en apprenant la prise d'Antioche, car il était alors occupé loin de cette ville, se plaignit amèrement de ce que Bohémond lui avait fait un mystère de son projet, comme s'il lui eût envié l'honneur d'entrer un des premiers dans la place. Baudry soutient que Tancrède et ses conseillers étaient dans le secret de Bohémond.

Mais ce qui doit étonner de la part d'un historien qui emploie quelquefois le langage de la poésie, c'est que Raoul n'ait mêlé à son récit aucune circonstance merveilleuse. Il ne dit rien de la découverte de la lance; ou s'il en parle plus tard, c'est pour s'en moquer. Il ne parle pas non plus des trois cavaliers vêtus de blanc, et couverts d'armes éclatantes, qui, au rapport de Raymond d'Agile, d'Orderic Vital, de Robert le moine, etc., parurent descendre des montagnes, à la tête d'un escadron céleste, et dont la vue ranimant le courage des croisés, les fit triompher de Kerbogah.

En décrivant la famine que les chrétiens éprouvèrent devant Marra, Raoul dit qu'elle les porta à d'horribles extrémités. Il raconte, pour l'avoir entendu dire à quelques croisés, qu'ils se virent forcés de recourir à la chair humaine. On fit bouillir de jeunes Sarrasins; on mit des enfans à la broche. Cette exécrable ressource manquant bientôt, peut-être les chrétiens se seraient-ils dévorés entr'eux, si la prise de la ville, ou l'arrivée de provisions étrangères n'eût mis un terme à ces maux. Raoul ne parle point, comme les autres historiens de cette quantité de paille allumée à l'entrée des cavernes où s'étaient cachés les infidèles quand Marra fut prise, ni de l'inhumanité des vainqueurs, qui, après en avoir fait sortir une multitude éperdue et tremblante, la massacrèrent sans pitié.

Raoul, en racontant, avec quelques détails particuliers, le songe d'Anselme de Ribaumont, que nous avons rapporté, dit qu'il tenait ce récit d'Arnoul à qui Anselme était venu le raconter, et qu'il avait consulté à cette occasion.

Puisque nous parlons d'Arnoul, nous ferons remarquer

que la plupart des historiens ont accusé les mœurs de cet ecclésiastique : nommé d'abord patriarche, il fut, dit-on, déposé par un concile tenu à Jérusalem. Raoul, au contraire, ne cesse de le représenter comme un homme d'un grand caractère, et plein de zèle pour la cause des croisés. Il prétend que lorsque Daimbert, évêque de Pise, eut été élevé par le secours de Bohémond, sur le siége patriarchal, Arnoul abdiqua volontiers, espérant que la religion gagnerait plus sous ce nouveau pontife que sous lui-même.

Avant d'écrire le siége de Jérusalem, Raoul parle de la rencontre que fit Tancrède, d'un ermite qui demeurait sur la montagne des Oliviers. Il raconte l'entretien qu'ils eurent ensemble, entretien qui roula en partie sur Jérusalem, dont l'ermite fit connaître à Tancrède les principaux endroits marqués par la vie ou la mort de J.-C. et en partie sur Guiscard, oncle de Tancrède. L'historien parlant ensuite d'une échelle qu'on fit des morceaux de bois que Tancrède trouva dans un réduit, ajoute que quand cette échelle fut appliquée au mur, ce chef croisé voulut monter le premier à l'assaut, et qu'on fut obligé de lui arracher son épée, pour l'empêcher d'exposer une vie si précieuse à l'armée. Raoul rapporte qu'il se présenta alors un jeune homme qui avait déjà atteint le dernier échelon, lorsqu'il fut percé par le fer des ennemis, et forcé de redescendre sans son épée. Ce jeune guerrier s'appelait Raimbault. Selon Raoul, il était de Chartres ; Orderic Vital dit qu'il était du Cambresis, et qu'il entra le premier dans Jérusalem avec Lethalde et Engelbert. Mais Raoul place ce trait de courage de Raimbault au premier assaut qui fut tenté contre la ville, et non au dernier où elle fut prise.

Raoul fait aussi honneur à Tancrède de la découverte de la forêt qui fournit aux croisés tous le bois dont ils avaient besoin ; forêt qui est devenue célèbre par les vers du Tasse, et dont nous avons constaté l'existence, et assigné la place dans le second vol. de cette histoire. Depuis la prise de Jérusalem, jusqu'à la prise d'Apamée en 1105, Raoul ne raconte guère que les exploits particuliers de Tancrède. Aussi donne-t-il à cet égard plus de détails que les autres historiens, qui se sont plus attachés aux événemens généraux. Mais on peut être surpris qu'en parlant de ce que fit Tancrède dans la Galilée, il ne dise rien du titre de prince de Galilée que ses exploits lui méritèrent. On peut s'étonner aussi du silence qu'il a gardé sur les démêlés de ce prince avec Baudouin devenu roi de Jérusalem.

Nous renvoyons, pour d'autres détails, sur l'ouvrage de Raoul au second art. que nous lui avons consacré, pag. 383 de ce volume.

A la suite de ce morceau historique, Martenne a placé pag. 221 le poëme de Gilon de Paris sur le *voyage* de *Jérusalem*, dont nous avons déjà parlé dans notre examen de la collection de Duchesne.

Après l'ouvrage de Gilon vient le troisième livre de Jacques de Vitry, que nous avons aussi analysé en parcourant la collection de Bongars. Martenne a ajouté à ce livre quatre lettres du même Jacques de Vitry, sous le titre de

---

Jacobi episcopi Acconensis ad Honorium papam. (Epistolæ IV, pag. 287.)

Art. VI.

Ces quatre lettres qui ne roulent que sur des événemens dont l'auteur a été témoin, sont en quelque sorte un complément du troisième livre de l'histoire de Jacques de Vitry. On ne trouve pas en effet dans son troisième livre, comme il nous l'avait annoncé, ce qui s'est passé depuis le concile de Latran (1215), jusqu'à la prise de Damiette, et les détails que nous offrent ces lettres remplissent cette lacune.

Outre ces lettres, Bongars en a donné une sur les malheurs de la Terre-Sainte, sous la date de 1218, adressée à Jean de Nivelle et à quelques parens. Nous l'avons fait connaître en rendant compte de sa collection. Dom Dachery en a donné une autre adressée au pape Honoré III, qui se trouve dans le 8e. tom., pag. 373 de son Spicilége.

Ire. LETTRE.

En commençant cette lettre, l'auteur dit un mot de la force de l'armée des chrétiens réunis dans le port de St.-Jean-d'Acre, en 1216, et fait mention du départ pour ses états du roi de Hongrie qui croyait avoir accompli son vœu, et de celui du roi de Chypre et du comte de Tripoli. L'armée étant affaiblie par cet abandon, continue l'auteur, le roi de Jérusalem se détermine, pour couvrir St.-Jean-d'Acre, à fortifier le château de Césarée, tandis que les Templiers font bâtir à grands frais un fort, appelé le château des Pélerins. Bientôt, ajoute-t-il, arrive à Acre une flotte considérable partie du Nord, et venant d'Espagne, commandée par Olivier, chanoine de Cologne; ce puissant secours décide le roi et son conseil à porter la guerre en Égypte. L'armée s'embarque et paraît quelques jours après à la vue de Damiette, et établit son camp dans une île qui n'en est séparée que par un bras du fleuve. Après une défense opiniâtre des assiégés, continue l'auteur, les chrétiens s'emparent d'une tour fortifiée et bâtie au milieu du Nil. En terminant, Jacques de Vitry annonce les dispositions et l'ardeur des chrétiens pour traverser le fleuve et combattre l'armée des infidèles sur la rive opposée.

IIe. LETTRE.

L'auteur informe d'abord le St.-Père de la tentative des Sarrasins sur le fort de Césarée et du retour, à St.-Jean-d'Acre, des croisés dont un grand nombre quitte l'armée pour retourner en Occident; mais, continue-t-il, cette armée se trouvant renforcée par l'arrivée des Frisons et des Teutons, elle marche sur l'Egypte, pays fertile, et dont la conquête devait être facile, une fois qu'on se serait emparé d'une des villes principales. Jacques de Vitry répète à-peu-près ce qu'il a déjà dit dans la précédente lettre sur l'abordage des croisés, et les opérations qui amenèrent la prise de la tour du Nil (1). Il ajoute que la crue des eaux empêcha les croisés de traverser le fleuve et d'attaquer l'ennemi campé sur la rive opposée, et il termine en présentant ces premiers succès comme l'augure de succès plus importants.

IIIe. Lettre.

Jacques de Vitry commence cette lettre aux événements qui suivirent la prise de la Tour du Nil. Il raconte les tentatives réitérées des chrétiens pour aborder à la rive opposée, et les pertes réciproques des deux partis. Il décrit ensuite de la manière suivante l'épidémie qui ravagea l'armée chrétienne. « Immisit » Dominus morbum nulla arte medicorum curabilem..... femo- » ribus enim et tibiis primo nigrescentibus et deinde patres- » centibus, carnibus etiam superfluis in ore subcrescentibus, » divinitus absque dolore magno languentes, et paulatim corde » deficientes, cum suis loquendo, et jugiter Deum deprecando, » more dormientium claudentes oculos... ad gaudia superno- » rum civium evolabant. » Le récit des événements qui suivent a la plus grande conformité avec la lettre d'*Olivier Scholastique*, et avec le troisième livre de l'histoire même de Jacques de Vitry.

---

(1) Cet historien dit que les habitants de cette île du Nil, pour faire éclore les poulets plus promptement, mettent les œufs dans un four très chaud.

IVe. Lettre.

Après avoir rendu grâces à Dieu d'avoir fait tomber en la puissance des chrétiens la puissante ville de Damiette, dont la conquête va leur laisser la faculté de propager le christianisme dans le pays, l'auteur reprend les événements du siége, et rapporte les offres et promesses des Sarrasins, à la sincérité desquels il a peine à croire. Comment, ajoute-t-il, auraient-ils rendu le bois de la sainte croix que Saladin avait fait rechercher sans succès lors de la prise de St.-Jean-d'Acre par les princes chrétiens? Ce que dit ensuite l'auteur, du légat qui emporta la ville dans une attaque de nuit, de la fuite du sultan qui incendia son camp ainsi qu'un pont de bateaux, et de ce qui suivit la prise de Damiette, etc., ne diffère en rien de ce que l'on sait déjà. Après avoir mentionné quelques querelles et rixes survenues entre les croisés à l'occasion du partage du butin, il nous apprend que cinq cents des principaux prisonniers furent réservés afin d'être donnés en échange d'un grand nombre de chrétiens; que lui-même acheta plusieurs enfants qu'il fit nourrir et auxquels il fit donner le baptême; enfin il termine cette lettre par le récit d'un combat contre les Sarrasins, où les chrétiens perdirent 2000 hommes, et où furent faits prisonniers plusieurs chefs qu'il nomme.

JOHANNIS *Imperii abbatis chronicon* SYTHIENSE SANCTI-BERTINI, ou *Chronique de* SITHIEN ou *de* ST.-BERTIN, *de* 590 *à* 1294. (Tom. III, pag. 442.)

Article VI.

Quoique cette chronique ne porte en tête que le nom de Jean d'Ipres, elle n'en est pas moins l'ouvrage de plusieurs écrivains. Elle doit inspirer d'autant plus de confiance que ce dernier auteur, abbé de St.-Bertin, a pu facilement rectifier les erreurs de ses devanciers. Les auteurs de cette chronique ne se sont pas concentrés entièrement dans ce qui regarde leur couvent; on y trouve des détails intéressants sur l'histoire générale, et en particulier sur celle des croisades. Cette chronique souvent citée, et dont les savants désiraient la publication, nous a été donnée d'après deux manuscrits par Martenne, qui y a joint les notes marginales du père Dachery.

Laissant tout ce qui précède le XIe. siècle, nous arrivons desuite à Robert-le-Frison. La chronique rendant compte de son voyage à la Terre-Sainte (1085), nous dit que la porte de Jérusalem se ferma d'elle-même à l'arrivée du comte, et que ce ne fut qu'après qu'il se fût confessé, et engagé à remplir la pénitence qui lui fut infligée, qu'il trouva la porte ouverte, et qu'il put pénétrer dans la ville sainte. Elle parle ensuite d'une manière très succincte du concile de Clermont, du départ pour la Terre-Sainte d'une armée de 600,000 croisés; de la prise successive des villes de Nicée, d'Antioche et de Jérusalem; de l'élection de Godefroi qui, par un sentiment d'humilité chrétienne, refusa la couronne; du combat d'Ascalon; enfin, de la mort de Godefroi, qui suivit de près la brillante victoire des croisés; la chronique rapporte son épitaphe, que nous croyons peu connue.

> Mirificum Sydus, dux hic recubat Godefridus
> Ægypti terror, Arabum fuga, perfidis horror.
> Rex licet electus, rex noluit intitulari,
> Nec diademari, sed sub Christo famulari :
> Cujus erat cura......

Après avoir parlé du retour dans ses états de Robert, comte de Flandre, dont elle fait l'éloge (1), la chronique rend compte avec concision des événements qui eurent lieu sous les règnes suivants, et attribue les conquêtes des chrétiens qui étendirent leur puissance de l'Egypte à l'Euphrate, et sur tous les points, à la protection de Dieu, à la fondation de beaucoup d'Eglises et de monastères, et surtout à l'institution de plusieurs ordres militaires et religieux. Elle s'étend peu sur la croisade de Louis VII et de Conrad, et parle ainsi de l'issue de cette malheureuse expédition. « Tandem rex et imperator » per Turchiam et Terram-Sanctam plura bella gloriosè, non » tamen prosperè gesserunt, eorum que exercitus ferro, » pestilentia, fame, tantis que infortuniis est attritus, ut » de tantâ multitudine vix et pauci repatriarent. » Arrivé à la bataille de Tybériade, l'auteur nous apprend que les croisés, par une sage précaution, résolurent de faire partager en deux la vraie croix, et d'en déposer une moitié dans un lieu sûr. Ce fait, rapporté par une autre chronique, est contredit en

---

(1) ...... In quâ sanctâ expeditione sic incomparabiliter se strenuè gessit, quod non solum utilis, verum etiam ut fulgur infidelibus est terrori, sicque victoriosus et invincibilis, ut eum S. Georgii filium, Turcorum et Arabum appellaret exercitus.

quelque sorte par les événements qui suivirent. On ne vit reparaître la croix dans les armées chrétiennes que long-temps après la mort de Saladin; et, si on avait conservé la moitié du bois dont elle était composée, nous ne voyons pas trop pourquoi on n'en aurait pas fait usage.

Jean d'Ipres répète, dans sa chronique, les accusations dirigées contre le comte de Tripoli; il parle ensuite des événements qui eurent lieu dans la Terre-Sainte jusqu'au retour de Richard : il rapporte, au sujet de Saladin, une particularité assez curieuse, et que nous ferons connaître, sans l'affirmer ni la démentir. Saladin, dit-il, près de sa fin, fit amener devant lui plusieurs prisonniers chrétiens de distinction, au nombre desquels était le seigneur d'Anglure, à qui il présenta son étendard, qu'il appelait *Damast*. Il lui dit que s'il consentait, pour lui et pour ses successeurs, à porter cet étendard à la guerre comme la bannière de Saladin, on lui rendrait la liberté ainsi qu'à tous les prisonniers qui l'entouraient. Le Seigneur d'Anglure s'y engagea; Saladin tint sa promesse, et depuis ce temps la bannière de ce Sultan est portée à la guerre par la famille d'Anglure. Jean d'Ipres parle rapidement de la croisade qui se termina par la prise de Constantinople, et de celle dans laquelle l'armée chrétienne prit Damiette, et fut obligée de la rendre après avoir été faite prisonnière à Mansourah. Les détails que la chronique donne sur la première croisade de St.-Louis, sont fort abrégés et ne diffèrent en rien de ce que nous connaissons; seulement parmi les clauses de la convention faite pour la liberté de St.-Louis, nous remarquons celle qui suit, et qui paraîtra invraisemblable. Elle portait que la monnaie de France serait empreinte d'une *Tour* et de *Chaînes* qui devaient rappeler le souvenir de la captivité de St.-Louis. Ce que la chronique ajoute à ce récit est plus vrai; on cessa, dit-elle, tant que dura l'absence du roi, de battre monnaie en France, et pour

en tenir lieu, on se servit de petits morceaux de cuir au centre desquels on avait fixé un clou d'or ou d'argent, plus ou moins gros, qui réglait la valeur de la pièce. Le roi à son retour fit battre monnaie à Tours, portant l'empreinte d'une tour entourée de chaînes avec cette légende : *Turonis civitas*; ce qui fit appeler notre monnaie *Sou de Tours*. Cette monnaie s'étant répandue dans le royaume, le roi ordonna qu'elle fût frappée partout avec cette empreinte (Pag. 727).
« Item dicunt aliam conditionem appositam, scilicet quod in
» signum et memoriam captivitatis hujus, rex Francorum et
» sui posteri ad certum tempus in omni monetâ quam cuderet
» argenteam, insculpet *turrim* in signum inclusionis, et *com-*
» *pedes* in signum captivitatis; ideo que aliquanto tempore per
» regnum Franciæ intermissum est fabricari monetam, et ma-
» ximè quamdiù rex erat absens; sed loco monetæ currere (1)
» frusta de corio cum infixo clavo aureo vel argenteo, majori
» vel minori, et secundum hoc erat majoris pretii vel minoris.
» Postquam verò rex de Terrâ-Sanctâ rediit ad honestiorem
» excusationem prædictæ conditionis fuit ordinatum, quòd
» moneta regis argentea in hoc principio Turonis cuderetur,
» et in eâ circà turrim et compedes inscriberentur *Turonis ci-*
» *vitas*, quæ civitas quia gallicè *Tours* vocatur, nomen monetæ
» dedit, ut vocaretur grossi Turonenses; qui potius vocari
» debuissent grossi Turrenses. Postea verò cum hæc moneta
» jam cursum suum est sortita, rex hanc monetam fecit fabricari
» etiam in locis aliis, sed semper ubicumque fieret, semper
» inscriptum erat : *Turonis civitas*. » Quelques chroniques disent en effet, entr'autres celle de Villani, que St.-Louis fit frapper une monnaie portant l'empreinte d'une chaîne; mais il

---

(1) Aliter, cudere.

n'est pas vraisemblable que ce fut en vertu d'une des clauses de la trève faite avec les Sarrasins.

Le récit de la seconde croisade de St.-Louis, de l'arrivée devant Tunis du prince Edouard qui se rend à St. Jean d'Acre, ainsi que quelques détails sur le concile de Lyon (1172), où un subside pour la Terre-Sainte est exigé, n'offrent rien de particulier. Enfin la chronique, après avoir relaté des événemens généraux ou quelques guerres qui ne tiennent pas aux croisades, et avoir parlé de la prise successive par les infidèles de toutes les villes de la Palestine, se termine à la perte définitive de la Terre-Sainte, et à l'expulsion des chrétiens de ces contrées.

La suite de cette chronique, qui va jusqu'à 1392, année de la mort de Jean d'Ipres, se trouve dans le VIe. vol. de l'*Ampliss. collect.* de Martenne ; elle ne dit rien des croisades.

SPICILEGIUM,

Sive Collectio veterum aliquot scriptorum qui in galliæ Bibliothecis delituerant, etc.; par LUCAS D'ACHERY.

Cette collection faite et d'abord imprimée par les soins de Lucas d'Achery, moine de l'ordre de St.-Benoît de la congrégation de St.-Maur, a été revue et corrigée d'après les différents textes des manuscrits dont elle se compose, par Étienne Baluze et Edmond Martenne, et rectifiée encore par Louis-François-Joseph de Labarre de Tournai. C'est cette édition, imprimée à Paris en 1723, en 3 vol. in-f°., sur laquelle nous allons faire notre analyse.

Le premier volume ne contient que des écrits théologiques, et rien ou fort peu de chose sur l'histoire.

Le second volume renferme quelques vies d'évêques et plusieurs chroniques dont quelques-unes sont antérieures à l'époque des croisades. La première où il en soit fait mention a pour titre :

Chronicon Sancti-Petri Vivi Senonensis ordinis Sancti-Benedicti. (Tom. II, pag. 477.)

Article 1.

L'auteur se nomme Clario ou Clarius; il fut d'abord moine de St.-Benoît-sur-Loire, et ensuite de l'abbaye de St.-Pierre-le-Vif dans le Sénonais. Ce moine passait pour très instruit; sa chronique commence à l'an 446, et finit en 1184. Pagius, dans ses notes critiques sur les annales de Baronius, a prouvé que cette chronique ne peut pas être en entier de Clarius, et qu'elle a eu un continuateur depuis l'an 1100. Clarius dit, sous la date de 1096, que plusieurs milliers de guerriers à pied, à cheval, riches et pauvres, partirent pour Jérusalem, parce que les Perses, les Turcs et autres habitants de pays inconnus avaient envahi Jérusalem et toutes les villes jusqu'à Constantinople ; et que, par la crainte qu'ils inspiraient, aucun chrétien n'osait aller au tombeau du Seigneur. Il place la prise de Jérusalem et l'élection de Godefroi pour roi, à l'an 1097 (ceci est une erreur évidente).

Sous la date de 1179, il dit que Henri, comte de Trèves, partit pour Jérusalem avec Pierre de Courtenai et plusieurs autres, et que la fille du roi Louis fut conduite à Constantinople et mariée à l'empereur grec.

Chronicon S. MEDARDI *Suessionensis ab anno* 497 *ad* 1259. (Tom. II, pag. 488 et suiv.)

Article II.

Cette chronique fut composée par un moine du monastère dont elle porte le nom. C'est tout ce que nous en savons. En voici l'extrait.

L'auteur donne, sur la première et deuxième croisades, des détails qu'on a lus ailleurs. Il n'apprend de même rien de nouveau sur la troisième : en parlant du siége de Ptolémaïs par le roi de France, en 1188, il dit que la disette y fut si grande, qu'une poule s'y vendait dix sols tournois.

Sous la date de 1202, il parle des prédications du prêtre Foulques, et des succès qu'il obtint pour la croisade. Il parle ensuite de la prise de Constantinople par les Latins, et de l'attroupement des enfants qui venaient de tous côtés pour aller à la Terre-Sainte, mais qui périrent en chemin, ou revinrent sans avoir rien fait.

La chronique, sous la date de 1217, dit que le vénérable Alberic, archevêque de Reims, avec plusieurs prélats et princes chrétiens de diverses langues, prit la croix et jura d'aller combattre les infidèles. Ils partirent pour la Syrie, et réunis à Jean de Brienne, ils allèrent en Egypte, assiéger Damiette. Ils prirent cette ville en 1219, mais l'année suivante elle leur fut enlevée à la suite d'un traité fait avec les Sarrasins victorieux ; et tous les croisés remontant leurs vaisseaux, s'en revinrent dans leur patrie.

En 1229, Frédéric II, empereur des Romains, partit pour la Syrie avec une armée de Lombards et d'Allemands. Une conférence ayant eu lieu entre l'empereur et les infidèles par ambassadeurs, cinq villes furent restituées aux chrétiens, avec les chemins et les voies publiques qui communiquaient des unes aux autres. La ville de Jérusalem, excepté le temple de Salomon, fut rendue, ainsi que Bethléem, Rama, Nazareth et Joppé. Une trêve de dix ans ayant été conclue, Frédéric arriva à Jérusalem, et comme roi de cette ville, porta la couronne et le diadême dans la Basilique du St.-Sépulcre. Aucune des villes dénommées ne pouvait être environnée de murs ou fortifiée, excepté Jérusalem et Joppé, et un certain château qui appartenait à l'ordre de St.-Jean de l'Hôpital. Frédéric, après avoir mis quelques-uns de ses soldats dans la Tour de David et des garnisons dans les places, et avoir visité les lieux saints, retourna dans ses états, excommunié comme il l'était auparavant.

En 1239, continue la chronique, Thibauld, roi de Navarre, le Seigneur de Bric, et le comte Palatin de Trèves, Amauri, comte de Montfort, le comte de Bar et le duc de Bourgogne, avec une multitude de princes, de barons, et de Français à pied et à cheval, s'étant croisés, s'embarquèrent à Marseille, et partirent pour la Syrie. Une négociation s'étant ouverte entre les chrétiens et les infidèles, tout le pays fut rendu aux premiers, tel qu'ils l'avaient avant les conquêtes de Saladin; la ville d'Ascalon fut rebâtie et fortifiée par les chrétiens. La trève faite avec le roi de Damas était pour trente ans; celle qu'on fit avec le roi d'Egypte pour dix; tous les prisonniers furent rendus de part et d'autre. Avant cette époque, les infidèles avaient détruit et rasé la tour de David, et quelques tours et murs que les Pélerins avaient construits à leurs dépens dans la ville de Jérusalem pour la protéger et la défendre.

En 1249, Damiette assiégée, est prise le même jour par Louis, roi de France; et la même année, nous ne savons, dit l'auteur, par quel jugement de Dieu elle est rendue aux Sarrasins.

Il dit encore qu'en 1254, Louis, roi de France, revint de son voyage d'Outre-mer avec Marguerite son épouse qui était enceinte, et trois enfants nés outre-mer.

Chronicon breve ecclesiæ S. Dionysii ad Cyclos paschales. (Tom. II, pag. . . . . .)

Article III.

Cette chronique est rédigée par un moine bénédictin de Saint-Denis; elle n'est pour ainsi dire qu'une table de matières; elle commence en 986, et se termine en 1292. On y trouve cependant quelques détails sur la croisade de Louis-le-Jeune en 1146. Elle rapporte qu'en 1238, le roi de Navarre, les comtes de Champagne et de Montfort, et presque toute la noblesse partirent pour Jérusalem; qu'en 1248, le roi Louis reçut des mains du cardinal Odon, dans l'Eglise de St.-Denis, l'étendard, le bourdon et la pannetière; et qu'en 1284, Philippe, roi de France, les reçut aussi dans la même Eglise, le dimanche de la mi-carême.

Abbatiæ Senoniensis in vosago diocesis Tullensis historia auctore Richerio *ejusdem monasterii monacho benedictino.* (Tom. II, pag. 630 et suiv.)

Article IV.

Cette chronique écrite en style dur et grossier, parmi quelques erreurs ou faits douteux, comprend un plus grand nombre de choses vraies. Richer qui en est l'auteur, était un moine bénédictin qui vivait en 1215, du temps du concile de Latran tenu par Innocent III; d'après ce qu'il raconte, on doit croire qu'il vécut même au-delà de l'an 1250. Sa chronique commence en 720, et se termine en 1252. Ce n'est qu'en 1212 qu'il y est question des croisades, et celle des enfants est la première dont il parle. Dans ce temps, dit-il, de si grandes troupes d'enfants des deux sexes se réunirent, je ne sais comment, de tant de pays différents, qu'elles formèrent une armée innombrable. Ils suivaient ceux qui portaient devant eux des étendards, et disaient qu'ils allaient passer la mer; que de même que les enfants d'Israël, sortant d'Egypte avaient obtenu la Terre-Sainte, de même eux l'obtiendraient peut-être. Lorsqu'ils arrivaient dans une ville ou dans un pays, les habitants les recevaient comme des pupilles et des orphelins qu'ils étaient, leur donnaient des aliments et les renvoyaient; ceux-ci traversant les Alpes entrèrent dans la Lombardie, et se répandant dans les villes maritimes, telles que Gênes, Pise et autres situées sur la côte: ils croyaient trouver des vaisseaux pour passer la mer; ils n'en trouvèrent point. Il y en eut cependant deux qui mirent en mer chargés de ces enfants, mais on ignore s'ils arrivèrent à quelque port, ou dans quel pays ils furent portés. Les autres qui restèrent, en vinrent à la plus affreuse détresse; personne ne leur donna l'hospitalité; la plupart tombaient morts de faim dans les rues et dans les places publiques, et on ne daignait pas même leur accorder la sépulture; ceux qui étaient et plus âgés et plus raisonnables se répandirent dans les différentes parties de l'Italie et de la Toscane, et s'y rendirent utiles par leur travail, ou en s'offrant comme domestiques.

Richer rapporte ensuite que le roi Jean de Brienne ayant levé une armée, alla assiéger Damiette d'Égypte et la prit comme par miracle; mais qu'aussitôt un légat romain ayant eu l'imprudence de faire avancer vers le Caire l'armée des chrétiens, cette armée, enveloppée par les eaux et par la multitude des Sarrasins, se vit forcée pour échapper à la mort de rendre la ville.

L'empereur Frédéric, excommunié par le pape pour n'avoir pas accompli son vœu d'aller à la Terre-Sainte, crut satisfaire à Dieu en passant la mer avec un petit nombre de soldats. Il rebâtit Joppé situé sur la côte, et fit un traité d'amitié avec le sultan d'Égypte. Richer dit que si l'empereur avait voulu, il aurait soumis tout le pays à la chrétienté.

Suivant le même auteur, le roi de France s'étant embarqué, relâcha dans l'île de Chypre avec un grand appareil. Il y resta quelque temps et perdit beaucoup de monde. Voulant ensuite aller à Acre, il fut poussé par un vent contraire sur le rivage de Damiette. L'auteur paraît ici mal informé. Tout-à-coup les matelots disent avec effroi qu'ils reconnaissent les côtes de Damiette. Les nôtres effrayés courent aux armes, s'emparent du rivage, trouvent les Sarrasins prêts à se battre, et les forcent cependant à rentrer dans la ville. Dans la suite de son récit, l'auteur se montre aussi mal informé, quoiqu'il prétende avoir été instruit par un prêtre qui se trouvait sur les lieux. Il faut croire que ce prêtre lui-même n'avait presque rien vu, ou que l'auteur n'a pas profité de ses récits.

Chronicon ANDRENSIS *monasterii ordinis Sancti-Benedicti in diocesi Tarvanensi, nunc Boloniensi.* (Tom. II, pag. 781.)

Article v.

Cette chronique est l'ouvrage d'un nommé Guillaume, qui devint abbé du monastère d'Andres, au diocèse de Boulogne, en 1208. Plusieurs historiens ont loué cet auteur, et l'ont copié en quelques endroits. André Duchesne avait augmenté et éclairci cette chronique, et son fils François en remit le manuscrit au père d'Achery, qui l'a inséré dans son *Spicilége*.

Cette chronique parle fort succinctement des croisades depuis l'année 1095 jusqu'en 1229; mais nous y avons remarqué un fait que Raoul Dicet a avancé dans son histoire, et que d'autres historiens anglais ont répété après lui; c'est que l'armée des croisés livra aux Sarrasins le premier combat au mois de mars près du fleuve Farfar. (*Voyez* plus bas notre article sur Raoul Dicet.) Elle dit aussi que les Turcs détruisirent, en 1118, un couvent de moines qui était sur le Mont-Thabor, et qu'ils tuèrent tous ceux qu'ils y trouvèrent.

En parlant du concile qui fut tenu à Paris en 1188, la

chronique se plaint de ce qu'au lieu de s'occuper des moyens de délivrer le St.-Sépulcre, on offrit aux Turcs la facilité de ravager la vigne du Seigneur, et qu'on trouva un moyen *nouveau et inouï* de persécuter l'Eglise, ce fut de la dépouiller par la levée des décimes.

Sous la date de 1190, elle rapporte que le roi Philippe-Auguste étant au port de Gênes, attendant un vent favorable pour passer la mer, la foudre y tomba du ciel cinq fois de suite, ce qui l'effraya beaucoup.

Sous la date de 1221, l'auteur prétend que, par suite de la perte de Damiette par les Francs, toute l'Eglise fut énormément lésée par le paiement du vingtième de ses biens pendant trois ans de suite. *Unde per tres annos contiguos universalis ecclesia in solutione vigesimæ enormiter læsa et eviscerata fuit.*

Chronicon GUILLELMI DE NANGIS *sive* NANGIACI, *monachi S.-Dionisii in Franciâ ordinis S.-Benedicti.* (Tom. III, pag. 1 et suiv.)

Article VI.

Guillaume de Nangis, dont nous avons déjà parlé dans l'analyse de la première collection de dom Martenne, tom. V, art. XI, est estimé par tous les historiens comme un écrivain assez soigneux et assez exact. Outre la chronique dont il est question, il a écrit les *Gestes* de Saint Louis, et de son fils Philippe-le-Hardi. Ce qui recommande la chronique du monastère de St.-Denis, c'est qu'on avait autrefois, comme nous l'avons dit, coutume d'y consigner toutes les actions des rois de France, et qu'à cet effet les moines désignaient parmi eux des historiographes habiles qui étaient chargés d'y inscrire toutes les affaires de France ; cet usage était aussi établi dans les monastères anglais de l'ordre de Saint-Benoît. C'est ce qui est attesté dans la préface française ou gauloise de l'ouvrage qu'on appelle vulgairement *Chronique de Saint-Denis*. Celle de Nangis a eu deux continuateurs ; le premier l'a reprise en 1301, où Nangis l'a finie, et l'a conduite jusqu'en 1340, et le second jusqu'en 1358. Le style de ce dernier est le plus grossier et le plus barbare des trois. Quoique la chronique de Nangis commence à l'origine du monde, d'Achery, dans son recueil, ne la fait commencer qu'à l'an 1113.

L'analyse que nous allons en présenter mettra sous les yeux des lecteurs la récapitulation des principaux événements des croisades. L'auteur rapporte sous la date de 1114, que Baudouin, roi de Jérusalem, marchant contre les Turcs avec Roger, comte d'Antioche, prit les devants pour reconnaître l'ennemi, et que celui-ci, occupant une montagne, lui dressa des embûches par quatre endroits différents, et l'enveloppant tout-à-coup de tous côtés, lui tua 1500 hommes. Baudouin s'échappa avec peine. Les Turcs détruisirent de fond en comble un monastère bâti sur le Mont-Thabor, tuèrent les moines, et enlevèrent tout ce qu'ils trouvèrent.

En 1118, Baudouin Ier., roi de Jérusalem, meurt, et a pour successeur Baudouin-du-Bourg, son parent, comte d'Edesse.

En 1224, le roi est pris par les Sarrasins, et long-temps après relâché, en donnant rançon.

En 1227, l'armée des chrétiens en Syrie en vient deux fois aux mains avec les Sarrasins. La première fois elle tue 2500 ennemis ; la seconde, la victoire fut sanglante, les chrétiens malgré leur perte, fortifiés par le secours de Dieu, défirent les ennemis qui étaient sans nombre.

En 1131, Baudouin, roi de Jérusalem, meurt et est remplacé par Foulques, comte d'Anjou, son gendre.

En 1146, Louis, roi de France, affligé de la prise d'Edesse, en Mésopotamie, prend la Croix. L'année suivante, Conrad, empereur des Romains, la prend aussi avec tous les princes d'Allemagne, des mains de l'abbé de Clairvaux. Il se forme une armée navale d'Anglais, de Flamands et de Lorrains, qui va prendre Lisbonne, et plusieurs villes du Portugal. L'empereur d'Allemagne et le roi de France vont en Syrie. L'auteur raconte le peu de fruit qu'ils tirèrent de leur expédition.

En 1150, Raimond, prince d'Antioche, étant sorti contre les Turcs, est tué dans une embuscade; les Turcs promènent sa tête en triomphe, et s'emparent de toutes les villes et châteaux du prince, excepté d'Antioche. Baudouin entre en Syrie, et va contre eux; il jette le trouble parmi eux, et impose un tribut aux habitants de Damas. Les Templiers reconstruisent Gaza, et inquiètent vivement les Ascalonites.

En 1153, le roi Baudouin s'empare enfin après un long siége, et non sans beaucoup de perte, d'Ascalon, capitale de la Palestine.

En 1162, Baudouin, roi de Jérusalem, étant mort sans héritier, son frère Amauri lui succède.

En 1168, il y eut une si grande peste à Jérusalem, que presque tous les pèlerins y moururent. Guillaume, comte de Nevers, y étant mort sans héritier, eut son frère Guy pour successeur.

En 1170, il y eut outre-mer un si grand tremblement de terre au mois de juillet, que plusieurs villes furent renversées, et qu'un nombre incroyable de chrétiens et d'infidèles périrent; une grande partie d'Antioche s'écroula, et toute la ville de Jérusalem fut ébranlée.

En 1171, Amauri, roi de Jérusalem, attaquant l'Egypte, rendit tributaire le calife du Caire.

En 1172, Saladin qui, selon la chronique, commença par être valet d'armée, et qui fut fait chevalier par Onfroy de Thoron, combattant en Egypte, tua par trahison le visir, et devint maître de tout le pays.

En 1174, Amauri, roi de Jérusalem, étant mort, son fils Baudouin lui succède. Noureddin, sultan des Turcs, qui régnait à Damas, meurt aussi. Saladin s'empare de ses états. Il prend un grand nombre de villes, moitié par ruse, moitié par force; il fait une monarchie de plusieurs états, et règne sur le Caire et sur Damas.

Sous la date de 1189, Guillaume de Nangis fait un récit assez long des conquêtes de Saladin, et des désastres de la Terre-Sainte. Ce récit n'est guères que la répétition des historiens qui l'ont précédé, et, comme on a dû le voir, l'historien ne paraît pas bien informé de ce qui regarde Saladin et la dynastie des Ayoubites.

En 1188, Philippe, roi de France, et les grands de son royaume, décident que tous les biens meubles et immeubles paieront la dîme, pour venir au secours de la Terre-Sainte.

En 1190, Philippe de France, Richard d'Angleterre, Eude de Bourgogne, Philippe, comte de Flandre, Henri, comte de Champagne, Thibault, comte de Blois, etc., partent avec un grand appareil pour la Terre-Sainte. Frédéric, empereur d'Allemagne, pénètre en Asie. Guillaume de Nangis raconte ce que firent ces puissants princes, et ce qui leur arriva. Ces détails sont tous contenus au deuxième volume de cette histoire.

Saladin meurt en 1193.

En 1197, les chevaliers teutoniques assiégent Béryte, et

la prennent; les Turcs, irrités de ce qu'on a rompu la trève qui existait, marchent sur Joppé, massacrent les habitants, détruisent les fortifications de la place, et la rasent.

En 1202, meurt le fameux prêtre Foulques, qui avait parcouru diverses provinces en prêchant la croisade.

En 1204, Baudouin, comte de Flandre, et les Vénitiens, assiégent et prennent Constantinople.

En 1209, Jean de Brienne est solennellement couronné roi de Jérusalem, à Tyr, le Dimanche d'après la Saint-Michel.

En 1218, Damiette est assiégée par les chrétiens; Coradin, fils de Saphadin (Malek-Adel), détruit les murs de Jérusalem, ainsi que ses tours; il ne laisse que le temple de Salomon et la tour de David. Les Sarrasins délibérèrent s'ils détruiraient le St.-Sépulcre; mais, par un religieux respect, personne n'osa y toucher.

En 1219, Damiette est prise par les chrétiens après un long siége; mais elle est reprise en 1221, par la faute du légat Pélage.

En 1237, plusieurs barons de France, qui s'étaient croisés d'après les prédications des Frères prêcheurs et mineurs, partent pour la Terre-Sainte, ayant à leur tête le roi de Navarre. Lorsqu'ils furent au-delà de la mer, Pierre, comte de Bretagne, sans égard pour les résolutions prises en commun, s'écarta pour aller piller le pays, et cela lui ayant réussi, Amauri, comte de Montfort, Henri, comte de Bar, et autres fameux guerriers, voulurent en faire autant. Après avoir couru à cheval toute une nuit, ils arrivèrent près de Gaza, dans des lieux sablonneux; des éclaireurs les ayant reconnus, ils furent pris, et presque tous livrés à la mort. Le comte de Bar, pris ou mort, ne reparut plus.

En 1248, Saint-Louis part pour Jérusalem, va passer l'hiver dans l'île de Chypre, et après être débarqué en

DES CROISADES. 341

Egypte, s'empare de Damiette; mais s'étant ensuite avancé contre les Sarrasins jusqu'à Mansourach, il y perd son frère, le comte d'Artois; la peste, ou la maladie, ravage son armée, et il est lui-même fait prisonnier avec ses deux frères les comtes de Poitiers et d'Anjou. Le soudan du Caire ayant été tué par les siens, le roi de France fut délivré de sa captivité en rendant Damiette, et en donnant une grande somme d'argent. De retour à Acre, il y reste deux ans, fortifiant plusieurs places de la Syrie, et rachetant les chrétiens captifs. Guillaume de Nangis raconte, sous la date de 1251, le mouvement des pastoureaux, leurs excès et la fin qu'ils eurent.

En 1260, Saint-Louis, sur une lettre du pape qui lui mandait que les Tartares avaient envahi la Terre-Sainte, vaincu les Arméniens et soumis l'Arménie, Antioche, Tripoli, Damas, et que toute la chrétienté était dans le plus grand danger dans ces contrées, convoqua à Paris, au temps de Pâques, les barons et les prélats de son royaume. Il fut ordonné des prières, des processions; on établit des peines contre les blasphémateurs; on prescrivit la pénitence des péchés, le retranchement des superfluités dans les mets et les habits, et il fut défendu de jouer à d'autres jeux que l'exercice de l'arc et des balistes.

En 1267, Bondodar, soudan du Caire et de Damas, après avoir ravagé l'Arménie, prend Antioche, tue ou fait captifs les hommes et les femmes, et réduit cette ville à une affreuse solitude. St.-Louis, roi de France, son fils aîné Philippe, Robert, son neveu, comte d'Artois, font vœu d'aller à la Terre-Sainte.

En 1269, ils partent pour l'Afrique avec une flotte et une armée nombreuse. En 1270, ils débarquent près de Carthage; mais au mois d'août, la peste se met dans l'armée chrétienne, enlève le fils du roi, le légat, et le roi lui-même. Guillaume de Nangis donne sur la mort de St.-Louis des détails qu'on peut voir dans le quatrième volume, et dans plusieurs autres chroniques citées dans celui-ci. Charles, roi de Sicile, arrive alors. Les Sarrasins, effrayés de cette arrivée, et plus encore des préparatifs qu'on fait contre eux, demandent et obtiennent la paix en se soumettant à un tribut annuel. L'armée revient en Sicile; mais elle est accueillie en mer par une violente tempête; Édouard, fils du roi d'Angleterre, qui était venu en dernier, et qui s'était rendu à Ptolémaïs, est blessé par un assassin envoyé par un émir.

En 1279, Bondodar, soudan du Caire, qui avait détruit Antioche et fait tant de mal aux chrétiens, est blessé par les Tartares, et repoussé jusqu'à Damas, où il meurt peu après.

En 1287, le roi de Chypre, au préjudice du roi de Sicile, se fait couronner à Acre roi de Jérusalem, et comme les Hospitaliers l'avaient souffert, tous leurs biens furent confisqués dans la Pouille par ordre du roi.

En 1289, 1500 stipendiaires envoyés par le pape Nicolas au secours de la Terre-Sainte, sortent armés de la ville d'Acre contre la volonté des Templiers et des Hospitaliers, et rompant la trève faite avec le soudan, tombent sur les habitations des Sarrasins et tuent sans miséricorde et sans distinction de sexe ceux qu'ils rencontrent. Le soudan du Caire ayant appris cela, mande aussitôt aux habitants d'Acre, que s'ils ne lui livrent les destructeurs de sa nation, il ruinera et exterminera leur ville comme il a fait de Tripoli. Ceux d'Acre ne l'ayant pas voulu, encoururent sa colère et son ressentiment.

En 1290, le soudan du Caire s'avance vers Acre avec une armée innombrable, mais à moitié chemin il tombe malade. Il donne le commandement de son armée à sept émirs, qui avaient chacun 4000 cavaliers et vingt mille fantassins sous leurs ordres. Pendant six semaines, ils livrent à la ville de fréquents assauts sans aucun succès. Le soudan se sentant près de sa fin, fait reconnaître son fils pour son successeur;

et meurt peu après. Le nouveau soudan marche sur Acre avec de nouvelles forces, et pendant dix jours de suite bat la place sans relâche. Les citoyens effrayés font sortir de la ville les femmes, les enfants, les vieillards, et tout ce qu'ils ont de précieux, et les font transporter dans l'île de Chypre. Le roi de Chypre lui-même s'enfuit pendant une nuit. Les Sarrasins se portant de tous côtés, entrent enfin dans la ville par la porte St.-Antoine, et après un grand carnage, ils renversent de fond en comble les murs, les tours, les maisons et les églises de la ville. Le patriarche et le grand-maître de l'Hôpital mortellement blessés, périrent en mer avec plusieurs des leurs. Ainsi fut détruite la ville d'Acre, qui était alors le seul asile que les chrétiens eussent dans ces contrées.

En 1291, le pape Nicolas apprenant la destruction d'Acre, consulta par un bref les prélats du royaume de France, pour savoir quel secours on pouvait porter à la Terre-Sainte, et les pria d'exhorter le roi, les barons, et le peuple à s'y prêter. Les prélats, cédant aux ordres et aux prières du pape, assemblèrent dans leurs diocèses les abbés, les prieurs et le clergé, et décidèrent qu'il fallait d'abord rappeler à la concorde et à la paix tous les princes et barons de la chrétienté, et surtout les Grecs, les Siciliens et les Aragonais; et qu'après cela, si le souverain pontife le jugeait nécessaire, on prêcherait une croisade dans toute la chrétienté.

La chronique de Nangis ne parle plus des affaires de la Terre-Sainte, non plus que les deux continuateurs qui ne se sont occupés que de raconter l'histoire des événements arrivés en France jusqu'en 1368.

Chronicon Nicolaï Trivati *dominicani, ab anno* 1136 *ad annum* 1307. (Tom. III, pag. 147 et suiv.)

Article VII.

Nicolas de Treveth naquit en Angleterre au comté de Norfolck, de parents distingués. Il eut pour père Thomas de Treveth, écuyer, qui fut quelque temps grand-justicier du roi. Nicolas, élevé à Londres dès son enfance auprès des Frères prêcheurs de l'ordre de St.-Dominique, embrassa leur règle, prit leur habit et fit profession à l'âge prescrit. Il se distingua par la sainteté de sa vie, par la variété de son érudition; il fut poète, rhéteur, historien, mathématicien, philosophe et théologien. Quoiqu'il se soit proposé d'écrire en particulier l'histoire d'Angleterre, il n'en raconte pas moins ce qui se passa en France et chez les autres nations, dans le cours des trois siècles que comprend sa chronique. Il est bon de faire observer ici que Treveth et Mathieu de Westminster vécurent dans le même temps, et qu'il n'est pas aisé de savoir lequel des deux a copié l'autre depuis 1301 jusqu'à 1307; car c'est dans les deux histoires non seulement le même sens, mais les mêmes mots.

Nicolas Treveth parle, comme les autres historiens, des événements de la deuxième croisade prêchée par Saint Bernard. Sous la date de 1186, il dit que Henri, roi d'Angleterre, étant passé en Normandie, apprit que le roi de France avait ordonné pour cinq ans la levée de la dîme de tous les biens et revenus, tant laïcs qu'ecclésiastiques, pour le soulagement de la Terre-Sainte; et que lui-même ordonna une semblable levée dans tous ses Etats.

Il fait ensuite le récit des conquêtes de Saladin, des préparatifs faits contre lui en Europe; et sous les dates de 1191 et

92, il parle des exploits de Richard dans la Terre-Sainte, de la prise d'Acre par les rois de France et d'Angleterre, de la paix que le dernier fit avec Saladin, de son retour et de sa captivité.

En 1204, il dit un mot de la prise de Constantinople par les Vénitiens et les Français, et de l'élection de Baudouin, comte de Flandre, pour empereur des Grecs.

En 1215, il rappelle que le roi Jean d'Angleterre prit la croix et voulut aller dans la Palestine; mais que ses barons se soulevèrent contre lui et l'empêchèrent de partir. L'auteur raconte ensuite la prise et la reprise de Damiette, en 1220 et 21; la croisade de St.-Louis, en 1248, le mouvement des pastoureaux, en 1251, la deuxième croisade de St.-Louis, en 1270, et la ruine d'Acre en 1291.

*Lettre d'*ETIENNE, *comte de Chartres et de Blois, à sa femme* ADÈLE. (Tom. III, pag. 430—31.)

Article VIII.

Cette lettre est datée du camp, près d'Antioche. Le comte annonce à sa femme qu'il se porte bien, que l'armée du Seigneur a été pendant vingt-trois semaines devant Antioche, et qu'il a maintenant plus d'or et plus d'argent que lorsqu'il se sépara d'elle, parce que tous les chefs croisés l'avaient, d'un commun accord et malgré lui, constitué leur maître et le régulateur de toutes leurs actions. Il lui rappelle le combat que les chrétiens livrèrent après la prise de Nicée aux perfides Turcs, et la victoire qui les rendit maîtres de toute la Romanie et de la Cappadoce. Il lui raconte qu'après avoir vaincu et forcé à la retraite le prince de ce pays, ils poursuivirent les

Turcs à travers l'Arménie jusqu'à l'Euphrate, et que les ennemis, abandonnant tous leurs bagages sur les bords de ce fleuve, le traversèrent et s'enfuirent en Arabie; mais les soldats les plus hardis de l'armée ennemie, marchant jour et nuit avec rapidité, pénétrèrent dans la Syrie afin d'entrer dans la ville royale d'Antioche avant l'arrivée des croisés. Ceux-ci, informés de leur dessein, se hâtèrent d'aller mettre le siége devant la ville. Ils en vinrent plusieurs fois aux mains avec les Turcs et les habitants d'Antioche, et remportèrent souvent de grands avantages.

Le comte dit que dans ces divers engagements, beaucoup de chrétiens succombèrent. Il fait monter à plus de cinq mille le nombre d'ennemis qui entrèrent dans la ville pour la défendre. Dans ce nombre il ne comprend point une infinité de Sarrasins, d'Arméniens, de Syriens et d'Arabes. Il parle des maux que les chrétiens souffrirent pendant le siége, de la disette qu'ils éprouvèrent, et à laquelle plusieurs auraient succombé, dit-il, sans la clémence de Dieu et l'argent des chefs qui les secoururent. Il raconte que, pendant tout l'hiver, les croisés souffrirent pour J.-C. un froid très rigoureux, auquel succédèrent des pluies extraordinaires.

Caspian, émir d'Antioche, continue Étienne de Blois, se voyant pressé par nous, envoya son fils nommé Sensadolo au prince qui occupait Jérusalem, et à ceux d'Alep et de Damas. Il l'envoya aussi en Arménie et en Corathanie. Cinq émirs vinrent avec douze mille Turcs d'élite; et nous, qui ignorions leur mouvement, nous avions envoyé plusieurs des nôtres dans les villes et châteaux des environs. Nous en occupions dans la Syrie cent soixante-cinq. Mais avant que ces émirs arrivassent à la ville, nous allâmes à leur rencontre à trois lieues avec 700 chevaliers, et nous leur livrâmes le combat dans une plaine auprès d'un pont de fer. Dieu combattit pour nous, dit le comte, car nous les vainquîmes dans une seule affaire, et nous rapportâmes à l'armée plus de deux cents têtes des infidèles.

Après avoir parlé d'une députation envoyée par le sultan du Caire aux chefs de l'armée chrétienne, le comte de Blois fait le récit des opérations du siége et de plusieurs combats que les Turcs livrèrent aux chrétiens lorsque ceux-ci se rendaient au port St.-Siméon; il parle d'une rencontre où les chrétiens, attaqués à l'improviste, perdirent cinq cents fantassins et deux cavaliers seulement. Mais peu après, cette défaite fut bien réparée par un combat où 1230 Turcs et Sarrasins périrent sans que les croisés eussent un seul des leurs à regretter.

Tandis que mon chapelain Alexandre, ajoute le comte en finissant, vous écrivait cette lettre à la hâte, le jour de Pâques, une partie des nôtres fit tomber dans une embuscade soixante Turcs, dont toutes les têtes nous ont été apportées.

Epistolæ II ad Innocentium *IV* (1249), *ou Lettres adressées à* Innocent *IV; la première, par* Odon, *évêque de Tusculum; la seconde, par* H., *évêque de Marseille.* (Tom. III, pag. 220 et suiv.)

Article IX.

Ces deux lettres ne sont pas sans intérêt pour l'histoire de la première expédition de St.-Louis. L'évêque Odon, qui partit avec le pieux monarque, se trouva sur le théâtre des événements qu'il raconte; et, sous ce rapport, sa lettre, datée de l'île de Chypre, le Mercredi-Saint, et qui rend compte de ce qui s'y passa pendant le séjour du roi, mérite notre confiance.

La seconde lettre qui porte la date du 27 juin de la même année, est de H., évêque de Marseille. Cette lettre est très courte ; elle instruit le St.-Père des premiers succès de Saint-Louis en Egypte. Comme cet évêque venait d'être informé lui-même par le commandeur de Saint-Jean de Jérusalem à Marseille, de tous ces événements, exagérés sans doute dans les premiers moments, on ne doit pas être surpris de trouver dans son récit la même exagération, et même quelques faussetés.

Anselmi de Ribodimonte *ad* Manassem *archiepiscopum Remensem* (1099), ou *Lettre d'*Anselme, *comte* de Ribemont *à* Manassé II, *archevêque de Reims.* (Tom. III, pag. 460.)

Article x.

L'auteur de cette lettre était d'une naissance distinguée : ayant pris parti dans la croisade avec un grand nombre d'autres seigneurs français, il montra pendant l'expédition autant de valeur dans les combats que d'habileté à les décrire. Les historiens du temps lui donnent le premier rang après Godefroi de Bouillon, et relèvent ses connaissances et son aptitude particulière dans l'attaque des places. Il mourut au siège d'Archas des suites d'un coup de pierre qu'il reçut à la tête, et fut vivement regretté de toute l'armée. On a lu, dans le premier volume de l'Histoire des croisades, le récit de cette mort accompagnée de circonstances curieuses.

Il a laissé deux relations adressées à Manassé, et d'autant plus intéressantes, qu'il fut témoin et acteur dans les événements qu'il raconte. Dans la première, que malheureusement nous avons perdue, le comte parlait des premiers succès des croisés contre les Turcs, et donnait des détails sur ce qu'ils avaient fait dans la Romanie et l'Arménie. La seconde, dont nous allons rendre compte, rappelle d'abord la première lettre, et entre aussitôt dans les détails les plus circonstanciés sur le siège d'Antioche. Elle mentionne les différents combats que les croisés eurent à soutenir devant cette place, contre les gouverneurs ou commandants d'Alep, de Damas et de Jérusalem, qui avaient réuni leurs forces pour en chasser les chrétiens. Le comte fait envisager les misères, les pertes, et les souffrances des croisés, comme une punition céleste que leur orgueil leur avait attirée. Il parle ensuite de la sainte lance, qui servit si merveilleusement les chrétiens contre les infidèles, qui furent complètement défaits. A cette occasion il dit que dès qu'on eut trouvé cette précieuse lance, garant de la victoire, on envoya dire à Kerbogha de la part de toute l'armée: *Éloignez-vous de nous, et quittez l'héritage de St.-Pierre, autrement nos armes vous forceront à fuir. Recede à nobis et ab hæreditate beati Petri, alioquin armis fugaberis.* Ce chef de Tartares, à cette menace tira son épée, et jura par son trône qu'il se défendrait contre tous les Francs; il ajouta, qu'étant maître du pays, justement ou injustement, il le posséderait toujours, et qu'il n'entendrait rien, tant que les chrétiens, abandonnant Antioche, n'auraient point renoncé à leur religion et professé le culte des Perses. En terminant sa lettre, le comte de Ribemont se recommande aux prières de l'archevêque.

BIBLIOGRAPHIE

Fragmentum historiæ Audegavensis per Fulconem *comitem Audegavensem.* (Tom. III, pag. . . .)

Article XI.

Ce fragment d'histoire est l'ouvrage de Foulques IV, comte d'Anjou, dit le Rechin. Malheureusement, tout ce qui concernait l'auteur lui-même, et qui se trouvait au commencement, est perdu. Nous ne faisons mention de ce fragment que parce qu'il offre à la fin un abrégé succinct et exact de la première croisade. Après le récit des événements arrivés dans ce comté, l'auteur dit que le pape Urbain II arriva à Angers, prêcha peu après la croisade, et qu'une foule immense de peuple, et beaucoup de seigneurs, partirent pour la Palestine. Il rend compte en peu de mots de la marche des croisés et de la prise de Nicée. Il raconte ensuite qu'un combat sanglant ayant eu lieu après la prise de cette ville, et à quatre jours de marche, à Dorylée, entre les croisés et les Turcs, dont l'armée était de 160 mille hommes de cavalerie, les infidèles furent complètement défaits, et que l'armée chrétienne continua sa marche sans résistance jusqu'à Antioche. *Cum Niceam itinera quatuor dierum transissent, venerunt (Turci) obviam illis 160 equitum Turcorum... tamen asperrimo conflictu prælii superaverunt eos.* Les croisés, dit-il en continuant son récit, s'emparèrent d'Antioche, où ils eurent à souffrir peu après beaucoup de peines et de misères. C'est là où finit ce fragment, qui est d'un latin pur et bien écrit : il peut faire juger du mérite que pouvait offrir ce que nous avons perdu.

On trouve à la suite un autre ouvrage ayant pour titre : *Gesta consulum Audegavensium auctore monacho.* Nous n'y avons rien lu concernant les croisades ; mais nous avons remarqué un portrait assez curieux du comte Foulques qui, par son mariage avec la fille de Baudouin, devint roi de Jérusalem.

« Iste vias patris et matris deserens, honestam vitam ducens, prudenter terram suam rexit. Vir honestus, armis strenuus, fide catholicus, et erga Dei cultores benevolus.... amicos exaltans, malignos et sibi adversarios opprimens, gloria et optima fama impar nulli in brevi effectus est. Cum autem Audegavensem, Turonicum que Cœnomanicumque consulatum in prosperitate regeret in regnum Jerosolymitanum eligitur, filiæ que regis Bodoini matrimonio copulatur. Ipse quandiù advixit, regnum viriliter rexit, Damascenos, Ascalonitas sibi tributarios effecit, diùque antequam Raimundus filiam Boemundi duceret, Antiochenum principatum maximo labore contra Turcos absque ullo damno manu tenuit. Ipse verò cum ad senilem venisset ætatem, vir bellicosus obiit. »

Le reste du 3e. tome d'Achery est rempli de pièces diverses, parmi lesquelles nous avons remarqué les suivantes, relatives aux croisades.

Article XII.

Pag. 590-91-92.—Une lettre de l'évêque d'Acre au pape Honoré III, sur le siége de Damiette en 1210. Elle est écrite au camp qui était sous les murs de cette ville, dans l'octave de Pâques. C'est l'historique du siége. Nous avons déjà fait connaître cette lettre.

Pag. 603.—Une lettre du pape Grégoire IX à son chapelain, légat dans le diocèse d'Arles, pour que le comte de Toulouse achève de payer dix mille marcs, et proroge son voyage de Jérusalem. Elle est datée d'Anagnie, le 7 des ides de juillet de 1230.

Pag. 708. — Une lettre de Pierre, patriarche de Jérusalem, adressée aux archevêques, évêques, abbés, prieurs, doyens, etc., pour les exhorter à venir au secours de la Terre-Sainte. Elle est de 1316.

Pag. 795. — Une lettre de l'empereur Frédéric à Charles, roi de France, pour l'exhorter à faire la guerre aux Turcs qui venaient de s'emparer de Constantinople, et à envoyer des ambassadeurs à la diète de Ratisbonne. Elle est de 1454.

Pag. 796. — Une lettre du pape Callixte III, au même roi, pour lui faire part du projet qu'il a de chasser les Turcs de Constantinople. Elle est de 1455 au mois d'avril.

Pag. 797. — Une autre lettre des cardinaux au même roi, pour lui annoncer l'élection du pape Callixte, et lui faire les mêmes ouvertures sur la guerre contre les Turcs ; même mois et même année.

Pag. 799. — Une lettre de Ladislas, roi de Hongrie, au pape Callixte III, pour lui annoncer qu'il a une armée contre les Turcs. Elle est de 1450.

Pag. 800. — Une lettre du cardinal de St.-Ange au pape Callixte, pour l'assurer que le roi de Hongrie aura bientôt levé une armée contre les Turcs. Même année, même mois d'avril, même jour 7°.

Pag. id. — Une lettre du pape Callixte III, à Charles VII, roi de France, dans laquelle il le remercie d'avoir fait lever la dîme pour secourir l'armée destinée à agir contre les Turcs. Même année mois de mai.

Pag. 801. — Une lettre de Jean Hunniades à Denis, cardinal-archevêque de Strigonium, pour lui faire part de la victoire qu'il a remportée sur les Turcs au château Nandoralbe. Même année, mois de juillet.

Pag. 804. — Une lettre du cardinal de St.-Ange à Charles ;

roi de France, pour le prier d'envoyer une armée contre les Turcs. Année 1458.

Pag. 806. — Récit de Nicolas Petit, sur ce qui s'est passé au concile de Mantoue, en présence du souverain pontife Pie II, adressé à Guillaume Juvénal des Ursins, chancelier de France. 21 novembre 1459.

Pag. 807. — Discours du pape Pie II, tenu au concile de Mantoue, sur la nécessité de faire la guerre aux Turcs. Réponse que lui fait Guillaume, évêque de Paris et ambassadeur du roi de France. Même année.

Pag. 809. — Discours des ambassadeurs du roi de France, tenu devant le pape Pie II, dans le concile de Mantoue, et par lequel ils lui offrent tous les secours nécessaires contre les Turcs.

Pag. 810-11 et suivantes. — Réponse du pape au discours précédent.

Pag. 824. — Lettre du pape Paul II, à Louis XI, roi de France, pour l'exhorter à porter du secours contre les ennemis de la religion chrétienne. Année 1464.

———

Les lettres et pièces qui suivent traitent des affaires générales d'Occident, et ne parlent des croisades qu'accidentellement.

COLLECTION DE MABILLON.

Museum Italicum, seu Collectio veterum scriptorum ex Bibliothecis italicis eruta à D. J. Mabillon *et* D. Mich. Germain *presbyteris, etc.* (Paris, 2 vol. in-4°.)

Dom Mabillon et Dom Germain, bénédictins de la congrégation de St.-Maur, étaient déjà célèbres, surtout D. Mabillon, dans le monde littéraire, par de grands travaux, bien avant la compilation dont nous allons rendre compte. Ces savants, ayant reçu l'ordre du roi de faire un voyage en Italie pour l'avantage des sciences et des lettres, ils partirent en avril 1685. Ils visitèrent avec le plus grand soin les bibliothèques, les musées, ainsi que les monuments de l'antiquité, et les fruits de leurs recherches furent 3000 volumes précieux qui enrichirent la bibliothèque du roi, et la copie de quantité de pièces rares tirées de manuscrits anciens. C'est de cette moisson qu'ils formèrent cette collection qu'ils publièrent en 1687, sous le titre de *Museum Italicum.*

Mabillon mourut en 1707.

Dans le grand nombre de pièces que ces bénédictins ont fait entrer dans leur compilation, il n'y en a que deux qui aient rapport aux croisades, et que nous allons faire connaître.

Historia de viâ Hierosolymis, qualiter recuperata, ou *Histoire du voyage de Jérusalem, comment cette ville fut recouvrée, et comment elle fut, ainsi que celle d'Antioche, délivrée par les chrétiens.* (*Musée ital.*, tom. 1er., 2e. part., pag. 131.)

Article 1.

Cet ouvrage, attribué sans fondement à Grégoire, d'abord moine du Mont-Cassin, puis évêque de Terracine, appartient véritablement à un officier dont on ignore le nom, et qui servait dans les troupes d'Etienne, comte de Blois. L'auteur nous fait connaître ainsi les motifs qui l'engagèrent à entreprendre cette histoire :

> Cum sua gentiles studeant figmenta poetæ,
> Grandisonis pompare modis tragicoque boatu :

Cur nos famuli Christi tacemus tam mira facta Christi.

L'auteur fait précéder son ouvrage d'un préambule dans lequel il reprend les choses dès leur source, c'est-à-dire qu'il remonte à Pierre l'Hermite, fait l'énumération des principaux chefs croisés, et les peint avec le caractère qui leur convient. Ici l'auteur donne un nouveau titre à son histoire : *Historia Peregrinorum euntium Jerusalem ad liberandum Sanctum-Sepulcrum de potestate Ethnicorum*, qu'il fait également précéder d'une petite préface qui renferme une courte récapitulation de ce qui se passa au concile de Clermont, relativement aux croisades; il entre alors en matière, commence son histoire au départ des croisés, en 1096, et la conduit jusqu'à l'élection de Baudouin; ce qui embrasse un espace de cinq ans. La conformité de cette histoire avec celle de l'anonyme premier dans Bongars, et de Tudebode, nous dispense d'en faire l'analyse.

Dom Mabillon, qui découvrit le premier ce manuscrit dans la bibliothèque du Mont-Cassin, soupçonna qu'il était original, et qu'il avait servi à l'anonyme premier de Bongars, ainsi qu'à Tudebode. La ressemblance qui existe en effet entre ces trois productions a pu séduire ce savant cénobite; mais depuis, par un examen plus sévère, on a reconnu que cet auteur était postérieur aux ouvrages dont il s'agit, qu'il les a même servilement copiés. Cependant on ne saurait lui refuser un avantage important sur ses prédécesseurs. Son histoire est plus intéressante, et offre plusieurs faits qui lui appartiennent, et qu'il a rapportés avec une juste étendue. On y trouve en outre quelques traits concernant le siége de Jérusalem, et quelques détails sur Bohémond et Tancrède, qu'on chercherait en vain ailleurs.

Il paraît que cet écrivain, comme tous les écrivains de son temps, avait du goût pour l'extraordinaire et le merveilleux. Il rapporte avec la meilleure foi du monde le conte du cierge coupé en deux par Bohémond, et qui se ralluma par les deux bouts; ce qui fit faire quelques pronostics sur la postérité de ce prince (1). C'est encore cet anonyme qui nous apprend, d'une manière assez prolixe, ce qui arriva à l'hermite Guillaume qui, allant en pélerinage à la Terre-Sainte avec plusieurs autres personnages, tomba entre les mains du sultan de Babylone (Caire). On exigea de lui que, pour se soustraire à la

---

(1) Ce n'est pas sans étonnement que nous avons vu ce même conte rapporté par Raoul de Caen, qui ne manque ni de sens ni de raison. (*Voy.* l'analyse que nous en avons faite dans Martenne, tome III des Anecdotes.)

mort, il prouvât par un miracle éclatant la vérité de sa religion. Guillaume, mettant toute sa confiance en Dieu, obtint du ciel, après trois jours de prières et de jeûnes, les miracles qu'il avait demandés, et dont l'historien nous fait le détail.

Nous dirons, en terminant, que le latin de cette histoire est assez pur, et que le style de l'auteur est plus châtié que celui de Tudebode. (*Voyez* ce que nous avons déjà dit, sur cet ouvrage, dans le premier article de la Collection de Bongars, et celui de Tudebode, dans la Collection du Duchesne.)

Epistola Stephani *Comitis Carnotensis ad* Adelam *uxorem suam, scripta ex castris obsidionis Nicænæ*, ou *Lettre du comte de Chartres, datée devant Nicée*, etc. (Mabillon, tom. 1er, 2e. part., pag. 237.)

Article II.

En commençant sa lettre, le comte annonce à sa femme que, quoiqu'il lui ait déjà écrit tout ce qui lui était arrivé de mémorable depuis son départ jusqu'à Rome, et de Rome à Constantinople (1), il juge convenable de l'en informer de nouveau, dans la crainte que le premier courrier ne lui soit point parvenu. « Je suis heureusement arrivé à Constanti-
» nople, lui dit le comte ; l'empereur m'a reçu comme son

---

(1) Il est fâcheux que cette lettre, datée de Constantinople, ne se soit pas retrouvée ; car elle formerait avec la troisième, recueillie par le P. D'Achery, une histoire presqu'entière de la première croisade.

» fils, et m'a comblé des plus riches présents. De tous les
» chefs de l'armée je suis celui à qui il témoigne le plus de
» confiance, et à qui il accorde le plus de faveur. Il y a plus,
» ma chère amie, il m'a demandé un de mes fils; il desire que
» nous le lui confions pour l'élever à un tel degré d'honneur
» qu'il n'aura rien à envier aux nôtres. Je puis attester avec
» vérité qu'il n'y a point un tel homme sous le ciel. » Le
comte parle ensuite de la position du camp, près de Nicée, où
règne l'abondance que l'on doit, dit-il, à la bonté d'Alexis.
Reprenant les événements, il écrit à la comtesse que l'empereur
lui ayant fait donner des vaisseaux, il se dirigea sur Nicomédie, et que de là il se rendit devant Nicée, où était réunie
depuis sept semaines l'armée des croisés. Peu auparavant, cette
armée avait remporté une victoire sur les Turcs, et elle les
aurait entièrement détruits si les croisés n'avaient été arrêtés
par des monts escarpés et des passages qui leur étaient inconnus. La difficulté de prendre la ville par les armes nous détermina, continue le comte, à faire construire des tours et des
machines de guerre pour en battre les murs; ce qui décida
les Turcs à rendre la ville à l'empereur, le 13 des calendes
de juin. Après avoir rendu compte de la manière dont le butin
fait dans la ville fut partagé par l'empereur, qui s'était retiré
dans une île voisine, le comte finit sa lettre en annonçant à la
comtesse que l'armée chrétienne peut être à Jérusalem sous
cinq semaines, si elle ne trouve point de forte résistance devant Antioche.

Ceux qui auront lu l'histoire précédente, qui ménage peu
les Grecs, et la lettre du comte de Chartres, verront sans
doute avec étonnement la manière opposée dont les auteurs parlent de l'empereur Alexis. Comment deux personnes du même
temps, du même pays, et servant la même cause, ont-elles pu
tracer deux portraits si dissemblables ! Le premier nous repré-

sente Alexis comme un fourbe, un perfide, cherchant tous les moyens de perdre les croisés. L'auteur de la lettre le loue de sa bonté envers eux, et fait l'éloge de sa charité envers les pauvres, de sa libéralité envers les soldats étrangers, et de sa magnificence envers les grands seigneurs et les princes. Il est probable que le comte de Blois était la dupe des flatteries d'Alexis, et la naïveté des éloges qu'il donne à l'empereur Grec, pourrait rappeler le trait de Mme. de Sévigné, qui, par cela même qu'elle avait été remarquée par Louis XIV, le proclamait le plus grand des rois.

Cette lettre a été tirée des manuscrits de la reine de Suède, au Vatican : elle est précieuse par les détails fort succincts à la vérité qu'elle offre sur les opérations des croisés, jusqu'à la prise de Nicée. Indépendamment de la première lettre que nous avons à regretter, il en existe, comme nous l'avons dit au commencement de cet article, une troisième du même comte, que le père d'Achery a recueillie dans son *Spicilége*, tom. III, in-fol°. *Voyez* cette compilation.

Dom Mabillon a recueilli les œuvres et les lettres de St.-Bernard. Nous renvoyons à la collection des historiens de France, pour celles de ces lettres où il est question des croisades.

COLLECTION DU P. LABBE.

Nova Bibliotheca manuscriptorum librorum, antiquitatis præsertim Francicæ monumenta nunc primum ex manuscriptis variarum bibliothecarum codicibus eruta copiosè ac plena manu repræsentans; opera et studio Philippi Labbe. (Parisiis, 1657, 2 vol. in-fol.)

Les pièces qui composent cette précieuse collection ont été découvertes après d'infatigables recherches, puis examinées, abrégées, corrigées et enfin copiées par le P. Labbe. La plupart de ces pièces, avant lui, n'avaient pas vu le jour, et étaient restées dans l'obscurité, ou inconnues, ou négligées.

Les chroniques de Verdun, de Maillezais ou de St.-Maixant, de Rouen, sont celles qu'il a particulièrement abrégées, en en retranchant beaucoup de choses inutiles ou communes.

Les pièces ou chroniques qui forment ce recueil n'appartiennent point exclusivement à l'histoire de France; plusieurs concernent d'autres pays. Elles ont toutes plus ou moins d'intérêt; mais il y en a peu qui offrent des matériaux pour les croisades. Celles qui auraient pu nous en fournir ont été réimprimées dans des collections que nous avons analysées; nous n'en dirons rien ici; nous ne rendrons compte que des pièces ou chroniques qui n'ont point été publiées dans d'autres recueils.

Le P. Labbe a divisé son travail en quatre parties : l'histoire et la chronologie; la Bible et la théologie; les monuments épistolaires et la diplomatie ; enfin la philologie. Ces quatre parties sont subdivisées en sections, ce qui rend les recherches très faciles.

Chronicon Virdunense Hugonis Flaviniacensis, ou *Chronique de* Hugues de Flavigny *de* 1002 *à* 1102. (Tom. 1er., pag. 159.)

(Les nombreuses chroniques de ce volume ne vont, pour la plupart, guères plus loin que le commencement du 12e. siècle.)

Article 1er.

Cette chronique, qui porte le titre de chronique de Verdun ou de Flavigny, n'est point restreinte aux événements d'un monastère ; elle rend compte en abrégé des événements remarquables des provinces d'Orient et d'Occident. Elle ne fait en quelque sorte qu'indiquer ce qui concerne les croisades. Voici ce qu'elle rapporte et qui prouve la crédulité du chroniqueur, assez ordinaire dans le siècle où il écrivait:

En 1099, le. . ., à une heure du matin, une lumière vive parut vers l'aquilon, qui rendit la nuit aussi claire que le plus beau jour. Dieu, par ce signe, ajoute la chronique, avait fait connaître aux fidèles, la défaite par les croisés d'une armée innombrable de Sarrasins qui était venue attaquer l'armée chrétienne peu après la prise de Jérusalem ; et ce prodige avait facilité la destruction entière de cette race impie : *ne lux deesset ad contritionem gentis adversæ.* Plus loin, elle rapporte (1100), que dans une assemblée de prélats, d'abbés, etc., il avait été prononcé une excommunication contre ceux qui n'avaient point accompli leur vœu d'aller en Terre-

Sainte. Cette chronique a été réimprimée avec des améliorations dans les annales de Mabillon et dans le spicilège du P. d'Achery. Voyez cette dernière composition.

Chronicon Rothomagense (sublatis minus necessariis) ab anno 1 ad 1344. (Tom. 1er., pag. 364.)

Article II.

Jusqu'à l'année 1200, cette chronique est sèche et n'offre que des dates ; mais à partir de cette époque, on y trouve quelques développements, et surtout quelques détails qui se rattachent aux croisades, mais qui n'offrent rien de particulier.

On y lit à la date de 1213, qu'un grand nombre d'enfants des deux sexes, ayant à leur tête des jeunes gens et quelques vieillards, portant des étendards, des croix, des encensoirs, parcoururent processionnellement différentes provinces de France, traversant les bourgs, entrant dans les châteaux, etc., et qu'ils chantaient à haute voix et en français : *Seigneur, exaltez la chrétienté, rendez-nous la vraie croix!* cantantes *et gallicè* proclamantes *domine Deus, exalta christianitatem et redde nobis veram crucem; et multa alia decantabant.* La chronique ajoute que l'on regarda cet événement, qui n'avait jamais eu lieu, comme un présage de ce qui devait arriver. Peu après en effet, le St.-Père envoya des députés à toute la chrétienté, et bientôt une innombrable armée *quorum numerum solius Dei scientia colligit,* partit pour la Terre-Sainte.

Elle mentionne avec quelques détails le départ et l'arrivée devant Damiette, en 1218, de plusieurs souverains, princes, etc., entr'autres du roi de Hongrie, du duc d'Autriche qui malgré le siége le plus opiniâtre et la plus grande bravoure des troupes, ne purent prendre cette ville, devant laquelle périrent ou furent pris plusieurs chefs que la chronique nomme; mais l'année suivante, ajoute-t-elle, par la volonté de Dieu, Damiette tomba au pouvoir des croisés.

Cette même chronique, à la date de 1239 et 40, rend compte, sans ajouter rien aux circonstances déjà connues, du départ pour la Terre-Sainte du roi de Navarre, du comte de Montfort, etc., puis de Richard, frère du roi d'Angleterre, ainsi que de beaucoup de seigneurs, barons, etc. Elle indique sans aucun détail le départ de Saint Louis, la prise de Damiette, les malheurs qui suivirent ces premiers succès et le retour du roi dans ses états. Il en est de même de la deuxième croisade de ce monarque et de sa mort.

On lit ensuite, sous l'an 1284, qu'un subside est accordé au roi Philippe, pour marcher contre le roi d'Aragon qui venait de faire une invasion en Sicile.

Dans le même volume se trouve l'ouvrage intitulé: *Chronicon Vezeliacense ab anno 660 ad 1316*, page 394. On peut s'étonner que cette chronique qui parle des *Croisades*, n'offre rien de particulier même sur l'assemblée de Vezelay, où St. Bernard fit un discours pour exhorter les chrétiens à se croiser.

Sancti-Maxentii in Pictonibus chronicon quod vulgò dicitur MALLIACENSE. (Tom. II, pag. 190.)

Article 1er.

Cette chronique, dont l'auteur est anonyme, paraît avoir été composée par un moine de St.-Maixent: elle est plus communément connue sous le titre de *Chronique de Maillezais*. Le P. Labbe, en la publiant, l'a fort abrégée, et n'en a conservé que ce qui pouvait être utile à l'histoire de France. Cette partie renferme en effet plusieurs détails qui intéressent l'histoire civile et ecclésiastique de l'Anjou, du Poitou, etc. La première croisade y est racontée fort succinctement ; mais les principaux faits y sont indiqués, pour ainsi dire, jour par jour, et dans un ordre de date qui rend cette chronique très précieuse, sous ce rapport : aussi est-elle très souvent citée par Baronius pour la première croisade. Par exemple la marche de l'armée des croisés, depuis Antioche jusqu'à Jérusalem, y est scrupuleusement tracée. L'auteur fait aussi connaître la manière dont cette armée fut disposée, et le nom des chefs qui en commandaient les sept corps, lorsqu'après la prise d'Antioche elle eut à combattre les troupes innombrables que Kerbogah amena contre elle. D'autres auteurs divisent l'armée en douze corps, en mémoire des douze apôtres. La chronique de Maillezais remarque que dans l'année où Nicée fut prise par les croisés, il apparut au mois d'octobre une comète qui fut vue pendant sept nuits ; que dans le même mois il y eut un tremblement de terre ; qu'au mois de novembre il y eut une grande perte de semences occasionnée par la multitude d'insectes, et par les débordements des rivières qui renversèrent des châteaux, inondèrent des bourgs et firent périr un grand nombre d'hommes.

Le P. Labbe pense que cette chronique, qui finit en 1134, fut faite vers l'an 1140 : il croit aussi qu'elle a été composée d'après plusieurs chronographes.

Le manuscrit n°. 5392 de la Bibliothèque du Roi, renferme une addition, où il est fait mention de la mort de St. Louis.

Chronica GAUFREDI *cænobitæ monasterii* S. MAR-
TIALIS *Lemovicensis ac prioris Vosiensis cæ-
nobii.* (Tom. II, pag. 279.)

Article II.

Le moine Geoffroi était d'une famille noble du Limousin;
il fut ordonné prêtre en 1168, et fut élu abbé du Vigeois en
1178. Il paraît qu'il composa sa chronique à plusieurs reprises.
Il y mit la dernière main, comme il nous l'apprend lui-même,
en 1184, deux ou trois ans avant sa mort.

Cette chronique traite principalement des affaires du Limousin; elle offre peu de matériaux pour les croisades; mais elle
est précieuse pour ce qui regarde la généalogie des maisons
nobles et quelques usages en vigueur dans les églises et les monastères de cette province.

Nous citerons ici quelques particularités qui concernent des
princes croisés. En parlant de Guillaume, duc d'Aquitaine,
qui se rendit à Jérusalem en 1100, l'auteur dit que ce prince
ne fit rien pour le nom chrétien, à cause de son ardent amour
pour les femmes, et de son inconstante légèreté dans ses entreprises; il ajoute que son armée fut massacrée par les Sarrasins.
Geoffroy nous apprend ensuite que Bohémond, prince d'Antioche, ayant été délivré de prison, et étant venu en France,
déposa pour offrande, dans la chapelle de St.-Léonard, près
de Limoges, des chaînes d'argent, en mémoire de sa délivrance.

En parlant de l'innombrable armée qui, après la prise d'E-
desse par les musulmans, se rendit en Syrie, l'auteur prétend
que le mauvais succès de cette expédition fut autant l'ouvrage
de l'indiscipline, de l'orgueil et de la corruption des croisés,

que de la perfidie de l'empereur Manuel. « L'empereur Manuel, dit-il, fut, il est vrai, reconnu pour avoir secrètement dressé des embûches aux croisés, mais l'armée n'obtint aucun succès à cause de ses désordres. Un nombre considérable de guerriers s'étaient perdus par leur iniquité ; avant l'expédition, ils avaient enlevé les trésors des églises, en faisant de fausses promesses ; ils avaient exercé de cruelles exactions sur le peuple, et ils suivirent ensuite avec faste et orgueil l'humble croix du Christ ; mais ils ne gagnèrent rien à s'écarter de l'humilité du juste, car quoiqu'il y eût parmi eux un très grand nombre de seigneurs, ils ne purent venir à bout de prendre une ville. »

On trouve dans cette chronique l'anecdote suivante : Schyrkouh, après la mort de Schaver, épousa la femme de ce visir malgré elle. Comme il avait l'habitude de se laver la tête tous les jours, et de se l'envelopper ensuite d'un linge blanc, celle-ci lui en envoya un, que Schyrkouh reçut comme un présent qui lui était très agréable, et avec lequel il s'enveloppa le visage ; bientôt après il expira.

Cette chronique n'est pas mal écrite ; mais elle présente des inexactitudes dans la chronologie. Les continuateurs des historiens de France l'ont réimprimée tom. XII avec quelques améliorations.

Le P. Labbe nous a conservé, dans la collection des conciles, plusieurs lettres de Paschal, concernant les princes croisés ou quelques églises d'Orient. Dans une de ces lettres, le St.-Père félicite les croisés sur leurs conquêtes, et il les exhorte à continuer leurs glorieux exploits. Nous trouvons dans le même recueil une lettre d'Eugène II et une d'Adrien IV (la 25e.), en réponse à Louis VII, qui lui avait demandé des indulgences pour ceux qui se croiseraient contre les Sarrasins d'Espagne.

« Rappelez-vous, dit le St.-Père au monarque, votre voyage
» à Jérusalem; vous partîtes, vous et l'empereur Conrad, sans
» précaution et sans vous être concertés avec les chrétiens de
» la Palestine. Auriez-vous oublié les désastres qu'entraîna
» votre inconsidération; l'Eglise, toute la chrétienté, en
» souffrent encore : et le St.-Père, en favorisant vos projets,
» a mécontenté l'Europe et l'Orient, qui lui ont reproché leurs
» malheurs. » Il y a encore plusieurs lettres dont nous rendrons compte en parlant du recueil des historiens de France.

STEPHANI BALUZII *Miscellaneorum libri VI, seu collectio veterum monumentorum quæ hactenus latuerant in variis codicibus ac bibliothecis.*

C'est le titre que Baluze a donné à une compilation formant sept volumes in-8°., imprimée à Paris, de 1678 à 1715. Quoiqu'elle renferme beaucoup d'ouvrages ou pièces dans lesquels on trouve des détails sur les croisades, nous n'en donnerons point l'extrait ici, parce que la presque totalité de ces pièces a été réimprimée dans les collections dont nous avons rendu compte.

Le *Recueil des historiens de France*, en seize volumes in-fol., que nous devons à D. Bouquet, etc., semblerait devoir troüver place ici à la suite des collections dues aux écrivains français; mais nous avons pensé que ce recueil serait mieux placé à la fin de cette bibliographie, puisqu'en effet, indépendamment des chroniques ou ouvrages d'auteurs français, il en contient un grand nombre qui concernent l'histoire des autres nations, et composés par des savants étrangers.

COLLECTION DE MURATORI.

Muratori, auteur de la collection que nous allons analyser, naquit à Vignola, dans le Modénois, le 21 octobre 1672. Il fut formé par des maîtres habiles, à la piété et aux lettres. Le comte Charles de Borromée l'appela à Milan, lorsqu'il n'avait encore que 22 ans. Il lui confia le soin du collége Ambrosien et de la riche bibliothèque qui y était attachée. Le duc de Modène le réclama en 1700, comme son sujet, et le fit son bibliothécaire et garde des archives de son duché. C'est dans ce double emploi que cet illustre savant passa le reste de sa vie, et publia les divers ouvrages connus sous son nom, entr'autres la riche collection dont nous nous occupons. Plusieurs seigneurs contribuèrent généreusement aux frais de l'impression de cet immense ouvrage, dont le premier tome parut en 1723, et le dernier en 1751. Seize de ces seigneurs donnèrent chacun quatre mille écus. Muratori a montré dans cette collection, un goût aussi sûr, une critique aussi éclairée, que son érudition était vaste et profonde. Il eut pour amis tout ce que l'Italie et la France eurent de plus célèbre de son temps dans les lettres et les sciences. Plusieurs académies s'empressèrent de lui ouvrir leurs portes. Il mourut le 21 janvier 1750.

Vita Urbani *papæ II ex manuscriptis* Bernardi Guidonis. (Tom. III, art. Ier., p. 352 et suiv.)

Ce n'est que dans le troisième tome de cette collection qu'on trouve un historien qui parle des croisades; et cet historien est Bernard de Guy, ou *Guidonis*. C'était un dominicain du XIIIe. siècle. Il fut inquisiteur en Languedoc, puis évêque de Tuy, en Galice, et ensuite de Lodève en France. Il mourut en 1331. Il laissa beaucoup d'écrits, entr'autres une vie des papes, où l'on trouve assez de détails sur les croisades. Il commence celle du pape Urbain II par le récit du concile de Clermont, tenu au mois de novembre 1096, et dans lequel ce pape prêcha la première croisade. Il cite les noms des principaux seigneurs croisés, et parle assez brièvement de leurs premiers succès, tels que la prise de Nicée, de Laodicée, d'Antioche, et des villes de Marra et Barra, en Syrie.

Bernard de Guy raconte aussi la perte que firent les chrétiens, en 1099, à une forteresse qu'il nomme *Archas*, et qui n'était éloignée que de huit journées de Jérusalem. C'est là qu'Anselme de Ribaumont, frappé d'une pierre à la tête, mourut en prononçant ces seuls mots (1) : *Deus adjuva me*. Selon le même auteur, au combat livré sous les murs d'Ascalon, les Sarrasins, épouvantés de voir les chrétiens défendus par un nuage de l'ardeur du soleil, prirent la fuite, quoiqu'ils eussent 100 mille cavaliers et 400 mille fantassins, contre 5000 chevaux et 15000 piétons. Il prétend qu'il y eut, aux portes d'Ascalon, deux mille hommes d'étouffés; et ce fait, comme nous le verrons, est rapporté par quelques autres historiens. Les Sarrasins, suivant Bernard de Guy, perdirent plus de 100 mille hommes dans ce combat.

---

(1) Voyez le Spicilége de d'Achery, tome III.

Dans la vie du pape Eugène III, cet historien donne, en parlant de la croisade entreprise par Louis VII, roi de France, et par l'empereur Conrad, quelques détails qu'on a déjà lus ailleurs, sur la marche de ces deux princes, sur ce qu'ils éprouvèrent de la part de l'empereur Grec, et sur le peu de succès de leur entreprise.

Bernard raconte ensuite ce qui se passa en Palestine, sous le pontificat d'Urbain III, c'est-à-dire les conquêtes de Saladin en 1187, les combats qu'il livra aux chrétiens, les pertes que ceux-ci éprouvèrent.

Après avoir raconté ces désastres, il ajoute cette réflexion : Les nôtres furent traités selon leurs mérites. Le clergé et le peuple s'étaient trop abandonnés au luxe ; toute cette terre était souillée par leurs vices et leurs crimes. Ceux qui portaient l'habit religieux avaient honteusement passé les bornes de la tempérance. La maladie du luxe ou de l'avarice avait infecté le cloître comme le siècle.

Saladin, après sa victoire, se fait donner des otages, et ordonne aux chrétiens de transporter à Damas ce qu'ils ont de plus précieux. Il fait trancher la tête à ce qui restait de Templiers et d'Hospitaliers. Il la coupa lui-même au prince Renaud, qu'il haïssait plus que les autres, parce que ce prince n'avait jamais voulu se soumettre aux traités conclus entre les chrétiens et les Turcs. Saladin ne conserva que le roi Guy, comme un monument vivant de sa victoire.

Ce conquérant se rend maître ensuite de Ptolémaïs, et soumet tout le pays. Il ne souffrit pas qu'on maltraitât ceux qui se rendaient de bon gré, et qui consentaient à payer le tribut. Il accorda des saufs-conduits à ceux qui voulaient se retirer. Bernard de Guy prétend que peu de temps après on trouva le comte de Tripoli, mort dans son lit, et qu'on vit sur son corps la marque de la circoncision, à laquelle il s'était récemment soumis; ce qui prouva, dit-il, sa liaison avec Saladin, et son dévouement aux Sarrasins. Cette fable se trouve répétée en cent endroits différents; il était si facile, après la bataille désastreuse de Tybériade, de persuader aux chrétiens qu'ils avaient été trahis! Il en est ainsi dans toutes les guerres malheureuses. (*Voyez* le viie. livre de cette histoire.)

Saladin ne tarde pas à aller assiéger Jérusalem. Au bout de quatorze jours les portes lui en sont ouvertes, et il fait aussitôt briser à coups de marteau les cloches des basiliques; les églises servent d'écurie à la cavalerie des Turcs; les Syriens, pour épargner à l'église du St.-Sépulcre une pareille profanation, la rachètent à force d'or. Les Turcs montrèrent cependant, pour le Temple, une profonde vénération.

Bernard de Guy, poursuivant l'histoire des croisades, raconte que le pape Grégoire VIII écrivit des lettres et fit partir des légats pour exciter les peuples et les princes d'Occident à voler au secours de Jérusalem. Mais ce ne fut que sous son successeur, que le récit déplorable de ce qui s'était passé en Palestine réveilla partout des sentiments d'humanité et de dévotion. L'an 1188, le roi Philippe-Auguste de France, et le roi Henri d'Angleterre, d'après les exhortations de l'archevêque de Tyr, envoyé en Europe, se croisent et s'engagent à aller combattre les infidèles. A leur exemple, les barons, une foule de guerriers et de gens de toute condition, se réunissent pour le même objet. Frédéric, premier empereur de ce nom, s'engage par le même vœu; et dans tout l'empire, et presque par toute la terre, le même zèle fait naître les mêmes résolutions.

Mais avant de les exécuter, dit Bernard de Guy, les rois et les grands décidèrent dans une assemblée de se servir des biens du clergé pour fournir aux besoins de ceux qui devaient partir, et cela tourna à grande perte; car plusieurs de ceux qui exigèrent des dîmes pour cet objet, grevèrent violemment les églises.

En 1189, les archevêques de Pise et de Ravenne partent d'Italie avec une troupe nombreuse, et abordent à Tyr, où ils sont d'un grand secours. L'empereur Frédéric part avec un de ses fils, le duc de Souabe, et une multitude infinie pourvue de toutes sortes de provisions. Cinquante vaisseaux sortent des ports de la Frise et de la Dacie. Les premiers croisés, réunis à Tyr, gagnent Ptolémaïs et l'assiégent. Saladin accourt pour la secourir. Les croisés ne pouvant soutenir ses attaques continuelles, élèvent autour du camp des remparts et des retranchements. Ainsi garantis, ils livrent de plus violents combats à l'ennemi; mais plusieurs succombent. L'inclémence de l'air devient telle, les pluies tombent si abondamment que les provisions se corrompent, et que la dyssenterie attaque un grand nombre de guerriers. Cependant la constance des croisés fut si admirable, dit l'historien, que sous le poids de tant de maux, ils restèrent tous inébranlables.

En 1190, les rois Philippe et Richard abordent à Messine, et y passent l'hiver. L'abbé Joachim venant de la Calabre, appelé près d'eux et interrogé sur le sort de l'expédition, répondit qu'ils passeraient la mer; mais que cela leur profiterait peu ou point, et que le temps n'était pas arrivé où Jérusalem et le pays d'outre-mer pourraient être délivrés. Philippe se rend directement à Ptolémaïs, où il est reçu avec beaucoup d'honneur. Richard, avec ses galères et ses vaisseaux, aborde à l'île de Chypre dont il se rend maître. Enfin il débarque à Ptolémaïs, que les deux rois, malgré leurs divisions, prennent après deux ans de siége.

La chronique parle sous la même date du départ de l'empereur Frédéric, de sa marche à travers l'Asie mineure, de ses victoires sur les Turcs, et de sa mort.

La nouvelle de la prise de Ptolémaïs répand la terreur parmi les ennemis; ils détruisent ou abandonnent les autres forts qu'ils avaient enlevés aux chrétiens. Le roi de France très affaibli, remet le commandement de son armée au duc de Bourgogne et retourne dans ses états. Ceux qui restent dans la Terre-Sainte y font peu de progrès. Saladin conclut avec eux une trève de trois ans, par laquelle Ascalon, que les chrétiens avaient fortifiée avec beaucoup de travaux et de dépenses, est détruite et presque rasée.

Richard d'Angleterre, après plusieurs naufrages, est fait prisonnier par le duc d'Autriche, et remis à l'empereur Henri VI qui le retient un an en prison.

Saladin meurt en 1193, après avoir partagé son empire entre ses fils.

Bernard de Guy, qui s'est étendu sur la vie et le pontificat du pape Innocent III, ne dit presque rien de l'état de la Palestine sous son règne. Mais Étienne Baluze, auteur et compilateur du xve. siècle, supplée ici au silence de Guy, en donnant une vie du même pape, écrite d'après différents manuscrits, entr'autres de ceux de Charles-Maurice Tellier, évêque de Rheims, et d'André Duchesne, le père de l'histoire en France. Voici ce qu'il dit des efforts que le pape Innocent III fit pour le recouvrement de la Terre-Sainte.

Le Pape choisit deux cardinaux auxquels il donna la croix et qu'il chargea de prêcher la croisade en Europe. Il ordonna que tous les ecclésiastiques donneraient la quarantième partie de leurs revenus. Il adressa à tous les évêques de la chrétienté des lettres en forme d'instructions, dans lesquelles il trace aux croisés la conduite qu'ils ont à tenir avant et après la reprise des lieux saints, et règle leurs dépenses et même leurs vêtements. Il fit en outre construire un vaisseau, pour l'équipement duquel il dépensa 1500 livres, et le chargea de froment, de légumes, de pain et de viande. Il confia à deux frères, l'un Templier, l'autre Hospitalier, et à un troisième qui était moine, le soin de distribuer le tout, selon les besoins de la Terre-

Sainte. (Voyez dans *Duchêne* et dans *Hoveden* la lettre du pape Innocent III à ce sujet.)

Le Doge et les Vénitiens se croisèrent; le marquis de Montferrat, l'évêque de Crémone, l'abbé de Lucques, plusieurs nobles de la Lombardie et une multitude innombrable de peuple, se croisèrent de même.

Pendant qu'on faisait en Italie et en France de grands préparatifs pour la Terre-Sainte, les comtes et les barons de France envoyent à Venise des députés pour demander des vaisseaux. On fait une alliance avec le Doge. L'auteur donne ici, sur les suites de cette alliance et sur la prise de Constantinople par les Latins, des détails qu'on a vus au IIIe. vol. de cette histoire.

Bernard de Guy, qui a gardé le silence sur les affaires de la Palestine pendant la vie de plusieurs papes, fait, sous le pontificat d'Innocent IV, l'histoire de la première croisade de St.-Louis. En 1248, ce prince va à Lyon, où le pape était avec sa cour. Il attaque et réduit un château qui était sur le Rhône, et dont le possesseur rançonnait tous les pèlerins. Il s'embarque à Aigues-Mortes, et se rend dans l'île de Chypre où il passe l'hiver.

Au printemps de 1249, le Roi s'embarqua avec son armée. En arrivant à Damiette, il trouva les bords du Nil occupés par une grande multitude de Sarrasins. Il les repoussa à coups de traits jusque dans la ville, et se rendit maître du rivage qu'il débarrassa entièrement. Les Sarrasins furent si effrayés, qu'ils abandonnèrent bientôt la ville qui était remplie de provisions; le roi et toute l'armée occupèrent Damiette, où ils restèrent tout l'été et l'hiver suivant.

En 1250, le Roi suivant le cours du Nil, marcha contre le soudan du Caire. Les Sarrasins étaient si effrayés, qu'ils n'osaient se mesurer avec lui; mais ils lui fermèrent autant qu'ils purent les chemins et les passages. Robert, comte d'Artois, frère du roi, venait d'obtenir quelques succès dans une attaque ; il espéra en obtenir de nouveaux, et, au mépris du conseil des Templiers, il poussa en avant et s'empara d'une petite ville nommée Mansourah. Mais au moment où les chrétiens entraient dans la ville, il se présenta une si grande multitude de Sarrasins qui fondirent sur eux, que plusieurs périrent, entr'autres le comte d'Artois qu'on ne retrouva plus. Il s'éleva ensuite dans l'armée chrétienne une maladie qui emportait les malades en peu de jours ; cette maladie était accompagnée de douleurs de dents et de mâchoire, et de tumeurs aux jambes. Les chrétiens suffisaient à peine à ensevelir leurs morts. On fut souvent obligé, pour relever les sentinelles de nuit et de jour, de donner aux cuisiniers et aux autres domestiques les armes et les chevaux de leurs maîtres malades. L'armée, affaiblie par cette contagion, fut forcée de renoncer à son entreprise. Les Sarrasins qui en sont informés, poursuivent le roi, et l'enferment dans un certain endroit où ils le font prisonnier avec ses deux frères Alphonse de Poitiers et Charles d'Anjou ; ils poursuivent les autres, en tuent beaucoup, et en prennent plusieurs. Un traité est conclu avec le soudan. Le roi est délivré avec son armée au moyen d'une grande somme d'argent, et Damiette est remise aux Sarrasins ; mais le soudan ne jouit pas long-temps de sa victoire ; il est tué par ses propres vassaux. Les Sarrasins, de peur que Damiette ne retombât aux mains des chrétiens, la détruisirent peu après. Le roi de retour à Acre avec les siens, y resta près de trois ans, pendant lesquels il fortifia plusieurs places et délivra plusieurs captifs.

Dans le temps où St.-Louis était détenu prisonnier, dit Bernard de Guy, l'an 1251, il se fit tout-à-coup en France une croisade de pastoureaux, de jeunes garçons et de jeunes filles que des scélérats avaient séduits par de secrètes machinations. Quelques-uns de ces criminels instigateurs feignaient que plusieurs de ces enfants avaient eu une vision des anges, qu'ils faisaient des miracles et étaient envoyés de Dieu pour venger le roi. Parmi ces enfants il y en avait qui s'appelaient maîtres et se faisaient obéir des autres. Ils allaient par les chemins, les campagnes et les villes, donnant des bénédictions comme des évêques. A Paris, ils firent de l'eau bénite et des mariages. Partout ils accablaient les religieux et les clercs, dépouillant les uns, frappant les autres, et en tuant plusieurs; personne n'osait ni les réprimer, ni leur résister. Tout le peuple était pour eux; quelques-uns parce qu'ils espéraient que cela aurait une bonne fin, le plus grand nombre parce qu'on était bien aise de voir maltraiter les ecclésiastiques. Enfin la fraude se découvrit. En très peu de temps les pastoureaux s'évanouirent comme de la fumée.

En 1267, le soudan du Caire, après avoir ravagé l'Arménie, s'empara d'Antioche, une des plus fameuses cités du monde, et ayant tué et fait prisonniers les hommes et les femmes, il en fit une vraie solitude.

En 1270, St.-Louis, que les travaux et les dépenses qu'il avait essuyés outre-mer, n'avaient ni rebuté, ni effrayé, se rendit à Aigues-Mortes au mois de juillet, accompagné de ses trois enfants Philippe, Jean et Pierre, et de son frère Alphonse de Poitou, et des comtes de Toulouse, d'Artois, de Bretagne, et de plusieurs nobles et princes, de Thibaut, roi de Navarre son gendre, de guerriers, de bourgeois et de plusieurs prélats. On résolut de soumettre d'abord au pouvoir des chrétiens le roi de Tunis, parce qu'il offrait des obstacles au passage des pélerins. On aborda au port de Carthage près de Tunis, malgré les Sarrasins qui défendaient le rivage et qui en furent repoussés. Les guerriers en débarquant s'emparent aussitôt de Carthage, placent leur camp autour de Tunis, sous les murs de laquelle les Sarrasins vinrent aussi camper en grand nombre. Les deux partis se livrèrent là de fréquents combats. Il y avait environ un mois que l'armée chrétienne était campée lorsque la peste vint l'attaquer. Elle enleva d'abord un des fils du roi, Jean, comte de Nevers ; ensuite le légat du pape, le cardinal, évêque de Ste.-Albane ; puis le roi, qui mourut la veille de St.-Barthélemi.

A peine il était mort, que son frère Charles, roi de Sicile, arrive avec une grande armée : ce fut pour les chrétiens un grand sujet de joie, et pour les Sarrasins, un grand sujet de chagrin. L'armée réunie resta jusque vers la fin de novembre. Il y eut entre les rois et les princes plusieurs délibérations sur ce qu'il convenait de faire. On décida enfin d'arracher de l'or aux barbares, de rendre le roi de Tunis tributaire du roi de Sicile, d'exiger que tous les prisonniers fussent renvoyés libres ; qu'il fût permis aux Frères prêcheurs et mineurs, et à tous autres, de prêcher librement dans les églises qui avaient été construites en l'honneur du Christ dans toutes les villes du royaume de Tunis, et que ceux qui voudraient être baptisés pussent l'être sans obstacle.

Sur ces entrefaites, Edouard, fils du roi d'Angleterre, arrive avec un grand nombre de pèlerins. L'armée chrétienne ayant conclu la trève, se retira et se dirigea vers la Sicile, où elle éprouva une grande perte ; car les vaisseaux en approchant du port de Trapani furent assaillis d'une violente tempête ; plusieurs furent brisés ; beaucoup de monde fut englouti dans les flots. Thibauld, roi de Navarre, qui était parti d'Afrique, malade ; sa femme Isabelle, sœur de St.-Louis ; et une autre Isabelle, femme de Philippe, alors roi de France, moururent en chemin.

Bernard de Guy rapporte qu'en l'année 1274, le pape Grégoire X convoqua un concile général à Lyon, et qu'on y prit plusieurs bonnes résolutions en faveur de la Terre-Sainte, où ce pontife avait intention d'aller en personne. Du vivant, et à la prière de ce pontife, le roi des Romains, Rodolphe, et le roi de France, Philippe, se croisèrent avec beaucoup de barons.

Vitæ Romanorum pontificum à Sancto-Petro usque ad Innocentium VIII, *auctoribus Almarico Augerii, Frodoardo Remensi, Pandolpho Pisano, aliisque scriptoribus,* etc.; *per* Petrum Lambecium. (Tom. III, art. II, 2ᵉ. part., pag. 8.)

Nos lecteurs verront, dans la collection de Jean-Georges Ekkard, ce que nous avons dit d'Almaric Auger, et extrait de son ouvrage ayant pour titre : *Actes des souverains Pontifes.*

Pierre Lambecius, pour présenter une suite des papes, a, pour ainsi dire, fondu l'ouvrage d'Auger avec ceux des autres écrivains qui ont fait des vies particulières de quelques papes, ou qui en ont aussi publié des catalogues. La première chronique qui se présente, après l'ouvrage d'Auger, est celle d'un nommé Jean, chanoine de Saint-Victor, de Paris. Elle donne la vie de tous les papes qui ont siégé à Avignon; on la trouve aussi dans Baluze. Relativement aux croisades, elle porte qu'en 1311. le cardinal Nicolas de St.-Eusèbe, et plusieurs prélats, donnèrent la croix dans l'île de Notre-Dame à ceux qui la voulurent. Le roi de France et ses trois fils, le roi d'Angleterre et tous les nouveaux guerriers et barons, la prirent. Leurs femmes la prirent aussi le lendemain, à condition que si leurs maris ne passaient pas la mer, ou que si quelqu'un d'eux mourait avant d'entreprendre le voyage, elles seraient déliées de leur vœu.

DES CROISADES.

Suivant le même auteur, dans la vie du pape Jean XXII, page 1177, une commotion dont on ignore entièrement la cause eut lieu en 1320. Quelques-uns, par une malice insigne, disaient que les pastoureaux devaient conquérir la Terre-Sainte. Parmi eux était un prêtre qui, pour ses méfaits, avait été dépouillé de sa paroisse, et quelques autres apostats de l'ordre de Saint-Benoît. Par leurs exhortations, ils attirèrent des enfants de quatorze à seize ans, des gardeurs de brebis et de cochons, qui, laissant leurs troupeaux dans les champs, accouraient, malgré leurs parents, sans bâton et sans argent. Il y en eut une multitude considérable. Quelques-uns, à cause de leurs excès, furent mis en prison; mais les autres, venant en foule, ouvrirent les prisons de force, et les mirent en liberté. A St.-Martin-des-Champs et au Châtelet de Paris, ils précipitèrent du haut des escaliers le gouverneur qui voulut leur résister. Ils vinrent ensuite à St.-Germain-des-Prés, et, s'étant assurés qu'il n'y avait aucun des leurs de retenus, ils se retirèrent de Paris, ils se portèrent vers l'Aquitaine, et traversèrent la France sans être arrêtés par personne. Ils tuaient tous les juifs qu'ils rencontraient et les dépouillaient de leurs biens. Ceux qui pouvaient échapper fuyaient de village en village. Enfin, les juifs se réfugièrent en grand nombre à un château où était une tour forte et élevée ; ils demandèrent protection au commandant qui les reçut. Les pastoureaux vinrent aussitôt les y assiéger. Les juifs se défendaient courageusement, jetant sur eux des bois et des pierres; et lorsque le bois et les pierres leur eurent manqué, ils jetèrent leurs enfants à la place. Les pastoureaux mirent alors le feu à la porte de la tour, et la fumée incommoda fort les juifs. Quand ils s'aperçurent qu'ils ne pouvaient échapper, ils aimèrent mieux se tuer que de l'être par des incirconcis, et ils dirent à l'un des leurs qui leur parut le plus fort, de les égorger tous avec un glaive. Ce qu'il fit aussitôt. Il en tua près de 500, et ne réserva que quelques enfants. Il descendit ensuite, et vint annoncer aux pastoureaux ce qu'il avait fait, et demanda à être baptisé avec les enfants. Les pastoureaux lui répondirent: *Toi, qui as commis un si grand crime envers ta nation, tu éviterais ainsi la mort!* Aussitôt ils le mirent en pièces; ils épargnèrent toutefois les enfants qu'ils firent baptiser, et ils s'avancèrent vers Carcassone. Mais le gouverneur du pays ayant su leur arrivée, fit ordonner dans tous les villages qui étaient sur leur chemin, de protéger les juifs contre la violence des pastoureaux, comme s'ils étaient les serviteurs du roi. Plusieurs qui se réjouissaient de la mort des juifs, prétendirent qu'ils ne devaient pas s'opposer à des fidèles contre des infidèles. Le gouverneur sachant cela, rassembla une armée, et défendit, sous peine de la vie, à ceux qui lui étaient soumis, de prêter secours aux pastoureaux. Il fit mettre en prison tous ceux qu'il put trouver. Les autres fuyant sa rencontre, se dispersèrent. Il s'avança vers Toulouse par les lieux où ils commettaient des excès. Il en fit pendre à des arbres, ici vingt, là trente, d'un côté plus, de l'autre moins, et tout ce ramas s'évanouit (1).

Suivant l'appendix de Ptolémée de Lucques, le pape Jean XXII, dans un consistoire public tenu à Avignon, en 1333, à la prière de Philippe, roi de France, prêcha une croisade générale, en déclara chef ce même roi, et lui accorda les dîmes de son royaume pendant six ans, pour le secours de la Terre-Sainte et le passage; et celles de l'Église Romaine aussi pendant six ans. Pierre, archevêque de Rouen, Jean, évêque de Térouanne et doyen de Paris, chargés de procuration suffisante, jurèrent pour le

---

(1) Le texte s'exprime ainsi : « Et procedens versus Tolosam per locâ in quibus flagitiâ suâ fecerant, heic viginti et illic triginta, heic plus, heic minus patibulis et arboribus sunt suspensi, et sic evanuit illa congregatio indiscreta.

roi, qu'il irait en personne outre-mer, ou son fils Jean, si une cause légitime empêchait le père d'y aller, et qu'il ne détournerait point pour d'autres usages les dîmes qui lui avaient été accordées pour la croisade.

Dans la vie du pape Urbain V, édition de Bosquet, il est dit qu'après la promotion de ce pape, en 1362, les rois de France, de Chypre, de Danemarck, de Dacie, vinrent le visiter à Avignon, et qu'ils s'engagèrent entr'eux à faire un passage général contre les Turcs; que le pape leur donna la croix ainsi qu'à plusieurs autres grands et notables; qu'il constitua le roi de France chef de l'entreprise, et s'en chargea lui-même, en adjoignant au roi l'évêque Talleyrand de Périgord, cardinal d'Albi, qu'il nomma son légat *a latere*, pour le représenter dans l'expédition. Le roi de Chypre fut envoyé dans les pays occidentaux pour engager les princes à y prendre part.

Dans une autre vie du même pape, par un auteur contemporain, chanoine de l'Église de Bonn, on lit aussi qu'en 1363 le pape prêcha une croisade contre les Turcs; qu'il ordonna un passage général, que le roi Jean en fut constitué le chef, et que le roi de Chypre devait aller dans toutes les parties du monde pour inviter les princes à ce passage.

Jean-Antoine *Campanus*, évêque de l'Abbruzze, et Michel *Cannesius* de Viterbe, parlent tous deux, l'un dans la vie du pape Pie II, l'autre dans celle du pape Paul II, des préparatifs que ces deux pontifes firent pour la croisade qui avait été prêchée contre les Turcs. L'auteur anonyme de la vie du pape Sixte IV, dont le manuscrit a été trouvé à la bibliothèque du Vatican, s'exprime ainsi sur ce sujet:

En 1471, après son couronnement, Sixte IV s'occupa à mettre l'ordre dans la chrétienté. Il pensa qu'un concile était nécessaire pour cela. Il songea à le tenir à Latran, où l'on pourrait plus aisément traiter de la guerre contre les Turcs, et la faire comme Pie II l'aurait faite s'il eût vécu. Pendant qu'il délibérait, l'empereur voyant l'état de la chrétienté dans un grand danger, pria le souverain pontife de choisir Udine pour le lieu du concile ; mais le pape crut devoir indiquer Mantoue, puis Ancône, où l'empereur pouvait venir commodément. Comme l'affaire traînait en longueur, le pape, du consentement des cardinaux, envoya comme légats, en France, Bessarion de Nicée ; en Espagne, Roderic, Borgia, vice-chancelier ; en Allemagne et en Pannonie, Marcus Barbus. Il mit à la tête de la flotte dirigée contre les Turcs, le cardinal Olivier Caraffe, de Naples. Il assigna par mois à chaque légat 500 écus d'or. Mais cette entreprise fit plus de peur que de mal aux Turcs. Les chrétiens auraient pourtant pu se rendre maîtres d'une grande partie de l'Asie s'ils avaient voulu attaquer les Turcs par mer, comme le roi de Perse Assumcassan les avait attaqués par terre. Les Vénitiens furent accusés d'être la cause du peu de succès de l'expédition.

Diario della cita di Roma scritto da STEPHANO INFESSURA, *etc.* (Tom. IV, art. III, pag. 1111.)

Dans le *Diarium* de la ville de Rome, écrit par Étienne *Infessura*, scribe du sénat et du peuple romain, on lit que le roi d'Espagne envoya en 1492 un ambassadeur à Rome, où il fut reçu avec de grands honneurs. Cet ambassadeur dit au pape Alexandre VI, de la part de son maître, qu'il voyait avec beaucoup de peine les guerres qui se faisaient en Italie, entre les chrétiens ; qu'il était étonné que lui qui devait exposer sa vie pour le salut de la foi chrétienne, eût reçu à Rome les ambassadeurs des infidèles. Il lui demandait donc de les chasser des terres de l'Église, et de lui prêter secours et appui, afin qu'il pût poursuivre ses victoires contre les ennemis de la foi (car il avait chassé les Maures de son royaume), et recouvrer la Terre-Sainte, si Dieu lui accordait cette grâce.

Mais l'ambassade et les demandes du roi d'Espagne furent sans effet.

Gesta TANCREDI *principis in expeditione Hierosolimitanâ auctore* Radulpho CADOMENSI, *etc.* (Tom. V, art. IV, pag. 285.)

On a vu à l'article de Raoul de Caen, dont l'ouvrage se trouve aussi dans le *Thes. novus* de Martenne, que cet auteur, au sortir de l'adolescence, partit en 1107 pour la Palestine, où il servit deux ans sous Bohémond, ensuite sous Tancrède. L'histoire qu'il a écrite, quoique toute en l'honneur de ce chef croisé, n'en est pas moins précieuse pour l'histoire générale de la première expédition des chrétiens en Orient. Elle peut être considérée comme un des principaux monuments de ce temps et une des meilleures sources où l'on doive puiser ; car si Raoul de Caen n'a pas vu de ses propres yeux tout ce qu'il raconte, il a du moins été à portée d'être instruit mieux que personne de ce qui s'était passé depuis 1095 jusqu'en 1107, où il devint témoin oculaire des événements. Nous allons donc considérer son histoire sous le rapport des détails. Après avoir parlé en peu de mots de la famille de Tancrède, et tracé le caractère de son héros, Raoul le fait arriver à Nicée à travers tous les obstacles que Bohémond, auquel il s'était lié, éprouva ainsi que lui, de la part de l'empereur grec. Il fait le récit de ces obstacles, montre comment Bohémond céda à la politique artificieuse d'Alexis, et comment Tancrède sut y échapper.

Quand Tancrède arriva à Nicée, cette ville était assiégée par les chefs croisés. Raoul fait le portrait de tous ces chefs en particulier ; il loue les vertus civiles et religieuses de Godefroi de Bouillon, parle de sa générosité envers les pauvres, de sa clémence, de son humilité, de sa douceur, de sa justice et de sa chasteté. Il savait, dit-il, combattre, conduire une armée, et défendre l'église par les armes. Il dit de Robert comte de Normandie, qu'il égalait son chef Godefroi par les qualités d'un roi, mais qu'il lui était inférieur par celles qui tiennent à la religion. Sa piété et sa libéralité étaient admirables, ajoute-t-il ; mais comme il ne sut mettre des bornes ni à l'une ni à l'autre, il s'égara dans toutes deux.

Hugues, frère de Philippe, roi de France, était grand par sa naissance, par sa probité, et aussi puissant par ses troupes que par celles de son frère. Il ne manquait, dit Raoul, à Étienne, comte de Blois, parent des rois de France et d'Angleterre, pour être un chef accompli et un soldat habile, que de joindre plus d'aménité à sa libéralité, et plus d'ardeur à son audace.

Robert, comte de Flandre, passait pour le plus habile des généraux à manier l'épée et la lance, ce qui lui attirait les suffrages de l'armée. La négligence qu'il montra pour son gouvernement, diminua toutefois beaucoup de son mérite.

Le dernier, dit Raoul, était Raymond, comte de St.-Gilles, fameux dans l'attaque des villes ; s'il était le dernier par le rang qu'il occupait parmi les chefs, il ne l'était pas par ses richesses, ni par sa puissance, ni par le nombre de ses soldats, ni par sa prudence. Il se distingua par tous ces avantages ; et quand les autres eurent dissipé tout leur argent, il y suppléa abondamment du sien.

Après ce portrait, Raoul entre dans le détail des opérations du siége de Nicée. Il montre son héros, tantôt dispersant les Turcs, tantôt échappant aux embûches de l'empereur Alexis, tantôt vengeant le sang des fidèles tués, et faisant à son tour un grand carnage des ennemis. Il décrit les exploits de chacun des chefs avant et après la prise de Nicée, et leur marche vers Antioche.

Il suit Tancrède qui va faire le siége de Tharse, et qui prend cette ville avec le secours de Baudouin; il s'éleva alors une dispute entre ces deux chefs. Baudouin prétendit que la ville lui appartenait, ou qu'au moins il devait partager les dépouilles des ennemis. Raoul dit que cette dispute se termina par le choix que les habitants de Tharse firent de Tancrède pour maître; et que Baudouin se retira. Il diffère en cela des autres historiens que nous avons suivis, et qui prétendent que Baudouin ayant fait sentir aux Turcs et aux habitants de la ville, la supériorité de ses forces, décida les suffrages en sa faveur; que le drapeau de Tancrède fut jeté dans les fossés de la place, et remplacé par celui de Baudouin.

Ce prince, ajoute Raoul, étant sorti de la ville, alla camper sous ses murs, et fit demander à Tancrède la liberté des communications entre son camp et la place. Chose étonnante, dit l'historien; ce Tancrède qui la surveille s'était emporté aux propositions de Baudouin, qu'il regardait comme un outrage, consentit aussitôt à la paix.

Mais cette paix fut bientôt troublée. On se disputa, on se battit. Richard, fils de l'oncle de Tancrède, fut enlevé par les soldats de Baudouin. Le trouble était à son comble. Enfin les chefs pensèrent qu'il fallait y mettre un terme. Il était difficile de persuader Tancrède, qui avait été provoqué par des injures; mais on rendit Richard, et les esprits se calmèrent. La paix fut rétablie. Peu après, ce même Tancrède délivra Baudouin, qui se trouvait enveloppé à Artésie par des habitants d'Antioche.

Raoul fait la description du siége de cette dernière ville et des nouveaux exploits de son héros devant cette place.

C'est en parlant de la disette qu'éprouva alors l'armée chrétienne que l'historien fait le portrait des Provençaux. Il s'était établi, comme on l'a dit dans cette histoire, une rivalité entre les croisés Normands et les croisés Provençaux. Raoul était de Normandie; il a donc dû peindre ceux de la Provence avec tous les préjugés que la rivalité inspire. Pendant cette disette, quelques croisés de la Provence voulurent quitter l'armée pour aller joindre sur les frontières de Cilicie le comte Étienne qui s'y était retiré. Bohémond voulut en vain les retenir, ils ne l'écoutèrent point et partirent. C'est à cette occasion que Raoul fait le portrait suivant que nous abrégeons :

Ce peuple a le regard hautain, l'esprit fier, est prompt à en venir aux mains, et du reste prodigue et paresseux à amasser. Il diffère autant des autres peuples de la France que les canards diffèrent des poules. Il vit de peu, il est laborieux ; mais, pour dire le vrai, il est peu guerrier. Il rejette tout ornement du corps, comme une chose vile et comme étant du ressort des femmes; mais il s'occupe de l'ornement de ses chevaux et de ses mulets. Quand le pain manquait, les provençaux se contentaient de racines. Avec un long morceau de fer ils creusaient la terre et en retiraient de quoi manger ; de là est venu le refrein que les enfants chantent encore : *les Francs au combat, les Provençaux aux vivres.* Raoul dit qu'ils vendaient de la chair de chien pour du lièvre, de la chair d'âne pour du chevreau; ou que s'ils trouvaient dans quelque endroit écarté un cheval gras, ils le perçaient avec leur arme, et le laissaient mourir sur place pour revenir ensuite le manger, disant à ceux qui ignoraient leur fraude et qui voulaient les empêcher de toucher à cette chair, qu'ils aimaient mieux mourir par ce mets que de mourir de faim; et ils se moquaient de celui à qui ils avaient fait tort en tuant le cheval, tandis que celui-ci les plaignait.

Raoul fait à la suite de ce tableau le récit de la prise d'Antioche, et raconte que le gouverneur de cette place, après avoir fui aussi long-temps que son cheval put courir, se cacha tout couvert de blessures dans un bois, espérant qu'au jour quelque voyageur pourrait le secourir; mais qu'un paysan dont il implora la pitié, lui fendit la tête avec son bâton, afin d'avoir ses dépouilles.

Après avoir décrit le siége que l'armée chrétienne éprouva à son tour devant Antioche et les combats qui y furent livrés, combats dans lesquels Tancrède signala plus d'une fois son courage, il parle de la discorde qui s'éleva entre Bohémond et Raymond de St.-Gilles.

Raoul attribue à deux causes différentes cette mésintelligence; la première, c'est que pendant le siége d'Antioche il s'était élevé des disputes, et plus d'une fois des querelles sanglantes entre les serviteurs de ces deux princes, pour le partage des provisions. Ces querelles avaient comme divisé l'armée en deux partis: l'un composé des Narbonnais, des Auvergnats, des Gascons et des Provençaux; l'autre, formé des Normands, des Bretons, et autres peuples du Nord de la France.

La seconde cause fut la découverte de la lance sacrée, faite ou supposée par Raymond de St.-Gilles. Bohémond y soupçonna de la fourberie, et s'attira ainsi la haine de Raymond.

Raoul dit que cette querelle fut terminée par celui-là même qui y avait donné lieu. De l'avis des chefs, il fut décidé que Pierre de Marseille, inventeur de la lance, passerait avec elle au milieu de deux bûchers de fagots d'épines distants l'un de l'autre de neuf pas. Après un jeûne de trois jours, Pierre vêtu d'une tunique, les bras couverts et le reste du corps nu, marcha au milieu des fagots, tomba brûlé au sortir de l'épreuve, et mourut le lendemain. L'historien ajoute qu'à cette vue l'armée eut honte de sa crédulité, et se repentit de son erreur. Mais Raimond, dit-il, et ses complices, soutinrent la vérité du prodige. Pour remplacer la lance, on convint de faire fabriquer une image du Sauveur en or fin, et ce grand ouvrage fut, selon Raoul, bientôt achevé.

Enfin l'armée s'avança vers Jérusalem. Raoul décrit les travaux du siége, la prise de cette ville et le carnage qui s'y fit. Il parle aussi de la mésintelligence qui s'éleva entre Arnould prêtre, préposé à la garde du Temple, et Tancrède ; mésintelligence qui dura peu, car Tancrède, de l'avis des princes, s'empressa de rendre au Temple de Jérusalem 700 marcs de tout le butin qu'il y avait fait. L'historien, continuant le récit des exploits de son héros, nous le montre successivement chargé du commandement d'Antioche, soumettant les villes de la Cilicie, assiégeant Laodicée, délivrant Baudouin fait prisonnier auprès d'Édesse, obtenant le commandement de cette ville ; puis rappelé à Antioche, chassant d'Artésie les Turcs qui y étaient rentrés ; enfin allant mettre le siége devant Apamée : c'est par-là que Raoul termine son histoire et son poëme ; car son ouvrage, divisé par chapitres, est écrit tantôt en prose, tantôt en vers. Le style de Raoul, comparativement à celui des écrivains de son temps, est élégant et orné. On y reconnaît un homme d'une imagination vive et riche, mais qui s'y abandonne trop aisément ; il court souvent après l'antithèse et l'esprit ; mais le mauvais goût du temps doit servir d'excuse à ces défauts ; l'histoire de Raoul n'en est pas moins précieuse sous beaucoup de rapports ; on doit la regarder comme une source où les écrivains qui l'ont suivi, tel que Guillaume de Tyr, ont nécessairement puisé.

Lupi protospatæ rerum in regno Napolitano gestarum breve chronicon. (Tom. v, pag. 46 et suiv.)

Article IV.

Il n'y a dans cette collection que des dates à prendre. Les événements y sont indiqués sans détails et sans réflexions. Il en est de même de celle qui a pour titre :

Anonymi monachi Cassinensis rerum in regno napolitano gestarum, breve chronicon. (Page 65 et suiv.)

Elle est plus complète que la première, mais elle offre encore moins de détails. Ces deux chroniques ne peuvent servir qu'à vérifier des dates.

Chronica varia Pisana à Fernando UGHELLO. (Tom. VI, pag. 100.)

Article V.

Cette chronique paraît être l'ouvrage de plusieurs auteurs. Elle fut d'abord commencée par Ferdinand Ughello, archevêque de Pise, en 1194. Michel de Vico, chanoine de la même ville, la revit en 1371; et, selon toute apparence, y ajouta diverses autres chroniques anciennes qu'il réunit plutôt qu'il n'éclaircit. Cette *chronica varia* est divisée en quatre parties distinctes; la première, sous le titre de *Gesta triumphalia per Pisanos facta*, traite de la prise de Jérusalem, de la ville de Majorque et autres. Elle est écrite avec simplicité, et d'un style assez correct; elle commence à l'an 1099. Il y est dit que, sous le pontificat d'Urbain II, le peuple de Pise partit sur 120 vaisseaux, ayant à sa tête Daimbert, archevêque de cette ville, lequel resta ensuite à Jérusalem en qualité de patriarche. L'auteur raconte que les Pisans, en partant, pillèrent Leucate et Céphalonie, villes très fortes, dont ils firent le siége; parce que, dit-il, elles persécutaient les pèlerins qui se rendaient à Jérusalem. Il rapporte quelques prodiges qui précédèrent la prise de la ville sainte par les chrétiens. Il tomba, selon lui, une pluie d'étoiles. Une étoile chevelue étonna par sa clarté, et la partie septentrionale du ciel parut embrasée à tout le monde. Ces prodiges se réduisent à des phénomènes aujourd'hui très connus. Du reste, l'auteur ne donne aucun détail sur ce qui précéda et accompagna la prise de Jérusalem. Le siége et la prise de Majorque occupent la plus grande place dans cette première partie.

La deuxième est d'un auteur inconnu; elle commence à l'an 688, et finit à 1136. C'est tout simplement le recueil des dates des principaux événements arrivés dans cet intervalle.

La troisième partie est de Laurent de Véronne, diacre de Pierre II, archevêque de Pise. C'est un poëme sur l'expédition de Majorque, partagé en sept livres. La versification en est facile, le style assez pur, et d'un latin assez élégant. Ce poète, qui a écrit dans le XIIe. siècle, est, comme le remarque Muratori, très digne d'estime pour le temps où il vécut.

La quatrième partie, intitulée *Breviarium Pisanæ historiæ*, est tirée d'un manuscrit de Lucques. C'est une espèce de chronique un peu plus étendue que celle de la deuxième partie; mais qui n'offre sur l'histoire des croisades que les dates des événements qui la composent; du reste, elle est écrite sèchement, et d'un style qui se ressent de la décadence où le latin était à la fin du XIIIe. siècle.

CAFFARI *ejusque continuatorum annales Genuenses.* (Tom. VI, pag. 249.)

Article VI.

Les annales de Gênes sont l'ouvrage de plusieurs auteurs. Caffarus fut le premier qui entreprit de les écrire. C'était, selon Muratori, un des notables de la ville. Sa prudence reconnue le fit employer dans des affaires difficiles. Ce fut probablement le voyage qu'il fit étant jeune, dans la Palestine, qui lui inspira le dessein d'écrire l'histoire d'une entreprise où les Génois ne furent pas sans gloire et servirent à-la-fois la république chrétienne et la leur. Les annales de Caffarus commencent en 1101, et finissent en 1163. Le chancelier Obertus les continua jusqu'en 1174; des scribes ou des secrétaires les poussèrent jusqu'en 1263. Alors, un décret public en chargea successivement différents nobles Génois. A la fin, Jacques Dauria les continua tout seul jusqu'en 1294, époque où elles restèrent sans continuateur. Malgré le mérite des hommes distingués qui ont travaillé à cet ouvrage, le nom et l'autorité de Caffarus ont prévalu.

Cet auteur, après avoir parlé de la prise de Jérusalem, et de l'élection de Baudouin pour successeur de Godefroi, raconte un prodige dont il dit avoir été témoin. « Les Génois vinrent
» à Joppé avec le roi Baudouin. Ils s'avancèrent vers Jérusa-
» lem, le Mercredi-saint; le Samedi-saint ils allèrent au tombeau
» du Seigneur. Ils jeûnèrent le jour et la nuit, attendant que
» la lumière du Christ vînt les éclairer. La lumière ne vint
» ni ce jour, ni cette nuit-là; tous se tenant ainsi sans lu-
» mière, dans l'église du sépulcre, répétaient souvent en-
» semble : *kyrie eleison.* Le matin du jour de la résurrection
» étant arrivé, le patriarche Daimbert vint avec Maurice,

» évêque de Porto, et le légat de la cour Romaine. Il adressa
» au peuple ce petit discours :
» Je vous vois tristes, mes Frères, de ce que le Seigneur
» n'a point, selon sa coutume, envoyé la lumière du ciel. Il
» ne faut point s'en plaindre; il faut, au contraire, s'en
» réjouir; car le Seigneur ne fait pas des miracles pour les
» fidèles, mais pour les infidèles. Tant que cette cité sainte a
» été au pouvoir de ces derniers, il était bon, il était juste,
» que le Seigneur rappelât, par des miracles, les incrédules à
» la foi. Maintenant que Jérusalem est au pouvoir des fidèles,
» les miracles ne sont plus nécessaires. Cependant, comme
» il y a parmi vous plusieurs hommes faibles et incrédules
» dans la foi, prions Dieu qu'il montre sa lumière, comme
» il avait coutume de le faire, à cause de l'incrédulité des
» infidèles. Allons donc tous au temple du Seigneur, et là,
» si le Seigneur tarde à nous exaucer, redoublons nos prières
» jusqu'à ce que nous ayons obtenu ce que nous demandons.
» Sachez, mes Frères, que le Seigneur promit un pareil don
» à son serviteur Salomon, quand il eut achevé le Temple
» de Dieu. Quiconque en entrant dans le Temple demandera
» quelque don spirituel, avec un cœur pur, Dieu a promis
» de le lui accorder. »

Ce discours terminé, le patriarche, le légat de la cour de Rome, le roi Baudouin, et tous les chrétiens qui les suivaient, allèrent au temple du Seigneur; nu-pieds, et en grande dévotion. A l'entrée du Temple, tous prièrent humblement Dieu de montrer à ses fidèles la lumière qu'il avait coutume d'envoyer tous les ans, au Saint-Sépulcre, quand les infidèles en étaient maîtres. Après cette prière, ils retournèrent dévotement au sépulcre, et y trouvèrent de la lumière dans la petite chapelle. Tous furent si joyeux qu'ils entonnèrent le *Te Deum*; ils entendirent ensuite la messe. Quand elle fut finie, ils allèrent tous prendre de la nourriture. Alors une des lampes qui étaient dans l'enceinte de l'église du Sépulcre, s'alluma tout-à-coup à la vue de plusieurs témoins de ce miracle. Le bruit s'en étant répandu dans toute la ville, tout le monde courut au St.-Sépulcre; et là, chacun regardant les lampes qui étaient dans l'enceinte de l'église, les vit s'allumer les unes après les autres de la manière suivante : Une fumée de feu montait à travers l'eau et l'huile, jusqu'à l'étoupe qui, frappée par trois étincelles, commençait à s'enflammer. Le jour de la résurrection, après nones, et en présence de tout le monde, seize lampes s'allumèrent ainsi; et Caffarus, qui a écrit cela (c'est lui-même qui parle), était présent, l'a vu, en a rendu témoignage, et en affirme la vérité.

Le même Caffarus donne sur le siége de Césarée les détails suivants : les Génois vinrent devant cette ville au mois de mai. Après avoir mis leurs galères à sec, ils détruisirent tous les jardins jusqu'aux murs. Ils commencèrent à dresser des machines de guerre. Sur ces entrefaites, deux Sarrasins sortirent de Césarée et vinrent trouver le patriarche et le légat auxquels ils parlèrent ainsi : « O Seigneurs! vous qui êtes maîtres et docteurs de la loi chrétienne, pourquoi ordonnez-vous aux vôtres de nous tuer, d'envahir notre pays, puisqu'il est écrit dans votre loi que personne ne doit tuer celui qui ressemble à votre Dieu, ni enlever son bien ? S'il est vrai que cela est écrit dans votre loi, et si nous avons la forme de votre Dieu, vous agissez donc contre votre loi. » — « Le Patriarche leur répondit : il est vrai qu'il est écrit dans notre loi de ne point ravir le bien d'autrui, et de ne point tuer d'homme, et nous ne voulons faire ou ordonner ni l'un ni l'autre. Mais cette ville n'est point à vous, elle est et doit être à St. Pierre, que vos pères en ont chassé de force. C'est pourquoi, nous qui sommes les vicaires de St. Pierre, nous voulons recouvrer sa terre, et non vous enlever votre bien. A l'égard du meurtre, nous répondrons que celui qui est contraire à la loi de Dieu et qui combat pour la détruire, doit être tué par une juste vengeance. S'il est tué ce n'est point contre la loi de Dieu, puisque Dieu a dit : à moi appartient la vengeance, et je la dispenserai; je frapperai et je guérirai, et personne ne pourra échapper à ma main. C'est pourquoi nous demandons que vous nous rendiez la terre de St. Pierre, et nous vous laisserons aller sains et saufs, vos personnes et vos biens. Si vous ne le faites pas, le Seigneur vous tuera avec son glaive, et vous serez justement tués. Allez donc, et rapportez cela à vos chefs. Les deux Sarrasins se retirèrent et rendirent ce qu'ils avaient entendu à Mirus, chef des guerriers, et à Arcadius, chef des marchands. Arcadius fut d'avis de livrer la ville; mais Mirus dit : je ne rendrai point la ville. Nos épées se mesureront avec les épées des Génois, et, avec le secours de Mahomet, nous les ferons reculer de la ville avec honte. Le patriarche ayant appris les dispositions des Sarrasins, assembla les chefs de l'armée et les exhorta à livrer un assaut à la ville. Le général des Génois promit d'y monter le lendemain matin le premier, et ordonna aux siens de le suivre. Le lendemain les échelles furent appliquées aux murs, et la ville fut prise. Les Génois accordèrent sûreté aux habitants pour en sortir, et ceux-ci laissèrent, comme ils l'avaient promis, tout ce qu'ils possédaient aux vainqueurs.

L'an 1145, les Génois envoyèrent à la cour de Rome un ambassadeur pour demander justice contre le Roi de Jérusalem, le comte de Tripoli et le prince d'Antioche, qui enlevaient tous les jours aux Génois les priviléges que leurs prédécesseurs leur avaient accordés pour les services qu'ils avaient rendus dans la guerre sainte. Le pape Adrien adressa à ces princes une lettre, dans laquelle il leur ordonna, sous peine de l'excommunication, de remplir leurs engagements.

Les continuateurs de Caffarus, qui ont porté sa chronique jusqu'en 1294, ne disent plus rien des croisades.

OTHONIS *Frisingensis episcopi ejusque continuatoris Radevici, libri, etc.* (Tom. VI, pag. 640.)

Article VII.

Othon, évêque de Frisingen, était neveu de l'empereur Frédéric 1er. Ce fut par les ordres de ce prince qu'il composa son ouvrage. Il le divisa en deux livres, dont le premier commence aux démêlés de l'empereur Henri IV avec le pape Grégoire VII, et contient le récit de la deuxième croisade. Le second livre est consacré aux affaires d'Allemagne, et finit au commencement du règne de ce même Frédéric. Radevic, chanoine de Frisingen, a continué l'histoire de l'évêque Othon. Il a également divisé son ouvrage en deux livres, mais comme il n'y est aucunement question de croisade, nous ne nous y arrêterons pas.

Othon, qui fut de l'expédition de l'empereur Conrad en Asie, devrait être d'un grand secours pour l'historien des croisades : cependant il y a peu de chose à prendre dans son récit ; il n'offre pas, à beaucoup près, autant de détails qu'Odon de Deuil et l'anonyme des *Gestes de Louis VII*. Il nous donne lui-même la raison de sa brièveté ou de son silence. « Tout le monde sait, dit-il, quelle fut l'issue de cette expédition ; et nous qui nous sommes proposé d'écrire, non une tragédie, mais une histoire agréable, nous abandonnons à d'autres le soin de tout dire, ou nous remettons à le faire nous-même ailleurs. » C'est dans son quatrième chapitre qu'Othon commence son récit. Il dit que Louis VII, roi de France, convoqua les principaux seigneurs de sa cour, et leur fit part du dessein qu'il avait de faire une expédition en Asie. Il parle aussitôt des prédications de St. Bernard pour engager les princes et les peuples à une nouvelle croisade. Il rapporte textuellement la lettre du pape Eugène à Louis VII, que nous avons déjà fait connaître, et dit un mot de l'assemblée de Vezelay, des prédications du moine Raoul, de la persécution exercée contre les juifs et de la diète de Ratisbonne, où l'empereur, les princes allemands et Othon lui-même prirent la croix. Ce que nous avons dit dans notre histoire des miracles que faisait S. Bernard, tantôt publiquement, tantôt loin des regards du public, ce que nous avons dit de la multitude des malfaiteurs qui accouraient pour prendre la croix, est tiré d'Othon de Freisingen. Il copie dans sa narration la lettre que l'abbé de Clairvault adressa aux archevêques, évêques et à tout le clergé de la France orientale et de la Bavière. Cette lettre se trouve dans les OEuvres de St. Bernard et dans les Annales ecclésiastiques de Baronius.

Nous ferons remarquer ici que c'est sur les lettres qui nous restent de St. Bernard, que nous avons nous-même pris texte pour faire le discours que l'abbé de Clairvault prononça à l'assemblée de Vezelay. Si nous n'avons pu rendre ses expressions, nous avons du moins essayé de rendre ses idées. Nous avons regretté que le discours qu'il prononça réellement ne nous ait pas été transmis; mais toutes les recherches que nous avons faites, et celles que nous avons fait faire pour en découvrir la trace, ont été sans fruit. Comme la seconde croisade eut des suites funestes, et que St. Bernard fut non-seulement accusé des malheurs de cette expédition, mais obligé même de se justifier de l'avoir prêchée, on doit croire que son premier soin fut d'anéantir un discours qui avait annoncé, au nom du ciel, les plus brillants succès. Tout ce qui nous est resté de St. Bernard sur cette croisade, ce sont deux lettres qu'il adressait aux fidèles, et l'apologie qu'il envoya au pape Eugène III.

Othon décrit ensuite la marche des deux armées conduites, l'une par Louis-le-Jeune, l'autre par Conrad; le débordement du fleuve Mélas, et les dommages que ce débordement causa dans l'armée, commandée par l'empereur, sont les seuls événements qu'il raconte avec détails. Othon s'est principalement attaché à excuser les résultats de cette malheureuse expédition. Les raisons qu'il donne sont des subtilités scholastiques qui ne pourraient satisfaire aujourd'hui un esprit raisonnable, mais elles étaient dans l'esprit du temps. Tout ce qu'on en peut déduire, c'est que cette expédition ne fut utile, suivant l'auteur, qu'à ceux qui y périrent, parce qu'ils y trouvèrent leur salut éternel; et que si elle fut malheureuse pour les autres, ce fut à cause des passions des hommes et des péchés des croisés. C'est aussi là la raison que donne S. Bernard dans son apologie. Il est toutefois curieux de voir l'évêque Othon comparer la seconde croisade qui, selon lui, était utile en soi, quoiqu'elle fût malheureuse par ses suites, à la jusquiame qui nourrit le passereau et tue l'homme, ou à la dent de l'Éthiopien qui, quoique blanche par elle-même, n'empêche pas l'Éthiopien d'être noir.

OTHONIS *de Sancto-Blasio chronicon.* (Tom. VI, pag. 886, Article VIII.)

Othon de St.-Blaise a aussi continué la chronique de l'évêque de Frisingen. Il vivait à la fin du XIIe. siècle, et était moine du monastère de St.-Blaise au diocèse de Constance. Son style est plus élégant et plus pur que celui de son prédécesseur. Il commence sa chronique par un récit fort abrégé de la deuxième croisade. En parlant des prédications de St. Bernard, il dit que cet abbé parcourut toute la France et l'Allemagne en opérant des miracles par la vertu de son éloquence, qui était *plus pénétrante que le glaive.* En racontant sous la date de 1186 la mort de Baudouin, roi de Jérusalem, il parle en peu de mots des troubles que le mariage de la fille unique de ce roi fit naître en Palestine. Il attribue l'entreprise formée par Saladin contre les chrétiens d'Orient, à la connaissance que ce sulthan avait des divisions et de la corruption qui régnaient parmi les colonies chrétiennes de Syrie. Il raconte, toujours assez brièvement, les victoires par lesquelles ce prince porta la désolation dans la Terre-Sainte, et réduisit l'Eglise de la Palestine et toute la Syrie à l'état le plus déplorable : mais Othon de Saint-Blaise s'est beaucoup plus étendu sur l'expédition de Frédéric Ier.; il dit d'abord qu'il était venu des ambassadeurs du soudan d'Iconium qui avaient promis à l'empereur, de la part de leur maître, de fournir à son armée, pendant son trajet dans la Cilicie, toutes les provisions dont elle aurait besoin. En parlant de la marche de Frédéric à travers la Hongrie et la Bulgarie, il raconte que les habitants de ce dernier pays ayant refusé le passage aux croisés, l'empereur se l'ouvrit de force, et qu'ayant tué un grand nombre de ceux qui s'étaient opposés à sa marche, il les fit suspendre des deux côtés de la route aux branches des arbres, montrant par-là, ajoute l'historien, qu'il allait visiter le tombeau du Seigneur, non avec le bourdon et la pannetière, mais avec la lance et l'épée. Othon parle aussi des difficultés que ce prince éprouva de la part des Grecs, qui se montrèrent plus inhumains que les Bulgares. L'empereur, souffrant impatiemment d'être si maltraité par des chrétiens, donna à son armée la liberté de piller et de ravager le pays. L'armée arriva à Philippopolis, ville très riche, dont elle s'empara, et où elle fit un grand butin. Après avoir rendu compte des succès de Frédéric, qui fit céder toute la Romanie à ses armes, Othon parle de la perfidie du soudan d'Iconium. Ce prince, à l'approche de l'empereur, enfreignant le traité qu'il avait fait avec l'armée chrétienne, ne voulut point lui fournir de vivres, et fit transporter toutes les provisions dans la Cilicie. Frédéric s'étant bien assuré que la disette où se trouvait son armée était causée par la perfidie du soudan, permit aux siens de se livrer à la vengeance. La Cilicie, la Pamphylie et la Phrygie furent mises à feu et à sang, et les infidèles, quoique marchant en bon ordre, furent toujours mis en fuite. L'armée chrétienne s'étant ainsi approvisionnée, Frédéric la dirigea vers Iconium, métropole de la Cilicie et résidence du soudan, et l'attaqua avec une incroyable célérité. Cette ville très peuplée, fortifiée par une vaste enceinte de murs et par des tours très élevées, renfermait une citadelle inexpugnable, munie de toutes les choses nécessaires pour soutenir un siège. Toute la campagne des environs avait été dégarnie de vivres, afin que Frédéric ne pût s'y maintenir.

Mais Frédéric, attaquant subitement la ville avec une grande impétuosité avant la troisième heure du jour, tua un nombre infini de païens qui résistaient, et entra dans la place avant la neuvième heure, passant au fil de l'épée tout ce qui se présentait sans distinction d'âge ni de sexe ; le soudan se retira dans la citadelle avec les principaux de sa cour. L'empereur l'assiéga le même jour. Le soudan voyant tout fléchir devant les Allemands, qui semblaient soutenus par une force presque divine ; instruit par une dangereuse expérience, pensa qu'il était nécessaire de céder sans retard, et demanda une entrevue à Frédéric. Ce qui lui ayant été accordé, il descendit de la citadelle avec les siens, se soumit à ce que voulut Frédéric, donna des otages, se réconcilia, et fut remis en possession d'Iconium et de son royaume.

Othon de St.-Blaise raconte ensuite que Frédéric, après ces triomphes s'étant rendu à Tharse avec un grand nombre de princes Arméniens, trouva la mort dans le fleuve Cydnus, où le Grand-Alexandre avait autrefois manqué périr. On a vu dans le 2e. volume, et on verra dans d'autres chroniques, que le fleuve où se noya Frédéric n'est point celui que désigne ici notre auteur. Frédéric, duc de Souabe, fils de l'empereur, ayant pris le commandement de l'armée, vint à Antioche (d'autres disent à Tyr.) ensevelir les restes de son père, et de là alla rejoindre les autres chrétiens à Ptolémaïs. Othon donne peu de détails sur le siége de cette ville, et se contente d'en rapporter l'heureuse issue. En parlant de la 4ᵉ. croisade, il raconte que les chrétiens attaquant un château nommé *Torolts* (Toron), qui était fortifié par la nature et par l'art, étaient prêts de s'en rendre maîtres, lorsque quelques chevaliers du Temple, corrompus par l'argent des infidèles, gagnèrent le chancelier Conrad qui commandait ce siége, et lui persuadèrent, en lui donnant une grande quantité d'or, de le lever. Mais ces traîtres ne retirèrent qu'un opprobre éternel de leur lâche action; car ils ne reçurent des infidèles, pour prix de leur trahison, qu'un métal dont la surface était dorée.

La chronique ne dit plus rien sur les croisades; mais ce qu'elle en a dit doit être cru, comme venant d'un auteur contemporain des événements.

Chronicon ROMUALDI II, *archiepiscopi Salernitani.* (Tom. VII, pag. 8.)

Article x.

Cette chronique commence à l'origine du monde et finit à l'an 1178. Romuald était d'une naissance illustre. Élevé à l'archevêché de Salerne en 1154, il gouverna son église avec une grande sagesse jusqu'en 1181, époque de sa mort. Romuald s'adonna à la médecine et à d'autres siences. Il fut cher aux rois de Sicile, et surtout à Guillaume II dont il fut ambassadeur à Venise, où il s'acquit beaucoup d'honneur en travaillant à la paix entre le pape Alexandre et l'empereur Frédéric. Il avait couronné ce même Guillaume, surnommé le Bon, et il l'aida de ses conseils. Outre la chronique que nous allons analyser, Romuald a, dit-on, écrit quelques vies des saints.

Romuald parle, à la date de 1095, du concile de Clermont tenu par Urbain II, dans lequel une multitude infinie de chrétiens prirent la croix.

Le comte Roger de Sicile assiégeait Amalfi en 1096, lorsque Bohémond, dit-il, par une inspiration subite de Dieu, prit avec les autres comtes et les soldats de Roger, le signe de la sainte croix, et abandonna le siége; le comte Roger retourna sans gloire en Sicile.

L'auteur, à la date de 1097, octobre, parle du départ pour l'Orient de Robert, comte de Flandre, du comte de St.-Gilles, du duc Godefroy et de Baudouin son frère, de Hugues-le-Grand et de Tancrède. Il dit qu'il y eut 140 mille ennemis de tués au combat que les croisés livrèrent, près de Nicée, aux Arabes, aux Turcs et aux Persans. L'auteur veut parler sans doute de la bataille de Dorylée; mais il exagère la perte des Sarrasins. Il parle brièvement de la prise d'Antioche et de celle de Jérusalem; il ajoute que dans la même année où Jérusalem fut prise, Bohémond, sortant d'Antioche avec 300 cavaliers, livra un combat aux Turcs, fut pris et jeté dans les fers. Tous ses cavaliers furent tués. On dit qu'ils s'étaient battus contre 123 mille infidèles. En 1102, Bohémond fut relâché, et retourna à Antioche.

En 1119, Roger, fils de Richard, gouverneur d'Antioche, fait une sortie contre les Sarrasins, est battu et chassé de la ville. Le roi de Jérusalem vient à son secours, bat à son tour les Sarrasins, et reprend Antioche. Ce récit de Romuald ne nous paraît guères vraisemblable, au moins pour ce qui regarde la prise d'Antioche par les Musulmans.

En 1123, le roi de Jérusalem est fait prisonnier, et bientôt remis en liberté.

Romuald place à l'an 1145 le départ de Conrad, roi d'Allemagne, pour Jérusalem, et raconte tout ce qui lui arriva en Grèce. Après avoir perdu une grande partie de son armée, il se rend à Jérusalem, où le roi de France, trompé comme lui par l'empereur Manuel, le rejoignit. Conrad, ayant perdu une grande partie de ses soldats, retourna en Allemagne par Constantinople, et le roi de France dans ses états par la Pouille. Le reste de la chronique de Romuald, qui se termine en 1178, ne parle plus que des affaires de Sicile.

SICARDI, *episcopi Cremonensis chronicon.* (Tom. VII, pag. 530.)

Article XII.

Sicardi vivait dans le douzième siècle, et mourut en 1215. La chronique qu'il nous a laissée commence aux temps les plus reculés, et finit à l'an 1221, quelqu'auteur anonyme l'ayant continuée cinq ou six ans après la mort de Sicardi; Muratori en a retranché tout ce qui précède J.-C., et il nous dit même que ce qui précède Charlemagne est peu exact et inutile, parce que l'auteur est peu judicieux. Nous savons par lui-même qu'il fut élevé à la dignité d'évêque en 1185; qu'il alla en 1187, en Allemagne; qu'en 1199, il fit un voyage à Rome; en 1203, en Arménie, où il séjourna avec Pierre, cardinal légat du St.-Siége, et que l'année suivante il se rendit à Constantinople par ordre de ce légat, pour y célébrer l'ordination de plusieurs ecclésiastiques, dans l'Église de Ste.-Sophie. Revenu dans sa patrie, il mourut, comme nous venons de le dire, en 1215.

Sa chronique est précieuse sous le rapport des croisades; car il a écrit comme témoin et contemporain. Il raconte avec une élégance qui n'est pas ordinaire aux écrivains de son temps. Cette qualité se remarque surtout dans le récit de l'expédition de Frédéric en Orient, et des actions des croisés qui la suivirent. Personne n'a laissé de meilleurs documents sur l'illustre maison des Montferrat, qui ont tant figuré dans les guerres saintes. On peut diviser la chronique de Sicardi en deux parties. La première comprend le récit de ce qui se passa en Europe et en Palestine, lors de la première croisade; comme l'arrivée de Pierre l'Ermite à Rome, le concile de Clermont tenu par Urbain II, le départ des croisés, le siége et la prise d'Antioche, la prise de Jérusalem, l'élection de Godefroy de Bouillon, les révolutions qui suivirent l'établissement des chrétiens en Palestine, l'état des affaires dans ce pays, et la situation respective des princes croisés entr'eux. Tous les détails que Sicardi donne sur cette époque, ont été puisés en grande partie dans les auteurs du temps, et surtout dans Guillaume de Tyr. On peut en excepter toutefois quelques faits qui peuvent intéresser les curieux, ou ceux qui font une étude particulière de l'histoire; mais on doit s'étonner que Sicardi, dont la chronique va jusqu'en 1215, ne dise rien de la croisade entreprise par Conrad et Louis VII.

La deuxième partie de sa chronique contient ce qui s'est passé du temps où il vivait, c'est-à-dire la prise de Jérusalem par Saladin, et la troisième croisade qui la suivit : les détails dans lesquels il entre, annoncent un homme versé dans la connaissance des événements, et c'est ici que Sicardi doit être regardé comme un bon guide par ceux qui veulent étudier ces époques reculées. Il parle avec étendue du siége de Tyr par Saladin, et des événements qui suivirent. Le récit qu'il donne du fameux siége de Ptolémaïs est très circonstancié, et nous a fourni beaucoup d'utiles documents; nous ne le suivrons point dans cette narration, où l'esprit de vérité règne plus sans doute que l'esprit d'ordre et de clarté : nous nous contenterons de citer les particularités qu'il raconte sur la prise d'Acre, et que nous ne trouvons que dans sa chronique.

Il rapporte que les rois de France et d'Angleterre placèrent des sentinelles aux portes de la ville qui venait de se rendre, et ne laissèrent entrer que les Français et les Anglais. Tous les autres, quels qu'ils fussent, et quoiqu'ils fussent là depuis deux ans, furent honteusement repoussés; car on donnait, dit Sicardi, des soufflets ou des coups de bâton à ceux qui voulaient entrer. Lors donc que les rois eurent en leur pouvoir près de 50 mille hommes, outre les femmes, les enfants, ainsi que les vases qui contenaient le feu Grégeois, les galères, 70 petits bâtiments et toutes les richesses des vaincus, dont la valeur était infinie, ils se partagèrent tout entre eux. Que l'église et la postérité, s'écrie Sicardi, jugent s'il convenait d'attribuer tout à des rois qui étaient à peine là depuis trois mois, lorsque les autres y avaient de justes droits par leurs travaux et par leur sang prodigué depuis plusieurs hivers. Sicardi estime que le nombre de ceux qui moururent pendant le siége, s'éleva à 200 mille, sans y comprendre les chefs. Il raconte ensuite le départ du roi de France, les exploits de celui d'Angleterre après la prise d'Acre, et l'assassinat du marquis de Monferrat. Le manuscrit de Sicardi finit en 1202. Un anonyme l'a continué jusqu'en 1221. Cette continuation comprend le récit du siége et de la prise de Constantinople par les Latins, et n'offre rien de particulier.

Nous croyons devoir faire observer ici que la chronique que nous venons d'extraire est composée de deux textes différents, l'un trouvé dans la bibliothèque de Vienne, et l'autre dans la bibliothèque d'Est. La différence qui existe entre les deux, ne porte pas précisément sur le fond des événements, mais sur les détails, et souvent sur des détails peu importants. La même différence se trouve dans la continuation de la chronique. Il y a aussi deux textes, l'un de la bibliothèque de Vienne, et l'autre de celle d'Est. L'extrait que nous avons présenté est tantôt de l'un, tantôt de l'autre, et le plus souvent des deux.

BERNARDI *Thesaurarii liber de acquisitione Terræ-Sanctæ.* (Tom. VII, pag. 664.)

Article XIII.

Muratori, qui a trouvé cet ouvrage dans la bibliothèque d'Est, et qui l'a publié le premier, n'a pu nous dire, sur l'auteur, autre chose, sinon qu'il était français, et qu'il composa son livre dans le français qu'on parlait au XIIIe. siècle. François Pipin de Bologne, de l'ordre des Frères prêcheurs, traduisit en latin, en 1320, l'histoire de Bernard Thésaurarius, et Muratori pense que ce traducteur y ajouta beaucoup, soit de lui-même, soit de ce qu'il avait recueilli des écrivains contemporains. Bernard paraît avoir eu sous les yeux tous les auteurs qui l'ont précédé, surtout Guillaume de Tyr, qu'il ne cesse de suivre quand il est embarrassé ou peu sûr de ce qu'il raconte; du reste cette histoire est précieuse, parce qu'elle embrasse la série des premières expéditions de l'orient, et principalement parce qu'elle offre le récit détaillé de celles qui se firent du temps de l'auteur.

Le P. Mansi, dans ses notes sur les Annales ecclésiastiques de Raynaldi, tome XXe., donne sur Bernard Thesaurarius des éclaircissements d'après lesquels il résulte que la continuation de Guillaume de Tyr, publiée par Martenne, tome V^e. de son *Ampliss. Collection*, n'est qu'une partie de l'histoire complète de Bernard Thésaurarius, traduite en très grande partie en latin par F. Pipin. Voici les raisons sur lesquelles il appuie son opinion : il est constant que l'ouvrage français de Bernard a été traduit en latin, car au commencement du manuscrit trouvé dans la bibliothèque d'Est, l'interprète dit, *incipit historia de acquisitione Terræ-Sanctæ, quam auctor hujus operis transtulit ex gallico in latinum.* Dans le cours de son ouvrage, cet interprète latin nomme souvent Bernard Thésaurarius comme l'auteur français ; or nous savons que ce traducteur est F. Pipin, qui a traduit l'itinéraire de Marc Paul ou Paul de Venise. En interprétant Bernard Thésaurarius, il ne s'est pas attaché à le rendre mot pour mot ; il s'est donné plus de latitude ; il a souvent abrégé l'auteur français ; il a plus souvent rendu le sens que les paroles de l'écrivain ; quelquefois aussi il a inséré des morceaux pris d'autres auteurs, en indiquant en note ce que Bernard a écrit et pensé sur les faits qu'ils racontent. Du reste la partie de l'histoire latine de Pipin, qui correspond à l'histoire française publiée par Martenne, a tant de conformité avec elle, qu'il n'y a aucun fait, aucune circonstance qui ne se trouvent dans l'une et dans l'autre. Les discours des chefs et des rois sont les mêmes et rendus presque dans les mêmes phrases ; c'est ce que l'on voit clairement, en comparant dans l'une et dans l'autre la discussion qui eut lieu devant le roi Guy lors du siége de Tibériade ; l'épithète nouvelle et inusitée, donnée à la ville de Bologne par l'historien français qui l'a appelée la *Graisse*, est rendue dans l'historien latin par le mot *Pinguem*. Tous les deux disent que Jérusalem se rendit aux Sarrasins le jour de la fête de St.-Léodegard, avec la différence que le français porte l'année 1187, et le latin celle de 1188, ce qui est évidemment une faute ou du copiste ou de l'imprimeur, dans l'ouvrage latin ; enfin, malgré les fréquentes interpolations de F. Pipin, l'ordre dans la narration des faits est sensiblement le même chez les deux historiens. Le père Mansi, pour dernière preuve de son opinion, cite le récit du passage de la reine d'Angleterre dans l'île de Chypre, qui est exactement le même dans les deux langues, et dont la similitude des phrases est frappante; le père Mansi conclut donc de toutes ces preuves qu'il faut attribuer à Bernard Thésaurarius la continuation de l'histoire de Guillaume de Tyr, publiée par Martenne et traduite par Pipin. Il ajoute que ce traducteur trouva le manuscrit français mutilé, comme on le voit à la fin de l'histoire du roi Jean de Brienne, lorsque Pipin dit : voilà ce que j'ai tiré de l'histoire de Bernard Thésaurarius; je n'en ai point trouvé la fin, soit parce qu'il ne l'a pas achevée, soit parce que le manuscrit était imparfait. Mais la continuation de l'histoire de Guillaume de Tyr allant jusqu'en 1274, époque où se tint le premier concile de Lyon dont il est parlé à la fin, il est clair que Pipin n'a traduit que sur une copie incomplète du manuscrit, et que d'un autre côté Bernard vivait encore en 1274 : ce qui peut servir à fixer l'âge de cet auteur, âge dont Muratori n'était pas sûr.

Nous conclurons à notre tour de tout ce que nous venons d'exposer, que Bernard Thésaurarius a fait une histoire complète, mais qu'on en a détaché la fin pour servir de continuation à celle de Guillaume de Tyr, comme le prouve assez le commencement de cette prétendue continuation; et que Pipin, ainsi que nous venons de le dire, n'a eu sous les yeux qu'une copie imparfaite du manuscrit de l'historien français.

Bernard, dans la traduction de Pipin, commence son histoire par le tableau de la situation où se trouvait Jérusalem, avant la première croisade; il fait des Turcs un portrait à-peu-près semblable à celui qu'en ont tracé les autres historiens.

En racontant le premier voyage que Pierre l'Ermite fit dans la Terre-Sainte, il parle ainsi de la personne et des qualités de cet ardent cénobite : « Cet homme était de petite taille et de figure peu agréable, mais d'un grand courage, d'un esprit pénétrant, d'un sens profond, d'un très bon jugement et fort éloquent. Bernard dit ensuite, comme Sicardi et tous les historiens contemporains, ce qui se passa lors de la première croisade. Malgré son esprit d'exactitude, il se trompe quelquefois sur les dates; par exemple lorsqu'il avance, en parlant de l'expédition de Conrad et de Louis VII, en 1147, que Foulques, roi de Jérusalem, mourut peu après leur arrivée en Asie. Ce prince était mort quelque temps avant, et son fils Baudouin III lui avait succédé. Nous ne répéterons point ce qu'il dit de la situation de la Palestine et des divisions qui éclatèrent entre les chefs à la mort de Beaudouin IV; mais nous nous arrêterons aux détails qu'il donne sur les conquêtes de Saladin. Il raconte que ce soudan étant près de Tybériade, l'épouse du comte de Tripoli, qui était dans cette ville avec ses quatre fils, envoya instruire son mari de la position critique où elle se trouvait. Le roi Guy, à cette nouvelle, convoque aussitôt les chefs de l'armée, et les consulte sur ce qu'il y a à faire. Le comte de Tripoli, interrogé le premier, fut d'avis qu'on n'allât point secourir Tybériade (1).

---

(1) Voici le discours que Bernard met dans la bouche du comte de Tripoli; il est exactement semblable dans le continuateur de Guillaume de Tyr; le récit dans lequel il est encadré est aussi le même, ce qui doit lever toute espèce de doute sur le véritable auteur de la continuation de l'histoire de l'archevêque.

« Malgré le peu d'espoir que j'ai de voir mon avis approuvé, je n'en suis pas moins convaincu qu'il serait utile de ne point secourir Tibériade, si les Sarrasins ne veulent point se retirer à ma prière; car après s'être emparés de la ville et avoir fait les habitants prisonniers, ils la raseront et se retireront; et moi je mettrai tous mes soins à ce qu'elle soit relevée en temps opportun. Je supporterai plus facilement la ruine de ma ville, la captivité de mon épouse et la perte de mes biens, que de voir la désolation du royaume

Cette opinion du comte est peut-être la réfutation la plus
victorieuse des bruits populaires, adoptés par presque tous les

---

de Jérusalem : car je sais, oui je sais que si l'on va secourir Tibériade, toute l'armée sera livrée à la captivité et à la mort, et que la perte de tout le royaume de Jérusalem s'ensuivra, et la raison est facile à en apercevoir. D'ici jusqu'à Tibériade, il n'y a d'autre eau que celle de la fontaine Kelson, qui peut à peine suffire à un petit nombre. Dès que les Sarrasins sauront que vous êtes en marche, ils viendront au-devant de vous, et vous forceront à rester dans ce lieu. Alors l'eau vous manquant, vous ne pourrez combattre contre eux. Si vous les attaquez, ils se retireront et gagneront les montagnes. Vous ne pourrez les y suivre sans vos écuyers. Obligés de rester, quelle sera la fin des hommes et des chevaux manquant d'eau ? la plupart périront de mort violente, et tous seront faits prisonniers le lendemain. Ainsi les ennemis arriveront sur nous en foule pendant que la disette nous affligera ; il me semble donc préférable de souffrir la prise de Tibériade, plutôt que de s'exposer à des pertes aussi funestes. » Il n'avait pas encore fini que le grand-maître des Templiers l'interrompant, s'écria : *Ce sont là des restes du poil de loup* ; mais le comte, feignant de ne l'avoir pas entendu, poursuivit ainsi : « Si ce que j'ai dit n'arrive point, je me soumettrai à la peine capitale. » L'avis du comte prévalut : on décida de ne point secourir Tibériade, et on se sépara ; mais le grand-maître du temple vint trouver le roi après le souper, et lui dit : « Je vous prie, ô mon roi, de ne point vous fier aux paroles trompeuses du traître comte, qui porte envie à votre fortune et qui aspire à votre mort et à celle des vôtres : car si dans les commencements de votre règne vous souffrez que la ville de Tibériade, distante de sept lieues de votre armée, devienne le jouet des Sarrasins, vous entacherez votre règne d'une note éternelle d'infamie, et vous ternirez votre gloire. Les Templiers rejetteraient leur habit ou engageraient tout ce qu'ils possèdent plutôt que de supporter un si grand affront : publiez donc un ordre dans toute votre armée pour que tous prennent les armes et vous suivent au combat. » Le roi, n'osant contredire le grand-maître, qu'il aimait et respectait, car il lui devait le trône, fit aussitôt publier l'ordre.

écrivains, de la trahison du comte de Tripoli et de ses prétendues relations secrètes avec Saladin. La haine que les écrivains arabes montrent pour ce seigneur chrétien, est une nouvelle preuve de son innocence et de sa bonne foi; et Bernard Thésaurarius fait voir son discernement, en rejetant les accusations hasardées des contemporains et des auteurs qui les ont si légèrement recueillies.

Malgré l'avis de Raymond, on alla secourir Tybériade, et l'on sait quel fut le triste résultat de la résolution du roi. Après avoir pris Jaffa, Césarée et Ascalon, Saladin assiégea Jérusalem, qui se rendit par composition au mois d'octobre 1187. Il montra beaucoup de modération envers ceux qui sortirent de la ville. Il alla ensuite assiéger Tyr, où commandait Conrad, marquis de Montferrat, qui le força à se retirer à Damas.

Pendant qu'il se portait sur Tyr, une nouvelle armée de croisés de l'Occident, à la tête desquels était l'empereur Frédéric Ier., passait en Orient. Le roi Guy, rendu à la liberté, alla mettre le siége devant Acre, où les rois de France et d'Angleterre arrivèrent en 1190.

Bernard raconte la prise de cette ville, les exploits de Richard, la mort du marquis de Monferrat et de Saladin; il fait le portrait de ces deux princes, et parle ensuite de la croisade de 1198, croisade qui se termina par la prise de Constantinople en 1204. Il ne donne sur ce dernier événement aucun détail qui mérite d'être rappelé.

L'auteur raconte qu'en 1217, il se réunit dans la ville d'Acre une armée nombreuse, où se trouvèrent trois rois, celui de Jérusalem, celui de Hongrie et celui de Chypre, et les ducs d'Autriche et de Moravie, avec beaucoup d'Allemands; mais, dit-il, cette armée fit peu de chose digne de mémoire.

En 1218, le concile de Latran tenu par le pape Innocent III, ordonna une croisade qui fut dirigée sur l'Égypte. Bernard donne les détails du siége et de la prise de Damiette par l'armée des croisés, et les noms des prélats et seigneurs qui s'y rendirent. La reprise de cette même ville en 1222, par le soudan de Damas, l'arrivée du roi Jean de Brienne en Italie, et la mort du soudan, nommé Coradin par les chroniques d'Occident, terminent l'ouvrage de Bernard, traduit par Pipin.

RICHARDI *de Sancto-Germano chronicon.* (Tom. VII, pag. 968.)

Article XIV.

La chronique de cet auteur est estimée des érudits pour les choses qu'il rapporte et pour l'exactitude de son récit. Richard était sicilien; il fut notaire de Frédéric II, empereur d'Allemagne, dans la ville de St.-Germain, d'où il a pris son nom.

Ferdinand Ughellus a joint cette chronique au troisième tome de son *Italie sacrée.* Oderic Raynaldus l'avait prise auparavant pour composer ses annales ecclésiastiques. Richard était historien et poète.

Nous voyons dans sa chronique, sous la date de 1214, une lettre envoyée par le pape Innocent au soudan de Damas (1), pour l'engager à rendre la Terre-Sainte aux chrétiens.

---

(1) Voici la traduction de cette lettre :

« Innocent, etc., au noble Saphadin, soudan de Damas et du Caire, crainte et amour du triple nom. Nous savons par le témoignage du prophète Daniel, qu'il est au ciel un Dieu qui révèle les mystères, change les temps et transporte les royaumes, afin que tous sachent que le Très-Haut gouverne les empires des hommes et les donne à qui il veut. Il l'a évidemment prouvé lorsqu'il a permis que Jérusalem et son territoire fussent livrés aux mains de

Le Pape desirant connaître le pays, les mœurs et les forces des Sarrasins contre lesquels on préparait par ses ordres une expédition, écrivit au patriarche de Jérusalem et au grand-maître des Hospitaliers et des Templiers, pour leur demander des éclaircissements et des notions positives; ils répondirent à cette invitation dans des lettres que rapportèrent des vaisseaux Vénitiens qui revenaient de l'Orient. Plusieurs fois les papes avaient eu recours à ce moyen pour connaître la vérité; une partie même de la correspondance qui eut lieu à ce sujet, nous est restée, mais elle est de peu d'utilité pour l'histoire. Richard de St.-Germain ne donne ni les lettres du pape, ni les réponses qu'on fit à Sa Sainteté.

En 1217, une armée navale de Frisons alla au secours de la Terre-Sainte. Une multitude de Pisans, de Génois, de Vénitiens et d'autres croisés de diverses parties du monde, se rendirent aussi à Acre. Le roi et le patriarche de Jérusalem, et les grands maîtres des Hospitaliers et du Temple, ayant tenu conseil avec eux, il fut convenu, comme ils ne pouvaient

---

votre frère, non pas tant à cause de sa vertu que des offenses du peuple chrétien, qui avait provoqué la colère de Dieu. Comme ce Dieu, lors même qu'il s'irrite, n'oublie point d'être miséricordieux, nous avons voulu l'imiter; car il a dit de lui-même : *Apprenez de moi que je suis doux et humble de cœur*. Nous supplions donc humblement votre grandeur qu'il ne soit plus répandu davantage de sang humain dans la Terre-Sainte que vous occupez, et de nous la rendre; car vous aurez plus de peine pour la conserver que vous n'en tirerez d'utilité. Que les prisonniers soient aussi remis de part et d'autre. Cessons mutuellement nos attaques, et que la condition des nôtres ne soit pas pire sous vous que celle des vôtres ne l'est sous nous. Nous vous prions de recevoir avec bonté ceux qui sont chargés de vous porter les présentes, et de leur donner une réponse digne de l'effet que nous en attendons.

Donné à Latran, le 6 des cal. de mai, 16e. ann. de notre pontificat.

marcher contre Jérusalem, à cause du défaut d'eau, qu'ils se dirigeraient vers Damiette.

Richard de St.-Germain donne quelques détails sur le siége de cette place que les chrétiens prirent en 1219, mais qu'ils rendirent en 1221 ; il a fait sur cette perte irréparable une petite élégie en vers latins assez médiocres.

Il raconte qu'en 1229, pendant que l'empereur était encore en Syrie, on reçut de lui dans son empire les nouvelles suivantes : Le 15 novembre étant arrivé à Joppé avec l'armée des chrétiens, l'empereur eut intention de rétablir un fort qui devait lui faciliter l'accès auprès de Jérusalem, et comme il ne pouvait envoyer assez promptement par terre tout ce qui lui était nécessaire, il en chargea des barques au port d'Acre; mais le vent ayant changé, la mer s'étant troublée, il s'éleva tout-à-coup une si grande tempête que les vaisseaux ni les provisions ne purent arriver à l'armée. Comme les chrétiens étaient alors dans une grande inquiétude, ils commencèrent à se désespérer, à murmurer, et à ne voir d'autre salut que dans leur retour à Acre. Ils étaient dans cette extrémité, lorsque le Seigneur miséricordieux, qui fait, dit Richard, succéder le calme à la tempête, et qui est toujours prêt à venir au secours de ceux qui l'invoquent, changea subitement le ciel et appaisa la mer. Il arriva à Joppé une si grande quantité de navires et de barques, que l'abondance de toutes choses succéda à la disette. La mer fut ensuite si tranquille que les grands et les petits vaisseaux qui allaient et venaient, fournirent le pays de tout ce dont il avait besoin. Alors, d'un commun avis, on commença à construire le fort Joppé ; on éleva des retranchements et des murs, et ce qui est digne d'être rapporté en tout temps, ajoute notre auteur, c'est que l'empereur et les soldats mirent tant de zèle et d'ardeur à l'ouvrage qu'il fut achevé en quelques jours.

Pendant qu'on travaillait avec tant d'activité, les ambassadeurs du soudan et de l'empereur traitaient de la paix. Ce même soudan et son frère étaient à Gazara, à une journée de chemin, avec une armée innombrable. Le soudan de Damas était de même avec une grande armée auprès de Naplouse, à la même distance de l'armée chrétienne. Pendant qu'on traitait de la restitution de la Terre-Sainte, le Seigneur J.-C., qui est la sagesse de son père, régla par sa providence accoutumée que le soudan rendrait à l'empereur la cité de Jérusalem, et aux chrétiens tout ce qu'ils possédaient, excepté le temple du Seigneur, qui devait être sous la garde des Sarrasins. Le soudan rendit aussi la petite ville appelée St.-George, et les habitations qui sont des deux côtés de la route, ainsi que Bethléem et Nazareth avec toutes leurs dépendances. Il rendit de même le fort Toron, la ville de Sidon avec toute la plaine qui l'environne, et tous les pays que les chrétiens avaient possédés.

D'après le traité, il était permis à l'empereur et aux chrétiens de reconstruire la ville sainte, de relever ses murs et ses tours, le fort Joppé, celui de Césarée, Montfort et une nouvelle forteresse qu'on avait commencée cette année sur les montagnes. Il est vraisemblable que si l'empereur était passé dans la Terre-Sainte avec l'agrément de l'Église Romaine, ce traité aurait été plus heureux et plus durable : mais combien de traverses n'eut-il pas à éprouver de la part de l'Église ! Non seulement le pape l'avait excommunié, mais ceux qui le savaient excommunié, le fuyaient à cause de cela. Aussi écrivit-il au patriarche de Jérusalem, et aux grands-maîtres des Hospitaliers et du Temple, pour qu'on gardât là-dessus le silence dans son armée, afin que l'affaire de la Terre-Sainte n'en souffrît pas, affaire pour laquelle il s'employait de toutes ses forces. Il mit à la tête de ses troupes Riccard Filangier, son maréchal, et un nommé Odon de Monpéliard. Le soudan sachant que l'empereur était excommunié par l'Église Romaine, avait peine à traiter avec lui. Cependant il traita, et traita si bien que tous deux gardèrent la paix jusqu'à la fin de la trève. Tous les prisonniers furent délivrés de part et d'autre. Le soudan rendit la Terre-Sainte et tous les pays que nous venons de nommer. De l'avis de tous les croisés, l'empereur alla à Jérusalem, et le même jour où il y entra, l'archevêque de Césarée, envoyé par le patriarche, vint mettre l'interdit sur la ville, et particulièrement sur le Saint-Sépulcre, couvrant ainsi non de sa bénédiction, mais de l'anathème un acte de restauration. Lorsque l'empereur retourna à Acre, le patriarche, les grandsmaîtres du Temple et des Hospitaliers agirent avec lui de telle sorte, qu'il fut plus clair que le jour que ce furent eux qui excitèrent contre lui dans cette ville une guerre intestine.

On voit par ce récit que l'historien ne partage pas, sur cette expédition de Frédéric, les opinions de la plupart des chroniqueurs contemporains, et surtout celles du St.-Siége. Tout nous porte à croire que Richard de St.-Germain a composé son récit d'après des lettres écrites par Frédéric lui-même, et c'est en quoi cette partie de son histoire doit avoir plus de prix à nos yeux : dans le reste de sa chronique, il ne dit plus rien des croisades.

Monachi Patavini Chronicon. (Tom. VIII, pag. 665.)

Article xv.

Tout ce qu'on sait de cette chronique, c'est qu'elle fut composée par un moine du célèbre monastère de Ste.-Justine de Padoue, lequel vivait dans le XIIIe. siècle. Cet auteur se distingue par sa candeur, sa piété et son jugement. Il traite principalement des affaires de l'Italie. Sa chronique commence en 1207, et finit en 1270. Il y parle de la prise de Damiette par les croisés, en 1219, et de sa reprise par les Sarrasins, en 1221.

Il raconte qu'en 1249, Louis, roi de France, s'étant croisé pour aller au secours de la Terre-Sainte, arriva en Egypte avec une grande armée et une multitude infinie de vaisseaux, et s'empara de Damiette sans coup férir. Mais l'année suivante, s'étant avancé vers le Caire, il fut enveloppé par les Sarrasins, fait prisonnier, et obligé pour se racheter de rendre cette même ville de Damiette, que les Sarrasins ruinèrent de fond en comble, pour qu'elle ne fût plus, par la suite, un sujet de combats.

Le moine de Padoue parle ensuite d'une invasion des Tartares en Syrie, l'an 1268, et de l'usurpation de Bendocdar, qu'il appelle *Béthogar*, qui devint soudan des Sarrasins d'Égypte. Puis il raconte l'expédition de St.-Louis, en 1270; mais son récit n'offre rien de remarquable. La chronique finit à-peu-près à cette époque.

Istoria Florentina di RICORDANO-MALESPINI.
(Tom. VIII, pag. 882.)

Article XVI.

Ricordan-Malespine est le premier des auteurs du moyen âge qui ait écrit l'histoire en italien. Il était d'une famille noble et patricienne de Florence. Il vivait en 1200, et poussa sa carrière jusqu'en 1281. Son neveu, *Jachettus-Malespine*, continua jusqu'en 1286 l'histoire interrompue par son oncle. On reproche à Ricordan beaucoup de fables, d'anachronismes, et de futilités dans tout ce qui concerne les temps reculés. Mais lorsqu'il raconte ce qui s'est passé de son temps, il est plus exact et plus digne de foi. Son ouvrage fut imprimé à Florence, pour la première fois, en 1568, et en dernier lieu, en 1718, après plusieurs éditions.

Dans son quarante-neuvième chapitre, Ricordan parle des calamités arrivées en Palestine sous le pape Urbain II, de la croisade que ce pontife prêcha, et des armées qui partirent d'Europe pour aller délivrer les saints lieux.

Il ne parle plus de Jérusalem que dans son quatre-vingt-troisième chapitre. Il dit qu'en 1188, l'archevêque de Ravennes vint à Florence, comme légat du pape, prêcher une croisade; qu'une grande partie des habitants prirent la croix de ses mains, et qu'ils étaient si nombreux, qu'à eux seuls ils formaient une armée.

Ricordan n'était pas bien informé des causes de la prise de Constantinople par les Latins, quand il dit que les croisés Vénitiens et Français résolurent de faire la guerre aux Grecs, parce que ceux-ci avaient toujours mis des obstacles au passage d'outre-mer.

Il rappelle le concile général tenu à Rome en 1215, par le pape Innocent, pour une expédition outre-mer, et dit que l'année suivante, le pape Honorius III, ayant poursuivi le projet d'Innocent auquel il venait de succéder, il partit beaucoup de Romains, d'Italiens, de Florentins, et plusieurs barons Allemands et Français. Il parle ensuite de la reprise de Damiette par les Sarrasins, en 1221, et de l'arrivée à Rome du roi Jean de Brienne, qui vint demander des secours au pape et aux princes chrétiens.

Le pape Grégoire, ajoute l'auteur, médite aussitôt un passage outre-mer. Il requiert l'empereur Frédéric, à qui il avait fait épouser la fille du roi Jean, d'aller dans la Terre-Sainte comme il s'y était engagé. Frédéric part; mais revient presqu'aussitôt dans la Pouille. Le pape l'excommunie. On disait que l'empereur communiquait avec le soudan, et que celui-ci, ayant tout à craindre de la part des chrétiens, lui avait fait dire qu'il lui remettrait la seigneurie de Jérusalem sans qu'il eût besoin de tirer l'épée.

En 1234, l'empereur, après avoir fait de grands préparatifs, partit enfin pour la Palestine. Arrivé dans l'île de Chypre, il envoie son maréchal en Syrie, avec une partie de ses troupes, et ordre de ne pas attaquer les Sarrasins. Frédéric fait, avec le soudan, un traité par lequel Jérusalem lui est rendue, excepté le Temple, qui est laissé à la garde des Sarrasins. Tout le royaume lui est également cédé, à l'exception de quelques forteresses qui étaient sur les frontières. L'empereur alla à Jérusalem, et se fit couronner à la Mi-Carême de l'an 1235. Il envoya ses ambassadeurs au pape, au roi de France, et aux autres princes de l'Occident, pour annoncer ces nouvelles. Le pape est très irrité contre l'empereur et lui fait la guerre. Frédéric retourne en Europe, et les Sarrasins reprennent Jérusalem et tout le pays, dont l'état devint pire qu'auparavant. Ricordan parle ensuite, sous la date de 1255, de la guerre civile qui éclata dans la ville d'Acre entre les Génois et les Vénitiens. Les Génois l'emportèrent; mais en 1257 les Vénitiens battirent la flotte des Génois, prirent vingt-trois galères, et tuèrent plus de 1200 hommes.

L'auteur a poussé sa chronique jusqu'en 1280; mais il ne dit rien des croisades de Saint-Louis. Son neveu, qui l'a reprise jusqu'en 1286, ne parle que des affaires de Florence.

Memoriale potestatum Regiensium. (Tom. VIII, pag. 1074.)

Article XVII.

Cette chronique a été trouvée dans la bibliothèque d'Est. L'auteur en est inconnu. On sait cependant de lui-même qu'il vivait du temps du pape Nicolas IV. Elle commence à l'année 1154, et se termine en 1290. Muratori conjecture, par les louanges que l'auteur donne aux Frères prêcheurs, qu'il était de leur ordre.

Cet auteur parle avec assez peu de détail des conquêtes de Saladin, et de la prise de Jérusalem par les Sarrasins; mais il s'étend un peu plus longuement sur le siége de Damiette, en 1218. Sous la date de 1244, il cite la lettre du patriarche de Jérusalem, qui contient le récit des pertes éprouvées par les chrétiens. Il est parlé, dans cette lettre, de la bataille livrée par les Corasmiens dans la plaine de Gazara, où l'armée chrétienne perdit 312 Templiers, 325 chevaliers de St.-Jean, 400 de l'ordre teutonique; tous les chevaliers de St.-Lazare, le seigneur Caïphas, avec tous ses guerriers; le comte Gauthier de Jaffa, avec tous ses hommes (le comte de Jaffa fut fait prisonnier); 300 soldats du prince d'Antioche, 300 du roi de Chypre, l'archevêque de Tyr et toute sa suite, l'évêque de Rama, 16 mille Français, et un nombre égal des autres nations (ce nombre est très exagéré).

L'auteur donne, sur la mort de St.-Louis, des détails qu'on a déjà vus ailleurs.

Il dit que des Frères mineurs et prêcheurs revinrent d'Orient en 1284, et rapportèrent qu'un empereur des Tartares avait envoyé dire au soudan du Caire d'abandonner l'Égypte, le menaçant de le faire périr quand il irait dans son pays; ce qu'il ferait bientôt : car il se proposait d'être à Jérusalem au

Saint-Sabbat; le même prince ajoutait que s'il voyait le feu descendre du Ciel, comme l'assuraient les chrétiens, il tuerait tous les Sarrasins qu'il pourrait trouver. Cet empereur tartare, lorsqu'il allait au combat avec les Géorgiens et les autres chrétiens, fit faire une monnaie sur un côté de laquelle était un sépulcre; et de l'autre cette devise : *in nomine Patris et Filii et Spiritús Sancti.* Il avait fait mettre aussi le signe de la croix sur ses armes et ses étendards, et, au nom de Jésus crucifié, il fit un double carnage des Sarrasins et des Tartares qui lui étaient contraires.

On voit que l'auteur veut parler de l'empereur Mogol appelé Cazan, mais les détails qu'il donne sont peu exacts. On peut dire en général que la plupart des chroniques de l'Occident, ne doivent être lues qu'avec beaucoup de défiance, lorsqu'elles parlent des Tartares et des nations musulmanes.

Jacobi à *Varagine archiepiscopi Genuënsis Chronicon.* (Tom. ix, pag. 6.)

Article xviii.

L'auteur de cette chronique était de l'ordre des Frères prêcheurs; il vivait au 13e. siècle. Il était de Varagine, village distant de Savone de dix mille pas, du côté de Gènes. Les vertus, la piété et la charité de Jacques le firent élever à l'archevêché de Gènes. Comme écrivain, il est peu estimé des gens instruits; il est trop languissant et d'une érudition trop pesante. On lui reproche aussi d'être trop crédule et d'avoir recueilli dans son ouvrage des fables et des futilités. Muratori, en admettant cette chronique dans sa collection, a soin de nous avertir qu'il n'en a retenu que ce qui pouvait rendre l'auteur et son travail recommandables.

Cette chronique commence à l'origine de Gênes et se termine à l'an 1296. On y trouve peu de choses digne d'être remarquées sur l'histoire des croisades. L'auteur parle de la part que les Génois prirent à la première, et de 40 galères qu'ils armèrent pour la Palestine; il s'est appesanti sur le vase d'émeraude trouvé à Césarée et qui échut en partage aux Génois; il s'efforce de prouver que ce vase servit à la Cène de J.-C. la veille de sa passion.

Ce que Jacques de Varagine a dit sur la deuxième et la troisième croisade est si concis, qu'on peut se dispenser de l'analyser. Quoique sa chronique aille jusqu'en 1294, il n'y est rien dit des derniers événements de la Terre-Sainte.

Istoria imperiale di Ricobaldo *Ferrarese.*
(Tom. ix, page 337.)

Article xix.

Cette histoire, écrite en italien, renferme beaucoup de détails; mais c'est précisément contre ces détails qu'il faut se mettre en garde. La plupart doivent être lus comme des fables et des fictions propres à figurer dans un roman ou dans un poëme. Muratori ne fait pas difficulté de croire que cette histoire est une production du génie poétique de Boïardo, faussement mise sur le compte de Ricobaldo. La langue dans laquelle elle est écrite, le confirme dans cette opinion. Il n'y reconnaît pas moins, au milieu des fables qu'elle contient, beaucoup de précieux documents. La succession des empereurs d'Occident jusqu'à Charlemagne, y est fort exacte. L'auteur s'étend assez longuement sur les croisades. Il donne sur la première à-peu-près les mêmes détails qu'on a lus ailleurs.

Nous allons citer un exemple des exagérations ou des fables dont l'auteur aime à orner sa narration. En parlant du butin que Kerboga laissa sur le champ de bataille après sa déroute devant Antioche, il dit qu'on ramassa tant de vases d'or et tant de pierres précieuses qu'on n'aurait pas cru que le monde en pût contenir autant. Il dit aussi que 200 mille chameaux étaient chargés des effets précieux de l'armée. Il parle également du vase d'émeraude trouvé à Césarée, mais il rejette comme une fable l'opinion qui le fait servir à la Cène de Jésus-Christ.

L'histoire impériale s'étend longuement sur la perte de la Terre-Sainte en 1187, sur les conquêtes de Saladin et ses liaisons avec le comte de Tripoli, enfin sur la victoire qui rendit le soudan maître de Jérusalem, du bois de la vraie croix, de beaucoup d'autres saintes reliques et de toutes les bannières chrétiennes. Elle retrace aussi les progrès que fit le conquérant à la suite de cette victoire, les traités qu'il signa avec les chrétiens et la conduite qu'il tint envers eux.

Ricobaldo prétend que lorsqu'on apprit ces désastres en Europe, on en accusa les princes chrétiens. On blâmait, dit-il, l'empereur Frédéric de n'avoir point été au secours de la Terre-Sainte, et d'avoir tant tourmenté la plus grande partie de l'Europe par la guerre, que les barons et les simples chevaliers n'avaient pu, selon leur coutume, passer la mer; on blâmait aussi beaucoup Philippe II, roi de France, d'avoir soutenu une longue guerre d'abord avec Henri II, roi d'Angleterre, ensuite avec son fils Richard. Ces princes eux-mêmes étaient honteux, parce qu'ils savaient que le peuple faisait tout bas la critique de leur conduite.

En parlant de la troisième croisade, Ricobaldo rapporte que l'empereur Frédéric étant dans la Cappadoce, sentit un jour dans sa tente une douleur insupportable causée par une flèche. C'était un fer crochu qu'on ne pouvait retirer sans faire une large plaie. Les médecins pensèrent qu'il était empoisonné. Pendant qu'ils y cherchaient des remèdes, les Turcomans traversaient le camp et faisaient pleuvoir sur la tente de Frédéric une grêle de traits. Le prince ordonne aux médecins d'enlever aussitôt les chairs qui étaient autour de la flèche. Comme ils hésitaient, Frédéric, impatient, prend le trait comme s'il eût voulu l'arracher de force, et sans aucune violence il le tire hors de la plaie. L'évêque de Wursbourg, qui était lui-même un médecin habile et fort estimé pour plusieurs cures qu'il avait faites, dit dans toute l'armée que cette flèche avait été ainsi arrachée par un miracle. L'empereur parut aussitôt au milieu des troupes qui étaient sous les armes, monté sur un grand cheval et armé de toutes pièces. Tout le camp retentit dans un moment du cri des hommes et du son des trompettes, et comme s'ils eussent couru venger leur maître trahi, ils sortirent par toutes les portes sans attendre le signal du combat, et attaquèrent les Turcs avec fureur. Ceux-ci tournèrent le dos au premier choc, plusieurs furent tués; mais la nuit qui survint empêcha leur totale déroute. Ricobaldo fait le récit de la marche de Frédéric vers Iconium, de sa mort et des pertes que fit son armée. Il entre ensuite dans le détail du long siége d'Acre et de la reprise de cette place par les chrétiens. Ricobaldo décrit ainsi les Scythes et les Maures qui étaient dans l'armée de Saladin : « Les Scythes ont un visage très long, une longue chevelure, des lèvres épaisses, des yeux couleur de sang. Ils sont tous montés sur de très grands chevaux et armés de lances et de flèches. Les Maures d'Éthiopie, plus noirs que tous les autres, combattent à pied avec des arcs dont ils tirent plus habilement que les autres nations; ils sont d'une taille plus qu'humaine, d'une force proportionnée à leurs membres; ils ont une voix âpre et grossière. Pour se rendre plus terribles, ils peignent la moitié de leur visage en blanc et l'autre en rouge. »

L'histoire impériale s'arrête à la prise de Constantinople par les Latins. On est étonné d'y trouver si peu de détails sur ce grand événement ; il est vrai qu'elle n'est pas terminée, et que la suite du manuscrit paraît avoir été perdue.

Chronicon fratris Francisci Pipini *Bononiensis*,
(Tom. ix, pag. 588.)

Article xx.

Cette chronique du frère François Pipin, de l'ordre des Prêcheurs, est en général assez estimée. Pipin était né à Bologne ; il demeura long-temps dans cette ville au monastère de St.-Dominique ; il voyagea par motif de religion, et se rendit en 1320 à Jérusalem, en Égypte, en Syrie et à Constantinople. Il a décrit tous les lieux qu'il a visités. Son histoire commence à l'origine des rois Francs et se termine vers l'an 1314. Son ouvrage est à proprement parler l'histoire particulière de chacun des princes dont il raconte la vie, et n'a d'autre liaison que l'ordre chronologique. Le style de Pipin est supportable et sa narration exacte et fidèle : toutefois, on est étonné que l'auteur qui se montre si soigneux de citer les écrivains qui l'ont précédé et dirigé, ne parle presque jamais de Ricobaldo de Ferrare son contemporain, qu'il a souvent et manifestement copié.

Muratori ne fait commencer cette chronique qu'à l'empereur Frédéric I er.; il en a supprimé les premiers livres comme inutiles. Pipin après avoir brièvement exposé les raisons qui portèrent l'empereur d'Allemagne à se croiser, fait le récit de sa marche à travers la Hongrie, la Grèce, l'Asie Mineure, et des combats et dangers qu'il eut à soutenir de la part des Grecs et des Turcs, enfin de sa mort.

Après avoir parlé brièvement du siége de Ptolémaïs, Pipin

donne, sur la secte des *Assassins*, des détails assez curieux. Dans le deuxième livre de son histoire, il rend un compte très succinct de l'expédition de l'empereur Frédéric II en Palestine, et de la paix qu'il fit avec le soudan. Il raconte de même fort brièvement la croisade de l'an 1217, la prise de Damiette par les chrétiens et sa reprise par les Sarrasins.

Dans son troisième livre il indique le ravage de l'Arménie et la prise d'Antioche par le soudan du Caire, en 1267.

Enfin, dans son quatrième livre, il parle de la ruine de la ville d'Acre, en 1291. Il dit qu'il y fut tué ou pris plus de 30 mille personnes des deux sexes, et que la ville fut brûlée et détruite. Pipin n'entre dans aucun détail intéressant sur la prise de cette ville, non plus que sur celle de Tripoli, en Syrie, qui fut entièrement ruinée quelque temps avant. Le reste de son histoire, qui se termine en 1314, ne parle plus de la Palestine.

FERETTI *Vicentini historia rerum in Italiâ gestarum.* (Tom. IX, pag. 944.)

Article XXI.

Il y a dans cette chronique de Férette de Vicence peu de matériaux à recueillir sur l'histoire des croisades, puisqu'elle ne commence qu'à la date de 1250. L'auteur ne parle que de l'expédition de St.-Louis, et encore n'en parle-t-il que parce que Charles d'Anjou, frère du roi, y prit part. Ce prince ayant appris, dit-il, que le roi de France qu'il *aimait de toutes ses forces*, avait résolu de recouvrer la Terre-Sainte, ne voulut pas rester dans un indigne repos; il lui promit donc de lui prêter tous ses secours et toutes ses forces. Louis ayant tout préparé, s'embarqua et arriva au port de Carthage, où il se battit vaillamment contre les ennemis de la foi chrétienne. Il voulait attaquer Tunis, espérant qu'en la soumettant, il soumettrait facilement les autres places ; mais pendant qu'il faisait camper son armée autour de cette ville opulente, et qu'il dressait les machines avec lesquelles il espérait la réduire, une langueur subite s'empara des soldats, l'air se corrompit tellement, que tous furent comme frappés d'une maladie incurable.

L'historien raconte ensuite les pertes irréparables que fit l'armée chrétienne par la mort du roi de France et de plusieurs princes, l'arrivée du roi de Sicile, et le traité que les Sarrasins firent avec lui. Édouard, fils du roi d'Angleterre, et les troupes des Frisons qui vinrent après la conclusion de ce traité, augmentèrent tout-à-coup l'armée des chrétiens, et la rendirent capable de soumettre toute l'Afrique et l'Asie. Mais l'indécision des chefs et la perte de tant de têtes illustres, dit l'historien, empêchèrent qu'on s'arrêtât à un parti généreux, et l'armée des croisés abandonna l'Afrique. Féretti a porté son histoire jusqu'en 1328, et peut-être plus loin, car le manuscrit d'après lequel on l'a imprimée, paraît avoir une lacune.

Andreæ Danduli *venetorum Ducis chronicon*. (Tom. XII, pag. 1.)

Article XXII.

Cette chronique n'est intéressante que pour l'histoire de la croisade, dont la prise de Constantinople fut à-peu-près le seul et grand résultat. André Dandolo était de la famille de ce Dandolo, si célèbre par la prise de Constantinople ; comme plusieurs de ses ancêtres, il fut élevé à la dignité de doge. Ce fut un homme éloquent, lettré et très zélé pour la république.

Il était très instruit dans les sciences divines et humaines. Sa chronique commence au pontificat de St. Marc l'évangéliste, et va jusqu'en 1339. On lui a reproché de ne pas se mettre assez en garde contre les fables, surtout lorsqu'il raconte l'histoire de temps fort anciens ; de se tromper sur les dates, et d'adopter trop facilement les erreurs des écrivains qui l'ont précédé.

Du reste, cette chronique est comme toutes celles de ce temps, c'est-à-dire, sèche, sans agrément, et pour ainsi dire une table par ordre de dates des principaux événements. Tout ce qu'il dit des premières croisades (pag. 14 et suiv.), pourrait être contenu dans une page. Presque tous les historiens disent que Frédéric Ier. mourut en se baignant dans le fleuve *Self;* André Dandolo, ainsi que quelques autres, le fait tomber de cheval en passant ce fleuve, et expirer un moment après en avoir été retiré.

On a vu au troisième tome de cette histoire les traités faits entre les chefs des croisés et la république de Venise, tant pour le passage de la Terre-Sainte, que pour l'occupation de Constantinople. Ces traités sont extraits de la chronique de Dandolo. C'est tout ce qu'on y trouve de curieux et d'intéressant. Les deux croisades de St.-Louis y sont racontées avec la même brièveté que les autres, et l'on n'y voit rien qui mérite de fixer l'attention. La captivité du St.-Roi, son traité avec les Sarrasins, puis sa mort dans la deuxième expédition, et le retour en Europe de l'armée des croisés, sont les seuls objets qu'il indique, plutôt qu'il ne les raconte.

GUALVANEI DE LA FLAMMA *opusculum de Rebus gestis ab Azone Luchino et Joanne visceco-mitibus.* (Tom. XII, pag. 997.)

Article XXIII.

L'auteur de cet opuscule était Milanais, et de l'ordre des Frères prêcheurs. Il avait fait une grande chronique qui remontait à l'origine du monde, mais qui renfermait beaucoup d'inepties et une lacune de 112 ans. Elle se trouvait dans la bibliothèque ambrosienne. Gualvanco l'avait dédiée au vicomte d'Azon, prince de Milan. Il y ajouta ensuite l'opuscule dont nous parlons, et qui commence à l'an 1328. On y trouve, sous la date de 1340, les passages suivants, qui ont rapport aux ennemis de la croix, c'est-à-dire aux Sarrasins, aux Tartares et aux Turcs.

« Dans ce temps, la chrétienté souffrit divers combats et dangers de la part des trois fléaux du monde. A l'Orient, de la part des Tartares qui envahirent la Hongrie; à l'Occident, de la part des Sarrasins qui envahirent l'Espagne; au midi, de la part des Turcs qui envahirent la Grèce. »

Les Sarrasins ayant appris que les chrétiens voulaient faire un passage, le roi de Maroc écrivit au souverain pontife une lettre conçue en ces termes:

« Hernedandaus, roi de Mauritanie, ayant empire sur
» quatre-vingt-deux rois, et grand prince dans la loi de Mahomet,
» à l'adorateur du Crucifié, salut. Nous n'aimons point l'avarice,
» nous ne nous plaisons point dans le pouvoir; retenez vos
» sujets, qu'ils ne viennent point troubler notre pays. Autre-
» ment vous verrez que nous sommes irrités contre vous,
» nous et les quatre-vingt-deux rois, sujets de notre cou-
» ronne. »

Ce prince est le roi de Bénamerim, qui passa en Espagne avec une armée de 40 mille chevaux et de 500 mille fantassins, sans compter le peuple et les soldats de grenade; mais il fut défait par le roi de Castille et celui de Portugal, et perdit 100 mille hommes et des caisses pleines d'or et de dépouilles sans nombre.

Le souverain pontife voulant s'opposer aux incursions des Sarrasins, fit prêcher une croisade avec indulgence plénière. Il fit équiper une flotte par Robert, roi de Sicile, par les rois de Portugal, de Navarre, d'Arragon, de Majorque, d'Angleterre, d'Espagne, par les doges de Gènes et de Venise, par les Pisans et plusieurs autres chrétiens. On leva aussi une armée de terre, à laquelle concoururent le souverain pontife, les rois d'Angleterre, d'Espagne et de Portugal, les Allemands, les Français, les Italiens et plusieurs de Milan, qui partirent vêtus de blanc avec une croix rouge.

Au midi, les Turcs, qui étaient instruits des projets et de la marche des Sarrasins, mirent une foule de vaisseaux sur la grande mer, et pillèrent les marchands chrétiens, leurs îles et leurs villes. Mais les Génois, ayant armé en mer, brisèrent toute la force des Turcs, et prirent une grande partie de leurs vaisseaux.

A l'Orient, les Tartares voulurent s'établir au-delà du Danube, sur les terres des chrétiens. Ils formaient onze cohortes, dont chacune avait 40 mille hommes armés, montés sur de petits chevaux, et accoutumés à vaincre leurs ennemis avec l'arc et la flèche. A la nouvelle de leur irruption, les rois de Hongrie, de Bohême et de Pologne, se joignant à plusieurs seigneurs Allemands, allèrent combattre ces Tartares, en tuèrent une partie et chassèrent l'autre. L'empereur même de ces Tartares fut tué d'un coup de flèche. L'opuscule qui reste, en 1342, n'est pas achevé.

Istoriæ Florentinæ di Giovanni VILLANI.
(Tom. XIII, pag. 1.)

Article XXIV.

L'histoire de Jean Villani mérite une attention plus particulière. Le père de cet historien fut un des premiers magistrats de la république de Florence, et dans la suite le fils exerça les mêmes fonctions. Il naquit en 1317. Il entreprit l'histoire, non seulement de la Toscane, mais de toute l'Europe. On lui a reproché avec raison d'avoir trop facilement accueilli les fables des écrivains qui l'ont précédé, surtout dans ce qui a rapport aux temps qui s'éloignent le plus du siècle où il a vécu. Mais quant à ceux qui s'en rapprochent, il a fait preuve d'une meilleure critique, et il présente la vérité avec plus de soin. Il faut néanmoins encore se défier de lui quand il parle de l'empereur Frédéric II, et des divisions des Guelfes et des Gibelins; car il suivit avec ardeur le parti des Guelfes.

Villani a écrit en Italien. Il commence son histoire à l'origine de la ville de Florence, et la conduit jusqu'en 1348. Dans une si longue période de temps, il n'a pu oublier les croisades. Aussi en parle-t-il avec assez d'exactitude, mais sans détails.

Ce qu'il dit sur la première a été raconté par presque tous les historiens. Il fixe en 1120 le commencement des ordres du Temple et des Hospitaliers de Jérusalem. Il parle en peu de mots de la deuxième croisade entreprise par Louis VII et l'empereur Conrad.

Villani dit que l'empereur Frédéric Ier., après s'être réconcilié avec l'Eglise, promit d'aller outre-mer, parce que Saladin, soudan du Caire, avait pris Jérusalem et les autres pays qu'occupaient les chrétiens. Il rend ensuite compte en peu de mots de l'expédition de ce prince, et de celle du roi Philippe de France, et du roi Richard d'Angleterre. Ces deux monarques, dit-il, passèrent la mer avec plusieurs comtes et barons de France, d'Angleterre, de Provence et d'Italie. Ils allèrent assiéger et prirent Ptolémaïs que les Sarrasins occupaient; mais ils perdirent beaucoup des leurs par une maladie pestilentielle.

Sous la date de 1215, l'auteur parle du concile général tenu à Rome par le pape Innocent, pour ordonner une nouvelle croisade. Ce pape étant mort peu après, son successeur Honoré III poursuivit l'exécution de ce projet. Plusieurs Romains, Italiens et Florentins, se croisèrent et partirent. Plusieurs barons d'Allemagne et de France passèrent aussi la mer, en 1218, et assiégèrent Damiette, qui fut prise de force deux ans après. L'empereur Otton, qui s'y était rendu, y succomba avec beaucoup de monde. (Nous ferons observer ici que l'empereur Otton, dont parle Villani, était mort en 1214, à Brunswick, après avoir perdu l'empire par son orgueil et par l'élection de Frédéric II.)

Villani s'étend un peu plus longuement sur les démêlés de Frédéric avec les papes, et sur l'expédition que ce prince fit à Jérusalem, quoique sous le coup de l'excommunication; mais il n'ajoute rien aux détails qu'on a lus ailleurs.

La première croisade de St.-Louis est racontée de même assez succinctement. Il termine son récit par cette remarque : à la nouvelle des désastres arrivés au saint Roi et à son armée, les Gibelins de Florence firent de grandes fêtes et de grandes réjouissances. Villani ajoute que St.-Louis, en mémoire de sa captivité, fit représenter des chaînes de prison sur la monnaie des gros tournois, du côté et à la place de la pile (1). Le même

---

(1) Voici le texte de l'historien :

« Et come lo re luis et suoi baroni liberati et ricomperati, fu-

fait se trouve dans la chronique de Jean d'Ypres, que nous avons analysée, mais il s'y trouve défiguré et perdu dans des détails peu vraisemblables.

Il dit que vers l'an 1267, le soudan du Caire ravagea avec son armée toute l'Arménie; qu'il alla ensuite mettre le siége devant Antioche, et la prit de force au mois de mai; que tous les chrétiens, hommes, femmes et enfants qui s'y trouvèrent, furent tués ou pris, ou menés en esclavage; ce qui affligea toute la chrétienté.

En parlant de la deuxième croisade de St.-Louis, en 1270, Villani prétend que l'armée chrétienne était composée de plus de 200 mille hommes d'armes. Il raconte les malheureux résultats de cette expédition, la mort toute sainte du roi de France, et le traité que l'armée fit avec le roi de Tunis.

En 1289, le soudan du Caire alla en Syrie avec une grande armée, assiégea Tripoli, et la prit par famine, par ruse et par force; il la détruisit ensuite et la rasa.

Villani raconte un peu plus longuement la prise d'Acre, en 1291. Il compte 60 mille morts de tout sexe et de tout âge parmi les assiégés. Le butin que les Sarrasins y firent est incalculable. Après avoir ramassé toutes les richesses que la ville renfermait, et emmené tous les prisonniers, les vainqueurs abbatirent tous les murs et les forteresses, et mirent le feu partout.

Villani ajoute que les Sarrasins ne tardèrent pas à être troublés dans la possession de la Terre-Sainte; car elle leur fut enlevée momentanément, en 1299, par les Tartares qui

---

» rono pagate dette monete e si retornaro in ponente; et per re-
» cordanza de la detta pressura, acciochè vendetta ne fosse fata o per
» lui, o per suo Baroni, il detto re luis fece fare nella mouetta de
» Tornese grosse, da lato della pila, le bove de prigioni. »

y vinrent au nombre de deux cent mille cavaliers. Le chef de ces Tartares se nommait Cassan. L'historien prétend qu'il se fit baptiser, lui et tout son peuple, à la suite d'un miracle qui s'opéra en faveur d'un enfant qu'il avait eu de sa femme, qui professait la religion chrétienne.

L'histoire de Villani est entièrement consacrée aux affaires des différentes parties de l'Italie, et n'offre plus rien sur les croisades. Elle finit à l'an 1347. La narration de cet auteur est claire, et son style est pur et facile.

Historia sicula à morte FREDERICI *imp. et Siciliæ regis hoc est ab anno* 1250 *ad* 1294, *deducta auctore* BARTHOLOMÆO *de Neocastro Messanensi.* (Tom. XIII, pag. 1011.)

Article XXV.

Dans cette histoire il n'est nullement question des croisades; mais on y trouve au chapitre CXX, sous le titre de *Desolatio Achon*, un morceau qui mérite d'être connu. Le voici :

Dans ces jours (1292), le frère Arsène, moine grec, de l'ordre de St.-Basile, de retour de son pélerinage à Jérusalem où il visita le St.-Sépulcre, vint à Rome demander la bénédiction du souverain pontife. Il fut présenté au Saint-Père, et lui dit en le regardant les larmes aux yeux : Très Saint-Père, *si la nouvelle déplorable de la ruine de Ptolémaïs n'est pas encore parvenue jusqu'à vous, je vais vous la faire connaître dans toute l'amertume de mon cœur.* Tous ceux qui étaient présents ayant fait silence, le pélerin s'expliqua en ces termes :

« Une foule d'Egyptiens, stimulée par la fureur, se souleva

» d'abord, et prenant les armes, fit entendre des hurlements,
» et jura de perdre les chrétiens. Ceux qu'on appelle renégats
» furent les provocateurs de la sédition et des crimes. Ces
» hommes, en renonçant à la croix et au nom du Christ, ont
» également renoncé aux sentiments de la clémence et de
» l'humanité. Les habitants de Damas, les Parthes féroces, et
» une foule innombrable d'Arabes, se joignirent à eux. Les
» frontières de l'Inde, celles de la brûlante Lybie, et tous les
» pays qui environnent l'empire du Caire, envoyèrent leurs
» forces contre nous. Les *Chages*, peuples qui vont nus et
» que d'autres nomment Pélerins, appelés de leurs forêts et
» de leurs hautes montagnes, accoururent, portant des épées
» dans leurs mains. Ces hommes qui ont renoncé à la vie du
» monde, souffrent patiemment celle de la solitude et des
» déserts, et méprisant la mort, ils mettent entr'eux une cer-
» taine émulation à sacrifier leur vie pour la rédemption
» du peuple d'Égypte. Pendant que l'armée des successeurs
» de Mamolin se rassemblait, et qu'il arrivait contre nous
» une multitude de nations, l'adroite vigilance des chrétiens
» de Ptolémaïs fit parvenir à Votre Sainteté, par différentes
» voies, l'avis de ces grands mouvements, et du danger
» qui les menaçait. Plût à Dieu que cet avis vous fût arrivé
» plus tôt, vous auriez, sans doute, pourvu par de meilleurs
» conseils au salut des chrétiens d'outre-mer ! Mais les soins
» que vous donnait la Sicile, absorbaient totalement vos pen-
» sées, et le zèle que vous mettiez à la recouvrer occupait
» tellement votre cœur, que malgré ce que vous saviez, vous
» vous endormiez sur les dangers de cette partie du monde,
» et la fureur de l'Égypte augmentant par la perfidie crois-
» sante du Caire et par votre inaction, nos ennemis vinrent à
» nous en poussant jusqu'au ciel des cris de fureur. Le 25
» mars de l'année qui vient de s'écouler, ils arrivèrent subite-

»ment auprès de Ptolémaïs, et leurs troupes innombrables
» environnèrent aussitôt les murs de la ville. Alors toute la
» Syrie trembla du mouvement des ennemis. Voilà que de
» terribles machines sont dressées contre les chrétiens ; voilà
» qu'ils battent sans cesse les murs de la ville ; voilà qu'ils font
» pleuvoir sur elle, nuit et jour, une grêle de traits, et qu'ils
» y lancent des pierres qui apportent la ruine et la mort ;
» voilà que Ptolémaïs retentit continuellement des plaintes
» et des gémissements de tous ses habitants. L'espoir est en-
» levé aux malheureux assiégés, et les secours demandés à
» l'église romaine leur manquent entièrement. Hélas ! dans
» quels pleurs, dans quels jeûnes, les mères désolées virent
» passer leurs jours! Dieu sourd aux prières de tant de mal-
» heureux, à cause des péchés du peuple et de l'inconstance
» du St.-Siége, parut les avoir abandonnés aux enfants de la
» malice, afin de vous rappeler à vous-même. Les assiégés
» tournaient sans cesse leurs regards vers la mer, attendant
» que le vent leur apportât de l'Occident les secours qu'ils de-
» mandaient. Mais déjà la discorde s'élève dans la ville, les
» Pisans et les Vénitiens ne peuvent supporter les ordres des
» religieux. Vos croisés, pendant que nous croyions exposer
» notre vie pour le triomphe de la croix, s'abandonnaient au
» vin ; et pendant que la trompette appelait aux armes, la mol-
» lesse et les plaisirs les retenaient enchaînés. Ce qu'il y eut de
» pis, c'est que les frères Hospitaliers et les Templiers dédai-
» gnaient les conseils les uns des autres, et refusaient de par-
» tager les travaux et les dangers. Le seul Henri, roi de Jéru-
» salem et de Chypre, parcourait la ville et faisait tout pour
» la défendre, mais ses forces ne suffisaient pas. Le peuple
» était agité de pensées diverses ; les uns étaient montés sur
» les vaisseaux, les autres fuyaient par terre le long du rivage,
» et prévoyant les maux qui les menaçaient, abandonnaient

» sans ordre leurs concitoyens. Les marins couraient aux vais-
» seaux, et personne ne prenait les armes pour le salut des
» habitants. Le Très-Haut a permis cela, afin que vous, qui
» tenez sa place sur terre, vous aimiez ses chrétiens, comme
» il les a aimés lui-même, et que vous aidiez ceux qu'il a ra-
» chetés par la mort de la croix, pour qu'ils ne se perdent pas.
» La ville gémit pendant un siége de sept semaines. La mul-
» titude des Sarrasins était si grande, que lors même que les
» chrétiens auraient voulu sortir, ou se montrer sur les murs
» pour se défendre, ils ne l'auraient pu. Les rangs des en-
» nemis étaient si épais et si serrés que les traits qu'ils lan-
» çaient sur la ville, y dérobaient la vue du ciel. D'un côté,
» les murs minés s'écroulaient; d'un autre, de hautes tours
» suspendues sur des voûtes, semblaient détachées de la terre:
» ici des hommes et des femmes mouraient sous les coups
» répétés des traits ou des pierres; là, des palais ébranlés par
» les quartiers de rochers qui venaient les frapper, étaient à
» moitié renversés. Depuis trois jours et trois nuits, la ville
» était tourmentée de mille manières; et les chrétiens ne pou-
» vaient plus se soutenir, lorsque le 28 mai le cruel soudan
» appelant les *Chages* qui se disent morts au monde, leur
» ordonne de remplir autour des murs ruinés, tous les fossés
» de la ville, et quand ils les eurent comblés de leurs corps
» vivants, le soudan fit marcher sur eux sa cavalerie, et
» pénétra de force dans Ptolémaïs; il en plaça d'autres qui
» étaient chargés de renverser les assiégés du haut des murs,
» et d'autres encore qui ne cessèrent de rouler des machines
» et de lancer des traits. Il opposa d'abord les renégats et les
» étrangers, et lorsqu'ils entrèrent, ceux d'Égypte soutinrent
» l'impétuosité du premier choc. Les renégats triomphants
» tuèrent les chrétiens ou les mirent en fuite jusqu'aux tours,
» aux palais et aux temples. Pendant tout ce temps, le barbare

» vainqueur publie l'ordre de passer au fil de l'épée les chrétiens
» de tout sexe et de tout âge, et le troisième jour de brûler tous
» les cadavres. Le jour suivant, on fit esclaves les femmes, les
» jeunes gens et les enfants en bas âge ; tout ce qui avait été
» tué fut livré aux flammes. D'un côté, on entendait les cris
» des femmes et des filles, à qui les barbares faisaient violence
» dans le camp; de l'autre, ceux des enfants qu'on emmenait;
» ici, une mère embrassant ses fils, se précipitait dans les
» ondes, aimant mieux périr avec eux, que de vivre esclave;
» là, un autre cherchait les siens en gémissant, ou bien, une
» épouse appelait son mari, ou un père son fils.

» L'abomination de la désolation fut bientôt dans le Temple
» de Jésus-Christ; les colonnes en furent ébranlées, les toits
» tombèrent, les choses saintes furent brûlées. Les hommes
» manquant au carnage, les vainqueurs abattirent avec le fer
» les statues des saints; il y eut là des ruisseaux de sang
» chrétien. La noblesse y périt, et les enfants de Babylone
» s'enrichirent des trésors et des dépouilles des hommes. Les
» filles des nobles sont ensuite mises en vente, et les enfants
» des chrétiens serviront à leur tour les enfants de l'Égypte.
» Le roi montant un vaisseau avec quelques-uns des siens,
» se réfugie précipitamment à l'île de Chypre. Révérend Père,
» ce que je vous ai dit, vous étonne peut-être, mais soit parce
» que le pouvoir a coutume de venir le plus souvent de la
» force et du nombre des victoires, soit parce que Dieu, qui
» dès la création des choses, a posé des limites à chacune,
» reste constamment immuable dans ses desseins, il ne peut
» manquer d'arriver, si Dieu le permet à cause de nos péchés,
» (ce qu'il lui plaise d'empêcher), que l'île de Chypre soit
» dévorée par la fureur du soudan et des Égyptiens. »

Istoria di MATTEO VILLANI. (Tom. XIV, pag. 1.)

(Article XXVI.)

Nous venons d'analyser l'histoire de Florence par Jean Villani. Nous dirons un mot de celle que son frère entreprit après sa mort. Mathieu Villani, témoin des grands événements qui se passaient en Italie, voulut les décrire, et continua l'ouvrage de Jean, qu'il poursuivit jusqu'en 1363, époque où la peste l'enleva lui-même aux lettres. Son fils, Philippe, continua de même l'ouvrage de son père, mais non avec un pareil succès. Il n'a ni son style, ni son discernement, ni sa bonne foi, qualités qui recommandent Mathieu Villani. Du reste, cette histoire nous offre fort peu de chose pour les croisades.

On y trouve sous la date de 1334, que le roi Philippe de Valois, feignant un grand desir de faire un passage outremer pour reconquérir la Terre-Sainte, fit le serment d'aller combattre les Sarrasins avec plusieurs barons de son royaume. A leur exemple, beaucoup de fidèles prirent la croix dans l'intention de suivre le roi. Philippe ayant fait de grands préparatifs, envoya au pape Jean XXII, qui était alors à Avignon, des ambassadeurs pour demander les dîmes de son royaume pendant plusieurs années. Le pape accorda libéralement tout ce que le roi lui fit demander.

La nouvelle de ce passage s'étant répandue en Egypte et en Syrie, y causa une cruelle persécution contre les chrétiens. Un religieux italien, nommé frère André d'Antioche, profondément pénétré des injustices qu'éprouvaient les chrétiens innocents, partit courageusement de Syrie, et vint trouver le pape à Avignon. Il y arriva lorsque le roi Philippe revenait de son voyage à Marseille, et avait déjà pris congé du St.-Père. Le prince, après avoir dîné dans l'hôtellerie de St.-André qui était sur la

route d'Avignon à Paris, montait à cheval quand le religieux se présenta à lui. Sa barbe longue et blanche, et son air vénérable, frappèrent le roi. Le frère André lui adressa aussitôt ce discours : « Êtes-vous Philippe, roi de France, qui avez
» promis à Dieu et à la sainte Eglise d'aller avec toutes vos
» forces tirer des mains des perfides Sarrasins, la Terre où
» le Christ, notre Sauveur, a voulu répandre son sang pour
» notre rédemption ? » Le roi lui répondit que oui. Alors le vénérable religieux reprit : « Si vous avez intention de suivre
» avec une foi pure ce que vous avez résolu, je prie ce Christ,
» qui a voulu souffrir pour nous la passion dans la Terre-
» Sainte, de diriger vos pas vers une pleine victoire, et d'ac-
» corder à vous et à votre armée une entière prospérité. Je le
» prie de vous donner son assistance et sa bénédiction dans
» toutes choses, de vous combler de biens spirituels et tem-
» porels, et de faire que par votre victoire vous délivriez le
» peuple chrétien de l'opprobre où il est, que vous détruisiez
» l'erreur de l'injuste loi de ce perfide Mahomet, et que vous
» purgiez les saints lieux de toutes les abominations des infi-
» dèles, pour votre gloire éternelle. Mais si l'entreprise que
» vous avez commencée et annoncée ne doit tourner qu'à la
» mort ou aux tourments des chrétiens, si vous n'êtes pas
» décidé à l'achever avec le secours de Dieu, si vous avez
» trompé la sainte Eglise catholique, la vengeance et l'indi-
» gnation divines retomberont sur vous, sur votre maison,
» sur vos descendants et sur votre royaume. La justice de
» Dieu paraîtra s'appesantir sur vous et sur vos successeurs ;
» et le sang des chrétiens, déjà répandu à cause de la nouvelle
» de ce passage, criera à Dieu contre vous : » Le roi, troublé de cette malédiction, répondit au religieux : « Venez auprès
» de nous. » Et le frère André répliqua : « Si vous alliez en
» Orient vers la Terre de promission, j'irais devant vous ;

» mais comme vous allez à l'Occident, je vous laisse aller,
» Je retournerai faire pénitence de mes péchés dans cette
» terre que vous aviez promis à Dieu de tirer des mains des
» Sarrasins. »

L'histoire de Mathieu Villani, continuée par Philippe Villani, quoique fort longue, ne nous offre plus rien sur les croisades ; elle roule tout entière sur ce qui se passait en Italie du temps de ces deux auteurs.

Annales Cæsenates auctore anonymo. (Tom. XIV, pag. 1087.)

Article XXVII.

Les annales de Césène, dont l'auteur est inconnu, et qui paraît avoir vécu en 1362, offrent très peu de chose pour l'histoire des croisades. On y lit seulement qu'en 1288 (lisez 1291), la ville d'Acre fut prise par les armes des perfides Sarrasins, et que, dans la prise de cette ville, une multitude innombrable de chrétiens périt, autant par le fer que par l'eau. Après cette perte, les chrétiens, dit l'auteur, ne possédèrent plus rien outre-mer. On y lit encore, à la date de 1300, que sous le pontificat de Boniface VIII, l'empire étant vacant, le roi des Tartares, réuni au roi d'Arménie et à plusieurs autres rois, recouvra la Terre-Sainte qu'occupaient les infidèles Sarrasins, et que le jour de l'Epiphanie le clergé catholique célébra solennellement dans la ville de Jérusalem, la messe et les autres offices divins.

Ces annales sont du reste, en général, assez sèchement écrites, et fort concises.

Chronicon Estense. (Tom. XVI, pag. 1.)

Article XXVIII.

On attribue à plusieurs auteurs anonymes contemporains, la chronique d'*Est*. Elle commence à l'année 1101. Le latin en est plat et barbare comme celui du temps. Ce n'est qu'à la date de 1218 qu'il est question des croisades. Il y est dit qu'après un siége long et pénible, l'armée chrétienne s'empara de Damiette, et que cette armée, s'étant portée, en 1221, vers les parties supérieures de l'Egypte pour les attaquer, fut tout-à-coup enveloppée par les eaux du Nil qui se débordèrent. Comme elle ne pouvait avancer ni revenir, elle fut forcée pour se racheter de rendre Damiette.

La chronique d'Est rapporte à l'an 1227 l'expédition de Frédéric II en Palestine, et le traité qu'il fit avec le soudan ; l'expédition de Saint-Louis en 1248 ; la prise de Damiette par ce roi ; sa captivité, et les conditions mises à sa délivrance, y sont également indiquées, plutôt que racontées.

Elle rend compte aussi du siége d'Acre, en 1291, et de la prise de cette place par le soudan du Caire, qui y vint avec cent mille hommes et quarante machines de guerre. Elle attribue la prise d'Acre à la trahison d'un mauvais chrétien qui, ayant commis un meurtre dans la ville, et en étant sorti de peur du supplice, fut pris par les Sarrasins, et conduit au soudan qui lui fit de grandes promesses s'il lui indiquait un moyen de se rendre maître de la place, ce que le meurtrier fit en effet.

Tout ce qui regarde l'Italie, et surtout la maison d'Est, est bien plus longuement détaillé, et occupe la plus grande partie de cette chronique, qui va jusqu'en 1393.

Bréviarium Italicæ historiæ ab anonymo Italo.
(Tom. XVI, pag. 251.)

Article XXIX.

L'auteur de cet opuscule est inconnu. Muratori pense qu'il était de Rimini et qu'il composa son histoire dans cette ville. Il y a peu de chose à recueillir pour l'histoire des croisades. Tout ce que nous y avons trouvé se réduit à un article sur l'origine des Sarrasins et la religion de Mahomet; et un autre à la date de 1345 (pag. 282), sur une croisade que le pape Clément VI publia contre les Turcs, à la sollicitation des Vénitiens et des Génois; croisade à laquelle plusieurs nations concoururent, et qui eut pour résultat de réprimer et de contenir les Turcs. Après ce premier succès, l'église envoya contre eux le dauphin de Vienne, qui ne put rien obtenir de décisif.

Annales Mediolanenses auctore anonymo.
(Tom. XVI, pag. 637.)

Article XXX.

Ces annales sont encore d'un auteur inconnu, et ne présentent que fort peu de chose sur l'histoire des croisades. Voici ce que nous en avons extrait de plus remarquable:

En 1290, le soudan du Caire étant mort, son fils lui succéda. Ce prince avait douze principaux émirs; il donna à chacun quatre mille chevaux et vingt mille hommes de pied; il attaqua et assiégea la ville d'Acre, que gardait le frère Nicolas de l'ordre des Frères prêcheurs, patriarche de Jérusalem. Le roi de Chypre s'enfuit, les Templiers et les Hospitaliers furent détruits ; la ville fut prise, et le patriarche, fuyant dans une barque, fut noyé.

1312. — Philippe, roi de France, tint une grande assemblée à Paris, où assistèrent les rois d'Angleterre et de Navarre. Il reçut la croix des mains du frère Nicolas, cardinal de l'ordre des Prêcheurs. Tous ses fils, et les reines, et tous les nobles la reçurent de même.

1396. — Sous le pontificat de Boniface IX, les rois, les princes et barons des infidèles se levèrent avec le roi des Turcs contre le roi de Hongrie, et lui enlevèrent plusieurs provinces, entr'autres l'Albanie. Ce roi demanda du secours aux princes du monde chrétien. Les armées du roi d'Angleterre, du duc de Bourgogne, du roi de France et de plusieurs autres pays, se mirent en marche vers la Hongrie. Le combat s'engagea, l'armée des chrétiens demeura victorieuse ; mais il périt une infinité de monde de part et d'autre, et il y eut beaucoup de blessés.

Pendant le combat, vingt-quatre mille renégats vinrent dans un vallon où étaient seize étendards chrétiens, et commencèrent à crier : *vive St.-Denis et St.-Georges!* c'étaient les noms donnés aux deux ailes de l'armée chrétienne. Les chrétiens croyant que c'était le secours qu'ils attendaient des Allemands et autres chrétiens, louèrent Dieu, et s'approchèrent avec joie de ces renégats en criant tous d'une voix : *vive St.-Denis et St.-Georges!* Ainsi trompés, ils se mêlèrent avec eux, et se trouvèrent exposés à leurs coups. Tous furent tués ou faits prisonniers. Le roi de Hongrie et d'autres personnages de marque s'enfuirent en Sclavonie. Cependant plusieurs nobles barons furent menés dans les prisons des infidèles, et y périrent dans une grande misère.

On voit que l'auteur parle ici de la fameuse bataille de Nicopolis ; nous n'avons pas besoin de dire que la plupart des faits qu'il raconte sont exagérés ou défigurés. C'est là tout ce que nous ont fourni ces annales qui sont tout entières consacrées à l'histoire du duché de Milan, et qui se terminent en 1402.

Istoria padavana di ANDREA GATARO. (Tom. XVII, pag. 1.)

Article XXXI.

La famille des Gataro était originaire de Bologne. Les troubles de l'Italie la forcèrent de se retirer à Padoue, où Galéas et son père furent admis au collége des docteurs et des avocats, et honorés de fonctions publiques. En 1372, Galéas fut envoyé par le seigneur François de Carrare, en qualité d'ambassadeur à Bologne, à Florence, à Gènes. En 1378, il fut préposé à la monnaie de Padoue. En 1388, il fut envoyé auprès de Jean Galéas Visconti, et mourut en 1405; Galéas Gataro entreprit l'histoire de Padoue. Son fils André non seulement la continua, mais la reprit, l'orna et l'augmenta. Aussi Muratori a-t-il mis le texte du père et celui du fils en regard l'un de l'autre. Ce n'est que dans la continuation d'André que nous trouvons quelque chose de relatif à l'histoire des croisades. Le père et le fils ont écrit en italien. Le récit du père commence en 1311, et celui du fils se termine en 1406. Sous la date de 1395, on y trouve le récit du combat que Sigismond, roi de Hongrie, livra aux Turcs dans les plaines de Nicopolis, et de la victoire que ceux-ci remportèrent sur les chrétiens.

L'auteur dit qu'on entassa en un monceau les armes des chrétiens et des infidèles tués dans ce combat, et que ce monceau s'éleva à une telle hauteur, qu'il prolongeait son ombre au loin à deux heures un quart après midi.

André Gataro raconte à la date de 1400, que l'empereur de Constantinople, prévoyant ne pouvoir résister à la force toujours croissante des Turcs, convoqua tous les princes de la Grèce, et que, d'après leur avis, il alla lui-même en Occident solliciter les secours des princes chrétiens; qu'entr'autres promesses qu'il en reçut, celles que lui fit la seigneurie de Venise, le satisfirent beaucoup. Mais l'effet répondit peu à ces promesses.

Nous ferons sur cette histoire, écrite en italien, les mêmes observations que sur les chroniques précédentes, c'est qu'étant tout entière consacrée aux affaires de Padoue et d'Italie, elle ne peut offrir que quelques faits isolés sur les guerres saintes.

Chronica di Bolona per BARTHOLOMEO *della Pugliola.* (Tom. XVIII, pag. 242.)

Article XXXII.

Cette chronique est l'ouvrage d'un moine italien de l'ordre des Frères mineurs; elle est écrite en italien, et commence en 1104. Divers auteurs contemporains dont on ignore les noms, l'ont reprise depuis 1394, et l'ont continuée jusqu'en 1471. Voici ce qu'elle offre sur les croisades.

Il y est parlé des conquêtes de Saladin en 1187, du siége et de la prise de Damiette en 1219, et de la 1re. croisade de St.-Louis en 1249. L'auteur porte à trente mille le nombre des croisés qui furent pris ou tués par les Sarrasins, et à 20 mille ceux que perdit le roi de France.

L'auteur raconte ainsi la deuxième croisade du même roi en 1270:

Louis IX, roi de France, Charles son frère, roi de Sicile, le roi de Navarre et Edouard d'Angleterre (Edouard n'était point avec Louis IX), ayant réuni leurs armées, passent en Afrique, et campent près de Carthage pour prendre Tunis. La mortalité se met dans le camp. Les rois de France et de Navarre meurent avec une grande quantité de chrétiens. Le roi de Sicile reçoit beaucoup d'or des barbares, et s'en va. Il est assailli par une si grande tempête qu'il perd plusieurs vaisseaux avec leur équipage. Edouard d'Angleterre part de Carthage pour St.-Jean-d'Acre, et il y reste trois ans. Enfin, il fait une trève avec les Sarrasins, et s'en revient en Europe. L'auteur attribue, comme la chronique d'Est qu'on a vue plus haut, la prise d'Acre en 1291, à un mauvais chrétien coupable de meurtre, lequel donna au soudan le moyen de s'en rendre maître. Sous la date de 1443, il rapporte que, le 12 novembre, la seigneurie de Venise envoya aux seigneurs de Bologne une lettre du roi de Hongrie qui leur annonçait une victoire remportée le 3 de ce mois sur le bacha des Turcs. L'auteur donne quelques détails sur la prise de Constantinople par le Grand-Turc, en 1453; il dit que toute la ville fut pillée et mise à sac; qu'on prit et vendit pour être esclaves une foule d'hommes, de femmes, de jeunes gens, de vieillards, de moines, de religieuses, de prêtres, etc.; que toutes les églises de Constantinople furent pillées et profanées, et que cette ville fut perdue par l'avarice des Grecs, qui ne voulurent jamais solder aucune troupe étrangère.

Cette chronique, qui va jusqu'en 1471, et qui est plutôt un journal qu'une histoire, puisque les événements y sont racontés jour par jour, ne dit cependant rien de la bataille de Varna en 1444, ni d'autres faits aussi importants.

Historia urbis Mantuæ scripta à Bartholomæo Saccho *Cremonensi, è vico Platina vulgo appellato Platina.* (Tom. xx, pag. 642.)

Article xxxiii.

Barthélemi Saccho, auteur de cette chronique, naquit dans le Crémonais, au bourg nommé *Platina*, dont il a pris son surnom. Après divers événements qui lui arrivèrent, et différentes entreprises qu'il fit pendant sa vie, il mourut à Rome, en 1481, à l'âge de soixante ans. Il commence son histoire à l'origine de la ville de Mantoue, et la conduit jusqu'à l'an 1464. Il fit cet ouvrage par reconnaissance pour le cardinal François Gonzague, de la famille illustre des Gonzague de Mantoue. Ce cardinal avait comblé Saccho de bienfaits. Cette histoire, long-temps ignorée, fut publiée en 1675 par Pierre Lambécius, préposé à la bibliothèque de Vienne. Nous n'y avons trouvé que quelques détails sur le concile tenu à Mantoue par le pape Pie II. Il parle de la magnifique réception que Gonzague, duc de Mantoue, fit au pape et aux cardinaux, et des diverses opinions des ambassadeurs ou princes chrétiens, sur la manière de faire une croisade contre les Turcs. Mais pendant qu'on agitait ainsi la question de combattre l'ennemi commun de l'Europe, les divers intérêts des princes chrétiens vinrent de nouveau troubler l'Occident; on oublia les Turcs pour ne penser qu'à soi, et l'assemblée de Mantoue se rompit d'elle-même, dès que le pape Pie II l'eût abandonnée.

Memorie delle Guerre contra la Signoria di Venezia d'all' anno 1437 *sino all'* 1468, *di* CHRISTOPHORO DA SOLDO *Bresciano.* (Tom. XXI, pag. 790.)

Article XXXIV.

Christophe de Soldo, auteur de ces mémoires, était de Brescia, et militaire de profession. Il était, dit-on, d'une famille très distinguée. Il fut témoin de tous les événements qu'il raconte. Il assista au siège de Brescia, en 1448. Il fut, en 1453, nommé un des huit citoyens notables qui furent chargés de fortifier cette ville contre les Milanais, qui la menaçaient. Le sénat de Venise le choisit, en 1466, pour y ajouter de nouveaux remparts. Christophe de Soldo a écrit en Italien.

A la date de 1453, l'auteur dit que le pape Nicolas, craignant la grande puissance du Turc, qui campait autour de Constantinople avec 400 mille hommes, et qui de là pouvait venir le chasser de Rome et soumettre toute la chrétienté, envoya cinq cardinaux en ambassade à Florence, au roi d'Aragon et à la seigneurie de Venise, pour les inviter à faire la paix et tourner leurs armes contre les Turcs; mais ce projet ne put s'exécuter.

En 1458, le pape Pie II, voulant armer tous les princes chrétiens contre le Turc, convoqua une assemblée à Mantoue pour le mois de mars 1459. Il s'y rendit lui-même, et des ambassadeurs de presque toutes les puissances de l'Europe s'y trouvèrent. On tint conseil contre les Turcs; mais il n'en résulta rien d'utile.

Christophe de Soldo ne paraît pas bien persuadé des vraies intentions du pape Pie II contre les Turcs. Cependant, la conduite de ce pontife, avant et après son élévation sur le Saint-Siége, semble donner un démenti formel aux suppositions de l'historien.

Ces annales finissent en 1494, et sont bonnes à consulter pour l'histoire dont elles traitent spécialement.

Marini Sanuti Leonardi *patritii Veneti, de origine urbis Venetæ et vitâ omnium Ducum.* (Tom. xxii, pag. 406.)

Article xxxv.

Marin Sanuti, auteur des Vies des doges de Venise, était Vénitien, et fils de Léonard Sanuti, patricien. Il vivait à la fin du xve. siècle, et au commencement du xvie. Il fut non seulement très versé dans les lettres; mais très habile dans l'administration de la république. Il jouit, de son vivant, de la réputation d'homme savant et d'homme éloquent. Marin Sanuti, qu'il ne faut pas confondre avec Sanuti l'ancien qui vivait en 1300, a commencé son histoire des Vies des doges de Venise, à l'an 1421, et l'a suivie jusqu'en 1493. Elle est écrite en Italien, et le style en est plus correct et plus élégant que celui des écrivains qui l'avaient précédé. C'était alors le beau siècle de la littérature italienne, et Sanuti ne se montre pas inférieur à ses contemporains. On le loue surtout pour sa simplicité, son exactitude et son amour de la vérité. C'est principalement depuis l'année 1100 que ces qualités se font remarquer dans son ouvrage; car, avant cette époque, il a été souvent obligé de copier des fables accréditées.

Sanuti rapporte que, sous le doge *Vitale Michele*, lorsque la première croisade était commencée, les Vénitiens levèrent une grande armée, et équipèrent une flotte qui alla relâcher à Joppé.

Il rapporte aussi qu'en 1111, le doge de Venise Ordelafo Faliero, voulant suivre les traces de son prédécesseur, fit équiper une flotte de cent voiles : cette flotte agit de concert avec Baudouin, roi de Jérusalem ; et le doge, après avoir fait plusieurs conquêtes en Palestine, reçut de ce roi le gouvernement politique et civil (*mero e misto imperio*) de la ville d'Acre.

Le pape Calixte II, ayant exhorté les princes chrétiens en 1117, à faire une croisade pour délivrer le roi Baudouin, le doge Dominique Michele, de l'avis de la république, arma une flotte de 200 galères qu'il monta lui-même. Il fut fait un traité par lequel toutes les terres et villes dont on s'emparerait, seraient partagées par tiers, un pour le roi de Jérusalem, un pour le patriarche, et un pour la république. Les Vénitiens débarquèrent à Joppé, où ils trouvèrent soixante mille Sarrasins qu'ils battirent et mirent en fuite. L'argent étant venu à manquer, le doge fit battre une monnaie que les uns disent de cuivre et les autres de cuir, et fit coller sur cette monnaie ses armes, qui étaient des bandelettes. Il promit à ceux qui prendraient ces pièces de monnaie de leur donner, à leur retour, autant de ducats d'or, et cette promesse fut fidèlement exécutée. Depuis ce temps, le doge et ses descendants joignirent aux bandelettes qui étaient sur leurs armes, des ducats d'or.

L'an 1215, les Tyriens se rendirent aux Vénitiens, qui secondaient le roi Baudouin et ses barons. Le roi de Jérusalem et le patriarche eurent chacun une part de la ville, et le doge une troisième, dans laquelle il laissa un baile.

Sanuti rapporte que, sous le doge Henri Dandolo, les Vénitiens ayant été requis en 1195 par le pape d'entrer dans la croisade qui avait pour but le recouvrement de la Terre-Sainte, firent une trêve avec le roi de Hongrie pour deux ans, et que Zara resta dans les mains de ce roi. Les Pisans, qui s'étaient aussi armés pour la conquête de la Terre-Sainte, devinrent les rivaux des Vénitiens et bientôt leurs ennemis; ils entrèrent dans l'Istrie et s'emparèrent de Pola. Depuis ce moment, il n'y eut plus de paix durable entre ces deux peuples.

L'auteur donne sur la croisade de 1202, dont le résultat fut la prise de Constantinople, des détails qu'on a lus dans les autres historiens.

Sous la date de 1249, il parle de la croisade de St. Louis, de la prise de Damiette, de la captivité du saint Roi, et des conditions de sa délivrance. Le roi promit, dit-il, de payer une rançon au soudan, et lui donna pour gage une hostie consacrée. Le soudan lui rendit la liberté, et, quand St. Louis fut arrivé en France, il envoya sa rançon et fit reprendre l'hostie. C'est pour cela, ajoute-t-il, que les soudans portèrent depuis, dans leurs armes, une hostie dans un calice. Il est inutile de remarquer que ce récit est une fable invraisemblable.

Sanuti raconte que vers 1269, le fils du roi d'Aragon, envoyé dans la Terre-Sainte avec une armée, fut battu par les Sarrasins et forcé de remonter sur ses vaisseaux; qu'en 1289, le soudan du Caire prit la ville de Tripoli, et que tous les Vénitiens qui s'y trouvèrent furent égorgés. Le soudan fit raser la ville pour que les Francs n'y revinssent plus. Les Vénitiens, en faisant part de cette nouvelle au pape Nicolas IV, l'exhortèrent à faire publier une croisade, et offrirent d'armer vingt galères à leurs dépens.

Les Vénitiens qui avaient acquis des terres ou des places dans la Syrie et dans tout le Levant, étaient intéressés, plus qu'aucun autre peuple de l'Europe, à ce que les chrétiens soutinssent les résultats qu'avaient eus les croisades. Aussi les vit-on souvent, depuis que le zèle pour ces expéditions fut totalement éteint, essayer de le rallumer dans le cœur des princes; mais c'était de leur part, plus par intérêt pour leur domination et leur commerce, que par esprit de religion. Le

Pape accepta l'offre; les vingt galères furent armées, et le pape lui-même en arma quelques autres. Pendant qu'on équipait cette flotte, les Vénitiens qui, malgré la perte d'Acre, avaient encore dans la Syrie la ville appelée Nicopolis, firent une trêve de deux ans avec le soudan; mais à la réquisition du pape, ils ne tinrent pas la trêve, et armèrent cinq autres galères avec les deniers du St.-Siège. Le soudan, instruit de cela, envoya assiéger Nicopolis. La ville fut prise et ruinée de fond en comble, et tous les chrétiens furent ainsi chassés de la Syrie vers l'an 1290, ou plutôt 1292.

En 1329, les Vénitiens envoyèrent exhorter le pape Jean XXII à ordonner une expédition contre les Turcs, pour la conservation de la foi catholique. Le pape fut fort content de cette proposition. Il fut fait une ligue entre lui, l'empereur Andronic de Constantinople, le roi de France, le doge et le grand-maître de Rhodes, contre les Turcs. Les Vénitiens armèrent des galères. On courut sur les infidèles, on en purgea la mer. Tous les Sarrasins qui tombèrent au pouvoir des chrétiens furent pendus.

En 1342, sous le doge André Dandolo, il fut fait une ligue entre le pape Clément VI, l'empereur de Constantinople, le roi de Chypre, le doge de Venise et le grand-maître de Rhodes, contre les Turcs. On voulait faire une croisade. Le dauphin de Vienne devait monter la flotte. Le roi de France lui-même entra dans la ligue. On équipa une flotte à Venise; Pierre Zénon qui la commandait, prit plusieurs places aux Turcs, et leur causa de grands dommages. Il attaqua et prit de force la ville de Smyrne, et tailla en pièces tous les Turcs qui s'y trouvèrent; mais les infidèles y rentrèrent quelque temps après par surprise, et tuèrent un grand nombre de chrétiens.

En 1396, le pape publia une croisade, et fit une ligue dans laquelle entrèrent l'empereur de Constantinople, les Vénitiens, le roi de Hongrie, les Génois, les Florentins, et plusieurs seigneurs d'au-delà les Monts. Le fils du duc de Bourgogne, Jean, comte de Nevers, passa avec dix mille combattants en Hongrie, où le roi Sigismond avait préparé une grande armée; il fut fait prisonnier avec un grand nombre de barons français, à la bataille de Nicopolis, gagnée par les Turcs. Le roi de Hongrie s'enfuit vers le Danube, où il trouva la flotte vénitienne. Il monta sur une galère, et se fit conduire sur les côtes d'Esclavonie. Telle fut l'issue de cette croisade.

Cette histoire, qui occupe presque tout le XXIIe. tom. de la collection, est faite comme les chroniques que nous venons de parcourir, c'est-à-dire, en forme de journal. Elle se termine en 1493.

LEODRISII CRIBELLI *libri duo de expeditione Pii papæ secundi in Turcas*. (Tom. XXIII, pag. 23.)

Article XXXVI.

Léodrisius Cribellus, auteur de cet ouvrage, était jurisconsulte de Milan; son récit, en assez bon latin, n'est qu'un tableau des progrès des Turcs, en remontant même au-delà de Mahomet, dont l'auteur trace un portrait hideux. Après avoir dit tout ce que les Sarrasins firent en Asie et en Europe, il en vient aux croisades, dont il raconte les principaux événements, et à l'expédition qu'il a particulièrement en vue; il trace le tableau de la puissance et des progrès des Turcs en Europe, et parle du projet que le pape Calixte avait formé, de réunir tous les princes chrétiens contre eux, projet repris par le pape Pie II. Ce Pontife convoqua dans le palais pontifical, près de la basilique de St.-Pierre à Rome, tous ceux qui avaient quelque dignité dans l'église, et tous les évêques et cardinaux des différents états de l'Europe, qui se trouvaient dans la capitale du monde chrétien. Dans un discours, où il peignit les malheurs arrivés à la chrétienté et les dangers qu'elle courait de la part des Turcs, il conjura et pressa tous les membres de l'assemblée, dans la personne desquels il voyait des représentants de tous les souverains, de réunir leurs efforts aux siens pour repousser l'ennemi commun.

Le pape trouva dans l'assemblée un accord si unanime, qu'il fit dresser sur-le-champ un décret consacrant les résolutions qui y furent prises. Ce décret fut envoyé aux princes chrétiens, qui y adhérèrent. Léodrisius ne dit rien de l'issue de cette entreprise, ni des causes qui la firent échouer aussitôt qu'elle fut commencée.

ANDREÆ NAUGERII *patritii Veneti Historia Veneta italico sermone scripta.* (Tom. XXIII, pag. 924.)

Article XXXVII.

L'histoire de Venise, par André Naugeri, a été louée par le cardinal Bembo, qui en a fait lui-même une autre. André Naugeri vivait en 1498. Il fut non seulement historien, mais encore orateur et poète. Il mourut en France où il était ambassadeur. Il ordonna en mourant de brûler tous ses écrits. Muratori, qui donne cette histoire de Venise, paraît croire qu'elle n'est pas de Naugeri, et craint que son ouvrage n'ait été en effet brûlé. La raison qu'il en donne, c'est qu'il est rempli de fables et d'anachronismes dans le récit des événements anciens. Ce qui ne s'accorde guère avec la réputation d'homme instruit et éclairé dont Naugeri a constamment joui.

DES CROISADES.

Tout ce que Naugeri dit des premières croisades a été pris des auteurs qui l'ont précédé ; nous ne nous y arrêterons donc point.

Il rapporte, sous la date de 1332, que le pape Jean XXII desirant faire une expédition générale contre les infidèles, convoqua à Avignon, lieu de sa résidence, les ambassadeurs de tous les princes chrétiens. On y fit une ligue entre le pape, Philippe, roi de France, et la seigneurie de Venise; on convint de réunir vingt mille hommes de cavalerie, et cinquante mille d'infanterie. Le roi de France fut nommé chef de l'entreprise, et s'obligea d'aller en personne avec le prince son fils. Le pape accorda pour tout le temps qu'elle durerait, la dîme des biens des moines et des églises de tout le royaume de France. Il accorda également indulgence plénière à tous ceux qui prendraient la croix.

Cette ligue fut renouvelée en 1343, entre le pape, l'empereur de Constantinople, le roi de Chypre, la Seigneurie de Vénise et le Grand-Maître de Rhodes. Venise prêta trente mille ducats à l'empereur, et équipa une flotte qui battit les Turcs devant Smyrne; mais les chrétiens furent, à leur tour, surpris, tués ou dispersés par les Turcs.

Après la prise de Constantinople, en 1453, Venise conclut une ligue avec le duc de Milan et les Florentins pour vingt-cinq ans. On envoya au pape des ambassadeurs pour le prier de réunir toutes les puissances de l'Italie contre les Turcs. Toutes entrèrent dans la ligue, excepté les Génois. Le roi d'Aragon y entra aussi, et le pape en fut déclaré le modérateur principal. Mais la seigneurie de Venise finit par faire la paix avec les Turcs.

Naugeri parle du projet de croisade conçu en 1458, par le pape Pie II, et du concile tenu à Mantoue sur ce sujet.

Les Vénitiens qui étaient journellement aux prises avec les

Turcs, étaient les premiers à solliciter du pape une ligue contre ces infidèles, et les premiers à la rompre en traitant avec leur ennemi. En 1474, ils firent de grands préparatifs contre les Turcs, et en instruisirent le pape et le roi de Sicile; mais le pape ayant tourné ses pensées d'un autre côté, ils se hâtèrent de faire la paix avec les infidèles.

Il est encore question des Turcs dans le reste de cette histoire, qui se termine en 1493; mais c'est plutôt pour indiquer leurs relations particulières avec les Vénitiens que pour les présenter comme des ennemis de la chrétienté.

Chronicon Neritinum, sive brevis Historia monasterii Neritini, auctore STEPHANO, *monacho benedicto abbate Montisalti.* (Tom. XXIV, pag. 897.)

Article XXXVIII.

Jean Bernard Tafuro de Nérito, connu par son érudition et par les ouvrages qu'il a mis au jour, a communiqué le premier à Muratori cette courte chronique trouvée dans le monastère des bénédictins de Nérito. L'auteur était bénédictin lui-même, et fut abbé du monastère de Ste.-Marie de Montalte, en 1361. Il a écrit sa chronique en dialecte calabrois, et l'a commencée en 1090. Il l'a terminée en 1368. Un autre écrivain l'a continuée jusqu'en 1412.

A l'année 1226, on lit ce qui suit:

L'abbé Aymeri demanda dix soldats pour aller à Jérusalem contre les Sarrasins, conformément à la lettre du pape adressée à la ville de Brinde. Dans la note qui se rapporte à cet article, on trouve les détails suivants, qui méritent d'être rapportés.

DES CROISADES.

Parmi les anciens manuscrits que l'on conserve dans le monastère des religieuses de Nardo, sous le titre de Ste.-Claire, est un feuillet n°. 4, où sont indiqués tous les archevêques, évêques et abbés de la province d'Otrante, qui envoyèrent des soldats à la guerre. Voici leurs noms et le nombre d'hommes qu'ils fournirent :

Le vénérable archevêque de Tarente, 5 piétons et un cavalier.

Le vénérable archevêque de Brinde, 5 soldats à pied.

Le vénérable archevêque d'Ydronte, 5 soldats à pied.

Le vénérable évêque d'Astu, 3 soldats à pied.

Le vénérable évêque de Castellana, 2 soldats à pied.

Le vénérable évêque de Lycia, 4 soldats à pied.

Le vénérable évêque de Gallipoli, 2 soldats à pied.

Le vénérable évêque d'Ugent, 2 soldats à pied.

L'abbé du monastère de St.-André dans l'île de Brinde, 3 soldats à pied, un cavalier.

L'abbé du monastère de Ste.-Marie de Nérito, 6 soldats à pieds et 4 cavaliers.

L'abbé des Saints-Nicolas et Caltelde de Lycia, 3 soldats à pied et 2 cavaliers.

Du reste, cette chronique, qui va d'année en année, est fort sèche et fort concise.

Article XXXIX.

Avant de terminer l'analyse de la collection de Muratori, nous croyons devoir ne faire qu'un seul article de quelques chroniques qui s'y trouvent, et qui ne traitent des croisades qu'accidentellement. La première a pour titre : *Ptolomæi Lucensis historia ecclesiastica*, tom. XI, pag. 754. Malgré son titre, cette histoire ne dit rien ou presque rien des croisades ; l'auteur, à la date de 1291, compte toutes les villes que les chrétiens avaient alors perdues en Palestine, ainsi que les châteaux que les Sarrasins leur enlevèrent, de 1250 à 1280 ; il fait monter le nombre des villes à quinze, et celui des châteaux à dix.

Le latin de cette histoire est barbare ; elle est d'ailleurs remplie de fables.

La deuxième chronique est intitulée : *Georgii stellæ annales genuenses*, tom. XVII, page 952. Cet ouvrage, uniquement consacré aux affaires de Gênes, parle peu de la part que les Génois prirent aux guerres saintes, et les détails qu'elle donne à cet égard sont tous connus.

La troisième chronique, sous le titre de *Chronicon Trevisianum, auctore Andreá, de redusiis, de quero*, tom. XIX, page 742, ne commence qu'à l'an 1368 ; elle ne parle que des guerres des Turcs contre les chrétiens, et encore n'en parle-t-elle que brièvement, et par hasard. L'histoire de Trévise occupe presque toute la chronique. La quatrième chronique est imprimée sous le titre de *Annales Placentini ab Antonio de Ripaltá*, tom. XX, page 868. Ces annales sont un vrai journal bon à consulter pour l'histoire de Plaisance, et peu instructif pour celle des croisades. La cinquième est aussi un journal qui n'offre rien d'intéressant pour notre sujet. Elle est intitulée : *Annales Forolivienses anonymo auctore, ex manuscripto codice comitis Brandolini*, tom. XXII, page 136. Ces annales parlent des Turcs et de leurs conquêtes ; mais ce n'est que par occasion.

La sixième chronique est intitulée : *Diarium Parmense, auctore anonymo*, tom. XXII, page 248. Ce journal commence en 1467 et finit en 1481 ; il y est question, sous la date de 1480, d'une ligue entre le pape, le roi Ferdinand et les Véni-

tiens, pour secourir l'île de Rhodes, et, sous la date de 1281,
d'une bulle d'indulgences en faveur de ceux qui donneraient un
subside de la valeur de ce qu'un homme consomme en nourriture dans une semaine.

La septième, sous le titre de *Historia Montisferrati, auctore Benevenuto de Sancto-Georgio*, tom. XXIII, page 312,
contient peu de détails sur les croisades. Ce n'est guère que
l'histoire des alliances de la famille des Montferrat. On y voit
que Boniface de Montferrat, roi de Thessalie, fut tué en 1216
au siège de Satalie, où il fut percé d'une flèche empoisonnée.
L'auteur de cette histoire était de l'illustre famille des *Blandrat*.

La huitième, intitulée *Diarium Senense Allegretti de Alle-
grettis*, tom. XXIII, page 768, n'est qu'un récit, jour par jour,
de tout ce qui se passa à Sienne, patrie de l'auteur, de 1450
à 1496. Sous la date de 1459, Allegretti parle du départ du
pape de cette ville, pour aller à Mantoue tenir un concile afin
de délibérer sur la guerre contre les Turcs ; et sous la date de
1464, il dit qu'on apprit le 17 août la mort du pape à Ancône,
où Sa Sainteté s'était rendue pour faire cette guerre.

La neuvième a pour titre *Annales Bononienses fratris
Hieronymi de Bursellis*, tom. XXIII, page 868. Ces annales
vont depuis 1418 jusqu'en 1487 ; il est aussi question de
l'assemblée de Mantoue et d'une grande collecte d'argent qui
se fit à Bologne en 1460, pour l'armement contre les Turcs.
Il y est dit, à la date de 1464, qu'on envoya quarante mille
ducats au roi de Hongrie, pour leur faire la guerre.

La dixième est le *Diario Ferrarese dell' anno 1409 sino
al 1502, di autori incerti*, tom. XXIV, page 174. C'est un
journal assez mal rédigé de tout ce qui s'est passé à Ferrare
dans l'espace d'un siècle ; il y est parlé de la prise de Constantinople en 1453 par 300,000 Turcs, et du départ de deux
galères armées de Ferrare, en 1464, pour aller à Ancône

trouver le pape Pie II, qui devait s'y rendre avec tous ses cardinaux et le doge de Venise.

Enfin la onzième, portant pour titre : *Polyhistoria fratris Bartholomæi Ferrariensis ordinis Prædicatorum*, tom. XXIV, page 700, est une histoire universelle qui remonte à l'origine du monde; mais Muratori ne l'a fait commencer qu'en 1287, et la termine en 1348. Il n'y est rien dit des guerres contre les Turcs; seulement l'auteur Barthélemi rapporte qu'en 1345 le dauphin de Vienne, qui était en route pour la Terre-Sainte, s'arrêta à Ferrare, où le marquis d'Obizo le reçut magnifiquement, et lui fit de riches présents. Il dit que les vaisseaux du dauphin de Vienne furent abondamment approvisionnés de toutes choses par les fournisseurs du marquis, qui le défraya, lui et toute sa suite, tout le temps qu'il resta en Italie.

COLLECTION FLORENTINE.

Depuis la belle collection des écrivains italiens, que nous venons de parcourir, il en a paru une nouvelle en deux volumes in-fol., formée des manuscrits de la bibliothèque de Florence. L'éditeur, qui ne s'est pas nommé, l'a dédiée à l'empereur François Ier. Elle parut en 1748, à Florence, imprimée chez Cajetan Viviani. Elle a pour titre :

Rerum italicarum Scriptores ab anno ærœ christianæ millesimo ad millesimum sexcentesimum, quorum potissima pars nunc primum in lucem prodit, ex Florentinarum bibliothecarum codicibus.

Nous avons pensé que l'analyse de cette collection devait suivre naturellement celle de la collection de Muratori.

Il n'y a que le premier volume qui nous fournisse des documents relatifs à l'histoire des croisades.

Excerpta ex historiâ Sozomeni *Pistoriensis, ab anno* 1091 *ad annum* 1204. (Tom. Ier., pag. 5.)

Article 1.

Sozomène, auteur de cette histoire, naquit à Pistoie en 1387. Il étudiait à Florence en 1407; il embrassa l'état ecclésiastique, assista au concile de Constance, et fut enfin nommé chanoine de l'église cathédrale de Pistoie. Il mourut en 1455 ou 58. Il avait entrepris une chronique, qui embrassait tout ce qui s'est passé de mémoire d'homme. L'éditeur de cette collection en a pris la partie qui commence au onzième siècle, et se termine à l'époque où les autres exemplaires sont en défaut, c'est-à-dire jusqu'en 1294. Dans cet espace de temps, Sozomène a renfermé beaucoup de choses qui ont été racontées par d'autres historiens; mais il en a aussi rappelé qu'ils ont entièrement omises, ou qu'ils n'ont pas aussi exactement exposées.

Quant à ce qui nous concerne, nous pouvons déclarer que ce que nous allons citer de l'histoire de Sozomène, de la collection Florentine, ne se trouve point dans la même histoire insérée au seizième tome de la collection de Muratori.

A la date de 1096, on lit, sur la première croisade, tous les détails que nous avons lus dans les chroniques du temps. Nous nous dispenserons donc même de les citer.

Il est dit, sous celle de 1146, que la ville d'Edesse ayant été prise par les Turcs, le pape Eugène envoya dans toutes les parties de l'Occident des religieux pour annoncer aux princes, aux peuples et aux nations, les malheurs des chrétiens d'Orient. Sozomène parle des prédications de Saint Bernard, et raconte la croisade de Conrad et de Louis-le-Jeune.

Sous la date de 1183, l'auteur rappelle les commencements de Saladin, ses liaisons secrètes avec le comte de Tripoli, ses progrès et ses conquêtes.

A la date de 1188, il fait le récit de la troisième croisade entreprise par Philippe, roi de France, par Richard-Cœur-de-Lion, et par l'empereur Frédéric. Il indique, en 1204, la prise de Constantinople par les Latins; en 1217, le siège de Damiette; en 1219, la prise de cette place par les chrétiens. Sozomène rend compte de l'expédition de l'empereur Frédéric II, en 1229 (qu'il place à tort en 1235), et des tristes résultats de cette expédition. Il ne dit qu'un mot de celle de Saint-Louis, en 1249.

Il raconte qu'en 1267, le soudan du Caire ravagea l'Arménie, assiégea et prit Antioche; qu'en 1270, St.-Louis débarqua sur la côte d'Afrique à la tête de 200 mille hommes. L'historien fait le récit de cette malheureuse et funeste croisade, et du retour de l'armée chrétienne. Il ajoute qu'en 1275, le soudan du Caire envahit de nouveau l'Arménie, et y fit de grands ravages; qu'en 1282, le roi d'Arménie, accablé par les Sarrasins, appela à son secours le kan des Tartares, qui lui envoya 30 mille hommes de cavalerie sous la conduite de son neveu. Celui-ci, ayant joint l'armée du roi d'Arménie, livra bataille aux Sarrasins; et, secondé des chrétiens, il les faisait déjà plier, lorsque, descendant de cheval, il abandonne le combat avec tous ses Tartares. Les Sarrasins qui l'avaient gagné par argent, triomphèrent aussitôt des chrétiens, dont ils firent un grand carnage. Mais le kan ayant appris la trahison de ses cavaliers, fit mourir plusieurs de leurs chefs, et ordonna aux soldats de se vêtir par la suite avec des habits de femme, pour qu'ils fussent flétris comme des hommes vils et efféminés. Cette histoire écrite en latin, se termine en 1294; elle offre peu de détails sur chaque événement, mais le style en est assez facile.

Excerpta ex MATHÆI *Palmerii libro de* Temporibus, *ab anno* 1294 *usque ad annum* 1448. (Tom. 1er., pag. 220.)

Article II.

Mathieu Palmerius, un des premiers citoyens de Florence, était un homme très instruit; son ouvrage, qu'il intitula *de*

Temporibus, commençait à l'origine du monde. Ce n'est, à proprement parler, qu'une table chronologique de tous les événements, année par année. Cet ouvrage fut trouvé dans la bibliothèque de Ste.-Marie du Carmel, à Florence. L'éditeur de la collection Florentine ne l'a pris qu'à la date de 1294, où finit celui de Sozomène, comme pour y faire suite, ces deux auteurs ayant vécu à-peu-près dans le même temps; Palmerius mourut en 1475, âgé de 70 ans, et Sozomène en 1458. Comme nous l'avons déjà dit, on ne trouve guères que des dates dans Palmerius.

Mathiæ *Palmerii opus de* Temporibus suis- (Tom. 1er., pag. 241.)

Article III.

Mathias Palmerius était de Pise, d'une famille distinguée; il fut très versé dans les lettres. Il commença son ouvrage à l'an 1449, où celui de Mathieu Palmerius de Florence finissait. Il mourut en 1483. Cette chronique n'est guères plus étendue que celle de Mathieu. Nous nous dispenserons de citer ses dates, qui fixent l'époque de la prise de Constantinople, du concile de Mantoue, des préparatifs faits par Pie II contre les Turcs, etc.

Chroniche della cita di Pisa, di Bernardo Marangone. (Tom. 1er., pag. 316.)

Article IV.

Bernard Marangone était Pisan de nation et d'une famille noble. Il vivait en 1536 du temps de Cosme Ier., de Médicis, duc de Toscane; il fut chargé plusieurs fois de l'office de provéditeur. Sa chronique commence à la fondation de la ville de Pise, et va jusqu'à l'année 1406. Elle est écrite en Italien.

Marangone parle, sous la date de 1087, du concile de Clermont, qu'il place dans la province d'Allemagne, au lieu de l'Auvergne. Il donne les noms des princes croisés, et fixe leur départ. Il loue beaucoup la valeur des Pisans qui contribuèrent efficacement, selon lui, à la prise de Nicée, et d'autres villes.

Cet historien raconte avec détail le siége d'Antioche. Il cite entr'autres choses un traité que les Pisans firent avec Colojean, fils de l'empereur grec Alexis, par lequel tous les châteaux qu'ils avaient pris, dans l'Asie Mineure, lui seraient rendus à condition qu'il fournirait des ornements d'église à la cathédrale de Pise, et à celle de Palerme, et qu'il paierait chaque année une certaine quantité de deniers, pour achever l'archevêché de Pise qui était déjà commencé.

En 1168, Amaury, roi de Jérusalem, envoie à Pise un ambassadeur pour faire part de la victoire qu'il venait d'obtenir en prenant Alexandrie, où était entré Shirkou, prince des Sarrasins. Les Pisans avaient envoyé quarante galères au secours des chrétiens et du roi, et c'était avec ce secours qu'Amaury avait assiégé et pris Alexandrie.

En 1169, le roi de Jérusalem ayant appris que Shirkou ou Saladin voulait marcher contre Jérusalem, envoie prier les Pisans de vouloir bien, comme ils l'avaient déjà fait, l'aider contre les infidèles. La ville de Pise fait aussitôt armer douze galères : elles partirent au mois d'octobre, et furent très utiles au roi, qui combla ses alliés de présents.

En 1179, le comte de Flandre partit pour visiter la Terre-Sainte, emportant avec lui une grande quantité d'or et d'argent, et se faisant accompagner de plusieurs vaillants chevaliers. Sur la demande du roi de Jérusalem, il alla avec eux au siége d'une très grande ville des Sarrasins, nommée Oringa; les habitants de cette ville envoyèrent sur-le-champ demander du secours à Saladin, soudan du Caire, et lui firent dire en même temps que s'il voulait prendre Jérusalem, il était temps, parce qu'il n'y avait alors personne qui la gardât, ni qui pût faire résistance. Saladin partit aussitôt et arriva devant Ascalon qu'il trouva contre son attente assez fortifiée; ayant peu d'espérance de la prendre, et enflammé de fureur contre les chrétiens, il rangea son armée en bataille et marcha en avant, mettant tout à feu et à sang, jusqu'au monastère de St.-Georges qu'il prit et brûla. Le roi de Jérusalem et le patriarche, ayant rallié quelques troupes, et s'étant réunis, se mirent à exhorter les Pisans et les autres chrétiens. Le patriarche surtout leur adressa un discours pathétique qui échauffa tous les courages. On marcha au monastère où était l'ennemi, et on remporta sur Saladin une victoire signalée. Il y eut plus de 30 mille hommes de tués et un grand nombre de prisonniers. Saladin se retira tout honteux, n'emmenant que quatre mille hommes de toute son armée.

Les Pisans revinrent dans leur pays comblés de joie et chargés de butin. Toute la ville alla au-devant d'eux, louant le Seigneur tout-puissant.

A la date de 1186, Marangone fait le détail des conquêtes de ce même Saladin et de la croisade entreprise contre lui.

Sous celle de 1218, il dit que les princes chrétiens se réunirent dans la ville d'Ancône pour aller outre-mer; que le roi André de Hongrie s'y trouva avec la flotte de Venise et celle de Pise. Tous ces princes résolurent d'abord avec Jean de Brienne, d'assiéger Jérusalem. Mais au mois de mai de cette année, ils allèrent assiéger et prirent Damiette. Les Pisans y firent un riche butin.

Marangone parle de la reddition de cette ville en 1221, et du retour en Italie du cardinal Colonne et du roi Jean de Brienne.

Il parle également des démêlés de Frédéric II, et du pape Grégoire, du voyage de ce prince dans la Terre-Sainte, des lettres du pape adressées secrètement au soudan contre l'empereur, et du retour de celui-ci en Italie, où il trouva la Sicile et la Pouille révoltées par les menées de Grégoire. Cette histoire de Pise est fort étendue et bonne à consulter sur les affaires de cette ville. Elle se termine en 1406.

Istoria della cita di Chiusi in Toscana di JACOMO GORI *da Senalonga.* (Tom. 1er., pag. 282.)

Article v.

Jacques Gory, auteur de cette histoire, naquit à Senalongue ou Asinalongue, terre de l'état de Sienne, à vingt milles de cette ville. Tout ce qu'on sait de lui, c'est qu'il fut médecin de profession, et qu'il était partisan de François Sforce, duc de Milan. Il vivait à la fin du XVIe. siècle. Son histoire commence en 936, et finit en 1595. Son style est simple, clair, facile et digne du siècle où il écrivait.

Jacques Gory a donné sur toutes les croisades des détails assez concis, et que nous connaissons déjà. Nous croyons donc devoir les passer sous silence, ainsi que ce qui regarde les guerres des Turcs avec les chrétiens, depuis 1336 jusqu'en 1594, époque où se livra la bataille de Waradin. Tous ces événements ne tiennent que d'une manière indirecte à l'histoire des croisades proprement dite.

COLLECTIONS ANGLAISES.

Historiæ Anglicæ Scriptores ex vetustis codicibus mss. opera Thomæ GALE.

Thomas Gale fut très versé dans la littérature grecque et latine, et habile théologien; il fut membre du collége de la Trinité, à Cambridge, puis directeur de l'école de St.-Paul, et membre de la société royale de Londres. En 1707, il fut doyen d'Yorck, et mourut dans ce poste en 1709. Le savant Huet, en parlant de Gale, s'exprime ainsi : « Il est d'une pro- » fondeur étonnante d'érudition dans toutes les belles-lettres; » mais sa modestie est si grande, qu'il semble qu'il cache son » savoir. » Gale a donné diverses collections. Celle dont nous nous occupons est en 2 volumes in fol°., et n'offre sur les croisades que cinq manuscrits contenus dans le second volume. Le premier ne renferme que des chroniques antérieures à ces guerres.

Annales Marganenses, sive Chronica abreviata.
(Tom. II, pag. 1.)

Article 1.

Les annales dont il est ici question, et qui furent trouvées dans l'abbaye de Margan, ne portent point de nom d'auteur; elles commencent à St.-Edouard, roi d'Angleterre, et finissent en 1231. L'anonyme y traite de peu de choses; mais ce qu'il raconte est bien choisi, et ne se trouve pas dans des chroniques plus étendues. Il ne fait qu'indiquer la prise de Jérusalem par es chrétiens, en 1099. (Tom. 2, pag. 3, 9 et suiv.) Mais il donne plus de détails sur la reprise de cette même ville par Saladin, en 1187. Il fait monter à 30 mille fantassins et à 12000 chevaliers la perte des chrétiens au combat que ce prince livra près de Tybériade.

Quand la renommée, dit l'anonyme, eut répandu dans tout l'univers chrétien que la Sainte-Croix avait été prise par les infidèles, des guerriers innombrables de toute condition, de toute dignité et de tout ordre, se croisèrent partout à l'envi. Le roi de France, Philippe, et le roi d'Angleterre, le comte de Flandre, et plusieurs autres personnages illustres, furent du nombre. Ils placèrent tous la croix sur leurs épaules, le même jour et dans le même lieu, au-delà de la mer; et les deux rois dont nous venons de parler firent bâtir dans le lieu même une basilique en l'honneur de la Ste.-Croix. L'auteur place le départ de Philippe et de Richard, en 1190; la prise d'Acre en 1191; il raconte ensuite l'expédition de l'empereur Frédéric II, en 1229. En parlant des présents que le soudan envoya à cet empereur, il dit que c'était des chevaux de main, des dromadaires, des selles d'or, et autres choses que Frédéric, selon lui, ne voulut recevoir qu'après avoir tenu conseil avec le patriarche, les évêques, les Templiers, et les Hospitaliers présents. Il ajoute qu'en 1229, cet empereur, le patriarche, les évêques de Winchester et d'Excester, tous les Hospitaliers et Templiers, plusieurs princes, le peuple du pays, et les pèlerins, qui attendaient depuis long-temps, vinrent à Jérusalem quarante-deux ans après que les infidèles l'avaient prise; qu'ils y entrèrent avec beaucoup de joie, le jour des Rameaux, et y célébrèrent dévotement l'office divin. Les pèlerins qui se trouvaient alors à Jérusalem, dit l'anonyme, nous ont assuré que la veille de Pâque, le feu du ciel descendit comme de coutume devant le tombeau du Seigneur.

Chronicon Thomæ WICKES *aliter, chronicon Salisburiensis monasterii ab adventu conquestoris ad annum 1304.* (Tom. II, pag. 21.)

Article II.

Thomas Wickes, anglais de nation, était de l'ordre de Saint-Augustin, chanoine régulier. Il vivait au monastère d'Excester, et s'acquit parmi les siens une grande réputation de doctrine et de probité. Il s'était adonné de très bonne heure à l'étude des lettres. Il se distinguait surtout par son érudition. Il fut poète élégant, rhéteur disert, et historien agréable. C'est ainsi, du moins, qu'en parlent des auteurs de sa nation. Il vivait en 1290, du temps d'Edouard Ier. Il a beaucoup écrit sur l'histoire. Dans la chronique qui nous occupe, il parle des événements de la première et de la seconde croisade, comme les écrivains qui l'ont précédé. Les détails qu'il donne sur la troisième sont aussi les mêmes qu'on a déjà lus. Mais il raconte qu'après que Philippe de France et Richard d'Angleterre eurent décidé d'aller dans la Terre-Sainte, la jeunesse d'Angleterre, réunie sous l'étendard de la croix, se jeta sur les juifs, en tua une multitude incroyable, pilla et enleva tous leurs biens, croyant se rendre ainsi agréable à Dieu. L'auteur fait ensuite le récit des actions de Richard dans son expédition; il parle de la prise d'Acre, du retour en Europe et de la captivité de ce prince. Richard, comte de Cornouailles, ajoute Wickes, partit en 1240, le jour de la Pentecôte, pour la

Terre-Sainte, emportant de grandes sommes d'argent. Il arriva à Acre, resta quelque temps en Syrie, délivra à prix d'argent tous les chrétiens captifs, fit une trêve avec le soudan, et rebâtit Ascalon et tous les autres châteaux que les Sarrasins avaient rasés. Il retourna ensuite en Angleterre, en traversant la Pouille, la Sicile et la Calabre. Le pape lui accorda, par une faveur particulière, tout l'argent levé en Angleterre pour la croisade.

A la date de 1248, l'auteur parle du départ de St.-Louis pour la Terre-Sainte; il dit que ce prince relâcha à l'île de Chypre, et qu'au printemps de 1249, étant allé aborder à Damiette, le jour de la Trinité, il mit en fuite les Sarrasins et prit la ville. A la date de 1250, il raconte les désastres arrivés à l'armée chrétienne, désastres qu'il attribue à la présomption et à l'orgueil, qui n'abandonnent, dit-il, jamais les Français. Il raconte la prise du roi, sa délivrance au moyen d'un traité, son séjour à Acre, et son retour en France. Cet historien, qui parle avec tant d'éloge de la mort de Guillaume-Longue-Épée, tué au combat de Mansourah, ne dit rien de Robert, comte d'Artois; et nous ferons observer à cette occasion que sa partialité contre les Français se montre partout dans son ouvrage.

Il parle, sous la même date, du rassemblement des pastoureaux, et de leur dispersion.

Wickes fait le détail de la seconde expédition de St.-Louis, en 1270; mais son récit est peu d'accord avec celui des autres historiens, en ce qu'il fait arriver le roi de Sicile à Tunis avec le roi de France, tandis que les autres historiens ne l'y font venir qu'après la mort de St.-Louis.

Ce n'est pas en cela seul que Wickes diffère des autres; c'est aussi dans l'époque de la mort du saint Roi; car il le fait mourir après le départ de la flotte chrétienne pour retourner en Sicile, tandis que tous les historiens le font mourir sur la côte même de l'Afrique.

Le pape Grégoire X, dit-il, ayant appelé tous les prélats du monde chrétien à Lyon, sur le Rhône, y célébra, en 1274, un grand concile dans lequel il fut décidé que, pendant six ans, la dîme de tous les biens ecclésiastiques serait affectée au secours de la Terre-Sainte. Wickes raconte qu'en 1291, la déplorable nouvelle se répandit dans toute la chrétienté que le soudan du Caire s'était porté sur Acre, en avait brisé les portes, abattu les murs, y avait tué, sans distinction d'âge ni d'état, tous les chrétiens qu'il y avait trouvés; qu'un petit nombre avait échappé par la fuite; que d'autres, pour ne pas périr par le glaive ennemi, s'étaient précipités dans la mer, et que le soudan avait fait raser la ville, afin qu'il n'y restât pas pierre sur pierre.

A cette occasion, le pape accorda au roi d'Angleterre la dîme de toutes les possessions ecclésiastiques pendant six ans, pour lui servir dans son passage futur à la Terre-Sainte. La levée de cette dîme ne se fit pas, dit l'auteur, sur le pied des anciennes taxes; mais sur une nouvelle estimation des biens que le roi fit faire, et qui rendit cette levée intolérable.

La chronique de Wickes ne parle plus de la Terre-Sainte.

Annales Waverleienses ex monastici Anglici.
(Tom. II, pag. 129.)
Article III.

L'abbaye de Waverléie fut fondée en 1128 par Guillaume Wiffard, évêque de Winchester. Les moines étaient de l'ordre de Citeaux, et c'est à eux que l'on doit les annales dont nous nous occupons; car elles ne sont pas d'une seule main. Le style en est en général grossier et peu poli; mais elles ont servi à plusieurs historiens anglais, tels que Guillaume de *Malmesbury*, Henry de *Huntindon* et *Hoveden*, qui les ont recherchées à cause de leur simplicité et de leur vérité. Elles commencent à l'an 1066, et finissent en 1291. On y lit, sous la date de 1096 (tom. 2, pages 140 et suiv.), qu'il y eut vers la Pâque, en Angleterre et dans plusieurs autres pays, un grand mouvement des chrétiens, causé par les exhortations du pape Urbain II ; qu'un peuple innombrable alla, avec femmes et enfants, conquérir Jérusalem sur les infidèles; que le roi Guillaume, et son frère Robert de Normandie, firent ensemble un arrangement pour ce passage; que Robert et ses compagnons allèrent hiverner dans la Pouille; que d'autres traversèrent la Hongrie; mais que plusieurs milliers d'entre eux périrent en route, et que d'autres revinrent chez eux misérables et mourant de faim.

Les annales rendent compte de la prise d'Antioche et de celle de Jérusalem. Elles disent qu'on offrit la couronne à Robert, duc de Normandie, qui la refusa. L'annaliste ajoute que ce prince ayant offensé Dieu par ce refus, ne fit rien d'heureux par la suite.

Elles ajoutent qu'après un grand combat qui fut livré à l'armée de l'émir du Caire, Robert, duc de Normandie, Robert, comte de Flandre, et Eustache, comte de Boulogne, revinrent chez eux au mois d'août. Le duc de Normandie fut reçu avec beaucoup de joie de tout son peuple, excepté de ceux qui gardaient les places fortes qui étaient dans les mains du roi Henri ; l'auteur ne parle point de la prison de Robert.

Hugues des Païens, grand-maître des Templiers, vint en Angleterre en 1128, avec deux chevaliers et deux clercs pour exhorter au voyage de Jérusalem. Plusieurs prirent la croix et partirent cette année et la suivante, entre autres le comte Foulques d'Anjou, qui, par la suite, devait être roi de Jérusalem.

Mais il arriva malheur à ceux que Hugues des Païens avait emmenés. Beaucoup de chrétiens furent vaincus par un petit nombre d'infidèles.

Le pape Eugène chargea Saint Bernard, abbé de Clairvaux, de prêcher la croisade. Le roi de France, l'empereur d'Allemagne et plusieurs seigneurs français, normands, anglais, clercs et laïcs, moines et évêques de tous les pays, prirent la croix et allèrent à Jérusalem. L'auteur n'entre point dans les détails de ce qui arriva à tous ces croisés; mais il remarque que comme cette entreprise avait été commencée par la ruine des pauvres et la spoliation des églises, il n'est pas étonnant que ceux qui y avaient participé ne fissent, dans ce voyage, rien d'heureux ni de mémorable.

Les chrétiens, arrivés à Jérusalem, assiégèrent Damas au mois d'août, et abandonnèrent ensuite ce siége.

L'empereur d'Allemagne revint avec son armée presque détruite par la faim et l'épée. Le roi de France revint aussi sans avoir rien fait de remarquable.

Les annales disent qu'en 1163, Amaury, roi de Jérusalem, à la tête d'une armée de chrétiens, alla attaquer le Caire et le rendit tributaire;

Qu'en 1185, Héraclius, patriarche de Jérusalem, vint en Angleterre demander du secours contre les infidèles;

Qu'en 1187, il se fit un grand carnage des chrétiens dans la Judée. La Sainte-Croix fut prise, le roi fait prisonnier, la Terre-Sainte fut envahie. Frédéric, empereur des Romains, le duc de Souabe, son fils, Philippe, roi de France, Henri II, roi d'Angleterre, et son fils le comte de Poitiers, se croisèrent, et avec eux des archevêques, des évêques, des seigneurs, et un grand nombre de peuple. C'est à l'occasion de cette croisade qu'on leva la dîme saladine dans toute l'Europe, d'après l'autorité du pontife romain. L'ordre de Citeaux en fut exempt.

L'empereur Frédéric, le roi Philippe, et Richard, roi d'Angleterre, partirent pour la Terre-Sainte. Baudouin, archevêque de Cantorbéry, Hubert, évêque de Salisbury, Arnoult de Granville, et plusieurs princes et barons, y parvinrent avec une grande armée. L'empereur, le comte Robert de Leycester, l'archevêque Baudouin, Guillaume, comte de Ferrare, et Arnoult de Granville, moururent dans ce voyage.

L'auteur parle de la prise d'Acre par Richard, et de la prison de ce prince en Allemagne, à son retour de Palestine.

Il dit que la trêve conclue entre les Sarrasins et les chrétiens, ayant été rompue en 1196, Acre fut assiégée par les infidèles, et réduite à une telle disette, qu'il n'y avait que de l'eau et du sel.

En 1202, le pape Innocent envoya des légats et des hommes religieux prêcher la croisade. Ils eurent tant de succès en Angleterre, qu'une incroyable multitude d'hommes, de femmes et d'enfants prirent la croix.

Les annales placent en 1221 la reprise de Damiette par les Sarrasins. Elles disent qu'en 1223, le roi de Jérusalem, Jean de Brienne, vint en automne en Angleterre; qu'en 1227, les évêques de Winchester et d'Excester, et quelques autres Seigneurs ecclésiastiques et laïcs de diverses parties du monde, partirent pour la Terre-Sainte avec une grande multitude de chrétiens. Mais Frédéric, gagné, dit-on, par les présents des infidèles, mit de grands obstacles à cette expédition. Plus de quarante mille croisés revinrent sur les mêmes vaisseaux qui les avaient emmenés. Le pape, à cause de cela, excommunia solennellement Frédéric.

Mais en 1228, cet empereur, excommunié, partit pour la Terre-Sainte. L'année suivante il fut couronné à Jérusalem, après avoir fait une paix de dix ans avec le soudan.

Il fut conclu une autre trêve de dix ans entre les chrétiens et les infidèles, dans l'année 1241. Jérusalem fut rendue avec tous les pays voisins. Tous les captifs furent délivrés. Ce fut par le moyen de Richard, frère de Henri, roi d'Angleterre que cette trêve eut lieu.

Les annales rapportent, sous la date de 1244, que le patriarche de Jérusalem était revenu dans cette ville, amenant avec lui d'Occident des Hospitaliers et des Templiers, lorsqu'une multitude de barbares, appelés *Karismiens*, arrivèrent dans le pays conduits par le soudan du Caire. Ils se répandirent partout, tuant et brûlant tout ce qu'ils trouvaient, et vinrent assiéger le peuple chrétien dans la Ville-Sainte. Ces Barbares réduisirent les assiégés à un tel état de disette, que ceux-ci se décidèrent à sortir par les chemins détournés et secrets des montagnes. Mais étant arrivés à un défilé très étroit, ils tombèrent dans les embûches des ennemis, qui, les enveloppant de toutes parts, en tuèrent huit mille, hommes et femmes, par le fer, les pierres et les flèches. Le sépulcre du Seigneur fut saccagé et détruit.

Les annales parlent de la première croisade de St.-Louis, roi de France. Elles disent que ce prince mena avec lui la reine Marguerite, ses deux frères et leurs femmes, des comtes, des barons, des chevaliers, des fantassins et des religieux en si grand nombre, qu'on ne peut les compter. Les provisions nécessaires pour cette expédition pouvaient suffire pendant six ans à vingt mille hommes. Les événements et l'issue de cette expédition sont racontés sans détails nouveaux, de même que la réunion des pastoureaux au nombre de soixante mille, dont plusieurs furent pendus, et les autres dispersés.

Les annales qui se sont un peu étendues sur la première croisade de St.-Louis se contentent de dire, à la date de 1270, que le roi de France mourut dans la Terre-Sainte, dans une *île* (erreur grossière) qu'on appelle Tunis, et que son corps fut transféré à Paris, pour y être enseveli. Elles racontent qu'en 1275, le pape accorda au roi Edouard la dîme de tous les biens ecclésiastiques de son royaume, pour le dédommager des pertes et dépenses faites dans la Terre-Sainte;

Qu'en 1277, les Tartares soumirent une grande partie de la Terre-Sainte, et tuèrent le soudan du Caire avec plusieurs milliers de Sarrasins;

Qu'en 1287, Edouard, roi d'Angleterre, reçut, à Bordeaux, la croix des mains du légat du pape, et une multitude de guerriers avec lui;

Qu'en 1289, le soudan du Caire s'empara, avec un grand nombre d'infidèles, de la ville de Tripoli, la rasa, et fit traîner, à la queue de ses chevaux, les images des saints qu'il fit ensuite brûler; enfin, qu'en 1291, le même soudan (ou plutôt son successeur) attaqua et détruisit la ville d'Acre, qui était depuis long-temps le dernier asile de tous les chrétiens en Orient.

Itinerarium regis Anglorum RICARDI *et aliorum in terram Hierosolymorum, auctóre* GAUFRIDO VINISAUF. (Tom. II, pag. 247.)

Article IV.

Gauthier Vinisauf ou Vinisalf, tira son surnom d'un ouvrage qu'il composa pour conserver les vignes, le vin et les fruits. Il fut célèbre dans son temps, c'est-à-dire en 1200, comme poète et comme écrivain. Il ne se contenta pas de fréquenter les écoles de sa patrie. Il visita aussi celles de France, et même, on croit, celles d'Italie. Du moins fut-il connu et estimé du pape Innocent, à qui il dédia un livre qu'il fit en prose et en vers hexamètres, sur l'art de parler.

Son siècle le regarda comme un auteur savant, orné et élégant. On a attribué à un autre Gauthier l'itinéraire dont nous allons nous occuper. Ce Gauthier s'appelait *Constantiensis*, et quelquefois *Exoniensis*. Il avait aussi écrit sur le voyage du roi Richard; ce qui fait croire à Jean Selden que c'est le même écrivain, connu sous plusieurs surnoms.

Gauthier a écrit comme témoin et comme acteur, les choses qu'il raconte. Voici comme il s'exprime dans son prologue:

« Ce n'est point à tort qu'on doit nous en croire quand nous traitons l'histoire de Jérusalem, car nous attestons ce que nous avons vu, et nous décrivons les choses dont le souvenir nous est encore présent. Si le lecteur desire plus d'élégance et de poli dans notre style, qu'il sache que nous étions dans les camps lorsque nous écrivions, et que le bruit de la guerre ne nous permettait pas le loisir d'une méditation tranquille. La vérité n'a pas besoin de grâce, et, quoiqu'elle ne soit pas présentée avec des ornements pompeux, elle trouve encore le secret de charmer celui qui l'écoute. »

Dans les quatre-vingts chapitres dont le premier livre de son ouvrage est composé, l'auteur parle de l'entrée de Saladin en Palestine, de la manière dont ce prince s'empara des royaumes d'Egypte, de Damas et autres pays, de la grande armée avec laquelle il défit les chrétiens, enleva la croix du Seigneur, fit prisonnier le roi Guy, prit Acre et soumit toute la terre de promission. Il parle de la prise de Bérithe, de Sidon, d'Ascalon, de Jérusalem, et enfin de toutes les conquêtes de Saladin jusqu'à Antioche. Il rapporte que ce prince, enflé de ses succès, s'étant mis un jour en présence de quelques chrétiens à exalter la loi de Mahomet, et à l'élever au-dessus de la religion chrétienne, un plaisant qu'il connaissait pour ses bons mots rabattit un peu son orgueil par ces paroles : « Dieu,
» père des fidèles, ayant résolu de corriger les chrétiens

» coupables, s'est servi de vous comme un père qui, irrité
» contre son fils, ramasse un bâton dans la boue, et, lorsqu'il
» l'a châtié, rejette le bâton dans le fumier où il l'a pris. »

Dans le dix-septième chapitre, l'auteur raconte l'arrivée en Europe de l'archevêque de Tyr, et l'effet qu'y produisirent ses lamentables récits. Richard, fils du roi Henri, se croisa un des premiers. Son père, déjà vieux, et Philippe, roi de France, se croisèrent à Gisors. Des princes et des guerriers de tout rang et de tout état des deux royaumes, imitèrent leur exemple. Frédéric, empereur des Romains, se croisa peu après. Gauthier rapporte, dans son chapitre XVIIIe., la lettre que ce prince adressa à Saladin, avant de partir pour son expédition, et la réponse que Saladin fit à cette lettre. Frédéric, dans sa lettre, s'appuyait des conquêtes et de la domination des anciens Romains dont il se disait le successeur, pour revendiquer toute la Palestine, que Saladin avait envahie. Saladin, dans sa réponse, raille Frédéric et montre tout son orgueil. Frédéric, furieux du ton de persiflage du prince sarrasin, se prépara de toutes ses forces à la guerre. Gauthier entre alors dans le détail de ces préparatifs de l'expédition de l'empereur, de son passage à travers la Hongrie, la Grèce et le pays du soudan d'Iconium. Il raconte ce que ce prince eut à souffrir des Huns et des Alains, des défiances d'Isaac, empereur de Constantinople, des ruses et de la fourberie du soudan; il parle des victoires que Frédéric remporta sur lui, et de la fin malheureuse de ce prince qui, sortant vainqueur de tant de difficultés, va se noyer en Arménie dans le fleuve *Selef*. Il raconte ensuite le siége d'Acre, la délivrance de Guy, sa marche vers Tyr, le refus que fait Conrad de le recevoir, l'arrivée de Saladin devant Acre, et celle des Danois et des Frisons, qui viennent au secours des chrétiens. Il parle aussi de Jacques d'Avesnes, des ruses du soudan qui cherche à tromper les croisés, enfin de la fuite et du carnage des chrétiens, malgré l'arrivée des Français, des Anglais et des Allemands. La fin du premier livre de Gauthier est employée à décrire les horreurs de la famine que les chrétiens eurent à souffrir pendant le siége. Il s'élève avec force contre le marquis de Montferrat, qui aspirait à la royauté de Jérusalem, et qui négligeait de porter du secours aux chrétiens.

Au commencement du second livre, Gauthier parle de la croisade que projettent à Gisors les rois de France et d'Angleterre, de la mort de Henri, du couronnement de son fils Richard, du départ de Philippe de France avec le duc de Bourgogne, des ordres que Richard, alors à Tours, donne à la flotte de le précéder en faisant le tour de l'Espagne, pour se rendre à Messine; de la réunion des deux rois à Lyon, et de l'engagement qu'ils prennent de s'attendre au même port de Messine. L'auteur fait monter l'armée des croisés à 100,000 hommes.

Il entre alors dans le détail des démêlés des deux princes à Messine ; il parle de ce que chacun d'eux y fit, de leur départ de la Sicile, de l'arrivée de Philippe devant Acre, de l'entrée de Richard dans l'île de Chypre, du combat qu'il livra à une flotte des Sarrasins, et de la victoire qu'il remporta.

Gauthier commence son troisième livre par l'arrivée de Richard devant Acre, arrivée qui, selon lui, combla de joie tous les chrétiens. Les Pisans viennent se joindre à Richard, et les Sarrasins se préparent à le combattre. Le roi d'Angleterre tombe malade. Le roi de France attaque vigoureusement la ville. Saladin inquiète à l'extérieur les assiégeants, pendant que la garnison brûle toutes leurs machines avec le feu grégeois. Le comte de Flandre meurt de chagrin. Les deux rois, jaloux l'un de l'autre, sont malades à-la-fois : celui de France, rétabli le premier, veut pousser le siége avec plus de vigueur. Richard, quoique convalescent, prend part au combat, et fait un grand carnage des Turcs. Enfin Saladin ordonne aux assiégés de se rendre, et les croisés entrent dans la ville en poussant des cris de joie, et en glorifiant Dieu.

La discorde ne tarda pas à se renouveler entre les deux rois, à l'occasion du marquis de Montferrat et du roi Guy. Les princes et seigneurs s'interposèrent, et il fut conclu un traité qui réconcilia les rois en apparence. Peu après, Philippe annonça son départ. Cette nouvelle jeta tous les esprits dans l'étonnement. Philippe allégua sa maladie, et persista dans sa résolution. Il fit demander deux galères à Richard, et laissa à sa place le duc de Bourgogne, avec beaucoup de monde. Richard exigea de Philippe qu'il jurât d'être en paix avec lui et avec ses sujets, tout le temps que lui, Richard, serait hors de son royaume. Philippe le jura, et en donna pour garants ou otages, le duc de Bourgogne, le comte Henri, et cinq autres seigneurs. Mais Gauthier l'accuse de n'avoir pas tenu ses promesses, puisqu'à son retour en France il se mit à troubler la Normandie.

Dans son quatrième livre, l'auteur raconte que Richard fit réparer les murs d'Acre; il ajoute que Saladin négligeant de rendre, comme il en était convenu, la croix de Notre-Seigneur et de donner ses otages, les chrétiens tranchèrent la tête à 2700 Musulmans, pour se venger de cette mauvaise foi.

L'itinéraire contient le détail d'un combat livré près d'Arssur, lequel dura plusieurs jours, et où les chrétiens triomphèrent d'une multitude incroyable d'ennemis. Il contient aussi le récit des exploits de Richard. Ce récit occupe en grande partie le cinquième livre, et renferme des détails curieux pour l'histoire. Dans le sixième on voit que les Français, voulant marcher vers Jérusalem, Richard consulta auparavant les Templiers, les Hospitaliers et les indigènes. Après qu'on eut délibéré s'il convenait mieux d'aller assiéger Jérusalem, ou prendre *Babylonie*, ou Baruth, ou Damas, on s'arrêta à marcher vers *Babylonie*; lorsqu'on était prêt à se mettre en route, on vint annoncer que plusieurs caravanes venaient de cette ville. Richard courut au devant, leur livra combat, et prit la plus riche. Il y avait, dit Gauthier, 4700, tant chameaux et dromadaires que chevaux et ânes; 1700 Sarrasins furent tués.

Le comte Henri arriva avec l'armée qu'il était allé chercher à Acre. Les soldats et le peuple se plaignaient qu'on les empêchât d'aller à Jérusalem. Les Français se séparèrent des Anglais. Le duc de Bourgogne fit des vers pleins d'invectives contre Richard; Richard y répondit par un poëme, et partit de Béténopole pour s'en retourner. Saladin, apprenant la retraite des chrétiens, rassemble une multitude infinie de Turcs. Le roi Richard, voyant la défection des siens, demande la trève qu'il avait refusée, et qu'on lui refuse aussi. Alors il détruit *Darum*, fortifie Ascalon, et va de Joppé à Acre. Saladin le suit, arrive à Joppé qu'il assiége, et qu'il aurait prise si les assiégés n'eussent demandé une trève. Mais, pendant ce temps, Richard, qu'ils avaient secrètement appelé, vint délivrer le château de Joppé, et força Saladin à aller camper où lui-même avait auparavant dressé ses tentes. Il releva les murs de Joppé, et soutint bientôt après un combat où il fit des prodiges de valeur, et enfonça les Turcs avec sa cavalerie.

Les travaux, la fatigue des combats et les exhalaisons des cadavres le firent tomber malade. Ce prince appela aussitôt les Français qui étaient à Césarée. Ceux-ci refusèrent de venir. Richard, qui était menacé par Saladin, voulut retourner à Acre pour se faire guérir. Les siens s'y opposant, il fut obligé de demander une trève qui lui fut accordée, à condition qu'Ascalon serait détruite; que, pendant trois ans, personne ne pourrait la réparer; qu'après ce terme elle serait laissée à celui qui l'occuperait; que Joppé serait rétablie pour être librement habitée par les chrétiens, ainsi que les pays voisins, soit de la mer, soit des montagnes; que le commerce serait libre pour eux et pour les Sarrasins; que le pélerinage au St.-Sépulcre ne serait gêné par aucune exaction.

Dès que ce traité fut connu, il se fit trois pélerinages à Jérusalem. Le premier fut dirigé par André de *Chavigny*, le second par Raoul *Deissum*, et le troisième par Imbert de *Salisbury*. Le roi, avant de partir, donna huit seigneurs turcs pour racheter Guillaume de Pratelles (d'autres le nomment Porcelet), qui avait sauvé son maître dans un combat, et s'était jeté au-devant des Sarrasins, en disant : *je suis le roi Richard.*

Gauthier termine son itinéraire par le récit fort court de la captivité du roi d'Angleterre en Allemagne, et par son retour au bout d'un an de prison.

Historia captionis Damietæ. (Tom. II, p. 435.)

Article v.

Cette histoire, sans nom d'auteur, a été trouvée à la suite du manuscrit de Gauthier Vinisauf, et placée par l'éditeur de la collection, immédiatement après l'itinéraire que nous venons d'analyser. Elle est précédée, comme cet ouvrage, d'un prologue très court qui ne renferme que des expressions de joie sur la prise de Damiette.

Le premier chapitre parle de la réunion qui se fit à Acre en 1217, des rois de Hongrie, de Chypre et de Jérusalem, du duc d'Autriche et de beaucoup de troupes d'Allemagne. L'auteur s'y plaint de la conduite des Bavarois envers les pélerins et les chrétiens; puis il ajoute :

Le patriarche de Jérusalem, portant avec une grande humilité le bois de la vraie croix, et suivi du clergé et du peuple, sortit de la ville d'Acre et alla au *camp du Seigneur* (c'est-à-dire à l'armée des croisés). Ce bois de la vraie croix avait été conservé jusqu'alors, depuis la perte de la Terre-Sainte du temps de Saladin. La vraie croix avait été coupée en deux parties. L'une était portée dans les combats, et fut perdue à la bataille de Tybériade ; l'autre, qui fut conservée, est, dit l'auteur, celle qu'on montre aujourd'hui. Cet anonyme est le seul écrivain qui parle de la séparation de la vraie croix en deux parties : ce fait n'est ni vrai ni vraisemblable. L'armée se mit en ordre de bataille sous cet étendard, et s'avança par la plaine de *Saba* jusqu'à la fontaine de Tubanie, souffrant beaucoup ce jour-là. Mais l'ennemi craignant l'arrivée de l'armée du Dieu vivant qui marchait avec tant d'ordre, et qui était si nombreuse, enleva ses tentes et s'enfuit, abandonnant le pays aux ravages des chrétiens.

L'auteur parle ensuite de la victoire que le roi de Jérusalem remporta sur le Thabor, où il délivra un grand nombre de prisonniers de tout sexe ; mais ne pouvant expliquer pourquoi ce prince descendit cette montagne sans s'être rendu maître du sommet ni du château, il fait cette réflexion : nous croyons que Jésus-Christ se réserva à lui seul ce triomphe, lorsqu'il y monta avec ses trois disciples pour y annoncer la gloire de sa résurrection future.

Il ajoute, après cela, que les Templiers, le seigneur d'Avesnes, quelques croisés auxiliaires et des chevaliers de l'ordre Teutonique, allèrent fortifier le *château du Fils de Dieu*, appelé autrefois *Détroit*, et du temps de l'auteur, *château des pèlerins*. Il fait la description de ce château ; puis se reportant en Europe, il dit que la province de Cologne fut excitée à la croisade par divers signes qui parurent dans le ciel. Au mois de mai, six jours avant la Pentecôte, pendant qu'on prêchait la croisade dans la province et dans le diocèse de Munster, il parut dans le ciel une triple forme de croix, dont l'une blanche était tournée vers le Nord; une autre de même couleur et de même forme était tournée vers le Midi; la troisième, à moitié colorée, avait la barre de la croix, et une figure d'homme qui y était suspendue, avec les bras levés et étendus, et les mains et les pieds percés de clous, et la tête inclinée. Il en parut aussi une semblable, selon l'anonyme, dans une ville de la Frise, et dans la ville de Gorcum, au diocèse d'Utrecht.

L'anonyme entre alors dans de longs détails sur le siége de Damiette, détails d'après lesquels nous avons fait notre récit. Au mois de novembre, dit-il, la ville fut prise sans conditions, sans défense, sans pillage ni tumulte. Elle fut prise sous les yeux du soudan du Caire, qui n'osa, selon sa coutume, attaquer par leur fossé (*per fossatum nostrum aggredi*) les soldats du Christ, préparés à la défense. Dans le même temps, le fleuve crût prodigieusement, et remplit d'eau le fossé. Le soudan, confus, brûla son camp et s'enfuit.

Les soldats chrétiens entrés dans Damiette trouvèrent ses rues et ses places jonchées de cadavres, que la peste et la faim avaient étendus par terre. Ils trouvèrent beaucoup d'or et d'argent, des étoffes de soie, des habits précieux en abondance et quantité de meubles de différentes espèces. Au rapport des captifs, 80 mille habitants périrent dans Damiette depuis le commencement du siége. Les chrétiens en trouvèrent 3 mille sains ou languissants; 3 cents des plus distingués furent réservés jusqu'au rachat des prisonniers. D'autres moururent peu de temps après; quelques-uns furent vendus à grand prix (*magno pretio venditi*); d'autres se firent chrétiens. Dans le même mois de novembre, la ville de Thanis, située sur le fleuve de même nom, fut prise sans coup férir. On avait envoyé des éclaireurs de l'armée chrétienne pour enlever des provisions et s'assurer de la situation des lieux. La garnison du château, à la vue de ces éclaireurs qui étaient au nombre de mille, crut que c'était toute l'armée; elle ouvrit les portes et s'enfuit. Les chrétiens entrèrent dans le château en rompant les palissades. Ce lieu était entouré d'un double mur et d'un double retranchement; il avait pour rempart un lac qui se répandait tout autour sur un espace tel qu'en hiver l'accès en était impossible aux chevaux et difficile en été. Le château était flanqué de sept tours très fortes et toutes voûtées par en haut. Le lac dont nous venons de parler était si poissonneux, que les pêcheurs payaient tous les ans au soudan un tribut de 4 mille marcs.

C'est par la prise de Thanis que l'anonyme termine son ouvrage. Sa narration est en général facile, et ne manque pas d'une certaine élégance; elle est entremêlée de réflexions qui tiennent plus de la déclamation que d'une saine critique.

Chronica WALTERI HERMINGFORD, *canonici de Gisseburne de gestis rerum Angliæ ab anno Domini* 1066 *ad annum* 1300. (Tom. II, pag. 455.)

Article VI.

Gauthier d'Hermingford, anglais de nation, était chanoine régulier de l'ordre de St.-Augustin dans le monastère de Gisburne sur la Tèze, dans le comté d'Oxford. Cet auteur, avide de science, parvint à une grande érudition. Il s'appliqua à l'histoire, et composa sur cette partie plusieurs ouvrages; entr'autres la chronique dont nous allons nous occuper. Gauthier vivait sous le règne d'Édouard III, et mourut l'an 1347 dans le monastère de Gisburne où il fut enterré.

Cet auteur ne dit presque rien sur la première croisade. Il se contente de parler, sous la date de 1097, de la prise d'Antioche, de la découverte de la lance qui perça J.-C., de la prise de la ville sainte deux ans après, et de l'élection de Godefroi pour roi de Jérusalem.

Sous la date de 1146, il s'exprime ainsi : « Le roi de France, Louis, partit pour Jérusalem avec le comte de Flandre, le comte St.-Gilles (*comite de Sancto Ægidio*) et plusieurs anglais. L'empereur d'Allemagne emmena une assez grande armée. Ces croisés passèrent par les terres de l'empereur de Constantinople, qui les trompa et les trahit. Comme ils marchaient avec beaucoup d'orgueil, ils furent réduits à rien, parce que Dieu les méprisa; car, contre la discipline des camps, le vice avait fait de tels progrès dans les deux armées, qu'il n'est pas étonnant que la faveur divine n'ait jamais souri à des hommes qui étaient comme impurs et immondes.

Gauthier parle de l'armée navale qui s'empara de Lisbonne. Elle se conduisit, dit-il, avec plus de sagesse et eut plus de bonheur. La plus grande partie de cette armée, observe-t-il, venait d'Angleterre.

Sous la date de 1184, il raconte les commencements et les conquêtes de Saladin; il parle entr'autres d'un combat que le prince d'Antioche livra sur ses terres à ce soudan, près d'une ville qu'il nomme *Ramah*; Saladin y fut battu, mis en fuite, et ne s'échappa qu'avec peine, laissant plusieurs milliers de soldats sur le champ de bataille. Mais l'année suivante, pour effacer sa honte, il revint avec de plus grandes forces, et quoique les chrétiens fussent aussi plus nombreux, cependant ils furent vaincus, le grand-maître du Temple et plusieurs chevaliers furent tués, et ce fut là, dit Gauthier, le commencement des douleurs; il continue le récit des exploits et des triomphes du soudan.

L'an 1187, Frédéric régnant en Allemagne, Philippe en France, Henri II en Angleterre, et le pape Urbain ayant succédé à Lucius, la main de Dieu s'appesantit sur Jérusalem; cette ville tomba dans les mains d'une nation innombrable et profane. Gauthier raconte toutes les pertes que firent les chrétiens, ainsi qu'on l'a vu au 2ᵉ. volume de l'Histoire des croisades.

Pendant que cela se passait en Orient, dit-il, le pape Urbain mourut, et eut pour successeur Grégoire VIII, pontife recommandable par son savoir et ses vertus. Il gémit de ce qui était arrivé à la ville sainte, et, pour y porter quelque remède, il adressa aussitôt à tout l'univers chrétien une lettre dont l'auteur donne un extrait, et qu'on a vue tout entière au tome II de l'Histoire des croisades. Richard, comte de Poitiers, fils et héritier du roi d'Angleterre, reçut cette lettre à la chute du jour; sur-le-champ, il embrassa de tout son cœur le louable projet d'aller dans la Terre-Sainte, et de grand matin il parut avec la croix pour montrer quelle était sa résolution.

Dans le même temps, l'archevêque de Tyr arriva de l'Orient, apportant la confirmation de toutes les tristes nouvelles qu'on en avait déjà reçues. Gauthier raconte l'entrevue des rois de France et d'Angleterre, dans laquelle ils prirent la croix, et dit qu'à leur exemple le duc de Bourgogne, les comtes de Flandre, de Champagne, et plusieurs autres seigneurs et évêques d'Angleterre, ayant fixé le temps où ils devaient partir, s'occupèrent des préparatifs d'un si grand voyage.

L'empereur Frédéric, continue-t-il, ayant rassemblé tous les princes de son empire, leur déclara son dessein et se croisa; les ducs et les comtes l'imitèrent, et tous les pays de la chrétienté firent d'immenses préparatifs pour l'expédition.

A la date de 1189, l'historien rapporte un prodige qui fut vu dans le ciel. Il ne faut pas passer sous silence, dit-il, un prodige étonnant qui fut aperçu vers ce temps, en Angleterre, par plusieurs. Il y a, sur la grande route qui mène à Londres, un bourg assez considérable nommé Dunstabell; on vit là, vers le milieu du jour, au haut des airs, la forme d'une croix d'une blancheur remarquable; on y voyait la figure d'un homme crucifié tel que l'Église la représente en mémoire de la passion de notre Seigneur. Comme cette redoutable apparence dura quelque temps et qu'elle retenait en suspens les esprits et les yeux de ceux qui la regardaient avec curiosité, la forme de la croix parut s'éloigner de celui qui était attaché dessus, de sorte qu'on vit distinctement l'une et l'autre au milieu des airs; peu après le phénomène disparut. Chacun interprètera, ajoute l'auteur, ce signe étonnant comme il voudra. Je ne suis que le simple narrateur de ce que j'ai appris; je n'interprète point les présages, et je ne sais ce que la Divinité a voulu annoncer.

L'historien parle alors en peu de mots du départ de l'empereur Frédéric, de son expédition et de sa mort; et sous la date de 1190, de l'arrivée et du séjour à Messine de Richard et de Philippe, du passage de ce dernier à Acre, de l'invasion de Richard dans l'île de Chypre, du combat qu'il livra à des vaisseaux turcs qu'il submergea, de la discorde qui se renouvela à Acre entre les deux rois, et enfin de la prise de cette ville par les chrétiens. Il raconte qu'après quelque séjour à Acre, ces deux rois, pressés par la famine, partagèrent l'armée en deux corps. Il prétend que le roi de France alla faire le siége d'un château devant lequel il resta quelque temps, et que Richard étant allé lui porter du secours, Philippe se retira, de peur que si ce château se rendait, l'honneur et la gloire n'en fussent attribués à Richard. Les autres historiens de cette croisade ne disent rien de semblable, et ce récit de Gauthier est une invention de sa part pour faire valoir Richard aux dépens de Philippe.

Sous la date de 1191, Gauthier rapporte le retour du roi de France en Europe, et fait le récit des combats que livra Richard aux Sarrasins, combats dans lesquels le roi d'Angleterre justifia si bien le surnom de *Cœur de Lion*.

Mais cet auteur se trompe étrangement lorsque, sous la date de 1192, il dit que le roi d'Angleterre s'étant retiré dans l'île de Chypre, Saladin se porta avec toute son armée sur Joppé, et que Richard, informé secrètement de cet événement, revint à pleines voiles en Syrie délivrer cette ville. Richard n'avait point quitté la Syrie; il était alors à Acre et non en Chypre. Le roi d'Angleterre étant tombé malade à Caïphas, Saladin le plaignit, dit Gauthier, comme un prince invincible surpris par une incommodité; il lui envoya un message pour lui offrir une trêve de trois ans, à la seule condition qu'Ascalon serait détruite. Richard, qui avait fait tant de dépenses pour la restauration de cette place, supportait avec peine l'idée que cette ville fût détruite; cependant, persuadé par les chrétiens, il consentit à la trêve et quitta la Syrie. L'auteur raconte ensuite son naufrage et sa captivité en Allemagne.

A la date de 1195, il dit que le Vieux de la Montagne envoya à tous les princes de l'Europe une lettre dans laquelle il disculpait l'illustre roi Richard de la mort de Conrad, marquis de Montferrat (1).

---

(1) Voici le contenu de cette lettre, dont nous avons parlé au VIIIe. livre de cette histoire; quoiqu'elle nous ait paru apocryphe, nous la donnons ici comme une pièce curieuse; on y verra comment on faisait parler alors le Vieux de la Montagne.

« Le Vieux de la Montagne, aux princes et à tout le peuple de
» la religion chrétienne, salut. Comme nous ne souhaitons aucun

En 1196, l'empereur, comme pour expier sa faute d'avoir retenu prisonnier un prince chrétien revenant de la Terre-Sainte, proposa d'aller au secours de l'église d'Orient, et d'unir pour cela ses troupes aux troupes anglaises; il convoqua les ecclésiastiques et les laïcs de son empire, et leur déclara son dessein. Le légat du Saint-Siége qui était présent, exhorta tous les sujets de l'empire à imiter cet exemple; tous les prélats et les grands prirent la croix. Mais le projet de cette expédition échoua par la faute des princes qui se divisèrent pour des intérêts particuliers.

» mal à celui qui est innocent et ne le mérite pas, nous ne voulons
» pas qu'à l'occasion de ce que nous avons fait, l'innocence de per-
» sonne soit compromise. Nous ne souffrons pas, avec la permis-
» sion de Dieu, que ceux qui nous ont offensés se réjouissent long-
» temps des injures faites à notre simplicité. Nous signifions donc
» à vous tous, et nous prenons à témoin celui par qui nous espé-
» rons être sauvés, que ce n'est par aucune machination du roi
» dénommé que le marquis a été tué. Il l'a été justement, de notre
» volonté et de notre ordre, par nos satellites, parce qu'il nous
» avait offensés, et qu'il avait négligé, malgré nos avis, de nous
» faire réparation : car c'est notre coutume d'avertir d'abord ceux
» qui nous ont offensés en quelque chose, nous ou nos amis, de
» nous faire satisfaction ; et c'est notre coutume, s'ils méprisent
» notre avertissement, de nous venger par nos ministres qui nous
» obéissent avec un si grand dévouement qu'ils ne doutent point
» d'être glorieusement récompensés par Dieu s'ils succombent en
» exécutant nos ordres. Nous avons appris aussi qu'on a dit du
» même roi qu'il nous avait engagés, comme moins intègres que
» d'autres, à envoyer quelqu'un des nôtres pour dresser des em-
» bûches au roi de France. Cela est faux et l'effet d'un vain soup-
» çon. Dieu nous est témoin qu'il n'a rien tenté de pareil auprès
» de nous, et que notre honnêteté ne nous permettrait pas de
» laisser tenter à personne aucun mal contre qui ne l'aurait pas
» mérité. Portez-vous bien. »

Gauthier ne dit rien de la croisade de 1200, et passe à la prise de Damiette en 1219; il dit qu'on y trouva d'immenses trésors en or et en argent, des armes en abondance et de la farine en grande quantité. L'armée chrétienne étant sortie plus tard pour aller assiéger la ville de *Thaer* (le Caire), le fleuve s'enfla de manière qu'elle ne put revenir et que les choses nécessaires lui manquèrent. Réduits à l'extrémité, les chrétiens demandèrent la paix; ils l'obtinrent pour sept ans en rendant Damiette. Les prisonniers furent remis de part et d'autre, et la sainte croix, dit-on, fut restituée aux chrétiens. L'auteur, sans rien dire de la première croisade de St. Louis, passe à l'année 1270, où il se fit, par l'activité du pape Clément et par les soins religieux d'autres serviteurs de Dieu, un grand rassemblement de croisés; les princes les plus courageux prirent la croix et passèrent en Orient avec une nombreuse armée. Édouard, fils du roi Henri, prit part à cette expédition; il alla, vers la St.-Michel, à Aigues-Mortes où il s'embarqua, et au bout de dix jours, il aborda à Carthage où il fut reçu avec beaucoup de joie par les princes chrétiens qu'il y trouva, c'est-à-dire par Philippe de France, qui venait de succéder à St. Louis son père, mort depuis peu; par Charles, roi de Sicile, et par les rois de Navarre et d'Aragon (le roi d'Aragon n'était point de cette expédition). Gauthier raconte qu'Édouard ne voulut point prendre part au traité que les rois croisés firent avec le roi de Tunis, et que ceux-ci s'étant embarqués pour revenir en Europe, le prince anglais alla à Acre avec mille hommes d'élite; il y demeura un mois entier pour rafraîchir sa troupe et connaître le pays. Au bout du mois, plusieurs chrétiens sortirent avec lui au nombre de sept mille, et s'éloignant de vingt lieues, ils prirent Nazareth, et tuèrent ceux qu'ils trouvèrent. Pendant qu'ils revenaient à Acre, les ennemis les suivaient pour les battre dans quelque vallée ou lieu étroit; les chrétiens s'en étant aperçu, firent volte-face, en tuèrent quelques-uns et mirent les autres en fuite. Vers la St.-Jean, Edouard ayant appris que les Sarrasins étaient venus à la distance de quinze milles, sortit et fondit sur eux dès le point du jour, leur tua environ mille hommes et fit prendre la fuite aux autres. Le nom d'Édouard se répandit parmi les ennemis du Christ qui commencèrent à le redouter, et s'occupèrent des moyens de s'en défaire avec adresse. Gauthier raconte que le grand émir de Joppé, feignant de vouloir se convertir à la religion chrétienne, lui envoya plusieurs fois un esclave porteur de lettres pour lui et secrètement chargé de l'assassiner ; ce que l'esclave exécuta en effet. Mais heureusement Édouard échappa au danger par le secours des gens de l'art. Lorsqu'il fut guéri, il conclut une trêve de dix ans, et repassa en Europe avec les croisés. Gauthier ne dit plus rien dans le reste de sa chronique, des affaires de Palestine. Comme on le voit, cette histoire de Gauthier doit être lue avec précaution ; outre quelques infidélités ou erreurs de l'auteur, il y a, dans son récit, des omissions importantes.

Historiæ Anglicanæ scriptores decem.

Cette collection de Roger Twisden-de-Kent, fut entreprise à la sollicitation de Cornelius Bee, bibliothécaire de Londres. Six des manuscrits dont elle est composée, ont été tirés de la bibliothèque cottienne, et fournis par le savant Selden ; les autres sont tirés des bibliothèques de l'académie de Cambridge, et surtout des bénédictins de cette ville. Elle fut imprimée à Londres en 1652, aux dépens de Cornélius Bee, à l'imprimerie de Jacques Flesher ; elle est en 2 vol. in-fol. Le premier manuscrit qui mérite de fixer notre attention, se trouve au premier tome sous le titre de :

SIMEONIS *Durhnensis Historia de gestis rerum Anglorum.* (Tom. 1er., pag. 430.)

Article 1.

Siméon de Durham, moine bénédictin et préchantre de l'église de cette ville, est compté parmi les hommes les plus savants qui ont vécu au milieu du xiie. siècle. Il a fait l'histoire de l'église de Durham. Dans celle des rois anglais, Siméon raconte comment le pape Urbain II parvint, en 1096, à armer toute la chrétienté contre les Sarrasins ; il donne les noms des princes qui se croisèrent au concile de Clermont et à la suite de ce concile. Il raconte, comme les autres historiens, les événements des croisades, mais sans aucuns détails particuliers. Seulement en parlant du concile tenu à Rome en 1123, et dans lequel se trouvèrent trois cents évêques présidés par le pape, il cite entre autres décrets qui y furent rendus, le suivant :

« Nous accordons la rémission de leurs péchés à ceux qui
» iront à Jérusalem pour défendre les chrétiens et travailler à
» la destruction des infidèles ; nous mettons, sous la protection
» de St. Pierre et de l'Église romaine, leurs maisons, leur fa-
» mille et tous leurs biens, comme il a été statué par notre seigneur
» le pape Urbain. Quiconque donc osera les endommager ou
» les enlever pendant tout le temps que durera leur absence,
» qu'il soit excommunié. Nous ordonnons à ceux qui sont
» connus pour avoir porté sur leur vêtement la croix comme
» devant faire le voyage de Jérusalem ou d'Espagne, de re-
» prendre la croix et le chemin de leur pélerinage, dans l'es-
» pace de la Pâque prochaine à la Pâque de l'année suivante,
» autrement nous leur interdisons l'entrée de l'Église et nous
» défendons qu'on célèbre l'office divin dans leurs domaines,
» excepté le baptême des enfants et la pénitence des morts. »

La chronique de Siméon finit en 1128, et ne traite que des affaires d'Angleterre. Jean, prieur de l'église d'Hagustade, l'a continuée jusqu'en 1154; il rapporte qu'en 1148, Louis, roi de France, partit pour Jérusalem avec la reine Éléonore, et une multitude de chrétiens de tous les royaumes et de toutes les provinces. Dans cette expédition, le comte Guillaume de Waren, qui commandait l'arrière-garde de l'armée chrétienne, fut tué par les infidèles. Il périt aussi beaucoup de seigneurs des contrées d'Orient. Roger de Moubray s'acquit une grande célébrité par un combat singulier, dans lequel il triompha d'un émir. Ce sont là tous les détails qu'on trouve sur la deuxième croisade.

RADULPHI *de Diceto, decani Londoniensis Abbreviationes chronicorum et Imagines historiarum.* (Tom. 1er., pag. 430.)

Article II.

Raoul de Dicet, doyen de Londres, vivait, dit on, sous le roi Jean, ou environ 1210. C'était un homme remarquable par sa piété et par son savoir. Il offre, dans ses abrégés de chroniques, quelques détails sur les croisades, qu'il a puisés chez les historiens qui l'ont précédé, et met une grande précision dans ses dates. Il parle du concile de Clermont, en 1096, et donne les noms des seigneurs croisés. Sous celle de 1097 (1), il place le premier combat que livrèrent les chrétiens au pont du fleuve Farfar, le 9 des calendes de mars. Le second près

---

(1) Voici le texte de l'auteur : « Primum bellum christianorum » fuit ad pontem *Farfar* fluminis, ix kal. martii; secundum, apud » *Nicheam* quam et ceperunt xiii kal. julii; ceperunt et *Laodiceam.* »

de Nicée, le 13 des calendes de juillet, à la suite duquel cette ville fut prise. Dicet est le premier écrivain qui ait parlé d'un combat livré au mois de mars, quatre mois avant la prise de Nicée. Les autres auteurs anglais qui en ont parlé, ne l'ont fait que d'après lui. On ne sait point non plus quel est ce fleuve Farfar dont il est ici question, et qui devait couler à quelque distance de Nicée.

A la date de 1098, l'historien fait le récit de la prise d'Antioche, de la famine que les chrétiens y éprouvèrent, du siége qu'ils soutinrent à leur tour contre les Turs, et de leur délivrance. Il raconte, sous celle de 1099, mais avec peu de détails, le siége et la prise de Jérusalem. Sous celle de 1119, il parle des exploits de Foulques d'Anjou, et de ses successeurs Baudouin et Amaury.

A l'occasion de la croisade de Louis VII, en 1147, l'auteur dit que le roi ayant été persuadé par S. Bernard de partir pour Jérusalem, convoqua les grands de son royaume qui se croisèrent avec lui; et il ajoute : aussitôt il se fit dans toute la France une inscription générale; ni le sexe, ni le rang, ni la dignité n'exemptèrent personne de donner des secours au roi : aussi son voyage fut-il le sujet de beaucoup d'imprécations. *Per totam Galliam fit inscriptio generalis ; non sexus, non ordo, non dignitas quempiam excusavit quin auxilium regi conferret: cujus iter multis imprecationibus persequebantur.* Nous avons dit dans le sixième livre de notre Histoire, que les taxes mises sur le peuple, et surtout la spoliation des églises, avaient excité beaucoup de plaintes, et avaient commencé à refroidir l'enthousiasme pour la croisade. Pour le prouver, nous nous sommes appuyé de l'autorité des écrivains du temps, et particulièrement de Dicet, dont nous avons cité le passage même.

Dans le livre qui a pour titre *Imagines Historiarum*, du même auteur (tom. Ier., pag 600), on lit à la date de 1178, que les chrétiens eurent près de Jérusalem une affaire avec les Sarrasins, dans laquelle ceux-ci furent vaincus; et que le messager envoyé directement par le roi de Jérusalem au roi d'Angleterre, pour lui annoncer cette victoire, assura en avoir été témoin lui-même.

Raoul rend compte d'une bataille qui fut livrée dans ce temps à Rama, où Saladin était venu établir ses tentes, et dans laquelle Odon, grand-maître du Temple, après des prodiges de valeur, força le prince infidèle à prendre la fuite, monté sur un chameau léger. Il ne faut pas confondre cette bataille livrée à Ramah, près d'Ascalon, en 1178, avec celle du même nom rapportée par Gauthier, et qui eut lieu en 1184, sur les terres d'Antioche.

Il place, sous la date de 1184, deux lettres adressées au pape, l'une par Saladin, et l'autre par son frère qu'il nomme Sisidin. Quoiqu'il ne dise point comment et à quelle occasion elles ont été envoyées, on voit cependant, par le contenu, que ce sont deux réponses faites au souverain pontife qui avait écrit à ces princes d'Orient. Elles ont toutes deux pour objet l'échange des prisonniers chrétiens et infidèles, échange auquel Saladin avait consenti, mais qu'il différait d'exécuter. Son frère promet au pape d'en faire avancer l'exécution.

Dans ce même temps, les chrétiens de Jérusalem envoyèrent d'un commun accord, en Occident, le patriarche, le grand-maître du Temple et le prieur des Hospitaliers, pour demander du secours afin de réprimer les hostilités et les fréquentes incursions des Sarrasins dans le royaume de Jérusalem.

En 1185, le roi d'Angleterre convoque les évêques, les abbés conventuels, les comtes et barons, auprès de la fontaine des Clercs, à Londres. Après avoir entendu le patriarche, le maître des Hospitaliers, le roi engagea tous ceux qui étaient présents à envoyer à Jérusalem tous les secours qu'ils pourraient. On mit en délibération s'il convenait que le roi allât en personne en Palestine, ou s'il devait rester en Angleterre pour la gouverner, comme il s'y était engagé en face de l'Eglise. Le roi promit de fournir des secours en hommes et en argent, de réprimer toutes les violences et les iniquités de tout genre, et d'ordonner qu'on mît dans tous les jugements de l'équité et de la miséricorde. Il parut à tous plus sage que le roi gouvernât son royaume avec la modération convenable, et le défendît des irruptions des Barbares.

Raoul donne, sous la date de 1189, la lettre que les Templiers écrivirent à tous les chrétiens. On la trouvera plus bas tout entière.

Dans la même année, les rois de France et d'Angleterre eurent une entrevue à Gisors, où ils reçurent la croix des mains de l'archevêque de Tyr. Il fut convenu que tous les croisés de France porteraient une croix rouge, ceux d'Angleterre une blanche, et ceux du comté de Flandre une verte.

Après la soumission de Jérusalem, dit Raoul, Eraclius, patriarche de cette ville, et Raynault, seigneur de Sidon, donnèrent à Saladin, pour racheter le roi Guy, et Théodore, grand-maître du Temple, le fort qu'on nomme Bérou, Gaza, Galatra, Blanche-Garde, la Tour des Soldats, le fort d'Arnoul, Pétra, Plata, Naplouse, Gibelin et Joppé. Il fut convenu aussi que tout homme qui pourrait payer à Saladin cinq besants, toute femme deux besants et demi, et tout enfant un besant et demi, seraient délivrés des mains des Sarrasins, et auraient un sauf-conduit pour passer jusqu'à Tyr. Vingt mille hommes furent menés en captivité à Damas; le frère du roi fut aussitôt délivré, le roi et le maître du Temple le furent après la Pâque.

Bohémond, comte de Tripoli, coupable de trahison, dit

Raoul, devint fou, et mourut quinze jours après la prise de
Jérusalem.

L'auteur place ici la lettre que l'empereur Frédéric écrivit
dans ce temps à Saladin ; mais il ne parle pas de la réponse
de Saladin.

L'ouvrage de Raoul n'étant qu'un recueil de faits et de
pièces entassées sans autre liaison que celle de l'ordre chronologique, on ne doit pas être surpris de trouver, à la suite
les unes des autres, des lettres ou des événements qui n'ont
d'autre rapport ensemble que celui du temps.

Ainsi après avoir parlé des querelles entre la France et
l'Angleterre, l'auteur, sans en avertir, passe en Orient, raconte ce qui s'y fait, et donne une lettre de Conrad, fils du
marquis de Montferrat, à l'archevêque de Cantorbéry. Cette
lettre peint la triste situation de Jérusalem, et a pour but
d'exciter les rois et les peuples à délivrer le patrimoine de
Jésus-Christ. Elle est datée de Tyr, le 12 des calendes
d'octobre.

Il donne ensuite une lettre de Thibault et de Pierre de
Léon au pape, dans laquelle ils lui font part d'une victoire
que les chrétiens ont remportée non loin d'Acre, sur une
armée de cent mille Sarrasins, commandée par Saladin. Le
grand-maître des Templiers fut tué avec plusieurs autres dans
cette affaire.

Raoul dit qu'au moment où l'on eut pris la croix on leva en
Angleterre une dîme générale des biens meubles, pour venir
au secours de Jérusalem. Cette levée se fit avec une sorte de
violence qui effraya le clergé et le peuple. Sous le titre d'aumône, elle renfermait un esprit d'exaction et de rapacité (1).

---

(1) Voici les expressions de l'auteur : « A tempore crucis susceptæ
» decimatio generalis rerum mobilium facta per Angliam ad sub-

A la suite de cette observation, l'historien place les lettres-patentes de Philippe, roi de France, et de Richard, roi d'Angleterre, par lesquelles il est ordonné aux croisés des deux pays de partir, sous peine d'excommunication et d'interdiction, dans l'octave de Pâque, et défendu à qui que ce soit de faire aucun tort aux croisés pendant leur absence. Ces lettres sont datées du 30 décembre.

Sous la date de 1195, on lit une lettre de l'évêque de Salisbury au vénérable seigneur et père en J.-C., l'évêque de Londres. C'est le récit abrégé de l'itinéraire du roi Richard, du combat qu'il livra à la flotte turque, en sortant de l'île de Chypre, du siége et de la reddition d'Acre, et des exploits du roi d'Angleterre depuis cette reddition jusqu'à la délivrance de Joppé.

A la même date de 1195, est une bulle du pape Célestin, adressée à l'archevêque de Cantorbéry, à ses suffragants et aux églises de la province. Elle a pour but de les inviter à exciter les peuples par des exhortations continuelles à prendre le signe de la croix pour aller confondre et renverser les persécuteurs de la foi chrétienne. Elle accorde des indulgences à ceux qui partiront, et met tous leurs biens sous la protection du St.-Siége et des évêques diocésains. Elle est datée du 8 des calendes d'août, et de la cinquième année du pontificat de Célestin.

L'ouvrage de Dicet se termine à l'année 1199. Il est bon à consulter pour les dates et pour quelques pièces qui s'y trouvent.

» ventionem terræ *Jerosolimitanæ*, tam clerum quam populum
» exactione violenta perterruit sub eleemosinæ titulo vicium rapa-
» citatis includens. »

Chronicon Joannis BROMTON *abbatis Jornalensis*. (Tom. 1er., pag. 726.)

Article III.

Jean Bromton de Jorval a reçu ce dernier nom d'un monastère de l'ordre de Citeaux, dont il fut abbé, et qui était dans le comté de Richemond ; il vivait vers la fin du douzième siècle. On dit qu'il prit l'habit de l'ordre de Citeaux dès sa plus tendre jeunesse, et qu'il dut à ses vertus et à son érudition le titre d'abbé de Jarvan ou Jorval. Il a beaucoup écrit sur l'histoire, et il a dédié ses ouvrages à son monastère. Sa chronique, que nous avons sous les yeux, commence à l'an 588, et va jusqu'à la mort de Richard Ier., c'est-à-dire en 1198.

Il donne peu de détails sur la première croisade. Il en indique seulement les principaux événements jusqu'à la prise de Jérusalem.

Sur la seconde croisade entreprise par le pape Eugène, et prêchée par St.-Bernard, l'auteur dit, qu'à la suite du concile de Reims tenu par ce souverain pontife, plusieurs anglais se croisèrent et partirent pour Jérusalem avec le roi Louis, le comte de Flandre et le comte de St.-Gilles (Bromton confond sans doute ici Reims avec Chartres ou Étampes : d'ailleurs aucun historien ne dit qu'Eugène ait tenu de concile en France pour la croisade); que l'empereur Conrad se croisa aussi à Francfort, avec plusieurs autres princes, et se mit en marche suivi d'une multitude innombrable de pélerins; que ces deux rois, Conrad et Louis, étant parvenus sur les terres de l'empereur de Constantinople, eurent beaucoup à souffrir de ses tromperies, et perdirent considérablement de monde; qu'enfin, échappant à mille dangers, ils arrivèrent à Antioche, puis à Jérusalem, avec plus de honte que de gloire.

Bromton parle aussi, en peu de mots, de la flotte des croisés qui alla relâcher à Lisbonne, qu'elle prit ainsi qu'Almarie et les pays adjacents.

Sous la date de 1187, il raconte les malheurs de la Terre-Sainte et les conquêtes de Saladin. Nous ferons observer ici que les expressions et les idées de cet auteur sont, à très peu de chose près, les mêmes que celles d'autres chroniques anglaises que nous avons analysées; et, comme Bromton a écrit avant les auteurs de quelques-unes de ces chroniques, nous devons en conclure que c'est lui qui a été copié. La victoire que Philippe, comte de Flandre, remporta sur Saladin en 1184, et la résolution que prirent les chrétiens d'Orient d'envoyer le patriarche de Jérusalem en Europe demander du secours aux princes chrétiens, et surtout au roi d'Angleterre, sont racontées par les autres écrivains, d'après Bromton, qu'ils ont presque copié mot à mot.

A la date de 1189, après avoir parlé de l'arrivée de plusieurs seigneurs croisés à Ptolémaïs, cet auteur ajoute que Saladin, ayant rassemblé une grande armée, vint au-devant de celle des chrétiens, et lui livra bataille; mais il laissa toutes ses tentes, et perdit une partie de ses meilleures troupes. Les chrétiens perdirent aussi une partie des leurs. Peu après, Saladin reprit l'avantage sur les croisés; en les repoussant jusqu'à leur camp. Le grand-maître et le maréchal du Temple, avec vingt-deux chevaliers et quarante autres nobles chrétiens, périrent dans cette action. Saladin perdit son premier né, son neveu, son sénéchal et l'élite de sa milice. Après ce combat, il arriva d'Occident un grand nombre de combattants armés de toutes armes; et, dans la même année, il aborda plus de cinq cents vaisseaux, outre une multitude de galères et de corsaires.

Bromton fait ensuite le récit de l'expédition de l'empereur Frédéric, avec les détails que nous avons déjà vus; mais il diffère des autres historiens sur la manière dont ce prince mourut. Voici comment il raconte cet événement : « L'armée chrétienne était alors partagée en deux camps, l'un sous le commandement de l'empereur, et l'autre sous celui de son fils. Un fleuve coulait au milieu d'eux. L'empereur voulut traverser ce fleuve à cheval, pour aller parler à son fils qui était de l'autre côté. Ceux qui l'accompagnaient lui conseillèrent de ne pas s'abandonner imprudemment à une rivière qu'il ne connaissait pas; mais, sans les écouter, et, oubliant sa dignité, il poussa son cheval; et, tombant dans l'eau à la vue de son escorte qui ne put venir à son secours, il fut étouffé dans un moment.

L'auteur rapporte aussi l'autre version, et ajoute ces mots : *D'une manière ou d'une autre, l'empereur finit ainsi sa vie dans les ondes.* Il raconte ensuite ce que devint l'armée sous la conduite du duc de Souabe, et l'engagement que prirent, au mois de novembre de la même année, les rois de France et d'Angleterre d'aller à Jérusalem.

Sous la date de 1190, il fait le récit du départ des deux rois, et dit, qu'au mois de juillet, dix mille jeunes gens bien armés de ceux qui assiégeaient Acre, allèrent, malgré la défense du roi de Jérusalem, du patriarche et des autres grands de l'armée, livrer combat à Saladin; que presque tous furent tués, excepté un petit nombre qui se sauva par le secours de Raoul de Hauterne, archidiacre de Glocester.

Bromton fait l'itinéraire du roi Richard, dans lequel il n'y a rien de remarquable; puis il raconte, assez longuement, l'expédition de la flotte chrétienne sur les côtes du Portugal, et les succès qu'elle y obtint.

En parlant du siége d'Acre, Bromton dit que la famine qui se mit dans l'armée chrétienne devint si grande, qu'un pain qui suffisait à peine au repas d'un homme, se vendait dix sous de la monnaie angevine. La chair de cheval était devenue un mets recherché. Une mesure de froment se vendait 200 besants. La famine s'accrut tellement, que tous auraient péri si le cri du peuple ne fût parvenu aux oreilles d'Hubert Gauthier, évêque de Salisbury. Celui-ci, inspiré par la grâce divine, rassembla les chefs de l'armée; et, de leur avis, et avec leur secours, il ordonna une collecte pour le soulagement des pauvres de l'armée. Cette collecte fut si forte qu'elle suffit au soutien de tous pendant trois jours, au bout desquels il arriva des vaisseaux chargés de si abondantes provisions, que la mesure de froment qui se vendait 200 besants, fut donnée pour six besants.

L'historien, qui passe, sans en avertir, d'un sujet à l'autre, après avoir parlé de cette famine, raconte ce qui se faisait en Écosse dans la même année; puis, revenant en Sicile, il dit que Richard, touché de repentir pour ses fautes, convoqua tous les archevêques et évêques qui étaient venus avec lui dans cette île, qu'il se jeta à leurs pieds, portant dans ses mains trois paquets de verges flexibles, et ne rougit point d'avouer devant eux la turpitude de ses péchés, pour lesquels les évêques lui imposèrent une pénitence; l'auteur ajoute que, dès ce moment, Richard craignant Dieu et faisant le bien, ne retourna plus à son iniquité.

Bromton entre dans de longs détails sur le siége d'Acre, et dans plusieurs endroits ce sont les mêmes expressions que dans l'itinéraire de Richard.

Le récit du danger que le roi courut d'être pris par les Sarrasins, mérite d'être rapporté ici; et avec d'autant plus de raison qu'il diffère de celui qu'on a lu au 3e. volume de l'Histoire des croisades. Après que Saladin se fut retiré de devant Acre, et que Richard eut campé dans le lieu même où le prince infidèle avait ses tentes. « Quelques jeunes Sarrasins jurèrent, dit l'auteur,

» de prendre le roi d'Angleterre dans sa tente et de le présenter
» dans deux jours à Saladin. Au milieu de la nuit, pendant que
» la lune éclairait, ils s'avancent armés et parlant entre eux de ce
» qu'ils avaient à faire. Mais pendant qu'ils se disputaient pour
» savoir quels seraient ceux qui iraient à pied dans sa tente
» et ceux qui resteraient à cheval en observation, le temps
» s'écoula et l'aurore arriva. Par hasard quelques Génois sortis
» du camp pour aller dans la campagne, furent étonnés
» d'entendre le bruit de gens qui marchaient, et, baissant la
» tête, ils virent de loin des casques briller ; ils retournent ra-
» pidement au camp, ne cessant de crier de toutes leurs
» forces pour faire prendre les armes à tous. A ces cris, le roi
» se réveille, saute de son lit, prend sa cuirasse et ses armes
» et ordonne à tous de s'armer en toute hâte. La plupart, ef-
» frayés ou troublés, courent au combat les jambes nues. »
Il s'engagea alors une affaire générale, dont l'auteur fait le
récit, et dans laquelle Richard se battit avec tant d'ardeur que
la peau de sa main qui tenait son épée se fendait.

Bromton raconte ensuite la prise de Joppé, la paix conclue
avec Saladin, le retour de Richard et sa captivité en Allemagne. Il donne aussi la lettre du Vieux de la Montagne, que
nous avons copiée. Son histoire finit peu après cette époque.
La manière de cet historien est de rapporter année par année
ce qui se passa, soit en Orient, soit en Occident ; aussi sa
narration est-elle confuse et pénible à suivre : en général
les historiens anglais et tous les historiens de ces temps
reculés ne savent procéder ni avec ordre ni avec clarté ; leurs
chroniques ou annales sont des espèces de journaux aussi
éloignés des journaux de notre temps par la rédaction et par
l'intérêt, que l'esprit de ces siècles l'est de l'esprit du nôtre.
Outre que ces journaux sont plus mal rédigés que ceux d'aujourd'hui, la plupart sont très incomplets dans le récit des

événements, défaut qui doit être attribué à la difficulté des communications.

GERVASII *monachi Dorobernensis chronica.*
(Tom. II, pag. 1338.)

Article IV.

Gervais de Cantorbéry, moine bénédictin, vivait sous le roi Jean en l'an 1200. Il se distingua par sa grande érudition. Il s'attacha à la connaissance de l'antiquité avec une ardeur incroyable. Il donna un soin plus particulier aux affaires des Bretons et des Saxons, et il a fait sur ce sujet un volume dans lequel il commence l'histoire des Bretons à son origine et la conduit jusqu'au règne du roi Jean. Il a aussi écrit les vies des archevêques de Cantorbéry, l'histoire des différends entre les moines de cette ville et l'archevêque Baudouin, et un traité sur l'incendie et la réparation de l'église de Cantorbéry. La chronique que nous allons analyser paraîtrait donc avoir fait partie de la grande histoire que Leland lui attribue, car elle ne commence qu'en 1122. Mais Gervais dans son prologue n'en dit rien, et semble au contraire n'avoir eu en vue que de se borner dans l'espace que renferme sa chronique. Quoi qu'il en soit, nous allons en extraire le peu qui se rapporte à notre sujet.

Il parle du départ de l'empereur d'Allemagne Conrad, de Louis, roi de France, avec sa femme Éléonore ; de Thierri, comte de Flandre et de plusieurs guerriers français, anglais, normands et bretons. Il rapporte aussi l'issue de ce passage et l'expédition de la flotte en Portugal.

Sous la date de 1185, il dit que, le 4 des calendes de février, Héraclius, patriarche de Jérusalem, vint à Cantorbéry, et qu'il était envoyé en Angleterre pour emmener le roi, s'il le pouvait, à Jérusalem. Mais ce prince sachant que son royaume était menacé de grands troubles, se refusa à la prière du patriarche. Il se contenta de promettre 50 mille marcs d'argent, pour la défense de la Terre-Sainte.

L'auteur fait le récit de l'invasion de Saladin dans la Palestine. Ce récit, assez court, se retrouve dans la lettre que le grand-maître du Temple écrivit aux chevaliers et que nous avons fait connaître dans l'extrait de Coggeshales.

Le 3 des ides de février 1188, il se tint à *Daitinton*, à huit ou dix mille de Northampton, une assemblée de prélats et des grands du royaume, présidée par le roi, pour y traiter de la défense de la Terre-Sainte. Après différents discours tenus à ce sujet, on publia les capitulaires suivants, à l'égard de ceux qui avaient pris ou prendraient la croix.

1°. Tout clerc ou laïc qui aura pris la croix est libéré et absous par l'autorité de Dieu, des saints apôtres Pierre et Paul et du souverain pontife, de tous les péchés dont il se sera repenti et confessé.

2°. Il est réglé par les rois, archevêques, évêques et autres princes, que tous ceux, tant clercs que laïcs, qui ne feront pas le voyage, donneront la dîme de leurs revenus d'une année et de tous leurs autres biens, tant en or et argent qu'en toutes autres choses, excepté des livres, habits et vêtements des clercs et de la chapelle et pierres précieuses, tant des clercs que des laïcs, excepté encore des chevaux et habits des guerriers appartenant à l'usage propre du corps.

3°. Il faut observer aussi que tous les clercs et guerriers et servants des guerriers qui feront le voyage, auront la dîme de leurs terres et de leurs hommes, et ne donneront rien pour eux.

4°. Les bourgeois qui prendront la croix sans permission n'en donneront pas moins la dîme.

5°. Il est statué que personne ne fera de jurement énorme,

ne jouera aux jeux de hasard ou aux dés ; et qu'après la Pâque prochaine, personne ne se servira de *vair* ou *gris*, ou *escarlate* ; et qu'on se contentera de deux mets. Personne n'emmènera de femme avec lui dans son voyage, à moins que ce ne soit une blanchisseuse qui ne puisse inspirer de soupçons. Personne n'aura d'habits déchirés.

6°. Il est décidé que tout clerc ou laïc qui, avant d'avoir pris la croix, aura engagé ses revenus, aura le reste de l'année libre, et après l'année le créancier reprendra les revenus, de manière que les fruits que le débiteur aura perçus seront imputés en paiement de la dette, et que la dette, après la prise de la croix, ne pourra être soumise à intérêt, tant que le débiteur sera en pélerinage.

7°. Il est statué que tout clerc et laïc qui partira, pourra licitement engager pendant trois ans, à dater de la Pâque où il partira, ses revenus ecclésiastiques et autres, en sorte que les créanciers percevront intégralement pendant ces trois ans tous les fruits des revenus qu'ils auront engagés.

8°. Il est statué que l'argent trouvé sur tout pélerin qui mourra en voyage, sera partagé, d'après l'avis de personnes discrètes établies pour cela, en trois parts, l'une pour soutenir ceux qui le servaient, l'autre pour secourir la Terre-Sainte, et la troisième pour le soulagement des pauvres.

L'archevêque de Cantorbéry qui avait déjà pris la croix, se leva au milieu de l'assemblée, et faisant au peuple une exhortation, excommunia ensuite tous ceux qui dans l'intervalle de sept ans commenceraient la guerre, ou entretiendraient une guerre commencée.

La chronique de Gervais ne donne plus aucun détail sur les croisades. Elle n'est remplie jusqu'à la fin que des démêlés de l'archevêque de Cantorbéry avec les moines de la même ville.

Henrici KNIGTHON *canonici Leycestransis chronica de eventibus Angliæ a tempore regis* EDGARI *usque ad mortem regis* RICARDI II. (Tom. II, pag. 2312.)

Article v.

Henri Knigthon était chanoine de l'abbaye de Leycester. Il vivait sous le roi Richard II. Il a commencé son histoire à Guillaume Ier. et l'a conduite jusqu'en 1395. Il paraît qu'elle se trouvait en manuscrit dans toutes les bibliothèques soit publiques, soit particulières, et qu'elle était traduite en anglais plusieurs années avant qu'elle parût dans la collection de Twisden ; honneur que n'ont pas eu bien d'autres chroniques. Elle ne nous offre rien sur la première croisade, ni sur ce qui s'est passé dans la Terre-Sainte depuis cette époque jusqu'en 1188. C'est à cette date seulement que l'auteur commence à en parler. Voici ce qu'il dit et qui mérite d'être cité :

« Urbain III succéda à Lucius qui mourut de douleur de la prise de Jérusalem par les Sarrasins. Héraclius, patriarche de cette ville, vint en Angleterre (1) demander au roi Henri, de la part de tous les chrétiens d'Orient, du secours contre les infidèles. Il lui remit les clefs de la ville sainte et du sépulcre du Seigneur, avec l'étendard du roi et des lettres du pape Lucius qui contenaient des avertissements, et rappelaient le serment que Henri avait fait précédemment à cet égard. Mais le roi différait de répondre jusqu'à ce qu'il fût à Londres. Enfin,

---

(1) L'auteur se trompe ici sur la date de l'arrivée du Patriarche. Il était venu en 1185 en Angleterre, comme vient de nous le dire Gervais.

lorsqu'à la prédication du patriarche et de Baudouin, plusieurs se furent croisés, Henri répondit qu'il ne pouvait laisser ses états sans défense, exposés à l'invasion des Français, mais qu'il fournirait abondamment ceux qui voulaient partir. Cela n'est rien, lui dit le patriarche; nous cherchons un prince et non de l'argent. Presque toutes les parties du monde nous enverront de l'argent, mais aucune ne nous enverra de prince. Nous demandons donc un homme qui ait besoin d'argent et non de l'argent qui ait besoin d'un homme. Le patriarche se retira, ainsi frustré dans son espérance. Le roi le suivit jusqu'à la mer, comme pour le calmer, et lui fit selon sa coutume beaucoup de caresses. Le patriarche lui dit en le quittant : Jusqu'ici vous avez régné glorieusement, mais celui que vous avez abandonné vous abandonnera bientôt. Rappelez-vous ce que le Seigneur vous a accordé et ce que vous avez fait en reconnaissance. Vous avez été infidèle au roi de France, vous avez tué Saint Thomas, et maintenant vous refusez de protéger les chrétiens. Le roi, s'irritant de ces reproches, le patriarche lui offrit sa tête en lui disant : faites de moi comme vous avez fait de Thomas. J'aime autant être tué par vous en Angleterre que de l'être par les Sarrasins en Syrie. Si tous mes sujets, dit le roi, n'avaient qu'un corps et ne parlaient que par une seule bouche, ils n'oseraient me dire ce que je viens d'entendre. S'ils parlaient ainsi, reprit le patriarche, cela ne m'étonnerait pas, car ils ne vous aiment point. La foule fuit la glèbe et non l'homme. Je ne puis, répartit le roi, m'éloigner, parce que mes enfants s'insurgent quand je suis absent. Cela n'est pas étonnant, dit encore le patriarche, parce qu'ils sont venus du diable et qu'ils iront au diable.

L'auteur dit que les rois de France et d'Angleterre et Richard, comte de Poitiers, se croisèrent, et avec eux beaucoup de gentilshommes; que l'empereur Frédéric Ier. alla à la

Terre-Sainte, conduisant son armée par Constantinople, mais qu'il se noya dans un fleuve d'Arménie. L'historien attribue, comme tant d'autres auteurs, les mauvais succès des chrétiens dans la Palestine, à la trahison du comte de Tripoli.

Henri de Knigthon raconte fort succinctement le départ de Philippe et de Richard. Il ne dit rien de leur séjour à Messine et parle légèrement de ce que fit le dernier dans l'île de Chypre, du combat qu'il livra sur mer aux Sarrasins, des motifs de jalousie qui animaient les deux rois devant Acre, de la prise de cette place, du retour des deux princes et de ce que chacun d'eux fit dans la Terre-Sainte. Cet auteur se montre, comme de raison, très partial pour Richard, mais ne paraît pas en général très bien informé des choses qu'il raconte. On croirait aisément qu'il a donné plus de créance aux bruits populaires qui couraient dans le temps où il vivait qu'aux véritables sources historiques. Son style n'est pas non plus un modèle de correction ni d'élégance.

Il ne fait qu'indiquer la prise de Constantinople par les Latins en 1204, et l'élection de l'empereur Baudouin. Il mention de la prise de Damiette par les chrétiens en 1219, et de la prompte restitution de cette place aux Sarrasins, en échange des prisonniers et de la vraie croix.

L'auteur ne dit presque rien de la première croisade de St. Louis, en 1250, et il ne parle de la deuxième, en 1270, que parce que Édouard, fils du roi d'Angleterre, y prit part. Ce qu'il en dit est raconté comme à son ordinaire fort brièvement. Le reste de sa chronique n'a rapport qu'aux affaires d'Angleterre et de France, et ne parle plus de croisades ni de tentatives de croisades.

BIBLIOGRAPHIE

Rerum Anglicarum scriptores post BE-
DAM *præcipui ex vetutissimis codicibus
manuscriptis;* par Henri SAVILLE.

Saville naquit en 1549, à Bradlei, dans le comté d'Yorck, d'une ancienne et noble famille. Il fut gardien du collége de Merton, puis prévôt d'Eaton. Il mourut en 1621. Il ne dit rien des auteurs dont il a recueilli les chroniques. Seulement, dans sa dédicace à la reine Élisabeth, il cite l'archidiacre Henri Hundinton, Roger Hoveden et Ingulphius, comme les plus anciens et les plus véridiques historiens des temps passés. Cette collection est en un vol. in-fol.

WILLIEMI *monachi Malmesburiensis de gestis rerum Anglorum libri quinque.* (Pag. 7.)

Article 1.

Guillaume de Malmesbury, anglais et religieux de l'ordre de Saint-Benoît, vivait en 1140, dans le monastère de Malmesbury. Il fut surnommé le *Bibliothécaire*, et s'adonna à l'étude de l'histoire. Il a commencé celle d'Angleterre à l'arrivée des Angles et des Saxons dans ce pays, et l'a conduite jusqu'au règne de Henri Ier. A la date de 1095, il fait le récit de la tenue du concile de Clermont par le pape Urbain II. Il rapporte le discours prononcé par ce pape, pour exciter les assistants à prendre la croix. Urbain parla de toutes les conquêtes des Sarrasins dans la Syrie, dans l'Arménie, dans l'Asie mineure, dans l'Illyrie et dans les pays inférieurs, et décrivit tous les maux qu'ils faisaient souffrir aux chrétiens. Pour encourager davantage les Européens à porter la guerre en Orient, il s'attache à établir, par des raisons physiques, leur supériorité sur les peuples de l'Asie. Voici comment il établit cette supériorité; nous conservons ici le texte latin de l'auteur :

« Constat profectò quod omnis natio quæ in ea plaga nas-
» citur nimio solis ardore siccata amplius quidem sapit, sed
» minus habet sanguinis, ideoque vicinam pugnam fugiunt,
» quia parum sanguinis se habere norunt. Contra populus qui
» oritur in arctois pruinis et remotus est à solis ardoribus
» inconsultior quidem, sed largo et luxurianti superbus san-
» guine promptissime pugnat. Vos estis gens intemperatio-
» ribus mundi provinciis oriunda qui sitis et prodigi sanguinis
» ad mortis vulnerumque contemptum et non carcatis pru-
» dentia. »

Le moine de Malmesbury prétend avoir conservé le sens de ce discours, sans pouvoir se flatter d'en avoir rendu la force ni les expressions; ce discours diffère de celui de Guillaume de Tyr que Baronius a copié; il diffère aussi d'un autre également copié par Baronius, et qui est tiré des archives du Vatican. Baronius, en indiquant celui de Malmesbury, dit qu'il est très possible que le pape ait harangué plus d'une fois le peuple dans une occasion si grave; et il ne rejette aucun de ces trois discours. Voyez dans le volume suivant, notre analyse des annales ecclésiastiques.

La suite de sa narration nous a paru assez remarquable par sa singularité, pour en citer ici un échantillon. Après avoir dit que chacun se retira chez soi à la fin du concile, il continue ainsi :

« Aussitôt, la renommée du bien s'étant répandue dans l'u-
» nivers, pénétra les esprits des chrétiens de sa douce haleine,
» et partout où elle souffla, il n'y eut aucune nation si éloignée
» ou si cachée qu'elle fût, qui n'envoyât quelqu'un des siens :
» ce zèle anima non seulement les provinces méditerranées,

» mais tous ceux qui avaient entendu parler du nom chrétien
» dans les îles les plus reculées et chez les nations barbares.
» Alors le Gallois abandonna ses forêts et la chasse, l'Écossais
» les puces, avec lesquelles il est familiarisé, le Danois les
» boissons dont il s'enivre, le Norique le poisson cru dont
» il se nourrit (1). Les champs étaient délaissés par les culti-
» vateurs, les maisons par leurs habitants; toutes les villes
» étaient désertes. On n'était retenu ni par les liens du sang,
» ni par l'amour de la patrie; on ne voyait que Dieu seul.
» Tout ce qui était dans les greniers ou destiné pour les tables,
» était laissé sous la garde de l'avare agriculteur. On n'aspirait
» qu'au voyage de Jérusalem. La joie était dans le cœur de
» ceux qui partaient, et le chagrin dans le cœur de ceux qui
» restaient. Que dis-je, de ceux qui restaient? Vous auriez
» vu le mari partant avec sa femme, avec toute sa famille;
» vous auriez ri à l'aspect de tous les pénates mis en route et
» portés sur des chars. Le chemin était trop étroit pour ceux
» qui passaient, l'espace manquait aux voyageurs, tant la foule
» était grande et nombreuse, etc. »

Après cette description que nous abrégeons, le moine fait le récit du départ des princes croisés, et de ce qui leur arriva pendant leur route. Il fait ensuite la description et l'histoire de Constantinople, des Turcs d'Antioche, du siége et de la prise de cette ville, puis du siége et de la prise de Jérusalem, et enfin de l'élection de Godefroy.

Plus tard, il rend compte du danger que courut Baudouin d'Edesse en allant prendre possession du royaume de Jéru-

---

(1) Tunc Wallensis venationem saltuum, tunc Scottus familiaritatem pulicum, tunc Danus continuationem potuum, tunc Noricus cruditatem reliquit piscium.

salem, après la mort de son frère. Il fait le récit assez détaillé de l'établissement des croisés dans la Terre-Sainte, et ne dit après cela presque plus rien d'eux dans l'ouvrage dont nous venons de parler, ni dans ses *Historiæ novellæ*, ni dans son *Histoire des gestes des pontifes anglais.*

ROGERI HOVEDEN *Annalium pars prior et posterior.* (Pag. 401.)

Article II.

Hoveden d'Yorck était d'une famille illustre; il fut très considéré à la cour du roi Henri II, vers l'an 1230. Après la mort de ce prince, il se retira de la cour et s'adonna à l'histoire. Il publia d'autres ouvrages qui sont des commentaires sur le droit. On ne sait dans quel temps il mourut.

Cet auteur parle assez brièvement de la première croisade prêchée par le pape Urbain, et des succès qu'elle eut. Il raconte l'arrangement fait entre Robert, comte de Normandie, et son frère le roi d'Angleterre.

Sous la date de 1148, il parle de même avec fort peu de détail du départ du roi de France et de l'empereur d'Allemagne pour la Terre-Sainte, et du peu de succès qu'ils y eurent. Il indique de même l'expédition de la flotte chrétienne en Portugal, et la prise de Lisbonne et autres villes de ce pays.

Dans l'année 1177, Louis VII, roi de France, et Henri II, roi d'Angleterre, eurent à Ivry une entrevue, dans laquelle ils conclurent un traité d'alliance et d'amitié; le cardinal Chrisogone, légat du St.-Siége, et les grands des deux royaumes, furent présents. Hoveden a copié ce traité en entier; nous allons en extraire les dispositions qui regardent la croisade; en voici le commencement :

« Moi, Louis, par la grâce de Dieu, roi de France, et moi,
» Henri, par la même grâce, roi d'Angleterre, à tous présents
» et à venir, savoir, faisons que par l'inspiration de Dieu,
» nous avons promis et juré de servir ensemble la chrétienté,
» et de prendre la croix pour aller à Jérusalem, ainsi qu'il est
» dit dans l'écrit que nous avons fait entre nous à ce sujet;
» nous voulons aussi que tous sachent que nous sommes et
» voulons être tellement amis, que chacun de nous conser-
» vera à l'autre, selon son pouvoir, la vie, les membres et la
» dignité contre tous; et si quelqu'un prétendait nuire à l'un
» de nous, moi, Henri, aiderai Louis, roi de France, mon
» seigneur, selon mon pouvoir et contre tous; et moi, Louis,
» aiderai Henri, roi d'Angleterre, selon mon pouvoir, comme
» mon homme-lige, et contre tous, gardant la foi à nos
» hommes autant de temps qu'ils nous la garderont. » Ici sont
plusieurs dispositions étrangères à l'objet de la croisade, et
qui ont pour but de terminer des contestations relatives à
certains fiefs. Après quoi le traité poursuit en ces termes :
« Si l'un de nous, avant la prise de la croix, veut en-
» treprendre le voyage, celui qui restera gardera fidèlement
» et maintiendra le pays de celui qui sera en voyage, ainsi
» que ses hommes, comme les siens propres. Après que
» nous aurons pris la croix, nous ferons jurer à ceux de nos
» hommes qui viendront avec nous, que si l'un de nous meurt
» en chemin, ce dont Dieu nous garde! ils serviront fidèle-
» ment celui qui survivra, comme ils serviraient leur maître
» s'il était vivant, tant qu'ils voudront demeurer dans le pays
» de Jérusalem. Le survivant aura l'argent du défunt pour
» faire le service de la chrétienté, excepté celui qui était des-
» tiné avant le voyage à certains lieux et à certaines personnes.
» Si nous mourons l'un et l'autre, nous choisirons, si Dieu
» nous en donne le temps, quelques-uns des nôtres, probes

» et fidèles, à qui nous confierons l'argent de l'un et de l'autre
» pour faire le service de la chrétienté, et pour conduire et
» gouverner nos hommes. Avant de nous mettre en route,
» nous ferons aussi jurer ceux que nous constituerons gou-
» verneurs et gardiens de nos pays, de s'aider les uns les
» autres de bonne foi et de tout leur pouvoir, si cela est né-
» cessaire pour défendre nos possessions lorsqu'ils en seront
» requis; de sorte que ceux que moi, Henri, roi d'Angleterre,
» je préposerai au gouvernement de mes états, se prêteront
» à défendre de tout leur pouvoir les pays de Louis, roi de
» France, mon seigneur, comme ces pays défendraient ma
» ville de Rouen si elle était assiégée; et de même ceux que
» moi, Louis, roi de France, préposerai au gouvernement
» de mes états, se prêteront de tout leur pouvoir à défendre
» les états du roi d'Angleterre, comme ces états défen-
» draient les miens si ma ville de Paris était assiégée. Je veux
» aussi que les marchands et tous les hommes, tant clercs que
» laïcs de ses états, aient paix et sûreté, eux et leurs biens,
» dans tous mes domaines; et moi, Henri, roi d'Angleterre,
» je veux de même que les marchands et tous hommes tant
» clercs que Laïcs des pays du roi de France, mon seigneur,
» aient paix et sûreté, eux et tous leurs biens, dans tous mes
» domaines. Nous avons promis et juré d'observer scrupu-
» leusement ce qui est écrit ci-dessus en présence du véné-
» rable Pierre, cardinal-prêtre du titre de St.-Chrysogone,
» légat du St.-Siége, et en présence de Richard, évêque
» d'Yorck, et Jean, évêque de Chartres, et Henri, évêque
» de Bayeux, et de Froger, évêque de Seez, et de Gilles,
» évêque d'Evreux, et de Henri, fils du roi d'Angleterre,
» et du comte Thibaut, et du comte Robert, et de Pierre de
» Courtenay, et du comte Simon d'Evreux, et de Guillaume
» de Hunnez, et de plusieurs autres tant clercs que laïcs. »

Hoveden rapporte, sous la même année, que plusieurs barons et chevaliers croisés de divers pays partirent pour Jérusalem ; que s'étant réunis à des chevaliers du Temple, à des Hospitaliers, à Raymond, prince d'Antioche, et à presque tous les guerriers de la terre de Jérusalem, ils assiégèrent un château que l'auteur appelle *Harenc*, devant lequel ils demeurèrent pendant un mois. Ils l'avaient presque miné lorsque, par le conseil des Templiers, ils reçurent beaucoup d'argent des infidèles, et se retirèrent sans avoir achevé leur entreprise. Le lendemain, lorsqu'ils s'en allaient, une partie du château qu'ils avaient assiégée s'écroula, et quand ils furent de retour chez eux, ils ne trouvèrent, de l'argent qu'ils avaient reçu des infidèles, que du cuivre et de l'orichalque. D'autres chroniques ont expliqué de la même manière plusieurs événements malheureux des croisades, comme la levée du siége de Damas, la levée du siége de Thoron : les chroniqueurs n'attribuent jamais les revers des chrétiens à l'indiscipline des soldats, à la discorde ou à l'ignorance des chefs, encore moins à la fortune. On peut juger ici de l'esprit des croisés par celui de leurs historiens.

L'auteur raconte aussi les succès que les chrétiens obtinrent contre Saladin, qui était venu, à la tête de 500 mille hommes, camper près de Jérusalem. Ce même Saladin s'étant emparé de toute la Palestine en 1187, le pape Alexandre adressa aux princes chrétiens une lettre que les Templiers remirent aux rois de France et d'Angleterre réunis en Normandie, et que Hoveden a copiée. Cette lettre a pour but d'exciter ces princes à faire tous leurs efforts pour que la chrétienté ne succombe pas sous les coups de la gentilité. Nous accordons, y est-il dit, et nous confirmons, en vertu de l'autorité apostolique, l'indulgence des péchés que nos pères et nos prédécesseurs Urbain et Eugène ont réglée pour ceux qui entreprendraient ce pélerinage pour le Christ. Nous décidons aussi que leurs femmes, leurs fils, leurs biens et leurs possessions resteront sous la protection de St. Pierre et de la nôtre, et sous celle des archevêques et évêques et des autres prélats de l'Eglise, etc. Ces lettres sont datées de Tusculum, le 17 des calendes de février.

Le même pape en adressa une autre, dans le même but, aux archevêques, évêques et autres prélats des églises. Elle était datée également de Tusculum, mais d'un mois plus tôt, c'est-à-dire du 16 janvier. Le patriarche de Jérusalem et le grand-maître du Temple vinrent en Angleterre en 1185. Le roi, dit Hoveden, alla au devant d'eux et les reçut avec beaucoup de joie; ils se jetèrent aussitôt à ses pieds en pleurant et en sanglotant. Ils lui exposèrent les motifs de leur arrivée, et lui remirent, de la part du roi et des princes de la Terre-Sainte, l'étendard royal, les clefs du sépulcre du Seigneur, celles de la tour de David et de la ville de Jérusalem. Ils lui remirent aussi une lettre de la part du pape Lucius, pour l'exhorter à venir au secours des fidèles de la Palestine. Le roi, après avoir entendu ces deux ambassadeurs, leur répondit que la chose tournerait à bien avec la volonté de Dieu, et il leur fixa, pour terme de sa réponse, le premier dimanche de carême, à Londres. Ce jour arrivé, le roi, le patriarche, les évêques et les abbés, les comtes et barons du royaume d'Angleterre, Guillaume, roi d'Ecosse, et David son frère, avec les comtes et barons de ce pays, se rendirent à Londres.

L'affaire ayant été mise en délibération, il fut décidé que le roi consulterait son suzerain Philippe, roi de France; et, l'assemblée ayant été dissoute, le roi donna à tous ses sujets, tant clercs que laïcs, la permission de prendre la croix. Alors Baudouin, archevêque de Cantorbéry, Renou, justicier d'Angleterre, Gauthier, archevêque de Rouen, Hugues, évêque de Durham, et plusieurs autres évêques d'en-deçà et d'au-delà de la Manche, et presque tous les comtes, barons et écuyers anglais, normands, aquitains, bretons, angevins, manceaux et tourangeaux, prirent la croix.

Sous la date de 1187, Roger rend compte des victoires de Saladin, des désastres arrivés aux chrétiens, et des pertes qu'ils firent dans la Terre-Sainte. Il rapporte la lettre du grand-maître des Templiers sur la prise de Jérusalem, que nous avons donnée plus haut, et celle du pape Grégoire aux fidèles, qu'on a lue dans les pièces justificatives du 2e. volume.

Roger parle aussi de la conférence de Gisors, où le roi de France et celui d'Angleterre prirent la croix avec plusieurs archevêques, évêques, comtes et barons des deux royaumes, et de la différence des couleurs de la croix pour les Anglais, les Français et les Flamands. Il cite le décret de Henri et des évêques, pour la levée de la dîme qui devait être affectée aux dépenses de la croisade, et il ajoute que le roi envoya des clercs et des laïcs dans tous les comtés d'Angleterre, pour lever cette dîme; mais qu'il fit choisir les plus riches de toutes les villes, savoir: 200 de Londres, 100 d'Yorck et des autres villes, selon leur population et leur nombre, et qu'il se les fit présenter tous à des jours et dans des lieux fixés. Il prit la dîme de leur mobilier, selon l'estimation d'arbitres fidèles qui connaissaient leurs revenus et leurs biens meubles. S'il en trouvait quelques-uns de rebelles, il les faisait aussitôt incarcérer et mettre aux fers, jusqu'à ce qu'ils eussent payé jusqu'au dernier écu. Il obtint de même des juifs de ses Etats un argent incalculable. Il envoya ensuite l'évêque de Durham et d'autres ecclésiastiques et laïcs, à Guillaume, roi d'Ecosse, pour faire la même levée dans ses domaines. Ce prince l'ayant appris, alla au-devant d'eux, et ne voulut pas leur permettre d'entrer dans ses Etats pour cet objet. Il offrit de donner au roi d'Angleterre, son seigneur, cinq mille marcs d'argent pour la dîme, et pour ravoir ses châteaux ; mais le roi d'Angleterre ne voulut pas (l'auteur ne dit point s'il se fit quelques levées en Écosse). Philippe, roi de France, fit de même recueillir dans ses États la dîme des revenus et des meubles de ses sujets.

A la suite de ces détails, l'auteur donne la lettre du patriarche d'Antioche au roi d'Angleterre, dans laquelle se trouve le récit des malheurs arrivés aux chrétiens, par les conquêtes de Saladin; la réponse du roi d'Angleterre à cette lettre, réponse qui contient la promesse de ce prince d'aller lui-même dans la Terre-Sainte, et une lettre du grand-maître des Templiers au même roi d'Angleterre, pour lui faire part du triste état où se trouve la chrétienté en Orient.

Hoveden donne encore la lettre que nous avons déjà vue de Frédéric, empereur d'Allemagne, à Saladin. Il raconte ensuite le voyage de ce prince à travers l'empire grec, les difficultés qu'il éprouva, et la mort qui mit fin à ses succès.

En 1189, il vint en Angleterre des députés du roi de France, trouver le roi Richard, et lui annoncer que Philippe avait juré, dans un concile général tenu à Paris, ainsi que les princes de son royaume qui avaient pris la croix, de partir après Pâques pour Jérusalem. Le roi de France demandait que le roi d'Angleterre, ses comtes et ses barons, fissent de même, comme ils l'avaient promis à Vezelay.

La même année, la reine Sibille rendit à Saladin la ville d'Ascalon en échange de Guy de Lusignan, son mari. Celui-ci, de l'avis des Templiers et des Hospitaliers, alla assiéger Acre. Saladin vint aussitôt attaquer les chrétiens ; mais il fut battu, mis en fuite, et laissa toutes ses tentes aux chrétiens. Il perdit la meilleure partie de sa milice, et les chrétiens perdirent une grande partie des leurs. Peu après, Saladin recouvra ses avantages : il chassa les chrétiens de leur camp ; le grand-maître et le maréchal du Temple furent tués avec vingt-deux chevaliers.

Hoveden parle aussi, comme les autres historiens que nous avons vus, des vaisseaux, galères et corsaires qui abordaient au port d'Acre et qui amenaient des hommes et des vivres. Il donne la position des chrétiens devant la ville et entre dans les détails des opérations du siége. Ensuite il dit un mot du départ des rois de France et d'Angleterre pour la Terre-Sainte, et raconte plus au long l'expédition de la flotte chrétienne dans le Portugal. Puis, revenant à Philippe et à Richard, il parle de leur séjour à Messine, de ce qu'ils y firent, de leur départ, du combat que Richard livra en mer aux Sarrasins en sortant de Chypre, de son arrivée à Acre, des démêlés qu'il y eut encore avec Philippe, enfin il donne une espèce de journal de tout ce qui se fit avant et après la prise d'Acre.

Hoveden a copié les lettres que Richard écrivit, 1°. sur la retraite du roi de France; 2°. à l'abbé de Clairvaux. Dans l'une, le monarque anglais se plaint d'avoir été abandonné par Philippe; dans l'autre, il fait le récit de ce qui s'est passé en Palestine depuis son arrivée, et engage l'abbé à prêcher une croisade afin que les princes et les hommes nobles de toute la chrétienté viennent au secours du Dieu vivant. Cette lettre est datée de Joppé, le 1er. octobre, comme la précédente.

Hoveden a donné un long itinéraire de Philippe, roi de France, lors de son retour en ses états. Cet itinéraire n'offre rien qui puisse fixer ici notre attention.

En 1192, le roi d'Angleterre était en Syrie, près de Toron. Il voulait aller assiéger Jérusalem après Noël ; mais il fut décidé qu'on fortifierait Ascalon : ce qui fut exécuté. Richard fortifia encore d'autres places, et il assiégea et prit de force le château de Darum. Il alla ensuite au devant d'une caravane de Saladin, composée de 11,000 infidèles. Il les attaqua, les vainquit, les tua presque tous, s'empara de leurs dépouilles, et prit 3,000 chameaux, 4,000 chevaux, mulets et mules, outre ceux qui furent tués. L'historien raconte comment Saladin se vit, pour ainsi dire, obligé d'offrir la paix à Richard qui l'accepta ; il donne encore l'itinéraire de ce prince à son retour et raconte sa prison et sa délivrance.

Sous la date de 1195, Hoveden copie la lettre que le pape Innocent écrivit à l'archevêque d'Yorck pour l'engager lui et son clergé à exhorter les princes et les peuples à envoyer des secours en hommes et en argent contre les barbares infidèles. Par cette lettre il accorde des indulgences à ceux qui fourniront ces secours et surtout à ceux qui partiront. Cette lettre est datée de Rome aux ides d'août, la première année de son pontificat. Dans cette même année, dit Hoveden, il y avait en France un prêtre nommé Foulques, que Dieu rendit grand aux yeux des rois. Il lui donna le pouvoir d'éclairer les aveugles, de guérir les boiteux, les muets et autres accablés de diverses infirmités, et de chasser les démons. Il convertit au Seigneur les femmes de mauvaise vie; il donna aux usuriers du goût pour les trésors du ciel. Il fit distribuer aux pauvres tout ce que l'avarice avait accumulé. Il prédit aux rois de France et d'Angleterre qu'un d'eux mourrait bientôt d'une triste mort, s'ils ne cessaient leurs hostilités. Et comme en ce temps la moisson était grande et les ouvriers en petit nombre, Dieu lui adjoignit des hommes sages pour prêcher la parole du salut éternel; savoir, maître Pierre, don Robert, don Eustache, abbé de Flay, et quelques autres qui prêchèrent par toute la terre, et dont le Seigneur confirma les discours par des prodiges.

Hoveden cite l'anecdote rapportée au deuxième volume sur ce Foulques qui aborda un jour le roi Richard, et lui commanda, de la part de Dieu, de se défaire de trois méchantes filles, l'orgueil, la cupidité et la luxure.

Hoveden rapporte à l'année 1200 et à l'année 1202 de nouvelles lettres du pape Innocent sur la nécessité de venir au secours de la Terre-Sainte. Il cite encore la lettre du grand-maître des Hospitaliers dont on a donné la traduction aux pièces justificatives du troisième volume, et enfin il termine ses annales par une lettre du comte d'Essex à tous les vicomtes de son bailliage sur la subvention en faveur de la Terre-Sainte. Hoveden, auteur contemporain, qui vécut long-temps à la cour du roi Henri, fut à portée de connaître une grande partie des événements qu'il a racontés. Sous ce rapport, son histoire doit être de quelque autorité ; mais sous le rapport de l'ordre et de la méthode, elle est comme les autres chroniques anglaises, elle manque souvent de liaison ; le style n'est pas non plus un modèle d'élégance ni de pureté.

Anglica, Normanica, Hibernica, Cambrica à veteribus scripta, etc., *ex Bibliothecá* Guilielmi CAMBDENI.

Cette collection, mise au jour par Guillaume Cambden de Clarence, est dédiée à Foulque de Gréville, intendant de la flotte royale d'Angleterre, protecteur des lettres et des arts. Elle fut imprimée à Francfort en 1603. Elle contient plusieurs chroniques dont nous analyserons celles qui se rapportent à notre sujet.

Upodigma Neustriæ per Th. de WALSINGHAM.
(Pag. 414.)

Article 1.

Thomas de Walsingham était de Norfolck. Il fut moine et préchantre du monastère des bénédictins de Saint-Alban. Il fut très instruit et très zélé pour la recherche des histoires. Il en a composé deux, l'une fort abrégée et l'autre plus étendue. Il commença la première à l'an de J.-C. 1273, et la termina à l'an 1423. Il fit remonter la seconde à l'invasion des Normands, et la continua jusqu'au commencement du règne de Henri VI, à qui il dédia son ouvrage. Walsingham vivait en 1440. Nous commençons l'analyse de sa seconde histoire qui a pour titre *Upodigma Neustriæ*, que Cambden a placée après la première, quoique, selon l'ordre chronologique, elle eût dû la précéder. Le style de cet auteur n'est ni poli ni correct, malgré les efforts qu'il fait pour le rendre élégant et harmonieux ; sa narration est diffuse, et sa crédulité lui fait souvent adopter des fables.

On y lit la plupart des événements de la première croisade sans autres détails particuliers que ceux qu'on a déjà lus. La deuxième croisade faite par Conrad et Louis VII y est entièrement omise ; mais la troisième y est racontée d'après les historiens qui ont écrit avant l'auteur. On y remarque toutefois que la dîme générale, qui fut levée alors dans toute l'Angleterre, sous le titre d'aumône, parut au peuple une violente exaction. Nous avons déjà vu plus d'un historien anglais se plaindre de la manière dont se fit cette levée.

L'auteur, en parlant de l'assassinat du marquis de Montferrat, disculpe le roi d'Angleterre, et cite aussi la lettre du prince des Assassins, que nous avons donnée plus haut.

Sous la date de 1218, il dit que plusieurs Français et Anglais portés par un esprit de dévotion, entreprirent le voyage de la Palestine. Jean, roi de Jérusalem, et le duc d'Autriche, ayant rassemblé une grande armée formée de pèlerins de diverses nations, assiégèrent Damiette et la prirent l'année suivante. Les Sarrasins la reprirent peu de temps après.

En 1224, le soudan du Caire, indigné de la rupture de la trêve, se met à la tête des Carismiens, qui passaient pour être les plus guerriers d'entre les Sarrasins, et attaque les chrétiens dont il fait un horrible carnage. Le prieur des Hospitaliers et le grand-maître des Templiers sont faits prisonniers. Les Carismiens détruisent les tours de Jérusalem et le tombeau du Seigneur.

L'auteur parle de la première croisade de St. Louis, de la prise de Damiette, du combat de la Mansourah.

Le roi fait prisonnier, est délivré, et se rend à Acre pour retourner en France. Dans cinq ans de séjour qu'il fit en Palestine, ce roi répara les murs d'Acre, de Joppé et de Sidon. L'historien dit un mot de la révolte des pastoureaux.

Sous la date de 1269, il raconte que St. Louis, roi de France, non rebuté des travaux et des dépenses qu'il avait supportés précédemment, partant pour la Terre-Sainte, aborda en Afrique, et mourut de la peste qui se mit dans son armée; enfin, il parle de la prise de la ville d'Acre par le soudan du Caire, qui en détruisit les murs et les tours, et en abattit les églises et les maisons.

Chronica Thomæ WALSINGHAM, *quondam monachi S. Albani de tempore regis Edwardi post conquestum primi.* (Pag. 1.)

Article II.

Cette chronique, plus détaillée que la précédente du même auteur, commence, comme nous l'avons dit, à l'an 1273.

Sous la date de 1289, on y lit que la ville de Tripoli fut prise par le soudan, qui y tua un grand nombre de chrétiens. Ceux qui étaient à Acre, effrayés de cette prise, demandèrent et obtinrent une trève de deux ans. Au bout de ce temps, la ville d'Acre fut vivement attaquée pendant dix jours de suite par les Sarrasins. Les habitants se défendirent avec courage, et firent transporter à Chypre leurs trésors, leurs marchandises, leurs choses saintes, les vieillards, les femmes et les enfants. Beaucoup de fantassins et de cavaliers se retirèrent laissant la défense de la ville à 1200 hommes armés. Le 15 de mai, les Sarrasins livrent un si violent assaut, que toute la garde du roi de Chypre abandonne le rempart. Le roi lui-même s'enfuit la nuit suivante, et le lendemain les Sarrasins entrent dans la ville, et combattent deux jours avec un succès partagé. Enfin le troisième jour, ils se précipitent tous par la porte St.-Antoine, tuant les Templiers et es Hospitaliers, et détruisent de fond en comble les murs, les tours, les églises et les maisons de la ville. Le patriarche et le grand-maître des Hospitaliers, blessés à mort, périssent en mer avec plusieurs autres.

L'auteur dit ensuite qu'en 1301, Cassan, roi des Tartares, livra bataille au soudan du Caire dans la plaine de Damas, et obtint la victoire en tuant 100 mille Sarrasins. Cassan, reconnaissant que la victoire lui avait été donnée par la vertu divine, se fit sur-le-champ chrétien; et, poursuivant le soudan jusqu'aux portes du Caire, il le battit et lui tua encore 200 mille Sarrasins. Le soudan lui-même fut tué dans le combat. Trois jours après la ville fut prise et rendue à Cassan, qui délivra de prison tous les chrétiens. Ces détails paraissent peu vraisemblables, et sont du moins peu conformes au récit des historiens orientaux.

Walsingham ajoute qu'en 1308, le roi des Tartares, celui d'Arménie et celui de Géorgie, ayant rassemblé une armée d'un million d'hommes et de 40 mille chevaux (ce nombre est exagéré), combattirent les Sarrasins, en invoquant le nom du Christ, et en tuèrent plus de 240 mille, vengeant ainsi le sang des chrétiens répandu à Acre, à Tripoli, et autres lieux de la Terre-Sainte.

L'auteur parle ensuite d'un combat horrible qui fut livré, selon lui, dans les plaines de la Turquie, en 1364, entre les chrétiens et cinq ou six rois barbares, dont trois furent tués; il prétend qu'il y périt plus de 40 mille infidèles. Ce combat n'est qu'une fable invraisemblable.

On retrouve, dans cette collection, la chronique de Guillaume de Jumiége *de ducibus Normanorum*, que Duchesne a également recueillie, et dont nous avons rendu compte.

Flores historiarum per MATHÆUM *Westmonasteriensem collecti, præcipué de rebus Britannicis ab exordio mundi usque ad annum Domini* 1307. (Pag. 1.)

Article 1.

Cet ouvrage a été imprimé à Francfort en 1601. Mathieu, qui en est l'auteur, était moine de l'abbaye de Westminster,

et vivait en 1375. Il paraît s'être attaché à suivre les traces et
à imiter le style de Mathieu Pâris, moine de St.-Alban. Son
ouvrage avait déjà été imprimé avant la date que porte l'édition
que nous avons sous les yeux. Beaucoup de fautes ou d'erreurs
qui s'étaient glissées dans cette première édition, ont dis-
paru dans la seconde. L'auteur obtint de ses contemporains le
titre de *Florilegus*; mais la postérité ne le lui confirmera pas.
Il n'a pas toujours fait preuve, dans son recueil historique,
d'un grand discernement. A la suite de son ouvrage, on a ajouté
la chronique des chroniques depuis le commencement du monde
jusqu'en 1118, par le moine Florent de Worcester, et la
continuation de cette même chronique jusqu'en 1141, par un
moine qui n'est pas nommé, mais qui était du même monastère.
Le même volume renferme une histoire de l'antiquité de l'é-
glise britannique par un anonyme; nous parlerons de ces
trois ouvrages comme s'ils faisaient chacun partie d'une collection, puisqu'ils sont réunis en un seul volume.

Mathieu de Westminster parle des événements de toutes
les croisades avec assez de concision. La plupart des détails
qu'il offre sont puisés chez les autres historiens, et plusieurs
de ses récits manquent d'exactitude et souvent de vraisemblance. Par exemple, quand il dit, d'après Mathieu Pâris,
que le comte d'Artois, frère de Saint Louis, se noya dans
un fleuve en fuyant, il montre autant d'ignorance que de partialité. Il attribue à l'orgueil des Français le refus qu'ils firent
de la paix avantageuse que le soudan du Caire leur avait offerte.
Il blâme les princes de la seconde expédition de St. Louis, du
traité qu'ils conclurent avec le roi de Tunis, et il regarde
comme une punition de Dieu les malheurs qui arrivèrent à
la flotte chrétienne à son retour en Sicile. Il loue beaucoup
Edouard de n'avoir point consenti à ce traité. Ce jugement de
Mathieu n'est point dénué de raison; mais ce qu'il dit d'un

roi de Hongrie qui, ayant voulu se faire musulman, en 1287, livra tous les grands de son royaume au prince Miramolin, est une fable invraisemblable, de même que la grêle énorme qui tua les soldats de Miramolin, et épargna les chrétiens hongrois que les Sarrasins emmenaient de force chez eux.

Il faut mettre encore au rang des fables le million d'hommes levé en 1299, par les rois de Tharse, d'Arménie et de Géorgie, pour venir au secours des chrétiens contre les Sarrasins, et les 240 mille infidèles qui furent tués, dit-il, à Alep. Au reste, nous ne citons toutes ces invraisemblances que pour montrer que Mathieu de Westminster doit être lu avec défiance, et qu'il ne peut servir de guide aux historiens qui entreprennent de raconter les guerres d'Orient au moyen âge.

Chronicon ex chronicis ab initio mundi usque ad annum Domini 1118 *deductum*, auctore FLORENTIO *Wigorniensi monacho.* (Pag. 462.)

Article II.

Florentius Bavonius, moine de Worcester, était, dit-on, fort instruit dans les lettres divines et humaines. Son génie se prêtait à tout ce qu'il voulait. Il avait une mémoire très heureuse. La lecture réitérée des chroniques le rendit le plus grand chronographe de son temps. Il mourut fort regretté des siens l'an 1119. Sa chronique commence à l'origine du monde et se termine à l'année qui précéda sa mort. Elle a été continuée par un moine anonyme jusqu'en 1141.

On retrouve, sous les dates de 1096, 97, 98 et 99, le précis de tous les événements de la première croisade ; mais ce précis ne nous apprend rien de nouveau. La continuation de la chronique ne donne aucune notion des croisades.

A la suite de ces ouvrages se trouve dans la même collection et dans le même volume, une histoire ayant pour titre :

De antiquitate ecclesiæ Britannicæ, et nominatim de privilegiis ecclesiæ Cantuariensis atque de archiepiscopis ejusdem. (Pag. 1, 2ᵉ. partie.)

Article III.

Cette histoire faite par un anonyme, renferme peu de faits relatifs aux croisades ; mais voici ce que nous y avons trouvé de particulier. Le roi Richard, se repentant des séditions et des conjurations tramées contre son père, crut en effacer le souvenir en faisant le voyage de Jérusalem : pour le faire, il exigea de grands tributs ; il vendit, loua et engagea des domaines royaux.

Plusieurs firent avec le roi le vœu de prendre la croix et d'être du voyage. On compte parmi eux Baudoüin, archevêque de Cantorbéry, Hubert, évêque de Salisbury, Renaud de Granvèle, procurateur du royaume, et Hugues de Durham. On trouve encore sous les dates suivantes quelques faits qui méritent d'être cités. En 1274, Edouard, fils du roi d'Angleterre, était dans la Terre-Sainte lorsqu'il apprit la nouvelle de la mort de son père. Il se hâta de revenir. Le pape Grégoire X, pour l'indemniser des dépenses qu'il avait faites en Syrie, lui accorda la dixième partie des revenus de tous les biens du clergé d'Angleterre.

En 1334, l'expédition de Jérusalem qui avait été projetée entre les rois de France et d'Angleterre, ayant été empêchée par le roi de France qui méditait de nouveaux desseins contre l'Angleterre, le pape Benoît défendit de percevoir sur le clergé la dîme qu'il avait accordée auparavant pour six ans, et ordonna que celle qui avait été perçue fût restituée.

En 1474, Sixte IV, pape guerrier, déclara à tout l'univers chrétien qu'il fallait faire la guerre aux Turcs, et que lui-même se mettrait à la tête de l'armée qu'on leverait. Il demanda non seulement des hommes, mais de l'argent, et il exigea du clergé chrétien la dîme de tous ses revenus. Mais le roi d'Angleterre trouva moyen d'éluder la bulle en retenant pour lui la moitié de la dîme.

En 1481, Jean Deséglises, collecteur du pape en Angleterre, déclara dans un discours latin fort éloquent que le pape Sixte IV avait vendu tous ses vases d'or et d'argent, et presque tout son mobilier pour la défense de Rhodes contre les Turcs, et qu'en même temps il avait imposé la dîme sur les revenus de toute l'église. Il montra les bulles du pape ; mais le pape ne réussit pas mieux cette fois que la précédente.

En 1500, le pape Alexandre fit célébrer à Rome un jubilé, et déclara la guerre aux Turcs, promettant à tous les chrétiens que la victoire ne pouvait manquer d'être pour eux, lorsqu'il serait lui-même le chef et le guide de la croisade.

Ici finissent les collections anglaises. L'ouvrage que nous venons d'analyser est un de ceux dont l'auteur a moins puisé chez les autres écrivains. Comme nous avons dit plusieurs fois que les historiens anglais se copient souvent les uns les autres, nous croyons devoir, avant de finir, donner la raison de cette espèce de plagiat. Il était d'usage en Angleterre que chaque couvent de moines envoyât au chapitre général de son ordre, qui se tenait à certaines époques, les chroniques ou annales qu'on y avait rédigées ; le chapitre général les rectifiait ou les approuvait, et ces écrits historiques se répandaient ensuite dans les autres monastères ; de là vient que les historiens anglais qui étaient presque tous moines, se firent comme un devoir de se copier. Mathieu Pâris lui-même, qu'on peut regarder comme le premier historien d'Angleterre, pour ces temps, n'a point dédaigné de puiser chez ses devanciers, et de répéter leurs propres expressions, ainsi qu'on le verra dans l'analyse que nous en allons faire. Comme son histoire se lie nécessairement à celle des historiens anglais, nous croyons devoir la donner à la suite.

MATHÆI PARIS, *monachi Albanensis angli Historia major juxta exemplar Londinense 1571 verbatim recusa.* (Parisiis, 1644.)

Mathieu Pâris est un historien très renommé du XIIIe. siècle. On ne sait où il naquit, ni quels furent ses parents. C'est lui-même qui nous a appris que, le 21 janvier 1217, il prit l'habit religieux de Sainte-Agnès. On doit croire qu'il s'acquit dans son monastère une grande réputation de sainteté, puisqu'il fut appelé en Norvége pour y rétablir la sévérité de la discipline monastique qui s'y était fort relâchée. C'est encore Mathieu Pâris qui nous apprend combien il fut aimé du roi Henri III, dont il ne quittait ni le palais ni la table, ni la personne, et dont il avait entièrement gagné la faveur et les bonnes grâces. Ce fut à la sollicitation de ce prince qu'il continua l'histoire d'Angleterre. Son érudition et son intégrité étaient célébrées parmi ses compatriotes, et le firent rechercher des princes étrangers. Saint Louis lui confia, comme à son ambassadeur, des lettres pour le roi de Norvége. Ce prince avait beaucoup d'estime pour le moine anglais.

Mathieu Pâris a imité le style de Wenderven, mais il est

plus poli et plus pur que l'historien qu'il a pris pour modèle. Si l'on en excepte Guillaume Malmesbury et Guillaume de Neubrige, il peut passer pour le premier des historiographes de son temps et de son pays. Baronius et Bellarmin, Possevinus et Cœffeteau, lui ont reproché son animosité contre la cour romaine; mais plusieurs historiens anglais en ont montré autant que lui, et cette animosité n'était pas sans fondement. Les agents de la cour de Rome ne l'avaient que trop justifiée par leurs exactions. Les jugements de Mathieu Pâris, sur la plupart des faits qu'il raconte, ne doivent être attribués ni à un esprit de critique qui n'existait pas encore, ni à un esprit de philosophie dont le siècle était bien éloigné, mais à l'animosité que les vexations de la cour romaine avaient fait naître dans tout le clergé d'Angleterre; car il ne faut pas oublier que Mathieu Pâris était contemporain de Jean Sans-Terre, dont le règne fut une époque d'oppression pour l'église anglicane.

Nous ferons cependant observer, à l'égard de l'animosité de cet historien contre la cour de Rome, que, suivant Bellarmin et Possevinus, qui d'ailleurs lui rendent justice, l'édition de Londres de 1571 a été beaucoup altérée par les hérétiques, et qu'on doit par conséquent être en garde contre les jugements ou les faits qui ont rapport à la conduite de la cour romaine envers le clergé anglais. Nous ajouterons que ce n'est pas seulement les papes qu'il faut accuser des extorsions que l'église anglicane eut à souffrir, mais qu'il faut aussi s'en prendre aux rois eux-mêmes qui, comme le dit Raoul *Dicet*, montrèrent trop souvent un esprit de rapacité dans la levée des dîmes. Nous renvoyons sur ce sujet aux considérations générales que nous avons présentées dans le volume précédent.

Mathieu a commencé son histoire après la bataille d'Hastings, et l'a conduite jusqu'en 1259, année de sa mort; elle a été continuée jusqu'en 1273. Cette histoire a été louée par les protestants comme par les catholiques, et les défenseurs des papes lui ont eux-mêmes rendu justice, quoiqu'en l'accusant de partialité. Mathieu Pâris faisant le récit de la première croisade, malgré l'étendue qu'il y a donnée, n'a pu que copier les historiens qui l'avaient précédé. Nous ne nous y arrêterons donc point. Nous dirons toutefois que ce long récit ne manque ni d'intérêt ni d'élégance.

Nous ferons les mêmes observations sur la seconde croisade, où Conrad et Louis VII ne firent rien de remarquable, et n'éprouvèrent que des revers. Le récit de Mathieu Pâris a peu d'étendue, et cela n'est pas étonnant, parce que les historiens contemporains ont presque tous gardé le silence sur cette malheureuse expédition.

Sous la date de 1177, Mathieu Pâris raconte que le roi d'Angleterre, après avoir réglé son royaume, passa en Normandie, le 15 des calendes de septembre, et qu'il eut aussitôt une conférence avec le roi de France, dans laquelle la paix fut faite entre eux de cette manière :

« Moi, Louis, roi de France, et moi, Henri, roi d'An-
» gleterre, voulons qu'il soit connu de tous, que, par l'ins-
» piration de Dieu, nous avons promis et confirmé par ser-
» ment, d'aller ensemble au service de Jésus-Christ, et que,
» devant partir pour Jérusalem, nous prendrons le signe de
» la Sainte-Croix ; et nous voulons être tellement amis, que
» nous conserverons contre tous, la vie, les membres, l'hon-
» neur l'un de l'autre ; et si quelqu'un veut faire du mal à l'un
» de nous, moi, Henri, j'aiderai Louis, roi de France,
» mon seigneur, contre tous ; et moi, Louis, j'aiderai
» contre tous le roi d'Angleterre, Henri, comme mon fidèle,
» gardant la foi à nos hommes, tant qu'ils nous garderont
» fidélité. »

Cet acte, dit Mathieu, fut fait à Minancourt le 7 des calendes d'octobre. Roger Hoveden, qui parle d'un acte semblable, fait entre les deux rois, dans la même année, dit que l'entrevue dans laquelle il fut passé, eut lieu à Ivry. Mathieu ne parle ni du légat, ni des évêques en présence desquels il se fit et qui le signèrent. Tout ce que cet historien dit sous la date de 1187, et années suivantes de la troisième croisade, est encore copié des autres historiens. Mais il a recueilli beaucoup de pièces que la plupart de ses devanciers ont négligées ou n'ont pas connues. Il donne, d'après d'autres chroniques, la lettre que l'empereur Frédéric écrivit à Saladin, et la réponse que le prince sarrasin fit au prince chrétien. Des historiens italiens ont parlé de ces lettres. Il copie encore évidemment les auteurs contemporains que nous avons analysés dans les collections anglaises, lorsqu'il donne les positions de l'armée chrétienne devant Acre, les noms des princes qui étaient dans l'armée de Saladin, ceux des seigneurs anglais qui étaient sur les vaisseaux du roi Richard, à son passage outre-mer, et, en général, lorsqu'il fait le récit des exploits de ce prince.

Les Anglais n'ayant eu aucune part à la croisade, dont la prise de Constantinople, en 1204, fut le principal résultat, les historiens de leur nation n'en ont point parlé, et Mathieu Pâris a imité leur silence ; mais, en revanche, il s'étend sur le siége et la prise de Damiette, en 1219. Après avoir parlé des maux que les assiégés souffrirent, il dit que le soudan, qui les avait soutenus pendant long-temps par des espérances, se détermina, pour les sauver, à traiter avec les chrétiens, et qu'ayant assemblé ses grands et ses conseillers les plus fidèles, il leur tint ce discours :

« Le Dieu des chrétiens est grand, fidèle et puissant, dans
» les combats ; nous l'avons tous éprouvé, surtout dans cette
» circonstance, où il combat contre nous pour nos ennemis.
» Il est hors de doute que notre résistance sera vaine tant que

« les fidèles auront son secours. La prise de Damiette qui est
» la clef de toute l'Égypte, est inévitable. Cette prise tournera
» à notre détriment et à celui de notre loi. Nous savons que
» Damiette fut plusieurs fois assiégée par les chrétiens; mais
» nous n'avons lu nulle part qu'elle ait été soumise par eux. Je
» pense donc qu'il est utile pour nous de rendre au Dieu des
» chrétiens tout ce qui est à lui, afin qu'il ne nous enlève pas
» avec ce qui lui appartient, tout ce qui paraît à nous. Comme
» ce Dieu est juste, et ne desire point le bien d'autrui, si les
» chrétiens refusent la paix équitable que nous leur offrirons, et
» qui est fort honorable pour eux, ils provoqueront sa haine
» par leur avidité, et comme ce Dieu méprise les superbes, il
» se retirera d'eux, et ils auront pour ennemi celui qu'ils eu-
» rent pour défenseur. »

A la suite de ce discours fort étrange dans la bouche d'un infidèle, et dont on peut révoquer en doute l'authenticité, le
soudan, dit l'historien, envoya des députés aux chrétiens pour
leur offrir de leur rendre la vraie croix, et tous les prisonniers
qui étaient dans le royaume du Caire et de Damas. Mathieu
Pâris parle, comme les autres chroniqueurs, des grandes richesses qui furent trouvées à Damiette. Il raconte aussi comment les chrétiens se rendirent maîtres d'un château nommé
Tanis, très fortifié, et que les Sarrasins abandonnèrent à leur
approche. Il rapporte les lettres de Montaigu, maître de la milice du Temple, sur cette occupation et sur la prise de Damiette.

Sous la date de 1229, il donne la lettre de l'empereur Frédéric au roi d'Angleterre, pour lui annoncer le succès de son
expédition en Palestine. Mathieu Pâris ne paraît pas partager,
contre le prince allemand, les préjugés des auteurs contemporains. Ce qui le prouve, c'est qu'il accuse les Templiers et les
Hospitaliers d'avoir essayé d'attirer dans leur conspiration

contre l'empereur, le patriarche de Jérusalem. En effet, celui-ci, d'après leurs insinuations, écrivit à tous les fidèles une lettre pleine de reproches contre Frédéric : cette lettre, dit-il, fit beaucoup de tort à l'empereur, et lui fit perdre bien des partisans. Le pape s'éleva avec plus de véhémence contre lui, et se porta avec plus d'avidité à des levées d'argent. Mathieu Pâris se plaint amèrement de celle que le pontife fit faire quelque temps après. Sous le simple titre de nonces, il envoya des agents qui avaient tout le pouvoir de légats, et qui exigèrent de l'argent, tantôt par leurs prédications, tantôt par leurs supplications, tantôt par ordre, tantôt par excommunication, etc. Ils réduisirent, dit Mathieu, une infinité de personnes en Angleterre, à la mendicité ou à l'exil, *extorres reddiderunt et mendicantes*. Le pape, ajoute-t-il, écrivit à tous les fidèles en des termes très éloquents, qui auraient dû pénétrer des cœurs de pierre, si des actes évidemment opposés à l'humilité et à la justice, n'avaient détruit l'effet de ses paroles.

Sous la date de 1239, il parle d'une réunion à Lyon des chefs de croisés qui, étant occupés des préparatifs de leur départ, reçurent ordre d'un nonce envoyé par le pape de retourner chez eux : les croisés se récrièrent tous à cet ordre, et ils se seraient portés à des violences, dit Mathieu Pâris, contre le nonce du pape, si la prudence des prélats n'eût arrêté leur fureur (Nous avons parlé de cet événement au XIIe. livre de cette histoire). De tous ces croisés réunis à Lyon, les uns s'en retournèrent chez eux, d'autres s'embarquèrent à Marseille et firent voile pour la Terre-Sainte, le désespoir dans l'ame. Ils débarquèrent en Sicile, où ils attendirent le printemps ; d'autres, avec la permission de l'empereur, laissant la mer à gauche, gagnèrent le port de Brindes.

L'empereur Frédéric, qui était dans le fort de ses démêlés avec le pape, conseilla ensuite aux croisés de ne pas se rendre à Jérusalem, et d'attendre que la colère du souverain pontife fût calmée, afin qu'il pût les aller joindre et les accompagner. Des croisés, méprisant cet avis, l'empereur, irrité, défendit qu'on fournît dans ses états des vivres à l'armée des Francs. Les Sarrasins, instruits de tout cela, relevèrent la tête, dit Mathieu Pâris, et exercèrent impunément contre les chrétiens de plus grandes violences.

Sous la date de 1240, l'historien rapporte des lettres sur la perte que les chrétiens firent à Damas. Comme elles sont courtes, nous les copierons en entier. L'une, sans nom d'auteur, est ainsi conçue :

« Sachez que le comte de Bretagne a fait une excursion
» devant Damas, où il a pris un grand butin qu'il a emmené
» à son armée. Le comte de Bar, le comte de Montfort et le
» duc de Bourgogne lui enviant cet avantage, ont fait, huit
» jours après, une autre excursion sans lui en donner avis;
» mais le comte de Bar a été tué, ainsi que le seigneur Si-
» mon de Clermont, le seigneur Jean des Barres, le seigneur
» Robert Malet, Richard de Beaumont et beaucoup d'autres.
» Le seigneur Amauri, comte de Montfort, a été pris et conduit
» en Babylonie. Le duc de Bourgogne s'est enfui. »

La seconde lettre est du comte de Montfort, à la comtesse sa femme, qui la transmit au comte Richard :

« Sachez que Damas n'est pas pris, comme on l'avait dit
» d'abord, mais que tous sont revenus à Acre; sachez en
» outre que le roi de France a fait retirer tout son trésor du
» Temple, parce que les Templiers ni les Hospitaliers n'ont
» voulu aider les Francs dans cette circonstance ; sachez
» encore que soixante guerriers ont été pris vivants, et dans
» la retraite; dix des plus nobles ont été faits prisonniers. »

Mathieu Pâris dit que l'empereur écrivit aussitôt une lettre pleine de menaces aux Sarrasins de Damas et du Caire, afin qu'ils n'osassent maltraiter ces nobles chrétiens qu'ils avaient en leur pouvoir. Le même prince écrivit aussi sur ce sujet une autre lettre au roi d'Angleterre; ce qui lui concilia, dit Mathieu, l'esprit de beaucoup de monde.

Dans cette même année, le comte Richard se prépara au voyage de Jérusalem, et se mit en route avec le frère Théodore, prieur de l'Hôpital, le comte Guillaume de Longue-Épée, et beaucoup de barons et autres guerriers. Lorsqu'il eut abordé sur les côtes de France, le roi et les grands de sa cour allèrent au-devant de lui et le reçurent avec joie. Le comte Richard traversa toute la Provence, et alla par Beaucaire visiter la ville et le couvent de Saint-Gilles. Pendant qu'il y était, un légat du pape vint lui défendre de passer la mer. Mais le comte, méprisant cette défense, alla s'embarquer à Aigues-Mortes, après avoir envoyé instruire l'empereur de ce que le pape venait de tenter auprès de lui.

Pendant que le comte voguait à pleines voiles, il rencontra un messager qui venait de la Terre-Sainte, et qui était porteur d'une lettre du maître de la milice du Temple, adressée à Robert de Sandfort, procurateur en Angleterre de cette même milice. Il annonçait que le soudan de Damas venait de rendre aux chrétiens tout le pays qu'il occupait depuis le fleuve Jourdain, et il lui faisait connaître le traité qui avait été conclu entre eux. Le messager annonça de plus que le soudan avait offert de recevoir le baptême. Mathieu Pâris parle, sous la date de 1241, des ravages des Tartares. Il rapporte une lettre du comte palatin de Hongrie, au duc de Brabant, et une de l'empereur Frédéric au roi d'Angleterre, sur l'arrivée et les dévastations de ces peuples barbares. Il rapporte aussi une lettre que le comte Richard écrivit de la Palestine, et dans laquelle il rendait compte à ses amis de son voyage, et de ce qui venait de se passer dans ce pays. Mathieu ajoute que Richard ayant appris que des gentilshommes chrétiens avaient été tués, à Gaza, et que leurs os étaient restés sans sépulture, fit enlever tous ces précieux restes, et les fit enterrer dans le cimetière d'Ascalon.

Le comte ayant heureusement terminé son pélerinage, repassa en Europe et débarqua en Sicile. Il traversa ensuite différentes villes des états de l'empereur, et fut reçu partout avec beaucoup de joie et de grands honneurs. L'historien raconte qu'entre les choses merveilleuses qu'il ramena avec lui, on remarqua deux jeunes filles sarrasines, d'une taille élégante, qui marchaient sur quatre globes ou boules placés sur la surface plane d'un pavé ou carreau, et qu'elles passaient toutes deux sur ces boules en frappant des mains ou en tournant leurs bras de diverses manières, ou en ployant leur corps, ou en tenant en main des cymbales résonnantes, ou des tablettes (des castagnettes peut-être), avec lesquelles elles jouaient en s'agitant avec une vitesse prodigieuse.

Sous la date de 1244, Mathieu Paris copie deux lettres écrites, l'une par l'empereur Frédéric, l'autre par le maître des Hospitaliers de Jérusalem, sur les cruautés des Karismiens. Voici la substance de ces deux lettres : « Après le traité conclu entre le soudan de Damas et les chrétiens contre le soudan de Babylonie, le patriarche de Jérusalem, revenant d'Occident, aborda en Syrie et se mit en marche pour la cité sainte. Quand il eut visité les Saints-Lieux, la nation barbare des Karismiens fondit tout-à-coup sur lui et sur les habitants de Jérusalem. Les citoyens se sauvèrent au plus vite vers Joppé, avec toute leur famille. Les rusés Karismiens, pour les rappeler et les tuer plus aisément, arborèrent sur les murs les signes des chrétiens. Quelques-uns de ces derniers sortant de leurs retraites qui étaient hors de la ville, et suivant leurs frères fugitifs, par esprit de charité, les rappelèrent en les assurant que ceux qui étaient restés dans la ville avaient triomphé des ennemis, et qu'en signe de joie ils avaient élevé leurs enseignes sur les murs. Les chrétiens fugitifs revinrent donc, et lorsqu'ils furent dans la ville ou dans les environs, les Karismiens fondirent sur eux et les passèrent tous au fil de l'épée. Les autres chrétiens qui étaient dans les châteaux et villes voisines, ayant appris cela, se réunirent en grand nombre, résolus de venger le sang de leurs frères; mais ils éprouvèrent le même sort, et il n'en échappa qu'un petit nombre à la cruauté des ennemis.

Mathieu Pâris raconte que les prélats et les grands de la Terre-Sainte envoyèrent aux rois de France et d'Angleterre une nouvelle lettre contenant le récit des malheurs que les Tartares, nommés *Karismiens*, avaient causé dans la Palestine. Cette lettre fut confiée à l'évêque de Berithe, appelé Valeran, et au frère Arnoult, de l'ordre des frères Prêcheurs. Ils partirent le premier jour de l'Avent, et restèrent six mois sur la mer, exposés à toutes sortes de dangers. Ils débarquèrent enfin au port de Venise, vers la fête de l'Ascension.

Depuis long-temps le pape avait convoqué un concile général à Lyon. Mathieu Pâris rapporte tous les efforts que l'empereur Frédéric avait faits pour empêcher les évêques de ses états de s'y rendre, car il savait que ce concile était particulièrement dirigé contre lui. Cependant l'ouverture approchait; quelques prélats et abbés d'Angleterre s'excusèrent sur leur santé, et s'abstinrent de s'y trouver. Le pape était déjà à Lyon. Mathieu raconte que, vers le temps des Rogations de l'année 1245, le feu prit à la chambre du pape, qu'on appelle la garde-robe, et que tout ce qu'elle renfermait fut la proie des flammes. Les réflexions que l'auteur fait à ce sujet, méritent d'être rapportées. Quelques-uns, interprétant cet événement, dirent que le feu avait été mis exprès pour fournir au pontife l'occasion de demander et d'arracher de l'argent aux évêques qui se hâtaient de venir au concile. Mais l'incendie s'étendant plus qu'on ne voulait, brûla quelques objets qu'on regardait comme fort précieux. Il y en a qui assurent, dit Pâris, que cette charte détestable qui avait été faite sous le règne du roi Jean, de funeste mémoire, touchant le tribut d'Angleterre, fut réduite en cendres.

Nous dirons à cette occasion que l'historien ne cesse pas de se plaindre des exactions de la cour de Rome. Ces plaintes multipliées peuvent être exagérées sans doute, mais on ne peut s'empêcher de penser qu'elles avaient trop de fondement.

Enfin le concile de Lyon s'ouvrit. Nous ne suivrons point l'auteur dans le récit qu'il en fait ; nous avons déjà raconté ce qui s'y passa. Le frère Arnoult y lut les lettres dont il était porteur, et cette lecture, dit Mathieu, arracha des larmes de tous les PP. du concile. Après avoir rapporté la sentence d'excommunication qui fut prononcée contre l'empereur, Mathieu donne les décrets qui furent portés pour la restauration de la Terre-Sainte, et l'entreprise d'une croisade.

Cet historien qui jusqu'alors s'est montré partisan ou défenseur de l'empereur Frédéric, contre la cour romaine, change tout-à-coup de ton en rapportant une lettre que ce prince adressa après son excommunication au roi d'Angleterre. Frédéric, après s'être plaint de la conduite du St.-Siége envers lui, s'élève contre le luxe du clergé, et propose au roi de le rappeler à sa modestie primitive. Mathieu Pâris voit dans cette lettre le dessein formé de détruire la liberté et la dignité de l'Église. Il ne craint pas d'accuser Frédéric d'hérésie, et dit qu'il éteignit et effaça impudemment et imprudemment la réputation de prudence et de sagesse dont il avait joui jusque-là. (*Impudenter et imprudenter extinxit atque delevit.*)

Mathieu parle ensuite de l'entrevue que le pape et le roi de France eurent à Cluni, et dans laquelle le voyage de Jérusalem fut résolu. Il parle aussi de la prise de Damas par les Karismiens. Il dit ensuite que lui, Mathieu Pâris, auteur de cette histoire, qui allait en Norvége pour rétablir la discipline dans les couvents de son ordre, fut chargé, de la part de St. Louis, de remettre une lettre au roi qui s'était croisé. Hacon, roi de Norvége, reçut cette lettre avec beaucoup de joie; mais comme Louis IX l'invitait à se joindre à lui dans la sainte expédition, il répondit qu'il connaissait le caractère français, et que son peuple était impétueux, indiscret, ne supportant aucune injure; que s'il s'élevait quelque dispute entre deux peuples également fiers, il en résulterait un tort irréparable; qu'il convenait donc que chacun allât de son côté, et fît ce qui plairait à Dieu.

Voici le texte latin : « Grates refero copiosas piissimo do-
» mino regi Francorum qui meum desiderat peregrinatione
» sodalitium, sed novi in parte naturam Francorum et sicut
» dicit poeta et ego dico :

Omnisque potestas impatiens consortis erit.
Omnisque superbus impatiens consortis erit.

» Gens mea impetuosa est et indiscreta, impatiensque omnium
» injuriarum; si ergo inter tales et superbos contentio oriretur,
» uterque nostrûm irrestaurabile damnum incurreret; idcirco
» quilibet nostrûm per se eat, et quod Dominus disposuerit
» faciat. »

L'année suivante, Louis IX se mit en chemin pour Jérusalem. Mathieu Pâris entre ici dans le détail de cette expédition. Il trace l'itinéraire du roi jusqu'à son embarquement et son arrivée à l'île de Chypre; il dit que, pendant son séjour dans cette île, le roi de France envoya le comte de Bar et le seigneur Beugin à Venise, et d'autres députés dans d'autres villes et îles voisines, demander des provisions. Les Vénitiens firent partir six grands vaisseaux chargés de froment, de vin

et de vivres de toute espèce, ainsi que de munitions de guerre
et un grand nombre de croisés. Les autres îles et villes envoyèrent de pareils secours non seulement avec l'agrément,
mais à la sollicitation de Frédéric. Ce prince lui-même fournit
au roi diverses provisions.

L'auteur, sous la même date de 1249, dit que, vers la
Saint-Michel, on apprit dans tout l'Occident que le roi très
chrétien s'était emparé de Damiette, après être débarqué en
Afrique, et avoir vaincu et repoussé les Sarrasins. Ce fut
l'archevêque de Cantorbéry qui en apporta le premier la nouvelle en Angleterre, où il aborda le jour de la St.-Mathieu.
L'historien, pour preuve de cette nouvelle, renvoie aux trois
lettres qui se trouvent dans son livre des additions. La première lettre est du comte d'Artois; elle est écrite à la reine
Blanche; l'autre est de Guy, de la famille du vicomte de Melun.
Il y a encore une troisième lettre du maître de la milice du
Temple, adressée en Angleterre à Robert de Sandford, précepteur de cette milice. *Voyez* les deux premières dans les
Pièces justificatives du tom. précédent.

Mathieu raconte qu'en 1250, le roi d'Angleterre, Henri III,
se croisa, ainsi que beaucoup de nobles anglais l'avaient déjà
fait; mais les uns voulaient partir avant le roi, et les autres désiraient qu'il les accompagnât; de plus, le pape ayant écrit des
lettres comminatoires contre ceux qui partiraient sans le roi,
et le roi ayant fait des prières impérieuses pour avoir de l'argent, tout départ fut suspendu, et chacun resta chez soi.

Mathieu donne quelques détails sur les combats que les
croisés livrèrent aux Sarrasins après la prise de Damiette. Dans
un de ces combats, ils furent défaits et fort maltraités, ce qui
releva les espérances des infidèles. Il parle de la conférence qui
eut lieu entre les musulmans et les chrétiens, et dans laquelle le
soudan demanda au roi de remettre Damiette avant que la fa-

mine ne l'y surprît, et promit de rendre à l'amiable tout le pays de Jérusalem et les captifs qui se trouvaient dans ses états.

Le roi, dit Pâris, aurait consenti à cela, si le comte d'Artois ne s'y fût arrogamment opposé, et n'eût encore exigé Alexandrie, que le soudan ne voulut pas abandonner. Alors, ajoute l'historien, la condition des chrétiens commença à devenir plus mauvaise. La famine se mit dans l'armée des croisés, quelques-uns apostasièrent; la mort du soudan, assassiné par les siens, releva leurs espérances et ranima leur courage. Mais ce ne fut pas pour long-temps; car le soudan qui succéda, montra encore plus de haine pour les chrétiens, et leur fit la guerre avec plus de vigueur que son prédécesseur.

Mathieu raconte en détail les démêlés de Guillaume Longue-Epée avec le comte d'Artois; démêlés survenus à l'occasion du butin que le premier avait fait du côté d'Alexandrie, et sur lequel le second prétendait une grande part. Il dit que Guillaume Longue-Epée n'ayant pu obtenir justice de Louis IX, se retira de dépit, et pour quelque temps, à Acre : il prétend que ce seigneur anglais avait excité contre lui la jalousie des Français, parce qu'en allant vers Alexandrie, il s'était emparé, non de force, mais par hasard, d'un château rempli de femmes qui avaient appartenu aux plus nobles des Sarrasins; que cette capture, ignorée d'abord des Français, avait fait grand bruit dans tout le pays, et que dès ce moment on répandit dans l'armée que Guillaume Longue-Epée avait amassé dans son excursion de grandes richesses. Ce fut ce qui donna occasion aux Français et surtout au comte d'Artois, de se plaindre des Anglais avec amertume, et de les accabler d'outrages.

Pendant que cela se passait en Orient, les barons d'Angleterre qui s'étaient précédemment croisés, et qui avaient vendu ou engagé leurs terres, voulurent prendre le chemin de Jérusalem. Mais voilà que le roi, dit Mathieu, tel qu'un enfant blessé ou maltraité a coutume de porter plainte à sa mère (*sicut puerulus læsus vel offensus ad matrem querulus solet recurrere*), se hâte d'envoyer supplier le pape d'empêcher ce départ, en lui disant que quelques grands de son royaume voulaient aller à Jérusalem malgré lui, et ne voulaient point attendre leur roi qui s'était croisé, et qui se proposait de faire le voyage. Henri ne se contenta pas de cette démarche auprès du pape; il envoya des gardes à Douvres et autres ports, avec ordre d'empêcher qu'aucun croisé ne s'embarquât.

Mathieu Pâris, revenant en Palestine, raconte fort au long le combat de Mansourah; il représente le comte d'Artois comme un prince superbe, arrogant et avide d'une vaine gloire, méprisant les conseils du maître de la milice du Temple, ceux de Longue-Epée et des autres seigneurs qui voulaient arrêter sa fougue. Il dit que ce prince voyant qu'il avait eu tort de ne pas céder à des hommes plus prudents que lui, chercha son salut dans la fuite, et périt au milieu du fleuve qu'il espérait traverser avec son cheval. D'un autre côté, il représente Longue-Epée succombant courageusement et comme un martyr, sous les traits et les pierres des ennemis. *Voyez* pour les détails, ce qu'on a dit au IVe. volume de cette histoire, de même que pour ce qui suivit ce funeste combat.

L'auteur dit que mille chevaliers et sept mille deux cents combattants périrent avec le comte d'Artois; qu'il ne s'échappa que trois chevaliers du Temple, quatre de l'Hôpital et trois de l'ordre Teutonique. Il peint la douleur de Louis IX en apprenant la nouvelle de cette défaite; il rapporte le discours qu'il adressa aux siens pour les exhorter à venger le sang de son frère et de leurs compagnons d'armes : « Mes amis, leur dit le roi, vous qui avez partagé avec tant de constance mes travaux et mes dangers, voyez ce qu'il y a à faire dans une circonstance si déplorable. Si nous nous retirons, nos ennemis triompheront bien plus de notre fuite que de la mort de nos frères; ils se sentiront encouragés à nous poursuivre, et, plus légers que nous, ils nous atteindront et nous extermineront tous, à la confusion de l'église universelle et à l'opprobre ineffaçable de la France. Mathieu décrit le nouveau combat qui eut lieu, la malheureuse issue qu'il eut, et la captivité du roi lui-même.

Il y avait, selon lui, dans ce dernier combat, deux mille trois cents chevaliers, et quinze mille hommes armés qui furent tous tués ou pris, par les Sarrasins. Il regarde la captivité du roi comme le comble de la calamité et un opprobre éternel pour les Français, pour toute la chrétienté et toute l'Église.

Mathieu Pâris raconte ensuite que Saint-Louis ayant refusé de rendre Damiette, les Sarrasins essayèrent de la prendre par ruse; il donne après cela les conditions du traité qui fut conclu pour la délivrance du roi; il dit que le nouveau soudan, après la remise de Damiette, trouvant cette ville dépourvue de vivres, et tous les vaisseaux qui les contenaient brisés, fit décapiter tous les chrétiens qu'il y trouva, et regretta que les plus distingués en fussent sortis. Il fit aussi brûler tout ce qu'il trouva de vaisseaux dans le port. Mathieu rend compte des troubles qui s'élevèrent parmi les mameluks, lorsqu'ils apprirent que, pour de l'argent, on avait laissé échapper un si grand monarque avec ses frères.

Il rapporte une lettre écrite à Richard, comte de Cornouailles, par son chancelier, et de laquelle il résulte que le comte d'Artois fut la cause des mauvais succès de cette expédition, d'abord pour avoir refusé les offres que firent les Sarrasins, ensuite, pour avoir voulu s'attribuer tout le butin, et en troisième lieu, pour avoir pris un tiers de l'armée, et s'être séparé du roi.

Voici dans quels termes il peint la désolation que la nouvelle de ces désastres causa en France:

« La reine Blanche et les grands du royaume ne pouvant et ne voulant pas croire le rapport de ceux qui arrivaient d'Orient, les firent pendre (et Mathieu assure que ce furent là autant de martyrs). Enfin, lorsque le nombre de ceux qui rapportaient ces nouvelles fut si grand, et que les lettres furent si authentiques qu'il ne fut plus possible de douter, toute la France fut plongée dans la douleur et la confusion. Les ecclésiastiques et les guerriers montrèrent une égale tristesse, et ne voulaient recevoir aucune consolation. Partout des pères et des mères déploraient la perte de leurs enfants; des pupilles et des orphelins celle de leurs parents; des frères celle de leurs frères; des amis celle de leurs amis. Les femmes négligèrent leur parure; elles rejetèrent les guirlandes de fleurs; on renonça aux chansons; on suspendit les instruments de musique. Toute espèce de joie fut convertie en deuil et en lamentation. Ce qu'il y eut de pis, c'est qu'on accusa le Seigneur d'injustice, et que l'excès de la douleur se manifesta par des blasphêmes qui semblaient tenir de l'apostasie ou de l'hérésie. La foi de plusieurs chancela. Venise et plusieurs villes d'Italie où habitent des demi-chrétiens, seraient tombées dans l'apostasie si elles n'avaient été fortifiées par les consolations des évêques et des hommes religieux. Ceux-ci affirmaient que les croisés tués en Orient régnaient dans le ciel comme des martyrs, et qu'ils ne voudraient pas pour l'or de tout le monde, être encore dans cette vallée de larmes. Ces consolations calmèrent quelques esprits, mais non pas tous. »

Le roi de Castille, à la nouvelle de ces malheurs, se croisa. Mathieu Pâris, qui ne cesse de déclamer contre la cour romaine quand elle demande de l'argent en Angleterre, saisit encore l'occasion des levées de deniers qui se firent alors en France pour renouveler ses invectives contre le pape. Il rapporte ensuite la mort de plusieurs personnages de marque en Orient, la tentative que les Sarrasins voulurent faire sur Acre, et le retour en France des frères du roi.

Sous la date de 1251, l'auteur parle du rassemblement des pastoureaux et des enfants. Il l'attribue à un chrétien hongrois, apostat et sexagénaire, qui s'était fait disciple de Mahomet, et qui, versé dans l'art des prestiges, avait promis au soudan du Caire de lui livrer une multitude infinie de chrétiens pour en faire des captifs et dépeupler la France qui, veuve alors de son roi, serait plus facile à conquérir.

Mathieu Pâris rapporte, sous la date de 1252, une conférence entre St. Louis et le nouveau soudan du Caire, dans laquelle le roi laissa ce soudan dans le plus grand étonnement d'apprendre que le but principal du monarque français et son plus grand desir dans son expédition, avaient été de gagner à la religion du Christ le prince sarrasin, son prédécesseur, et ceux qui lui obéissaient. Mais Mathieu Pâris ne dit point dans quel endroit eut lieu cette conférence.

L'histoire de Mathieu Pâris finit, comme nous l'avons dit, au commencement de cet extrait, à l'année 1259, qui fut aussi celle de sa mort. Elle a été continuée par un moine de Saint-Alban, nommé Guillaume Rishanger; mais cette continuation, en forme d'annales ou de chronique, est sèche et fort concise.

Sous la date de 1270, elle raconte le départ de St. Louis pour la Terre-Sainte, dans les mêmes termes que les historiens dont nous avons déjà parlé. Il paraît que l'auteur n'a eu que la peine de les copier. Le récit de la mort du roi et ses dernières paroles sont également copiés; et ce que l'auteur dit des suites de cette expédition, encore plus malheureuse que la première, est un abrégé très court de ce que rapportent les chroniques contemporaines.

COLLECTION
DES ÉCRIVAINS ALLEMANDS,
Par BURCARD GOTHELF STRUVE.

Burcard Struve, l'un des plus grands jurisconsultes d'Allemagne, naquit à Weimar, le 26 mai 1671. Il montra de bonne heure d'heureuses dispositions pour les sciences. Il étudia sous les maîtres les plus habiles, à Iéna, à Helmstadt, à Francfort, à Hall. Il fut professeur d'histoire dans l'académie de cette dernière ville, puis professeur extraordinaire en droit, et historiographe des ducs de Saxe, et enfin conseiller de cour. Il a laissé un grand nombre d'ouvrages, la plupart fort recherchés. La collection dont nous allons nous occuper est du nombre; elle a pour titre :

Rerum Germanicarum scriptores, etc. ;
Bucardo Gothelfio Struvio.

Dans le premier tome se trouvent les annales du moine Godefroy, sous le titre de

Godefridi *monachi S. Pantaleonis apud Coloniam Agrippinam Annales diligentissimi ab anno Domini* 1142 *usque ad annum* 1237. (Tom. 1er., pag. 335.)

Article 1.

L'auteur de ces annales était moine bénédictin de St.-Pantaléon, à Cologne. Il vivait sous l'empereur Frédéric II, dont il a écrit la vie. Struve le met, sans hésiter, au rang des historiens les plus exacts, parce qu'il rapporte beaucoup de choses que les autres écrivains ont omises. Il s'est étendu plus que les autres, sur les croisades qui ont eu lieu sous les Frédéric, et il a également décrit plus longuement les comices ou assemblées qui se sont tenues, non seulement en Allemagne, mais encore en Italie. C'est Marquard Freherus qui, le premier, a fait connaître ces annales, que Struve a ensuite corrigées sur le manuscrit trouvé dans la bibliothèque de Wolfenbuthel.

La croisade de 1187 y est spécialement racontée sous le titre, *De invasione Sanctæ-Terræ, et Sanctæ-Crucis perditione*. (Pag. 348.)

Cette même année, dit-il, la voix de la douleur et du gémissement vint frapper de ses sons lamentables les frontières des chrétiens et les extrémités du monde. On sut que la Terre-Sainte était exposée aux profanations des païens, que la croix qui nous a sauvés était prise par eux, et qu'ils avaient fait un grand carnage du peuple chrétien. L'auteur fait le récit de ces événements, et cite les lettres qui furent adressées directement au pape Urbain, par le grand-maître des Templiers, pour l'informer de ces désastres. Le pape envoya l'évêque-cardinal Henri d'Albane, et le patriarche de Jérusalem, en France et dans les pays au-delà des Alpes, inviter et exhorter tout homme courageux à entreprendre le voyage de la Terre-Sainte, pour l'amour du Christ et la délivrance de la croix. Une foule innombrable de nobles et de peuples se croisèrent.

L'empereur, qui avait aussi reçu des lettres de la Palestine, tint une assemblée à Mayence, et reçut, ainsi que son fils le duc de Souabe, la croix des mains de l'évêque de Wurtzbourg. L'évêque de Maëstricht, le comte de Gueldre et beaucoup d'autres qu'on n'avait pu réconcilier auparavant, se réconcilièrent alors sans autre médiateur que l'esprit de Dieu, et plusieurs d'entre eux prirent la croix avec joie. L'empereur envoya l'archevêque de Mayence auprès du roi de Hongrie, pour le prier de faire des levées d'argent, et des approvisionnements pour l'armée des croisés.

Le moine Godefroi ajoute que l'empereur fit partir le comte de Hollande, pour aller annoncer au sultan Saladin qu'il rompait l'alliance dernièrement contractée avec lui, et qu'il envoya, avec quelques présents, Godefroi de Wisenbach vers le soudan d'Iconium, son ancien allié, pour traiter de son passage dans l'Asie mineure. Le soudan témoigna une joie extrême de ce voyage; mais l'événement prouva que ces démonstrations n'étaient qu'une ruse de sa part. Depuis Noël jusqu'au Carême, dit Godefroi, des troupes innombrables de croisés à pied et à cheval, semblables, pour le nombre, au sable de la mer et aux étoiles du ciel, remplirent toutes les routes et couvrirent le Rhin. Les vaisseaux qu'on avait équipés mirent à la voile au commencement du carême, et, après dix jours de navigation, ils abordèrent à St.-Jacques de Compostelle, au nombre de soixante, portant plus de dix mille combattants. Ayant ensuite abordé sur les côtes d'Afrique, les croisés assiégèrent et prirent une ville populeuse nommée *Albur*, enlevèrent beaucoup d'or et d'argent, et passèrent les habitants au fil de l'épée.

Godefroi entre dans de longs détails sur l'expédition de Frédéric; il le suit pas à pas depuis son départ, à travers la Bulgarie, la Romanie, la Grèce, jusqu'au moment où ce prince se noya dans un fleuve. Il raconte alors le siége d'Acre, parle de l'arrivée de Philippe et de Richard, de leurs opérations devant cette ville, et enfin de la reddition de la place.

Sous la date de 1193, il dit que Richard, à cause de la mort du marquis Conrad et de plusieurs actions qui lui avaient fait peu d'honneur à Acre, fut pris en revenant de la Terre-Sainte, par le duc d'Autriche Léopold, et mis dans la prison de l'empereur.

Godefroi parle ensuite de la quatrième croisade; et, sous la date de 1195, il cite une lettre de l'empereur Henri VI, écrite de la Calabre à tous ceux qui étaient constitués en dignité, en Allemagne. Cette lettre avait pour objet de les engager à faire les préparatifs d'une expédition pour délivrer les chrétiens qui gémissaient dans la Terre-Sainte sous l'oppression du musulman. L'historien, sous la date de 1196, cite aussi une lettre que le duc de Lorraine écrivit de la Palestine à l'archevêque de Cologne, pour lui rendre compte des succès que lui, et plusieurs autres princes, avaient eus contre les ennemis de Dieu. L'évêque de Mayence, le landgrave et le comte palatin, étaient du nombre de ces princes croisés. Cette lettre a été insérée au troisième volume. L'annaliste, sous les années 1201 et 1202, parle de la croisade qui se termina par la prise de Constantinople. Il rapporte les lettres du comte de St.-Pol au duc de Brabant et à l'archevêque de Cologne, sur ce grand événement. (*Voyez* ces lettres au 3e. volume.) Nous ferons observer que le moine Godefroy s'étend peu sur ces dernières époques, surtout sur la croisade de Henri VI, ce qui a lieu d'étonner de la part d'un historien allemand; à l'exception des lettres dont nous venons de parler, il n'offre rien de remarquable, et son récit ne diffère pas de celui des vieilles chroniques par la sécheresse et la concision.

Sous la date de 1217, il raconte qu'André, roi de Hongrie, Léopold, duc d'Autriche, des évêques, des comtes et une grande multitude de croisés, passèrent la mer. Guillaume, comte de Hollande, Georges, comte de Wide, et d'autres croisés d'Allemagne desirant s'embarquer pour la Terre-Sainte, se réunirent sur la Moselle, mirent à la voile, et allèrent relâcher au port de Lisbonne. Godefroi fait le récit des opérations des croisés dans le Portugal. Après avoir dit que les croisés passèrent l'hiver à Lisbonne, où ils menèrent une bonne vie (*bonam ducens vitam*), il ajoute sans aucune transition : dans cette même année, le patriarche de Jérusalem, sorti de Ptolémaïs, portait au camp des croisés de la Palestine, le bois de la vraie Croix, qu'on prétendait avoir retrouvé. Le roi de Hongrie et le duc d'Autriche allèrent au devant de la croix, pieds nus, et l'adorèrent. Ils marchèrent ensuite avec ce signe contre le soudan du Caire. Godefroi fait encore le récit des opérations militaires de ces croisés, des succès qu'ils obtinrent, et du siége de Damiette.

Jérusalem, la reine des cités, qui paraissait inexpugnable, fut détruite, dit-il, en 1219 : ses tours et ses principaux édifices furent réduits en monceaux de pierres, excepté le temple du Seigneur et la tour de David. Godefroi donne, sur la prise de Damiette, à-peu-près les mêmes détails que les autres historiens. Il termine ce qu'il dit sur les croisades en parlant de la remise de cette ville au soudan du Caire, en 1221.

TAGENONIS *decani Pataviensis descriptio expeditionis Asiaticæ contra Turcas* FREDERICI *imp.* (Tom. Ier., pag. 407.)

Article II.

Tagenon, doyen de Passaw, accompagna son évêque Théobald dans l'expédition de l'empereur Frédéric contre les Sarrasins. Ce fut par ordre de Théobald qu'il en fit le récit qu'il envoya à Conrad Adelman, prêtre de Ratisbonne, pour que celui-ci le publiât. Freherus est cependant le premier qui l'ait fait connaître. Tagenon mourut et fut enseveli auprès de Tripoli, en 1190. Son récit commence aux calendes de juin 1189, et va jusqu'au 11°. des calendes de juillet. Il y a inséré une lettre de Théobald, évêque de Passaw, à Léopold, duc d'Autriche, et une de l'empereur Frédéric au même duc. Ces deux lettres contiennent des détails sur la marche de l'armée. Burcard Struve dit que cette description de Tagenon s'accorde en beaucoup de choses avec une autre qui se trouve au III°. tome des Leçons antiques de Canisius sur cette même expédition.

Comme l'empereur Frédéric et son armée eurent beaucoup à souffrir dans cette expédition, à cause de la mauvaise volonté et de la perfidie de l'empereur grec, l'auteur a cru nécessaire de faire connaître les plaintes des croisés, et de Frédéric lui-même, contre ce prince, jaloux et de mauvaise foi. Il dit que l'empereur grec, dans trois lettres qu'il avait écrites à Frédéric, ayant omis son nom et évité de l'appeler empereur, le prince allemand, en présence des Grecs et des seigneurs croisés, vêtu de ses habits impériaux, parla ainsi, avec le ton qui convenait à sa dignité :

« Nous ne pouvons assez nous étonner, et nous supportons avec beaucoup de peine, que notre frère ait pris à tâche de ne point mettre dans ses lettres notre nom de Frédéric, qui est connu de plusieurs rois, princes et provinces. Manuel, son prédécesseur de pieuse mémoire, lors même que nous étions ennemis, mit toujours notre nom dans ses lettres, et ne manqua en rien à notre dignité. Nous en usâmes de même à son égard. Charles de sainte mémoire obtint, par ses victoires, la monarchie de la ville de Rome. Cette monarchie est venue depuis 500 ans jusqu'à nous ; et, par l'autorité de Dieu et l'élection libre des princes, nous jouissons depuis 38 ans de la puissance de l'empire romain. Nous avons reçu dans la ville de Rome, qui est la maîtresse et la capitale du monde, la couronne et l'empire de toute la chrétienté des mains du pape Adrien, successeur de Saint Pierre; et, de préférence aux autres princes nos égaux, nous avons été oints de l'huile sainte, et notre nom est célèbre et glorieux dans la capitale du monde chrétien. Nous rappelons cela, afin que votre maître n'ignore plus et notre nom et notre dignité. Sachez donc que nous ne recevrons plus de ses lettres, qu'elles ne contiennent expressément nos titres et notre nom. Votre maître se donne le nom de *Saint*: admirable sainteté! qui, après avoir reçu avec bienveillance des hommes honnêtes et religieux, ainsi que doivent l'être des députés fidèles, dans la bouche desquels il ne s'est trouvé ni mensonge ni iniquité, les a tout-à-coup fait jeter en prison, et presque réduits à la mort par la faim et la nudité! Dieu nous préserve d'une pareille sainteté! »

Le même empereur, passant son quartier d'hiver à Andrinople, écrivit en Allemagne à son cousin Léopold, duc d'Autriche, une lettre dans laquelle il se plaint de ce que l'empereur grec a fait arrêter ses ambassadeurs, et traîtreusement retardé son passage pendant la rigueur de l'hiver. Il lui annonce qu'après plusieurs ambassades, le prince grec lui a enfin renvoyé ses ambassadeurs, en promettant de nouveau de lui fournir abondamment des provisions et des vaisseaux.

Tagenon rapporte une lettre de la reine Sybille à l'empereur Frédéric, pour l'instruire des mauvaises dispositions de l'empereur grec pour les croisés; et de ses liaisons secrètes avec Saladin. Elle termine en le priant de ne jamais se fier aux envoyés de cet empereur.

Tagenon fait jour par jour le récit de la marche de l'armée, et indique tous les lieux par où elle passa. Il dit qu'arrivés sur les terres de la domination des Turcs, les croisés y furent reçus avec humanité et fournis de tout ce dont ils avaient besoin jusqu'au-delà de la ville d'Ephèse; mais quand ils eurent pénétré dans les déserts de la Turquie, tout leur fut contraire; le pays, les Turcs et le soudan ; ils furent continuellement harcelés par les infidèles qui les attaquaient en aboyant après eux comme des chiens (*more canum circum latrantium*), en leur lançant des traits ou en les provoquant par des menaces.

Tagenon décrit encore tout ce qu'ils eurent à souffrir en Arménie de la faim, de la soif, des perfidies, des trahisons, des insultes et des menaces des ennemis. Ce qui doit surprendre dans un témoin oculaire comme Tagenon, qui décrit avec tant de détails, c'est qu'il ne dise point de quelle mort mourut l'empereur Frédéric. Après avoir raconté que l'armée, échappée à mille dangers, fut pleine de joie de se voir réunie dans la plaine de Seleucie, il ajoute sans autre réflexion : mais notre joie se changea en grand deuil, car le 4 des ides de juin, vers le soir, l'empereur mourut subitement à Seleucie. Du reste, cette description de Tagenon, qui contient quelques détails intéressants, finit à l'arrivée des croisés dans Antioche.

Chronicon australe antiquum, per Mathæum MARESCHALCUM *de Bappenheim*. (Tom. Ier., pag. 431.)

Article III.

Mareschalcus était docteur en droit, et chanoine de Ratisbonne. Il écrivit sa chronique vers l'an 1523. Freherus la publia le premier. Il en existait une copie manuscrite dans le collège des Jésuites de Neustadt. L'illustre Leibnitz la trouva et la fit communiquer à Burcard-Struve qui l'a corrigée. Cette chronique n'est qu'une espèce de chronologie fort sèche. Elle n'offre quelques détails qu'en approchant des derniers temps. Elle commence à l'année 852, et finit à 1327. Les événements des croisades y sont sommairement indiqués; mais l'auteur s'est plus étendu sur ce qui regarde les Turcs. Après avoir parlé des Comans qui vinrent ravager la Hongrie, en 1242, il s'exprime ainsi : « Il vint de l'Orient une autre nation qu'on nomme Tartare, qui avait ravagé plusieurs villes et châteaux, plusieurs royaumes, tels que la Servie et la Pologne. Comme elle était innombrable, personne n'osait lui résister. Les hérétiques et les faux chrétiens s'étaient joints à elle pour exercer leur malice contre les vrais chrétiens, dont ils voulaient effacer le nom de dessus la terre. Les maux qu'elle fit d'abord furent infinis, parce qu'elle n'épargnait personne. Elle faisait quelquefois la paix, mais elle ne l'observait jamais. Le pape Grégoire, pénétré de douleur à la nouvelle des maux qu'elle causait à l'Église, envoya ses légats prêcher une croisade et le pardon des péchés. On vit se croiser des rois, des ducs, des évêques, des nobles et du peuple, des vieillards et des jeunes gens. Mais l'empereur s'opposa à cette croisade, parce que le roi de Hongrie avait dédaigné de venir à un rendez-vous qu'il lui avait demandé. »

En 1243, les Tartares, chargés du butin qu'ils avaient fait en Hongrie, entrèrent dans la Grèce et la ravagèrent : l'empereur de Constantinople, nommé Baudouin, se mesura avec eux, et les vainquit dans un premier combat; mais, dans un second, il fut vaincu à son tour.

En 1260, les Tartares firent beaucoup de mal en Prusse. Les frères de l'ordre Teutonique se réunirent contre eux, et perdirent plus de cent des leurs dans le combat. Mais cette perte fut honorable, puisque les Tartares furent obligés de se retirer. Dans la même année, ces infidèles perdirent à leur tour beaucoup de monde dans un autre combat livré dans les parties transmaritimes.

En 1274, le pape Grégoire X tint à Lyon un concile où se trouvèrent un grand nombre d'archevêques, évêques, etc. Il y fut décidé que le clergé donnerait la dîme de ses revenus, pendant six ans, pour le secours de la Terre-Sainte. Tous les princes chrétiens furent invités à conserver la paix entre eux, pendant le même espace de temps. Le pape promit à Rodolphe, roi des Romains, de passer lui-même la mer avec mille soldats.

En 1285, les Tartares entrèrent dans la Hongrie en grand nombre, la dévastèrent, tuèrent et emmenèrent des hommes, des femmes et des enfants. Mais les habitants du pays s'étant rassemblés, les mirent en fuite, en tuèrent une quantité infinie, et le reste, quoiqu'en petit nombre, s'étant échappé, alla se cacher dans les montagnes et dans les vallées couvertes de bois, où presque tous périrent. Quoique cette chronique aille jusqu'en 1327, elle ne parle qu'en passant de la prise d'Acre en 1291; l'auteur ne paraît s'être occupé que de ce qui regarde l'Autriche, la Hongrie et les Tartares.

Ex chronica AUGUSTENSI *antiqua excerptum, per* Mathæum MARESCHALCUM *de Bappenheim.* (Tom. 1er., pag. 493.)

Article IV.

Cette chronique, dont l'auteur est inconnu, et qui est incomplète, a été publiée par le même Mathieu Mareschalcus; elle commence à 973, et finit à 1104 : elle porte, sous la date de 1096 : *Expédition étonnante et inouïe* (*mira et inaudita expeditio*). Il partit de diverses provinces et nations une infinité d'hommes qui étaient comme poussés par un mouvement de l'âme (*motu mentis compuncti*) à combattre les persécuteurs de l'église de Jérusalem; il y eut non seulement des guerriers, mais des évêques et des abbés, des clercs et des moines, des pères de famille qui abandonnaient leurs affaires, leurs femmes et leurs enfants. Tous se confiant à leur

multitude, forcèrent dans plusieurs villes les Juifs à se faire
baptiser, et massacrèrent ceux qui persistaient dans leur foi. Le
nombre de ces pèlerins s'étant beaucoup augmenté, ils s'éloi-
guèrent grandement de leur but, car ils commencèrent dans
la Hongrie et dans les provinces adjacentes, à vivre de pillage.
Il est assez singulier que l'auteur, après avoir froidement raconté
le massacre des Juifs par ces croisés, trouve qu'ils ne s'éloignèrent de leur but que quand ils se mirent à piller les Hongrois.
Cependant leurs excès ne restèrent point impunis; ils furent
en partie tués par l'épée, en partie noyés dans les fleuves;
plusieurs périrent de misère. Les femmes et les enfants furent
menés en servitude ou misérablement traités.

La chronique parle ensuite de la prise de Nicée, d'Antioche
et de Jérusalem. A la suite de cette chronique se trouve une
partie de celle du monastère des saints Uldaric et Afre; il y est
question des préparatifs de l'empereur Henri, en 1195, pour la
croisade; du départ du roi André de Hongrie, de Léopold, duc
d'Autriche, etc., en 1217; de la prise de Damiette en 1219;
et de la reddition de cette place aux Sarrasins, en 1221.

Hainrici STERONIS *monachi Altahœ inferioris
annales.* (Tom. 1er, pag. 555.)

Article v.

Ces annales sont encore une suite de la chronique de
Mathieu Mareschalcus. Henri Steron, qui en est l'auteur, était
chapelain d'Hermann, abbé de *Altahë*, que Struve regarde
comme l'auteur de la première chronique. Comme il n'était
pas rare autrefois que les chroniqueurs interpolassent leur
chronique dans celle des autres, ou qu'ils continuassent ce
que d'autres avaient commencé, Struve n'est pas éloigné de

croire que celle-ci fut interpolée dans la précédente. Il le croit d'autant mieux, que si l'abbé d'Altahë a été le véritable auteur de la chronique publiée par *Mareschalcus*, Henri Steron, pour lui faire honneur, y aura inséré ses annales, comme il le fait assez entendre lui-même. Quoi qu'il en soit, elles commencent à l'an 1266, et finissent en 1334. Voici en abrégé ce qu'on y trouve sur les croisades.

L'auteur parle de la croisade de St. Louis, en 1270, et copie ou abrège Mathieu Paris et Guillaume de Nangis; il parle aussi du concile de Lyon, tenu dans la 3e. année du pontificat de Grégoire X, concile où l'on s'occupa des affaires de la Terre-Sainte.

Sous la date de 1279, il dit que le soudan du Caire fut mis en fuite par les Tartares, et que ceux-ci furent chassés à leur tour avec une perte de 30 mille hommes. Il ne fait qu'indiquer la prise d'Acre en 1291.

Sa chronique se termine en 1300; elle a été continuée depuis 1302 par les frères Uldaric Welling et Conrad, moines des saints Uldaric et Afre de l'ordre de saint Benoît. On y lit sous la date de 1305, des lettres du pape Nicolas, à l'évêque de Salzbourg, datées de la 4e. année de son pontificat, pour lui ordonner de faire tenir des conciles provinciaux, afin d'aviser aux moyens de venir au secours de la Terre-Sainte. A l'époque de 1305, il n'y avait point de pape connu sous le nom de Nicolas; c'était Clément V qui occupait le St.-Siége : le pape Nicolas IV était mort en 1294. Il y a donc ici erreur de nom ou supposition de lettres.

Les auteurs disent qu'en 1311, le pape Clément convoqua un concile général à Vienne. Il y fut question du passage outre-mer et du recouvrement de la Terre-Sainte. Le pape chargea les frères Hospitaliers de St.-Jean-de-Jérusalem, d'annoncer une croisade par toute la chrétienté.

Plusieurs milliers de chrétiens se croisèrent; mais lorsqu'ils furent arrivés au palais du pape, il les dégagea de leur vœu, et leur ordonna de retourner chez eux. Leurs travaux et leurs dépenses furent ainsi sans effet.

ÆNEÆ SYLVII JACOBI MOTZII *aliorumque orationes ad historiam* FREDERICI III *facientes*. (Tome II, page 27.)

Article VI.

Le 2e. tome de cette collection renferme plusieurs discours que Freherus avait tirés des *manuscrits palatins*, et qu'il avait rassemblés sans ordre. Struve les a éclaircis en les plaçant à la date des temps où ils ont été tenus. Ces discours, nécessaires à l'intelligence de l'histoire de l'empereur Frédéric III, sont de différents auteurs. Le 4e. est d'Æneas Sylvius, évêque de Sienne, qui fut employé dans les affaires et devint ensuite pape sous le nom de Pie II. Il fut chargé de faire, dans un consistoire général présidé par le pape, le tableau de la situation des chrétiens, en Syrie, en Égypte, en Asie, en Grèce, sous l'empire des Turcs, et des désastres que les Hongrois avaient éprouvés de leur part dans les dernières années. Ce tableau fut si touchant, dit Sylvius lui-même, qu'il arracha des larmes à plusieurs assistants; ce discours peut être considéré comme un monument historique, par le jour qu'il répand sur l'état de la chrétienté au milieu du 15e. siècle. (*Voyez* page 38.)

Æneas Sylvius dit que le pape Nicolas V lui répondit que rien ne pouvait être plus agréable à l'église que la proposition d'un *passage*, et que cette proposition était digne de la piété de l'empereur : le pape ajouta que le discours d'Æneas l'avait vivement ému ; mais qu'il fallait consulter les autres princes de la chrétienté pour leur demander des secours, et que s'il les trouvait bien disposés, il en informerait l'empereur et donnerait le plus grand soin à cette sainte entreprise. Ce fut sous ce pape que Constantinople fut prise par les Turcs.

Le même Æneas Sylvius, dans son état de l'Europe sous Frédéric III, fait le récit rapide des guerres que les Hongrois eurent à soutenir contre les Turcs, de la bataille de Varna et des exploits de Jean Hunniades.

Parmi les autres écrits que Struve a donnés dans ce 2°. tome, est une bulle du pape Sixte IV, adressée en 1481 à Philippe, électeur palatin du Rhin, pour l'exhorter, lui et les autres princes de l'Allemagne, à une expédition contre les Turcs, pages 310 et suiv. Un discours des ambassadeurs de Mathias, roi de Hongrie, prononcé en 1479, dans l'assemblée de Nuremberg, pages 315 et suivantes, et une lettre du roi lui-même à l'archevêque de Ratisbonne, pour le même objet, pages 319 et suiv. L'historien Adlzreiterus a fait sur cette assemblée de Nuremberg, la réflexion suivante : *On fut dans une grande attente sur ces comices. Il y eut des consultations et des résolutions salutaires, mais il n'en résulta aucun fruit. Les propositions et les conseils furent, comme chez les Athéniens, très bons et très courageux en paroles, mais il ne se trouva personne parmi les malheureux chrétiens qui les exécutât contre un ennemi qui allait toujours croissant.* Struve a placé dans son ouvrage, à la suite des *prognostiques d'Antonius Torquatus*, médecin de Ferrare, prognostiques dont quelques-uns ont été vérifiés par l'événement, mais dont la plupart ont été en défaut, des apophtegmes ou bons mots de plusieurs empereurs d'Alle-

…agne, et des lettres de Frédéric III. Parmi ces lettres, en est une adressée au pape Nicolas V, sur la prise de Constantinople : dans cette lettre, Frédéric prie le St.-Père : convoquer une assemblée des rois et des princes, proettant de s'y trouver. Cette lettre est de 1453, page 402.

On trouve encore dans ce même tome, pages 522 et suivantes, un discours de Louis Hélian, ambassadeur de Louis III, roi de France, auprès de la diète qui fut tenue à Augsbourg en 1510. L'empereur avait demandé au roi de France qu'il envoyât un jurisconsulte à cette diète impériale, pour y disposer les esprits à ce que lui-même devait proposer, c'est-à-dire une ligue générale contre les Turcs et les Vénitiens. Hélian était de Verceil. Il fut envoyé non seulement auprès des Allemands, mais encore auprès des Hongrois. Dans le discours qu'il tint à la diète, il s'attacha à prouver qu'on devait se réunir pour faire la guerre aux Turcs et aux Vénitiens. Hélian peignit ces derniers sous les couleurs les plus odieuses et les plus énergiques ; quand j'accuse les Vénitiens, dit-il dans son exorde, je défends une infinité de mortels, toute l'Italie et plusieurs autres provinces qu'il faut délivrer de leur joug ; je défends les chrétiens d'Orient, qu'ils laissent devenir la proie des Turcs ; je défends l'église romaine, à la destruction de laquelle ils semblent appeler les Turcs pour parvenir à leurs fins. Hélian cherche à prouver ces trois chefs d'accusation, et les preuves, quelquefois justes, sont plus souvent dictées par la haine, qui bientôt après fit déclarer la guerre aux Vénitiens.

Le style d'Hélian est fort et nerveux, son latin est digne des beaux jours de Rome ; c'est avec raison que le secrétaire de l'empereur, écrivant à Étienne Poncher, évêque de Paris, lui dit que, de son temps, personne n'avait entendu ni lu un discours qui approchât davantage de l'éloquence des anciens orateurs. « Non seulement il a plu, ajoute-t-il, à tous les membres de la diète, et surtout à l'empereur qui est déjà occupé de cette guerre, mais il les a encore enflammés d'ardeur contre nos ennemis, et a brisé les efforts de tous les opposants. »

Dans le 3e. tome se trouve une pièce sur laquelle les écrivains ne sont pas d'accord. C'est un discours de Riccius, médecin du cardinal de Goritz, tenu, selon Struve, à la diète de Spire en 1545. Il a pour but de démontrer la nécessité de faire la guerre aux Turcs. Melchior Adami, qui a écrit la vie de ce Riccius, et qui est très prolixe, ne fait aucune mention de ce discours. Sleidan et Seckendorf qui ont fait l'histoire de cette diète de Spire, n'en parlent pas non plus. Enfin, ce qui prouve que le discours de Riccius n'a pas été tenu à cette diète, c'est que Riccius lui-même y parle de la prise de Rhodes par les Turcs, comme d'un événement antérieur à peine de six ans; or, cette île fut prise en 1523. La diète de Spire, dont il est ici question, ne peut donc être celle de 1545, mais celle qui fut tenue en 1528 ou 29. Quoi qu'il en soit, le discours de Riccius est remarquable par les motifs qu'il fit valoir et par le tableau de la puissance des Turcs. Riccius était un Juif converti. Il enseigna la philosophie à Pavie, et fut recommandé à Maximilien, qui le mit au rang de ses médecins.

Dans ce même tome est un recueil de lettres écrites par François Ier., Roi de France, ou en son nom, au sujet de ses démêlés avec l'empereur Charles-Quint; elles sont presque toutes adressées aux princes et aux ordres de l'empire; dans les unes, le roi cherche à justifier sa conduite à l'égard des Turcs; dans les autres, il offre ses secours et son intervention pour appaiser les troubles que la réformation avait fait naître dans l'église. La 13e. de ces lettres est celle qui donne le plus d'éclaircissement sur l'état des affaires à cette époque : elle est datée du 7 mai 1537. Elle est fort longue et contient une apologie complète du roi de France. L'auteur s'attache à prouver que François Ier. s'était ligué franchement et de bonne foi avec l'empereur Charles-Quint pour faire la guerre aux Turcs ; qu'il lui avait donné tous les secours en hommes, en argent, en munitions et machines de guerre qu'il lui avait promis ; et qu'il n'avait rien négligé de son côté pour que cette guerre fût utile à la république chrétienne et à la religion : il rejette sur l'empereur le peu de succès de cette entreprise, et l'accuse d'avoir voulu, sous prétexte d'une expédition contre les Turcs, surprendre Marseille, d'avoir refusé les conditions de paix très équitables qui lui avaient été offertes, d'avoir été mu par le seul désir de dominer, et enfin d'avoir tenté de faire empoisonner le dauphin.

François Ier. trouve dans ces griefs et dans plusieurs autres allégués contre l'empereur, à l'occasion du duché de Milan, une excuse toute naturelle de son alliance avec les Turcs. Dans quelques autres lettres, il va jusqu'à se rendre garant de leurs intentions pacifiques, et de leur bonne foi à garder les traités.

Il résulte de ces lettres et de l'histoire du temps, que la politique des puissances de l'Europe se bornait à des vues particulières d'ambition, et qu'aucune, excepté les papes, ne voyait le véritable danger dont toute l'Europe était menacée.

―――――

La collection des écrivains allemands par Freherus, renfermée en un seul vol. in-f°. assez mince, comprend quelques auteurs dont nous avons déjà donné les extraits dans l'examen des collections précédentes ; nous ne nous arrêterons donc point à cet ouvrage, et nous passerons à la collection que le célèbre Leibnitz, à qui aucun genre de connaissances n'était étranger, a publiée. Cette collection, en deux vol. in-4°., a pour titre :

GODEFRIDI GUILIELMI LEIBNITII *Accessiones historicæ.*

Elle commence par l'histoire de Saxo :

Saxo chronographus ; Accessiones historicæ.

Voyez plus loin le même article, à la collection de Georges Eccard.

Johannis VITO DURANI *chronicon.*
(Tom. 1er., pag. 3.)

Article 1.

Jean Vito Durand, Suisse, était un moine de l'ordre des frères Mineurs ; il vivait du temps de Louis de Bavière et de Charles IV. Ses annales, ou plutôt sa chronique, commence en 1260, et finit en 1287. Le manuscrit qui était au monastère de Saint-Gall, allait jusqu'en 1348. Mais Leibnitz dit que, l'ayant demandé aux Saint-Gallois, on ne put le retrouver. Celui qu'il a suivi lui a été fourni par un célèbre théologien de Brême, nommé Gerhard Meïer.

Il faut pourtant dire ici qu'il y a peu à gagner à la lecture de l'ouvrage de Durand, car il est plein de mensonges ou d'erreurs de date. Par exemple, il place la première croisade de Saint Louis en 1265, et dit que ce saint roi la fit contre la volonté du pape qui siégeait alors. Il fait aussi, de l'empereur

Frédéric II, un portrait qui prouve autant sa mauvaise foi que son ignorance. Nous allons en citer quelques traits :

Il se lia, dit-il, d'une amitié détestable avec les Sarrasins ; il reçut leurs députés ; il leur envoya plusieurs fois des présents, et adopta leurs coutumes. Lorsqu'il était en Orient, il s'accommoda avec le soudan, nommé Mahomet, et le laissa jour et nuit proclamer le prophète dans le Temple de Jérusalem. Dans son égarement, il alla jusqu'à donner sa fille à un prince ennemi de Dieu et de l'Eglise, et solennellement excommunié. Il fit tuer le duc de Bavière par des assassins. Il ne construisit ni hôpitaux, ni cloîtres, ni églises ; il en détruisit au contraire plusieurs.

En parlant des ravages que les Turcs firent en Hongrie, en 1241, Durand dit qu'il y eut une si grande disette, que des mères mangèrent leurs enfants, et que les hommes se servirent pour farine d'une certaine poudre. Il ne dit point quelle était cette poudre ou poussière ; mais on voit qu'il est aussi exagéré dans les faits qu'il raconte que dans ses tableaux. Nous ne nous arrêterons pas plus long-temps sur son ouvrage.

Chronicon ALBERII *monachi trium fontium Leodiensis diocesi.* (Tom. II, pag. 1.)

Article II.

Cette chronique commence quelque temps après la création du monde, et finit en 1241. L'histoire des croisades y est particulièrement traitée. L'auteur paraît avoir vécu dans le diocèse de Liége, et dans le couvent des Trois-Fontaines de l'ordre de Citeaux, dont il était moine. Cette chronique contient tout le second tome de la collection de Leibnitz.

Après avoir peint l'enthousiasme qui anima les peuples d'Occident pour la première croisade, Albéric donne les noms des chefs; puis il ajoute : Les Francs Orientaux, les Saxons, les Thuringiens, les Bavarois et les Allemands, se montrèrent moins portés que les autres à cette expédition, à cause du schisme qu'il y avait alors entre le sacerdoce et l'empire. Il y en eut cependant parmi eux qui, sous prétexte de religion, prirent part à cette entreprise, entr'autres, un comte Enicho des bords du Rhin, qui, se faisant chef de douze mille croisés, poursuivit les Juifs le fer et la flamme à la main; après avoir porté partout la désolation, il trouva dans la Pannonie de grands obstacles à son passage, de la part des habitants, et fut forcé, lui et les siens, de revenir dans son pays.

Albéric raconte les désastres de la première armée des croisés, conduite par Pierre l'Ermite; les difficultés que l'empereur Alexis opposa à la seconde, commandée par Godefroi de Bouillon; la captivité de Hugues, frère du roi de France Philippe, et les victoires que Tancrède remporta sur les troupes du prince grec. Il dit que l'année 1097 fut fertile en grandes actions. Les croisés, poursuivant le cours de leurs victoires, prirent Iconium, Eraclée, Tharse, Azora, Mamistra et plusieurs places fortes. Aphlia, Césarée de Cappadoce, tombèrent en leur pouvoir. Edesse, Samosathe, Sororgia, ville très fortifiée, se soumirent aussi aux chefs croisés, qui, devenus maîtres de l'Oronte, firent le siége d'Antioche.

Albéric entre dans de longs détails sur ce fameux siége, sur la prise de Jérusalem, et sur les événements qui la suivirent.

En 1123, dit-il, Baudouin III est pris par les Sarrasins. Ceux-ci sont vaincus auprès d'Ascalon; sept mille sont tués, cinq mille noyés.

Il raconte de même, depuis 1147 jusqu'en 1200, les événements de la seconde croisade entreprise par Louis VII et

Conrad, les causes qui donnèrent lieu à la troisième, c'est-à-dire les conquêtes de Saladin, les préparatifs des rois de France et d'Angleterre, l'expédition de l'empereur Frédéric, et ce que Philippe et Richard firent en Palestine. On a encore lieu d'être surpris qu'un historien allemand ne parle point de la croisade de Henri VI. Albéric se contente d'annoncer la mort de ce prince, arrivée en 1197, dans la Calabre. Il est à remarquer qu'en général les écrivains allemands parlent peu de cet empereur qui s'était fait détester par ses cruautés. Sous la date de 1195, Albéric dit que Saladin, en mourant, légua ses richesses divisées en trois parts : l'une aux pauvres Sarrasins, l'autre aux pauvres Juifs, et la troisième aux pauvres chrétiens prisonniers dans ses Etats, afin que si les Juifs et les Sarrasins ne pouvaient rien pour le salut de son ame, les chrétiens pussent au moins lui être utiles par leurs prières. On ne trouve rien qui ressemble à cette anecdote dans les historiens orientaux.

Sous les dates de 1202 et 1204, Albéric parle assez brièvement de la prise de Constantinople par les Latins. Il cite la lettre de l'empereur Baudouin, que nous avons déjà vue.

Il dit qu'en 1212, des enfants venant de tous côtés, se rassemblèrent au nombre d'environ trente mille, et se rendirent à Marseille pour passer la mer, et marcher contre les Sarrasins. Les Ribauds s'associèrent à cette armée, et y portèrent le désordre et la corruption. Quelques-uns de ces enfants périrent dans la mer, d'autres furent vendus, et il en revint très peu dans leurs foyers. Cependant le pape ordonna que tous ceux qui étaient échappés passassent la mer comme croisés, quand ils auraient atteint l'âge. On dit que deux marchands de Marseille, qui devaient les conduire outre-mer, en avaient rempli sept grands vaisseaux; lorsqu'ils furent à deux lieues en mer, une tempête s'étant élevée, deux vaisseaux périrent, et tous les enfants qui les montaient furent submergés. Les cinq autres vaisseaux furent conduits dans les ports de l'Égypte, et là on vendit aux princes sarrasins, et à des marchands, les enfants qui avaient traversé la mer. Le soudan en acheta 400.

L'auteur rapporte la prise de Damiette par les chrétiens, en 1219, et la reprise de cette ville par les Sarrasins en 1221. Après avoir parlé de l'expédition de Frédéric à Jérusalem, il fait l'observation suivante sur la paix que ce prince conclut avec le soudan : Le patriarche, les Templiers et les Hospitaliers désapprouvèrent cette paix; mais le commun des chrétiens et des croisés, à qui elle permettait d'aller librement au sépulcre du Seigneur, s'en félicitèrent et en glorifièrent l'empereur. Cette réflexion annonce que le moine des *Trois Fontaines* ne partageait pas les préventions du clergé contre Frédéric.

La chronique d'Albéric, sous quelques rapports, mérite les éloges que lui ont donnés quelques historiens français et belges.

SCHARDIUS *redivivus, sive rerum Germanicarum scriptores varii olim à* Simone SCHARDIO *in* IV *tom. collecti,* etc.

Simon Schardius naquit en 1535, et mourut en 1573. Il a publié une *Idée du conseiller*, un dictionnaire du droit civil et canonique, et quatre tomes des écrivains d'Allemagne, dont il y eut une édition à Bâle, en 1574, puis une autre en 1673.

Cette édition a été revue et corrigée par Jérôme Thomas, augustin. Elle commence par l'historien Tacite, et vient successivement jusqu'aux derniers auteurs qui ont écrit sur l'origine, la puissance et l'histoire des Germains. Le premier écrit qui nous offre quelques détails sur l'objet qui nous occupe, est :

Epitoma Germanicarum rerum Jacobi Wimphelingii *Selestadiensis*. (Tom. Ier., pag. 170.)

Article 1.

C'est une espèce d'éloge de tous les princes qui ont régné en Allemagne depuis Charlemagne jusqu'à Maximilien Ier., et des vertus et qualités des Allemands. Dans le chapitre où l'auteur parle de Frédéric Ier., on lit ce qui suit :

« Jérusalem était alors assiégée par Saladin, dont l'humanité et la loyauté nuisirent beaucoup aux chrétiens. Ceux-ci ayant été vaincus dans un combat où presque tous les princes chrétiens d'Asie furent pris, entr'autres le roi Guy et le maître des Templiers, et où plusieurs périrent, la garnison désespérant de recevoir du secours, rendit Jérusalem, à condition qu'il serait permis à chacun d'emporter tout ce qu'il pourrait porter sur ses épaules. Cet événement eut lieu 88 ans après que Godefroy se fut rendu maître de la ville sainte. » L'auteur fait ensuite le récit de l'expédition de Frédéric, et après avoir raconté sa mort, il finit en disant : « Ce prince seul pouvait vaincre Saladin. »

Dans le chapitre qui parle de Frédéric II, l'auteur, après avoir dit que l'empereur défit Othon et le poursuivit jusque dans la Saxe, ajoute : « il leva aussitôt l'étendard de la croix pour aller secourir les princes d'Asie qui combattaient contre les Sarrasins ; mais Honorius III anathématisa Frédéric, et le déclara privé de la dignité de l'empire. Le soudan, informé de ces démêlés, leva une grande armée, et, secondé par un débordement extraordinaire du Nil, força les chrétiens à rendre Damiette. L'auteur parle ensuite de l'expédition de Frédéric ; il dit que ce prince partit pour Acre en priant par des messages le souverain pontife de l'absoudre de l'anathême ; mais que le pape, pour toute réponse, envoya dans la Pouille, à la tête de grandes troupes, Jean, roi de Jérusalem, contre Rainault, lieutenant de Frédéric, et fit marcher le cardinal Colonne contre Saint-Germain, autre lieutenant de l'empereur. Frédéric revint en Italie, et rentra en grâce avec le pape Grégoire IX, en payant cent vingt mille onces d'or pour les dommages que l'église avait soufferts.

Dans le chapitre 49, l'historien, en parlant d'Albert d'Autriche, raconte que le despote de Servie s'était réfugié en Hongrie avec les prêtres et les nobles menacés par les Turcs, et qu'Albert, sur l'invitation des Hongrois, marcha contre les infidèles et les mit en fuite.

L'épitome parle encore de Frédéric III et de Maximilien, mais ne dit rien des entreprises tentées sous ces princes contre les Turcs.

Christophori RICHERII *de rebus Turcarum.*
(Tom. II, pag. 382.)

Article II.

Dans le 2e. tome de cette collection se trouvent quelques ouvrages que nous ne ferons qu'indiquer.

1°. Celui que Christophe Richer de Thorigny de Sens, valet-de-chambre du roi, et chancelier, adressa à François Ier. sur les mœurs des Turcs, sur leur discipline militaire et leur histoire. Cet ouvrage est divisé en six livres. Le quatrième contient le récit de la prise de Constantinople, et un tableau

effrayant des cruautés que les Turcs exercèrent sur les chrétiens
après cette prise (page 397).

2°. Les lettres que Jean-Martin Stella écrivit à ses frères
Guillaume et Michel, sur les succès que les Turcs eurent dans
le royaume de Hongrie, en 1543 et 44; elles sont datées de
Vienne, où résidait alors Stella. C'est un détail assez circonstancié des opérations militaires des Turcs et de la résistance
qu'on leur opposait (page 426).

3°. Sambucus a fait de même le récit du siége d'Agria, par
ces mêmes Turcs, en 1548, et de celui de Zigetti, qui eut
lieu quelque temps après (pages 529 et 537).

Le même Sambucus a donné la description de la prise de
la citadelle de Temeswar en 1552 (page 540).

4°. Wolfgengus Lazius, médecin de Vienne et historien
royal, a fait une courte description de tout ce qui s'est fait
contre les Turcs en 1556. Les batailles, les combats, les siéges
et les prises des villes y sont rapportés avec exactitude, et la
situation des lieux y est fidèlement indiquée (page 581).

5°. Basile-Jean Hérold a fait en forme de dialogue l'histoire
de la guerre contre les Turcs, entreprise sous les auspices de
Ferdinand d'Autriche (page 584).

Dans le 4e. tome, Jérôme, comte d'Alexandrie, a traité de
l'expédition des Turcs dans l'île de Malte, en 1565 (page 1).

Samuel Budina a écrit l'histoire de la prise de Sigath par
l'empereur Soliman, en 1556 (page 25).

Ce tome est terminé par le récit de ce qui s'est fait sous
l'empereur Maximilien II, dans l'année 1565 (page 41).

Dans le 3e. tome de cette collection, est une relation ou
plutôt un discours de l'ambassadeur Pacifique-Ebraïm Strost-
chenius, natif de Pologne, envoyé par Soliman, empereur
des Turcs, à l'empereur Ferdinand Ier., et chargé par lui
de se présenter à la diète de Francfort-sur-le-Mein, tenue en

1562. Ce discours fut prononcé le 27 novembre de cette année ; il avait pour objet de proposer une trêve de huit ans entre les deux empereurs. L'ambassadeur parla devant les états de l'empire en langue sclavonne.

Rerum Germanicarum historicos, etc., *ab* Henrico Meibomio, *seniore, primum editos*, etc.

Meibomius, éditeur de cette collection, naquit à Lubeck en 1638. Il étudia dans l'université d'Helmstadt, et s'y appliqua à la philosophie et à la médecine. Il visita les Provinces-Unies, l'Italie, la France et l'Angleterre. En 1661, il fut professeur extraordinaire en médecine à l'université d'Helmstadt. En 1678, il fut professeur en histoire et en poésie, et il remplit cette place conjointement avec celle qu'il avait déjà; il mourut en 1700. Quelques occupations que lui donnassent ces deux emplois et la pratique de la médecine, il publia un grand nombre d'ouvrages sur divers sujets, entr'autres celui dont nous nous occupons.

GOBELINI PERSONÆ *Decani Bilfeldensis et officialis Paderbornensis cosmodromium, hoc est: chronicon universale.* (Tom. 1er., pag. 62.)

Article 1.

Gobelin Persona naquit en Westphalie en 1358. Dès son jeune âge, il étudia les lettres dans lesquelles il fit beaucoup de progrès. Le siècle où il vécut était tout-à-fait barbare, et l'Al-

lemagne l'était encore plus que le siècle, car l'Italie paraissait
revenir à la pureté de la langue latine. Gobelin eut le bonheur
de rencontrer des Italiens pour maîtres. Pétrarque et Bocace
vivaient de son temps. Il parcourut toute l'Italie, et resta long-
temps à la cour de Rome. Par la suite, il prit l'habit de moine
dans le monastère de Bodekem, où il se livra entièrement
à la prière et à l'étude des lettres. Il termina son ouvrage en
1418 ; ce qui fait présumer qu'il avait au moins 60 ans quand
il mourut.

Son *Cosmodromium* est une histoire générale et très
concise du monde depuis la création. Il y parle de toutes les
croisades ; mais avec si peu de détails nouveaux, que nous
avons jugé inutile de reproduire ce que tous les autres historiens ont raconté. Le récit qu'il fait de la guerre qui eut lieu
en 1396, entre les Turcs et les Hongrois, nous a cependant
paru digne d'être cité. (C'est de la bataille de Nicopolis dont
il est ici question.)

Sigismond, roi de Hongrie, pria les rois et princes chrétiens de lui donner du secours. Plusieurs se rendirent à sa
prière ; le sultan des Turcs ayant rassemblé une armée, passa
le Danube, et son fils se prépara à la guerre. Ils cherchèrent
tous deux à vaincre, non-seulement par leurs forces, mais
par leurs ruses. Ils enfoncèrent en terre, dans un espace de
trois milles, des pieux pointus, qu'ils cachèrent entre les buissons, et dans les endroits où il n'y avait pas de buissons, ils couvrirent les pieux de branches d'arbres. Le roi de Hongrie ayant
résolu de ranger son armée en bataille, d'après l'avis de gens
expérimentés, et le prince de Valachie, qui, voisin des Turcs,
avait appris les années antérieures leur manière de combattre,
ayant voulu le premier engager l'action, les Français se crurent
méprisés si on ne leur laissait cet honneur. Ils attaquèrent les
Turcs sans ordre et à l'insu du roi. Les premiers rangs des Turcs

feignent de prendre la fuite et passent entre les pieux qu'ils avaient dressés. Les chrétiens les poursuivent dans la plaine, en piquant leurs chevaux, et pendant qu'ils croyent traverser les buissons à course de cheval, ils tombent sur les pieux, et ne peuvent ni avancer ni reculer à cause de l'impétuosité de ceux qui les suivent. Alors les Turcs sortent de leurs embuscades, se précipitent sur les chrétiens, et en font un misérable carnage. Le roi Sigismond, qui n'était pas encore prêt à combattre, et qui croyait n'avoir rien à craindre, ayant appris la défaite de ses amis, et que les Turcs venaient à lui, fut obligé de prendre la fuite, et se sauva sur une barque. Un petit nombre de chrétiens échappèrent; le reste fut ou pris ou tué; et parmi les prisonniers, les uns eurent la tête tranchée, d'autres les parties coupées, ceux-ci les yeux crevés, et ceux-là furent vendus. Le sultan des Turcs accorda au fils du duc de Bourgogne, comme à un prisonnier de marque, de se racheter avec un certain nombre de croisés qu'il choisirait.

Chronicon comitum de Merca et Altena.
(Tom. 1er., pag. 375.)

Article II.

Levold Northovius, né en Westphalie, d'une famille noble, fut instruit de bonne heure dans les lettres, où il fit assez de progrès. Il se voua ensuite à la vie religieuse, et fut élu évêque de Liége.

Le style de sa chronique se ressent du goût du temps. Elle est adressée au comte de la Marche, et ne contient guère que des dates. Tout ce qui concerne les croisades y est raconté d'une manière succincte, sèche et sans aucune espèce d'intérêt.

A la suite de la chronique de la Marche, Meibomius a placé la vie de Henri Léon, duc de Bavière et de Saxe, avec lequel l'empereur Frédéric Ier. fut quelque temps en guerre. L'auteur de cette vie, nommé Gerhard, était moine. Il fut d'abord célérier dans le monastère de Reichenberg, où il s'attira l'estime des pères par sa prudence et la sainteté de ses mœurs. Il parle dans son histoire, page 433, de la croisade où l'empereur Frédéric s'engagea, et dans laquelle il mourut en voulant se baigner dans un fleuve. Il parle aussi de la mort de son fils, le duc de Souabe, et ajoute : ainsi cette armée, qui était la fleur de l'empire, fut misérablement détruite sans avoir rien fait de remarquable.

Cette vie de Léon est suivie d'une *chronique de Stederbourgh*, par un auteur anonyme. Elle commence à l'an 1001, et finit en 1180. Ce n'est qu'une table de dates où les événements des croisades qui eurent lieu dans cet espace de temps, sont sèchement indiqués comme tous les autres.

THEODORICI *de Niehm Westvali historia de vitâ* JOANNIS XXIII *pontificis romani*. (Tom. Ier., pag. 1.)

Article III.

Théodoric Niemius était de Niehm, petite ville de la campagne de Paderborn. Il était d'une famille illustre. Il fut élevé dans l'étude des lettres que plusieurs de ses ancêtres avaient cultivées. Il alla, on ne sait à quelle occasion, en Italie, où il se fixa. Entr'autres ouvrages, il a fait l'histoire du Schisme en trois livres, et la Vie du pape Jean XXIII (page 5).

Théodoric de Niehm a tracé le tableau des ravages que les

Turcs avaient faits dans l'Albanie, la Grèce et la Romanie, et il attribue tous ces maux aux grandes divisions qui existaient entre les chrétiens, et surtout au peu de respect qu'on avait en Italie pour Dieu, et pour ceux qui tenaient leur pouvoir de lui.

Henrici WOLTERI *Chronica Bremensis.*
(Tom. II, pag. 19.)

Article IV.

Wolterus était chanoine de Saint Anschaire de Brême. Il vivait vers le milieu du 14e. siècle. Sa chronique finit en 1463. Elle n'est, à proprement parler, que l'histoire des archevêques de cette ville. Il n'y est fait mention de croisade que sous la date de 1111. L'auteur dit que le contingent de l'archevêque de Brême et des comtes de Oldenbourg, de Stotle, et des barons de Lidersa, fut fixé à une grande quantité d'hommes armés tant à pied qu'à cheval. Quelques consuls et citoyens de Brême se préparèrent pour le voyage de la Terre-Sainte, par amour de Dieu et de l'église, à leurs propres dépens. L'auteur donne la liste de ces croisés, qui revinrent tous, à l'exception de deux.

Rerum Germanicarum scriptores, etc.
Johanne PISTORIO.

Jean Pistorius, éditeur de cette collection, naquit à Nidda en 1546. Il s'appliqua d'abord à la médecine, et fut reçu docteur. Il quitta ensuite cette profession pour la jurisprudence,

et devint conseiller de cour du margrave de Bade-Dourlach.
Peu après il abandonna la réforme où il était né pour embrasser
la religion catholique. Il fut fait docteur en théologie, et plus
tard il fut conseiller de l'empereur, prévôt de la cathédrale de
Breslau, et prélat domestique de l'abbé de Fulde. Il mourut
à Fribourg en 1608. Il a publié plusieurs traités contre les
Luthériens et divers ouvrages historiques.

Pistorius n'a guère donné à la collection qui va nous occuper, d'autres soins que ceux d'en diriger l'impression; il n'a fourni sur les différents auteurs dont elle se compose, aucune notion historique ou critique.

Mariani Scoti *historiographi sui temporis clarissimi ac monachi Fuldensis chronicorum libri tertii.* (Tom. 1er., pag. 267.)

Article 1.

Dodechinus, abbé du monastère de Saint Dysibode, a fait sur cette chronique un appendix qui en est, à proprement parler, la continuation; car la chronique de Scot finit en 1083, et l'appendix reprend en 1084.

L'auteur, qui paraît avoir vécu dans le douzième siècle, rapporte, sous la date de 1096, les différents phénomènes célestes qui furent remarqués cette année, et le mouvement qu'imprimèrent à toute l'Europe les prédications de Pierre l'Ermite. Tous cédant à ses discours, ajoute l'auteur, les royaumes sont abandonnés par leurs chefs, les villes par leurs pasteurs, et les bourgs par leurs habitants; et non seulement des hommes et des garçons, mais encore des femmes en grand nombre entreprirent le passage. L'esprit du temps y portait merveilleusement tout le monde ; et les femmes qui partirent, marchaient couvertes d'armes et d'habits d'hommes. Tous ceux qui s'étaient croisés s'étant réunis dans un lieu, convinrent d'attirer de gré ou de force tous les Juifs au christianisme, pour qu'il ne restât nulle part la trace de leur nom, et de tuer tous ceux qui n'embrasseraient pas la foi et n'en prendraient pas le signe. Il arriva que quelques uns de ces Juifs se firent baptiser malgré eux pour ne pas perdre la vie ni leur fortune. Beaucoup furent tués, et leurs biens pillés par les chrétiens. D'autres, poussés par le désespoir, se précipitèrent les uns sur les autres, et se tuèrent à coup de couteau; ils n'épargnèrent ni leurs épouses ni leurs parents. Ils tuèrent les mères, les fils et les filles. Marianus Scot parle des horreurs commises par les croisés contre les Juifs, sans trouver la moindre expression pour les blâmer. Il ajoute que les croisés continuant leur voyage jusqu'à la ville de Pannonie, nommée Mersebourg, y furent tués en grande partie; et ils le méritaient, dit-il, car les hommes marchant avec les femmes, avaient commis des abominations qui leur attirèrent la colère de Dieu.

Le continuateur raconte ensuite brièvement la prise d'Antioche, celle de Jérusalem, la mort du roi Godefroy, et l'élection de son frère à sa place : puis, sous la date de 1100, il revient sur ces événements. Il donne le détail des forces des ennemis, et fait monter à cent mille le nombre de ceux qui furent tués dans les différents combats qui eurent lieu. Cette chronique contient assez de détails en certains endroits, et dans d'autres elle ne fait qu'indiquer des dates, encore ne rapporte-t-elle pas tous les événements qui ont eu lieu sous la même date; par exemple, sous celle de 1148, elle se contente de dire que Conrad revint de Jérusalem sans avoir rien fait; elle finit à l'année 1200, et ne dit pas un mot de ce qui eut lieu en Palestine les années précédentes.

Sigeberti *Gemblacensis cœnobitæ chronographia.* (Tom. 1er., pag. 477.)

Article II.

L'auteur de cette histoire était Français et de l'ordre de St.-Benoît; il vivait du temps de l'empereur Henri III, et mourut en 1110, où il a laissé son ouvrage. Robert du Mont, abbé et normand d'origine, l'a continué depuis cette époque jusqu'en 1210.

Cette histoire remonte à l'origine des Romains et de différentes autres nations. Elle parle aussi de la première croisade dont elle nomme les principaux chefs, et en raconte les progrès avec assez de brièveté. Elle dit quels furent les efforts des Sarrasins contre Jérusalem en 1113.

Sigebert raconte qu'en 1124, Baudouin, roi de Jérusalem, fut pris par les Sarrasins. Ceux-ci se réunirent au nombre de quarante mille pour chasser les chrétiens de leurs frontières, et rassemblèrent tous leurs moyens d'attaque à Ascalon. Les chrétiens n'avaient d'espoir qu'en Dieu; ils s'avancèrent au nombre de trois mille, ayant à leur tête le patriarche, portant la croix pour étendard; l'abbé Pons de Cluny, portant la lance qui perça J.-C.; et l'évêque de Bethléem, portant dans un bassin le lait de la Sainte-Vierge. Les Sarrasins furent aussitôt dispersés. Il en périt sept mille. Quinze mille furent noyés dans les eaux (*submersi sunt in aquis quinque millia*), et tous les chrétiens revinrent sains et saufs, en chantant *Gloria in excelsis.* Ce que l'auteur dit sur la deuxième croisade est fort peu de chose, et n'offre rien de nouveau.

Les détails qu'il donne sur la troisième, et en particulier sur Frédéric Ier., sont tous connus, et n'ajoutent rien à ce que l'on savait déjà.

De Germanorum primâ origine moribus, institutis, etc., libri chronici 31, *authore* H. Mutio. (Tom. II, pag. 122.)

Article III.

Mutius vivait au milieu du 15e. siècle. Il était professeur à Bâle. Son histoire, qu'il a intitulée chronique, commence aux premiers temps du monde, et finit en 1539.

Mutius, en racontant la première croisade d'après les auteurs qui l'avaient précédé, parle de la marche des Allemands conduits par Gauthier, *sans Avoir*, du sort qu'ils eurent, des excès commis par les bandes du prêtre Godeskal et du comte Emicho, des succès des autres chefs croisés et de la conquête de Jérusalem.

Il copie ce que les autres historiens ont dit de la deuxième et de la troisième croisade, et ne parle ni de la prise de Constantinople en 1204, ni des expéditions de St. Louis en 1250 et 1270.

Mais lorsqu'il en vient aux temps plus voisins de celui où il écrivait, il donne des détails plus exacts des événements. Par exemple, il présente avec plus de fidélité la lutte que l'Europe eut à son tour à soutenir contre les Turcs. Les Turcs avaient fait de grands progrès depuis la dernière croisade de St. Louis, et surtout depuis que les chrétiens avaient tout perdu en Orient. Albert d'Autriche voulut en vain s'opposer à eux. Ils ravagèrent la Servie, se répandirent dans la Grèce, dévastèrent l'Etolie et l'Epire, et revinrent dans la Servie exterminer ce qu'ils y avaient laissé.

Albert étant mort de la dyssenterie qui avait fait périr une grande partie de ses troupes, eut pour successeur Frédéric III. Toutes les vertus, dit Mutius, semblaient réunies dans ce bon prince; il était doué d'un grand courage; il avait été à Jérusalem, et en était revenu avec une grande renommée. Il fut occupé toute sa vie des moyens d'abattre les Turcs.

Mutius raconte les exploits de Jean Hunniades, les efforts des Turcs, les dissensions de Hongrie, la trève de dix ans, faite avec les infidèles, et rompue presqu'aussitôt par les ordres du souverain pontife, et la fameuse bataille où le roi Ladislas fut tué, et le cardinal légat périt en fuyant.

En 1452, l'empereur Frédéric tint une assemblée des princes, et mit tous ses soins à établir la paix en Allemagne et chez les autres nations chrétiennes, afin de les engager à se lever contre les Turcs. Des ambassadeurs de Constantinople vinrent trouver le pape Nicolas V, implorant des secours les larmes aux yeux, et peignant les cruels efforts que faisaient les Turcs contre leur ville; mais, pendant ce temps, ceux-ci la prirent, et Mutius accuse de ce malheur l'avarice des riches de Constantinople, qui ne voulurent jamais se cotiser pour payer des troupes auxiliaires.

Le pontife Calixte IV, qui succéda à Nicolas V, l'empereur Frédéric et les autres rois, prévirent facilement ce que les Turcs entreprendraient encore. On convoqua une assemblée, et le pape envoya des légats dans tous les pays, pour exhorter les peuples à une expédition contre les Turcs. Ces légats étaient autorisés à accorder des indulgences plénières à ceux qui contribueraient de cinq ducats à une expédition si sainte et si nécessaire. L'empereur Frédéric ne prit pas de moindres soins. En 1456, Mahomet, à la tête de 150 mille hommes, vint camper devant Albe (Belgrade). Le cardinal St.-Ange et Jean Hunniades le forcèrent à fuir.

En 1464, une grande quantité de soldats allemands se rendirent en Italie, pour une expédition contre les Turcs. Il en vint aussi de France et d'Espagne; mais le pape Pie les renvoya avec de grandes indulgences, faute de provisions pour les nourrir, et d'argent pour les payer.

Plus tard, l'empereur Frédéric invita le pape Paul II à venir lui-même à l'assemblée des princes d'Allemagne, pour y faire sentir la nécessité d'entreprendre une expédition contre les Turcs. Le pape se contenta de promettre d'envoyer des légats d'une très grande autorité.

En 1486, l'empereur Frédéric fit la paix pour s'occuper de la guerre contre les Turcs, et l'année suivante, après avoir tenu la diète à Francfort, il en tint une autre à Nuremberg, dans laquelle on traita avec beaucoup de soin et de zèle de cette nouvelle expédition.

Dans la même année, le pape Innocent demanda dans toute l'Allemagne la dîme des biens ecclésiastiques ; mais le clergé appela de ces exactions au pontife, mieux informé. Ces exactions déplurent aussi à l'empereur Frédéric, qui s'y opposa pour le clergé. On ne paya rien.

En 1528, les Turcs vinrent assiéger Vienne, et furent obligés de se retirer après avoir perdu beaucoup de monde.

En 1532, on s'occupa à Ratisbonne d'une expédition contre les Turcs. Ceux-ci ravagèrent l'Autriche, la Carinthie et la Styrie. Toute l'Allemagne se leva d'un commun accord, et les força de se retirer honteusement.

La chronique de Mutius se termine à-peu-près à cette époque.

———

Jean Pistorius a publié une autre collection sous le titre de *Rerum Germanicarum, veteres jam primum publicati scriptores VI*, en un seul volume in-folio, imprimé à Francfort en 1607. C'est dans cette collection que se trouve *Magnum chronicum Belgicum*, dont l'auteur anonyme était de l'ordre de St.-Augustin, religieux des chanoines réguliers.

Cette chronique commence à l'an 54 de J.-C., sous l'empire de Claude, et finit en 1474. Elle a été presque toute copiée des historiens antérieurs, et l'auteur a eu soin de citer, en parenthèse, tous ceux qui lui ont fourni des faits importants. Les écrivains qu'il a lus sur les croisades, sont Sigebert, Guidon, l'évêque Othon ; le moine Albéric, le Chronographe, etc. Nous nous dispenserons donc d'extraire de cette chronique ce que nous avons déjà vu dans les auteurs qu'on peut appeler originaux. On doit s'étonner que cette grande chronique, qui parle des croisades, ne dise pas un mot de la prise de Constantinople par les Latins, ni des deux expéditions de St. Louis, ni de la prise d'Acre, en 1291. Mais elle rend compte des guerres des Turcs, des succès et des revers qu'ils eurent pendant leur lutte contre les chrétiens, et de la prise de Constantinople par Mahomet. L'auteur s'étend un peu sur le siége de cette ville, et sur la manière cruelle dont les infidèles traitèrent l'ancienne capitale de l'empire grec. Il remarque que le premier empereur de Constantinople se nomma Constantin, sa mère Hélène, et le premier patriarche Grégoire ; et que le dernier empereur s'appelait de même Constantin, sa mère Hélène, et le dernier patriarche Grégoire. Il remarque en outre que les Turcs, pendant le siége, aperçurent dans une nuit, au-dessus de la ville, une multitude de lumières comme des chandelies, sur tous les murs et les tours, et que les chrétiens ne les virent point. Les Turcs crurent d'abord que c'était un pronostic favorable aux chrétiens. Mais la nuit suivante, ayant revu les mêmes feux, ils interprétèrent pour eux cette vision, et furent persuadés qu'elle signifiait que Dieu avait abandonné les chrétiens, et se retirait de la ville.

La chronique parle ensuite du projet de croisade conçu par le pape Pie II, de la prise de Nègrepont par les Turcs, en 1470, et des fureurs qu'ils y exercèrent. Comme nous l'avons dit, elle se termine vers l'an 1474. Il règne en général, dans cet ouvrage, une certaine confusion, en ce que l'auteur revient souvent sur des époques qu'on croit qu'il a parcourues, et qu'il reprend comme s'il n'en avait point parlé.

Du reste, c'est la seule chronique de cette collection de Pistorius qui donne quelques détails sur les croisades.

Corpus historicum medii œvi sive scriptores, etc., Georgii Eccardii.

Jean-Georges Eccard naquit à Duingen, dans le duché de Brunswick, où il fit ses études. Il fit de grands progrès dans les belles-lettres et dans l'histoire. Il entra en qualité de secrétaire auprès du comte de Fleurming, en Pologne. Il alla joindre ensuite le célèbre Leibnitz, et, après la mort de ce savant, il devint professeur d'histoire, à Hanovre. En 1723, il quitta secrètement cette ville, et alla à Cologne, où il embrassa la religion catholique. Il fut appelé par les jésuites, à Wursbourg, et il y remplit les charges de conseiller épiscopal, d'historiographe, d'archiviste et de bibliothécaire. L'empereur l'ennoblit. Il mourut en 1730. Il a laissé beaucoup d'écrits, entr'autres la collection dont nous allons parler.

En tête de cette collection se trouve l'annaliste Saxo.

Annalista Saxo, *ab initio regni Francorum.* (Tom. 1, pag. 132, d'Eccard.)

Accessiones historicæ chronographus Saxo. (Tom. 1, pag. 1, de Leibnitz.)

Article 1.

Dans l'avertissement qui précède cet annaliste, Eccard s'est appliqué à démontrer que cette chronique était d'Ekkehard ou Eggehard, moine de St.-Laurent d'Urauge, et non de St.-Gall. Les continuateurs de dom Bouquet avaient adopté cette opinion; mais dans leur xiiie. volume ils ont cru devoir y donner une explication qui la rectifie : « La chronique saxonne, disent-ils, est une compilation de ce qu'il y avait de plus authentique vers le milieu du xiie. siècle sur l'histoire d'Allemagne. L'auteur y suit jusqu'en 1018 l'excellente chronique de Ditmarus, évêque de Mersebourg; après cette époque il fait usage d'Alpert, moine de St.-Symphorien de Metz, d'Herman le Contract, de Lambert d'Aschafembourg, de Berthold de Constance, etc.; et ajoute d'après lui-même des généalogies très précieuses pour l'Allemagne; mais après 1100, il ne dit rien qui ne se trouve dans Ekkehard, moine de St.-Laurent d'Urauge, quoique l'ordre y soit souvent transposé : c'est ce que nous avons reconnu par la comparaison que nous avons faite de la chronique saxonne avec le manuscrit d'Ekkehard qui est à la Bibliothèque du Roi, n°. 4889. Il résulte de notre examen que l'annaliste saxon peut tenir lieu d'Ekkehard, des annales d'Hildeshein, de la chronique de St.-Pantaléon de Cologne, de celles de l'abbé d'Usperg et d'Helmodes, qui toutes ont été prises sur Ekkehard. »

Il résulte de ces observations, que le nom de celui qui a recueilli toutes ces chroniques avec celle d'Ekkehard, pour en faire un ouvrage sous le titre général de *Chronique saxonne*, ou d'*Annaliste saxon*, est inconnu; car le mot *saxo* est une épithète applicable à l'histoire de la Saxe, qui en fait la plus grande partie, et non pas un nom-propre, comme l'a fort bien remarqué Eccard.

Leibnitz, en tête de sa collection, a placé le chronographe saxon, dont l'ouvrage commence à la naissance de Jésus-Christ, et se termine à l'an 1188. C'est à proprement parler un abrégé de celui qu'Eccard a donné; seulement il commence plus tôt et finit plus tard; mais il n'offre en général que des dates année par année, et les endroits un peu étendus sont évidemment copiés de l'annaliste saxon.

Martenne, dans son Ampl. Collect., tom. v, a donné aussi le livre d'Ekkehard sur la première croisade; ce livre se retrouve non pas de suite dans l'*Annaliste saxon* d'Eccard, mais répandu çà et là, avec des transpositions de phrases qui sont les mêmes mot pour mot. (*Voy*. plus haut, pag. 158, ce que nous avons dit de ce livre.)

Nous ne ferons donc ici qu'un seul article du Chronographe saxo de Leibnitz et de l'Annaliste saxo d'Eccard, que nous nommerons simplement *Saxo* : nous ne reviendrons pas sur le livre d'Ekkehard, que nous avons amplement analysé, et nous reprendrons le chronographe ou annaliste au temps où Ekkehard a terminé sa chronique, c'est-à-dire en 1139.

A la date de 1147, Saxo dit que l'empereur Conrad assembla, à Nuremberg, tous les fidèles qui s'étaient croisés, avec plusieurs comtes et évêques; que là on résolut d'aller à Jérusalem pour faire rendre aux chrétiens la ville d'Edesse, et abattre la puissance des Barbares. Mais l'entreprise resta sans effet, dit le chronographe, à cause des péchés des hommes; car les croisés, dont le nombre se montait à 650 mille, trompés par l'empereur de Constantinople, et attirés dans des lieux déserts et impraticables, périrent presque tous en dix-huit jours, de faim et de soif. Les autres, enveloppés par les infidèles, et épuisés de besoin et de fatigues, furent facilement tués à coup de flèches. Le roi des Romains, qui s'était éloigné du lieu du carnage (*qui longè abierat ab cæde*), revint enfin avec quelques-uns des siens à Constantinople, où l'empereur le reçut honorablement. Le roi de France, ayant perdu 60 mille hommes dans la même expédition, revint aussi avec un petit nombre de soldats. L'auteur et l'instigateur de cette croisade était Bernard, abbé de Clairvaux, qui brillait, dit-on, par des miracles.

Saxo parle, sous la date de 1148, d'une grande croisade qui se fit contre les païens habitant vers le nord (*versus aquilonem habitantes*). Le roi de Dacie avait levé une armée de cent mille hommes; le frère du duc de Pologne, une de vingt mille, et un prince que Saxo nomme Hartwigus, une de quarante mille; les *Ruthéniens* se joignirent à eux et marchèrent contre les Prussiens (*Pruscos*); ils mirent tout à feu et à sang, brûlèrent la ville appelée Malchom, et le temple consacré aux idoles, qui était devant la ville.

Sous la même date, l'auteur donne des détails sur l'expédition de la flotte des croisés en Portugal, et sur le siége et la prise de Lisbonne.

En racontant, à la date de 1187, l'invasion de Saladin en Palestine, et les efforts que firent le roi de Jérusalem, le patriarche, les Templiers, les Hospitaliers et les évêques, pour lui résister, Saxo dit : Mais Dieu avait détourné la face de dessus son apôtre, et dans sa colère il ne se ressouvint plus de sa miséricorde. Il raconte ensuite les désastres des chrétiens.

En 1188, continue-t-il, l'empereur convoqua une assemblée de tous les princes d'Allemagne et des autres fidèles, à Mayence, et prit la croix pour la rémission de ses péchés. Son fils, le duc de Souabe, le landgrave, plusieurs évêques, ducs, comtes et seigneurs, et des guerriers, au nombre de quatre mille, reçurent aussi la croix. L'expédition, différée une année entière, fut arrêtée à Ratisbonne, le jour de Saint Georges.

Saxo, comme nous l'avons dit, finit sa chronique à cette époque.

Chronica regia Monachorum S. Pantaleonis, ordinis S. Benedicti. (Tom. 1er., pag. 911.)

Article 1.

La chronique royale de Cologne est ainsi nommée parce qu'elle a été faite par des moines de St.-Pantaléon de cette ville. Les archevêques de Cologne, et les abbés de Saint-Pantaléon, y sont exactement désignés. Eccard pense que cette chronique a été composée d'après les chroniques d'Eusèbe, de Jérôme, d'Orose, de Bède, les anciens catalogues des consuls et des pontifes, les anciennes annales des Francs, etc.

Le premier auteur de la chronique royale fut un moine bénédictin, qui vécut dans le monastère de Saint-Pantaléon. Le second fut un religieux qui la continua jusqu'à l'année 1105. Il atteste qu'en 1096, il vit une comète et une lumière extraordinaire que nous appelons aurore boréale, et qu'il se trouva avec Godefroi de Bouillon dans la Terre-Sainte.

Le récit qu'il fait de l'expédition conduite par ce prince, et des succès qu'elle eut, n'offre rien de particulier, et est même assez court pour les grands et nombreux événements qui eurent lieu depuis 1096 jusqu'à 1100.

Le troisième auteur de la chronique fait de même le récit de la deuxième expédition de 1148, sous le commandement de l'empereur Conrad et du roi de France. Il parle des prédications de Saint Bernard et du moine Raoul. En terminant son récit qui est assez abrégé, il dit que comme tout ce qui se fit dans cette expédition fut un sujet de deuil, il vaut mieux par pudeur n'en pas parler que de le livrer à la connaissance de la postérité.

Le continuateur parle du siége et de la prise de Lisbonne, qui eut lieu dans le même temps.

La chronique royale se termine en 1162.

Annales Bosovienses. (Tom. 1er., pag. 1007.)

Article II.

Théodoric, évêque de Ciza ou Zeitz, vivait vers l'an 1123. Il était très lettré, et se montra toujours défenseur de la foi catholique, contre les schismes qui étaient fréquents de son temps. Il bâtit, non loin de la ville où il était évêque, une abbaye qui lui coûta de grands efforts et de grands frais. Son mobilier et ses livres furent dispersés. Mais on trouva, dans la bibliothèque épiscopale de Ciza, un reste de manuscrit du XIIe. siècle, qui renferme la chronique que nous venons d'analyser, et les annales de Posen, qui y furent ajoutées par un moine, et qui renferment les événements arrivés depuis 1125 jusqu'en 1198. Ce moine, à ce qu'il paraît, était du monastère que l'évêque Théodoric avait fait bâtir, et qui se nommait *Bosovæ*, aujourd'hui Posen. Aussi les annales en ont-elles retenu le nom de *Bosovienses*.

Ces annales parlent, sous la date de 1147, tom 1, page 1007, de l'expédition de Conrad et du roi de France, et des suites peu avantageuses qu'elle eut.

Sous celle de 1187, elles racontent la prise de Jérusalem et de plusieurs autres villes chrétiennes de l'Orient, par les Sarrasins. Elles rapportent qu'en 1188, le pape Clément ordonna à tous les chrétiens d'aller venger les misères de Jérusalem; et qu'en 1189, il vint à Nuremberg, auprès de l'empereur Frédéric, des ambassadeurs du roi des Grecs, du soudan et du roi des Arabes, lui promettre un sauf-conduit et des provisions pour les chrétiens qui traverseraient leur pays, en allant à la délivrance de Jérusalem.

Nous avons vu, dans la collection de Muratori, la chronique de Ricobaldo. On en trouve dans ce recueil la continuation par *Lignanimé*, depuis 1316 jusqu'en 1469. On y lit qu'en 1369, le pape Urbain V fit prêcher une croisade contre les Turcs; qu'en 1428, le pape Martin IV, aidé de l'empereur Sigismond, ramassa beaucoup de trésors pour la conquête de la Terre-Sainte; mais que la mort arrêta ses projets; qu'en 1455, les chrétiens triomphèrent des Turcs en Hongrie, leur tuèrent beaucoup de monde, et les mirent en fuite; que Jean Capistran, qui était présent, excita le peuple à poursuivre les infidèles qui fuyaient, et qu'il s'en fit un grand carnage; qu'en 1458, le pape Pie II convoqua à Mantoue une assemblée des princes chrétiens, pour faire la guerre aux Turcs. L'assemblée eut lieu, et il y fut décidé que la guerre serait de trois ans.

Au mois de Janvier suivant, on leva pour cette guerre la dîme sur les biens du clergé, le vingtième sur ceux des juifs, et le trentième sur ceux du peuple.

En 1468, Mahomet, fils d'Amurat, enleva aux Vénitiens l'île d'Eubée, et y massacra tous ceux qu'il y trouva.

Continuatio chronici Martini *Poloni* (Tom. Ier., pag. 1422.)

Article III.

Martin, de l'ordre des Frères prêcheurs, était polonais d'origine. Il devint par la suite pénitencier et chapelain du pape Clément IV. Il exerça cette double fonction sous les pontifes Grégoire X, Innocent V, Jean IV et Nicolas III. Ce dernier le fit enfin évêque de Gnesne et primat de Pologne. Il mourut en 1279, à Bologne, dans un voyage qu'il fit, et y fut enterré dans l'église des Frères prêcheurs. L'évêque Martin était fort instruit et très versé dans la connaissance des vieux manuscrits.

Sa chronique, qui commence à Rodolphe Ier., a été continuée par d'autres, depuis le pape Nicolas III, où il l'avait laissée, jusqu'en l'année 1343.

L'auteur raconte brièvement l'expédition de Frédéric Ier., et des rois Philippe de France et Richard d'Angleterre.

Sous la date de 1204, il fait le récit de la prise de Constantinople par les Latins.

Il dit qu'en 1274, le pape Grégoire, après avoir tenu un concile à Lyon, alla à Lausane, où le roi Rodolphe vint le trouver; que le pape invita le roi à aller dans la Terre-Sainte; que celui-ci, ayant promis de le faire quand il aurait réglé les affaires de l'empire, le pape, content de sa réponse, confirma son élection comme empereur.

HERMANI CORNERI *Chronica novella.* (Tom. II, pag. 432.)

Article IV.

Hermann Cornerius, auteur de cette chronique, était originaire de Lubeck. Il fut de l'ordre des Frères prêcheurs. Il assista au synode de Hambourg en 1406. Il vivait au monastère des Dominicains de Lubeck. En 1420, 21 et 22, il fut docteur en théologie. Il consulta, pour faire sa chronique, différents auteurs qu'il cite, entr'autres Joseph, auteur de la chronique des *Romains*, des *Saxons*, des *Lubekois*, etc.; les gestes des Goths, des souverains pontifes, etc.

Les détails qu'il donne sur la première et la deuxième croisade, sont les mêmes que nous avons vus dans plusieurs autres historiens. Sous la date de 1168, il fait le récit d'un pélerinage de Henri Léon, duc de Saxe. A la date des années 1187 et suivantes, il fait le récit des conquêtes de Saladin, favorisées par les divisions qui régnaient à Jérusalem, au sujet de la succession au trône, et parle des expéditions de Frédéric Ier., et des rois de France et d'Angleterre.

En 1199, dit l'auteur, Henri, tenant une assemblée des princes à Strasbourg, reçut des lettres du pape Innocent, qui lui enjoignaient d'achever l'expédition que son père Frédéric avait entreprise pour la Terre-Sainte, et où il avait terminé sa vie. (L'auteur se trompe ici sur la date; la croisade de Henri VI se fit en 1296, et ce prince mourut en Calabre, en 1197.) Henri fit en effet de grands préparatifs. A son exemple, les grands et plusieurs guerriers se croisèrent. L'expédition commença en 1200 (autre erreur, l'expédition eut lieu en 1196). L'empereur avait réuni une armée immense de la Souabe, de la Bavière, de la France, de la Franconie, de la Lorraine, de l'Autriche, de la Normandie, de la Lombardie, de l'Italie, de l'Allemagne, de la Saxe et de divers autres pays. Elle se montait à plus de 80 mille hommes armés. Elle partit du port de Messine, et arriva heureusement à Acre.

Hermann raconte la malheureuse prise de Joppé par les Sarrasins; puis les opérations des croisés qui rasèrent Sydon, s'emparèrent de Sarepta, de Baruth et de son château, où ils trouvèrent des richesses de toute espèce. De là, ils retournèrent à Tyr, et quelque temps après firent le siége d'un fort nommé Thoron, qui était à une journée de chemin de la ville. Ils avaient déjà fait crouler une partie des murs par le moyen de la mine, lorsque les assiégés furent admis à capituler. Les conditions de la capitulation furent réglées par des commissaires; mais elles déplurent aux assiégés, qui résolurent tous de se défendre ou de périr, et qui se défendirent avec d'autant plus d'avantages, que la division se mit parmi les assiégeants. Cependant ceux-ci, apprenant qu'il arrivait aux ennemis des secours de la Perse, de la Médie et de Damas, se réunirent pour faire un dernier effort avant que les secours fussent venus; mais, dans la nuit, les chefs des croisés se retirèrent, et toute l'armée effrayée, s'en retourna à Tyr. Presque tous les princes, avec les plus notables du peuple, revinrent chez eux au mois de mars.

En 1222, continue l'auteur, il se fit un grand passage dans la Terre-Sainte (l'historien se trompe encore ici de trois à quatre ans, Damiette ayant été prise en 1219 et rendue en 1221). André, roi de Hongrie, prit la croix et s'embarqua avec les ducs d'Autriche et de Bavière. Il emmena avec lui le roi de Chypre, qu'il prit en passant; et, en abordant à la Terre-Sainte, il rencontra le roi de Jérusalem qui venait au-devant de lui. Ces trois rois s'étant réunis, formèrent une belle armée qui marcha vers Damiette, qu'elle assiégea et prit avec beaucoup de peine et de travaux. Bientôt après, cette ville fut rendue, et l'armée des croisés revint par mer, après avoir éprouvé une grande perte.

Sous les dates de 1247 et 48, Hermann parle de la croisade de St. Louis et de ses tristes résultats. Il prétend qu'en 1249, le pape Innocent envoya à l'armée des Tartares, qui était alors en Perse, à quarante-huit journées de chemin d'Acre, des Frères prêcheurs pour exhorter ces barbares à recevoir les vérités de la foi. Cette ambassade eut peu de succès.

Sous la date de 1272, l'auteur raconte la deuxième croisade de St. Louis, la mort de ce roi, le traité que l'armée des croisés fit avec le roi de Tunis, et son retour dans les ports de la Sicile. Il parle du voyage que fit, en 1273, dans la Terre-Sainte, Henri de Mecklenbourg, qui tomba dans les mains du soudan de Damas, et fut retenu prisonnier pendant 26 ans; il dit un mot du concile tenu en 1274, à Lyon, par le pape Grégoire, dans lequel on ordonna un subside pour la Terre-Sainte, fixé au dixième des biens du clergé pendant 6 ans.

Hermann entre dans de longs détails sur la prise d'Acre, en 1291. Il fait une description intéressante de cette ville; parle de la discorde qui l'agitait pendant le siège, discorde qui fut en grande partie cause de sa ruine. Son récit est un de ceux que nous avons suivis, pour ce que nous avons dit du siége de Ptolémaïs, et des circonstances qui l'avaient précédé. Voyez le quinzième livre de l'Histoire des Croisades.

Sous la date de 1396, il donne quelques détails sur les invasions des Turcs dans la Hongrie; et sous celle de 1426, il parle de la prise et du pillage de l'île de Chypre par une armée de cent mille Sarrasins.

De Regibus Sanctæ-Terræ à Historia Damietæ
OLIVIERO *scholastro*. (Tom. II, pag. 1357.)

Article v.

Olivier, westphalien de nation, fut d'abord chanoine de l'église de Paderborn; il alla ensuite à Cologne, où il devint écolâtre. En 1200, il prêcha la croisade contre les Albigeois. Il fut alors intimement lié avec St.-Dominique. Il prêcha aussi la croisade contre les infidèles, dans le Brabant, la Flandre et la Frise. En 1217, Olivier alla par mer dans la Terre-Sainte avec plusieurs princes; il se distingua au siège de Damiette par son habileté à construire des machines de guerre; il fit la relation de ce siège, qui se trouve en très grande partie dans l'histoire de Jacques de Vitry : nous avons parlé de cette relation dans notre analyse de la collection de Bongars; nous avons dit que la fin du récit d'Olivier se trouvait dans l'ouvrage d'Eccard, et nous avons cru devoir en donner de suite l'analyse : nous renvoyons donc le lecteur à ce premier article d'Olivier. En 1223, l'écolâtre fut nommé évêque de Paderborn, puis enfin cardinal, mais il ne jouit pas de cette dignité, car il mourut presqu'aussitôt, l'an 1227.

Olivier commence son histoire des rois de la Terre-Sainte, par une liste de tous les princes croisés qui partirent d'Europe en 1096. Il raconte les opérations de la première croisade, jusqu'à l'élection de Godefroy de Bouillon pour roi de Jérusalem, en 1099. Il donne ensuite la liste des rois de Jérusalem, et indique, année par année, ce que fit chacun d'eux pendant son règne, jusqu'à la reine Isabelle qui se remaria quatre fois; mais ces indications n'apprennent rien de nouveau.

ALMARICI AUGERII *de Biterris actus pontificum Romanorum.* (Tom. II, pag. 1641.)

(Article VI.)

Almeric Auger, de Beziers, était prieur du monastère de Ste-Marie d'Asprian, de l'ordre de St.-Benoît, docteur de l'université de Montpellier, et chapelain du pape Urbain V. Son ouvrage est le recueil de 219 chroniques des pontifes romains. Auger l'a conduit jusqu'au pape Jean XXII, c'est-à-dire jusqu'à l'an 1321. Il l'avait disposé par ordre alphabétique, mais l'éditeur Eccard a préféré l'ordre des temps et de succession des papes. Auger de Beziers, en faisant la vie de ces papes, rapporte ce qu'ils ont fait pour les croisades ou les événements qui ont eu lieu dans la Palestine pendant leur pontificat. Après la dernière croisade de St. Louis, il rend compte aussi des efforts que quelques papes firent, soit pour délivrer la Terre-Sainte du joug des Sarrasins, soit pour arrêter les progrès de la puissance des Turcs. Mais son récit n'offre point de détails qui méritent d'être remarqués. Voyez ce qui a été dit de l'ouvrage de cet auteur, à la page 378 de ce volume, collection de Muratori.

Scriptores rerum Germanicorum Johanni Michaëlis HEINECCII, etc., *in unum volumen collecti, anno* 1707.

Jean-Michel Heineccius, savant écrivain saxon, naquit à Eisenberg en 1674. Il fut d'abord pasteur à Gostar, puis inspecteur et vice-surintendant des églises luthériennes du duché de Magdebourg. Il fut aussi professeur au gymnase de Halle, où il mourut en 1722. Il avait beaucoup d'érudition, et était très versé dans l'histoire et les antiquités d'Allemagne, comme le prouvent les ouvrages qu'il a laissés, parmi lesquels est celui que nous allons parcourir.

Antiquitatum Goslariensium et vicinarum regionum, etc.

Heineccius, en commençant sa collection par les antiquités de Goslar, s'attache à prouver l'authenticité et la bonté de cette histoire, dont l'auteur n'est pas connu. Il cite en témoignage le père Mabillon et quelques savants Allemands qui en faisaient beaucoup de cas. Le latin de cet ouvrage est pur et assez élégant.

Voici ce que l'auteur dit sur l'expédition de Conrad III en Palestine :

« Conrad, roi d'Allemagne, et Louis de France, s'étaient disposés à cette guerre en 1147, avec un si grand appareil, qu'au témoignage d'Otton de Freisingen, les fleuves ne pouvaient pas suffire pour les flottes, ni la largeur des campagnes pour la marche des troupes. Cependant tous ces préparatifs s'en allèrent en fumée, l'armée fut détruite en partie par les incommodités du voyage, en partie par l'inconstance de la mer et par les embûches des Césars de Constantinople. »

Sous la date de 1189, l'auteur donne d'assez longs détails sur l'expédition de l'empereur Frédéric Ier., sur les difficultés qu'il éprouva de la part de l'empereur Grec, sur les combats qu'il eut à soutenir contre les Turcs, et enfin sur sa mort en Cilicie.

La guerre d'Orient, dit-il, était dans toute sa force en 1191 et 1192, quoique les succès en fussent un peu retardés par la mort de Frédéric et par les différends qui s'étaient élevés entre les grands, surtout entre le roi d'Angleterre et le duc d'Autriche. Richard, brouillé avec ce dernier, avait arraché ses étendards partout où il les avait trouvés, et les avait jetés dans la boue. A son retour en Europe, étant assis à un foyer, caché sous l'habit d'un valet de cuisine, et tournant la broche, il fut pris par Léopold, et livré au roi Henri. Le pape Célestin, indigné que Léopold eût fait prisonnier un roi engagé dans la croisade, l'excommunia.

Les forces de l'Europe paraissaient encore peu abattues, malgré tant d'expériences infructueuses en Orient; car une nouvelle guerre sacrée fut résolue en 1195. On prêcha partout, selon la coutume, une croisade contre les Sarrasins, et il y eut un grand concours de croisés. L'empereur Henri VI avait résolu d'être de cette expédition, mais les grands de l'empire le dissuadèrent d'un si long voyage. Toute l'année se passa en préparatifs de guerre, et le nombre de ceux qui s'enrôlèrent fut si grand, qu'il s'éleva en Allemagne à plus de 60 mille hommes. En 1197, les croisés prirent Sidon, Sarepta, Béryte, et combattirent avec tant de courage les Sarrasins, que peu s'en fallut qu'ils ne recouvrassent Jérusalem. Le courage des habitants de Goslar éclata aussi dans cette expédition. Il y avait un château (c'est le château de Thoron) bâti sur un rocher escarpé, et où les Sarrasins avaient une forte garnison. Comme le siège de cette forteresse traînait en longueur, et que le jeu des machines de guerre était sans succès, le prince Henri Palatin fit venir les mineurs de Goslar, qui, creusant de larges ouvertures dans la pierre (*actis per medullas petræ cuniculis*) firent crouler les murs et rendirent l'accès plus facile aux assiégeants.

En 1217, disent les *Antiquités de Goslar*, la fureur des guerres civiles était calmée en Allemagne; on entreprit une nouvelle expédition en Palestine : un nombre infini de seigneurs marchèrent sous la conduite d'André, roi de Hongrie, et de Léopold d'Autriche. Le commencement de cette guerre fut heureux; plusieurs châteaux furent pris sans résistance : mais, comme il arrivait toujours dans ces expéditions, des querelles s'élevèrent entre les princes, et André de Hongrie revint avec une grande partie de son armée.

Sous la date de l'année 1221, l'auteur des *Antiquités* parle en peu de mots de la multitude innombrable de croisés qui se précipitèrent sur l'Egypte, et des moyens que les Sarrasins employèrent pour forcer l'armée chrétienne à capituler et à rendre Damiette.

Toute l'année 1223, poursuit-il, fut employée aux préparatifs d'un nouveau passage dans la Terre-Sainte. Les lettres et nonces du souverain Pontife sollicitèrent les princes de l'Europe à prendre la croix. Pour y déterminer plus aisément l'empereur Frédéric, on lui fit épouser la fille du roi de Jérusalem, et on lui promit le titre de roi de la Palestine. Des envoyés vinrent en Allemagne prier les princes de rétablir dans son royaume le roi de Danemarck Waldemar, qui était encore prisonnier des comtes de *Schewrin*. Waldemar avait espéré qu'en prenant la croix il serait délivré de prison, et que le titre de croisé deviendrait une sauve-garde pour lui. Engelbert, archevêque de Cologne, qui gouvernait en l'absence de l'empereur, pria aussi le comte de ne pas préférer sa vengeance particulière au salut public, et de ne pas retenir ce roi plus long-temps captif, dans des circonstances si critiques pour l'Église. Mais la prière d'Engelbert fut inutile. Waldemar avait tellement excité la haine de ses voisins, que tous aimaient mieux le voir captif que soldat de Jésus-Christ. L'auteur fait le récit de l'expédition de Frédéric II en 1228. Mais ce récit ne nous apprend rien de nouveau; on y trouve seulement que le pape, en recevant des lettres qui lui apprenaient les succès de l'empereur, en conçut tant de dépit et de jalousie, qu'il les jeta à terre avec beaucoup de mépris.

Scriptores rerum Austriacarum veteres ac germini, etc., Hieronimus Pez.

Cette collection a été faite par un moine du monastère de Moelck, en Autriche, de l'ordre de St-Benoît. Elle a été imprimée en 1719, en deux vol. in-fol. Dans le premier se trouve une chronique d'un auteur inconnu, et qui a pour titre :

Chronicon monasterii Mellicensis ab anno primo ærœ Christi ad annum ejusdem 1564. (Tom. 1er., pag. 164.)

Article 1.

Cette chronique commence à la naissance de J.-C.; *c'est* en général une liste fort concise et fort sèche des principaux événements historiques. Ceux qui ont rapport aux croisades ne sont pas moins sèchement indiqués. Nous nous abstiendrons de citer des dates qui n'apprennent rien de nouveau, nous copierons seulement celles qui ont rapport aux Turcs depuis le 15e. siècle.

En 1456, dit l'auteur, les Turcs assiégent vigoureusement le château de Nandralba en Hongrie. On prêche une croisade, et il se fait une expédition sous les auspices de Capistran. Les Turcs fuient.

En 1469, les Turcs emmènent de Sclavonie près de trente mille hommes. Ils sont battus en 1474, par le waivode de Moldavie. Le roi Louis de Hongrie est à son tour vaincu par eux dans des défilés et des marais.

En 1523, le vice-roi est envoyé en Autriche pour lever de l'argent et des hommes contre les Turcs qui s'étaient déjà emparés de Rhodes, et qui avaient soumis une grande partie de la Hongrie. Chaque évêque fut taxé à cinq florins, l'abbé à quatre, les autres prélats à trois; l'abbesse, le chanoine, le docteur, à cinq gros; le moine à dix deniers; le comte à quatre florins; le baron à trois talents; le noble, le plébéien, le vicaire, le citoyen, possédant un bien de cent florins, à un florin; le paysan, le serf, la servante, le mercenaire, à dix deniers.

En 1531, la quatrième partie des monastères fut vendue pour une expédition contre les Turcs.

En 1552, les Turcs revinrent en grand nombre; l'empereur Charles et les princes catholiques firent de grandes levées de cavalerie et d'infanterie. Les Turcs, qui étaient arrivés jusqu'auprès de Vienne, s'enfuirent honteusement.

Chronicon Salisburgense. (Tom. 1er., pag. 317.)

Article II.

Cette chronique paraît avoir été commencée au XIIe. siècle, par un chanoine de Salzbourg, dont on ignore le nom, et avoir été continuée ensuite par différents auteurs, entr'autres, par l'archevêque de cette ville, et enfin par quelques anonymes, soit abbés, soit moines. Elle commence comme la précédente à la naissance de J.-C. Les événements sont cités avec la même concision jusqu'au XIIIe. siècle, où ils sont racontés avec un peu plus de détail. Nous ne copierons point ces dates, qui ne sont qu'une répétition de ce que nous avons déjà tant de fois rapporté. Nous nous arrêterons aux choses qui sont moins connues. Par exemple, voici ce que l'auteur de la chronique dit, sous la date de 1244 :

Le soudan de Damas, celui d'Emesse, s'étant liés avec les Templiers et toute la milice chrétienne qui était outre-mer, marchèrent contre le soudan du Caire. Ce prince appela à son secours une nation barbare, appelée les Karismiens, et l'envoya détruire la ville sainte. Ceux-ci s'en rendirent maîtres en sept jours, et passèrent au fil de l'épée tout ce qu'ils trouvèrent dans la ville de l'un et de l'autre sexe. Ce qui est plus horrible à dire, ils ensanglantèrent le tombeau du Seigneur (*sepulcrum dominicum profanantes, interfectorum sanguine repleverunt*). Toute l'Eglise d'outre-mer fut si vivement affligée, que tous se réunirent contre les Karismiens, et les attaquèrent après avoir invoqué le secours de Dieu. On se battit avec chaleur, mais les chrétiens furent vaincus. De cinq mille Templiers et Hospitaliers, il en échappa à peine vingt.

En 1245, le pape alla tenir à Lyon un concile pour aviser aux moyens de réprimer les barbares, de recouvrer la Terre-Sainte, et de réunir l'Eglise de Constantinople.

L'auteur de la chronique raconte, sous la date de 1249, la première croisade de Saint Louis, et ne dit ensuite qu'un mot de la seconde.

Après avoir parlé de la perte de la ville d'Acre, en 1291, il ajoute que le pape Nicolas manda à tous les patriarches, archevêques, évêques et autres prélats, qu'ils célébrassent des conciles provinciaux, et qu'on y délibérât sur les moyens de secourir la Terre-Sainte.

En 1396, un grand nombre de Français, d'Anglais, de Bavarois, de Styriens et d'autres peuples, marchèrent contre les Turcs pour la défense de la foi, et pour secourir le roi de Hongrie. Mais celui-ci, ayant pris la fuite avec les siens, les Turcs, victorieux, firent prisonniers le duc de Bourgogne et plusieurs autres barons.

Auctoris incerti chronicon Austriacum.
(Tom. 1er., pag. 547.)

Article III.

L'auteur de cette chronique est encore inconnu; mais on a tout lieu de croire qu'il était moine du monastère de la Vierge Marie de Zweette, et qu'il vivait à la fin du XIIe. siècle, car il écrit les événements d'alors comme un témoin.

Cette chronique commence, comme les deux précédentes, à la naissance de J.-C. Les événements des croisades y sont racontés avec la même brièveté; mais elle est plus étendue sur celle de 1187 et 89, époque par où l'auteur a terminé son ouvrage.

Cependant les détails dans lesquels il entre ne nous apprennent rien de nouveau. Après avoir raconté les conquêtes de Saladin et la prise de Jérusalem, il termine son récit par l'observation suivante : De même que le soleil s'était obscurci à la mort de J.-C., de même il cacha ses rayons à la prise de cette ville, comme pour annoncer à toute la chrétienté la déplorable nouvelle de la profanation des lieux saints. Jérusalem fut prise le 6 des nones d'octobre.

En 1187, dit l'auteur, il y eut une assemblée générale des chrétiens à Mayence, à la mi-carême. L'empereur Frédéric et ses fils s'y trouvèrent. Tous les princes de l'empire se croisèrent; et, à leur exemple, ceux de France et d'Angleterre.

L'historien parle après cela de l'expédition de Frédéric Ier.; mais ne dit rien de sa mort. Sa chronique finit à-peu-près à cette époque.

PALTRAMI *seu* WATZONIS *consulis Viennensis chronicon austriacum.* (Tom. 1, pag. 704.)

Article IV.

Pattram Watzon, auteur de cette chronique, vivait du temps d'Ottocare, roi de Bohème. Tout porte à croire que c'est lui qui était consul de Vienne, lorsque l'empereur Rodolphe Ier. vint assiéger cette ville, qui tenait alors pour le parti d'Ottocare, et cela par l'influence de ce même Pattram Watzon, secrètement attaché au roi de Bohème. Ce chronographe fait lui-même assez entendre qu'il vivait en 1270 et 1278, temps où vivait Ottocare. Sa chronique, qu'il a laissée à l'année 1302, a été reprise par Nicolas Vischel, moine de Cîteaux, du monastère de Sainte-Croix, dans l'Autriche Inférieure. Ce Nicolas Vischel vivait au XIVe. siècle, et passait pour un des hommes les plus instruits de son temps. Mais il n'a porté cette chronique que jusqu'en 1310; un auteur du XVe. siècle, dont on ignore le nom, l'a continuée jusqu'en 1455. Comme les précédentes, cette chronique commence aussi à la naissance de J.-C., et n'offre guère que des dates que nous ne copierons pas, puisque ce ne sont que des répétitions. Seulement nous remarquerons que l'auteur, sous la date de 1242, parle d'une croisade prêchée par le pape Grégoire, contre les

Cumans et les Tartares, qui étaient entrés dans la Hongrie, s'étaient emparés de la ville de Rodna, où ils avaient tout égorgé, hommes, femmes, enfants, vieillards, religieux, religieuses; ensuite avaient défait, auprès de Pest, l'armée du roi; avaient incendié ses camps et tué sans résistance tous les chrétiens qu'ils avaient pu atteindre. L'auteur dit que les rois, les évêques, les ducs, les nobles et les non nobles, avaient pris la croix avec joie contre ces infidèles; mais que l'empereur s'opposa à cette croisade, parce que le roi de Hongrie, qu'il avait appelé, dédaigna d'avoir une conférence avec lui.

En 1287, le pape envoya un légat à Wurtzbourg, où il convoqua tous les archevêques et autres prélats de toute l'Allemagne, et leur demanda la dîme de toutes les églises pour cinq ans; mais tous s'y étant refusés, et l'affaire étant restée imparfaite, le légat s'en retourna, et le pape mourut.

Sous la date de 1289, il place la prise de la ville d'Acre, qui n'eut lieu que deux ans plus tard.

En 1448, dit-il, les Hongrois rassemblèrent une nombreuse armée, marchèrent contre les Tartares et les Turcs, et dévastèrent leurs villes. Alors le soudan et grand turc, c'est-à-dire Mahomet, ramasse une grande quantité de monde, et va au devant d'eux. On se battit pendant trois jours et trois nuits. Les Hongrois eurent l'avantage les deux premiers jours; mais le troisième, il vint une si grande multitude d'infidèles, que tous les Hongrois succombèrent, et qu'il n'en échappa qu'un petit nombre.

En 1453, le grand turc s'empara de Constantinople et de toute la Grèce. Il voulut aussi s'emparer du royaume de Hongrie.

Anonymi Leobiensis chronicon libris sex comprehensum. (Tom. II, pag. 756.)

Article v.

On ne sait rien de l'auteur de cette chronique, sinon qu'il était né, ou qu'il demeura long-temps à Léoben, ville de la Styrie Supérieure; on croit qu'il était de l'ordre des Frères prêcheurs. Son ouvrage commence à l'an 1er. de J.-C., et se termine à l'an 1347. Il parle à peine de la première croisade, et se trompe évidemment sur la deuxième, qui fut prêchée par Saint Bernard et le pape Eugène, et se fit en 1147, et non en 1159, comme il le rapporte page 788. Il se trompe encore sur la troisième, lorsqu'il fait partir l'empereur Frédéric Ier., et le fait mourir l'an 1167, temps où, selon lui, Saladin s'empara du pays et de la ville de Jérusalem. Il se trompe encore de huit années en plaçant en l'an 1196 la prise de Constantinople par les Latins, laquelle n'eut lieu qu'en 1204.

Il met, sous la date de 1229, l'expédition de l'empereur Frédéric II à Jérusalem, son traité avec le soudan, et son retour en Europe pour s'opposer aux mesures prises par le Pape contre lui.

Sous la date de 1239, l'auteur fait un tableau affreux des ravages exercés en Hongrie par les Cumans et les Barbares; et dit, comme l'auteur de la chronique précédente, que le pape Grégoire envoya des légats à tous les rois, ducs, évêques et nobles, pour les engager à se croiser; mais que l'empereur s'opposa à l'expédition, parce que le roi de Hongrie ne voulut pas venir conférer avec lui. Ce sont, dans l'un et dans l'autre, les mêmes expressions; et ce n'est pas dans ce seul endroit qu'on remarque cette ressemblance. Elle se retrouve ailleurs, et c'est une remarque qu'on peut faire pour les diverses chroniques d'Autriche.

En 1270, il parle de la malheureuse expédition de Saint Louis, dans le royaume de Tunis, et du traité que le roi de Sicile fit avec les Sarrasins, après la mort du saint roi.

En 1274, l'auteur cite le concile de Lyon, tenu pour différentes affaires relatives à la chrétienté, entr'autres pour une croisade. Une dîme de six ans y fut décrétée en faveur de la Terre-Sainte. Nous copierons ici le récit que fait la chronique de la prise de la ville d'Acre, en 1290, parce qu'il renferme quelques détails curieux.

La ville d'Acre, habitée par les chrétiens, fut assiégée par le soudan du Caire, par trente-deux rois et par une multitude innombrable de nations. Trois cents machines de guerre lançaient sans relâche le feu grégeois, qui brûlait tout ce qu'il touchait. Les citoyens, réunis de toutes les parties du monde, tels que des Vénitiens, des Génois, des Pisans, avec les Templiers, les Hospitaliers et ceux de l'ordre Teutonique, résistèrent courageusement. La cause du malheur de cette ville vint d'un cardinal que le pape y avait envoyé, et qui prétendait que les chrétiens ne devaient nullement s'accorder avec les Gentils, par suite de traités de paix ou de trève; qu'ils ne devaient point faire de commerce avec eux, ni leur garder la foi dans leurs promesses. Les chrétiens, qui se plaignaient de cela, disaient qu'ils ne pouvaient faire la guerre avec les Gentils, puisque ceux-ci étaient en plus grand nombre et plus forts. Le cardinal, revêtu des habits de sa dignité, monta sur une éminence pour parler au peuple. On crut que c'était pour le bénir; ce fut, au contraire pour le maudir; en vertu de l'autorité apostolique et de la sienne, il excommunia tous ceux qui communiquaient avec les Gentils, et il s'en alla, laissant les citoyens frappés de la plus grande crainte. Quoique peu d'accord entre eux, ils ne se précipitèrent pas avec moins d'ardeur sur les ennemis; mais ceux-ci, trouvant les portes mal gardées, fondirent dans la ville avec fureur. Les habitants, en combattant vaillamment, furent plutôt foulés que renversés par la multitude des infidèles qui entrèrent avec eux pêle-mêle dans la ville. Plusieurs habitants coururent aux vaisseaux, emportant les reliques des saints et de grands trésors.

L'auteur dit que, pendant ce siége, plusieurs miracles éclatèrent en témoignage de la foi chrétienne. Mais ces miracles dont il parle auraient besoin d'un autre témoignage que celui de l'auteur pour être crus. On en va juger par celui qu'il cite : Dans les nombreux engagements qui eurent lieu, dit-il, et, pendant que le sort en faisait succomber plusieurs, les infidèles virent les ames des chrétiens tués s'envoler vers les demeures célestes. Un des rois assiégeants, voyant les ames des chrétiens enlevées par les anges, sous la forme de jeunes gens, s'entretint de cela dans sa tente, pendant une nuit, et dit : En vain nous combattons contre les chrétiens (1), puisque, dès qu'un d'eux est tué, il en sort aussitôt un autre de sa bouche, et qu'ainsi le nombre n'en peut être diminué. Un apostat saxon, qui était passé du côté des infidèles, ayant entendu cela, retourna auprès des chevaliers Teutoniques qu'il avait abandonnés, et fit pénitence.

Peu de temps après, cette ville, illustre séjour des chrétiens, fut entièrement ruinée. Souvent elle avait demandé du secours au pape et aux princes chrétiens, et personne ne lui tendit une main secourable. On peut lui appliquer, dit l'auteur, ce qu'on

---

(1) Et dum quidam rex potens cerneret christianorum animas in formâ juvenili ab angelis sursum deferri, nocte quâdam super hoc in tentorio colloquium habuit dicens : frustra contra christianos pugnamus, quia uno mortuo alius statim ex ore ejus nascitur, et ob hoc numerus nulla tenus minoratur.

dit autrefois de la célèbre ville de Numance : *La concorde donne la victoire, la discorde cause la ruine.*

Excerpta ex Catalogo Romanorum pontificum et imperatorum CONRADI *cænobitæ schyrensis.* (Tom. II, pag. 407.)

Article VI.

Conrad, surnommé le Philosophe, était moine de l'ordre de Saint-Benoît. Il fut très instruit dans l'histoire, et vivait en Bavière, en 1241. Outre la chronique de son monastère, que le révérend Etienne a publiée, il a fait un catalogue des pontifes et des empereurs romains, et de tous les rois, depuis le commencement du monde jusqu'au pape Honorius IV, et à l'empereur Frédéric. Ce catalogue est une table chronologique comme beaucoup d'autres chroniques autrichiennes.

La deuxième et la troisième croisade y sont indiquées avec très peu de détails. Seulement on y lit qu'en 1190, il périt plusieurs évêques, princes et nobles, et plus de trente mille croisés, par le fer, la faim et la peste, sans que la croix ni le tombeau du Seigneur fussent recouvrés.

L'auteur dit, sous la date de 1225, qu'un prédicateur de la croix, nommé Jean, parcourut plusieurs villes, et engagea une multitude infinie de riches et de pauvres au voyage d'outre-mer. Notre abbé Conrad, ajoute l'auteur, ayant pris la croix, fut absous par l'évêque de Salzbourg.

Anonymi Mellicensis breve chronicon Austriæ.
(Tom. II, pag. 463.)
Article VII.

L'auteur de cette petite chronique est inconnu. Il l'a commencée sous l'empereur Frédéric III, et à la date de 1453, où la ville de Constantinople fut prise par les Turcs.

Il dit qu'en 1455, un petit nombre de croisés du royaume de Hongrie, sous les yeux du frère Jean de Capistran, de l'ordre de Saint François, attaquèrent sans chef, sans ordre, et se confiant au seul secours de Dieu, l'empereur des Turcs et sa nombreuse armée qui assiégeaient Nandoralbe, qu'ils firent un grand carnage, que l'empereur lui-même fut blessé et mis en fuite; qu'il laissa plusieurs bombardes (bombes, instruments de guerre), qui devinrent la proie des chrétiens; que la même année, un très grand nombre de croisés descendirent en Hongrie par le Danube; mais qu'ils retournèrent bientôt chez eux sans aucun avantage, plus de mille des leurs ayant été tués, et les autres mourant pour la plupart de maladie.

En 1459, le pape Pie II, ayant convoqué l'empereur, les rois et les princes spirituels et temporels, à Mantoue, s'y rendit en personne. On y traita pendant huit mois des moyens de s'opposer aux Turcs; mais les résolutions qui y furent prises devinrent sans effet, par l'absence de plusieurs.

En 1463, un très grand nombre de croisés de Saxe et des autres parties de l'Allemagne, vinrent en Italie pour marcher avec le pape Pie contre les Turcs. Le pape alla jusqu'à Ancône; mais la fièvre l'ayant saisi, il mourut le 19 des calendes de septembre.

Thomæ Ebendorfferi *de Haselbach chronicon Austriacum libris V comprehensum.* (Tom. II, page 682.)

Article VIII.

De tous les écrivains de l'histoire d'Autriche, celui-ci est le plus étendu. Thomas Ebendorff naquit dans une ville de l'Autriche-Inférieure, nommée *Haselbach*, d'où il a pris le surnom. Il fut élevé dans l'étude des sciences et des arts, et devint très habile dans le droit civil et dans le droit canon. Il fut créé docteur en théologie à l'académie de Vienne, en 1429, et envoyé au concile de Bâle en 1431. Il y prononça un discours qu'on trouve dans les manuscrits de la bibliothèque de Moelk. Il fut ensuite chanoine de Saint-Etienne de Vienne, et chapelain de la cour. Les deux derniers livres, et une grande partie du troisième de sa chronique, sont surtout fort estimés. Le premier manque en grande partie, et le deuxième est plein de lacunes. On y trouve néanmoins çà et là quelques indications sur l'histoire des croisades, et sur les divers personnages qui y ont figuré.

Dans le 3e. livre se trouve un long article sur la perte de la ville d'Acre. Nous en allons donner l'analyse.

Vers ce temps, le soudan du Caire et d'Egypte assiégea la ville d'Acre, qu'on nomme aussi Ptolémaïs, et s'en rendit maître. Voici à quelle occasion cela arriva : Pendant que les chrétiens faisaient la guerre à l'émir pour la conservation du Saint-Sépulcre, les Hospitaliers et les Templiers qui avaient des maisons dans la ville, envoyèrent demander du secours aux rois d'Espagne, de France et d'Angleterre. Les rois de Chypre et d'Arménie attaquaient aussi tous les jours les Sarrasins; et, dans un combat, ils en tuèrent vingt mille. Les chrétiens ne perdirent, dit-on, que deux mille hommes. Le patriarche de Jérusalem, après cette victoire, vint à bout de faire conclure une trêve qui fut scrupuleusement observée pendant dix ans. Mais ensuite le pape Nicolas IV envoya à Acre un légat *a latere*, pour rompre cette trêve. Ce légat s'y prit ainsi : Quelques marchands étant venus à la ville avec de l'or et de l'argent pour y faire des emplettes, il les fit dépouiller, et ceux-ci allèrent se plaindre au soudan. Le soudan envoya dix députés se plaindre de la violation de la trêve. Le légat les fit chasser à coups de bâtons, et renvoyer honteusement. Pendant ce temps, les Sarrasins excitaient le soudan contre les chrétiens. Mais ce prince envoya dix nouveaux députés choisis parmi ses grands ; et ceux-ci, d'accord avec les Templiers et autres religieux, conseillaient de livrer dix personnes en réparation de ce qui avait été fait, et pour appaiser la colère des infidèles. Mais le légat le défendit sous peine d'excommunication ; et, après avoir fulminé des censures contre ceux qui feraient des traités avec les infidèles, il s'en retourna à Rome. Le soudan, ayant appris cela, entra dans une telle fureur qu'il mourut peu de jours après. Tous les princes sarrasins s'étant rassemblés, le fils du défunt fut élu roi, et jura qu'il marcherait contre les chrétiens. L'auteur fait ici un dénombrement ridicule par son exagération des secours en hommes que les princes voisins du soudan lui promirent. Les noms de ces princes sont tellement altérés ou défigurés, qu'il est difficile de les reconnaître.

Après ce dénombrement, l'auteur ajoute :

Ces princes se préparèrent donc à l'expédition, et, au bout d'un an, se rendirent tous avec le jeune soudan devant la ville d'Acre. Les habitants de cette ville le firent savoir au souverain pontife, mais les cardinaux n'en tinrent aucun compte. Seulement ils écrivirent aux rois de France et d'Angleterre, et surtout au roi des Romains, pour les engager à porter du secours à la Terre-Sainte. Ces princes y étaient fort disposés; mais ils représentèrent qu'il était difficile, ou pour mieux dire impossible, de se transporter en si peu de temps, avec une grande armée. Néanmoins les grands-maîtres du Temple, de l'Hôpital et de l'ordre Teutonique, se disposèrent au voyage. Mille chevaliers de l'ordre Teutonique passèrent la mer avec 700 hommes à leur solde : le grand-maître de l'hôpital partit avec 2,000 guerriers génois; les Vénitiens destinèrent plusieurs troupes pour la ville d'Acre, et les embarquèrent sur des vaisseaux et des galères. Le nombre se montait, dit la chronique, qui exagère toujours les forces des combattants, à 100 mille hommes.

La ville d'Acre était fortifiée par trois murs et trois fossés. Le soudan l'enveloppa avec toute son armée, qui, semblable pour le nombre au sable de la mer, occupait les montagnes et les vallées sur une étendue d'une journée de marche. Depuis la naissance de l'église, on n'a point d'exemple d'une armée assiégeante aussi nombreuse : elle attaquait la ville jour et nuit, et la ville résistait avec courage. Les Templiers et les Hospitaliers se conduisaient avec arrogance à l'égard de l'ordre Teutonique, avec lequel ils ne s'accordaient pas. Pendant ce temps, les Sarrasins serraient la ville, et remplissant les fossés de cadavres, de terre, de pierres et de bois, les égalèrent au terrain. Plusieurs d'entre eux, par amour du faux prophète Mahomet, se précipitèrent d'eux-mêmes dans ces fossés (1).

Les ennemis minèrent la ville en divers endroits dans l'intention d'y mettre le feu. Les habitants tinrent conseil, et jugèrent qu'il serait plus méritoire aux yeux de Dieu, de mourir

---

(1) Ad quæ plures cæcati Sarraceni amore sui pseudoprophetæ Mahumet sese dederunt sponte præcipitio.

en combattant que d'être livrés sans honneur aux mains des circoncis. Ayant donc ouvert les portes le matin, et levé l'étendard du Christ, ils en vinrent aux mains avec les infidèles, et en tuèrent 18 mille. Ils ne perdirent que 400 des leurs.

Sur le soir les ennemis revinrent vers la ville. Un chevalier nommé Bertrand, que l'on cherchait, feignit d'être mort au milieu des cadavres; et lorsque la nuit fut très avancée, il se releva, prit les armes d'un infidèle tué, et s'approchant de la tente qui lui parut la plus belle, il y égorgea un Sarrasin enseveli dans le sommeil. Il se porta de là à la tente d'un roi, lui mit un morceau de bois à la bouche, et l'entraîna ainsi jusque dans la ville. Les Sarrasins, pour le racheter, rendirent tous les chrétiens prisonniers.

Le lendemain il y eut un nouvel engagement, dans lequel on combattit de part et d'autre avec acharnement et au milieu des plus grands périls.

Pendant ce temps, les Vénitiens souillèrent le nom chrétien d'une fraude odieuse. On dit qu'ils offrirent aux plus riches de la ville qui voudraient se confier à leurs vaisseaux, eux et leurs biens les plus précieux, de les sauver ainsi des dangers qu'ils couraient. Ceux-ci s'étant rendus à bord avec leurs femmes et leurs enfants, et beaucoup d'or et d'argent, les Vénitiens les précipitèrent dans les ondes et s'en allèrent avec leurs richesses. L'historien répète ici le récit du miracle que nous venons de lire plus haut: « Le soudan, dit-il, s'étonna un jour de ce que les chrétiens, en si petit nombre, résistaient à une si grande armée, et renversaient tant de Sarrasins. Un infidèle lui répondit: « Cela n'est pas étonnant, parce que j'ai vu un jour que quand les chrétiens tombaient pendant le combat, de beaux jeunes gens venaient aussitôt auprès d'eux, et

recevaient de leur bouche un bel enfant qui en sortait (1). »
Un chevalier de l'ordre Teutonique, apostat et Saxon, nommé
Herman, ayant entendu cela, se repentit, retourna au grand-
maître de son ordre, et ayant fait pénitence, combattit vaillamment pour la foi du Christ, et tua plusieurs ennemis.

Mais lorsqu'après la retraite de plusieurs auxiliaires, le nombre des chevaliers des trois ordres eût été réduit à trois cents,
et lorsqu'ils virent qu'ils ne pouvaient plus défendre la ville,
ils montèrent sur des vaisseaux et s'en allèrent. Le soudan
entra alors dans Acre; il fit couper en morceaux les ecclésiastiques, tuer à coups de flèches les hommes, et périr dans
toutes sortes de tourments tous les laïcs et les enfants des deux
sexes avec leurs mères au nombre de 30 mille. Il détruisit de
fond en comble la ville et les deux châteaux, Pilgram et Sun-
ders: l'hiver l'obligea de s'en retourner avec ses troupes, mais
il leur promit de revenir en été. Cet événement eut lieu en
1291. C'est l'opinion de plusieurs, que si les chevaliers des trois
ordres s'étaient accordés avec le peuple, cette belle ville ne
serait pas tombée au pouvoir des infidèles. L'été suivant les
Sarrasins revinrent, rasèrent la ville, et renversèrent ses murs
et ses tours. Tous les chrétiens qui étaient propres au travail
furent emmenés chargés de chaînes, et les autres moururent

---

(1) Sicque Soldanus quadraginta diebus et noctibus acies dirigit
in civitatem, in quorum intervallo Soldano quondam magnam ad-
mirationem movit, cur christiani crebro pauci numero magnum in
bello devincunt et prosternunt Sarracenorum exercitum? Cui quidam paganus respondit, non mirum: quia ego quodam prospexi
die, quando christiani ceciderunt in prælio quod in uno corpore
duo latuerunt homines, et uno moriente adstiterint eidem decori
juvenes, qui ex ejus ore susceperunt venustum puerulum. (Page
780.)

pour le Christ. L'ennemi épargna la sainte ville de Bethléem et ses habitants, ainsi que l'évêque qui était Français et de l'ordre des Frères prêcheurs.

L'historien ajoute à son récit un fait dont l'absurdité n'a pas besoin d'être relevée; il dit qu'un puissant roi d'Ethiopie, nommé Prêtre-Jean, chrétien de nom, mais infecté de nestorianisme, ayant appris ces déplorables nouvelles, détourna le cours du Nil et frappa ainsi l'Egypte de stérilité. Les Egyptiens déclarèrent au soudan qu'ils seraient obligés d'abandonner le pays, si le Nil ne revenait le féconder. Le soudan envoya donc au Prêtre-Jean des ambassadeurs, qui lui promirent que dans cinq ans la ville d'Acre et les autres places des chrétiens seraient rétablies, si l'Egypte recouvrait la jouissance de ses eaux. Le roi d'Ethiopie envoya au souverain pontife pour l'engager à s'intéresser dans ce traité, ou à envoyer du moins quelque légat notable : mais le pape, soit négligence, soit qu'il fût occupé d'autres affaires, n'ayant point répondu, le Prêtre-Jean s'accommoda avec le soudan, et les eaux du Nil reprirent leur ancien cours. Une pareille fable se détruit d'elle-même; mais elle peut servir à expliquer l'impression profonde qu'avait faite sur les esprits des chrétiens d'Occident, la nouvelle des malheurs arrivés à Acre, et avec quelle facilité les imaginations frappées recevaient les contes les plus incroyables.

Sous la date de 1395, l'auteur rapporte qu'Albert IV, duc d'Autriche, prince très dévot, résolut d'aller à la Terre-Sainte, et que ni le duc Guillaume son oncle, ni sa mère Béatrix, née du Burgrave de Morenbergh, ni les dangers qui le menaçaient de la part des Turcs, ne purent le détourner de son dessein. En vain on lui représenta que déjà les Turcs avaient mis en fuite, l'année précédente, Sigismond, roi de Hongrie; qu'ils avaient fait prisonnier le duc de Bourgogne, et avaient tué tous les siens, ainsi que plusieurs guerriers de marque de la

Souabe, de la Bavière et de l'Autriche; qu'ils avaient comme dépeuplé toute la Hongrie, jusqu'à Bade; que le bruit s'étant répandu parmi les Sarrasins qu'un prince puissant de la chrétienté se disposait à aller visiter le tombeau du Sauveur, le roi des Turcs avait mis ses éclaireurs en campagne, et avait pris Nicopolis, et assiégeait Constantinople. Tout cela fut inutile; ce prince partit, et, dans l'année 1400, il débarqua à Venise, où il fut reçu avec honneur. Tout étant préparé, il alla inconnu dans la ville sainte. Là, il prit l'habit et les armes d'un guerrier, et après avoir accompli son vœu, il se remit en route. Il monta sur un vaisseau, arbora l'étendard d'Autriche, et au son des trompettes, des flûtes et des tambours, il revint dans son pays sain et sauf, au milieu des cris de joie et des applaudissements des peuples.

Sous la date de 1456, l'auteur fait le récit de l'invasion des Turcs dans la Servie, et de la célèbre victoire que Jean Hunniade remporta sur eux près du château de Nandoralbe. Il dit que dans ce grand combat les ecclésiastiques et les hommes lettrés firent briller leur valeur, et que les Polonais s'y firent également distinguer.

Il rapporte à l'an 1460 une victoire que les Turcs remportèrent à leur tour sur les frontières de la Hongrie, victoire qui fut très funeste aux chrétiens.

Ce n'est qu'accidentellement que l'auteur parle de l'assemblée de Mantoue, présidée par le pape Pie II.

Silesiacarum rerum scriptores aliquot adhuc inediti quibus historia ab origine gentis ad obitum usque D. imperatoris Rudolphi, etc. Frider. Wilh. de Sommesberg, *eques silesius.*

Nicolaï Henelii *ab Hennefeld sacræ Cæsareæ regiæque majestatis, nec non illustrissimi ducis liquicensis consiliarii: Ducatus Monsterbergici pro cancellarii, inclytæque reipublicæ Wratislaviensis olim sindici Annales Silesiæ, ab origine gentis ad obitum usque D. imper. Rudolphi II.* (Tom. 1er., pag. 198.)

Article 1.

L'éditeur de la collection ne donne aucune notion sur l'auteur de cette histoire, qui commence au viie. siècle. Il n'y est parlé des croisades qu'à l'an 1147. L'empereur Conrad, y est-il dit, se préparant à son expédition d'Asie contre les Arabes et les Perses, passa par la Pologne, afin de réconcilier Uladislas avec Boleslas et ses autres frères. Il fut très bien reçu, mais il n'obtint rien, sinon que Boleslas lui promit qu'à son retour de la guerre sacrée, il céderait au droit et ferait ce qu'Uladislas voudrait. L'éditeur remarque avec raison en note, que Conrad ne traversa point alors la Pologne, mais bien la Pannonie.

Sous la date de 1188, l'auteur dit que le pape envoya un légat en Pologne, et demanda la dîme à toutes les églises pour aider au recouvrement de Jérusalem, qui était prise par les Sarrasins.

Il dit aussi qu'en 1190, l'empereur Frédéric I*er*., surnommé *Barberousse*, prince digne d'une éternelle mémoire et qui avait bien mérité de la Silésie, périt dans les eaux d'un fleuve de Cilicie, quoique quelques-uns prétendent qu'il mourut d'une maladie au foie.

Il parle en 1222 d'une croisade faite contre les Prussiens, dont firent partie Henri, duc de Silésie, les évêques de Lubeck et de Breslaw, et beaucoup de noblesse de Pologne et de Silésie : mais cette croisade fut sans succès.

Sous la date de 1395, il est dit que Sigismond, roi de Hongrie, aidé du secours des Français, marcha contre Bajazet, qui assiégeait alors Constantinople. Le combat s'engagea à Nicopolis. Les chevaliers français, poursuivant témérairement l'ennemi, tombèrent dans une embuscade et furent tués. Jean, duc de Bourgogne, fut pris. Sigismond s'échappa par la fuite. L'auteur attribue la cause de cette défaite à l'ambition des chrétiens, tantôt les Français, tantôt les Hongrois, voulant avoir la première place à l'armée. Le combat eut lieu le jour de la naissance de Wenceslas. La victoire coûta cher à l'ennemi ; 20,000 chrétiens succombèrent, et les Turcs en perdirent 60,000.

L'ennemi de Sigismond, le fier Bajazet, fut plus malheureux que lui, car, en 1397, il fut vaincu et pris par Tamerlan.

En 1415, Louis II, duc de Ligne, fit un voyage dans la Terre-Sainte, mais en revenant il fut pris par les ennemis (*hostibus*), et mis en prison. Ses sujets le rachetèrent à prix d'argent, et il leur fut rendu.

En 1431, il se fit une expédition contre les hussites de Bohême. Ce fut le cardinal Julien de St.-Ange qui prêcha et fit faire cette croisade.

En 1444, se livra la fameuse bataille de Warna, où les Turcs triomphèrent des chrétiens. La plus grande partie de la noblesse hongroise et polonaise y périt. Corvin trouva son salut dans la fuite.

L'historien raconte assez brièvement la prise de Constantinople par les Turcs, et, comme les autres historiens, il en accuse l'avarice, la perfidie et les divisions des Grecs.

Il attribue la délivrance de Belgrade, assiégée par les Turcs en 1456, à la valeur de Jean Hunniade, secondé par les travaux et les conseils du moine Capistran. Celui-ci avait réuni 1800 croisés, qui contribuèrent à la levée du siège, et allèrent la même année combattre en Prusse.

Sous la date de 1521, l'auteur parle de la fureur des Turcs en Hongrie, et de la prise de Rhodes par Soliman.

Sous celle de 1529, il rend compte de la prise de Bude par Soliman, et du siège que ce prince mit devant Vienne, et qu'il fut forcé de lever.

En 1541, ce même Soliman entra dans la Hongrie, et y fit un grand carnage des chrétiens. L'auteur loue beaucoup la valeur que les Silésiens montrèrent dans cette guerre.

En 1566, l'empereur Maximilien II entreprit une grande expédition contre les Turcs. Beaucoup de princes de l'Allemagne y prirent part. Le duc de Guise de Lorraine, jeune homme dont le père avait été tué au siége d'Orléans, était du nombre. Cette expédition n'eut pas tout le succès qu'on en attendait, mais du moins elle arrêta les progrès des Turcs.

En 1592, cet ennemi du nom chrétien entra en Croatie. L'empereur Rodolphe II l'alla attaquer à Sissey, et remporta sur lui une grande victoire.

En 1595, les Silésiens fournirent des secours à l'empereur, qui battit encore les infidèles en 1596 et 97. Il y eut dans ces deux années des assemblées tenues l'une à Ratisbonne, l'autre en Silésie, pour délibérer sur la guerre à poursuivre contre les infidèles. Ceux-ci firent en vain le siége de Waradin en 1598, ils furent obligés de l'abandonner.

Les années suivantes, la guerre continua avec des succès divers. Enfin la paix fut conclue et sanctionnée en 1606 par l'empereur Rodolphe et par l'Empereur des Turcs.

L'auteur termine son histoire à la mort du premier, qui arriva en 1612.

Cette histoire, comme on le voit, n'offre de détails et ne présente d'intérêt que sur ce qui regarde la lutte entre les peuples d'Occident et les Turcs. L'auteur qui a parlé des premières croisades, a négligé beaucoup de faits et d'événements qui s'y rapportent.

Rerum Bohemicarum antiqui scriptores aliquot insignes partim hactenus incogniti, etc., ex Bibliothecæ C. V. MARQUARDI FREHERI, *consiliarii palatini.*

Cette collection, qui a été tirée des manuscrits de la bibliothèque du conseiller Fréhérus, a été publiée par lui-même en 1602 : il l'a dédiée au prince Radziwill, et il y a ajouté des commentaires de Jean Dubravius, évêque d'Aulrutz, sur l'histoire de Bohême. Cette collection est en un volume in-fol., divisée en deux tomes. On trouve dans le premier, une histoire d'Enéas Sylvius, connu depuis son pontificat sous le nom de Pie II ; elle a pour titre :

ÆNEÆ SYLVII *Senensis episcopi Historia Bohemica.* (Tom. 1er., pag. 121.)

Article 1.

Tout le monde sait que le pape Pie II, auparavant évêque

de Sienne, et cardinal de la sainte église Romaine du titre de Ste.-Sabine, fut un des hommes les plus instruits de son temps. Il fut aussi un orateur très distingué. Il a laissé divers ouvrages, dont le style rappelle celui de la belle latinité. On sait de même que cet illustre pontife montra, pendant toute sa carrière, un zèle très ardent et très louable pour réprimer la puissance toujours croissante des Turcs, qui menaçait les libertés de toute l'Europe.

Dans son histoire de Bohême, nous ne trouvons cependant qu'un seul fait relatif aux guerres entreprises contre ces ennemis de la chrétienté, c'est la croisade prêchée par le pape Callixte III. Nous allons laisser parler l'auteur, qui vivait dans ce temps :

« Ce pape, connaissant la volonté de Mahomet, empereur des Turcs, qui desirait soumettre la Hongrie (car il avait déjà pris Constantinople, le boulevard de la Grèce), envoya en Allemagne Jean, cardinal de St.-Ange, homme adroit et d'un esprit élevé, pour soulever contre lui toutes les forces du Nord. On leva une armée composée d'hommes du peuple et de pauvres, qui étaient excités par l'espoir des récompenses de la vie éternelle. Les hommes riches, contents de leur situation, restèrent chez eux. Mahomet, fier de la victoire qui l'avait rendu maître de Constantinople, ayant rassemblé une armée de 150,000 hommes, s'avança vers la Hongrie. Plein de présomption et fier de commander une si grande armée, il ne doutait point qu'après avoir soumis ce pays, il ne pût pénétrer dans l'Illyrie, dans le royaume des Liburniens, et que passant la source du Timave, il ne s'emparât aisément de l'Italie et de la capitale du monde chrétien : mais une ville petite et obscure arrêta de si grands projets. Son ancien nom était Taurunum; on la nomme aujourd'hui Belgrade; d'autres l'appellent Albe. Elle est située au confluent du Danube et de la Save. Mahomet résolut de l'attaquer la première, afin de pouvoir passer le fleuve. Jean Capistran, de l'ordre des Frères mineurs, remarquable par la sainteté de sa vie, excitait alors, par ses discours, les Hongrois à prendre les armes. Lorsqu'il sut que les Turcs arrivaient, il se rendit sans délai à la ville d'Albe, emmenant avec lui une grande troupe de croisés. Jean Hunniades ayant aussi levé des soldats à la hâte, s'y rendit de même. Le cardinal resta à Bude pour solliciter des secours de tous côtés. Le roi ayant appris que les Turcs arrivaient, craignit que les forces de la Hongrie ne fussent insuffisantes pour résister, et que Bude ne fût pas un lieu assez sûr; il sortit donc de cette ville sous prétexte de la chasse, et se retira précipitamment en Autriche.

Pendant ce temps, les Turcs vinrent camper devant Albe, et commencèrent à attaquer cette ville du côté où l'accès parut le plus facile. A l'aide de machines de guerre d'airain d'une grandeur extraordinaire (ce sont des canons), ils abbatirent les premiers murs. Il y avait un grand espace vide de ces premiers murs aux seconds. Les croisés y avaient placé des corps de gardes. L'armée chrétienne n'avait pour défense que des lances et des épées; mais elle était protégée par son courage et par le secours céleste. Les Turcs étant entrés par les ruines du mur, il s'engagea entre eux et les chrétiens un combat furieux. Capistran, du haut d'une tour, exhortait les chrétiens, leur montrait l'étendard de la croix, promettait le secours du ciel, maudissait les ennemis, et implorait la protection de Dieu. Hunniades, à la tête d'un gros de soldats, se portait tantôt d'un côté, tantôt d'un autre; rétablissait les rangs, remplaçait les troupes fatiguées par des troupes fraîches, les blessés par des hommes valides, et remplissait à-la-fois les fonctions de général et de soldat. On combattit de part et d'autre pendant vingt-quatre heures avec acharnement et avec des succès divers. A la fin, l'avantage resta aux chrétiens; les Turcs se retirèrent, laissant sur la place 40 mille, d'autres disent 20,000 des leurs.

L'historien remarque que Capistran et Hunniades, qui assistèrent tous deux à ce combat, en écrivirent l'un et l'autre les détails, et que chacun d'eux s'en appropria la gloire, sans parler de celle que l'autre s'était acquise; il fait à ce sujet la réflexion suivante : « La douceur de la gloire est bien grande; il est plus facile d'en prêcher le mépris que de l'éprouver. » Capistran avait dédaigné les pompes du siècle, il en avait fui les délices, il avait foulé aux pieds l'amour des richesses et triomphé de la volupté; mais il ne put mépriser la gloire. Hunniades et Capistran moururent peu après cette victoire, l'un de maladie, et l'autre de vieillesse.

Nous croyons devoir faire observer ici qu'on trouve, dans les lettres du même auteur, beaucoup de détails qui prouvent tous les efforts qu'il fit lui-même pour exciter les princes chrétiens à se liguer sérieusement contre les Turcs. Plusieurs de ces lettres donnent des notions vraies sur l'état de la chrétienté à cette époque.

Cosmæ *Pragensis ecclesiæ Decani chronicæ Bohemorum libri III.* (Tom.   , pag.   .)

Article II.

L'ouvrage d'Enéas Sylvius est le seul de cette collection qui mérite d'être analysé; les autres qui s'y trouvent ne donnent rien de particulier sur les croisades ni sur les guerres contre les Turcs. On trouve seulement à la fin du tome II, un discours que Jean Dubrawiski, auteur d'une chronique, et évêque d'Olmutz en 1550, adressa à l'empereur Sigismond, roi de Pologne, pour l'engager à faire la guerre aux infidèles. Ce discours est d'une assez bonne latinité et rempli de raisons pressantes, tirées de la situation où se trouvait alors l'Europe à l'égard des Musulmans.

Il y a dans le second tome de cette collection quelques chroniques qui parlent des croisades, mais c'est d'une manière si concise, qu'elles ne méritent pas que nous nous y arrêtions.

Rerum ungaricarum scriptores Mathia Belio.

Belius naquit en 1684, à Orsowa en Hongrie. Il fit de très bonnes études à Halle, et fut placé comme recteur des écoles protestantes et ministre du culte de la même religion à Neusolh. Il exerça ensuite les fonctions de ministre à Presbourg, où il fut en même temps mis à la tête d'un collége. Il mourut en 1749. Les académies de Berlin, de Pétersbourg, et la société royale de Londres lui avaient donné une place parmi leurs associés étrangers. Il a laissé beaucoup d'ouvrages historiques, dont fait partie celui qui va nous occuper.

Joannis Thurosz *Chronica angarorum ab origine gentis.* (Tom. 1er., pag. 39.)

Article 1.

Thuroczius vivait dans le xve. siècle, sous le roi Mathias de Hongrie. Sa chronique est généralement estimée à cause de sa simplicité et de sa bonne foi. Il s'accorde avec Bonfinius pour dire que, pendant les fêtes de Pâques, il vint de France, d'Espagne et d'Angleterre, et surtout de la part de Hugues, frère du roi de France, des ambassadeurs prier Ladislas, roi de Hongrie, de se mettre à la tête de la première croisade; que Ladislas accepta avec joie ce commandement, et prit congé des nobles hongrois; que tout son royaume fut dans la consternation à cette nouvelle, et que rien ne pouvait le détourner de cette entreprise. Mais il mourut bientôt, et eut pour successeur son neveu Coloman, dont Thuroczius fait un portrait aussi hideux que Bonfinius; ou plutôt Bonfinius paraît avoir copié Thuroczius, puisqu'il écrivit après lui. Thuroczius rapporte que les princes chrétiens firent à Coloman, neveu et successeur de Ladislas, la même offre qu'ils avaient faite à son oncle; mais que, loin de l'accepter, Coloman déclara qu'il ne leur permettrait pas le passage dans ses états, et qu'en effet il fit marcher une armée contre eux. Mais Coloman, après quelques combats malheureux, fit la paix avec les croisés et les laissa passer.

Vers l'an 1160, Conrad traversa la Hongrie pour aller à Jérusalem, mais il la traversa, dit Thuroczius, plus en tyran qu'en pèlerin. Le roi de France qui le suivit, se conduisit avec plus de décence et de modération. Aussi fut-il honorablement reçu par le roi Geyza.

Le roi André, successeur de Ladislas III, visita la Terre-Sainte sur une invitation du pape. Il y accomplit le vœu de son père, et reçut le commandement de l'armée chrétienne, qui vainquit le soudan du Caire. Sous le roi Bela, les Mogols ou Tartares entrèrent dans le royaume de Hongrie au nombre de 500 mille hommes. Bela marcha contre eux, leur livra bataille et fut vaincu. Presque toute la milice hongroise fut tuée. Les Tartares restèrent trois ans en Hongrie.

En 1345, ils furent battus par le vaivode de Transylvanie, et leur chef fut décapité.

En 1393, Sigismond vainquit les Valaques auprès de Nicopolis.

L'historien raconte les progrès et les conquêtes de Bajazet ; puis la bataille de *Vascape* et celle de Varna ; mais il ne parle point de la paix qui précéda cette dernière, ni de la rupture de la trêve de la part des chrétiens.

Il raconte ensuite la prise de Constantinople par Mahomet II, et l'invasion que ce prince fit en Hongrie, où il fut vigoureusement repoussé par Corvin, qui mourut peu après.

A la suite de la chronique de Thuroczius, est un opuscule intitulé :

Miserabile carmen M. Rogerii, *seu historia super destructione regni hungariæ temporibus Belæ regis.*

L'auteur de ce poëme était chanoine du chapitre de Waradin. Son ouvrage est plutôt une histoire faite en prose poétique qu'un poëme véritable sur les maux que les Tartares firent éprouver à la Hongrie, sous le règne de Bela IV. Elle ne va pas au-delà. On y trouve les détails et les descriptions de Bonfinius et de Thuroczius, mais avec tous les ornements que peut comporter une narration poétique.

Après cet opuscule, vient l'*Epitome rerum hungaricarum* de Pierre Ranzan, évêque de Lucerie, qui fut trois ans ambassadeur auprès de Mathias, roi de Hongrie. L'auteur y dit aussi que les princes chrétiens envoyèrent au roi Ladislas des ambassadeurs pour le prier d'accepter la conduite de l'armée chrétienne ; que Ladislas accepta, mais qu'il tomba malade et mourut pendant les préparatifs de la croisade. Voilà tout ce que l'*Epitome* dit au sujet des croisades. Les détails qu'il donne sur les guerres des Hongrois avec les Tartares et les Turcs, sont très courts et souvent inexacts.

Philippi CALLIMACHI *de rebus à Uladislao, etc.,*
gestis. (Tom. 1er., pag. 447.)

Article II.

Philippe Callimaque a écrit les actions du roi Uladislas. C'est à-peu-près l'histoire de la guerre que ce prince eut à soutenir contre les Tartares ou les Turcs. Callimaque était Toscan d'origine. Il fut lié à Rome avec Pomponius Lœtus. Le pape Paul II, qui, en haine de son prédécesseur Pie II, persécutait les gens de lettres, persécuta aussi Callimaque. Celui-ci se retira en Pologne, auprès du roi Casimir, qui lui confia l'éducation de ses enfants. Il gagna l'amitié de Jean Albert, qui, après la mort de son père, étant devenu roi, éleva Callimaque aux plus grands honneurs, et lui fit dresser un magnifique tombeau après sa mort. Cet auteur a fait plusieurs ouvrages qui montrent un orateur et un poète élégant, un homme d'esprit et un homme instruit.

Callimaque parle de l'expédition contre les Turcs, conseillée par le cardinal Julien, et de la victoire que Jean Hunniades y remporta sur eux. Il donne encore d'assez longs détails sur la guerre qu'Amurat fit en Thrace et en Macédoine, et sur la victoire qu'Uladislas remporta. Il raconte la paix qui en fut la suite, la rupture de cette paix, par le conseil du cardinal Julien, et la bataille où le roi et le cardinal périrent. Le discours que Callimaque prête au cardinal Julien, pour faire rompre cette paix, justifie assez la réputation d'orateur et d'homme d'esprit qu'il s'est acquise; mais il n'est pas une preuve de la justesse de ses idées ou de ses vues politiques. On ne peut guère douter que le cardinal employa, pour changer les résolutions prises, d'autres raisons que celles que Callimaque lui met dans la bouche.

COLLECTION

DES ÉCRIVAINS DANOIS,

Par Jacques LANGEBECK.

Jacques Langebeck fut un savant et laborieux écrivain danois. Il naquit en 1710, d'un ministre luthérien, au diocèse d'Aulbourg en Jutland. Il fit de grands progrès dans la théologie, les sciences profanes et les anciennes langues du Nord. Il fut d'abord maître d'école, puis attaché au bibliothécaire royal, nommé Gram. Après la mort de ce dernier, il fut conseiller de justice, puis conseiller-d'état. Il a publié divers ouvrages historiques, critiques et littéraires. Mais la collection dont nous allons nous occuper l'a mis au rang des D. Bouquet, Muratori, etc.; il l'a accompagnée de notes très instructives.

Cette collection est composée de sept vol. in-fol., dont les deux derniers n'offrent rien pour l'histoire des croisades. Elle a pour titre :

Scriptores rerum Danicarum medii ævi, etc., quos collegit Jacobus LANGEBECK.

Cornelii Hamsfortii *series regum Daniæ à Dano ad Fredericum II.* (Tom. 1er., pag. 34 et 35.)

Article 1.

Cornelius Hamsfort, cimbre de nation, écrivit en 1585. Hwitfeldius, le premier des historiens danois par son mérite, faisait grand cas de Hamsfort, et le regardait comme un auteur classique.

Sĺon Hamsfort, Éric III, roi de Danemarck, surnommé *le Bon*, commença à régner en 1096. Il partit pour la Syrie, et mourut de maladie dans l'île de Chypre. Il fut enterré en 1104, à Famagouste. Sa femme Botilde, qui l'avait suivi en Syrie, y mourut, et fut ensevelie dans la vallée de Josaphat. Selon le même auteur, Woldemar IV partit pour Jérusalem en 1345.

Pierre Olaüs, de l'ordre des frères mineurs, qui a laissé plusieurs écrits et a fait un extrait des historiens Danois qu'on trouve dans ce même 1er. tome, parle aussi du pélerinage de Woldemar IV dans la Palestine.

Regum et gentis Danorum historia à Dano usque ad annum 1288, *dicta vulgo* Chronicon Erici regis. (Tom. 1er., pag. 148.)

Article II.

L'auteur de cette chronique était moine de Citeaux. Il dit qu'Eric III était si bon, que lorsqu'il se préparait à partir pour la Terre-Sainte, les Danois voulurent donner la troisième partie de tous leurs biens pour la rédemption de la croix, afin qu'il restât dans le royaume. Mais Éric persista dans son projet ; il se mit en marche avec beaucoup de troupes, alla à Rome, obtint un archevêque primat pour l'église de Lunden, et vint ensuite à Constantinople, où il fut reçu avec beaucoup d'honneur par l'empereur grec. En 1101, il mourut dans l'île de Chypre, avec son épouse. Nous avons vu plus haut que Hamsfort fait mourir celle-ci à Jérusalem.

L'auteur de la chronique dit que Jean, maréchal du roi Woldemar, mourut à Acre dans la Terre-Sainte, et fut enseveli dans le cimetière de St.-Nicolas. Il donna aux frères Prêcheurs de Roschilde 40 marcs d'argent fin, pour construire une église et un cloître.

Annales ab anonymo circa Albiam ad annum usque 1265 conscripti. (Tom. 1er., pag. 197.)

Article III.

Les annales albiennes, dont l'auteur paraît avoir été un moine du XIIIe. siècle, disent qu'en 1214, des enfants de tous les pays coururent sans guide et sans chef, au-delà de la mer, et lorsqu'on leur demandait où ils allaient, ils répondaient : *Vers Jérusalem, chercher la Terre-Sainte.* Le pape, ayant appris cela, en gémit et dit : « Dieu nous reproche par ces enfants qui courent au recouvrement de la Terre-Sainte, le sommeil où nous sommes plongés. » On vit aussi courir des femmes autour du Rhin, d'un lieu à un autre, sans rien dire.

A la date de 1250, l'auteur parle également du mouvement des pastoureaux.

Toutes les chroniques contenues dans le premier tome de la collection sont, comme on le voit, fort sèches et fort arides. Elles n'offrent rien sur les croisades.

Genealogia regum Danorum, par Henri Ernstius. (Tom. II, pag. 154.)

Article IV.

Le tom. II n'est guère plus riche. La généalogie des rois danois, par Henri Ernstius, éditeur et non auteur, car celui-ci est incertain, raconte, à la manière des chroniques qui précèdent, qu'Eric, fils de Suenon-le-Grand, et frère de Canut martyr, reçut le surnom de *Bon*, à cause de sa grande bonté; qu'étant allé au tombeau de notre Seigneur, il fit en chemin plusieurs belles actions; qu'en revenant il mourut à Chypre, où il fut enseveli avec les honneurs dus à un roi, et qu'il fut nommé *Cyprius*.

Dans le recueil que Pierre Olaüs a fait des historiens danois, on trouve sur ce roi Eric les détails suivants :

Eric, après avoir affaibli et réprimé les Esclavons et garanti le Danemarck de toute espèce de pirates, résolut, pour faire pénitence, de faire un voyage dans la Terre-Sainte. Lorsqu'il eut annoncé cette résolution dans une assemblée tenue à Viborg, tout le peuple étonné gémit comme s'il allait perdre un père. Il s'écria, les larmes aux yeux, et en se prosternant à ses pieds, que son absence serait pernicieuse à la patrie; qu'il ne devait pas tenir à son vœu particulier plus qu'au bien public; et qu'il plairait davantage à Dieu par une bonne administration du royaume que par un pélerinage. Comme Eric se refusait à leurs prières, les Danois dirent qu'ils offraient de donner pour le dégager de son vœu, le tiers de leurs biens et de leurs meubles. Le roi se refusa encore à cette offre, en disant qu'il se dégagerait ainsi de son vœu avec l'argent d'autrui, et que s'il le faisait, il serait à-la-fois parjure et cause de la ruine de son peuple. Enfin, du conseil des grands, il institua pour procurateur du royaume, son fils aîné Harald ; il confia l'éducation de son autre fils Canut au noble Skgalmont Hwit, qui était procurateur de toute la Zélande et de Rugen. Pour ne pas se montrer seul aux étrangers, il choisit pour compagnons les plus grands de son royaume. Son épouse fut aussi du voyage, mais séparée de lui.

Eric alla en Russie par mer, et l'ayant traversée par terre, dans sa partie orientale, il arriva enfin à Constantinople ; il demanda à l'empereur la permission d'entrer dans la ville. Mais l'empereur n'osa d'abord l'y recevoir ; il le traita avec toutes sortes d'égards hors des murs. L'empereur avait dans sa garde beaucoup de Danois (*les Waranges*) ; il craignit que, sous prétexte de dévotion, Éric, dont le nom et le pouvoir étaient parvenus jusqu'à lui, ne séduisît ces soldats. Cependant il le reçut quelques jours après, et lui céda son propre palais. Il fit faire sa statue de grandeur naturelle, et la fit exposer en public, richement ornée pour être vue éternellement de tout le monde. L'empereur grec lui donna beaucoup de reliques de saints, beaucoup d'or, un vaisseau avec tous ses agrès, et toutes les provisions nécessaires pour naviguer vers l'île de Chypre. Eric y fut saisi de la fièvre, y mourut et y fut enterré. Son épouse mourut aussi dans ce voyage. Deux ans s'écoulèrent depuis la mort d'Eric, avant qu'on en eût reçu la nouvelle en Dancmarck.

Thomæ GEYSHMERI *Compendium historiæ Danicæ ab initio ad Woldemerum IV conscriptum anno* 1431. (Tom. II, pag. 286 et suiv.)

Article v.

Les détails que nous venons de lire sont donnés presque dans les mêmes termes par Thomas Geyshmerus, dont l'histoire de Danemarck, citée par Olaüs et les autres historiens des premiers temps, porte, tantôt le titre de *Compendium*, tantôt celui de *Chronicon Erici regis*, tantôt celui de *Historia saxonis*. Cet auteur finit son ouvrage en 1431. Il était de Stralsund, et moine ou frère conventuel. Du reste, presque tous les écrivains gardent le silence sur lui. En parlant du roi Eric III, il dit qu'il fut surnommé *Egooth*, parce que, sous son règne, la fertilité des champs fut si grande, que le boisseau de blé ne valait pas plus d'un denier de la monnaie courante. Il dit aussi qu'outre ses grandes qualités, il était d'une stature si haute, qu'il passait tout le peuple des épaules. Il était avec cela d'une force physique, et d'une grandeur d'ame extraordinaires. Il ne pouvait souffrir les oppresseurs des pauvres, il fut craint des grands et cher au peuple.

Annales Islandorum regii à nato Christo ad annum 1341. (Tom. III, pag. 1.)

Article vi.

Les annales d'Islande, qui commencent le troisième tome de la collection, sont très estimées par les écrivains allemands.

DES CROISADES.

Les savants prétendent qu'elles ont pour premiers auteurs *Sæmundus* et *Arius*, qui vivaient au xie. siècle. Elles ont eu des continuateurs dans les siècles suivants. C'est sans doute par leur authenticité et par leur exactitude chronologique plus que par les détails, qu'elles sont si estimées. Sous le premier rapport, elles ne sont pas inutiles à l'histoire des croisades. Nous ne copierons point ici toutes ces dates depuis 1096 jusqu'en 1310, elles ne nous apprennent rien de nouveau. Nous citerons seulement les dernières, pour donner une idée de la manière d'écrire des historiens danois.

1274. — Concile général tenu à Lyon. Jean, archevêque de Drontheim, et André, évêque d'Olaüs, et Askatinus de Berghen s'y trouvèrent. Ils revinrent la même année, apportant un ordre du pape Grégoire, et un décret du concile général portant que le clergé donnerait pendant six ans la dîme de ses revenus pour l'expédition de Jérusalem, et indulgence plénière pour ceux qui se croiseraient.

1277. — Les Tartares tuent le soudan du Caire, avec trente mille hommes.

1306. — Le roi des Tartares délivre le pays de Jérusalem de la domination des Sarrasins.

1310. — Des bulles du pape Clément sont envoyées en Islande. Elles ont pour objet d'ordonner des levées d'argent pour une expédition à Jérusalem, et accordent des indulgences à ceux qui y contribueront.

Telle est à-peu-près la manière dont les annales d'Islande sont écrites. Si elles sont exactes pour les dates, elles ne le sont pas toujours pour les événements qui ont rapport aux croisades; car, comme on le voit, il y en a beaucoup dont elles ne font pas mention. Ces annales sont les seules de toute la collection de Langebeck qui parlent du départ de Sigurd, roi de Norwège, pour la Terre-Sainte, en 1109. Ce prince, comme nous l'avons vu au tome deuxième de cette histoire, fut présent au siége de Sidon, en 1111. Voyez, plus loin, le récit de cette expédition.

Infelix expeditio Suenonis Danici adversus Turcas. (Tom. III, pag. 631.)

Article VII.

Langebeck a donné le récit de la malheureuse expédition de Suénon danois, contre les Turcs, par Albert d'Aix et Guillaume de Tyr. La mort de ce Suénon, tué par les Turcs auprès de Nicée, a été révoquée en doute par plusieurs écrivains. On n'est point d'accord sur ce personnage. On convient généralement que c'était un prince danois. Mais de qui était-il fils ? c'est ce que les historiens n'ont point assez éclairci. Langebeck croit qu'il fut neveu du roi Suénon Estrittius, qui régna après la mort de son frère Eric, et qui fut père du fameux Henri *Skateler*. Il entre à ce sujet dans une longue dissertation pour établir son opinion ; il met à contribution tous les auteurs qui ont parlé du pélerinage de ce Suénon, et finit sa dissertation par le récit qu'ont donné de la mort de ce prince, Albert d'Aix et Guillaume de Tyr. Voici le récit d'Albert d'Aix :

« Parmi les malheurs encore récents qu'on venait d'éprouver, le bruit se répandit dans la légion sacrée qu'après la prise de Nicée, le fils du roi des Danois, nommé Suénon, jeune prince très beau, ayant été retardé quelques jours et reçu avec bienveillance par l'empereur de Constantinople, traversait sans défiance la Romanie, à la tête de quinze cents hommes, qu'il menait à Antioche au secours des chrétiens, dont il venait d'apprendre la victoire. Mais Soliman, qui, vaincu dans les montagnes, avait échappé aux Francs, le fit mourir sous une grêle de traits, avec toute sa suite, entre les villes *Finimium* et *Ferma*, au milieu d'une forêt très épaisse. Cependant Suénon, fils du roi, résista long-temps, et fit périr sous ses coups et sous ceux des siens un assez grand nombre de Turcs. »

Albert d'Aix ajoute que la fille du duc de Bourgogne, nommée Florine, qui avait été mariée et qui était veuve alors, avait accompagné Suénon, dans l'espoir qu'elle l'épouserait à son retour de la Palestine, mais qu'elle fut également tuée par les Turcs, qui la poursuivirent à coups de traits.

Voici le rapport de Guillaume de Tyr :

« Un bruit affligeant vint de la Romanie frapper de tristesse tous les cœurs, et mettre le comble aux misères présentes. On disait, et cela était vrai, qu'un guerrier puissant, fils du roi des Danois, nommé Suénon, illustre par sa naissance, par sa réputation et par ses mœurs, enflammé du desir de ce même pélerinage, menait à notre secours quinze cents danois, et venait au siége. Parti tard du royaume de son père, il avait précipité sa marche pour rejoindre ceux qui l'avaient précédé. Mais, empêché par des causes particulières, il ne put le faire. Il arriva enfin à Constantinople, où l'empereur le traita assez bien. Parvenu dans la Romanie, il campa entre les villes *Finimium* et *Ferma*. Mais ayant été inopinément attaqué la nuit par un gros corps de Turcs, il fut tué avec tous les siens dans son propre camp. Cependant il se défendit vaillamment, et ne mourut qu'en laissant aux ennemis une victoire achetée de leur part avec beaucoup de sang. »

Voyez au 3e. livre de cette histoire ce que nous avons dit sur ce sujet, et la note qui accompagne notre récit.

Annales Danici ab anno 1101, *usque ad* 1313.
(Tom. IV, pag. 22.)

(Article VIII.)

Les annales danoises qui sont dans le quatrième tome de la collection, et dont l'auteur est incertain, sont encore plus sèches et bien moins exactes que les chroniques précédentes. Elles ne commencent qu'en 1101, et finissent en 1263. Elles ne disent presque rien des croisades. Elles rapportent, comme toutes les autres chroniques, le départ du roi Eric III pour la Terre-Sainte, et sa mort dans l'île de Chypre.

Ce même tome IV renferme plusieurs histoires ou chroniques sur St.-Charles danois, comte de Flandre, qui alla dans la Terre-Sainte, et fut assassiné peu de temps après son retour. Ce prince était fils de Canut IV, ou *le Saint*, et d'Adèle, fille de Robert le Frison, et sœur de Robert de Jérusalem, comte de Flandre. Charles naquit en 1083 ou 84. Il avait à peine deux ans, que son père ayant été tué, il abandonna le Danemarck sa patrie, et accompagna sa mère qui retourna en Flandre. A l'âge de quatre ans, il reçut de Suénon un don cher et précieux, c'était un baudrier que St. Canut en mourant lui avait donné. Charles se croisa au commencement du XIe. siècle, et voulut, à l'exemple de son oncle et selon l'esprit du temps, aller à Jérusalem et servir dans les guerres saintes. Il y fit admirer, dit un de ses historiens, nommé Gauthier, sa valeur, sa prudence et sa probité. Avant de partir pour la croisade, il avait aidé de ses conseils et de ses instructions dans l'administration de la Flandre, le jeune Baudouin, fils de son oncle Robert. L'abbé Suger a écrit la vie de ce prince, et c'est celui de ses historiens qui l'a le mieux loué, en ne racontant de lui que des choses exactes et vraies.

Iter Hierosolymitanum Suenonis *episcopi Viburgensis et fratris ejus Eskilli*, 1150. (Tom. IV, pag. 421 et suiv.)

Article IX.

Ce qu'on trouve de plus remarquable dans ce volume, c'est le voyage à Jérusalem de Suénon, évêque de Viborg, et de son frère Eskille en 1150.

Dans les XIe. et XIIe. siècles, dit le continuateur de Langebeck, ces pélerinages étaient devenus si fort à la mode, même dans notre Septentrion, que non seulement les hommes d'une condition commune, mais ceux même de la plus haute distinction, disputaient entre eux dans ce genre de zèle et de dévotion. Parmi plusieurs exemples de pélerinages semblables, il en est un plus célèbre que les autres dans les fastes du Danemarck : c'est celui de deux frères qui tenaient le premier rang à la cour, savoir : Eskille, laïc, et Suénon, évêque.

Le premier était un homme belliqueux, vain de sa naissance et de son pouvoir, d'un caractère dur, d'un visage terrible, aimant à répandre le sang et faisant tous les jours beaucoup de mal. Le second se faisait distinguer par la sainteté de sa vie. La politesse de ses mœurs et ses vertus ajoutaient à l'éclat de sa dignité et de sa naissance. Il aimait sincèrement son frère ; mais il détestait son genre de vie et sa dureté. Souvent il essayait en secret de lui faire des reproches, et l'exhortait à renoncer à ses méchancetés ; mais c'était toujours sans succès. Un jour il l'engagea à prendre la croix et à partir pour Jérusalem. Eskille répondit qu'il n'en ferait rien, à moins que Suénon ne vînt avec lui. Suénon, dans l'espoir d'obtenir le changement qu'il desirait, accepta la proposition.

Ils partent donc ensemble. Leur voyage fut heureux. Ils

visitèrent le tombeau de notre Seigneur et adorèrent la sainte croix. Après avoir dévotement parcouru tous les lieux saints, ils arrivèrent à un endroit voisin de Jérusalem, et que les habitants nomment *Pater noster*, parce que J.-C. y donna, dit-on, à ses disciples la formule de prière qu'il y composa. Il y avait là une petite église de pauvre apparence. Nos pèlerins y entrèrent et y firent la prière du *Pater*, suppliant Dieu de leur remettre leurs péchés, et de les délivrer de tout mal. Ils allèrent ensuite au fleuve du Jourdain, où ils se désaltérèrent et se lavèrent. Eskille, dans toute l'effusion de son ame, adressa là une nouvelle prière à Dieu, et demanda à être délivré des liens de son corps, afin qu'il ne retombât plus dans ses anciens péchés.

Eskille sentit aussitôt que Dieu allait remplir son desir. Il reçut les sacrements, dit adieu à son frère et à tous ceux qui étaient présents, et rendit l'ame dans un saint aveu de ses fautes.

Le vénérable prélat voyant que l'ame de son frère, pour le salut de laquelle il avait montré tant d'inquiétude, était si heureusement et si promptement enlevée à la terre, éprouva aussi un vif desir de mourir. Il fit à Dieu la même prière avec une foi si ardente, qu'il sentit tout-à-coup ses forces l'abandonner, et jugea que Dieu l'appelait à lui. Il fit toutes les dispositions nécessaires, et ordonna à ceux qui étaient présents de porter son corps et celui de son frère à l'église appelée *Pater noster*. Il bénit ensuite les assistants, et s'endormit heureusement dans le Seigneur.

L'église où ces deux frères furent ensevelis, fut rebâtie sur un plan plus grand et plus beau. On leur éleva un tombeau magnifique. Le neveu de ces pèlerins, nommé aussi Eskille, et archevêque danois, imitant leur piété, voulut vivre et mourir comme eux en pèlerin. Il abandonna donc la haute dignité qu'il possédait, prit à Clairvault l'habit de l'ordre de Citeaux, distribua aux pauvres toutes ses richesses, et *fut, en Orient, la consolation de ceux qui y moururent.* Ce sont les expressions de *Manrique*, cité par l'Historien.

Anonymus de profectione Danorum in Terram-Sanctam. (Tom. v, pag. 342.)

Article xi.

Le tome v^e. de la collection contient une pièce intéressante pour notre sujet; c'est la relation du départ des Danois pour la Terre-Sainte; départ résolu en 1191, et exécuté en 1193. L'auteur de cette relation paraît avoir été Danois et avoir fait partie de l'expédition : peut-être est-ce le moine Théodoric lui-même, sous le nom duquel on l'a trouvée dans le recueil intitulé: *Manuscripta magnœana.* Ce Théodoric de Dronthein était, dit-on, assez instruit et assez lettré pour son temps. Il fait de fréquentes digressions et affecte de montrer son érudition. C'est aux soins de B. C. Kirchemann, recteur du Gymnase de Lubeck, qu'on doit la publication qui fut faite en 1680 de cette relation.

L'auteur rapporte que le pape Grégoire VIII ayant convoqué un concile, envoya des nonces dans toutes les parties du monde, et adressa aux princes une lettre pleine de douleur sur les misères qu'éprouvait la Palestine. L'illustre et noble roi Kanut, fils du roi Waldemar, convoqua vers la fête de Noël une assemblée à Odensée. Il ordonna à tous les grands de son royaume, aux évêques, aux officiers civils et à tous les prud'-hommes de s'y rendre sans retard et toute affaire cessante. Il y vint des nonces du siége apostolique qui firent à l'assemblée le tableau des malheurs de Jérusalem. Le roi et tous ceux qui y siégeaient répandirent un torrent de larmes. Tous restèrent muets; l'affliction fut si profonde, que personne ne put répondre aux orateurs. Enfin, quand on fut revenu à soi, et qu'on eut repris ses sens, on rompit le silence, et le frère de l'archevêque, *Absolon*, recommandable par sa prudence et ses richesses, ayant obtenu du roi la permission de parler, prononça un discours dans lequel il fit un éloge magnifique de la valeur des Danois depuis les temps les plus anciens, et promit les puissants secours que les nonces attendaient d'eux.

Quand l'assemblée fut dissoute, quinze personnes se réunirent pour examiner comment on pourrait exécuter ce qu'on avait arrêté. Ils résolurent de faire publier dans des assemblées et dans les églises ce qui venait d'être annoncé, afin que cela parvînt aux oreilles du vulgaire. Ils résolurent en outre que l'on construirait des vaisseaux propres, par leur grandeur et leur force, à porter des provisions, et que les ouvriers qui les feraient, les rendraient assez solides pour résister à la violence des vents et à la fureur des ondes. Ces quinze personnes s'engagèrent, par un serment solennel, à poursuivre l'exécution de leur projet. Mais la désunion se mit bientôt entre elles; il n'en resta que cinq qui persistèrent dans leur résolution, et qui, malgré leur petit nombre, vinrent à bout de faire construire des vaisseaux.

Ces croisés étant partis, allèrent relâcher à une île nommée Heiling, où ils trouvèrent près de 200 Normands qui faisaient la même route et avaient le même dessein. Ces Normands avaient pour chef un nommé Ulf de Lousnes, habile guerrier, exercé dans l'art de la navigation. Il s'offrit aux Danois pour compagnon et pour guide de l'entreprise. Ses offres furent acceptées. Il plaça sur chacun des vaisseaux ceux qui lui parurent les plus habiles et mieux connaître les écueils.

Ainsi conduits, tous ces croisés arrivèrent à Thunsberg, où ils firent de nouvelles provisions, sous la protection du roi Sunérus. De là ils allèrent aux îles appelées Séléir, dans le diocèse de Christiansand, puis à Berghen, où ils suscitèrent une rixe qui faillit leur devenir funeste. Ulf de Lousnes resta à Berghen avec ses Normands; et les Danois, qui souffraient impatiemment des compagnons qui avaient plus d'expérience qu'eux, mirent à la voile et arrivèrent à l'île de Stonen. Ils y restèrent une semaine, et en partirent malgré un des leurs, nommé *Suéino*, qui voulut attendre le retour d'Ulf.

Quand Suéino eut revu Ulf, et qu'il l'eut instruit du départ précipité des Danois, celui-ci se hâta d'aller à leur recherche, mais il ne tarda pas à être assailli par une tempête qui ouvrit et brisa son vaisseau. Une partie de son équipage fut engloutie. D'autres, montés sur une barque trop faible pour les porter, furent aussi submergés; d'autres, plus heureux, parvinrent à recueillir les débris du vaisseau, à les lier fortement ensemble, et à en faire une espèce de radeau, sur lequel ils se défendirent misérablement de la fureur des flots.

Ils étaient trente sur cette frêle machine, et ils y passèrent quatre jours et quatre nuits, souffrant de la faim, de la soif, du froid et du défaut de sommeil. Quelques-uns en moururent : d'autres, ayant perdu la raison, furent liés à leur place, de peur qu'ils ne se jetassent dans la mer. Enfin le radeau ayant été porté vers la terre, les croisés trouvèrent toutes sortes de secours dans les habitants du pays. Il y en eut cependant quelques uns qui furent impitoyablement massacrés par quelques naturels plus barbares que ne l'avaient été les flots.

Les Danois, qui avaient précédé Suéino, exposés aux mêmes dangers, eurent un sort tout différent. Les uns perdirent toutes leurs provisions qu'ils furent obligés de jeter à la mer, mais leur vaisseau fut intact; d'autres eurent une navigation plus heureuse et ne perdirent rien de leurs subsistances. Enfin tous les vaisseaux qui restaient furent portés au port de Saverne, dans la Frise occidentale. Tous les naufragés qui avaient été recueillis s'y trouvèrent réunis. On délibéra là si l'on continuerait de suivre la route par mer, ou si on voyagerait par terre. Le plus grand nombre fut pour ce dernier parti. On vendit les vaisseaux et on s'embarqua sur le Rhin. On arriva à Cologne, d'où les croisés, prenant terre, se rendirent de ville en ville jusqu'à Venise. Là ils s'embarquèrent de nouveau, et après avoir beaucoup souffert, ils parvinrent enfin au terme desiré. Ulf de Lousnes y était arrivé le premier, sans accident et par la voie la plus courte.

La paix qui venait de se faire entre les chrétiens et les infidèles laissait à ces pélerins la liberté de visiter tous les lieux saints. Ils se rendirent à Jérusalem, alors occupée par les Sarrasins.

Les Danois, après avoir passé quelque temps en Palestine, revinrent dans leur pays en deux bandes. Les uns gagnèrent la Calabre, et allèrent à Rome; les autres se rendirent à Constantinople, où l'empereur les reçut honorablement et voulut les retenir auprès de lui : mais ils le remercièrent; et ayant librement traversé les villes de la Grèce, ils entrèrent en Hongrie, dont le roi et les princes les accueillirent avec distinction, et après avoir pénétré dans la Saxe occidentale, ils revirent enfin leur patrie.

Avant de terminer notre analyse de la Collection de Langebeck, nous croyons devoir réparer l'omission des auteurs que nous venons de parcourir, et qui tous ont gardé le silence sur l'expédition du roi Sigurd, dans la Terre-Sainte. Les historiens de la Norwège, Sturleson et Torféus, sont entrés, à cet égard, dans de grands détails dont nous allons donner un extrait. Nous rappellerons auparavant que Guillaume de Tyr, Orderic Vitalis, Foucher de Chartres et Sicardus, ont tous parlé d'un roi de Norwège qui alla en Palestine, où il assiégea et prit la ville de Sidon. Le récit de tous ces auteurs est uniforme pour le fond ; les différences qu'on y remarque sont peu importantes, et ne roulent guère que sur la manière de désigner le chef de cette expédition.

Torféus, historien du 17e. siècle, et que nous suivons, après avoir parlé du pélerinage d'Éric, roi de Danemarck, et de sa mort, arrivée dans l'île de Chypre en 1103, lorsqu'il revenait de Jérusalem, dit que la première entreprise connue, qui se lie en Norwège aux croisades, eut lieu sous le règne de Magnus III. Un des grands vassaux, nommé Skopte, allié à la famille royale, ayant eu des discussions très vives avec le roi, s'éloigna de la cour, et fit le projet de quitter le royaume pour visiter l'Orient. Vers l'année 1100, il équipa cinq vaisseaux, et se mit en mer, emmenant ses trois fils. Il aborda d'abord en Flandre, longea ensuite les côtes de France et d'Espagne, et passa le détroit de Gibraltar. La dévotion le conduisit à Rome, où il mourut. Ses fils continuèrent l'expédition ; mais ils finirent leurs jours loin de leur patrie, et le dernier mourut en Sicile. Cette entreprise fit une grande sensation en Norwège ; la nouvelle du pélerinage d'Éric *le Bon*, et le retour de plusieurs pélerins chargés de reliques et d'or, excitèrent l'attention. Les seigneurs puissants appelèrent sous leur bannière les guerriers de leurs districts, et firent construire des vaisseaux. Soixante bâtiments de différentes grandeurs furent bientôt équipés ; dix mille hommes, arrivés des frontières, s'assemblèrent dans les ports, et demandèrent qu'un des trois rois de la Norwège se mît à la tête de l'expédition. Sigurd, qui régnait conjointement avec ses deux frères, se présenta. Ce prince était jeune, vaillant et avide de renommée. Le signe de la croix fut arboré sur les vaisseaux, et la flotte sortit des ports l'an 1107. Elle se dirigea d'abord vers l'Angleterre, où Sigurd fut reçu magnifiquement par Henri, fils de Guillaume-le-Conquérant. La flotte atteignit la Galice vers la fin de l'automne. Sigurd demanda des vivres au gouverneur de ce pays, qui les refusa. Il employa la force, et en obtint des habitants effrayés, puis il se remit en route.

Torféus suit le roi de Norwège, et nous le présente triomphant des Sarrasins d'Espagne, détruisant des brigands qui cachaient dans une caverne de l'île Formentera, tous les trésors qu'ils enlevaient aux chrétiens, et abordant en Sicile l'an 1109, où il couronna et salua roi le fils du fameux Roger qui avait conquis cette île.

Sigurd, ayant pourvu sa flotte de vivres, fit voile vers l'Asie ; et, au mois d'avril 1110, il aborda à Ascalon. Après avoir visité plusieurs autres ports, il se rendit à Jérusalem. Baudouin, frère de Godefroy, y régnait. L'arrivée du roi de Norwège fut, pour lui et pour les chrétiens de la Palestine, un grand sujet de joie. Baudouin traita Sigurd avec la plus haute distinction : il l'accompagna au fleuve Jourdain, et lui donna, à Jérusalem, une fête pompeuse pendant laquelle il lui offrit, du consentement du patriarche, un morceau de la vraie croix. Sigurd promit de déposer cette relique près du tombeau de St.-Olaüs, de faire bâtir des églises dans ses états, et d'y introduire la dîme. Les deux rois firent ensuite plusieurs expéditions contre les infidèles, et entreprirent le siége de Sidon. Sigurd s'y distingua par son habileté et sa valeur ; et lorsque la ville eut été prise, Baudouin lui céda la moitié du butin.

Sigurd, qui ne pouvait rester long-temps absent de son pays, leva l'ancre au printemps de 1111, et prit la route de Constantinople. En entrant dans le détroit, il fit déployer toutes les voiles et serrer les vaisseaux pour qu'ils pussent marcher de front. L'aspect imposant de cette flotte attira un grand nombre de spectateurs. Les Norwégiens entrèrent dans le port de la Grande-Cité, au milieu des acclamations d'une foule immense.

L'empereur Alexis Comnène fit tapisser les rues, et envoya au roi et à ses officiers des chevaux richement ornés. Il se rendit lui-même à la porte principale, y reçut le prince du Nord, et le conduisit au palais. Il y eut, pendant plusieurs jours, des repas et des fêtes. Sigurd assista aux jeux publics, et y recueillit les applaudissements du peuple. Alexis, apprenant que le roi voulait retourner par terre dans ses états, lui fit présent d'un grand nombre de chevaux. Sigurd, en reconnaissance, offrit la plupart de ses vaisseaux, et permit à une partie de ses guerriers de rester à Constantinople pour s'engager dans la garde de l'Empereur. Il prit sa route par la Hongrie, traversa la Bavière, et arriva en Danemarck, où le roi Nicolas lui donna un vaisseau pour le conduire en Norwège. Arrivé à la ville de Konghell, située à l'entrée de ce royaume, Sigurd y déposa le morceau de la vraie croix qu'il rapportait. Il allégua, pour motif de cette préférence sur la ville de Drontheim, que ce serait un moyen de préserver la frontière des invasions de l'ennemi.

Nous ferons observer ici que Torféus interrompt son récit au retour de Sigurd, pour copier la chronique de Jérusalem et les passages d'Orderic Vitalis et Foucher de Chartres, qui font mention de ce pélerinage. Voyez la troisième partie de l'Histoire de Norwège, chapitre premier et suivants, de Thermodus Torféus.

Thesaurus monumentorum ecclesiasticorum et historicorum, sive *Lectiones antiquæ*.

On trouve dans le recueil de Canisius deux pièces historiques, dont nous allons dire un mot. La première est intitulée :

Friderici primi, imperatoris, cognomento Barbarossæ, expeditio Asiatica ad sepulchrum Domini, ab æquævo auctore conscripta.

(Tom. III, pag. 499.)

Canisius est le premier qui ait fait connaître cette histoire, qu'il a tirée des manuscrits du monastère de *Salmenweilensis*. L'auteur était contemporain du prince, dont il décrit l'expédition, comme il le fait entendre dans sa préface. Il était historien et poète, comme on le voit aussi par ces mots : *Licet forte ironice me somniasse dicant aliqui in Parnasso*. Il n'était pas de l'expédition d'Asie, et le discours qu'il fait tenir à l'empereur devant les ambassadeurs grecs, est différent de celui que lui prête Tagenon, évêque de Passaw, qui accompagna le prince ; mais la narration de l'anonyme est plus simple que celle de Tagenon, et en diffère peu sous le rapport des faits. Tagenon a gardé le silence sur la chute de l'empereur au moment où il se baigne dans le fleuve, mais il cite les lettres de l'évêque de Padoue, de Frédéric et de la reine Sybille, à ce prince, lettres qu'on ne trouve point chez l'anonyme. Ceux qui voudront avoir une connaissance parfaite de cette malheureuse expédition, feront bien de comparer entre eux ces deux écrivains.

Nous ne ferons point l'analyse de ce dernier ouvrage. Elle ne pourrait qu'offrir au lecteur une répétition de ce qu'il a déjà vu.

La seconde pièce historique est au commencement du tome IV. Elle a pour titre :

Guntheri monachi in cœnobio Parisiensi, Historia Constantinopolitana, sub Balduino circa annum Domini 1203 *et* 1204.

L'auteur de cette histoire vivait dans le temps de la prise de Constantinople par les Latins. Il était Allemand de nation, et moine au monastère de Paris près de Bâle.

L'abbé de ce monastère, nommé Martin, ayant été de l'expédition des Latins, engagea, à son retour de Constantinople, le moine Gunther à en faire l'histoire. C'est donc d'après les récits de Martin qu'elle a été composée. Ce Martin y est représenté conduisant une armée et s'acquittant habilement des fonctions d'un général.

Lorsqu'on sait que Gunther a écrit, pour ainsi dire, sous la dictée de son abbé, on ne s'étonne plus de ce qu'il l'excuse et même le loue d'avoir enlevé, dans une église de Constantinople, toutes les reliques qu'il en rapporta, et d'avoir, par un ton de menace, forcé le vieillard qui les gardait à lui découvrir l'endroit où elles étaient cachées. Le récit de ce pieux larcin, et la manière dont il est fait, n'est pas ce qu'il y a de moins curieux dans l'opuscule de Gunther.

On a cité au troisième volume de cette histoire trois auteurs qui ont été témoins de la prise de Constantinople, Nicétas, Villardhouin et Gunther, car ce dernier peut être regardé comme témoin, puisque c'est sous l'inspiration d'un témoin qu'il raconte. Il est aisé de s'apercevoir de la différence qui existe entre ces trois écrivains. Nicétas, grec et victime dans le grand événement qu'il décrit, a dû nécessairement prendre parti pour sa patrie et pour ses maîtres, et parler avec aigreur des Latins leurs vainqueurs. Villardhouin a dû excuser et justifier ses compatriotes. Les succès, comme on sait, couvrent les torts, et un historien français qui avait eu part au triomphe des Français, ne pouvait pas les blâmer. D'ailleurs les Grecs n'étaient pas exempts de reproches. De son côté, Gunther n'a recherché dans son histoire ni les vraies causes de la chute des empereurs grecs, ni la légitimité des raisons qui portèrent les chefs croisés à les renverser. Il n'a vu dans cette catastrophe que son abbé, dont il loue les vertus monastiques et les qualités guerrières, et l'acquisition que l'Église d'Occident fit des reliques conservées par l'Église d'Orient.

Du reste son récit ne mérite pas moins d'être lu à cause de son exactitude, et aussi pour l'espèce de naïveté qui y règne. Il se termine par une liste de toutes les reliques emportées de Constantinople, et par le retour de l'abbé Martin, qu'une providence spéciale parut, dit-il, conserver au milieu de tant de difficultés.

Le lecteur a pu remarquer dans notre analyse des collections allemandes, combien les chroniques de ce pays sont en général sèches et stériles pour les détails; notre analyse a dû se ressentir de cette aridité des écrivains et du peu d'agrément qu'ils ont mis dans leurs récits. Nous croyons, en terminant notre examen, devoir placer ici un historien que nous avons trouvé dans une collection d'écrivains qui n'ont traité que des affaires des Turcs, et que nous avons souvent cité dans notre histoire : c'est Arnold de Lubeck ; sa chronique est du petit nombre de celles qui méritent d'être remarquées parmi les chroniques allemandes.

Arnoldi abbatis Lubekensis Chronicon.

Arnold, qui devint abbé de Lubeck, avait d'abord été maître

d'école. La chronique qu'il a publiée n'est que la continuation de celle d'Helmode, qu'il a reprise à la moitié du second livre, et à laquelle il a ajouté cinq autres livres. A la fin du second, Arnold fait un long récit de l'expédition, ou plutôt du pélerinage de Henri, duc de Saxe et seigneur de Lubeck, dans l'année 1171 : Herman Cornérius, qui en a aussi parlé, la place deux ans plus tôt. Le troisième livre comprend le tableau des affaires des chrétiens en Orient, et le récit des conquêtes de Saladin et de la troisième croisade, jusqu'à la paix conclue entre ce sulthan et le roi d'Angleterre.

Arnold commence son cinquième livre par la croisade de Henri VI. Il dit un mot de l'assemblée de Strasbourg, où se croisèrent un grand nombre de seigneurs, et où se trouva le chancelier Conrad. En parlant de ce dernier, qui prit le commandement de l'armée des croisés, l'auteur fait la description du luxe qu'il étalait. Outre ses meubles et ses trésors qui le suivaient, Conrad avait tous les jours sur sa table des vases d'or et d'argent, dont la valeur s'élevait à mille marcs. A son départ il fut ordonné prêtre et évêque ; il se mit en route plein de joie.

Arnold trace l'itinéraire de cette armée de croisés, et fait le récit de ses opérations. Après avoir parlé de ses succès, il remarque que ce fut dans la ville de Béryte, dont les chrétiens se rendirent maîtres, que Saladin se fit couronner roi de Jérusalem et de Babylone. Ce fut aussi dans cette ville que le chancelier Conrad apprit la mort de l'empereur Henri. Cette nouvelle jeta le trouble dans les esprits, et fit changer la face des affaires. L'élection d'Othon mit aussi, comme on sait, le trouble en Allemagne.

Arnold rend compte des opérations du siége du château de Thoron, qu'il appelle *Chorutum*. C'est d'après lui que nous avons donné, dans le troisième volume, des détails sur ce siége et sur la manière dont il fut levé. Arnold place ce siége après que la nouvelle de la mort de l'empereur Henri fut arrivée en Syrie.

Dans le sixième livre, l'auteur rapporte textuellement la lettre que Baudouin de Flandre et les autres chefs croisés écrivirent à Othon, roi des Romains, sur le rétablissement d'Alexis, empereur de Constantinople, et celle que Baudouin écrivit ensuite à tous les chrétiens sur son élévation au trône des Grecs.

Dans son septième livre, l'auteur consacre un chapitre entier à la description de l'Égypte. Cette description est le récit d'une ambassade que l'empereur Frédéric envoya à Saladin. L'ambassadeur, qui se nommait Gérard, alla en Égypte et en Syrie; c'est lui-même qu'Arnold laisse parler. Cette relation n'est point dépourvue d'intérêt. On y trouve des détails sur les villes d'Égypte, sur ses productions, sur le Nil, et sur tout ce qui tient à l'histoire naturelle de ce pays. Ce que l'auteur dit sur les villes qui portaient en Égypte le nom de Babylone, peut servir à lever plusieurs difficultés historiques.

Il y avait, selon lui, trois villes qui se nommaient Babylone; l'ancienne, où régna Nabuchodonosor, et où fut la tour de Babel: elle est distante de la nouvelle de plus de trente journées. On sait que cette ancienne ville était sur l'Euphrate.

L'autre est située sur le Nil, au pied d'une montagne, près du désert. C'est là que régna Pharaon. Elle est distante de la nouvelle de six milles. La nouvelle Babylone, aussi sur le Nil, mais dans la plaine, était une ville grande, belle, populeuse, très marchande, etc. A un tiers de mille de cette ville, est celle qu'on appelle maintenant le Caire : c'est une résidence royale, c'est aussi le séjour des princes et des mamelouks. Elle est près du Nil. Ses édifices ne sont pas moins admirables que somptueux. Elle est enfermée de murs et entourée de très beaux vergers.

Arnold est le seul, de tous les chroniqueurs, qui ait parlé des pyramides d'Egypte. Nous croyons, à cause de cela, devoir citer ce qu'il en dit. Après avoir décrit ces trois villes nommées Babylone, il s'exprime ainsi : « A un mille de la nouvelle Babylone et dans le désert, sont deux montagnes formées de grandes pierres de marbre et autres carrées, et placées avec un art admirable. Ces deux montagnes, également carrées, sont de même hauteur et de même largeur, et éloignées l'une de l'autre de la portée d'un trait. Leur largeur respective est de la portée d'un trait lancé d'une main très forte, et leur élévation de deux portées de trait. » La chronique d'Arnold finit à l'élévation d'Othon à l'empire, c'est-à-dire au commencement du treizième siècle. Les trois livres dont elle se compose renferment, comme on le voit, des événements intéressants, mais sur lesquels on pourrait desirer plus de détails. La croisade de Henri y est cependant suffisamment développée, mais celle de 1200 n'y est qu'indiquée. L'auteur a cru apparemment qu'il suffisait à son récit de copier les deux lettres qu'il a rapportées. Ce qui manque encore à cette chronique, ce sont les dates qu'Arnold a tout-à-fait négligées. Du reste, sa narration est assez claire et précise, mais son latin est comme celui de toutes les chroniques du temps, c'est-à-dire fort peu élégant.

RECUEIL

Des Historiens des Gaules et de la France, par des religieux Bénédictins. Paris, imprimerie royale, 1738-1818, 17 vol. in-fol.

Article 1.

Cette compilation est le recueil le plus précieux que nous ayons sur l'histoire de France. Elle complète les collections de Baluze, Duchesne, Labbe, Martenne, Mabillon, etc., qui sont plus ou moins incomplètes ou défectueuses. Mais, sous le rapport des croisades, cet ouvrage ne nous fournit, excepté le 17e. tome, que des lettres et quelques pièces historiques; car les auteurs, par une idée assez bizarre, se sont attachés dans leur compilation à retrancher des historiens qu'ils ont recueillis, tout ce qui a rapport à ces guerres saintes; ils n'en ont conservé que ce qu'ils n'ont pu se dispenser de citer. Comme l'histoire des croisades tient essentiellement à celle de France, on ne peut excuser un pareil retranchement, même en admettant le projet que les éditeurs avaient conçu de faire un ouvrage spécial des guerres et des exploits militaires en Orient; ouvrage qui aurait été comme un supplément à la Collection de Bongars.

Du reste, on ne peut savoir trop de gré aux Bénédictins d'avoir réimprimé un nombre immense de lettres qui avaient besoin d'être travaillées ou remaniées, ou éclaircies, surtout sous le rapport de la chronologie. Ce qui rend encore leur travail plus précieux, ce sont les notes et les jugements dont ils ont enrichi leur compilation.

Notre tâche à nous se bornera à indiquer les améliorations qu'ont reçues les pièces qui avaient déjà été publiées, et à présenter un extrait de celles qui ne se trouvent dans aucune autre collection, soit française, soit étrangère.

Article II.

On trouve dans le tom. x, page 426, et sous la date de 999, une lettre de Gerbert qui devint pape, sous le nom de Silvestre II, touchant l'oppression où gémissait l'église de Jérusalem, sous le calife Hakim. Cette lettre est une courte exhortation à l'église universelle, pour envoyer des forces et du secours, afin de vaincre les infidèles. C'est l'église de Jérusalem elle-même qui s'adresse à l'église universelle. En voici la traduction :

Celle qui est à Jérusalem, à l'église universelle commandant aux sceptres des rois.

« Epouse immaculée du Seigneur, dont j'avoue que je suis membre, puisque vous êtes en pleine vigueur, j'ai un grand espoir de relever, par votre moyen, ma tête entièrement abattue. Pourquoi me défierai-je de vous, maîtresse du monde, si vous me reconnaissez pour vôtre? Qui pourrait croire que le désastre que j'ai éprouvé ne vous toucherait pas, et que vous détourneriez vos regards de moi comme de la dernière de toutes les églises ? Quoique renversée maintenant, l'univers me doit cependant ce qu'il a de meilleur. J'ai possédé les oracles des prophètes, les marques des patriarches. Les Apôtres, ces lumières du monde, sont sortis de mon sein; l'univers retrouve ici la foi du Christ. Son Rédempteur est venu de moi, quoique sa divinité soit partout; cependant par son humanité il est né, a souffert, a été enseveli dans ces lieux, et d'ici il s'est élevé au ciel, parce que le prophète a dit : *Son sépulcre sera glorieux*: le démon a tenté de lui ravir sa gloire, en faisant ravager les lieux saints par les infidèles. Soldats du Christ, faites des efforts, levez l'étendard, combattez, et ce que vous ne pourrez faire par les armes, faites-le par des conseils et par des secours. Que possédez-vous, que pouvez-vous donner? Il me reste peu de chose de tout ce que j'avais. Cependant celui qui a tout, ne recevra point avec ingratitude ce que vous lui donnerez gratuitement. Il le fera multiplier ici, et vous en récompensera par la suite. Il vous bénira à cause de moi, il vous comblera de biens, vous délivrera de vos péchés, afin que vous viviez avec lui dans son règne. »

Dom Bouquet fait remarquer sur cette lettre que, guidé par une conjecture assez légère de Rivet, il l'a rejetée au commencement du pontificat de Sylvestre II, quoique Mabillon l'ait rapportée à l'année 986, en disant que personne, excepté Gerbert, n'avait parlé de la dévastation de Jérusalem avant l'année 1010, époque où, selon Geoffroy, prieur du Vigeois, et autres, les saints lieux furent ravagés par les Sarrasins. Dom Bouquet ajoute d'après le même Rivet, que cette exhortation de Gerbert toucha tellement les Pisans qu'ils se mirent en mer, et se dirigèrent vers les côtes de Syrie. Ainsi, dit-il, l'on doit regarder Sylvestre II comme le premier prédicateur de la guerre sacrée, et les Pisans comme les premiers croisés.

Article III.

Le tom. XI ne contient rien qui ait rapport aux croisades. Le tom. XII renferme cent vingt-cinq morceaux historiques sur les événements qui se passèrent sous les règnes de Philippe Ier., Louis VI et Louis VII. A la première page est le *fragmentum historiæ francicæ* que nous avons analysé à l'article de Duchesne. Il est reproduit ici, et revu d'après le manuscrit de la Bibliothèque du Roi, n°. 6190. Il est accompagné de nombreuses notes qui ne sont pas toujours d'accord avec les chroniques.

La chronique de Morigny (*Chronicon Mauriniacense*), qui commence à la page 68, est aussi accompagnée de notes qui éclaircissent plusieurs passages. Les éditeurs nous apprennent qu'elle est l'ouvrage de plusieurs auteurs contemporains d'un mérite inégal. Le premier livre est de la composition de Teulfe, qui devint abbé du monastère de Marigny en 1109 ou 1110. Le second livre, qui paraît de plusieurs mains, est plus instructif; il est semé de traits intéressants de l'histoire civile et de l'histoire ecclésiastique. Le troisième, qu'on peut aussi lire avec fruit, a été inséré presqu'en entier dans le recueil des bénédictins. On y trouve, sous la date de 1146, le discours que Louis VII prononça à l'assemblée de Vezelay, pour engager les grands de son royaume à aller au secours de la Terre-Sainte. L'auteur dit, à la fin de la chronique, que le roi poursuivit laborieusement, mais non sagement, le voyage entrepris; qu'il reçut des conseils qu'il ne devait pas recevoir, qu'il marcha par un chemin qui n'était pas battu, et qu'il ne prit pas garde aux épines qui étaient sous ses pieds. C'est pourquoi, ajoute-t-il, il ne fit rien d'utile, rien de mémorable, rien de digne de la France.

Odon de Deuil (Odon de Diogilio) qui a écrit le voyage de Louis VII en Orient, est présenté par extrait à la page 91. Nous avons fait l'analyse de cet ouvrage, et nous dirons ici un mot de la personne de l'auteur. Odon fut le disciple de Suger; parti avec Louis VII pour la Terre-Sainte, en qualité de secrétaire, il se concilia les bonnes grâces de ce monarque, par la douceur de ses mœurs et les agréments de son esprit. Son histoire se termine à l'embarquement du roi dans le port d'Antioche. Les traverses qu'Odon éprouva dans sa patrie l'empêchèrent probablement de reprendre un ouvrage si bien commencé. Il fut successivement nommé abbé du monastère de Compiègne, puis de Saint-Denis, où il succéda à Suger. Il mourut en 1162. Il n'est pas inutile de faire remarquer ici que dans le siècle où vivait Odon, et même un peu plus tard, c'étaient les moines qui écrivaient seuls l'histoire du temps, et que les écrivains qui méritent le plus notre estime et notre confiance parmi ces historiens, sont ceux qui furent employés dans les affaires, comme Odon de Deuil, Mathieu Pâris, Benoît de Peterbourg, etc.

A la page 93, on lit la lettre de Manuel, empereur de Constantinople, que nous avons fait connaître dans l'examen du Trésor de Martenne, tom. 1er.

Les éditeurs ont placé à la page suivante le fragment de *Tributo floriacensibus imposito*, dont nous avons aussi parlé dans l'analyse de la collection de Duchesne, tom. IV. Ces deux pièces sont réimprimées avec des éclaircissements ou des corrections.

En donnant, pag. 124, l'*Histoire du glorieux roi Louis VII*, les bénédictins disent que le long détail qu'on trouve dans l'édition de Duchesne sur l'expédition de ce roi et de Conrad, a été pris d'un autre ouvrage et cousu à celui-là. Ils appuient leur opinion sur la différence de style qu'on remarque dans les deux parties de cette histoire. Les bénédictins prouvent également que cette histoire de Louis VII ne peut être l'ouvrage de l'abbé Suger, comme quelques-uns l'ont prétendu : il suffit, disent-ils, de la comparer avec la vie de Louis VI que cet abbé a faite, pour s'en convaincre; du reste, les dates de quelques événements importants des gestes de Louis VII sont ici rétablies avec exactitude.

Dans ce même tome XII et à la page 285, se trouve le

fragmentum historicum Ludovici VII vitam summatim complectens, où l'auteur attribue la ruine de l'armée du roi en Orient, à l'orgueil et au luxe des chefs. Ce fragment, qui est déjà dans la collection de Duchesne, est rétabli ici avec quelques corrections. Il en est de même de plusieurs chroniques que les éditeurs ont réimprimées par fragments, et qui étaient déjà dans la collection de Martenne, et dans celle de Muratori, auxquelles ils renvoient.

A la page 408, commencent plusieurs autres fragments des chroniques des comtes de Poitiers et des ducs d'Aquitaine. Martenne et Muratori avaient encore donné ces chroniques. Nous avons remarqué dans un de ces fragments le portrait de Louis VII, que nous avons déjà copié dans notre analyse de la Collection de Martenne. Les Bénédictins, en parlant des éditions que ces deux savants ont données de ces chroniques, désignent comme la plus correcte, celle qui a été faite d'après un manuscrit du Vatican.

A la page 421, on lit un fragment de la chronique de *Geoffroi le Moine* (*Gaufredi cœnobitæ*). Les Bénédictins, au sujet de la prise d'Edesse par les Turcs, rapportent en note la cause de cette prise. Ils en jettent la faute sur Baudouin (ou plutôt *Josselin*), prince de cette ville. Baudouin, est-il dit dans cette note, déshonora la fille d'un habitant d'Edesse, qu'il avait prise comme caution d'une somme que cet habitant lui devait. Le père l'ayant su, en fut affligé jusqu'au désespoir. Il traita secrètement avec les Sarrasins, et leur livra la ville. On verra le même fait dans les annales ecclésiastiques de Baronius, au tome suivant.

La chronique de Geoffroi du Vigeois a été publiée d'abord par le P. Labbe, tom. II de sa nouvelle Bibliothèque des manuscrits. Les nouveaux éditeurs y ont fait des corrections et rétabli des dates et des noms propres. Voyez ce que nous avons dit de l'ouvrage et de la personne de Geoffroy le Vigeois.

Les Bénédictins reprochent à la chronique de Tours (*chronicon Turonense*), qu'ils ont placée à la page 461, des erreurs dans l'ordre et la concordance des événements et dans l'indication des dates. Ils prétendent avoir, à l'aide d'autres chroniques, fait disparaître beaucoup de fautes et rétabli plusieurs faits. Martenne avait dit que Foulques succéda à Baudouin en 1128; les éditeurs combattent cette assertion et soutiennent que Foulques, qui avait déjà fait un voyage en Palestine, en 1120, y était retourné en 1129. La chronique de Tours contenait beaucoup d'erreurs de ce genre qui ont été relevées.

Dans les gestes des consuls d'Anjou (*gesta consulum andegavensium*, pag. 495), les éditeurs ont fait disparaître quelques fautes, et ajouté beaucoup de notes critiques et historiques.

Parmi beaucoup d'autres fragments qui terminent ce tome XII, est celui de l'histoire d'Orderic Vital, que Duchesne a donné dans son recueil des historiens de Normandie. Il est imprimé ici avec beaucoup de notes historiques, et le rétablissement de plusieurs dates. Voyez ce que nous avons dit de cet auteur.

Article IV.

Le XIIIe. tom. de la collection ne contient que des fragments d'ouvrages anglais, flamands, lorrains, liégeois, allemands, etc. Ces ouvrages appartiennent aux trois règnes de Philippe Ier., de Louis-le-Gros et de Louis-le-Jeune. Ils vont de 1060 à 1180. Les éditeurs dans leur préface, en parlant des anciens historiens anglais, remarquent qu'ils se copient plus souvent entre eux que les français. Nous avons fait plus d'une fois la même remarque dans les collections anglaises, et nous en avons dit la raison qu'il est inutile de répéter ici. Mais nous devons prévenir qu'en parcourant ce recueil des Bénédictins, nous avons cru devoir laisser subsister le jugement qu'ils portent sur chacun des historiens que nous avons analysés plus haut. Ce jugement critique suppléera à ce que nous avons pu omettre, et complètera l'idée qu'on doit avoir de ces auteurs du moyen âge.

Le premier fragment est de Guillaume de Malmesbury : *de gestis rerum Anglorum*, page 1re. Les éditeurs n'y ont rien ajouté qui ait rapport à notre objet. Ils louent l'auteur pour la netteté de sa diction et son jugement exquis; mais ils le blâment pour sa partialité et pour le ton peu décent avec lequel il traite souvent les rois de France. Les préjugés qu'il montre contre les Français le rendent parfois injuste, et lui font oublier la vérité.

Les éditeurs auraient pu remarquer que ces préjugés de Malmesbury contre les Français, sont communs à presque tous les historiens de sa nation, et doivent mettre en garde contre leur récit et leurs jugements.

Guillaume de Neubridge (*de rebus anglicis*, pag. 92), tant cité par Baronius, est réduit ici au récit des affaires d'Angleterre. Les éditeurs disent qu'il s'appelait Little ou le *Petit*, et qu'il naquit à Bridlington, dans la province d'Yorck, en 1135. Il fut chanoine régulier de Neubridge ou Neubourg, et mourut en 1208. Son histoire commence à la conquête des Normands, et va jusqu'en 1197. C'est un écrivain judicieux, disent les Bénédictins, plus appliqué à bien présenter les principaux chefs de l'histoire qu'à recueillir les faits dans les petits détails. Ils le louent surtout pour son impartialité.

Ils ont aussi réduit Raoul Dicet, page 183, comme tous les autres historiens qu'ils ont recueillis. Ils lui reprochent, ainsi que nous l'avons fait nous-mêmes, de n'observer aucun ordre dans son récit; mais ils conviennent qu'il renferme de bonnes choses, et des détails qui ne sont pas à mépriser. Ils l'accusent d'une grande partialité pour sa nation, et d'injustice envers les Français.

Roger Hoveden est encore moins bien traité par eux, page 205. Ils disent qu'il a copié, jusqu'en 1122, Siméon de Durham, qui n'est lui-même que l'écho de Florent de Worchester. Depuis 1122 jusqu'en 1148, il suit pas à pas Henri d'Huntington; mais jusqu'en 1154, il règne une si grande confusion dans son histoire, que presqu'aucun fait n'est à sa place. Cette confusion se remarque dans sa seconde partie jusqu'en 1170. Nous ferons observer que Roger Hoveden, malgré tous les défauts qu'on peut lui reprocher, n'en est pas moins un historien précieux pour la troisième croisade, et puisque les Bénédictins eux-mêmes conviennent qu'il est exact depuis 1170, nous en devons conclure que son témoignage forme presqu'une autorité pour ces temps. Nous en référons du reste à ce que nous avons dit à la fin de l'article de cet auteur.

Raoul de Coggeshale, dont la chronique anglaise se trouve dans l'Ampliss. Collect. de Martenne, a été inséré aussi par fragment, à la page 217. Les éditeurs n'y ont corrigé que quelques dates. Cet auteur ne copie pas, disent-ils, les paroles des anciens, comme les écrivains de son temps; il ajoute toujours quelques traits nouveaux à ce qu'ils ont dit.

Le plus célèbre des continuateurs de Sigebert de Gemblours est Robert de Thorigny, prieur claustral du Bec, et ensuite abbé du mont St.-Michel, d'où lui est venu le surnom de Robert Dumont. Il existe deux chroniques différentes sous son nom; mais celle qui est véritablement de lui, se trouve à la suite des œuvres de Guibert. Les Bénédictins l'ont pris à partir de 1102 jusqu'en 1182, et n'y ont ajouté que quelques notes explicatives. Robert Dumont s'est beaucoup aidé de Henri Huntington; mais après l'année 1134, il n'a écrit que d'après

lui-même, et des choses dont il était parfaitement instruit.
Aussi, disent les éditeurs, son ouvrage est excellent.

La chronique de Jean d'Ipres, abbé de St.-Bertin, reproduite par les Bénédictins, page 456, se trouve dans le Trésor des anecdotes de Martenne. L'auteur assure avoir consulté, pour la composer, les *Légendes des Saints*, les *Chroniques des papes, des empereurs, des rois de France, des ducs d'Austrasie et de Brabant, des comtes de Flandre et de Guines*; les *Antiquités de son église*, les *Annales et les Histoires des autres églises des Pays-Bas*, et plus de mille chartes. « Tous ces matériaux, disent les Bénédictins, demandaient une main habile qui sût en tirer parti, et surtout une bonne critique. Mais Jean d'Ipres n'eut ni l'une ni l'autre. Il parle sans discernement des affaires générales ; il n'est exact que pour ce qui regarde les affaires particulières de son monastère et de ceux qui en dépendaient, parce qu'il avait pour guides les différents cartulaires de son église. Les Bénédictins lui reprochent des méprises grossières, et ils en ont relevé plusieurs dans leur extrait.

Ils n'ont donné qu'un fragment fort court de la chronique de Liége, par Lambert Petit, page 600. Nous avons fait connaître cette chronique, en analysant la collection de D. Martenne. Voici ce que les éditeurs nous apprennent de lui. Lambert n'est point le seul auteur de l'ouvrage qui porte son nom. Plusieurs moines de l'abbaye de St.-Jacques y ont travaillé. Lambert en se l'appropriant, en retrancha plusieurs choses que les éditeurs ont rétablies. Ce qu'on y trouve de plus remarquable, c'est ce qui est dit sous l'année 1146, qu'on fit courir de fausses prophéties, prises des livres sibyllins, pour encourager Louis-le-Jeune à la croisade. Au moyen d'interprétations arbitraires, on lui promettait les plus heureux succès, qui n'eurent point lieu. On regrette que l'auteur n'ait pas conservé quelques-unes de ces prophéties.

La chronique de Verdun, par Hugues de Flavigny, placée à la page 617, a été analysée à l'article de la nouvelle Bibl. du P. Labbe. Les éditeurs disent qu'il n'y a rien de comparable pour l'hist. ecclésiast. du xie. siècle, surtout pour la fameuse contestation des investitures.

En faisant l'extrait d'Otton de Freisingen, pag. 649, les Bénédictins ont laissé sur les deux premières croisades des détails dont nous avons rendu compte. Otton de Freisingen était fils de S. Léopold, marquis d'Autriche, et d'Agnès, sœur de l'empereur Henri V. D'abbé cistercien de Morimond, il fut fait évêque de Freisingen en 1138, et mourut en 1158.

En parlant de la chronique d'Alberic de Trois Fontaines, page 683, les éditeurs s'expriment ainsi : « Si l'injure du temps nous avait enlevé le plus grand nombre des chroniques qui sont parvenues jusqu'à nous, comme ce malheur est arrivé à quelques-unes, on les retrouverait dans Alberic, tant il est exact et littéral en transcrivant les auteurs dont il s'est servi pour composer la sienne. Ceux qu'il cite davantage sont Sigebert et son continuateur, Anselme de Gemblours, Guillaume de Malmesbury, l'histoire des évêques de Verdun, Otton de Freisingen, Hugues de St.-Victor, Hélinan, Guy de Bazoches. Il ne suit pas de là qu'Alberic n'ait rien mis du sien dans son ouvrage. Outre les généalogies en grand nombre qu'il a données, il fait de temps en temps des remarques qu'on reconnaît aisément au mot *auctor*, et quelquefois *Alberinus* qui précède. *Voyez* la Collect. de Leibnitz.

L'annaliste Saxo qui suit, page 714, et dont nous avons parlé à la Collection d'Eccard, pourrait également tenir lieu de plusieurs auteurs concernant l'Allemagne; car c'est une compilation de ce qu'il y avait de plus authentique vers le milieu du xiie. siècle. L'auteur s'est servi de l'excellente chronique de Ditmare, évêque de Mersbourg, d'Alpert, moine de Saint-Symphorien de Metz, d'Herman le Contract, de Lambert d'Aschafembourg, de Berthold de Constance. *Voy*. ce que nous avons dit de cet ouvrage, à la Collect. d'Eccard.

Nous avons encore remarqué à la fin de ce tom. XIIIe. un fragment de la chronique de Romuald, évêque de Salerne, qui est dans Muratori; un des Annales de Margan, publiées par Th. Gale, et la chronique de Guillaume de Nangis, insérée dans le spicilège d'Achery.

Le tome XIVe. ne renfermant que des actes de saints ou de personnages illustres, et n'offrant rien sur les croisades, nous passerons au tome XVe.

Article v.

Le tome XVe. de la compilation est tout entier consacré au recueil des lettres historiques. Ces lettres étaient, pour la plupart, connues par l'impression; mais elles avaient besoin d'être éclaircies quant à *la chronologie*, car les premiers éditeurs ne s'en étaient point occupés. C'est cependant la partie la plus essentielle, et sans laquelle la plupart de ces pièces, détachées les unes des autres, sont sans intérêt et ne peuvent servir à notre instruction. Le continuateur du recueil, Dom Brial, s'est particulièrement appliqué à fixer les dates de ces lettres. Il y en a plus de 1600 dans ce volume. Celles des papes du XIIe. siècle qui eurent tant de part aux affaires publiques, et dont les registres sont perdus, ne sont pas les moins importantes. On y trouve celles d'Ives de Chartres, si intéressantes pour l'histoire de France; celles de Lambert, évêque d'Arras; d'Hildebert, évêque du Mans; de Geoffroy, abbé de Vendôme; d'Étienne, évêque de Paris; de l'abbé Suger, de St.-Bernard et de Pierre le Vénérable.

Dans ce grand nombre de lettres, plusieurs tiennent à l'histoire des croisades; nous ne pouvons donc les passer sous silence : mais nous avons dû nous restreindre dans notre analyse, et ne faire connaître que les plus intéressantes. Un grand nombre de ces lettres ont déjà été citées ou analysées dans nos extraits. Nous avons soin de le faire remarquer. La première que nous trouvons dans ce volume est la lettre de l'église de Jérusalem à l'église d'Occident (page 20); c'est le récit détaillé des victoires remportées par l'armée des chrétiens dans la Terre-Sainte. Elle est dans Martenne et dans Uldaric Bamberg; Dom Brial n'en a cité que la suscription.

A la même page est la lettre du pape Pascal aux archevêques et évêques de France. Le pape y déclare infâmes ceux qui ayant fait vœu d'aller à Jérusalem, refuseraient de s'y rendre, et ceux qui s'étaient retirés honteusement du siège d'Antioche. Il ordonne de rendre leurs biens à ceux qui sont revenus victorieux.

Cette lettre fut écrite en 1100. Dom Brial cite à cette occasion un passage d'Orderic Vitalis, qui accuse Étienne, comte de Blois, palatin, d'avoir quitté le siège d'Antioche, et abandonné ses soldats couverts de gloire et mourant martyrs pour J. C. Orderic cite les conseils qu'Adèle, femme du comte, adressait à son mari: « Gardez-vous bien, lui écrivait-elle, de » vous attirer les justes reproches de si vaillants hommes! » Rappelez le courage de votre jeune âge, combattez avec » honneur; afin que la joie des chrétiens se répande dans » tout l'univers, que les infidèles soient saisis de crainte, et » que leur loi criminelle soit détruite. » Le comte, qui avait supporté de durs travaux, fut sourd à ces généreux conseils et craignit d'encourir de nouveaux périls. Il revint dans ses états: cependant il ne put supporter long-temps les reproches des fidèles, et peut-être aussi ceux de sa femme; il repartit pour l'Orient et se rendit à Jérusalem. La lettre de Pascal II a été imprimée sur un manuscrit de la bibliothèque du roi, sous le N°. 1944.

Dans le recueil des lettres d'Ives, évêque de Chartres, s'en trouve une (page 162) que cet évêque adresse à Hugues, comte de Troye, qui se proposait de partir pour Jérusalem, et de se faire inscrire dans la milice du temple. Ives lui conseille de ne point se dévouer à la continence sans le consentement de son épouse. Il appuie ce conseil de divers passages de l'Évangile et de l'autorité de l'apôtre. Cette lettre est de 1113 ou 1114.

A la page 178 commence le recueil des lettres de Lambert, évêque d'Arras. Ces lettres ont été imprimées dans Baluze; elles le sont ici avec plus de correction. Lambert était contemporain d'Ives de Chartres; il jouissait en Flandre d'une aussi grande considération qu'Ives en France.

Manassé, archevêque de Reims, lui adressa en 1100 une lettre pour lui ordonner de faire rendre des actions de grâces à Dieu de la prise de Jérusalem par les chrétiens, et de forcer à partir ceux qui avaient fait vœu d'aller en Orient.

Hugues, évêque de Soissons, se disposant à aller dans la Terre-Sainte, écrit en 1101 à Lambert, qu'il desire ardemment jouir auparavant de son entretien.

Dans le recueil de lettres de Geoffroy, abbé de Vendôme, on en lit une (page 311) adressée à Odon, abbé de Marmoutier, pour lui rappeler que le pape Urbain II avait défendu aux moines le voyage de Jérusalem qu'il avait ordonné aux laïcs. Cette lettre est de 1129.

On voit dans le recueil des lettres d'Hildebert, évêque du Mans, et par la suite archevêque de Tours, que ce prélat écrivit en 1104 à Adèle, comtesse de Chartres, et lui demanda un sauf-conduit pour aller au comté de Troye (page 316). Il déplore dans cette lettre l'absence de son mari; d'où l'on doit conclure qu'on ignorait encore en France, à cette époque, la mort du comte Étienne, tué en 1101, au combat livré devant Ramula.

A la page 429, et au recueil des lettres du pape Eugène III, on lit celle que ce pontife adressa au roi de France et à tous les fidèles de ce pays pour les engager à entreprendre la croisade. Il leur propose l'exemple de leurs ancêtres, et leur offre des indulgences. Cette lettre, du 1er décembre 1145, se trouve dans le P. Labbe; nous l'avons indiquée aussi dans notre analyse de Baronius.

A la page 440, est une lettre qui paraît pour la première fois; elle est de l'empereur Manuel, et adressée au pape Eugène. C'est à M. Delaporte Dutheil, membre de l'Institut, qu'on en est redevable. Il la trouva aux archives du château St.-Ange, écrite en couleur, et en grec et en latin. Elle est copiée aussi dans les deux langues, dans le Recueil des historiens ; nous croyons devoir en donner ici la traduction.

« Manuel, fidèle au Dieu Christ, roi porphyrogénète haut,
» sublime, fort, auguste et empereur des Romains O Kom-
» ninos,

» Au très Saint-Pape,

» Très Saint Pape, la lettre de votre sainteté, qui annonçait
» que le très noble roi de France se prépare à aller venger les
» saintes églises et la ville d'Édesse, occupée par les ennemis
» de Dieu, a été envoyée et lue à *mon Empire* (1). A la nou-
» velle du grand mouvement qui se fait en France, *mon em-*
» *pire* s'est réjoui, parce qu'il l'a regardé comme une ven-
» geance qui se préparait pour les chrétiens, et comme la

---

(1) Ici le mot *empire* est une qualification que Manuel se donne, comme les mots *sainteté*, *majesté*, *altesse*, qu'on donne au pape, au roi, à un prince.

» ruine et la dispersion future des ennemis de Dieu. *Mon em-*
» *pire* est prêt à les bien recevoir et à leur donner le passage
» et le bon marché de toutes les choses nécessaires : mais *mon*
» *empire* veut que les Francs fassent pour son honneur ce
» qu'ils firent autrefois du temps de mon aïeul. Que Votre Sain-
» teté s'occupe donc à assurer cet honneur. *Mon empire* s'étonne
» toutefois que Votre Sainteté ne lui ait pas encore envoyé d'a-
» pocrysiaires, et qu'elle ne lui ait pas encore écrit touchant
» le salut que Dieu lui a accordé, car *mon empire* a en elle
» une grande confiance à cause des vertus dont elle est ornée.
» Que Votre Sainteté accorde donc un saint discours à *mon em-*
» *pire*. Adieu, très saint Pape.
» Envoyé de la ville conservée par Dieu, au mois d'août,
» indiction 9ᵉ. »

En 1147, l'empereur Conrad ayant appris que le pape Eugène était en France, lui témoigna le desir qu'il avait de le voir, avant de partir pour Jérusalem, à Strasbourg, dans la semaine de Pâques (pages 442 et 43.)

Dans l'année 1149, le pape Eugène écrit à Hugues, archevêque de Soissons, et à ses suffragants, et leur ordonne d'excommunier ceux qui troublent le royaume de France pendant que le roi fait le voyage de Jérusalem. (Labbe et Duchesne ont donné cette lettre.)

La même année, au mois d'août, Eugène informe l'abbé Suger que Louis, roi de France, est de retour des contrées maritimes, et est débarqué dans la Pouille. (Labbe et Duchesne ont aussi donné cette lettre.)

En 1150, il écrit au même abbé de sonder les dispositions des barons et autres, sur une nouvelle expédition outre-mer, et l'autorise à promettre le secours du pape s'ils y sont favorables. (Labbe et Duchesne.)

Au mois de juin de la même année, Eugène écrit encore à

Suger pour lui dire qu'il approuve son dessein d'aller lui-même en personne au secours de l'église d'Orient, pourvu qu'il conduise cette entreprise avec prudence et discrétion. (Labbe et Duchesne.) Guillaume, moine de St.-Denis, qui a écrit la vie de Suger, assure que cet abbé, près de mourir, méditait une nouvelle expédition en Palestine, et qu'il se proposait d'en être le chef. C'est ce qui explique la lettre que nous indiquons.

Parmi les lettres de l'abbé Suger, on en lit une (page 486) que lui adresse Guillaume de Mausiac, sénéchal de Poitiers, qui était sur le point de partir pour Jérusalem. Il le prie d'envoyer quelques personnes sages au Bourdet, pour conserver la tour de Talemond qu'Éble de Mauléon menaçait de lui enlever. Cette lettre est de 1147.

Dans la même année, le roi de France lui annonce qu'il est arrivé heureusement sur les frontières de la Hongrie. Il lui ordonne de ramasser de l'argent et de le lui envoyer. Cette lettre est du mois de juillet.

Le 4 octobre, le même roi annonce à Suger son arrivée à Constantinople, et le presse pour l'envoi de l'argent.

Au mois d'avril suivant, il lui fait le récit de sa marche jusqu'à Antioche, et insiste toujours sur l'article de l'argent; il écrit encore, pour le même objet, à Samson, archevêque de Reims, et à Raoul, comte de Pérone.

Dans la même année, Louis écrit à Suger pour lui ordonner de faire garder les biens de Regnault de Bules, qui restait en Orient, et l'héritage de Drogon de Meun qui était mort. Il lui ordonne encore, par une autre lettre, de faire garder jusqu'à son retour la tour de Audresel, qu'il avait permis à Albert *Dalvotz* de construire; cet Albert, et son fils Hugues, étaient morts en Orient. Par une nouvelle lettre, il lui déclare qu'il doit beaucoup aux chevaliers du Temple, et lui ordonne de leur restituer sans délai l'argent qu'il en a reçu. Il annonce en même temps que son retour est différé.

Dans la même année, le roi Louis écrit à Thibault, comte de Champagne, que son fils Henri lui a rendu des services qui lui ont été agréables; il lui dit que son retour est remis à Pâques, et il le prie de veiller pendant ce temps sur son royaume.

En 1149, ce prince écrit à Suger qu'il a remis son retour après la Pâque, et qu'il envoie le chancelier Baudouin, pour qu'il prenne soin des affaires publiques. Il écrit deux autres lettres, l'une à Suger, à qui il raconte tout ce qu'il doit aux chevaliers du Temple; il lui ordonne de tirer une vengeance éclatante de ceux qui ont voulu leur faire tort en France; l'autre lettre est adressée à Suger et à Raoul, comte de Vermandois, par laquelle il leur commande de rendre aux chevaliers de l'Hôpital l'argent qu'il en a reçu, et cela avant la mi-carême.

L'abbé Suger, dans cette année, écrit au roi pour le supplier de ne pas rester en Orient plus tard que Pâques. Il annonce qu'il a payé les chevaliers du Temple et le comte de Vermandois, et il conseille au roi de dissimuler son ressentiment contre la reine.

Louis VII informe Suger qu'il est débarqué en Calabre le 4 des calendes du mois d'août; il lui dit les causes qui retardent sa prochaine arrivée.

Dans l'année 1150, Suger écrit à Pierre, abbé de Cluni; il l'invite à assister à l'assemblée de Chartres, dont l'objet doit être de porter des secours à l'église d'Orient.

Humbert, archevêque de Lyon, écrit à l'abbé Suger, et s'excuse de ne pouvoir se trouver à l'assemblée de Chartres, parce que l'archevêque de Sens ne voulait point reconnaître sa primatie.

L'archevêque de Bordeaux écrit deux lettres à Suger pour s'excuser sur sa santé de ne pouvoir assister à cette même assemblée.

Dans le recueil de lettres de Wibalde, abbé de Corbie, on

lit (page 533) sous la date de 1148, une lettre de l'empereur Conrad, qui raconte à cet abbé ce qui lui est arrivé dans son expédition outre-mer, et comment il a opéré sa jonction avec le roi de France. Dans une autre lettre, Conrad fait au même abbé le récit du siége de Damas, et annonce son retour comme prochain.

A la page 540 se trouve une lettre d'un chevalier servant (Dapiféri) de la milice du Temple, adressée au grand-maître Ebrard des Barres, qui était revenu en France avec le roi Louis VII. Dans cette lettre sont peints les malheurs de la Terre-Sainte après la mort du prince d'Antioche. Raymond de Poitiers avait été tué en 1149 par les Turcs, dans un combat livré le 27 juin, et dont Guillaume de Tyr a fait le récit. Le chevalier servant prie le grand-maître de revenir promptement porter du secours aux chrétiens, réduits à l'extrémité. Cette lettre est de 1149 ou 1150; elle se trouve au 3e. tome du Spicilége : elle a été omise par inadvertance dans notre analyse.

Dans le recueil des lettres de St.-Bernard (page 605), est la lettre encyclique que cet abbé adressa en 1146 au clergé et au peuple de la France orientale, pour les engager à la seconde croisade. Otton de Freisingen n'a donné qu'une partie de cette lettre, Baronius l'a copiée tout entière, et Dom Brial y a ajouté quelques notes tirées de Guillaume de Neubrige sur la prise d'Édesse.

A la suite de cette lettre, on en lit une d'un moine nommé Nicolas, écrite au comte et aux barons de Bretagne. Il les exhorte, à l'exemple du roi de France, à entreprendre l'expédition d'outre-mer. Elle est de la même année. St.-Bernard écrivit à l'empereur grec, Manuel, en lui envoyant Henri, fils de Thibault, comte de Champagne, pour l'engager à prendre les armes et lui annoncer le prochain départ du roi de France. Il le prie de le recevoir honorablement lorsqu'il passera par ses états.

DES CROISADES.

Sous la date de 1150, St.-Bernard écrit à l'abbé Suger qu'invité à l'assemblée qui doit avoir lieu pour délibérer sur le malheureux état de l'église d'Orient, il s'y trouvera avec l'évêque de Langres, qui était revenu de la dernière expédition, et qui connaissait parfaitement la situation des choses. Cette assemblée, provoquée par l'abbé Suger, comme cela est évident par une lettre du pape Eugène, adressée à cet abbé le 25 avril de cette année, et copiée par les Bénédictins, devait se tenir, et se tint en effet à Chartres. La lettre de Saint Bernard se trouve dans Duchesne, ainsi que la suivante, adressée à Pierre, abbé de Cluni. St.-Bernard invite cet abbé à se rendre à l'assemblée de Chartres, où l'on devait s'occuper des moyens de secourir l'église d'Orient.

Les Bénédictins ont placé à l'année 1150 la lettre que St.-Bernard, nommé chef de la croisade à l'assemblée de Chartres en 1146, écrivit au pape Eugène pour lui faire part des raisons qui le portaient à refuser ce commandement : on ne sait comment ces Bénédictins sont tombés dans une pareille erreur; car, en citant le numéro de la lettre de Saint Bernard et la page où elle se trouve dans le recueil de ses œuvres, édition du père Mabillon, l'année qui est en marge porte MCXLVI, et non MCL. Le mauvais succès de la croisade de Louis VII ayant attiré de grands reproches à St.-Bernard qui l'avait prêchée, et cet abbé s'étant vu obligé de se justifier dans son Traité *de Consideratione* adressé au pape Eugène III, et commencé en 1149, comme le pense le père Mabillon, comment peut-on supposer qu'un an après, on ait voulu déférer le commandement d'une nouvelle expédition à celui sur lequel on faisait retomber tous les malheurs de la première ? Cette supposition est absurde. Dans le recueil des œuvres de Saint Bernard, il n'y a point de lettre, sous la date de 1150, adressée au pape Eugène, ni qui ait rapport aux croisades.

Dans le recueil de lettres de Pierre-le-Vénérable, abbé de Cluni, on en trouve une que Duchesne a donnée, et que cet abbé adressa au roi de France pour lui promettre des victoires en Palestine : mais il le prie en même temps d'exiger des Juifs des subsides pour l'expédition, et de ménager les chrétiens ses sujets. Il ne veut pas qu'on tue ces ennemis du Christ; mais il trouve convenable de les faire contribuer. Cette lettre est de 1146; on la trouve à la page 641.

Duchesne a également donné la lettre que Pierre de Cluni écrivit en 1150 à l'abbé Suger, et par laquelle il regrettait de ne pouvoir assister à l'assemblée de Chartres, où devaient se trouver le roi, les évêques et les princes de France pour traiter du malheureux état de l'église d'Orient.

Cet abbé en écrivit une semblable à St.-Bernard, et lui déclara qu'il regrettait de ne pouvoir se rendre à Chartres, où il était appelé avec tant d'instance.

Dans le recueil des lettres du pape Adrien IV, on en lit une (page 681) que ce pontife adressa en 1157 à Samson, archevêque de Reims, et à ses suffragants. Après y avoir raconté la défaite des chrétiens et des chevaliers du Temple au siége de Bellina (Panéas), il le prie et l'exhorte à engager les peuples à porter des secours aux chrétiens d'Orient, soit en y allant eux-mêmes en personne, soit en fournissant des armes. Cette lettre se trouve dans Martenne.

Louis VII, roi de France, voulant aller avec le roi d'Angleterre combattre les Sarrasins d'Espagne, et ayant demandé au pape des lettres hortatoires et comminatoires pour tous les fidèles, Adrien écrivit à ce prince, le 18 février 1159, pour le détourner de cette expédition, ou du moins pour prendre auparavant connaissance du pays et des volontés des habitants. Cette lettre se trouve dans Labbe et Duchesne.

Dans le recueil des lettres du pape Alexandre III, on remarque les suivantes :

1°. Une lettre à Louis, roi de France, exprimant le desir que tout soldat qui veut aller à Jérusalem, puisse vendre ses possessions sans le consentement de sa femme (page 789).

2°. Une adressée à Henri, archevêque de Sens, pour lui recommander les députés de l'église d'Orient, chargés de demander des secours pécuniaires. Cette lettre est du 20 janvier 1164 ou 1165 ; elle se trouve dans Martenne.

3°. Une lettre aux grands, aux chevaliers et à tous les fidèles, par laquelle le pape les invite à porter du secours aux chrétiens de l'église d'Orient, et leur propose des indulgences. Cette lettre est du 29 juillet 1169 ; elle se trouve dans Martenne. Dom Brial y a joint quelques notes tirées de Guillaume de Tyr.

4°. A Henri, archevêque de Reims. Alexandre, après avoir exposé les nécessités de l'église d'Orient, ordonne au prélat de faire lever des secours d'hommes et d'argent, par le moyen du roi et des évêques comprovinciaux. Cette lettre est du même jour et de la même année que la précédente ; elle est aussi dans Martenne. Dom Brial a joint en note un passage tiré de Lambert Waterlos, qui rend compte de la mission des députés d'Orient envoyés à Louis VII, de leur arrivée en France, de leur passage en Angleterre, et du succès de cette députation, détails sur lesquels Guillaume de Tyr ne s'est pas étendu.

5°. Au même archevêque, sur les nécessités de l'église d'Orient, et pour l'engager à rétablir la paix entre les rois de France et d'Angleterre. Cette lettre est du 23 décembre 1173 : on en a parlé dans l'analyse de la Collect. Ampliss. de Martenne.

6°. Au cardinal Pierre de St.-Chrysogone, son légat en France. Alexandre lui expose l'état des affaires de l'empereur de Constantinople à l'égard des Turcs, et il lui ordonne d'exhorter le roi de France et les autres princes à lui porter du secours.

Dom Brial remarque que cette lettre fut écrite avant la défaite qu'essuya près d'Iconium l'armée de Manuel dans cette année 1176. Roger Hoveden a rapporté les lettres que cet empereur écrivit alors à Henri II, roi d'Angleterre, au mois de novembre. Celle d'Alexandre est datée du 29 janvier précédent.

7°. Aux prélats des églises. Cette lettre a pour objet une subvention en faveur de la Terre-Sainte. Hoveden, Baronius et Labbe, ont donné cette pièce, qui est du 16 janvier 1181. Ils ont aussi donné celle :

8°. Qui est adressée à tous les fidèles pour les exhorter à porter du secours à Jérusalem, et qui accorde des indulgences à ceux qui partiront. Elle est de la même date.

9°. Une lettre de Manuel, empereur de Constantinople, au pape Alexandre, insérée dans Baronius. Ce prince promet le passage à l'armée du roi de France, pourvu qu'il lui garantisse la sûreté de ses états, et que le pape envoye un cardinal dont la présence contiendra l'armée. Cette lettre est du mois de mars 1180.

Article VI.

Le tome XVI complète le recueil des lettres historiques. Il y en a plusieurs qui ont été déjà copiées dans le tome précédent, et qui sont simplement rappelées dans celui-ci ; nous n'en parlerons pas, afin d'éviter des répétitions inutiles.

Ce tome commence par le recueil de lettres du roi Louis VII, et de celles qui lui furent adressées par différents personnages, empereurs, rois, princes, évêques, etc.

La première que nous trouvons qui ait rapport à notre sujet, et dont il n'a pas encore été fait mention dans cette compilation, est celle de l'empereur grec Manuel à Louis VII : elle est de 1146. Manuel annonce au roi qu'il a reçu ses lettres, et lui témoigne un grand desir de le voir. Il lui promet un libre passage dans ses états. Martenne a rendu compte de cette lettre dans ses anecdotes. Raoul de Dicet l'a donnée aussi par extrait.

Renault de Châtillon, prince d'Antioche, écrit en 1155 au roi de France, pour lui peindre les malheurs et la pauvreté de la Palestine. Il lui parle du mariage des deux filles du prince Raimond, qui étaient arrivées à l'âge nubile, et de son patrimoine, qui lui a été enlevé. Ces deux filles, dont il est ici question, furent mariées, comme le remarque Dom Brial, l'une à l'empereur Manuel, l'autre à Andronic Comnène, et ensuite à Honfroy de Thoron. Duchesne a donné cette lettre. Renaud, qui l'a écrite, était fils de Henri de Châtillon. Il épousa Constance, veuve de Raimond, prince de Poitiers, par laquelle il acquit en 1152 la principauté d'Antioche. En 1160, il tomba dans les mains des infidèles, et passa seize ans dans la captivité. La lettre dont nous parlons est donc antérieure à cette époque.

En 1161, Bohémond, fils de Raimond, mort prince d'Antioche, écrit au roi Louis pour lui faire part de la dévastation des pays de l'Orient, et surtout de la principauté d'Antioche et de la captivité de Renaud son beau-père. On trouve cette lettre dans Duchesne, et nous en avons déjà parlé.

Le même Duchesne et Bongars ont donné la lettre de Gibert, gardien de l'hôpital de Jérusalem, lequel prie le roi de France de prendre cette maison sous sa protection, et de la défendre de toute attaque hostile : elle est de 1161. Dom Brial pense que ce Gibert, appelé Gerbert *Assalit* par Guillaume de Tyr, n'est autre que Gaucelin de *Orilan*, désigné maître de l'hôpital de Jérusalem dans un acte de l'an 1163.

Aux pages 36 et 37, se trouvent deux lettres d'Amauri, roi de Jérusalem, adressées au roi de France et de la même année 1162. La première est du 10 avril ; elle annonce la mort du roi Baudouin, et l'oppression des chrétiens en Orient. Amauri prie le roi de l'aider de ses conseils et de son secours dans les commencements de son règne. La seconde a pour but de prier Louis de ne pas remettre à un autre temps son voyage à Jérusalem, dans le cas où il aurait le desir de visiter les saints lieux. Duchesne a recueilli ces deux lettres, de même que les suivantes :

Deux lettres de Bertrand de Blancfort, maître de la milice du Temple, qui sont de 1162 ou 63. L'une expose les malheurs du royaume de Jérusalem, l'autre rend grâce au roi de sa bienveillance pour les Templiers, bienveillance dont il avait donné des preuves en dernier lieu à Geoffroy de Foucher, chevalier de cet ordre.

Ce même chevalier avait écrit au roi pour lui annoncer qu'il était abordé à Acre, et qu'il lui envoyait un anneau qui avait été appliqué à tous les saints lieux, en mémoire de ce que le roi lui avait recommandé de les visiter tous pour lui.

Amauri, roi de Jérusalem, presse le roi de France d'envoyer du secours à la Terre-Sainte, afin qu'Antioche ne tombe pas au pouvoir des Turcs ou des Grecs. Cette lettre est de 1162 ou 63.

Sous la date de 1163, et à la page 59, est une lettre du même roi annonçant à Louis la victoire remportée sur les Égyptiens, et la facilité qu'il y aurait à rendre l'Égypte toute chrétienne s'il voulait y faire passer des secours.

Geoffroy de Foucher, procurateur de la milice du Temple, fait part au roi, dans la même année, de la victoire que les chrétiens ont remportée sur Shirkon, connétable de Nourrédin, et du massacre de ces mêmes chrétiens devant le château *harenc*. Geoffroy désespère d'Antioche, si Louis n'y envoie un puissant secours.

Aimeri, patriarche d'Antioche, écrit en 1164 au roi Louis, et lui peint les dangers où se trouvent les chrétiens depuis la défaite d'Antioche. Il lui dit que son arrivée dans ce pays ferait plus de bien que celle des autres rois d'occident. Martenne a donné cette lettre dans son Ampliss. Collect.

Une autre lettre de Geoffroy de Foucher, procurateur de la milice du Temple, écrite dans les mêmes circonstances, exprime le même desir. Le continuateur du recueil a joint à cette dernière lettre un passage de Guillaume de Tyr sur la victoire que les chrétiens remportèrent d'abord aux environs de Tripoli, et sur la vengeance que Nourrédin tira ensuite de sa défaite auprès d'Antioche.

Dans le même temps, Guillaume d'Ipre pria le roi d'accorder à son fils Robert l'investiture de ses terres, avant que son oncle Théodore, comte de Flandre, partît pour Jérusalem. Ce Théodore, et son fils Philippe, voulaient arracher cet héritage des mains de Robert. Duchesne a rapporté cette lettre, qui est de 1163.

Sous la date de 1164, Amauri, roi de Jérusalem, annonce à Louis que la ville Panéas ou Bellina a été livrée à Nourrédin par la trahison de quelques-uns, après la défaite d'Antioche, et qu'on a besoin de son secours.

Bertrand de Blancfort, maître de la milice du Temple, fait le même récit au roi, et lui annonce que les chevaliers lui envoient le frère Gauthier. Bertrand lui écrit de nouveau dans la même année pour le même objet.

Sous la date de 1169, Amauri, patriarche de Jérusalem, écrivit à Louis, lui recommanda l'évêque de Panéas, envoyé en France, afin d'y recueillir des aumônes pour réparer son église. Cette lettre a été rapportée par Duchesne.

En 1172, Amauri, roi de Jérusalem, recommanda au même roi l'église d'Orient, et surtout les chevaliers du Temple.

A l'année 1177, et à la page 163, se trouve le traité d'alliance et d'amitié fait entre le roi de France Louis, et Henri, roi d'Angleterre, par suite duquel ils s'engagent à aller ensemble à

Jérusalem. Nous avons fait connaître ce traité dans notre analyse de la Collection anglaise de Twisden.

A la page 167 est une lettre d'Amauri, patriarche de Jérusalem, dans laquelle, après avoir rappelé les largesses du roi en faveur des saints lieux, il le prie d'accorder aux frères du St.-Sépulcre un endroit où ils puissent trouver un refuge sous sa protection. Par une autre lettre, il demande des secours pour les lépreux qui sont à Jérusalem.

Le recueil de lettres, adressées au roi de France, se termine ici. Vient ensuite celui des lettres de Henri, archevêque de Reims.

Il est bon de faire observer que dans ce recueil il n'y en a pas quatre de l'archevêque lui-même ; elles sont toutes de personnages constitués en dignité qui s'adressaient à lui à cause de sa qualité de prince royal, et de l'influence qu'il avait sur les affaires de l'Église et de l'État.

La première lettre de ce recueil qui ait rapport à notre objet est d'Amauri, roi de Jérusalem. Il expose à Henri les malheurs de l'Orient, et le prie de bien recevoir Frédéric, archevêque de Tyr, et autres envoyés pour demander des secours. Cette lettre est de 1169, et se trouve dans Martenne. Il y est dit que le roi de Jérusalem, ayant communiqué son projet aux chrétiens, descendit en Égypte, attaqua la capitale qui était très fortifiée et la prit ; que le soudan, consterné de ce succès, offrit une somme considérable d'argent, et des ôtages, pour faire la paix. Robert Dumont dit, au contraire, qu'Amauri fut appelé par l'émir du Caire, avec lequel il était lié ; qu'il assiégea Alexandrie, capitale de l'Égypte, et la prit, et qu'il la rendit à l'émir, moyennant un tribut de 50 mille besants levés sur cette ville, outre 57 mille qu'il tirait du Caire.

Sous la date de 1174, Amauri, roi de Jérusalem, prie Henri de travailler à réconcilier le roi d'Angleterre et ses fils, afin que ce prince puisse accomplir le vœu qu'il a fait de venir au secours de Jérusalem.

Sous la même date et à la même page 198, on lit une lettre d'Amauri, patriarche de Jérusalem, qui expose les malheurs de l'église d'Orient, et prie Henri d'exciter les peuples à y porter du secours, et de s'attacher à réconcilier le roi d'Angleterre et ses fils. Cette lettre se trouve également dans Martenne, de même que celle de Josbert, maître de l'hôpital de Jérusalem, qui prie Henri d'être le défenseur des frères de l'hôpital et de ce qui leur appartient. Josbert lui demande en outre de leur ménager un refuge dans son diocèse.

Dans le recueil des lettres de Hugues de Champ-Fleuri, évêque de Soissons et chancelier de France, il ne s'en trouve aucune qui ait rapport aux croisades ou aux affaires de la Palestine.

Dans le recueil des lettres de Jean, évêque de Salisbury, on en lit une (page 601) adressée en 1189 à Jean, évêque de Poitiers. Par cette lettre, Jean de Salisbury l'engage à faire en sorte que les moines de Grandmont travaillent à la paix de l'église dans le colloque qui doit avoir lieu avec le roi d'Angleterre; car sans cette paix, le voyage de Jérusalem, auquel le roi s'est engagé, ne peut réussir.

Dans le recueil des lettres de Henri II, roi d'Angleterre, on lit le décret qui fut rendu au Mans en 1166, par lequel le roi Henri ordonne qu'il sera fait dans tous ses états une levée de deniers pour la défense du pays et de l'église d'Orient. Cette levée était, pour cette année, de deux deniers par livre sur toutes sortes de biens, terre, mobilier, argent, or, minéraux, monnaie et revenus : elle était d'un denier par livre pour les quatre années suivantes. Cette imposition était commune aux archevêques, évêques, abbés et clercs, aux comtes, barons, vavasseurs, guerriers, citoyens, bourgeois et paysans.

Le décret du roi de France, qui ne nous est pas parvenu, contenait à-peu-près les mêmes dispositions.

Nous avons parlé de ces deux décrets dans l'analyse de la Collection anglaise de Twisden.

A la date de 1177, et à la page 652, on lit la lettre que Manuel, empereur grec, écrivit à Henri, roi d'Angleterre, pour lui annoncer ses succès contre les Perses et les Turcs, et les raisons qui l'avaient engagé à faire la paix avec le soudan d'Iconium. Nous avons vu dans le tome précédent la lettre du pape Alexandre III au cardinal de St. Chrysogone, à qui il ordonnait d'exhorter le roi de France et les autres princes à porter du secours à cet empereur. Il paraît que la lettre de Manuel, postérieure à celle du pape, était encyclique, et que la copie adressée au roi de France s'est perdue

Le tome XVII de la compilation, imprimé en 1818, comprend les monuments historiques relatifs au règne de Philippe-Auguste. Il commence par l'ouvrage de Rigord, intitulé :

De Rebus gestis Philippi regis.

Article VII.

Cet historien a été analysé à l'article de la collection de Duchesne. Toutefois, nous croyons devoir présenter ici les nouveaux éclaircissements que D. Brial vient de donner sur son ouvrage.

Rigord était goth de nation, c'est-à-dire, né dans le Bas-Languedoc. Il fut médecin de profession, historiographe du roi de France et le dernier des clercs de St.-Denis l'Aréopagite. La profession de médecin ne l'enrichit pas ; car il était réduit à l'indigence, comme il le dit lui-même, lorsqu'il se fit moine-clerc. Ce fut alors qu'il entreprit d'écrire l'histoire de Philippe-

Auguste, qu'il dédia au prince Louis, vers l'an 1200. Il la continua ensuite jusqu'à sa mort, arrivée vers l'an 1208.

Cette histoire ne brille pas par l'élégance du style, mais elle se recommande par l'abondance des faits, par la désignation exacte des lieux et des dates, surtout par le texte d'actes publics, qui sans lui seraient peut-être perdus ; tel, par exemple, que l'édit concernant la dîme saladine. Quoique Rigord prenne la qualité d'historiographe du roi, ce n'est pas à dire qu'il ait pénétré dans les conseils du prince, ou qu'il ait eu communication de ses desseins. Aussi ne dévoile-t-il pas les motifs de ses actions. Il raconte simplement, et mêle souvent à ses récits des visions, des songes et des prodiges hors de vraisemblance. Mais on trouve dans son livre beaucoup de choses touchant la vie publique et privée du roi Philippe, lesquelles méritent toute confiance. C'est pour cela que ceux qui ont écrit après lui, même Guillaume-le-Breton qui a été son continuateur, l'ont tous cité avec honneur.

D. Brial, pour réparer l'oubli de Rigord, qui n'a pas toujours recueilli les monuments historiques qui devaient lui servir de preuves, a inséré au milieu de ses narrations, lorsque l'occasion s'est présentée, quelques actes publics, comme traités de paix, conventions, chartes, épîtres, etc., afin de donner plus de poids au témoignage de cet historien.

Rigord a copié le testament que Philippe-Auguste rédigea en présence de ses amis et de ses familiers, la veille de son départ pour la Terre-Sainte. Il réglait dans cet acte toute l'administration de son royaume pendant son absence. L'auteur dit que Philippe étant à Messine, fit de grands dons à plusieurs des seigneurs qui l'accompagnaient; et à qui la tempête avait fait éprouver des pertes. Il donna 1000 marcs au duc de Bourgogne; 600 au comte de Nevers; 400 à Guillaume de Barre; 400 onces d'or à Guillaume de Merlot; 300 à l'évêque de Chartres; 300 à Mathieu de Montmorenci; 200 à Drogon, et autant à plusieurs autres qu'il serait trop long de nommer. Il dit aussi que le setier de froment à Messine valait 24 sous angevins, l'orge 16 sous, le vin 15, une poule 12 deniers. Il attribue le retour de Philippe en France à une maladie grave que ce prince éprouva à Acre, et aussi aux soupçons qu'il avait conçus contre le roi d'Angleterre, qui envoyait secrètement de fréquents messages à Saladin, et qui en recevait des présents.

Article VIII.

Guillaume-le-Breton, ainsi nommé de la Bretagne où il naquit, était prêtre et fut chapelain du roi. Il prit l'histoire des Gestes de Philippe, à l'année 1208, où Rigord l'avait laissée (1), et la porta, selon Duchesne, jusqu'à l'année 1219. Mais Duchesne n'a pris cette histoire que sur une copie du XVIe. siècle; et depuis peu, D. Betencourt, membre de l'académie des inscriptions et belles-lettres, a envoyé de Londres, à D. Brial, un manuscrit tiré de la bibliothèque du chevalier Cotton, dont l'écriture est du XIIIe. siècle, et qui contient des choses omises ou raccourcies dans l'édition de Duchesne. Ce ne sont pas seulement des variantes, ce sont des morceaux entiers remplissant certaines lacunes. Ce manuscrit va jusqu'en 1222, et contient de plus une continuation par un anonyme, qui l'a portée jusqu'en 1270.

Parmi ces morceaux, il en est un qui a rapport à la reddition de Damiette en 1222. Il y est dit que le cardinal Pélage, remplissant dans cette ville les fonctions de légat du St.-Siége, avait dans ses mains tout l'argent qui provenait des tributs levés dans tout le monde chrétien pour la croisade, et qu'il le

---

(1) Ou plutôt il abrégea l'histoire de Rigord.

DES CROISADES.

dispensait à qui il voulait. Comme il était Espagnol d'origine, il en donnait moins qu'il ne le devait aux Français. Ce fut lui qui persuada, ou plutôt qui força les chrétiens de lever le camp et d'aller assiéger le Caire. Jean, roi de Jérusalem, et quelques autres guerriers expérimentés, voulurent s'y opposer; mais le légat ayant menacé de l'excommunication tous ceux qui contrarieraient sa volonté, l'armée se mit en marche, et il arriva ce que tous les historiens ont raconté de l'inondation du Nil, et de la nécessité où les chrétiens furent de rendre Damiette pour se racheter.

Guillaume-le-Breton, après avoir écrit en prose l'histoire de Philippe-Auguste, entreprit de la mettre en vers, dans un poëme composé de douze livres. On a donné l'analyse de cet ouvrage à l'article *Duchesne*. Nous ajouterons ici qu'il y a beaucoup à profiter sous plusieurs rapports. Si l'auteur parle d'une ville et d'un pays, il se plaît à en faire la description topographique; il caractérise les mœurs des habitants, nous dit quelle était la fertilité du sol, et quelles ressources elle prêtait au commerce. S'il s'agit d'expéditions militaires, il fait, pour ainsi dire, un traité de tactique; il nous apprend de quoi se composaient nos armées, quelle était l'armure des combattants, la manière de camper et de faire le siége des places, etc.

Les Gestes de Philippe-Auguste, extraits des grandes chroniques de France, dites de St.-Denis. (Pag. 347.)

Article IX.

Les chroniques de St.-Denis n'étaient que la traduction en langue vulgaire des historiens originaux. Celle-ci n'est de même que la traduction de Rigord et de son continuateur Guillaume-le-Breton. Cette traduction fut faite en 1274, et D. Brial pense qu'elle le fut par Guillaume de Nangis, qui à cette époque s'occupait de l'histoire de France plus que tout autre religieux de Saint-Denis. Cette chronique est divisée en trois livres.

Ex Benedicti Petroburgensis vita Henrici II, Angliæ regis. (Pag. 437.)

Article x.

Benoît, auteur de cette vie, était abbé de Péterburg ou du bourg de St.-Pierre sur la Nine, au comté de Northampton. C'est le savant Th. Hearne qui le premier a publié cette vie de Henri II, en 2 vol. in-8°. Benoît en a fait une histoire très étendue, en rapportant les événements les plus remarquables qui se passaient non-seulement en Angleterre et en France, mais encore en Orient, en Italie, en Germanie et en Espagne, depuis l'année 1170 jusqu'en 1191. Il y a mis tant de précision et d'exactitude, que rarement il oublie de marquer le jour et l'année où chaque événement arrive. Il a encore un mérite de plus, c'est de rapporter en entier des pièces diplomatiques touchant les intérêts des princes, ce qui prouve qu'il n'était pas étranger aux affaires du cabinet d'Angleterre. On voit en effet qu'en 1191, il fut créé vice-chancelier, garde-des-sceaux. Robert Swapham, moine et chroniqueur du monastère de Péterburg, prétend que Benoît n'a eu d'autre part à la vie de Henri, que de l'avoir fait transcrire pour l'usage de son monastère. Si cela est, on doit penser que les pièces diplomatiques qu'on trouve dans cette vie, ont été communiquées par lui à l'historien. Quoi qu'il en soit, nous regarderons Benoît comme véritable auteur, puisque son nom a prévalu, et nous présenterons une analyse de ce que son ouvrage peut offrir de relatif à notre sujet.

L'extrait de la vie d'Henri II commence à l'année 1179. Sous la date de 1181, l'auteur parle de l'entrevue que le roi de France, Philippe, eut avec le roi d'Angleterre, près du château de Nonancourt, au gué qu'on appelle de St.-Remi. Des Templiers et des Hospitaliers de Jérusalem vinrent présenter à ces deux rois des lettres du pape Alexandre. Les princes, après les avoir lues, gémirent sur les malheurs de la Terre-Sainte, et promirent qu'avec l'aide de Dieu ils iraient bientôt au secours de Jérusalem.

Trois ans après, c'est-à-dire en 1184, Baudouin-le-Lépreux, roi de Jérusalem, les Templiers et les Hospitaliers, et tous les grands du royaume, voyant qu'ils ne pouvaient résister à Saladin s'ils ne recevaient un prompt secours des rois et des princes chrétiens, envoyèrent à Henri, roi d'Angleterre, Héraclius, patriarche de Jérusalem, et les maîtres du Temple et de l'Hôpital, avec l'étendard du roi, les clés du St.-Sépulcre, de la tour de David et de la ville sainte. Ceux-ci étaient chargés de lui demander une prompte assistance, comme à celui, dit Benoît, de qui dépendait le royaume de Jérusalem par droit héréditaire de ses prédécesseurs. L'auteur, pour établir ce droit, remonte à la première croisade, et dit qu'après la conquête de Jérusalem, les princes croisés élurent pour roi Robert, duc de Normandie, qui refusa cette dignité, et qui, par un juste jugement de Dieu, ajoute Benoît, fut vaincu à Tainchebray en Normandie, où il était retourné, et fut privé de la vue et retenu en prison par Henri son frère. Ce dernier fait ne s'accorde pas avec le récit d'Orderic Vital, qui dit que Robert fut très bien traité dans sa prison. Les députés d'Orient, excepté le maître du Temple qui mourut en voyage, passant à Rome, obtinrent du pape Lucius des lettres pour le roi d'Angleterre. Benoît fait connaître ces lettres. Il raconte que Henri ayant appris l'arrivée des députés, alla au-devant d'eux avec beaucoup de joie; et que ceux-ci l'ayant rencontré dans un bourg appelé *Rading*, se jetèrent à ses pieds, le saluèrent en pleurant, au nom du roi et de tout le pays de Jérusalem, et que le patriarche ajouta aussitôt : « O mon roi, notre seigneur Jésus-Christ vous appelle; la voix du peuple de Dieu vous invite à la défense du pays de Jérusalem. Voilà les clefs du royaume que le roi et les princes de ce pays vous remettent par mes mains, parce que vous êtes le seul après Dieu en qui ils aient confiance et espoir de leur salut. Venez donc, Seigneur, ne tardez point; arrachez-nous des mains de nos ennemis et de ceux qui nous poursuivent; car Saladin, prince des ennemis de la croix et toute la nation des païens, se vantent impudemment d'envahir la terre de Jérusalem. »

A ces mots, le roi prit la main du patriarche, et le releva en disant : « Que notre seigneur Jésus-Christ, puissant roi, soit le défenseur de votre peuple, et détourne de dessus lui les traits de son indignation. Nous vous aiderons autant que nous pourrons, avec le secours de celui à qui est l'honneur et la gloire. » Après avoir prononcé ces paroles, Henri prit des mains du patriarche de Jérusalem les clefs du royaume et celles du Saint-Sépulcre, et l'étendard royal, et peu après les remit au patriarche pour qu'il les gardât. L'historien parle ensuite du concile qui fut tenu à Londres, et des résolutions qui y furent prises en faveur de la Terre-Sainte.

Dans l'année 1185, le patriarche étant de retour en Palestine, emmenant avec lui quelques secours, un chevalier du Temple, anglais d'origine, appelé Robert de St.-Alban, abandonna sa maison et alla trouver Saladin; il lui promit de lui livrer le pays et la ville de Jérusalem. Saladin ayant reçu de lui l'assurance qu'il exécuterait sa promesse, donna en mariage à

Robert, sa nièce, fille de sa sœur, le créa sénéchal de tous ses états, et voulut qu'il fût regardé comme le second de son empire. Robert, à la tête d'une grande armée, vint sur les terres de Jérusalem, et avec le tiers de cette armée se présenta devant les portes de la ville, laissant les deux autres tiers dans un lieu qu'on appelle la plaine de St.-George. Cette armée des Sarrasins ainsi partagée, ne trouva point de résistance, et ravagea tout le pays, depuis Montréal jusqu'à Naplouse. Jéricho, Sébaste, la grande et la petite *Gelina*, furent saccagées.

Mais pendant que Robert de Saint-Alban était devant Jérusalem, la petite garnison qui était dans cette ville, se confiant en Dieu, sortit par les poternes, portant devant elle le bois de la vraie croix, mit Robert en fuite avec toute son armée, et tua un grand nombre d'ennemis. Mais Saladin se proposant de venir dans le pays avec une nouvelle armée, les Templiers et les Hospitaliers lui donnèrent 60 mille besants pour avoir une trève qui devait durer jusqu'à l'octave de la Pâque suivante. On ne trouve dans aucun historien ce que Benoît raconte ici de ce Robert de St.-Alban.

Sous la date de 1186, il rapporte la mort de Baudouin, et le couronnement de sa fille Sybille, qui choisit Guy de Lusignan son mari pour roi. Il dit qu'après la Pâque il arriva une grande multitude de guerriers, tant de France que d'Angleterre et des autres pays. Sous l'année 1187, il raconte les victoires de Saladin et les désastres des chrétiens dans la Palestine. Il copie la lettre que les Génois écrivirent au pape Urbain, pour lui faire le récit de ces malheureux événements, et le prier de réunir toutes les nations contre les ennemis du Christ. Roger Hoveden a copié cette lettre, de même que celle du précepteur du Temple, que nous avons aussi rapportée. Benoît copie encore une lettre de maître Pierre de Blois, écrite à Henri, roi d'Angleterre, pour lui faire part de ces tristes nouvelles. Cette lettre ne se trouve point dans le recueil des épîtres de Pierre de Blois.

L'historien, à qui aucune pièce historique n'échappe, copie encore les lettres du pape Grégoire VIII, dont nous avons déjà parlé tant de fois et que nous avons aussi rapportées. Puis il continue le récit des conquêtes de Saladin. Il parle de l'ambassade de Guillaume de Tyr, qui vint en Europe demander du secours ; de la résolution prise par les rois de France et d'Angleterre et le comte de Flandre, de partir pour la Terre-Sainte ; du décret rendu par Henri, concernant la dîme, décret que nous avons copié à l'article du moine Gervais.

Sous la date de 1188, Benoît copie la lettre du patriarche d'Antioche au roi Henri, sur les maux que les chrétiens éprouvaient de la part de Saladin qui poursuivait toujours le cours de ses victoires, et la réponse de Henri au patriarche, pour l'exhorter à la patience, et lui annoncer des secours. Il copie aussi la lettre que le grand-maître des Templiers adressa au même roi pour l'informer de la prise de Jérusalem. Il est dit dans cette lettre que Saladin fit battre de verges et promener pendant deux jours, par la ville, la croix qu'il avait prise dans le temple du Seigneur.

Benoît rapporte, sous la même date, une lettre adressée au roi de France, par les ambassadeurs qu'il avait envoyés à l'empereur grec Isaac. Ces ambassadeurs lui annonçaient la défaite de Saladin devant Antioche, la prise de Japhat par Margarit, sicilien, et le massacre de tous les Turcs qui étaient dans cette ville, au nombre de cinq mille. Ils annonçaient en même temps que les ambassadeurs de Saladin étaient mieux reçus à Constantinople que tous ceux des autres pays ; que Saladin avait fait un traité avec l'empereur grec, par lequel il lui donnait les églises de la Terre-Sainte, pour qu'on y adorât Dieu selon le rithme grec ; qu'il avait envoyé à Constantinople son idole pour qu'on l'y adorât publiquement, mais qu'elle avait été prise en mer par les Génois, et portée à Tyr, etc.

Cette lettre remplit de joie le peuple chrétien, qui espéra que le Seigneur détournerait sa colère et son indignation de dessus les fidèles de Jérusalem. On faisait dans les églises des prières à Dieu pour la paix et la délivrance de la Terre-Sainte, et des chrétiens captifs chez les Sarrasins.

Mais sur ces entrefaites, Saladin ayant réuni une grande armée, vint assiéger Antioche. Les habitants de cette ville ne pouvant résister, demandèrent et obtinrent une trêve par laquelle ils promettaient de se rendre au bout de six mois, si dans cet intervalle il ne leur arrivait pas de secours.

Benoît raconte ensuite que Frédéric, empereur des Romains, se prépara à son expédition de la Terre-Sainte; qu'il envoya des ambassadeurs à Isaac, empereur de Constantinople, et qu'ayant laissé le gouvernement de ses états à son fils Henri, il partit avec le duc de Souabe, plusieurs ducs, archevêques, évêques, comtes et barons. Il rapporte aussi la lettre que ce prince écrivit à Saladin.

Sous la date de 1189, l'historien raconte en peu de mots la malheureuse expédition de Frédéric, et sa mort dans le fleuve Selef. Il fait le récit de la bataille que Saladin livra dans la plaine d'Acre, où les chrétiens perdirent leur camp, et où vingt-deux chevaliers du Temple furent tués. Il entre dans quelques détails sur le siége d'Acre.

Ce fut dans cette année que Richard, alors roi d'Angleterre, et Philippe, roi de France, firent un traité de paix au gué de Saint-Remi, et convinrent de partir pour Jérusalem.

A la même date, Benoît fait le récit de leur départ. Il trace minutieusement l'itinéraire de Richard; parle de son arrivée à Messine, de la discorde qui s'éleva entre les habitants de cette ville et le roi d'Angleterre, des querelles entre ce roi et celui de France, de leur raccommodement, et de la paix qui se fit entre

Richard et Tancrède, roi de Sicile. Benoît copie le traité qui fut conclu, et la lettre que le roi d'Angleterre écrivit au pape pour l'en instruire, et pour que Tancrède fût plus sûr des conventions qui avaient été arrêtées entre eux.

Benoît parle aussi de la flotte des croisés qui alla relâcher à Lisbonne, et des succès qu'elle y obtint. Après avoir dit un mot des nouveaux sujets de mécontentement que les deux rois croisés eurent l'un contre l'autre à Messine, et de la réconciliation qui y mit fin, il raconte le départ de Philippe pour Acre, et la descente de Richard dans l'île de Chypre, que ce prince délivra de la tyrannie de son empereur. Il parle ensuite de la prise du vaisseau sarrasin que Richard rencontra en mer en sortant de cette île, et fait le journal du siége d'Acre par les deux rois jusqu'au moment où cette ville fut rendue aux chrétiens : ce qui arriva le 13 juillet.

Benoît rapporte que Saladin fit couper la tête, le 18 août, à tous les chrétiens captifs qu'il devait rendre pour racheter les siens ; que ce même jour il y eut entre les deux armées ennemies une rencontre où il y eut beaucoup de blessés et de tués de part et d'autre ; que Pierre Mignot, favori du roi d'Angleterre, fut du nombre des derniers ; et que le lendemain, le roi d'Angleterre, ayant appris la mort des chrétiens que Saladin avait fait tuer, en eut beaucoup de douleur ; mais qu'il ne voulut pas anticiper sur le jour qui avait été fixé pour la délivrance des prisonniers. Ce ne fut que le 20e. du mois d'août qu'il fit conduire devant l'armée de Saladin tous les Sarrasins qu'il avait, et leur fit couper la tête en présence de tous. Le duc de Bourgogne fit couper la tête à ses prisonniers au pied des murs et hors de la ville. Benoît ajoute que les chrétiens ayant éventré ces prisonniers morts, trouvèrent dans leurs corps beaucoup de besants, et qu'ils coupèrent leur fiel pour s'en servir dans des médicaments.

Benoît est le seul historien qui parle du massacre des prisonniers chrétiens ordonné par Saladin. Tous les auteurs ont reproché à Richard d'avoir fait tuer cinq mille Sarrasins; mais si ce que Benoît raconte ici est vrai, le roi d'Angleterre serait excusable, et son action ne devrait plus être regardée que comme un acte de représailles ; il faudrait dire la même chose de celle du duc de Bourgogne, dont Benoît est encore le seul garant.

L'historien continue le récit des exploits de Richard après le départ de Philippe. Il parle de la mort de Jacques d'Avènes, il copie les deux lettres que le roi d'Angleterre écrivit, l'une pour se plaindre du départ du roi de France et pour annoncer les victoires qu'il avait remportées sur Saladin, l'autre à l'abbé de Clairvault, qu'il engage à provoquer des secours pour la délivrance de la Terre-Sainte. Il fait ensuite l'itinéraire du roi de France lors de son retour en Europe, retour sur lequel il s'étend fort longuement, ce qui termine à-peu-près l'ouvrage.

Le reste du XVIIe. tome est rempli par des extraits de Roger Hoveden, qui a copié *Benoît avec quelques légères altérations*, et par d'autres extraits de *Raoul Dicéto*, *Gervais de Cantorbéry*, tous auteurs dont nous avons rendu compte et dont il devient inutile de reparler. Le dernier historien dont le continuateur de la compilation a donné un extrait à la fin de ce volume, est Mathieu Pâris. Nous avons analysé cet auteur: d'ailleurs l'extrait que le compilateur en a fait, ne se rapporte pas précisément à notre sujet.

Analyse de quelques Auteurs non compris dans les collections précédentes.

Pour terminer notre examen des écrivains d'Occident, nous allons dire un mot de quelques auteurs qui ne se trouvent point dans les collections que nous venons de parcourir : comme ils sont fort souvent cités dans l'histoire des guerres saintes, et notamment dans les Annales ecclésiastiques de Baronius, nous ne pouvons nous dispenser de les faire connaître.

Bonfinius. — Cet écrivain vivait dans le xvime. siècle. Son *Histoire de Hongrie* est intéressante et remarquable, d'abord par les détails qu'elle offre sur les guerres des Turcs en Europe, ensuite par le style qui se rapproche beaucoup de celui des bons auteurs latins. Le savant Seldius disait, en parlant de cette histoire, que depuis Tite-Live il n'avait trouvé aucun historien qui lui plût davantage que Bonfinius. Cet auteur était d'Ascoli, dans la Marche d'Ancône. Il vint en Hongrie et fut présenté au roi et à la reine, auxquels il fit hommage de ses différents ouvrages. Le roi s'attacha Bonfinius, et donna ses ouvrages à lire aux grands et aux évêques. Bonfinius n'ayant écrit sur les premières croisades que d'après ceux qui l'ont précédé, n'a pu que les répéter; ainsi nous ne nous arrêterons pas sur cette partie de son histoire. Nous ferons seulement remarquer qu'il s'accorde avec Thuroczius et l'évêque Rauzan, écrivains hongrois comme lui, pour dire que les princes chrétiens, lors de la première croisade, envoyèrent prier le roi Ladislas d'accepter la conduite de l'armée chrétienne, ce que Ladislas accepta; mais la mort enleva ce prince au milieu des préparatifs de la croisade. Aucun des autres historiens d'Occident ne parle de cette proposition faite à Ladislas. Bonfinius ajoute que les princes chrétiens firent la même offre à Coloman, neveu et successeur du roi de Hongrie. Coloman, loin de l'accepter, déclara au contraire qu'il ne permettrait pas le passage dans ses états à l'armée des croisés, et l'on sait qu'en effet il marcha d'abord contre eux. Bonfinius a fait de Coloman un portrait qui paraît un peu chargé ; ce prince était, dit-il, d'un aspect hideux et monstrueux ; ses membres disproportionnés entre eux étaient hérissés de poils ; il était bègue, bossu par devant et boiteux ; il était d'un esprit fin, rusé et changeant ; la passion plutôt que la raison guidait ses actions ; il trouvait plus de plaisir à être cruel qu'à être humain ; il était d'une humeur difficile et morose, d'un caractère soupçonneux et porté à la colère; il n'avait aucune piété et était plein d'envie.

Bonfinius est peu d'accord avec les autres historiens sur la croisade de 1217. André, roi de Hongrie, en fut, comme l'on sait, déclaré le chef. Nous avons parlé dans notre troisième volume de la marche de cette armée de croisés, de son arrivée sur les bords du torrent de Cison, dans la Palestine. Nous avons dit qu'André, après trois mois de séjour dans ce pays, se croyant quitte envers son père Bela du vœu qu'il avait fait avant de mourir, et désespérant d'ailleurs du succès d'une guerre qui avait si malheureusement commencé, résolut tout-à-coup de retourner dans ses états. Bonfinius au contraire, d'accord avec quelques historiens allemands, fait aller le roi André en Égypte, où il assista au siége de Damiette, et où il capitula ensuite avec le soudan pour la remise de cette place en 1221. De sorte que, selon Bonfinius, le roi de Hongrie serait resté deux ans en Égypte, et cinq ans absent de son royaume; ce qui contredit la plupart des autres historiens. Nous en dirons autant de la fable de Bancban, qui, pendant l'absence de ce prince, tue ou fait tuer la reine Gertrude, qu'il accusait d'avoir servi la passion criminelle que le frère de cette princesse avait conçue pour sa femme. Dans la suite de son récit, Bonfinius dit que le roi André rapporta de son expédition la tête de St. Étienne, martyr, et celle de Ste. Marguerite ; la main de St. Thomas et de St. Barthélemi ; un morceau de la verge d'Aaron ; un des vases dans lesquels J.-C. changea l'eau en vin, et plusieurs autres reliques.

Comme contemporain des événements qui ont rapport aux guerres des Turcs en Hongrie, Bonfinius mérite plus de fixer notre attention : aussi nous arrêterons-nous quelques moments sur cette partie de son histoire. Avant de parler de la première invasion des Tartares, il croit devoir faire connaître ces hordes sorties de la Tartarie pour envahir le monde : « Les Tartares, dit-il, ont un air sinistre et farouche, des yeux gros et proéminents, qu'ils peuvent toutefois faire paraître petits à à l'aide des larges paupières qui les couvrent ; ils sont de petite taille ; ils ont le nez épaté, le front large et le visage plat ; ils n'ont point de barbe, mais seulement quelques poils au menton et à la lèvre supérieure ; ils se rasent la tête des deux côtés jusqu'aux tempes, et laissent auprès de l'oreille pendre de longs cheveux, à la manière des Turcs et des Sarrasins ; du reste ils ont le corps grêle, les jambes et les cuisses courtes ; ils sont accoutumés dès l'enfance à monter à cheval. Pendant leurs marches ils montent aussi sur des bœufs ; leurs chariots leur servent de maisons ; leurs femmes sont laides et farouches comme eux ; elles vont aussi à cheval. Les Tartares parlent du gosier et ont une voix criarde et bruyante ; leur chant ressemble au mugissement du taureau ou bien au hurlement des loups ; ils se nourrissent de lait et de millet ; le sang de cheval est une boisson délicieuse pour eux ; quelquefois ils mangent de la chair humaine ; ils traînent après eux de grands troupeaux. »

Ce fut sous Bela IV, successeur d'André, que ces peuples entrèrent dans la Hongrie au milieu du XIIIme. siècle. Ce roi, dit Bonfinius, rassembla à la hâte une armée et alla camper à Pest, où il attendit l'ennemi. Bathou, chef de ces Tartares, assiégea Watz, ville située sur le Danube à vingt mille pas de Pest. Bela chercha aussitôt son salut dans la fuite ; les prêtres, les citoyens et un nombre infini d'habitants des bourgs voisins se réfugièrent avec leurs femmes et leurs enfants dans la basilique qui était fortifiée comme une citadelle ; mais les Tartares la prirent du premier assaut, en enlevèrent le trésor et les vases sacrés, et la dépouillèrent de tous ses ornements; tous ceux qui y étaient renfermés furent brûlés.

Depuis l'année 1271 jusqu'en 1275, les Tartares ne cessèrent de ravager la Hongrie. Dix ans après ils y revinrent, et se retirèrent au bout de deux ans chargés de butin. Bonfinius a fait la description de tous les maux que ce royaume, en proie aux dissensions, avait à souffrir en même temps des ennemis du dehors et de ses propres habitants. On ne peut comprendre comment la Hongrie, déchirée pendant plus d'un siècle par les factions, put résister aux invasions réitérées des Tartares et des Turcs. Les victoires de Bajazet, l'invasion de Tamerlan, les entreprises du sulthan Amurat, forment une grande partie de l'histoire de Bonfinius. Après avoir présenté le tableau de l'état où se trouvait l'Europe, et surtout la Hongrie du temps de ce dernier prince, l'auteur ajoute : « Un seul homme dans ces temps sauva la chrétienté, car tout était alors dans un si grand trouble que c'en était fait non-seulement de la Pannonie, de la Noricie et de l'Allemagne, mais encore de toute la république chrétienne : cet homme fut Jean Corvin, vaillant défenseur du royaume et du peuple orthodoxe, qui repoussa le turc dans les bornes de son empire, et par diverses défaites qu'il lui fit éprouver, le contraignit à rendre la Bulgarie. Bonfinius entre alors dans quelques détails sur la bataille de Vascape, qui fut livrée sur les frontières de la Transylvanie, et dans laquelle Jean Hunniades ou Corvin défit avec quinze mille hommes, une armée de quatre-vingt mille. Il dit qu'avant le combat, Hunniades fit venir devant la première ligne les commandants des légions, les tribuns des soldats et tous les centurions, et qu'il leur adressa un discours qui enflamma tous les courages ; mais ce discours paraît plutôt l'ouvrage de l'historien que celui d'Hunniades ; car il est trop long pour une harangue prononcée sur un champ de bataille. On peut croire toutefois que le commandant de l'armée hongroise se servit pour exciter l'ardeur de ses soldats, des raisons que Bonfinius lui prête, parce qu'elles se présentaient naturellement à l'esprit. « Trois avantages vous attendent aujourd'hui, dit Corvin à son armée, si vous êtes, en ce jour, ce que vous vous êtes déjà montrés : le salut de vos enfants, de vos femmes, de votre patrie, la gloire perpétuelle de ce monde, et une éternelle félicité. » Peu de temps après ce combat, le roi Ladislas convoqua le sénat de Hongrie pour aviser aux moyens de résister aux efforts d'Amurat qui voulait venger cette défaite. Le cardinal Julien, légat du pape, prononça, sur la nécessité de poursuivre la guerre avec vigueur et résolution, un discours éloquent, dont nous citerons quelques traits. Après avoir félicité les Hongrois de l'avènement de Ladislas à la couronne, le cardinal s'exprime ainsi : « La Hongrie a été pacifiée par vos armes, par votre courage, par mon intervention et par la mort de la reine ; ce qui vous reste à faire intéresse votre honneur, votre utilité, que dis-je, votre salut, votre gloire ; il vous faut, sous la conduite et sous les auspices de Ladislas, et avec toutes les forces de la Pannonie, réprimer la férocité et repousser la domination des Turcs. La valeur et la fortune de Corvin vous montrent ce que vous devez oser. Si l'armée des infidèles, aussi nombreuse qu'elle l'était, a été dispersée et mise en fuite par le petit nombre de troupes que votre général conduisait, que ne devez-vous pas espérer lorsque vous combattrez sous la conduite de votre roi et sous les auspices du Christ. Tous les princes chrétiens ont les yeux tournés sur vous ; ils ont placé en vous toutes leurs espérances ; ils vous regardent, ô vous, prince illustre, comme le vengeur des cruautés des infidèles, comme le défenseur de la foi, comme le libérateur de l'Europe. C'est pour cela que le souverain pontife vous sollicite, vous presse tous les jours. Si la religion orthodoxe vous excite à cette sainte expédition, l'état de la Hongrie et de la Pologne, misérablement et journellement tourmentées par les armes des Turcs, ne vous y force pas moins. Vous ne manquez ni de bons chefs, ni d'argent, qui est le nerf de la guerre, car toute la république chrétienne vous en offre ; vous ne manquez ni de force, ni de moyens, ni de fortune. L'univers a appris à connaître la valeur des Sarmates ; vous n'avez donc qu'à vouloir. L'expédition est nécessaire, pieuse, facile, pleine de gloire et d'immortalité. Elle vous présente pour l'une et l'autre vie de riches et éternelles récompenses. Je vous prie donc, ô grand roi, et vous, nobles seigneurs, par la foi du Christ, par votre tendresse pour vos enfants, par le salut du royaume, par votre propre salut qui est dans le plus grand danger, d'entreprendre cette guerre avec courage et de faire promptement des levées. » Le despote de Servie parla à-peu-près dans le même sens, et ces deux discours échauffèrent tous les esprits. Bientôt fut livrée la bataille de Sophie, qui fut suivie quelque temps après d'un traité de paix entre Amurat et les Hongrois. Nous avons vu, au quatrième volume, comment cette paix fut presqu'aussitôt rompue que jurée, et comment la bataille de Varna devint funeste au roi Ladislas et au cardinal Julien, principal auteur de la rupture du traité. Le récit que Bonfinius fait de tous ces événements ne s'accorde pas toujours avec celui des autres historiens, ni par conséquent avec le nôtre. Bonfinius, par exemple, ne parle point de la retraite du sulthan Amurat à Magnésie, ni de son retour sur le trône; il ne connaissait point les Annales turques. Il présente ensuite Jean Corvin devenu gouverneur de la Hongrie pendant la minorité du fils de Ladislas, comme résistant presque seul aux efforts réitérés des Turcs, et parle des avantages que le héros chrétien obtint sur eux, soit en les éloignant de la Servie, soit en leur faisant lever le siége de Belgrade en 1455. Il parle aussi des exploits de Mathias Corvin, qui monta sur le trône de Hongrie, et termine son histoire en 1529. Nous devons prévenir le lecteur que Bonfinius nous a paru en quelques endroits plus brillant que solide, et plus élégant que fidèle. Nous l'avons souvent parcouru avec intérêt, mais nous ne l'avons pas toujours pris pour guide.

PAUL ÉMILE. — Cet historien, qui a laissé une histoire de France, vivait aussi dans le xvime. siècle. Il était né à Véronne, comme l'indique le titre de son ouvrage; les bibliographes ne nous disent rien de lui. Paul Émile, en faisant l'histoire de France, a dû nécessairement parler des croisades, où les Français ont figuré d'une manière si brillante. Nous avons rapporté, en parlant de Robert le moine, la lettre qu'il prétend avoir été écrite par le patriarche de Jérusalem aux chrétiens d'Occident, et remise à Pierre l'ermite lorsque celui-ci partit de la Palestine pour aller à Rome. Cet auteur a fait de la première croisade un récit qui intéresse par ses détails et par l'élégance de son style, mais qui n'ajoute rien à ce que nous savons. Arrivé à la seconde expédition, il donne pour cause principale du départ de Louis VII, les démêlés de ce roi avec Thibault, comte de Champagne, et l'embrasement de Vitry qui en fut la suite. Il prétend que le roi, repentant de cette action, fit venir St. Bernard, lui exprima sa douleur et lui demanda des conseils ; l'abbé de Clairvault tint alors à Louis VII un discours dont voici quelques traits : « Ces larmes, lui dit-il, si elles ne se sèchent promptement, peuvent éteindre le souvenir de l'incendie de Vitry. Joignez-y seulement de la constance et de la force afin qu'elles ne soient pas comme les pleurs d'une femme. Tournez contre les temples des ennemis et la religion des barbares les torches que vous avez portées sur les autels et dans le temple du Seigneur. Quelle guerre peut être meilleure pour vous que celle qui se fait pour la religion ? Quelle cause de guerre peut être plus juste et plus sainte ? Jusqu'ici aucun roi (et j'ai honte de le dire) n'a marché en Asie contre les ennemis du Christ.... Rappelez-vous que de grands généraux, des rois et des empereurs ont expié des crimes éclatants par quelque action illustre et utile au monde. Godefroi de Bouillon faillit comme un autre homme ; mais il ne s'endurcit point dans son péché : il l'effaça par le sang des Turcs et des Sarrasins. Dernièrement Foulques d'Anjou, qui s'était montré trop acharné à dépouiller l'église St.-Martin, s'en punit lui-même, et non-seulement il obtint de Dieu son pardon, mais il devint roi de Jérusalem. N'ayez donc point honte d'imiter par votre piété la vertu de ces grands personnages ; ils ont été des modèles pour vous, vous en serez un pour les rois et les empereurs. »

On ne trouve point dans les œuvres de St. Bernard, de trace d'un pareil discours, et l'on peut croire que l'auteur l'a prêté à cet abbé. Paul Émile raconte, d'après tous les historiens, les événements de la seconde croisade. Lorsqu'il en vient à la troisième, il fait, d'après Guillaume de Tyr, un tableau très peu flatté des mœurs de la Palestine. Il dit que les prêtres y étaient couverts de crimes, que le patriarche lui-même n'était ni chaste, ni régulier dans ses mœurs. Plusieurs signes annoncèrent, selon Paul Émile, les malheurs de la Terre-

Sainte, tels que des tremblements de terre fréquents et terribles, des vents furieux, des éclipses, une grêle dont les grains étaient de la grosseur d'un œuf d'oie, le flux de la mer plus considérable qu'à l'ordinaire, etc. Le chambellan du roi, dit l'auteur, avait vu pendant son sommeil un grand aigle portant sept traits dans ses serres, voler autour des troupes des Latins, et crier : *Malheur à Jérusalem*! Il était facile aux barbares, continue l'historien, de vaincre les nôtres, que Dieu avait à cœur d'abattre. Paul Émile raconte ensuite les maux que Saladin fit éprouver aux chrétiens; il fait le récit de la troisième croisade, et ne dit qu'un mot de la malheureuse expédition de Frédéric Ier. En rapportant la mort du marquis de Conrad, tué par deux assassins, il dit que quelques écrivains en ont accusé Honfroy de Thoron, qui, désespéré de ce que le marquis lui avait enlevé son épouse, s'en était ainsi vengé. Cette explication est ingénieuse et vraisemblable. Nous verrons plus loin ce que les auteurs arabes ont pensé de cet assassinat.

Paul Émile parle assez brièvement de l'expédition de Frédéric II, et de son traité avec le soudan d'Egypte. Il entre dans de plus longs détails sur la première croisade de Saint Louis; mais ces détails sont peu exacts. Il ne dit rien de ce qui se passait parmi les musulmans, ce qui ôte tout intérêt à son récit. Au reste, cet auteur a cela de commun avec la plupart des chroniques que nous avons parcourues. Il ne montre pas plus d'exactitude dans le récit de la seconde croisade du même roi; il dit, par exemple, qu'Edouard, fils du roi d'Angleterre, s'était rendu en Asie avant que St. Louis eût mis à la voile pour la côte d'Afrique. Ce qu'il raconte de la prise de Ptolémaïs, en 1291, n'est pas plus exact, et ne mérite pas que nous nous y arrêtions. En continuant l'histoire de France, Paul Émile ne parle qu'en passant des Turcs et de leurs progrès en Europe. Il s'arrête un moment sur la bataille de Nicopolis;

mais il ne fait qu'indiquer celle de Varna, la prise de Constantinople, et les invasions des Turcs dans la Hongrie et l'Autriche. Il finit son histoire au règne de Charles VIII. Comme on le voit, Paul Émile, qui écrit avec élégance, s'étend peu sur les croisades, et ce qu'il en dit n'est pas toujours exact.

ALBERT DE STADE. — La chronique d'Albert de Stade, sans être aussi étendue, offre plus d'exactitude que les précédentes. Les auteurs des *Annales ecclésiastiques* s'appuient souvent sur son témoignage. Albert fut d'abord de l'ordre de Saint-Benoît; il passa ensuite dans celui des Frères-Mineurs, et devint abbé de Stade. Il vivait au milieu du xiiie. siècle. Il a fait remonter sa chronique à l'origine du monde, et l'a conduite jusqu'en l'année 1256. Il est en général très concis dans ses narrations. La première croisade a cependant fixé plus particulièrement son attention; nous avons remarqué qu'il attribue la mort de Godefroi, roi de Jérusalem, à la peste qui se déclara dans la Palestine. Cette peste fut occasionnée, selon lui, par les exhalaisons des cadavres et par la corruption des eaux qu'ils avaient infectées : c'est le seul des auteurs que nous avons lus qui donne une pareille cause à la mort de Godefroi. Il ajoute qu'on érigea à ce prince un mausolée en marbre de Paros, dans le vestibule de l'église de Golgotha, en face du Calvaire.

Albert de Stade est très concis sur la seconde croisade, et n'en donne qu'une idée fort incomplète. Il parle bien des désastres qu'éprouvèrent les deux rois Conrad et Louis; mais il les attribue presque tous aux rigueurs de la saison et aux désordres des éléments. Il ne dit rien de la conduite des Grecs à l'égard des Croisés, et parle très peu des combats que ces derniers eurent à soutenir contre les barbares. Les conquêtes de Saladin et les événements de la troisième croisade sont aussi racontés fort brièvement; et le style d'Albert de Stade ne s'éloigne guère ici de la sécheresse des chroniques de son temps. Il dit, et il est encore le seul qui le dise, que Saladin était fils d'un cordonnier; qu'il fut attaché d'abord au service domestique de Nour'eddin; qu'il sut se faire aimer de la femme du sulthan, et que ce fut à l'aide de cette faveur qu'il s'éleva peu à peu jusqu'à l'empire. Albert de Stade ne fait qu'indiquer la prise de Constantinople par les Latins, en 1204; il ne dit rien de celle de Damiette, en 1219; seulement en 1221 il parle de la reddition de cette place au soudan, et de la liberté qui fut rendue à trente mille captifs chrétiens. Sous la date de 1229, il ne dit encore qu'un mot de la remise faite à l'empereur Frédéric de la ville sainte, et de l'entrée que ce prince y fit nu-pieds la veille de Pâques. En parlant de l'expédition de Saint Louis en Egypte, expédition qu'il raconte en six lignes, Albert dit que peu de temps avant que le roi rendît Damiette, il lui était arrivé des vases pleins de besants d'une telle grandeur, que six bœufs pouvaient à peine en traîner un pendant deux milles dans un même jour. Tout cet argent, ajoute-t-il, passa au soudan. Lorsque la nouvelle de ces malheurs fut arrivée en Occident, c'est encore Albert qui parle, quelques-uns se rappelèrent les prophéties de l'abbé Joachim, qui avait alors une grande réputation comme prophète. Ces prédictions ne pouvaient échapper à Albert de Stade, qui recherche avec soin tous les prodiges qui ont pu annoncer les événements qu'il va raconter. C'est ainsi, par exemple, qu'en parlant du départ des croisés, qui eut lieu dans l'année 1101, il dit qu'on avait vu, pendant trois jours de suite, des nuées innombrables de papillons voler de la Saxe dans la Bavière; ce qui indiquait, selon l'auteur, la multitude de croisés qui se mit en marche peu de temps après. Il a fait précéder de même son récit de la première croisade de tous les signes extraordinaires que les auteurs contemporains ont rapportés, et dont nous avons parlé en analysant ces auteurs. Albert prétend qu'on aperçut au mois d'octobre une comète dont la lumière se présentait sous la forme d'une épée; qu'au mois de mars suivant, on vit une autre étoile à l'Orient qui changeait de place de temps en temps; que des nuages couleur de sang s'élevaient à l'Orient et à l'Occident, et venaient se heurter au milieu du ciel; que pendant la nuit il partait du nord des feux brillants qui se répandaient dans les airs. Albert parle aussi de ces cavaliers qui furent vus se battant dans le ciel; de cette épée d'une longueur démesurée, qui résonnait dans l'air comme une épée de métal; de cette ville céleste vers laquelle se dirigeaient de toutes parts des troupes d'infanterie et de cavalerie; et de ces croix que quelques personnes trouvèrent marquées sur leur front ou sur leurs habits. Il parle encore de cette femme qui accoucha, au bout de deux ans de grossesse, d'un enfant dont tous les membres étaient doubles; d'une autre qui mit au monde un enfant à deux têtes. Il n'y eut pas jusqu'aux animaux qui ne présentassent de semblables phénomènes; il naquit aussi des agneaux à deux têtes, et des poulins qui avaient des dents plus grandes que celles qu'on appelle vulgairement *dents de cheval*. Albert de Stade a tenu compte de tous ces prétendus prodiges. Ce n'est pas seulement à l'occasion des guerres saintes, c'est aussi pour les autres événements politiques qu'il prend soin de les faire remarquer. Cette recherche superstitieuse était dans l'esprit du temps.

La chronique d'Albert finit, comme nous l'avons dit, à l'année 1256; elle fut trouvée dans la bibliothèque de Henri Ranzovius, écuyer holsatien, et vice-roi de Danemark dans le duché de Schlewitz. Ce fut Reinerus Reineccius qui la fit connaître en la publiant. Elle fut imprimée à Wittemberg en 1608.

Benoît Aretin Accolti. — Cet auteur que nous avons cité quelquefois dans l'histoire de la première croisade, naquit en 1415 à Arezzo; il fit ses études à Florence, et devint savant jurisconsulte et historiographe. Par la suite, il fut secrétaire-général de la république de Florence, et

employé dans les affaires. Il composa plusieurs ouvrages. Ce qui le porta à composer son Histoire des croisades, ce fut, comme il le dit lui-même dans sa préface, le peu de soin et le peu d'ornements que les premiers historiens des croisades ont mis dans leur récit. Il regardait avec raison la guerre entreprise par les chrétiens pour délivrer la Terre-Sainte, comme un sujet infiniment digne d'occuper un homme de génie, et il regrettait que ce sujet n'eût pas été traité comme l'a été l'histoire profane par Tite-Live, Quinte-Curce, Tacite, etc. Il essaya donc d'imiter ces historiens; mais il faut ajouter que ses imitations ne sont pas toujours heureuses. Sous sa plume, les personnages des croisades n'ont plus la simplicité et la naïveté de leur siècle, et ne parlent plus que comme des Grecs et des Romains, ce qui est un contre-sens historique. Il y a dans l'ouvrage d'Accolti plusieurs discours qui ont plutôt des formes oratoires qu'une véritable éloquence, entre autres celui du pape Urbain au concile de Clermont, et celui que Bohémond adressa aux principaux chefs de son armée pour leur annoncer la résolution qu'il avait prise de se joindre aux autres princes croisés, et pour les exciter à suivre son exemple. Il y en a aussi plusieurs que l'auteur met dans la bouche de Godefroi de Bouillon, soit au moment de combattre, soit dans le conseil des princes. Pour donner une idée de la manière d'Accolti, nous citerons le commencement du discours du pape Urbain au concile de Clermont, parce qu'il diffère un peu de tous ceux que les autres historiens ont prêtés à ce souverain pontife : « De tous les maux que la reli-
» gion chrétienne a soufferts, le plus grand, selon moi, est
» la propagation de l'exécrable culte de Mahomet. Quoique
» les chrétiens aient éprouvé dans les commencements de
» cruelles rigueurs de la part des Césars, qui, fidèles à leurs
» faux dieux, se montraient si opposés à la nouvelle religion ;
» quoique plusieurs hérésies aient déchiré l'Église à sa nais-

» sance, le christianisme n'en a pas été éteint pour cela; il
» s'est élevé au contraire plus grand et plus éclatant du milieu
» des dangers qui l'ont environné et des tempêtes qui l'ont
» agité, et les erreurs ont succombé sous la force de la vérité.
» La vraie lumière resplendissait dans tout l'univers, et sem-
» blait ne pouvoir être éclipsée ni diminuée, lorsqu'une vieille
» superstition est venue la détruire en Afrique et dans l'Asie.
» Quoi de plus cruel que cette perte? Quoi de plus doulou-
» reux pour les vrais fidèles? Quoi de plus contraire au salut
» du genre humain? Quoi de plus honteux pour le nom chré-
» tien? Tant de nations rachetées par la mort du Christ ont
» renoncé à ce même Christ depuis que la vérité leur avait été
» révélée. Plongées maintenant dans les ténèbres, elles s'op-
» posent aveuglément à leur propre salut, et la plus grande
» partie du genre humain court ainsi à sa perte. Nos ancêtres
» ont en vain travaillé pour ces peuples. Le sang des martyrs
» a été inutilement répandu pour eux. O malheureuse condi-
» tion des hommes! ô honte intolérable!» A la suite de cet
exorde, le souverain pontife fait un tableau pathétique des persécutions que les chrétiens ont eu à souffrir de la part des Turcs,
et emploie toute son éloquence pour exciter l'indignation de ses
auditeurs et pour enflammer leur zèle. On peut reprocher à
Accolti d'avoir trop prodigué ses discours, de les avoir faits
trop longs, et d'avoir plus étudié Tite-Live et Tacite que les
couleurs historiques de son sujet. Son histoire, qui se borne à la
première croisade, n'offre pas de particularités remarquables.
Tout ce qui y est raconté est connu : elle fut imprimée en
1532. Ives Bichat, comme nous l'avons dit dans notre introduction, la traduisit il y a deux siècles en grec et en français.

MEYER. — Nous ne dirons qu'un mot des Annales de Meyer,
souvent citées par Raynaldi. Meyer vivait dans le xvie. siècle; il
n'a écrit par conséquent qu'après tous les autres. Il était né à

Bailleul près d'Yprés en Flandre. Il fut prêtre et moine. Il fit ses études à Paris, et enseigna ensuite les lettres à Bruges. Il mourut en 1552, à l'âge de soixante ans. Ses *Annales de Flandre* commencent à l'an 445 du temps du roi Clodion, et finissent en 1476, sous Charles, duc de Bourgogne. L'auteur, en parlant des croisades, s'est attaché à donner tous les noms des princes et seigneurs flamands qui prirent part à ces guerres saintes; il cherche, comme de raison, à relever leur gloire. C'est sur les premières croisades qu'il s'est principalement étendu, car il ne fait qu'indiquer les dernières. Son latin est un peu plus élégant que celui des auteurs contemporains.

BIZARO. — Il existe à la suite d'une *Histoire du sénat et du peuple de Gènes*, par Pierre Bizaro, une relation des croisades, sous le titre des *Huit expéditions des chrétiens en Syrie*. Ce petit ouvrage a été composé dans l'intention de relever la gloire des Génois qui prirent part à ces guerres saintes. La division que l'auteur en a faite est peu exacte; car il fait deux expéditions distinctes de la croisade de l'empereur Frédéric Ier. et des rois Philippe et Richard, que nous avons toujours considérées comme une seule et même croisade, parce que le départ de ces princes eut lieu dans la même année. Il comprend dans la huitième les deux croisades de St. Louis, qu'il aurait cependant pu distinguer, puisqu'il y eut entre les deux expéditions un intervalle de seize ans au moins. Ces huit *narrations* n'offrent rien de nouveau; elles sont la plupart fort courtes et sont fort peu citées. L'auteur vivait vers la fin du XIIIe. siècle.

FIN DU TOME PREMIER DE LA BIBLIOGRAPHIE.

www.ingramcontent.com/pod-product-compliance
Lightning Source LLC
Chambersburg PA
CBHW061950300426
44117CB00010B/1285